# 珍帚集：錢穆 徐復觀 史學

黃兆強 著

臺灣 學生書局 印行

以下諸位師長教授我以歷史知識，
茲以一瓣心香敬獻本拙著於彼等之靈前：
（以下排名按筆劃順序）

全漢昇
唐君毅**
徐復觀
孫國棟
章　群
許冠三
劉家駒
蕭作樑
龐德新
羅炳綿
羅夢冊
嚴耕望

** 以上共 12 位師長，其中唐先生固非史學家。然而，筆者就讀新亞研究所時，唐先生（時任所長）針對本拙著所收錄的〈考據學家錢大昕治史的科學方法〉一文，嘗給予深具啟發性的指點（要言之，即不必用或不宜用「科學方法」一詞）；此至今不敢或忘者。錢大昕固史學家無疑，且上文探討其治史之方法；唐先生之相關指點，遂不可謂與史學全不相干。筆者將先生大名一併開列如上，即以此故；並示銘刻心中不敢或忘。其實，唐先生天才橫溢，學術面向極廣，雖非一般意義下的史學家，但歷史知識極豐富，且對歷史哲學亦深具慧解卓識（先生「即哲學史以言哲學」的說法及其具體落實，更足以佐證彼深具歷史意識或史學意識而足與第一流史學家齊驅而並駕），實不宜以甚麼家甚麼家來範圍唐先生的。牟宗三先生以「文化意識宇宙中之巨人」來稱頌唐先生，即足以說明一切。

# 自　序

　　本書命名為《珍帚集：錢穆　徐復觀　史學》。錢徐兩先生乃史學家、思想家、思想史家；此兩先生之所同，尤其離不開一「史」字；且嘗為摯交好友。是以把兩先生放在一起，而成為書名的一部分。筆者的學術專業是史學，本書所處理之課題，亦以史學之比重為最大。是以把三者：錢穆、徐復觀、史學，組合在一起而成為書名的副標題。至於主標題，乃源自「敝帚自珍」一成語，不贅。書分為三部分，即三篇（上篇：錢穆；中篇：徐復觀；下篇：史學）；而三篇各自成單元。

　　本書正文共 15 章，乃學術性質的文章。然而，第 2、3 兩章和第 15 章則稍微例外。2、3 兩章是針對錢穆先生的專訪。前者的專訪由臺北的中國廣播公司策劃／製作。專訪的過程是，節目主持人胡忠信先生先提出問題；筆者予以回應，即所謂 Q&A。第 3 章的專訪則由（北京）中央電視臺中文國際頻道（CCTV-4）策劃／製作。筆者與當時任教於上海大學的摯友陳勇教授一起接受以下節目：「天涯共此時──跨越海峽的大師錢穆先生」之邀請，共同錄製該專訪。

　　至於何以把二篇專訪納入正文內，而不是放入附錄中，這是基於以下的考量：兩篇專訪雖不算很學術性的文字，但透過與專訪問題設計人（或節目主持人、製作人）的對話，以輕鬆的語調來述說一位學術大師的生活及其學術關懷，甚至其人生終極關懷，相信更能增加讀者對該大師（就本案例而言，即錢先生）的認識。再者，相信問題設計人必早已考慮過節目的聽眾／觀眾的興趣或口味了。所以這樣的兩篇專訪，筆者相信，也應當能夠滿足本書讀者的興趣或口味的；且對年輕朋友來說，錢先生的生平事蹟或許不無鼓舞的作用也說不定。三者，縱然處理學術問題，恐非必然正經八百，按一般

的學術規範或格式來呈現不可的。一言以蔽之,形式活潑一點,不是也挺好嗎?猶記得兩三年前家兄兆漢先生嘗鼓勵出版一本通俗性的錢穆先生傳。這個囑咐,一刻不敢或忘。上述兩篇專訪,在一定程度上便好比一部錢先生的傳略了。家兄的囑咐,或藉以交代過去而不至於全然繳白卷也說不定。

至於第 15 章:臺灣近現代 60 年史學的發展,則只是一篇概述;所以也談不上什麼學術研究。然而,筆者深信通俗性質的概述,亦自有其價值在。再者,筆者的學術專業是歷史學(主要是中國史),在臺灣從事相關教研工作 30 多年。(近 20 年來,則偏重當代新儒家的闡述;不細說)是以臺灣本土史學上的表現和成就貢獻,總不能不稍予述說(含個人一些粗淺的看法)。筆者在香港出生,並在香港生活幾 30 年。1987 年後作為一個在臺灣生活接近 40 年的"外來人"(其實早領有這邊的身分證了),近二三十年來,政府或官方單位是如何看待歷史科,尤其是如何看待中國歷史科的,筆者微不足道的一些粗淺看法(其實也說不上是什麼看法,大體上只是客觀事實的陳述而已;然而,材料的取捨上恐怕或多或少也隱含了,或預設了、反映了筆者內心的一些看法也說不定。恕不細說),其中讀者或不無興趣也說不定。這所以筆者在正文中的第 15 章,便約略談說一下臺灣史學發展史這個課題。

本書有三篇文章都是論述清代的史學家的,即趙翼、汪輝祖和錢大昕三文。趙、汪納入正文;然而,錢氏則僅入附錄。何以故?茲稍說明如下:前二文撰就於擔任史學教席之後;後者則成文於研究生的階段,且其學術性稍輕。是以乃作區別。又:全書附錄二和附錄三所論說的史學理論的問題,乃成文於研究生階段,雖說不上具若何創見,但自認為尚不至於不堪一讀。是以姑納入附錄內。

說到附錄,本書的附錄似乎特別多。除上、中、下三篇各有七、一和二文,即共十文外,全書末尾的附錄又有九文。九篇文字中,二篇是翻譯或譯注。其一英譯中,另一法譯中(兩文因加上不少注釋,或可稱為譯注)。前者探討明代史學(史料、史籍)的問題;不多說。後者則處理歷史哲學上一問題,即旨在探討在客觀許可的極限範疇內如何有效地重建歷史的問題。其

中說到的「歷史哲學」（法：philosophie de l'histoire；英：philosophy of history）與「歷史的哲學」（法：philosophie historique；英：historical philosophy）的分別，筆者認為頗值得關注。就後者來說，作者法國公共知識分子雷蒙・阿宏（R. Aron，1905-1983）以下的一句話：「此種哲學乃旨在達到人之自我存在之認識，即認識人自我置身於歷史洪流中並藉著真理以自我繩衡。」，筆者認為對研究歷史，或對探討哲學的人來說，都深具啟發作用。筆者治歷史（尤其史學）有年，又稍微兼治哲學；願與讀者諸君分享上引阿宏的這句話。是為序。

2024 年 11 月 25 日初稿
2025 年 3 月 12 日國父逝世紀念日（植樹節）定稿

IV  珍帚集：錢穆　徐復觀　史學

# 珍帚集：錢穆　徐復觀　史學

# 目　次

自　序 …………………………………………………………………… I

## 上篇：錢穆賓四先生

第一章　錢穆先生的治學／治史精神
　　　　——以《中國史學名著》為探討的主軸 ………………… 3
第二章　錢穆先生專訪：一生為故國招魂的歷史文化巨人 …… 39
第三章　錢穆先生專訪：創校辦學與家國情懷 ………………… 53

### 上篇附錄

（一）錢穆先生論讀書——從文化和如何讀書等等談起 ……… 63
（二）錢穆先生《中國史學名著》導讀 ………………………… 78
（三）錢穆先生的史學 …………………………………………… 83
（四）《錢穆先生思想行誼研究論文集・出版緣起》 …………… 86
（五）《錢賓四先生逝世二十周年紀念書畫邀請展作品集・
　　　代序》 ……………………………………………………… 88
（六）《重訪錢穆・編者序》 ……………………………………… 93
（七）《國學南移：錢穆先生思想與新亞辦學・序》 …………… 95

## 中篇：徐復觀先生

第四章　當代新儒家論讀經——以徐復觀先生為例…………… 101

第五章　政治行為上的經與權：徐復觀先生的偉大啟示………… 147

### 中篇附錄

生平報國堪憑處　總覺文章技稍長：
略談徐復觀先生的讀書和寫作………………………………… 171

## 下篇：史　學

### （一）宋史學

第六章　宋真宗與《冊府元龜》……………………………………… 197

第七章　《冊府元龜・國史部》研究………………………………… 221

### （二）明史學

第八章　明人元史學編年研究……………………………………… 253

第九章　《元史》纂修若干問題辨析………………………………… 301

第十章　《元史續編》與《元史弼違》探析………………………… 329

### （三）清史學

第十一章　世有伯樂　然後有千里馬：以趙翼為例……………… 345

第十二章　汪輝祖（1731-1807）之史學…………………………… 367

### （四）史學理論與史學史

第十三章　史學上的真理與方法——從西方史學發展史考察… 403

第十四章　二十五史編纂時間緩速比較研究
　　　　　──附《清史稿》……………………………………… 441
第十五章　臺灣六十年來史學的發展……………………………… 477
下篇附錄
　　（一）清代元史學概述……………………………………………… 487
　　（二）汪輝祖先生（1731-1807）年譜…………………………… 490

# 附　錄

## 全書附錄

　　（一）考據學家錢大昕治史的科學方法…………………………… 543
　　（二）歷史上的實然與史學家的價值意識………………………… 567
　　（三）史學三判斷及其設例分析──從可恥的阿 B 的一掌談起… 575
　　（四）新儒家的史觀──以錢穆、唐君毅、徐復觀為例………… 595
　　（五）傅吾康《明代史籍彙考・導言》（翻譯／譯註）………… 602
　　（六）《歷史哲學導論：史學客觀性之際限・導言》
　　　　　（翻譯／譯註）……………………………………………… 638
　　（七）深情大愛遺人間──追憶恩師孫國棟教授………………… 654
　　（八）《中國傳統史學的範型嬗變》讀後………………………… 666
　　（九）「民國（1912-1949）史家與史學國際學術研討會」閉幕式
　　　　　上的講話……………………………………………………… 685

徵引資料……………………………………………………………… 687

後　記………………………………………………………………… 709

索　引………………………………………………………………… 711

iv 珍帚集：錢穆　徐復觀　史學

# 上 篇
## 錢穆賓四先生

# 第一章　錢穆先生的治學／治史精神
## ——以《中國史學名著》為探討的主軸[*]

### 摘　要

　　錢穆先生（1895-1990）是中外聞名的國學大師[1]，著作等身，並為教育事業奉獻畢生心力，精神感人。其治學精神與風範，尤為後世所景仰。

---

[*] 2020 年 10 月 27 日，筆者應中國文化大學哲學系陳振崑教授之邀請在其課堂上做報告。此報告源自 2003.10.31-11.01 由錢穆故居主辦的一個研討會的一篇小文章。該文章名為〈錢穆先生的治學精神——以《中國史學名著》為主軸作探討〉，後收入《錢穆思想學術研討會論文集》（臺北：東吳大學，2006），頁 285-314。在文大做的報告可說是上揭文章的濃縮版，這是因為報告時間有限，且為方便同學們易於掌握重點的緣故。此外，該報告與上揭文章最大的分別在於多加了一節，即第九節：「餘論」。其他改動也不少，今不細說。要言之，本文是上揭文章與文大報告的綜合版。2024.08.24 補充：在上揭研討會上，筆者宣讀完畢拙文之後，與會學者陳啟雲教授（1933-2020，錢穆先生高足，新亞研究所第二屆畢業生，即筆者的大學長）對拙文批評或糾矯錢先生的地方，大多不表認同。筆者虛心受教之餘，乃一一做出回應。彼不認同之處與筆者當時之回應，以事隔超過 20 年，今已不復憶記；真愧對學長之賜教。今轉瞬學長已辭世數載。撫今追昔，能不唏噓？！翻檢上揭《錢穆思想學術研討會論文集》，赫然發現相關研討會曾敬邀陳教授參與，並請先生以專題演講方式宣讀其鴻文。此即命名為〈錢穆師與中西思想文化比較研究——「歷史主義論釋」〉的一文。該鴻文後來收入論文集內。筆者亦有幸在同一論文集內發表一文；此即本文。

[1] 錢先生高足業師孫國棟教授（1922-2013）認為「國學大師」一詞猶不足以盡錢先生學問之全貌，而認為「賓四師洵可稱『學術巨人』」。並進一步指出說：「……又超乎『學術巨人』之上，更為『歷史文化巨人』」。孫國棟，〈悼文三篇・追悼錢賓四吾師〉，《生命的足跡》（香港：商務印書館，2006），頁 40。孫文有如下一句：「賓四師逝世又匆匆十年」（頁 41）按：錢先生 1990 年 8 月 30 日於臺北辭世，是可知孫文蓋撰寫於 2000 年。

本文乃試圖以《中國史學名著》為主軸，並連同錢先生的其他著作，且參稽前人的研究成果，藉以揭示先生的治學精神焉。其細部論述，計分六個重點。這些重點構成了下文的六節，其標目如下：（一）先生治學的終極目的：經國濟世；（二）先生治學之另一目的：修養心性、增廣見識；（三）守固、創新與隨時；（四）博約與會通；（五）先生論如何讀書；（六）先生治學之其他意見。錢先生的各種立論，固充滿慧解卓識；然而，其中或不無可以再商榷之處。是以筆者遂作出一些初步且很不成熟的探討，其相關標目如下：「錢先生論點可商榷處及《名著》中若干失誤舉隅」。這方面，尤請讀者惠予賜教。

# 一、前言

東吳大學向以闡揚中西文化為辦學之宗旨。[2]錢穆先生（1895-1990）晚年卜居廿多年之素書樓（即今錢穆故居），既座落東吳大學雙溪校區旁邊[3]，而一生以「吸收西方新的文化而不失故我的認同」[4]的錢穆先生，其故居素書樓對東吳大學便具特殊意義。東吳大學年前[5]從臺北市政府文化局取得其經營權，在劉源俊校長以錢穆故居指導委員會主任委員的大力策劃下，經營由是蒸蒸日上。為闡述揄揚錢穆故居主人之學術思想，今年（2003 年）

---

[2] 此可以東吳大學校歌為證。1935 年版的歌詞中有「中西文藝，並蓄兼輸」一語；1963 年版校歌（迄今用同一版）有「德智兼修，中西融貫」一語。此可證晚清末年教會來華籌辦東吳大學，即以融貫中西文化為其旨趣。其實東吳校歌，有三階段的演變。其具體演變情況，參謝政諭，〈百年來東吳大學中西學術融貫之研究〉，東吳大學校史研究小組編著，《東吳大學校史研討會論文集》（臺北：東吳大學，2001），頁 276。

[3] 不少人士誤會錢穆故居位於東吳大學校園內，屬東吳大學一部分；其實不然。以門牌（地址）來看，便再清楚不過了。東吳的門牌是臺北市士林區臨溪路 70 號，錢穆故居則是 72 號。再者，東吳大學乃私校，原則上，土地或地上不動產屬東吳大學所有；錢穆故居之產權則屬臺北市政府。產權歸屬明顯有別。

[4] 余英時，《錢穆與中國文化・自序》（上海：遠東出版社，1996），頁 3。

[5] 「年前」指為上揭研討會撰寫並發表本文之前，即 2003 年之前。

乃有籌辦「錢穆思想學術研討會」之舉措。海內外社會賢達、錢先生後學、高足等等應邀發表論文者眾多。忝為錢穆故居指導委員會委員，又為錢先生的再傳弟子（錢先生高足嚴耕望、孫國棟、章群、羅炳綿諸位先生均為筆者在香港受教育期間之業師），所以不揣孤陋，草就本文，藉以弘揚錢先生的治學精神，並藉以聆聽社會賢達之指教。惟學殖荒落，再兼以俗務纏身，時不我與，拙文不孚眾望，又奚待贅說。姑因陋就簡，以《中國史學名著》一書為主軸，並旁及他書，藉以闡述錢先生之治學精神大要焉。

錢穆先生之著作雖以史部為代表，然實廣涉四部，[6]不以史部為囿限，宜乎不少學者目為國學大師。

錢先生飲譽海內外的高足，當今史學界祭酒余英時先生在敬悼其業師時嘗云：

> 任何人企圖對他的學術和思想作較完整的評估，都必須首先徹底整理他所留下的豐富的學術遺產，然後再把這些遺產放在現代中國文化史的系統中加以論衡。這是需要長期研究才能完成的工作。……錢先生的學術精神是多方面的。我們從不同的角度出發便可以看到不同的精神。[7]

---

[6] 經部著作，最著名者，計有《兩漢經學今古文評議》；史部著作，計有《秦漢史》、《國史大綱》、《史記地名考》、《先秦諸子繫年》、《中國近三百年學術史》等等；子部書，計有《莊子纂箋》、《莊老通辨》等等；集部書，計有《理學六家詩鈔》、《湖上閒思錄》等等。按：以上四分法及所舉例之諸書，不必盡確當，如《兩漢經學今古文評議》雖歸類為經部之著作，然錢先生實以治史之法以處理當時經學今古文派之問題；今者隸之經部著作下，藉以見錢先生學問之廣博而已。此外，諸如《孔子傳》、《論語新解》、《朱子新學案》等書，更不易納入任一部類下。國人目錢先生為史學大師，甚或國學大師，蓋以其治學之主軸雖不離異史學，然實兼涉四部故也。個人則認為，吾人或可稱先生為「以史學為研究主軸之國學大師」。錢先生高足業師孫國棟教授則認為「史學大師」、「國學大師」等等似皆不足以充量描繪或定位先生；乃轉而認為先生乃「歷史文化巨人」。孫說見所著《生命的足跡》（香港：商務印書館，2006），頁40。

[7] 余英時，〈一生為故國招魂──敬悼錢賓四師〉，收入余英時，上揭書，頁19。

「必須首先徹底整理他所留下的豐富的學術遺產」，始可「對他的學術和思想作較完整的評估」，這是研究任何一位有表現且著作等身的學者的不二法門。當研究的對象的學術精神或學術面向是多方面之時，其研究的有效途徑尤當如此。幸好錢先生的學術精神面貌雖方面眾多，但可謂數十年來皆相當一貫[8]，而非青年時期異乎壯年，又非中年時期別於老耄，所以藉一書為主軸（兼旁及他書）以探討尋研先生之精神思想，雖必不能周延完整而無遺漏，但其精神面貌，大體上還是可以看得出來的。

　　錢先生諸多著作中，筆者以教授中國史學史的緣故，誦讀最多者，厥為《中國史學名著》一書。該書乃 59 學年度（即 1970 年度）錢先生為臺北中國文化大學史學研究所博士生授課之錄音紀錄。[9]該書以《尚書》以下中國史學名著 20 多種為論述的對象，涉獵課題相當廣泛，且錢先生論述時，又「多題外發揮，語多誠勸」，[10]所以仰仗該書為主軸，並旁及先生其他著作，則先生治學精神之各大端，洵尚能把握穩當。職是之故，乃因陋就簡焉，而不擬蒐羅參考先生所有著作。

## 二、先生治學的終極目的：經國濟世

　　余英時說：「……十六歲萌發愛國思想與民族文化意識，深入中國史，尋找中國不會亡的根據。……錢先生以下八十年的歷史研究也可以說全是為

---

[8] 個別的差異，當然仍是有的，譬如對章學誠的看法，便是一例。詳見拙著《章學誠研究述評》（臺北：臺灣學生書局，2015），頁 187-188。

[9] 紀錄者為曾經任教於中山大學中國文學系的戴景賢教授。錄音經整理寫出後，嘗由錢先生加以刪潤，始成該書。錢先生授課及錄音整理過程，見該書〈自序〉。筆者所據者為臺北：三民書局，1974 年的版本。聯經出版事業公司出版《錢賓四先生全集》時收入該書，版式與分段皆重新處理，且其先嘗經先生夫人，即師母胡美琦女士誦讀一過，並作通體之增刪修潤。參聯經版〈出版說明〉。

[10] 該書〈自序〉語。所謂「多題外發揮，語多誠勸」，其內容計有兩方面。一為作為中國人應好好認識中國歷史，一為如何方能好好治學以認識國史及中國史學名著。其實，二者亦一體之兩面矣。

此一念所驅使。」[11]先生研究歷史的目的，或廣義一點說，先生治學的目的，就是為了經世。具體的表現，就是為了尋找、闡述中國不會亡的根據。先生不要關起門來，做象牙塔裡的知識分子。先生的學術研究，其最終目的，說白了，就是要救國。先生不要空洞的喊幾句救國的口號。先生要從中國祖先所表現的業績中尋找中國不亡的原因及理據所在。其見諸事業者，厥為以錢先生為首而與友人唐君毅先生、張丕介先生、程兆熊先生等等之創辦新亞書院是也。按：錢先生為該書院奮鬥前後凡 16 年（1949-1964）。先生在《八十憶雙親 師友雜憶合刊》中曾撰文憶述新亞書院之慘淡經營景況。文中談及經營之初，經常赴臺灣作演講，而演講詞之內容，「要之，在真實遭遇中吐肺腑語，與以往多作學術論文有不同。書生報國，僅能止此。……」[12]可見辦教育外，學術經世乃先生書生報國之另一表現形態。[13]其經世致用的念頭，《中國史學名著》一書中隨處可見。

　　中國學術，傳統的說法是，經言其理，史記其事。其實，民國以前，經史之學皆言理也。寬泛一點說，中國之經、史、子、集，皆重在言理。文固

---

[11] 余英時，上揭書，頁 20-21。

[12] 〈新亞書院──續一之二〉，收入《八十憶雙親 師友雜憶合刊》，臺北：三民書局，1983。

[13] 先生明確地指出：「在真實遭遇中吐肺腑語，與以往多作學術論文有不同。」筆者頗認為，其演講之內容，雖與其前之學術論文有所不同，而必以其實際上的遭遇為主軸；然而，假若先生不是先具備，或同時具備非常深厚的學術底子（即所謂學術基底本自深厚的話），則真實遭遇是不足以動人的（不足以動人，則所能產生的影響力，便減損多了），或至少動人的程度便差多了。筆者所說的「學術經世」，正指此而言。就錢先生本案例來說，其學術經世，乃見諸先生藉著其本人深厚的學問底子作演講以籌募辦學經費也。於此正可見真實遭遇必得學問學理為之支撐才管用的。其實，學力（學術）與遭遇（經歷）兩者是相互支援的。筆者鑽研業師徐復觀先生之思想多年，乃悟得以下一道理：徐先生學術上之有大成就，在相當大的程度上，乃得力於其經歷。然而，其經歷（譬如辦事過程；而從辦事過程中，又大概可以窺見其辦事能力）之得以暢順，又恆來自其人之明敏機靈、視野廣闊與善於裁斷。而此三項條件，尤其後兩者，蓋得自其學養也。要言之，學問與實務（經歷、遭遇）乃相互支援，互為因果者也。

以載道為依歸；其實，史、子又何嘗不然？「史以載道」固中國史學之大義也。錢先生為還原歷史真相，解決所謂劉歆偽造經書問題而撰就《向歆父子年譜》，即明言這是自己「通經致用」的表現。[14]今人有謂文史不分家。其實，在中國傳統學術界，經史又何嘗別異？所謂劉歆造偽經，既係經學問題，亦一史學問題也。錢先生《向歆父子年譜》一出，其問題遂獲得解決。其有功於學術界，卓然偉矣！《史記》之為史書，古今無異辭。然而，自錢先生視之，其書又不啻經書。先生說：「……不過他（指司馬遷）是個史官，該要寫史，而所寫出來的則還是經學。我們也可說，這是太史公司馬遷理想中的新經學。」[15]原來司馬遷寫《史記》是要用來經世的。[16]錢先生深具慧解通識，一語道破史公的用心，故以「新經學」稱之。何以有此能耐？此以錢先生本身之用心同在於是，是以乃能神入史公之內心，而洞悉其撰書精神所在也。翻閱《名著》及錢著他書，其經世致用、憂國憂民、以天下為己任之用心隨處可見。茲略舉數例如下：

> 所以先要關心國家，關心民族，關心此國家民族以往的治亂興亡。……諸位要做學問，讀舊書，當能覺得它句句話配合上現代，這纔有價值。治史學更如此。（《名著》，頁 324；以下凡標示頁碼，不明言出處者，皆指源自臺北：三民書局，1973 年版的《名著》。）

中國人古為今用，借古鑑今的史學思想，上引語，已表露無遺。錢先生可謂「所治在古，所用在今」之典範。其循循善誘後學者正在於此。

---

[14] 《中國史學名著》（臺北：三民書局，1974），頁 128。《中國史學名著》，以下簡稱為《名著》。

[15] 同上註，頁 78。

[16] 業師徐復觀先生對《史記》極深研幾的程度，恐不下錢先生；對該書經世致用方面的發覆，筆者欽佩不已。詳拙著〈第四章：……以〈論《史記》〉為例作說明〉，《政治中當然有道德問題：徐復觀政治思想管窺》（臺北：臺灣學生書局，2016），頁 347-393。

先生又說：

> 進了歷史系，好像對於國家治亂興亡可以漠不關心。諸位都預備在大學裡教書，先得寫篇論文，拿了幾十百條證據，不痛不癢，這是在大學教書的必需資格。現實政治則和我不相干。諸位認為這樣的學者是對嗎？……（頁186）

又說：

> 我們今天做學問，不講「實用」，只高呼為學問而學問，要做一種專家之學，詳細來下考據工夫。……（頁189）

以上三段說話，都是錢先生講述〈杜佑《通典》〉一單元時說出的。杜佑既撰著最切時用之《通典》，又親自踐履其經世之抱負而擔任唐德宗、憲宗朝之宰相，錢先生欽佩不已。古人三不朽，杜氏可謂已得其二（立功、立言；立德一項，今先不說）。錢先生遂借題發揮，明示後學：治學重實用，尤應時時刻刻以家國民族為念，不應以「專家之學」為治學之終極價值或終極歸趨。

除《名著》載述錢先生憂時傷國的言論外，類似的言論散見先生其他著作者尚多。稍轉錄如下：

> ……雖垂老無以自靖獻，未嘗不於國家民族世道人心，自任以匹夫之有其責。[17]

先生又說：

---

[17] 《宋明理學概述·序》，臺北：臺灣學生書局，1987。

> 竊謂今日我中國人及中國自救之道，實應新舊知識兼采並用，相輔相成，始得有濟。……若果自我迷失，豈有不得其體乃能見其病，而有海外異方可資救治之理。……國人回頭認識自我，求對我中國人與中國之舊傳統舊精神稍有瞭解。[18]

這段話是先生闊別所創辦的新亞書院十多年後，於 1979 年重返作演講時所說的一番話。先生當時已屆 85 歲的高齡，但憂時傷國之懷抱，今昔如一，老而彌篤。

先生嘗撰〈略論治史方法〉一文，[19]文中反覆申述治古旨在知今之宏願；嘗謂：

> 所謂歷史知識，貴能鑑古知今，使其與現代種種問題有其親切相聯之關係，從而指導吾人向前，以一種較明白之步驟。……時時從舊史裏創寫新史，以供給時代之需要。……所謂新史學之創建……要能發揮中國民族文化已往之真面目與真精神，闡明其文化經歷之真過程，以期解釋現在，指示將來。

一般坊間所售賣治史方法的書刊或論著，多在於闡述研究歷史的具體步驟、方法。錢著則另闢蹊徑，轉以倡導民族大義及闡明文化，藉以解釋現在並指示將來乃其治史方法一文所論述之旨趣所在。

錢先生長時期從事中國歷史研究而孕育出一個堅強的信念：「中國不僅不會亡，甚至堅信我們的民族，還有其更偉大光明的前途。」[20]日寇侵華，我國面臨亡國滅種的命運，先生當時無論撰文或著書，必從班班可考的歷史事實中，反覆申述我國必不亡的道理。順筆至此，筆者想到，又或縱然國家

---

18 〈序〉，《從中國歷史來看中國民族性及中國文化》（臺北：聯經出版事業公司，1982），頁 3-5。
19 〈略論治史方法〉，附見錢穆，《中國歷史研究法》，臺北：三民書局，1988。
20 〈前言〉，《中國歷史精神》，香港：人生出版社，缺年分。

不再存在了,即萬一被消滅了,然而,被消滅者乃其軀殼而已。其實只要人心不死,則其精神(好比人之靈魂)必仍然長存於曠宇長宙間的。余英時先生的看法,則似乎比較悲觀了一點。上文說到余先生以「一生為故國招魂」(參上注 7)來定位錢先生在學術上的表現。而所謂招魂,即意味著,甚或預設著國家的靈魂或國人的靈魂(精神)早已失落了,甚或不存在了,否則何須招之(重拾之,撿回之)之有呢?然而,自晚清以來,全中國就某一程度上而言,或全中國中的某些國人而言,中華文化或中華文明的靈魂,又的確不再存在了!所以余先生的說法,雖稍嫌不免悲觀了一點,但也未嘗不是事實;且「招魂」一語亦極具警醒,甚或提撕振拔人心的意味,是以今茲姑且予以借用,藉以描繪錢先生在學術上的表現。

個人認為,招魂意識表現得最強烈的莫如《國史大綱》[21]與《中國近三百年學術史》二書。[22]錢先生教人治中國史必須具備「溫情與敬意」,此語即出諸《國史大綱》(見〈凡讀本書請先具下列諸信念〉的信念二。)《國史大綱》中長達三十多頁的〈引論〉,旨在暢論中國史的特質及闡述中西文化的異同。乍視之,先生所言或不免流於大漢沙文主義或有輕彼邦而重我國之嫌。[23]然而,若明白該書之撰著背景及瞭悟先生旨在激勵人心士氣、救亡

---

[21] 胡楚生先生嘗深入發覆《國史大綱》之微言大義,見〈以國史昭蘇國魂——錢穆《國史大綱》探微〉,胡楚生,《烽火下的學術論著——抗戰時期十種文史著作探微》(臺北:臺灣學生書局,2015),頁 1-29。按:胡教授藉學術以經世之意圖,書中一覽無遺,實不異乎錢先生也;可敬可佩之極。胡書乃胡教授 2015.11.09 惠贈者,感激不已。

[22] 詳參余英時,上揭書,頁 26-27。

[23] 錢先生論述、比較中西文化的文字相當多,但散見各處。幸好,先生晚年有《晚學盲言》一書,其中論述中西文化異同之弘言大旨,大抵可以概見。撰於辭世前四年(1986 年)之〈序〉文即有如下說明:「本書雖共分九十題,一言蔽之,則僅為比較中西文化異同。……」先生"輕彼邦(西方)而重我國"的中西文化論述,數十年來,似皆成集矢的。余英時即曾說:「……前面提到聞一多罵錢先生"冥頑不靈"的文字似乎便是讀了"引論"(筆者按:乃指《國史大綱》中之〈引論〉)以後寫的,當時史料派巨學也在私下多所議。錢先生關於中西文化與歷史的對比成為集矢之所在。」(余英時,上揭書,頁 27。)依筆者愚見,錢先生對西方歷史、文化的論述,時有誤解或過度貶抑之處。此緣於先生對中國歷史、文化的"過度鍾愛"而相對

圖存之用心，則可體認先生何以呼籲必以「溫情與敬意」之態度讀《國史大綱》了。至於《中國近三百年學術史》，則對有清一代之學術發展，依時代順序，大抵以一家為一章，論述其學術思想。書中對僅埋首於餖飣考據，而不理家國事務之學者，是持比較負面的評價的。書中對章學誠，則每多揄揚稱頌之辭；章氏治學恆以經世為念，語多針砭當時學風，錢先生得其心所同然，故乾嘉諸老中，先生特偏愛章氏。

先生關愛中華民族、文化的偉大情懷，連西方漢學家都注意到了。瑞典馬悅然教授（Professor Göran Malmqvist，1924-2019）即指出錢先生是廿世紀中國史學家中最具有中國情懷的一位。[24]

一言以蔽之，錢先生從事數十年中國歷史的研究，深悉先民在艱苦的奮鬥過程中，創造了輝煌的過去；以其堅韌不拔的生命力，綿延承續中華民族、中華文化以迄於今。這樣的一個偉大民族不可能淪亡，其文化亦不可能毀於一旦。先生一生著書立說皆旨在證成此說。治史所以鑑往知今，借古即以策勵將來，錢先生真可謂箇中典範。猶有進者，先生既以此自許，亦以此勉人。以上所引錄各段文字皆可以為證。書生經世報國，其表現如此，亦可謂至矣、極矣！

---

的輕忽，甚至蔑視了對方。然而，若體悟到錢先生面對亡國滅種之虞而不得不故意"揚己抑彼"以為救亡圖存之計，則其一切相關論述，吾人自當賦予同情的諒解。矯枉有時不得不過正，此錢先生之苦心也。其實，先生對西方亦未嘗過度貶抑；西方新學有裨益於我者，我汲取借用之可也。此亦所謂「中體西用」歟？先生嘗云：「……又一為我對於中國文化的展望。乃就現代學風崇洋蔑己者進一言，求能無乖於大道，則所謂西方新學，亦固可有大裨益於我故有傳統之演進也。」語見《中國學術通義》，〈三版弁言〉，臺北：臺灣學生書局，1984。錢先生多言中國文化的正面表現；相對的，比較少說負面狀況。此招來非議。這使筆者想起業師唐君毅先生對類似的指責所作出的回應。師說：今人對中國文化責難的已夠多；我多說一些正面話，旨在稍作平衡矣，非不瞭解中國文化中固有其糟粕在。唐先生的回應，一時忘其出處，或源自課堂上之講話亦未可知。錢先生論述、比較中西文化時，蓋亦源乎同一理念。其志可嘉，其情可憫。

[24] 余英時，上揭書，〈自序〉。其實，廿世紀中國史家中，其他具中國情懷的史家正多。是以馬氏此語，吾人不必認真看待。

## 三、先生治學之另一目的：修養心性、增廣見識

　　中國讀書人（或所謂「知識分子」）素來有兩抱負或兩期許：修心養性；經國濟世。[25]錢先生抱書生報國志，造次必於是，顛沛必於是；窮達不稍易其志，真可謂大丈夫也！其著書立說，以至辦學的經國濟世的表現，已詳見上一節。今者再申述其治學之另一目的：修養心性並增廣見識。先生說：

> ……我們果能用這樣般的眼光來讀書，自能增長了自己的見識，抑且還提高了自己的人品。不是定要讀論語孟子，纔知講道理。讀歷史則只講事情，其實在事情背後也還有一個道理。（頁106）

又說：

> 我們把前人已有定論的來潛心研求，自可長自己見識，訓練自己工夫。（頁5）

又說：

> 讀《史記》可長一套聰明，一套見識。實際上，我並不是要學史記，乃是要學司馬遷。你有了這一套聰明和見識，隨便學那一段時代的歷史，總是有辦法。（頁83）

---

[25] 然而，正所謂「達則兼善天下，窮則獨善其身。」達不達，很多時候，不是操諸在我的；而是有賴客觀條件或所謂客觀環境的。獨善其身，則比較可行。然而，也不盡然，在過去帝制時代（甚至今天在極權專制的國度裡），在上者不讓您退居山林，您就連獨善其身也做不到。徐復觀先生多次指出，政治掛帥的時代（帝制時代尤其顯然），人的一切活動（含今天所說的積極自由和消極自由），似乎都是沒有必然保障的。所以活在今天的我們，實在應該知福和惜福了。當然，如果能夠再進一步去培福與種福（佛教的四種福報，大抵指此），那就更理想了；也可說更是知識分子的責任所在了。但這是題外話，不多說。

錢先生在《名著》中不知強調多少遍，讀一書，不光是瞭解該書便了事。其實，書的背後便是人──作者（史書所記述者，其主要對象，也是人；或縱然記事，但事之背後，即把事實踐出來的，還不是人？）。我們要對其人有真切的瞭解，掌握其精神，否則所謂瞭解其著作，恐怕只是一個浮光掠影的認識吧了。

　　史家有所謂三長或四長。才、學、識、德，是也。先生在《名著》中沒有花很大的篇幅特別談論這個問題。然而，上引文說到「增長見識」，這可說已觸及「識」方面。「潛心研求」，當然可增長人之「學」。司馬遷自是史才橫溢無疑；錢先生教人學史遷，當然也含「才」這個面向。至於「德」方面，先生說：「寫歷史人儘要有斟酌，不能一意偏私。」（頁 251）又說：「一位史學作者應有其自己之心胸與人格。」（頁 105）這些都是衝著「史德」方面來說的。先生乃以此教導後學。其實，其本身之治學、治史，皆以此為繩墨。

　　至於先生「我並不是要學史記，乃是要學司馬遷。」一語，頗值得一說。《史記》所記者，事也。（當然，事之背後是理；今不詳說。）先生不是要學《史記》，即等同說，不是要學史事。其實，先生一輩子治學和教學的重點是要求自己，當然也要求人（學生及一切讀其書的讀者）學做人──做一個頂天立地的人（其相關面向非常多，不細說）。而所謂要學司馬遷，就是要學他做人做事的各種本領、能耐（含態度、精神等等）。當然，史遷各種相關表現，其背後的使命感和面對大皇帝各種非理性的舉措而頑強地做出不屈不撓的回應，恐怕更是我們學習的重要對象。[26]

　　治學最怕跟風、強己從人。縱使勉強有所成，又何苦來由呢！先生即

---

[26] 「大皇帝各種非理性的舉措而頑強地做出不屈不撓的回應」一語，尤其是此語中「大皇帝各種非理性的舉措」一詞，不見得錢先生會同意。但相信業師徐復觀先生是必然同意的。徐先生相關論說，見所撰80,000字〈論《史記》〉一長文，收入《兩漢思想史》（臺北：臺灣學生書局，1979），卷三，頁 305-442。該文的論點，筆者極為佩服，嘗予以發覆，見拙著《政治中當然有道德問題：徐復觀政治思想管窺》（臺北：臺灣學生書局，2016），頁 347-393。

說：

> 他（章學誠）說學問應該從自己性情上做起。……任何人做學問，都該要在自己性情上有自得，這就開了我們學問之門，不要在外面追摹時代風氣。我想對章學誠的史學暫緩不講，只就這一番話，便可做我們的教訓。（頁 316-317）

治學治史，對錢先生來說，是可以增長見識並陶冶人品人格的。但為學又須本乎性情。筆者深信有真性情始有真學問。性情真切，則人品人格自然高尚。故人品、性情，實一也。一般來說，為學可以提昇人之品格、陶冶人之性情。然而，必須具高尚之品格、真切的性情，其學始可底於成。是以學問與品格性情，實互為因緣，相互推移，相輔相成的。

治學既有助於增長見識、提昇人格，其用可謂廣矣。但如何始可以使治學之心不至於懈怠呢？否則識見之增長與人格之提昇便有時而止，豈不可惜！先生嘗於此指示門徑。為學經常要問（具問題意識），且要有大問題在心中。「……抱負自大，……至少使你做學問可以不厭不倦。」（頁 61）做學問，不能以解決一個小問題為滿足；反之，必須有大抱負，期許對歷史上的關鍵大問題，尋研其答案。中、小問題的逐個擊破，大問題始可獲得解決。做學問，我們不是不可以針對小問題來做。但是，這個小問題及其他眾多的小問題、中問題，必須是大問題中的一個環節、為整體中的一個部分。大問題的解決，不是一蹴而就的，我們必須一個一個環節來做。既有一個大問題作為有待解決的目標，我們便會把它所涵的小問題、中問題，一個一個的做下去。如是做學問便不會產生厭倦。記得業師嚴耕望先生（1916-1996）教人治史，是教年青人先做小問題，但這個小問題必須與其他小問題相關，可相互串連起來成一條線，而此線與彼線又必須可以串連起來而最後成一個面（網絡）。否則，各個小問題只是各自孤立的一個點，互不相干；此則有如繁星之滿布天際，然而，若各自孤明獨照，則產生不了交光互映耀目的亮光的。如治學可以增長見識、提昇人格，則不厭不倦的針對小、中、

大各個問題、各層次的問題尋研下去，則識見與人格當可成正比的增長和提升。按：筆者恆相信，德性可以自我挺立（即：道德可以自我建立起來；業師君毅先生便恆強調道德自我之建立）；然而，在挺立或建立的過程中，固不排斥外緣；即外緣未嘗不可以為助力也。而（旨在增長見識之）治學，固可扮演助力之角色也。

## 四、守固、創新與隨時

　　錢先生論學，其思想是相當開放的。不要以為先生對中國傳統文化鍾愛有加，便一定是一個頑固的守舊派，不知隨時變通，更不會欣賞創新。其實，先生既保守持常[27]，又與時俱進，更富於創新。

　　今人每輕言改造，以為除舊迎新便一定是好的。先生則說：「改造未必是進步。進步必是由舊的中間再增加上新的。」（頁 86）又說：「新史學亦要從舊史學中來。」（頁 134）這都是教人不要忘本。若必把舊的連根拔起，則新的恐怕也來不了。學術重開創，不能炒冷飯。這是學術界常識。王爾敏先生《史學方法》一書特闢一章節論述選題撰文。其中最有價值的論文是開創性的。[28]前人從未做過的題目，你拿來做，並做出成績，這是最有價值的研究。然而，這類題目，是可遇不可求的。前人從未做過，且是有價值的史學課題，恐怕不會太多。反之，某題目前人已做過，但成績不理想，譬如論斷有待商榷，或史料蒐尋未足備[29]（或雖足備，但與論旨不相應，甚至

---

[27] 說到保守，一般人恆認為保守是要不得的一種心態或作法。唐君毅先生則不以為然。先生之說法對筆者深具啟發。其說法見唐君毅，〈說中華民族之花果飄零　保守之意義／保守進步與價值意義〉，《說中華民族之花果飄零》（臺北：三民書局，1976），頁 13-17、23-29。羅義俊先生對唐先生的說法，嘗有所探討；見下文：〈文化悲願與傳統護法——論唐君毅先生對「保守」之價值釐定〉；文見 https://www.sohu.com/a/118584294_523132；瀏覽日期：2024.01.09。

[28] 王爾敏：《史學方法》（臺北：東華書局，1979），頁 253-254。

[29] 當然，完全的足備是不可能的，且何謂「足備」，恐凡做過研究的學者，都無法回應這個問題。然而，相應的足備且相當的足備，恐怕是必要的。且研究者更不應把對自

全不相干，又或雖相應相干，但不足以支持其判斷／結論），或論述不清晰，又或架構不嚴整等等都是。這便提供了吾人大展拳腳的空間；在前人已有的成績上，再往前邁進。錢先生對此亦深有體認。他說：「……諸位莫誤認為學問必待創闢，須能承續前人成績，此亦至要。」（頁 5）「前人成績」為固舊之物，承續之，即固守之之謂。能全然有所創闢[30]，固大善；否則，守固以開新，亦可喜。其實，依錢先生和唐君毅先生，開新必來自守舊，即必以守舊為基礎而始能理想地開出新局；否則，此所謂「新」，乃好比無源之水，無根之木！如此淺薄的一個東西，是經不起考驗，經不起挫折，而難以屹立不搖而成為一個新典範的，更不要說藉以建立一個"新傳統"了。

綜括上文，吾人得出如下結論：創新要有基礎，「固舊」是也。守固為的是要創新。先生為學，守固，可謂手段也；創新，則其目的也。然而，先生又非徒為創新而創新，否則標新立異，則創新亦趨時髦、逐風氣而已。先生之創新，旨在順應時代之呼喚，鑒古以知今，裨益於當世而已。先生撰《國史大綱》一書，可謂中國通史教科書中一極大的創新。其流行學術界、歷史教育界近百年而不稍衰，其成就之大、貢獻之卓、影響之深遠，不必多說。然而，撰著此創新性鉅構，其發機動念，不過為順應時代之需求而已；國難當前，為中華民族、為中華傳統文化不絕如縷的命脈，發出獅子吼而已。非對國史具備「溫情與敬意」的信念，實不足以至乎此。先生以此期人，其實，亦以此自期也。其〈引論〉曰：「……材料累積而愈多，知識則與時以俱新。歷史知識，隨時變遷，應與當身現代種種問題，有親切之聯絡。歷史知識，貴能鑒古而知今。至於歷史材料，則為前人所記錄，前人不

---

己的論斷不利的資料，故意輕忽掉、甚或視而不見。當然，竭澤而漁，務求足備，即所謂「上窮碧落下黃泉，動手動腳找東西」（傅斯年名言），永遠都是研究者鵠的之所在。上引傅氏語，見〈歷史語言研究所工作之旨趣〉，《中央研究院歷史語言研究所集刊》，第一本第一分，1928 年 10 月。

[30] 創闢固善，但不能為了創闢而亂創闢（即無聊的開創，無關宏旨而自以為是的開創。）創闢要對己對人真能達致有所收穫才算數的，此即所謂創獲也。

知後事,故其所記,未必一一有當於後人之所欲知。……」[31]可知錢先生撰著這本創新性鉅著《國史大綱》,其目的便在於使歷史知識符合時代需求、與時俱進。

一言以蔽之,先生之治學,其所以守固,乃務在創新,而創新又旨在隨時(即與時俱進)。隨時始可大可久,裨益當世。[32]

## 五、博約與會通

胡適之先生曾說過:「為學要如金字塔,要能廣大要能高。」[33]王安石又嘗說:「世之不見全經久矣;讀經而已,則不足以知經。」(王安石〈答曾子固書〉)所以為學貴能博,但不能泛濫無所依歸,故又貴能會通眾博以成一是,此即所謂約也。要言之,治學貴能博而後返約。而胡適說到的「高」,筆者以為必以約(簡約)為要旨,為終極歸趨,否則在廣大的基礎上全面增高(此則異乎金字塔式的從底部為起點而朝著中軸線的上方不斷收窄加高),最後恐必泛濫無所依歸。

錢先生治學,博約、會通之言詞,數見,不一見。博,簡單來說,就是要多讀書。先生說:「……博便要多讀書,多讀書後,能從大處歸納會通,這

---

[31] 《國史大綱》(臺北:臺灣商務印書館,1985),〈引論〉,頁1-2。

[32] 筆者以為「隨時」正係史學家之為史學家也。經學家言理,偏重理想;史學家言事,側重實務。既以實務(現實、大勢、當前大環境)為重,故隨時為要。隨時遂猶同務實,即只有隨時(與時俱進)始可能真真正正的務實。由此或可見側重實務,始可使人成為務實者。當然,中國傳統史家,亦絕非不言理想者。反之,經學家,亦非不務實者。以「言理」、「言事」以區別兩家,乃特就各有所偏重而為說而已。依筆者淺見,說理和言事,皆應兼顧。僅說理,則不免空洞迂闊不切實際;僅言事,則不免遺落理想和丟掉做人做事的原則。而後者尤不可。換言之,筆者以為寧可做書呆子,也不可喪失掉理想。否則如一概向現實低頭,吾人便不配稱為人了。

[33] 這是胡氏談「讀書」的一次演講場合中所說的兩句話。其演講內容原載於1925年4月18日《京報副刊》。今轉引自下文:夢翔優課,〈胡適談讀書:為學要如金字塔,要能廣大要能高〉;https://www.sohu.com/a/390602039_99948639;瀏覽日期:2024.01.09。

就是約了。」（頁 139）又說：「做學問要能會通，就先要能『博』，博了才能通。學愈博，則所通愈大。」（頁 249）用現代語來說，博就是具備多方面的資訊。而多方面的資訊便構成你日後通的基礎／基料。如果你不具備這些基料，則你的所謂通便無從談起；你沒有本錢嘛！

　　錢先生的學術，自然以史學方面成就最大、著作亦最多。然而，先生治史，所以經世也。中國傳統學術，其經世之旨最彰著明白者，莫如經學。所以錢先生論博約、論會通，恆以經史對舉以為說。先生嘗言：「……夫治經終不能不通史。」[34] 反過來亦然。先生說：「諸位不要認為自己學歷史，可以不學經學。」[35]（頁 4）其實，經史之分乃魏晉以後圖書分類法上的方便而已。《漢書‧藝文志》尚無此分類；史書概隸六藝略中之《春秋》類下。錢先生治學，最擅長辨章學術，考鏡源流；即嘗指出說：

> 做學問，便該求一個通。不能說我學史學，不問經學，那麼古代史學經學不分，只知有經不知有史，不通當時的經學，便不能講那時的史學。（頁 31）

　　先生治史，固強調要通經。但子、集亦須涉獵。以下說明可為證：「諸

---

[34] 《兩漢經學今古文評議》（臺北：三民書局，1983），〈自序〉。

[35] 錢先生這個判語讓筆者想起業師章群教授（1925-2000）之相關判語。按：章老師乃筆者新亞研究所碩士論文《趙翼史學研究》的校外考試委員（猶記得口考日期及通過日期為 1979 年 7 月 7 日。7.7 之重大意義，不必細表。此所以筆者永遠忘不了此口考的日期！）。彼針對拙碩論所撰寫之審查報告（1979 年 7 月 10 日）計有五點；均切中肯綮。筆者至今不敢或忘。其中第三點意見，與錢先生的看法實相一致，真不愧錢先生之高足也。今開列如下，示不忘老師提點補正之恩惠：「史之大原，出於《春秋》。經學常為史學之指導思想。中國史學家見識之深淺，常繫於其經學造詣之深淺。案：清儒所謂漢學者，實指經學之研究，雖多為餖飣考據，然趙氏（筆者按：乃指趙翼）生當斯世，於經學不能無所窺，今趙氏所著《陔餘叢攷》，有涉及經學者，特其旨趣，仍在歷史考證。論文於此，未嘗注意及之，實屬遺憾。」章老師之〈審查報告〉，附見拙碩論卷首。今轉瞬師歸道山已屆滿 25 年，當時不克多所請益，悔之無及矣。

位研究史學，幾部大書便夠。還有工夫，不妨還讀點文學，讀些儒家經典，如論語、孟子之類。」（頁 198）所謂「幾部大書便夠」，讀者不要誤會，以為錢先生在這裡不要求人讀經書！他的意思是，就治史方面來說，最要緊的是先讀幾部大部頭的史書；絕不是教人經書便不必讀了。

　　錢先生很佩服章學誠，其原因固然很多。章學誠治史，是視史學為整個中國學術發展中的一環看待它的，不是把它孤立起來，視之為全然獨立的（全然獨立，恐怕便成孤立！）、與其他學術全不相干的一門學問來研究它。這是錢先生最欣賞章學誠之處。其實，錢先生治史，其用心正同。學誠先得其心，此錢先生所以揄揚讚嘆也。先生更斬釘截鐵的指出說真史學必不能不與其他學問相通貫。他說：「在今則不認為有一種學問可從別種學問裡劃分開來，互不相關。倘使僅為史學而講史學，這決非真史學。」（頁 192-193）

　　先生的研究重心固係史學，但絕不以此而輕視其他學術。史學不能自我孤立，而必須通貫其他始成真史學。其他學問亦然。先生即說：「史學並不能獨立成為史學，其他學問都一樣，都不能獨立自成一套。」（頁 336）先生「做學問不能自限」（頁 16）等等言論，《名著》中尚多，不擬一一徵引。

　　總之，要成為一個大史學家，必須要博，必須要會通他種學問。清人嘗云：「一事不知，儒者之恥。」（此語蓋源自揚雄《法言》中下一語：「聖人之於天下，恥一物之不知。」）古人恆以「通人」自許，亦以此許人或要求人。所謂「專家」，是古人不屑為的。但在今天知識爆炸，資訊極度發達的時代，要做無所不知的通人，不啻痴人說夢囈。錢先生豈昧於是？所以嘗提出一個折衷的說法：「……諸位縱不想做一通人，一意要做專家，但在你所專之內總該通。」（頁 287）這個折衷性的說法，就今天治學、治史來說，可說是不得已，但亦是最可行，最鼓舞的一個說法。否則，依錢先生以上的說法，治史者，既要通經，又要通子部、集部，恐怕聞者莫不卻步。推而廣之，今人治史，更有所謂要懂得很多種輔助學科、工具學科。如果我們不能依研究領域之所需而作篩選檢別，則必至頭白可期，治史無日之境地！

所以錢先生「在你所專之內總該通」是一個既可行，又最富鼓舞性的說法。先生嘗舉《明儒學案》為例作說明；意謂就是專治明代史，總該懂得《明儒學案》。（頁 287）按：《明儒學案》引錄明代學人著作、語錄之處極多。治明史，《學案》為絕佳材料，此所以錢先生極重視之。此外，先生認為歷史事態，要不出以下三者之外：政治制度、學術思想、社會經濟。[36]《明儒學案》係瞭解明人學術思想之絕佳著作。先生既重視學術思想，則研究明代史者，先生豈容許其不懂得《明儒學案》？！治明史當懂明代之學案，其論說已見諸上文；而治明代（或任一朝代），又不得僅懂得明代（或該一朝代）為已足。先生說：「竊謂治史者當先務大體。……當於全史之各方面，從大體上融會貫通，然後其所見之系統，乃為較近實際。」（語見《中國歷史研究法・附錄・略論治史方法》）又說：

> 治史而言系統，固非易事。然若謂歷史只是一件件零碎事情之積累，別無系統可求，則尤屬非是。……歷史範圍過廣，苟非先立一研尋之目標，以為探討之準繩，則史料盡如一堆流水帳，將見其搜之不勝搜，考之不勝考，而歷史仍不過為一件件事情之積疊，將終無系統可言。（出處同上）

所以儘管你的專業是明代（或任一朝代），但全史（歷代通史）之各方面，總要知其梗概，否則「周秦不相因，古今成間隔」，[37]知識便不成系統。用今天的話來說，個別的資訊構成不了系統的知識，更成就不了學問。

---

[36] 《國史大綱・引論》，頁 8。

[37] 語出《通志・總序》。古今周秦相承相續的問題，讓人想起事件間的因果關係這個問題。有謂就事件來說，其間只有前後承續堆疊的一種關係，根本說不上前者為因，而後者乃係其果。就西方來說，亞理士多德、休謨、康德、黑格耳、羅素、懷特海等等，討論綦詳，而各有所見。我國與印度之相關論說，亦每每勝義紛陳。詳參唐君毅，《生命存在與心靈境界》（臺北：臺灣學生書局，1977），上冊，第七、八兩章，頁 223-302。

綜上所述，縱使你只想成為某一朝代的歷史專家，不以通人自許，但你至少要橫通此一朝代之各歷史事態（各文化領域），並要縱通此一朝代之上下各朝代，務識其大體。換言之，今日治史，縱使不自我期許要通貫經學、子學及集部諸書，但縱通全史各大端，並橫通某一斷代之各文化領域，恐怕仍然是需要的，否則要成為專家都不夠格呢！

治史要博，此上文已述及。博者，多讀書之謂，此上文亦已講過。而用以治史的所謂「書」，吾人常稱之為「文獻」或「紙本的史料」。然而，「文獻」一詞，照《文獻通考》的作者馬端臨的說法，「文」、「獻」各有所指。今不擬細表。錢先生嘗作詮釋、解讀。先生說：「簡單講，文是指書本，獻是指人物。……要研究學術，一定要有兩個條件。一是圖書館，要藏有很多書，這即是『文』。又一定要合理想的、標準的教授，這就是『獻』。」（頁 268-269）然而，研究歷史，為甚麼一定要有合理想的、標準的教授，即所謂活的「獻」呢？依錢先生意見，這個活的獻，對我們所研究的歷史，可提供意見和評論。[38]換言之，是可以增長我們的識見，開啟我們的智慧，是刺激我們，甚至提供我們研究的新觀點的。由此來說，我們治史，便不能沒有文，且亦不能沒有獻。

筆者教授諸生史學方法一課時，便經常向他們強調，研究歷史，就文本方面來說，需具備兩個條件，猶走路需要兩條腿。一為原始資料，這如同上面所說的「文」；另一則為前人研究的成果，此即好比上面所說的「獻」，亦即錢先生所詮釋的「各個時代的許多人的意見和評論」。上文說到治史要博。錢先生對「文」、「獻」的詮釋，正好是「博」最好的註腳。

先生指出治學必求會通。其實先生在生活上亦經常自覺或不自覺的得其

---

[38] 錢先生原本的語句如下：「……其實馬端臨的《文獻通考》此一著意之點，乃是跟隨杜佑的《通典》而來。我們已經講過杜佑《通典》，不僅講到每一種的制度，還詳細地講到對於某一制度經歷了各個時代許多人的意見和評論。」（《名著》，頁 271）提供意見和作出評論的「各個時代的許多人」，不消說，自然包括錢先生所說的教授在內。教授既被錢先生視為活的「獻」，那麼，「各個時代許多人的意見和評論」，依錢先生之意，當然也是「獻」了。

會通。此雖題外話,但亦可見先生學術與生活之合一不隔。是以附帶舉例作一說明如下。先生嘗參觀一空軍基地,並進入一軍機之駕駛艙內。熟視飛行員周遭之精密儀器後,頓悟飛行員與其周遭之精密儀器,必須其心與此等物結合為一體,否則無法發揮其各種功能,並藉以有效地執行軍機之各種飛行任務。先生言禪宗祖師只求心繫一處;宋儒講萬物一體、民胞物與,亦正緣自心繫一處而得出的一結果。先生由此悟得飛行員與軍機之操作關係,亦猶是也,即正係專注,或所謂心繫一處,而得出與物結合為一體的結果也。[39] 參觀基地、飛機,本與先生之治學扯不上任何關係。但先生竟能有此會通;則其生活與學術之通融,可見一斑。

## 六、論如何讀書

上兩節討論治史、治學(即做學問)之精神要義。本節討論讀書的目的和要領。

錢先生在《名著》及其他著作中反覆申述的是:書的背後是人(作者),故讀一書應對其人有所瞭解;讀者要領悟其精神,並掌握書中的大義要旨;讀書要一部一部好好的讀,不要只是為了做論文而翻書,尋找相關的材料而已;光有材料和方法,成就不了學問。

以上各點,容稍作申述。錢先生說:「讀其書,必該知其人。」(頁164)又說:「在每一部書的背後,必然當注意到作者其人。」(頁 10)假若我們所研究之對象為歷史上某學者之某一著作,然而,未嘗知悉其人之教育背景、家庭狀況、宗教信仰及其個人人格特質等等,我們是很難深切地瞭解其著作的精神要旨的。[40]先生又說:「諸位不要認為學問則必是客觀的,

---

[39] 〈序〉,《中華文化十二講》(臺北:三民書局,1987)。

[40] 近日讀孫國棟先生(1950 年代錢先生任教新亞研究所時之高足)以下一文:〈珍重珍重——我對新亞校歌的體會〉,其中有一語云:「......所以要了解校歌,體會此校歌的精神,必須了解作者錢賓四師創辦新亞書院時的心境和他的教育理想。」孫先生此語正好印證了筆者的說法。此語見上揭《生命的足跡》,頁 87。

其中也有做學問之人之主觀存在。」（頁 13）這個說法，深具啟發性。筆者近一二十年來才體會到，「做學問必須客觀」這個說法，其實並非見道之言。要言之，文科研究的對象恆為人，而研究者本人也是人。作為研究者的今人，如果對被研究的古人，不透過一種主觀的，即切身處地的，同情諒解的契入（或所謂神入），則古人之心思恐恆為不可知者。簡言之，要獲得深入的了解，研究者本人之"主觀"（即錢先生所說的「主觀存在」），乃為不可或缺者。[41]如果讀書只是為了打發時間、消磨時日，那當然可隨便任意的左翻一書，右瞥一冊。反之，如果是為了做學問或其他更有意義的目的，那「讀書該一部一部地讀」（頁 87），「便該了解這一作書之人，每一部書應作一全體看，不專是零碎的拼湊，不專為得些零碎知識而讀書。」（頁 13）

　　史學重要的名著，我們總該如錢先生所說的，「一部一部地讀」，把每部書「作一全體看」，予以細讀。先生認為每段歷史背後總有一番意向（先生或稱之為「史意」），治史就應該認識這個史意。（頁 154）同理，每一本書，尤其史學名著、史學鉅構的背後，又何嘗沒有史家的一番意向在呢？這個意向，就是史家的精神、史家的思想。這個精神、思想在其史著中可藉各種型態、方式予以表露的。此或見諸全書之結構布局，或見諸章節之安排，或見諸篇幅之繁簡，或見諸行文語氣、遣詞造句，甚或見諸表歲紀年之方式等等。史家或隱約其辭，或明白表述。[42]總之，不一而足。《春秋》、

---

[41] 就文科或社會學科的研究來說，研究者在研究的過程中，恆"介入"其中而扮演一定的角色。針對此問題，西哲已做過不少探討；法儒 R. Aron 即係一例。筆者嘗譯注其大著《歷史哲學導論》中〈導言〉的部分（見本書附錄六）。讀者並參即可知悉所謂客觀研究，其實仍免不了有研究者介入的主觀成分。而且此介入乃不可避免且理想的研究所不可或缺者。

[42] 這各種的表達方式，就《春秋》來講，就是其義法所在。《春秋》的義法，可約為三，即書（書寫下來），不書（不書寫下來），如何書（怎樣予以書寫下來）。其實，書和如何書，是合為一體的，即二而一的。因為既要書，則必得具體表現出來才算數。否則如何可稱之為書呢？今不展開。所以上面所說的「三」，其實，只是「二」而已。換言之，《春秋》的義法，只是兩項。而二項中，書一項，比較簡單。

《新五代史》等書的書法、義法即史家精神、史家思想見諸史著之顯例（即史家藉著書法、義法以落實其精神、思想）。先生說：「史學上更重要的，是寫史人的義法所在。這可說舊五代史根本不能同新五代史相比。」（頁205）與《新五代史》相比，《舊五代史》向以資料翔實見稱。但先生所重者乃史意／史義。所見既在彼，宜乎揄揚稱許歐公之《新五代史》也。同理，先生讚嘆《春秋》遠過於篇幅十倍於《春秋》的《左傳》。此亦以前者重義，而後者重事故也。事實易曉而義理難知。因此，非把一書「作一全體看」，且「從大處用心」（頁139）不可。先生再三叮囑，正以此故。

有些書，譬如中國的古籍經典，是需要精讀、細讀的。然而，亦有不盡然者。即以所謂中國的首部史書——《尚書》來說，先生即教人「今天讀《尚書》，只求得其大義便好。」（頁2）原因在此不細表。我們要注意的是讀任一書，必須先求其大義。該書之精神，以至作者撰該書之構思、意圖、目的，我們須把握得住。至於其他，那是比較次要的。

為了把握一書的精神大義，得讀全書。這點上文已說過。但全書中又以那一部分為最要呢？錢先生對此是有所開示的。他說：「諸位要懂得，讀一部書，該注意讀這書的作者自序。」（頁74）又說：「諸位讀史記，首先該讀史記的自序，第二要看史記的目錄。」（頁91）《史記‧太史公自序》是一篇大文章。舉凡其家世、思想，以至撰史的動機、用心，〈序〉中都是有所表白或流露的。其中更把全書一百三十篇的內容，逐篇作簡介。讀〈自序〉可知全書的精神大義，讀目錄則可知全書之基本內容（即處理何種課題）。任何一位讀者讀這兩部分，相信都一定會獲得這兩項資訊的。然而，細心的讀者、頭腦較靈光、反應較敏銳的讀者，其所獲得者又不止於此。書中各篇排位的序次、傳主的稱謂、何以某些人得立紀、立世家、立傳，而他人則否，或何以立傳而不立紀等等很關鍵，但很精微的問題，目錄

---

因為既已書寫出來，則讀者細加研究，總是可以領悟其意旨的。最難者，乃作者「不書」之處。蓋於不書之處而領悟到（其實是猜測到，猜想到）作者之用心，其事之困難可想而知。然而，弔詭的是，不書之處，又恆為作者最用心，即最在意之所在。讀者苟不能心領神會而得其究竟，則作者的該著作，其實，便不必讀了。

中都可以揭示若干消息。（當然，若連同《漢書》的目錄對讀，其消息便更見明顯。）至於察悉與否，則全憑讀者之觀察是否細密及心思是否機敏為斷。總之，一書的〈自序〉及目錄，乃可謂該書的靈魂所在，絕不可錯過；是以最宜先讀。

　　至於針對整本書，又如何讀？筆者讀錢先生書，乃獲悉如下的訓示，其大意謂：讀前探研、讀時札記、讀後掩卷深思。此讀書三部曲也。所謂「讀前探研」，意謂假設我自己是眼前要讀的書的作者，則設身處地，我將如何處理該書的課題呢？即內容該包含些甚麼？章節作何安排？運用何種材料、何種方法來進行研究，並進而予以表述呢？我們不妨把各種構思或各種想出來的答案，一一寫將下來，並予以分類彙整。隨後我們始進行第二部曲：「讀時札記」。即把上述各"答案"寫將下來並彙整之後，我們才正式翻開該部要讀的書，讀其自序、讀其目錄、讀其各章節。讀的過程中，千萬要邊讀邊作札記。再者，第三部曲隨之而來：「掩卷深思」。即把該書蓋起來，然後好好回思、尋索、玩味書中的大旨、內容。此時第一、第二部曲會發酵並產生提醒的作用。讀者自然而然的會思考、對比書中內容與自己原先所構思者的異同。同者自當可喜，異者吾人當進一步思索反省到底是己優彼劣或己劣彼優等等問題。這樣的一個對比過程一定會使您對相關內容產生非常深刻的印象；並產生賴以取捨、改進的一個契機。至於先前所作的札記，乃旨在提醒備忘，兼且可作為爾後之應用。所謂「爾後之應用」，主要指的是當您真的要自己撰寫同一課題的一本書時，該等札記便可以在一定程度上充當素材之用或所謂參考資料之用了。

　　筆者年前教授史學方法一課，必以此讀書三部曲開示諸生。實行此三部曲並不困難，方法亦至簡易。然而，諸生，甚至筆者本人，每不能實行之！何以故？毅力不足故也。以此法讀一書不難、讀二書亦不難、讀三書也不難。困難在於凡書皆以此法讀之，則非有過人之毅力，持之以恆，並養成一習慣不可。錢先生深悉其中的甘苦；指出說：

　　　　現在該要一番掩卷、深思，這是做學問千萬要記得的一個習慣，或說

一番工夫。能學到這一點,做學問一項很大法門已開在這裏了。(頁58)

錢先生最討厭人讀書只是為了找材料寫論文。讀書是為了成就學問、增長見識、提昇人格。(此詳見上文一、二節,今不贅。)讀書如「僅能一段段一項項找材料,支離破碎,不成學問。」(頁 88)先生更叮嚀「千萬不能照現在的讀書法,只揀一個題目找材料,自己的見識學問不得長進。」(頁 227)好好細讀一部書,則學問、見識及人格,水到渠成,自然且必然的會有所增益、提高。然而,在誦讀之時,我們又不必刻意以此為念。記得梁啟超談論治史的目的時指出,治史以致用為依歸,但必須先去其致用之念。假如此念先橫梗胸中,則治史時必不客觀超然。錢先生之意見正同。他說:「諸位讀書又應有一種無所為心理,只求細心欣賞。」(頁 227)這是說,讀一部書不要先存求學問、求識見、求提高人格的念頭。這是有所求而為,這是對不起該書撰著者,且是以自我為中心的為己設想的一個行為。這個念頭必須剔除;而只求細心欣賞。記得唐君毅先生在某著作中說過:作者付出大心力撰著一書,我們作為讀者的便該好好細讀,否則對不起作者。錢先生之意正同。求學問、求識見,甚至求提昇人格的一種高尚追求尚且先擱一旁,則其卑下者,只求從書中找材料,藉以揀題目寫論文,以求攫取一學位,則當然更是錢先生所鄙棄的了。先生在《名著》中斥責讀書只為求找資料寫論文的文字,隨處可見(如頁 55、77、105、326),不煩徵引。此外,先生又最討厭所謂掌握一套方法便可成就學問的說法。他說:「……於是高抬方法,重視材料,一切學問只變成一套『方法』,一堆材料而已。」(頁 307)推尋先生之意,做學問不是不要方法,也不是不要材料。但治史,絕不是重要的書都不看,只看幾本時下坊間流行的史學方法、歷史研究法的書,憑空獵取一套方法,便視之為萬靈丹、神仙棒,以為據此便可以研治各種史學課題!材料乃係研究歷史之必要條件。錢先生再笨,也不會輕視之。但材料恆藏於史著之中。我們做學問,便當紮紮實實的、認認真真的一部書一部書讀。若全書的精神大義、作者之思想意圖,一概不聞不問;讀其

書，只是翻著看，旨在找幾條材料來論證一個說法，甚或只是為了證成己說，這絕不是讀書應有的態度；做學問更不應如此。

據空洞抽象的方法和亂湊而不成系統的材料，依筆者之見，最多可寫成文章；但絕對成就不了學問的。[43]錢先生予人以高度的期許，宜乎嚴斥之詞，《名著》中數見，不一見了。

## 七、先生治學之其他卓見

錢先生討論讀書、治學、治史的意見，尚有很多。以篇幅所限，現今不再分節討論，而一概在「其他」一目下，分別論述之。

茲先說「做學問要會疑」一點。錢先生要人仔細讀書，指出「讀書貴能熟」。（頁 82）然而，「貴能熟」，絕不是要人照單全收之謂。既要熟，又要仔細，那麼書中有問題的部分，便自然會被察覺出來。所謂察覺當中有問題，即懷疑之謂，也可以說是懷疑下的結果。能夠產生疑心，而不人云亦云、不照單全收，那是學問得以超越前人，往前邁進的一絕大原動力。先生說：「……故說做學問要會疑。『會』者『能』義，我們要能疑、懂得疑。……疑了自會發問。……」（頁 58）發問是自問也好，問人也罷。總之，依其問而進一步思索之、探討之，則學問便油然生起。前人即嘗說：「學問先要會疑；於可疑處而不疑，不曾學。」所以錢先生極重視讀書要能疑、懂

---

[43] 然而，在今天（2024 年年底），我們也不宜怪責研究人員，尤其不要責難在學校教書的先生們。在功利主義的時代，在流行即食麵的時代，在少子化的時代，重量早過於重質了。在後段班的私立大學（即大陸所說的民辦大學）教書，能保住飯碗而把書教好，已經非常不容易了。在全校上下下拚招生之餘，倘能在萬忙中抽空寫出幾篇文章，早已變成一種"奢求"了。我們何忍怪責老師們只是找材料寫論文呢？無奈，實在無奈！2025.02.24 補充：在今日 AI 即將大行其道的時代，恐怕連找材料寫論文的工作，我們都沒有辦法勝過 AI 呢！換言之，除非有大學問、大創意可以寫出不被 AI 所取代的論文，否則，一般程度的文科研究者（即水平並不是很高或很有創意的研究者；筆者深恐大多數研究者，即如此），筆者真不知，他們還可以寫些什麼論文呢？！即，他們以後如何生活下去？！

得疑。先生疑《尚書》中周書以前各篇記載的可信度（見《名著》討論《尚書》的一章）、疑《國語》中〈齊語〉所載的管子非春秋時代的管子（頁50）等等，這都是先生會疑的顯著例子。至於疑《史記》及先秦成說而撰就《先秦諸子繫年》一名著，那更是能疑、會疑而成學、成名的一絕佳範例。

在這裡順帶補充一點。《古文尚書》之被識破為偽書，乃起因於學者之致疑。但《古文尚書》「中間有很多材料並不偽」（頁15），故仍有其價值在。況且筆者以為，吾人更可藉以知悉成書時之時代思想、時代風氣，故不能謂偽書便全無價值。

做學問、寫文章，一定牽涉到選題研究的問題。前面已經稍微提到過，為求自己的研究可以永續下去，我們必須先開闊心胸，先有一個宏大的企圖心，構思幾個大題目作為長期研究的對象。錢先生對此是這樣期許年青人的。他說：「……那能說中國已往歷史可全不管，又說中國無史學，無供我們研究之價值。我們該好好回過頭來看從前，該要排出幾個大題目來講，不該零零碎碎都找全不相干的小題目。」（頁127）以上引文中，錢先生所謂「……來講」，觀其上下文意，指的是「……來做」：做研究。然而，大問題的解決，不是一蹴而就的。幸好，大問題中常常包含一系列小問題。（這個面向，上文已有所提及）錢先生對箇中情況最有經驗心得。他指出說：「大答案研究不出，先研究小答案。大問題擱在一旁，在大問題中再舉出幾個小問題。」（頁60）先生的經驗之談，是既具深遠的眼光，又是切實可行的作法。再來，可以讓我們看出先生的研究是很能落實今天所說的以問題意識為導向的一種研究取徑；實是非常值得年輕研究者參考。

先生又常常談到史學（治史、寫史）應有三種型態（範疇）：考史、著史、論史。（頁88）對不清楚、有疑問的史事，加以考證辨析；這就是考史。對歷史予以重建、表述（細析之，其實是兩個步驟，就是先重建，然後予以表述。前者可說是一種科學活動，後者或可稱為文學活動也。然而，具體操作起來，這兩者又恆同時進行。）；這就是著史。對史事、人物、制度等等，予以議論、批判一番；這就是論史。考史旨在尋求、重建歷史上的實然／本然，著史旨在於彙整、陳述已知之實然，論史乃懸應然為鵠的而對實

然作一是非價值的判斷。

寫史（著史）該寫甚麼？先生很討厭只寫歷史上的動亂與突變。而認為「歷史不能只管突發事項，只載動與亂，不載安與定，使我們只知道有變，而不知有常。」（頁 243）「沒有寫出長治久安，安安頓頓的歷史」（頁 247），先生認為這是很不對的。先生《名著》中多處指出動亂與突變是西方歷史的常態，中國歷史的常態與國人所希冀者為安定與長治久安。今人恆以西方歷史的常態為準則來批評中國歷史及其相關記載（即批評史著），這是不相應的。

說到對史事的批評（論史），先生是很重視這種史學表現型態的；嘗說：「當知在考史寫史中無不該有論史精神之滲入。」（頁 105）考史在於弄清楚真相，寫史在於表白此真相。兩者皆為知性上的追求。先生治史，上文早已說過，是以經世致用為目的的。治史只為求真而不及於用，此在先生來說，不啻玩物喪志，於人心家國，是無所裨益的。先生治史必及於論，並以論為貴，其故即在此。[44]

---

[44] 治史（撰寫歷史），宜否發表個人意見、作出價值判斷，對史事、人物品評一番，筆者曾有一番掙扎。筆者治清代學術史、史學史有年，頗認同乾嘉諸子，如錢大昕、王鳴盛等人的見解。前者意見，見《廿二史考異・序》及《十駕齋養新錄》，尤其卷十七，〈唐書直筆新例條〉；後者意見，見諸《十七史商榷》，尤其作者〈自序〉。彼等皆認為「據事直書」即可，「不必橫生意見，馳騁議論，以明法戒。」用今天的語言來表達，便是說：只作客觀、超然報導，其事已足；不必下是非價值判斷。筆者原先是很同意這種撰史態度的。但最近二三十年則有所改變：認為如所作的價值判斷，於史事的陳述是有裨益、讓讀者對史事的瞭解有所補充的話，則下價值判斷便有其正面的價值功能。今舉一淺譬。氣象報告員於預測臺北翌日氣溫最高將升至 38℃或最低降至 10℃以下時，一定會隨即說，天氣非常炎熱，外出提防中暑；或說天氣非常寒冷，務必多穿衣服等等。於預測紫外線指數為 3、7、9、11 之後，亦定會隨即說「安心」、「注意」、「過量」、「危險」等字眼。按：溫度及指數為客觀的陳述；「炎熱」、「寒冷」、「安心」、「危險」等等用語，則為天氣報告員／中央氣象台針對臺北的氣象情況所下的主觀價值判斷。然而，如果不提供這些主觀的價值判斷，則恐怕很多對溫度或對指數沒有概念的聽眾或觀眾不一定會多穿／少穿衣服，也不一定會帶／不帶遮陽傘。所以具有專業知識的氣象報告員的主觀意見／建議，便絕對有其實用價值。同理，作為專業史家，他亦有義務提供其個人探研歷史之後之主觀意見

先生贊成史家論史，其意見已見諸上文。但論史／批評歷史，絕不能任性肆意為之。譬如今人不解古人而妄用今天所謂進步眼光而批評古人一切皆落伍、守舊、政治專制等等，先生皆不能認同。先生認為同時代人對該時代的批評才比較客觀。先生說：

> 譬如說今天要批評共產主義、極權政治，最重要的，要問在共產主義、極權政治下邊的人，他們對這個政治和主義抱怎樣意見，這才是客觀的真批評。（頁184）[45]

用今天的話來說，錢先生可說是最富歷史主義精神的人。他能夠回歸到當時的歷史情境、客觀局勢當中去而作出相應的批評。相反，如抽離一特定時空，純粹依個人之理想或後世的價值取向而妄議古人之是非，則根本上是一種反歷史的論史／治史的態度。此外，錢先生又指示人，「讀書貴能熟」、「不要急速自己發揮意見」。（頁82）此可見錢先生雖然認為論史為史學中不可或缺者，但絕不能恣意輕忽為之。

本節闡述錢先生以下的觀點：讀書要懂得懷疑、治學要具備解決大問題的企圖心、治史以論史為可貴。當然，《名著》及先生其他著作暢論治學、治史、讀書之文字尚多。然而，本節及以上各節所闡述者，大抵已涵蓋先生治學精神各大端，其他暫且從略。

---

（價值判斷）給一般的讀者。對史事作客觀陳述後，再加上個人論史的意見，其所以可貴，正在於可以指導讀者在生活行事上更妥適，或至少可以提供一點參考。總言之，對歷史所作的價值判斷，如能增進讀者對歷史的瞭解，或進而給出人生一正面的指導方向的話，則論史自有其價值在。可並參拙著《學術與經世：唐君毅的歷史哲學及其終極關懷》（臺北：臺灣學生書局，2010），第五章〈唐君毅先生的史學價值判斷論〉；《唐君毅的文史哲思想》（臺北：臺灣學生書局，2023），第五章〈唐君毅的偉大啟示——返本開新：中國史學上的褒貶傳統〉。

[45] 錢先生這個說法，在原則上是很可取的。但亦有不盡然者。因為在某種政治下、政體下或政權下過活的老百姓，他們也許已被洗腦了，有點糊塗了。是以他們的說法，也不見得作得準呢！

## 八、錢先生論點可商榷處及《名著》中若干失誤舉隅

　　錢先生論中西歷史及其史學，頗有值得商榷的地方，此上文已略為道及。原因在於先生對中國歷史及中國史學的「溫情與敬意」一旦流於溢濫時，便會相對的誤解，以至貶視了西方的歷史與文化。茲先引錄先生數則相關言論如下：

> ……現在該要新歷史了，但新歷史究在那裏呢？讓我說穿一句，諸位只想一意學西洋，但西洋這一套還比中國落後得多，……（頁69）

又說：

> 西方本先沒有歷史，遠從希臘、羅馬一路下來，到中古時期，悠長年代中，並沒有真像樣的歷史。到了現代的西方人，才要來寫歷史，但材料在那裡呢？他們的材料，零零碎碎，這裡找，那裡找，還要鑑別真偽，考訂異同。……（頁321）

先生對西方歷史或史學的誤解或不解，上兩段話可見端倪。類似言論，亦見諸他書。茲舉一例。先生說：

> 我們學歐洲，要學中國沒有的東西，中國沒有的東西是科學，不是政治哲學。至於講到政治哲學的真諦，歐洲人還要求之於中國。[46]

這恐怕亦是「中學為體，西學為用」的現代版本；即中國人重道，西方人重器的另一種表白。

　　先生又認為中國人對於人事及歷史最具智慧，嘗說：

---

[46]《中國思想史》，1975年4月再版，缺出版社與缺出版地，〈孫中山〉，頁170。

> ……但在此有一事，須先申述。中國民族是對於人事最具清明的頭腦的，因此對歷史的興趣與知識亦發達甚早。[47]

又說：「中國則為舉世惟一的農耕和平文化最優秀之代表。」[48]

以上的引文，乍看之下，會使人產生一種感覺，會認為錢先生是一個大漢沙文主義者。其實，我們必須先瞭解先生的個人抱負、終極關懷及其發言、為文的時空背景。在同情諒解、衷道原情的察悉觀照下，吾人對先生以上的言論，其實是不必過分認真看待的。[49]

《名著》為先生的上課演講記錄。演講較靈活，與學術專著不同。興之所至，無所不談；反而可藉以窺見演講者在學術專著中不便表達之個人意見。然而，有利亦有弊。其弊為較不嚴謹，言論較疏闊。《名著》中之優點，以上各節，皆直接或間接的有所表述。茲為使該書更趨完美，筆者願意充當《名著》的諍臣，把該書中較為明顯的失誤，表列如下，冀對《名著》作出一點貢獻，更藉以表示對錢先生最高的敬意。

---

[47] 《中國文化史導論》（臺北：正中書局，1971），頁20。

[48] 同上註，頁4。

[49] 不消說，錢穆先生和業師徐復觀先生皆深深的愛其祖國——中國。記得徐先生嘗指出說：他固然愛中國，但中國歷史上比較負面的表現，他還是鼓起勇氣的予以指出來，目的是為了使國人知所反省而有以改正；這樣子，國家才會進步。徐先生又進一步指出，錢先生之愛國則不然，好的一面，錢先生當然愛之而予以表彰，但負面的一面，錢先生則不多談，甚至轉而從正面立論，即所謂予以迴護、辯護！以上徐先生的說法，筆者一時找不到其出處（或只是徐先生閒聊時所說出？）。希望不要乖違徐先生的原意便好。其實，筆者真希望是自己記錯了（萬一有厚誣之處，那便罪過了！）其實，筆者深信，以錢先生之睿智與對中國歷史文化認識之湛深，不可能不知悉中國歷史是有其負面的表現的（其實，任一國家在歷史和文化上皆不免有負面的表現）；只是錢先生不忍說，不願說這方面吧了！只要錢先生所說者，非硬拗、強辯或文過飾非，那就無傷大雅了。反之，吾人應予以同情的諒解。所以徐先生到底有沒有做出過上述的指陳，與所指陳者，是否確然符合事實，筆者認為，那是不必多予探究的。

## 《中國史學名著》手民之誤／引文錯漏／記述失誤一覽表[50]

| 頁碼 | 原　　文 | 改正／擬改作 | 備　　註 |
|---|---|---|---|
| 頁 56,<br>行 2-3 | 孔子說「必也正名乎！名不正則言不順，言不順則事不成，君子名之必可言，言之必可成」 | 孔子說：「必也正名乎！……名不正則言不順，言不順則事不成，……君子名之必可言也，言之必可行也。」 | 1、第二個「成」字當作「行」字。<br>2、出處為《論語》，子路第十三。 |
| 頁 65,<br>行 11 | 「涉方乃死」 | 「陟方乃死」 | 此當係校對上之錯誤。 |
| 頁 103,<br>行 7 | 「當事甚重其書，學者莫不諷誦」 | 「當世甚重其書，學者莫不諷誦」 | 「事」當作「世」，蓋校對上之錯誤。 |
| 頁 292,<br>行 4 | 「通其變，使人不倦。故教法日新，理雖一而不得不殊，入手雖殊而要歸未嘗不一。」 | 「通其變，使人不倦。故教法日新，理雖一而言不得不殊，入手雖殊而要歸未嘗不一。」 | 雖原文只缺一「言」字，但頓使人費解。 |
| 頁 32,<br>行 13-14 | 當時一般人意見，認為秦不可學，二十幾年就亡了，…… | 按：「二十幾年」應改作「十幾年」。 | 始皇廿六年（西元前 221）統一中國，至二世三年（前 207），子嬰降漢，前後共十五年。 |
| 頁 36,<br>行 2 | 太史公說左丘失明乃著春秋。 | 太史公說：「左丘失明，厥有《國語》。」 | 語見《史記・太史公自序》。 |
| 頁 39,<br>行 1-2 | 唐代劉知幾史通，他把古史舉出兩體：一是尚書，一是左傳。 | 唐代劉知幾史通，他把古史舉出兩體：一是史記，一是左傳。 | 詳見《史通・二體》篇。 |
| 頁 71,<br>行 4 | 「辭賦略」 | 「詩賦略」 | |
| 頁 86,<br>行 5 | 太史公史記共一百三十篇，……如五帝本紀、夏商 | 「漢惠帝」三字應刪。 | 按：《史記》無〈惠帝紀〉；蓋高祖 |

[50] 收入《錢賓四先生全集》中的《中國史學名著》已對筆者所據 1974 年版的《名著》中若干地方有所改正。其已改正者，本表一概從略。表中首 4 例為手民之誤或引文錯漏例，其餘大抵為記述失誤例。

| | | | |
|---|---|---|---|
| | 周本紀，秦本紀，秦始皇本紀，一路下來到漢朝，一個皇帝一篇本紀，如漢高祖、漢惠帝，…… | | 紀之後，接著便是〈呂后紀〉。太史公記事從實，惠帝如同傀儡，權在呂太后手；故立〈呂后紀〉，不立〈惠帝紀〉。《漢書》則有〈惠帝紀〉；蓋錢先生一時誤記也。 |
| 頁90,行10 | 可是漢高祖元年稱王，項羽已死，項羽不是漢代人 | | 劉邦得以王關中，乃由項羽所立。且羽死於高祖五年，絕非元年之前。 |
| 頁96,行11 | 「直而不野」 | 「質而不俚」 | |
| 頁142,行10 | 從東漢末年佛教傳入 | 「東漢」應作「西漢」。 | 佛教傳入中國，乃在西漢末年哀帝元壽年間。詳參郭朋，《中國佛教史》（臺北：文津出版社，1993），頁1-3。 |
| 頁155,末行 | 劉知幾一輩子在史館供職 | | 按：知幾史館供職二十年，雖時間相當長，但似不能以「一輩子」稱之。《名著》頁163，行4作「卅年」。大抵錢先生誤記知幾供職三十年，故便以「一輩子」稱之。又：劉氏自敘歷官，嘗謂：「三為史臣，再入東觀。」（此語兩見《 |

| 頁 156, 行 12-14 | 劉知幾史通又批評到尚書，他說：「書之所主，本於號令，所載皆典、謨、訓、誥、誓命之文，堯舜二典直序人事，禹貢一篇僅言地理，洪範只述災祥，顧命都陳喪亂，為例不純。」 | 劉知幾史通又批評到尚書，他說：「書之所主，本於號令，……所載皆典、謨、訓、誥、誓、命之文，至如堯舜二典直序人事，禹貢一篇唯言地理，洪範總述災祥，顧命都陳喪禮，茲亦為例不純。」 | 1、錢先生引文刪節原文處，未加刪節號。2、引文個別字眼誤記（或係手民之誤），其中最嚴重者「喪禮」誤作「喪亂」。 |
|---|---|---|---|
| | | | 史通》：內篇卷10〈自敘〉、外篇卷20〈忤時〉），即可知知幾非一輩子在史館供職而從未間斷也。 |
| 頁 207, 行 4 | 只有梁、唐兩代，每一代有三十多年。 | | 按：後梁十八年，後唐十四年。兩代合算始得三十多年。 |
| 頁 215-216 | 再回頭來看劉知幾史通，「疑經」「惑古」。 | 再回頭來看劉知幾史通，〈疑古〉、〈惑經〉。 | 錢先生誤記《史通》篇名；或一時口誤，而演講之紀錄者未細核《史通》原文。 |

## 九、餘論：淺談歷史智慧（此節是向學生做演講時加上去的，所以跟前面的表述方式有異，且內容亦比較淺顯簡陋，望讀者諒之。）

（一）前言

應先問，什麼叫「歷史」？什麼叫「智慧」？然後才問什麼叫「歷史智慧」？有關何謂「智慧」？試做以下的提示：wisdom（智慧）
↑
knowledge（知識）
↑
information（資訊、訊息）
↑
data（數據）

（筆者自我提醒：向學生做報告時，如時間允許，可順帶闡述《韓非子·說難》以下一語：「非知之難也，處知則難也。」）

（二）人真的可以從歷史中學到智慧嗎？

（三）歷史會重演：「古為今用」；「知古知今」；「以古喻今」。這些話多多少少暗示了歷史會重演，所以人類過去的歷史（古）對現在（今）是有實際效用的、用途的。不是嗎？但這些話是真的嗎？事實的確是如此嗎？

（四）我們不是又常聽人家說：「歷史不會重演」這句話嗎？（赫拉克利特這位古希臘哲學家就說過：「人不能兩次踏進同一條河流。」這句話是什麼意思？）既不會重演，那過去了，便成為過去；以後不會再發生了。既不會再發生，那我們為什麼還去學習這些已過去了的歷史，並希望從中學到什麼智慧或教訓，藉此以提供現今及未來生活上的參考，使我們活得更好呢？

（五）比起以上（二）更進一步／更極端的說法：「人類從歷史中學到的唯一教訓，就是人類沒有從歷史中汲取到任何教訓。」這句話誰說的？

正確的原文是：「經驗和歷史所昭示我們的，卻是各民族和各政府沒有從歷史方面學到什麼，也沒有依據歷史上演繹出來的法則行事。」（黑格爾著，王造時（1903-1971）譯，《歷史哲學·緒論》）

（六）折衷的說法（結論）：筆者認為，歷史絕對會重演，但重演的不是個別、具體的歷史事件，而是其大體精神（蓋太陽底下沒有新生事物）。所以個人認為黑氏的說法太極端了一點，只說對一半。

討論：1、同學們，您猜猜看，我為什麼這麼說這位偉大的哲學家呢？2、您認為錢穆先生相信歷史會重演，或不相信會重演呢？

# 十、結語

《中國史學名著》一書，如同錢先生其他任何單一著作一樣，是不可能全面反映先生之治學、治史方面的精神思想的。然而，因為該書源自課堂記

錄，且講述的對象，又是歷朝眾多史學名著，先生闡析或批評該等史著時，在經意或不經意的情況下，很可能比其他著作更多地揭示了其本人的治學、治史思想。筆者乃以該書為主軸，並附之以先生其他史學名著，如《國史大綱》、《中國文化史導論》、《中國歷史精神》、《國史新論》、《中國歷史研究法》、《中國近三百年學術史》等等史著，藉以盡量彰顯、抉發先生之治學、治史精神面貌。此外，在錢先生大弟子余英時先生《錢穆與中國文化》一書啟迪滋潤下，筆者深信，本文對錢先生治學精神之析述或解讀，決不至與先生之真精神思想大相河漢。是耶？非耶？茲誠心引領，企盼方家惠予謦正。

　　最後，容再說幾句話。如上所說，本文的精簡濃縮版曾經在中國文化大學向同學做過報告。至於以錢先生為主題來做報告，其原因則如下：期盼同學們能從這位近現代國學大師錢先生的治學／治史的豐富經歷中獲得一點啟發。其中「論如何讀書」一節所述及的內容，尤其讀書三部曲的竅門，最須注意學習。錢先生的其他相關發明或創見，在其著作中，幾俯拾即是，不細說。如果同學們能從中有所學習、體會，並能於消化後把其精粹內化於自己的心中（意識中），那就表示學問與身心打成一片而無隔了，這在求學的路上，是最理想不過之事。筆者在此厚盼焉。據悉，錢先生從香港來臺灣後，似乎只在貴校，即中國文化大學教過書。所以光憑這一點，在座的同學們就應該好好向您們這位前教授學習了。錢先生永遠是一個偉大的學術寶藏呢！

# 第二章　錢穆先生專訪：
# 一生爲故國招魂的歷史文化巨人

## 專訪緣起與準備文稿的相關經過（代摘要）

此專訪由臺北的中國廣播公司製作。以下是筆者針對該公司相關節目主持人胡忠信先生提出的問題所做的回應，即所謂 Q&A。專訪的內容旨在述說錢穆先生的生平事蹟及其學術上的表現。訪問的進行時間是 2010 年 2 月 1 日的中午（約 12:40-13:30）。訪問擬於 2010 年 2 月 20 日（庚寅年大年初七，星期六）在中廣新聞網播出（AM657）；時間：14:10-15:00。本 Q&A 的 A 部分，即筆者的回應，撰寫於 2010 年 1 月。2014.06.09，筆者應寧波大學人文學院之邀請作演講。筆者訂其題目為：〈錢穆先生之學術及其終極關懷〉。該演講乃以上述中廣訪問之內容為基底，並設計若干問題放入演講稿中。此增訂過的文稿修訂於 2024.06.17；再修於 2024.10.06；納入本書前，又嘗做個別的修訂。

按：2008-2010 年東吳大學委派筆者（時任教於該校歷史學系）擔任臺北市錢穆故居的執行長（故居乃臺北市政府委託東吳經營者）。大概因為這個緣故，所以中廣便找到我來做訪問。接受口訪之前，中廣的聯絡人毛小姐先寄來 7 道問題（即所謂 Q&A 的 Q），讓筆者稍做準備。筆者隨即以書面方式做出回應（即所謂 A）。2010 年 2 月 1 日訪問過程中，胡忠信先生與筆者的對話，即大體上依以上的 Q&A 進行。Q&A 原稿見〈回應中國廣播公司胡忠信先生的訪問稿〉：https://www.docin.com/p-74836237.html；瀏覽日期：2024.08.28。

最後也許需要一說的是，本專訪並沒有什麼特別的標題。至於「一生為故國招魂的歷史文化巨人」的一個標題，則是筆者參照受訪的重點內容而擬訂出來的。很顯然，它未能囊括全部受訪的內容。換言之，這個標題只作為參考用；祈請讀者留意。

1、錢穆是一位歷史學家也是儒學學者和教育家。先請您談談怎麼解讀錢穆在近代歷史上的定位？

　　錢穆先生出生於 1895 年，逝世於 1990 年；著作等身，計有一千五百萬言以上。高齡 96 歲辭世時，被視為國學界的一大損失。各界對錢先生在近代歷史上的定位，主要是視先生為「國學大師」、「一代史學宗師」，也譽稱先生為「中國最後一位士大夫」。筆者嘗選擇以下名稱來定位先生：「以歷史研究為主軸的國學大師」。錢先生高足業師孫國棟教授則認為「史學大師」、「國學大師」等等皆不足以充量描繪或定位先生；而認為先生乃「歷史文化巨人」。[1] 筆者認為此詞極為恰當。回到錢先生所處的時代來看，當時的學術環境正處於新舊交替的時代，錢先生本身的學歷不高，[2] 但卻能透過孜孜不倦的自學過程，以深厚的舊學基礎，提出創見新解，終而能夠在現代化的學術建制的大學中任教，且教育事業長達 77 年之久，這過程本身就具有相當的時代意義。

　　另外，錢先生最重要的弟子之一余英時先生（另一最重要的弟子是筆者的業師嚴耕望先生）寫文章紀念其業師錢先生時，說錢先生「一生為故國招魂」[3]。這個說法主要是反映錢先生在近代中國動盪不安的時局中，始終堅

---

[1] 孫國棟，《生命的足跡》（香港：商務印書館，2006），頁 40。本專訪副標題中的「歷史文化巨人」一詞即借用孫先生此語；特此說明，示不敢掠美。

[2] 這篇源自訪問稿的文章，10 年前嘗在寧波大學人文學院向同學做過報告。報告時，曾設計若干問題向同學提問，企藉著互動來提升同學們聽講的興趣，並希望藉以增進他們的思考能力。同學們的反應，一般來說，都很不錯。當然，筆者在心中是先準備好答案的（因為是演講關係——時間有限，而非正式發表的學術論文，所以答案都比較簡單。今因陋就簡，不克充分予以添補修訂；讀者諸君，其能諒之歟？）。針對錢先生學歷不高的問題，筆者當時便提出以下的問題：為甚麼錢先生學歷不高？他讀過哪一所大學呢？以事隔 10 年，現今已忘記了當時同學們是如何回應這個問題的！筆者當時準備好的答案，現今寫出如下，以供讀者參考、指教：因為辛亥革命爆發，學校解散，錢先生遂被迫中途輟學，所以連中學都沒有畢業；再者，以經濟能力關係，恐亦無法深造讀大學。

[3] 語出余英時，〈一生為故國招魂〉，《錢穆與中國文化》（上海：遠東出版社，1994）。余英時所說的「故國」，何指？筆者答：這方面從錢先生本人的國籍去思

守著傳統，一輩子對祖國，對祖國的歷史文化，充滿著溫情與敬意[4]，終身以維護及發揚中國文化為己任。余先生也提到，錢先生「不作官，不媚世，繼朱子之後另一集大成之人。」（錢先生過世後，余先生接受報章採訪時的說法。）

　　至於錢先生在教育方面的貢獻，前面已經提到，他的教育生涯長達 77 年，歷任小學、中學、大學、研究所教師，桃李滿天下自不待言，而錢先生學問淵博，因此在文、史、哲各領域都有非常大的貢獻和影響。他最為人傳頌的教育貢獻，則是他在 1950 年年初與業師唐先生[5]、張先生[6]與程兆熊（2024.10.03 補充：著名詩人、教育家、農學家、臺灣蘋果之父；筆者認為亦當代新儒家之一）等等多位先生共同創辦新亞書院（其前身則是創辦於 1949 年秋天的亞洲文商學院，而新亞書院於 1963 年與另兩所書院（崇基書院、聯合書院）共同組成國際著名的香港中文大學），三年後，即 1953 年，錢先生又再與同仁們創辦了新亞研究所。作為新亞書院多位創辦人中最重要的一位的錢先生，曾擔任該校院長（即校長）前後長達凡 16 年之久，培育出許多重要學者，如余英時、孫國棟、何佑森、余秉權、章群等等即是其例。1967 年錢先生來臺定居後的第二年，即 1969 年，受中國文化大學創辦人張其昀先生之邀（1949 年前在大陸時，兩先生早已認識），在該校史研所任教幾達 20 年之久。錢先生這個時期的講學特色是學生到其外雙溪的家——素書樓，聽課，而且錢先生授課無門戶之見，非文大學生亦可前來旁

---

　　考，或直接從錢先生本人一生所鍾愛的對象去思考，便可以得到答案了。本專訪副標題中的「一生為故國招魂」一語，即借用余先生上文的標題；特此聲明，示不敢掠美。

4　「溫情與敬意」這個說法，出自錢先生的一本名著，這本名著是？筆者答：語見《國史大綱・自序》。

5　唐先生，指哪位先生，他的名字是甚麼？這位唐先生在學術上有何表現？筆者答：唐先生名君毅；主要表現是在哲學上，尤其中國哲學；是人文主義的大師，現代新儒家第二代的重要代表人物之一。

6　張先生，名甚麼呢？這位張先生的學術專業是什麼？筆者答：名丕介；主要表現是在經濟學上；嘗擔任新亞書院總務長與經濟學系主任。

聽。這個重要的講堂就位於錢穆故居（即素書樓）一樓。（2024 年 7 月補充：此故居歸臺北市文化局管轄；文化局嘗委託東吳大學經營，為時 9 年；其間筆者嘗擔任執行長凡兩年半：2008.07.01-2010.12.31），歡迎各位聽眾有空前來參觀，給我們指導。

  在這裡順帶一提的是，錢先生當然是一位從事儒學研究的大師級的學者，且其本人也當然是儒家、儒者；然而，錢先生本人，尤其是其門生余英時先生，都否認先生是現代／當代新儒家。按：現代／當代新儒家，就狹義來說，是指由熊十力先生所"創建"，其後則由他的三大弟子：徐復觀、唐君毅、牟宗三先生（三位都是筆者在新亞研究所讀書時的老師）予以發揚光大的一個學派。此學派的學術特色強調道德形上學，此則非錢先生所認同者。（按：徐復觀先生也不太認同道德形上學，或至少可以說不太贊同必須從道德形上學的視角探討或說明中國人的德性問題。）1958 年牟宗三、徐復觀、張君勱、唐君毅四位先生共同聯署發表一〈中國文化與世界〉的宣言[7]（唐先生是宣言執筆人，惟謙遜而自居於聯署人之末），錢先生並沒有加入聯署的行列即可見錢先生的學術路數跟四位先生有所不同。再者，錢先生也擔心一起聯署發表宣言恐會引起外界誤會，會被視為有門戶之見。這也是另一個他不願意聯署的原因。

2、錢穆先生被尊為國學大師，但他卻是自學出身，錢穆九歲入私塾，1912 年（17 歲）輟學後自學，起先任教於中小學。1930 年（35 歲）因發表《劉向歆父子年譜》成名，被顧頡剛推薦，聘為燕京大學國文講師，居北平八年，先後授課於北京、清華、燕京、北師大等名校，談談怎麼解讀錢穆先生的自學過程？

---

[7] 2024.10.03 補充：此宣言同時刊登在兩份刊物上。這兩份刊物的名稱是？筆者嘗撰寫 50,000 字的長文探討其整個撰寫與出版過程。這篇文章發表在哪裡？最後又納入筆者所撰寫的一本書內而成為其中的一章。這本拙著，其書名是？筆者簡答：該拙著名《唐君毅的文史哲思想》（臺北：臺灣學生書局，2023）。相關情況，詳見書中第三章。

錢穆出生於 1895 年，他最早的學習經驗是在 7 歲那年，跟著大哥及堂兄到私塾讀書。錢先生回憶當時：每天記誦生字由二十個增至七八十個。可見他是強記不忘，非常聰慧的。他的父親是清朝的秀才，[8]對他影響很深。平時在家，父親教導比他大 6 歲的兄長時，錢先生可以旁聽，有問題也容許他發言。可惜錢先生的父親早逝（享年 41 歲）。先生 12 歲那年失去了父親，父親臨終前叮嚀他要好好讀書。

　　錢穆先生在 10 歲時開始接受新式教育，先後在果育小學、常州中學校就讀，18 歲時輟學。當時錢先生衡量自己的經濟狀況，已無受大學教育之望，因此他矢志自學，不但長期廣泛而深入地閱讀《孟子》、《史記》、《四書改錯》、《曾文正家訓》、《古文眉詮》、《古文辭類纂》、《群學肆言》[9]等等重要典籍，他也經常撰文發表自己的思想與看法。1918 年，他的《論語文解》由上海商務印書館出版，當年他才 23 歲，不數年又陸續出版《論語要略》、《孟子要略》、《墨子》、《王守仁》等書。

　　1930 年秋天是錢穆先生學術事業重大轉折的一年，當時一位朋友介紹知名史學家[10]給錢穆先生認識，他看了錢穆先生尚未發表的《先秦諸子繫年》文稿（1935年才正式出版），大為讚嘆，因此推薦錢先生到北平燕京大學擔任講師，[11]同年錢先生在《燕京學報》發表了一篇文章，[12]轟動學界。

---

[8] 按：「秀才」並非正式名稱。正式名稱是？筆者答：正式名稱是「生員」、「諸生」；即獲得入讀官方所辦的州縣學的資格的學生。

[9] 《群學肆言》乃英人斯賓塞著，嚴復譯；為嚴譯八大名著之一。群學，現在一般稱為社會學。此可見錢先生除讀中國傳統經典外，亦關注和閱讀外國名著。按：錢先生英文不大行。所以只好靠譯著或別人的介紹來了解外國人的思想了。這是比較可惜的。

[10] 這位史家的名字是？這位史家後來成了錢先生的伯樂。有句名言說：「世有伯樂，然後有？」筆者答：這位史家名叫顧頡剛；然後有的是「千里馬」。意謂您再有才能，但也需要別人認識您，甚至賞識您才行，否則您便很可能淪為寂寂無聞了。充其量，只能孤芳自賞！！

[11] 其實，這完全是破格錄用。中學還未畢業，便可以在大學擔任講師。這在今天來說，是萬萬不可能的。這可以說明，八九十年前，大學聘請教師是比較有彈性的；不像今天的鐵板一塊，幾乎一定要有博士學位才具備被聘請的資格！當然，今天的情況跟八九十年前，很不一樣。當時，很有能力，甚至加上財力，才可以讀大學。更不要說讀

1931 年被北京大學聘為副教授（清華大學亦聘請兼課），展開他弘大精深的學術歷程。錢先生以中學肆業的學歷，卻能在三十六歲時就成為大學教授，被視為刻苦自學、博通文史的典範，其精神值得我們學習。

3、有人這樣形容：錢穆一生學貫四部，著述達千萬言以上，但是他研究學問的最後歸旨則落在文化問題上，他學問的宗主和人生的終極關懷是關心中國文化的傳承，也就是在西方文化的強烈震盪、衝擊下，中國傳統文化究竟何去何從的問題。談談您怎麼看錢穆先生對於中國傳統文化的態度和思想？

剛剛已舉出過余英時先生的說法，錢先生的學術工作，簡言之，就是「一生為故國招魂」，他對中國傳統文化的態度及思想，始終站在傳承和發揚的立場，但也並非盲目的守舊，在他的著作中，也勇於對舊說提出質疑、批判。

錢穆先生著作等身，其實每一部書都多多少少反映他對中國傳統文化的態度和看法。我們姑且以錢先生生前最後遺稿——〈中國文化對人類未來可有的貢獻〉[13]來舉例說明。在這篇文章中，錢先生認為「天人合一」這個觀念「實是整個中國傳統文化思想之歸宿處」，他認為中國人把天和人合起來看，一切人文演進都順從天道來；違背了天命，即無人文可言，這和西方人常把「天命」與「人生」劃分為二，是截然不同的。錢先生認為，西方思想中，「天」、「人」截然分開，便各失卻其本意，因此不如中國文化「天人合一論」之能得宇宙人生會通合一的真相。錢先生認為這種「天人合一觀」是全世界其他人類所少有的。他以過去世界文化之興衰大略而指出，西方文化一旦衰落便不易再興起，但中國文化卻能屢仆屢起，主要關鍵就是中國傳統文化精神，自古即注意到不違背天，不違背自然，而且又能與天命自然融為一體，因此錢先生認為「此下世界文化之歸結，恐必將以中國傳統文化為

---

研究所，讀博士了。所以能夠拿到高級學位的人，比起近現代來說，是少太多了。
[12] 文章標題是？筆者答：〈劉向、歆父子年譜〉。
[13] 此文是先生逝世後才刊出；文見《聯合報》，1990.10.26。

宗主」。而中國文化對人類未來可有的貢獻，就是在包容廣大的「天下」這個概念下，使全世界人類文化融合為一，各民族和平共存。

在這裡，我們不妨稍為申引「天人合一」這個觀念。在科學萬能的十九世紀和二十世紀中葉前的人看來，他們認為「人定勝天」。其實，從今天來看，個人認為，人是勝不了天的，或至少可說，人是不完全勝得了天的。二三百年來，人類過分濫用地球資源，到處濫墾濫伐，大興土木，已經到了我們居住的唯一星球——地球的上限了；甚至可以說已超過了這個上限。君不見最近一二十年來[14]地球對人類的反撲嗎？氣候的轉變，要嘛大冷，要嘛大熱、大旱、暴雨、土地沙漠化等等便是給人類最明白不過的警訊了。所以過分利用地球資源，實在只能說是"短利長空"的。人類發展不能違反天道，或違背大自然，上述例子不是已經很清楚的告訴了我們嗎？由此看來，錢先生重視「天人合一」，人要順乎天的自然規律來協作才可以得其順暢的發展，不是很有卓見慧解的一個偉大啟示嗎？[15]

4、談錢穆先生的史觀，錢穆先生曾經這樣說：「歷史學本身的博大精深，並非只在于汗牛充棟的史料，同樣得益于歷代史家竭盡心智的思辨。」談談錢穆先生如何在上天下海的史料中進行自己心智的思辨？

做歷史研究，史料是不可或缺的必要條件。沒有史料，甚麼都免談。但光有史料也不足以讓你把歷史研究出來。因為史料之外，還需要其他條件的配合，如靈活的腦袋（含豐富的想像力、聯想能力）、語文的素養、輔助學科[16]、邏輯訓練等等。其實，過去的傳統歷史研究，也需要輔助學科，只不

---

[14] 按：「最近一二十年來」，是指筆者接受訪問時的 2010 年之前的一二十年。

[15] 以上只是就物理意義下的「天」（sky）來說「天人合一」；至於「天」的其他意義，如道德形上學意義下的「天」（此好比英文的 God、heaven 等等），在此不擬涉及。

[16] 輔助學科至少可分為兩大類，其一是工具性的，另一則是理論性的。同學們可以舉例一下嗎？筆者答：工具性的如統計學、電腦操作；理論性的如社會學、文化人類學、心理學、經濟學、哲學等等。

過科目跟現在不一樣，如紋章學、錢幣學、訓詁學、輿地學、官制、氏族、古文字學等等即是其例。其實，就算今天研究歷史，這些科目也是很關鍵的。當然這要看您是從事哪方面的歷史研究；今不細說。傳統中國對史學家的要求，則有史才、史學、史識、史德等等；此即所謂史家四長。[17]個人則認為可加上史情、史膽二項；不細說。

　　史料是死的；方法也是因應研究課題的不同而有所別異的，非一成不變的；這正所謂史無定法。所以錢先生說：「若使治史者沒有先決定一番意義，專一注重在方法上，專用一套方法來駕馭此無窮之材料，將使歷史研究漫無止境，而亦更無意義可言。」用今天的話來說，就是要求治史者本人先有一些概念，甚至先有些想法、看法、理念。否則，再重要的史料，治史者在閱讀時也容易輕忽滑過。記得錢先生的大弟子之一的嚴耕望先生曾經說過，錢先生寫《國史大綱》，用的材料主要來自二十四史。別人寫中國通史，也是看這二十四史，但別人不會用的，不曾注意到的材料，錢先生就特別會關注到。如果不是心有所主，先有一番看法，就無法寫出在今天來看，仍是最有創見的《國史大綱》了。[18]

　　此外，錢先生又說：「歷史有其特殊性、變異性與傳統性。」而我們研究歷史，閱讀史料時，便應該特別把注意力關注到這些史料上去。（以上二段文字中的引文，出自錢先生本人的《中國歷史研究法》一書，第一講〈如何研究通史〉。）

　　做歷史研究，固然應該有個人的意見、個人的想法、看法。所以我非常贊同錢先生上面的意見。然而，這並不表示研究的過程中，便只以自己的意見為是，他人的意見為非。換言之，在研究的過程中，必須有一個開放的心

---

[17] 史家三長（才、學、識）或四長（才、學、識、德），其倡議者是誰？筆者答：唐人劉知幾倡議三長，清人章學誠則特別強調史德（其實劉知幾三長中的史識一項已隱含史德，今不細說。），加上前者的三長，便成四長。

[18] 然而，歷史研究，不是不應先存主見嗎？為甚麼錢先生反叫人「心有所主」呢？筆者答：這個問題，說來頗複雜，今天就不多談了。同學自己思考一下，或者比我直接給出答案更好。

靈;且學人間亦必須相互切磋、討論。錢先生研究先秦諸子,尤其在老子年代及其書成書先後的問題上,與胡適之先生的意見很不一樣。北京大學學生往見錢先生,建議錢先生與胡先生對相關問題各自為文作討論時,錢先生即指出「學問」的旨趣便在於針對「學」而有所「問」,並隨即撰一文作為討論之資。此即可見錢先生做學問是具備一開放的心靈的。沒有開放的心靈,再多的相關史料也會被"視而不見"、"熟視無睹"的。(上引文見《八十憶雙親 師友雜憶合刊》)[19]

此外,先生又說:「讀書當知言外意。寫一字,或有三字未寫;寫一句,或有三句未寫。遇此等處,當運用自己聰明,始解讀書。」[20]換言之,讀書(含閱讀文獻史料),必須要經常思考文本上作者不盡然表達出來,然而心中已含藏的另一番意思。就詮釋學的角度來說,我們必須要把作者想說,但仍未說出的意見替他說出來。

又:個人曾經寫過一篇小文章,名〈錢穆先生的治學精神——以《中國史學名著》為主軸作探討〉[21],其中「守固、創新與隨時」、「博約與會通」、「論如何讀書」、「先生治學的其他意見」等等各節,都可以看出在無窮無盡的史料大海中,如何透過自己的瞑目摸索、苦心構思來進行歷史研究,而不能被材料牽著鼻子走。然而,這些課題太繁瑣了,這裡便不細說。有興趣的聽眾朋友,就請大家參閱拙文,給我一點指教吧。

5、有個有趣的故事,錢穆在治學方面與胡適頗多抵觸。胡適繼承傳統的說法,認為老子略早於孔子;錢穆則創立新說,認為老子略早於韓非,後於孔子。一次,兩人不期而遇。錢穆說:「胡先生,《老子》成書的年代晚,證據確鑿,你不要再堅持你的錯誤了!」胡適說:「錢先生,你舉出的證據還不能說服我;如果你能夠說服我,我連自己的親老子也可以不要!」談談有

---

[19] 筆者所用的版本是臺北:蘭臺出版社,2000年的本子。相關頁碼是頁153-154。
[20] 此引文,亦見《八十憶雙親 師友雜憶合刊》。
[21] 此拙文收入《錢穆思想學術研討會論文集》,臺北:錢穆故居出版,2005年。該文章經修改後,已納入本書內,即本書的第一章。

這個故事嗎？錢穆先生是否反對胡適先生的新文化運動？

這個故事恐怕僅是傳聞，不是真的，但錢先生與胡適對《老子》（即《道德經》）成書年代問題的確見解不同，在錢先生《八十憶雙親 師友雜憶合刊》一書中，錢先生對這個議題有一些描述。[22]

讓我先談談錢先生與胡先生的交往經過。根據錢先生的回憶，他第一次看到胡適是胡適受邀至蘇州中學演講，當時錢先生是蘇州中學的一位教師，因為正在撰寫《先秦諸子繫年》，有二書遍尋不獲，因此向胡適請教。但根據錢先生的說法，「適之無以對」[23]，這是他們第一次見面的經過。後來再與胡適互動已是錢先生赴北平，在燕大、北大任教的時候了。

錢先生在北大時，胡先生也在那裡任教，胡適講先秦哲學，他講諸子，範圍大體相同，說法卻正好相反，或至少是差異極大，特別是老子及其成書年代這個問題上，兩人之間多次交鋒，甚至學生之間盛傳「兩師講堂所言正相反」，所以當時哲學系在編輯畢業紀念刊物時，學生同時邀請錢先生和胡先生就這個題目分別撰文討論。錢先生答應了學生的請求，於是寫了一篇文章，「而適之則竟未為文」。此後，胡適和錢先生見面，根據錢先生說法，胡適再不樂意與他討論老子問題了。[24]

至於錢先生是否反對胡適的新文化運動呢？根據錢穆先生自己的說法，似乎並非全然如此。錢穆與胡適二人雖然在老子年代以及胡適所撰〈說儒〉一文所討論之相關問題上，二人觀點迥異，而且錢先生也曾指出新文化運動思潮盲目的排斥中國傳統文化，是一偏頗的作法，但是錢先生還是願意接觸，甚至接受新思潮的。新文化運動要引進外國二項東西。[25]這兩項東西，好比兩根支柱，相信任何中國人，含錢先生，是不會反對的。然而，針對反對、排斥中國傳統文化來說，恐怕錢先生是無法接受的。先生晚年在《師友

---

[22] 見《八十憶雙親 師友雜憶合刊》，頁 147-148、154-156。
[23] 語見上揭《八十憶雙親 師友雜憶合刊》，頁 136。
[24] 事見《八十憶雙親 師友雜憶合刊》，頁 153-156。
[25] 這兩項東西是甚麼？筆者答：科學與民主。

雜憶》中便有一段文字特別記載他早年接觸新思想、新潮流的經驗。文中說：「時余已逐月看《新青年》雜誌，新思想、新潮流坌至湧來。」[26]顯然錢先生對當時的新思想是有所關注的，並非採取全然排斥的態度。只是經過理性的思考後，錢先生決定了自己的人生規畫與學問上的方向。這就是：「決心重溫舊書，乃不為時代潮流挾捲而去」。晚年回顧這段歷程，錢先生認為「亦余當年一大幸運也。」

6、錢穆晚年十分關注知識分子問題，早在20世紀50年代初，他就寫有《中國的知識分子》，80年代初，他又連續發表〈中國文化傳統中之士〉、〈再論中國文化傳統中之士〉等論文，在92歲告別杏壇的最後一堂課中，他也以"士不可以不弘毅，任重而道遠"為講題。錢穆一再強調說：「士是中國社會的中心，應該有最高的人生理想，應該能負起民族國家最大的責任。更重要的，是在他們的內心修養上，應能有一副宗教精神。可說中國的士，應是一個人文宗教的宣教師。」談談您怎麼解讀錢穆先生對知識分子的要求？

錢先生主張：中國文化與並世其他民族、其他社會絕對相異之一點，就是中國社會有「士」這一流品。他認為士在傳統上有其特殊意義與價值，其事始於孔子。孔門四科：德行、言語、政事、文學。[27]「君子之德風；小人之德草；草上之風必偃。」（《論語·先進》）因此，中國文化中「士」的影響與貢獻，主要在社會。其最大的價值與貢獻，是使政治上層之人君不敢自居為最尊最貴之地位。[28]先秦時期各國的表現最可以顯示此特色。[29]

---

[26] 引文見《八十憶雙親 師友雜憶合刊》，頁84-85。

[27] 四科中，何者最為重要？筆者答：德行是也。

[28] 2024.07.22 按：錢先生這句話，或可以再商榷。同學們，你們有甚麼意見？筆者答：此說法，似流於理想而稍嫌過滿了一點；因為帝制時代很多大皇帝是無所不敢，無所不為的。（當然，其背後不無若干條件或勢力的限制，譬如祖宗家法、權臣、外戚、宦官，乃至國外勢力等等；不細說。）其實，不要說帝制時代，縱然以今天來說，很多執政者，只要不明顯違法，他們是無所不敢而達致無所不為，甚至無所不用其極的

錢先生認為「士」這個傳統，在實際人生中，是抱有一種「大同觀」，因此不應只為一鄉一里之士，而要作「國士」、「天下士」。錢先生對士這個「任重道遠」的期許，落在今天現實上的情況來說，我們可以把他的意見解讀為：士應該對全中國，甚至對全世界、全人類負責；換言之，應對全世界、全人類有積極的關懷，且應進一步作出有價值的貢獻。錢先生又認為，士「不僅讀萬卷書，亦必行萬里路」，而其相應的學問素養則必屬「通學」，藉以培訓出「通材」。這讓筆者想到，當代的學術分科，愈分愈細，各個學科各有本位（學科中又各有學閥或所謂山頭！）。在這種學術訓練中，想要達到錢先生所說的「通學」這個境界，是十分困難的。近年來，大學教育中興起對於「通識教育」的反省與追求，正可呼應到錢先生的真知灼見。換言之，若果錢先生今天還活著的話，個人認為他老人家應該會認同大學重視通識教育這個理念的。[30]

　　在這裡，讓我作一點引申。中國的士，素來有「內聖外王」的理想。「內聖」，一言以蔽之，指的是個人的內心修養。由於時間關係，今天我們不談這個。我們現在只談「外王」，即談經世致用的客觀表現。過去的中國，或傳統中國吧，士的出路是非常狹窄的。最理想的當然是當官從政。但聽眾不要誤會，我並不是說，所有的士／讀書人都只想著為一己謀私利而已：只想當官，只想掌權，只想發財。我們不妨從好的方面來看這個問題，來解讀士搶著要當官的原因。從好的方面來說，當官從政是傳統中國中，幾乎是為老百姓做事，做服務唯一最快、最速捷便利的途徑。原因是有權勢、有地位，那便等同今天所說的，是有了資源；有資源，那甚麼事都好辦。這個原因，中國人（士）當然是懂得的。但能否當官是「求諸在外」者也。不是你要當，人家就給你當的。沒機會當，又怎麼辦？那就退而求其次，去教書吧。孔子設帳授徒便是一例。然而，今天來說，經世致用的管道非常多。

---

地步的。真的是敢作敢為了！不細說。吾人視錢先生的說法為一深富理想性、期許性的說法，斯可矣。
[29] 錢先生的相關說明，見《國史新論・中國文化傳統中之士》。
[30] 以上錢先生的看法，見《國史新論・再論中國文化傳統中之士》。

不當官從政，不教書，不從事教育，也可以發揮士（讀書人，知識分子）經世致用的抱負的。譬如，可以當企業家、宗教領袖、慈善家、道德實踐家（如在家居士）等等便是很好的例子。今天的讀書人（即錢先生所說的「士」）如果扮演這些類型的角色，我相信錢先生必然是欣然同意的。

## 7、請為聽眾推薦兩本閱讀後可以更了解錢穆先生的書籍？

　　主持人這個建議，實在非常好。因為讀有關錢先生的書，尤其是讀錢先生本人所寫的書，藉以增進對他的了解，是一個最好的，最理想的，最直接的管道。然而，錢先生著作等身，其全集多達 54 冊，不容易讀畢，因此本館（錢穆故居）推薦閱讀錢先生晚年所寫的《八十憶雙親 師友雜憶合刊》一書。該書是 1983 年出版，錢先生對本身的成長過程（含學經歷），以至對他的家族等等，都有詳盡的回顧。閱讀該書的同時，也可以對先生所處的時代氛圍與學術環境有所認識。

　　另外，本館也推薦另一位史學家，即業師嚴先生[31]所寫的《錢穆賓四先生與我》一書。這本書雖然很薄，但是寫得很深刻。嚴先生是錢先生的學生（1941 年在武漢大學；其後在成都之齊魯國學研究所），後來一度成為同事（1943 年在華西大學）。該書充滿對錢先生的感佩之情，很值得一看。

　　最後讓我打一下廣告。要了解錢穆先生，其實除了讀他的書外，最便捷的途徑是蒞臨位於臺北市士林區外雙溪東吳大學隔壁的錢穆故居。故居收藏了錢先生的遺書及後人對他的研究成果。這方面的資料可以說是非常豐富的。此外，來故居也可以感受一下這位人文大師居住二十多年的素書樓（即錢穆故居）的學術氛圍。所以聽眾朋友們，有空的話，不妨常來故居走動。故居也附設了一所人文茶坊，大家可以細品香茗，閱讀錢大師的偉大著作。

　　最後，必須對本次專訪的主持人和事前的邀約人胡忠信先生，表示由衷的謝忱。當然，也要特別感謝問題（即 Q&A 中的 Q）設計人的巧心設計。

---

[31] 嚴先生，名字是甚麼呢？他的學術專長又是甚麼？筆者答：名耕望，中央研究院院士；學術專長：中國政治制度史，中國歷史地理等等。

不是非常用心先仔細研讀過錢先生的各大著作，相關問題絕對是提不出來的；個人非常敬佩。當然也得謝謝收音機旁的聽眾收聽；廣東腔蠻重的我，害大家耳朵受罪了，真是不好意思。最後，請大家不吝惠予賜教。


2025.06.05 補充：以上問題 3 說到的錢先生的「天人合一觀」，讓筆者想起唐君毅先生年輕時（約 25 歲）的一個類似的說法。唐先生認為中國古人恆持「以分體全，天人不二」的一種宇宙觀。說見〈導言：中國文化根本精神之一種解釋〉，《中西哲學思想之比較論文集》（北京：九州出版社，2016），頁 17-18。

# 第三章　錢穆先生專訪：
# 創校辦學與家國情懷

## 專訪緣起與準備文稿的相關經過（代摘要）

此專訪由（北京）中央電視臺中文國際頻道（CCTV-4）製作。10 年前，即 2014 年 4 月 17 日，筆者與當時任教於上海大學的摯友陳勇教授嘗應 CCTV-4 以下節目：「天涯共此時——跨越海峽的大師錢穆先生」之邀請，共同接受相關專訪。[1] 該節目首播時間為：2014 年 10 月 7 日 22 點。按：該節目是首先邀請陳教授做專訪的。大概因為筆者曾經在臺北市的錢穆故居服務過，[2] 且又與陳教授熟稔，又係錢先生的再傳弟子，對先生學問人格至為佩服，這所以陳教授遂邀請筆者共同接受上述專訪。該專訪節目與筆者之間的聯絡人是張艷琳女士。

針對錢先生的生平事蹟、學術表現等等事項，該節目嘗設計若干問題（即下文乙所說的「標題」，大概有 8 個之多）。張女士的來信（email）檢附了該等問題，要求筆者書面回應；藉以作為訪問時筆者口頭回應之資。針對筆者之回應，該節目做出一些建議後，又由張女士寄回筆者。如是者來來回回，不下六七次之多。以事隔超過 10 年，且筆者的電腦主機又更換過兩三次，該 8 個問題，乃至筆者當時的具體回應，其最後的定稿

---

[1] 其實，有關錢先生的生平事蹟及其學術上的表現，2010 年時，筆者已接受過類似的訪問。此即（臺灣）中國廣播公司胡忠信先生所主持的一個專訪。訪問的進行時間是 2010 年 2 月 1 日的中午。該專訪擬於同年 2 月 20 日（庚寅年大年初七，星期六）在中廣新聞網播出（AM657）；時間是：14:10-15:00。該專訪亦收入本拙著內，此即本書第二章。

[2] 錢穆故居產權屬臺北市政府。政府曾委請位於故居毗鄰的東吳大學經營；筆者有幸以東吳大學的一分子而擔任故居執行長兩年半——2008.07.01-2010.12.31。

到底如何，今（2024 年 10 月）已不知所蹤。實屬遺憾！[3]今所存者唯有以下甲、乙兩部分。甲部分含 10 個項目，筆者以「錢穆先生的小故事」命名之，蓋為當時回應稿的一部分。乙部分則非常明顯是針對上述 8 個問題（標題）的最後 4 個所做出的回應的其中一部分。但筆者未能 100%肯定此等回應就是當時最後的定本！然而，在「錢穆先生的小故事」之後，筆者嘗押下以下的日期：2014.03.31。這個日期下距專訪日（2014.04.17），只有 17 天。因此頗可確定現今所看到的回應稿應該是最後的一個本定。納入本書前，回應稿嘗作若干修改和補充。

　　尚有一事必須向讀者交代一下。筆者當年整理回應稿的始初階段（即初稿），是得到內子慧賢的幫忙的。慧賢曾經在錢穆故居擔任義工（不領薪）約半年（2010 年下半年）。其具體工作是導覽。慧賢英語表達能力不錯。所以來賓中的外籍人士，導覽的工作便由她出馬。因為負責導覽，所以事先不得不做點功課。由是對錢先生的生平事蹟等等，便具有相當程度的了解。在這裡，要特別向她致上謝意。

　　再者，本專訪並沒有什麼特別的標題，相關節目的名稱則是「天涯共此時──跨越海峽的大師錢穆先生」。至於「創校辦學與家國情懷」的一個標題，則是筆者參照受訪的重點內容而擬訂出來的。很顯然，它未能囊括全部受訪的內容。換言之，這個標題只作為參考用；祈請讀者留意。

## 甲、錢穆先生的小故事

一、記憶力強及非常用功：小時讀書，七歲那年，跟著大哥和堂哥到私塾讀書。開始時每天記誦生字 20 多個，後增至 7、80 個，可見其記憶力之驚人。人的記憶力，是可以透過後天的努力加以培訓的。但也有天生的，相信錢先生就是天生記憶力好的一個例子。電視機前的觀眾啊，你們就羨慕一下吧。

---

[3] 筆者仍保留有張艷琳女士的電郵帳號（email address），嘗去函詢問，唯去如黃鶴，雖沒有退回，但一直沒有回音。其事不得不作罷。

二、家學淵源：錢先生的祖父鞠如公是個讀書人，曾經手抄《五經》一套留存家中。父親錢承沛，是清末的秀才，即生員（16 歲縣試第一名而成為秀才）。家中書不多，但總是有些藏書的。所以錢先生幼年不至於無書可讀。

三、小學教育：小學最初的階段影響錢先生最深的幾位老師，他們是教甚麼科目呢？原來是教體操和教唱歌的老師。觀眾聽來也許有點吃驚吧！因為大概會想到，這方面的老師怎麼會影響錢先生最深呢？教體操的是同宗的錢伯圭先生。錢先生日後走上歷史研究這條學術道路，就是受到錢伯圭先生的啟發而來的。是師徒 2 人談論《三國演義》中的合久必分，分久必合的道理而引起。教唱歌的是華倩朔先生。華先生留學日本，為人風度翩翩，平易近人。他也兼教一年級國文課。他有一次出一個作文題目"鷸蚌相爭"。大家不要忘記，當時錢先生只是小學一年級的學生，但竟然寫了 400 字的一篇文章，且結語也結得很好。華先生評語是：「老吏斷獄」；可見對錢先生相當嘉許。

四、中學教育：中學（常州中學）階段影響錢先生最深的又是誰呢？大名鼎鼎的史學大師，曾閱讀中國正史（24 史）三遍的呂思勉先生是也。[4]

五、錢先生在小學教書的科目：錢先生教書，幾乎無所不教：任教於鴻模學校（前身為果育小學）時，教高級班。觀眾們，你們猜猜錢先生教甚麼科目？他能夠教國文、史地，那是可以想像得到的。原來他還教英文、數學、體育、音樂。[5]

六、錢先生促使燕京大學若干大樓改名：1930 年秋，錢先生應聘到燕京大

---

[4] 呂先生不修邊幅，但上課則很吸引人。其實，不修邊幅也不打緊；有學問便好。順便一說的是，記得業師唐君毅先生曾經說我的一位學長在新亞研究所讀書時，大概因為盛夏太熱的緣故，所以有一次在頂樓的碩士班研究室下苦工讀書時，便沒有穿上衣。所以唐先生說他：怎麼你連邊幅都不要呢！2024.08.26 補充：筆者當時受訪時，故意把「連邊幅都不要」的小故事說出來，藉以讓電視機旁的觀眾輕鬆一下。因為如果訪問內容全然是太嚴肅的話題，那似乎會太沒趣一點了。

[5] 順便一提，錢先生是會打太極拳的啊。所以教體育，便似乎不能說全沾不上邊了。

學教書，這是錢先生在大學教書的第一年。眾所周知，燕大是教會大學，根據當時中國教育部的規定，校長必須任用中國人；然而，只是徒具虛名。大學校務全由司徒雷登（美國人）[6]一人主持。有一次學校設宴，司徒雷登問客人到校印象。錢先生直接答道：聽說燕大是中國教會大學中最中國化的，何以入校門便馬上看到有"M 樓"，"S 樓"等等字樣，而不用中文字來命名呢？後來燕大特為此事召開校務會議，把外國名字均改成中國名稱。這雖是小事一樁，但很可以反映錢先生具很強烈的民族意識。其具體情況是"M 樓"便改為"穆樓"，"S 樓"改為"適樓"。所以錢先生的"抗爭"（據理力爭），可以說是產生效果的。然而，據理力爭歸據理力爭，錢先生是唸歷史的。歷史讓人學會變——變通之道、懂得權變、權宜。我們舉一例如下：如上所說，燕京大學是洋人辦的大學，公文與一般的通告全用英文。就連水電費的單子也不例外。為了此事，錢先生便幾乎一年沒有繳交水電費。學校無辦法，只好派一個工友承辦員來收取水電費了。錢先生為了不為難他，最後還是依額支付了。這一方面可以看到錢先生做事，是蠻懂得權宜、權變的，不會一成不變而太過堅持己見；另一方面，也看到錢先生能夠從下人方面著想，絕不為難他們。這是一種與人為善的精神。

七、錢先生與胡適之先生之治學：治學方面，錢先生與胡先生頗多牴觸。（詳參（臺灣）中國廣播公司的訪問稿的第五題。[7]）

八、晚年（香港退休到臺灣之後）仍以教育青年人為職志：1969 年接受其老友張其昀（曾任教育部長）之邀，在張氏所創辦的中國文化學院（其後升格為大學）歷史研究所開課，每週上課 2 小時。學生到其府上[8]上

---

[6] 司徒雷登（John Leighton Stuart），美國基督教長老教會傳教士、外交官、教育家。出生於清朝的杭州，逝世於美國華盛頓特區。燕京大學創辦人，中華民國政府遷臺前最後一任美國駐華大使。參維基百科：https://zh.wikipedia.org/zh-tw/%E5%8F%B8%E5%BE%92%E9%9B%B7%E7%99%BB「司徒雷登」條；瀏覽日期：2024.10.03。

[7] 2024.08.27 附識：該訪問稿納入本書內，即書中第二章。讀者並參即可。

[8] 位於臺北市士林區外雙溪臨溪路 72 號的素書樓，即現在的錢穆故居。

課。上課時間大概從下午 3、4 點開始。先生上課時，客廳及飯廳總坐滿人。文化學院之外，校外人士（含他校學生）也很多。先生均表示歡迎，可說來者不拒。學生中部分後來雖已成為教授了，但又進而帶自己的學生來聽課。學問就是要一代一代傳承下去的。上課時間一到，錢先生就從家中二樓下來，到一樓[9]上課。（按：素書樓總共是兩層樓）先生上課，從不看講義／講稿。上課時間常常超過二小時，以至錯過了晚飯的時間。師母胡美琦女士經常在旁乾焦急。錢先生素來有胃病，所以師母很擔心。但是錢先生講課，一方面希望學生多學點東西；再者，師生皆進入忘我境界，所以常把時間拋諸腦後。[10]然而，錢師母也不笨，她就在家中安放了一個大鬧鐘。下課時間一到，就會大鳴；然而，鳴歸鳴，錢先生就是充耳不聞！！在電視機前的觀眾們，如果妳是錢師母，妳又會如何去"教導"這個老頑童，讓他好好聽話而準時下課呢？一下子，恐怕不容易想出一個解決之道吧！是嗎？然而，錢師母，她就是有辦法要你停下來。你之所以不停，就因為你精力充沛嘛，像小孩子般，一定要"玩"下去嘛。錢師母的學歷，觀眾們知道嗎？她大學是唸教育的啊。她想到，當小孩子玩累了，你不要他停下來，他都會自己停下來，因為累了，玩不動了，不是嗎？所以師母就乾脆把上課時間往前挪1、2 個小時，看你錢先生，你就是再有體力，但已 70 多歲了，連續上課 3、4 個小時後，到下午 5、6 點，你要不要自己停下來？這一招果然生效！沒體力了，肚子餓了，所以自然就停下來。時間剛好，正好就是用飯的時間囉！

九、蔣公贈書桌：蔣中正先生在素書樓新居落成之時（1967 年），據說，把他個人所用的書桌贈與錢先生。這張書桌的每個抽屜上，都刻有一個"壽"字。據說這本來是蔣公"御用"的書桌，卻轉贈給錢先生，可見蔣公對錢先生的器重。

---

[9] 臺灣人所說的一樓，香港人稱為樓下或地下，即樓房在地面上的第一層，亦即英文的 ground floor。

[10] 業師鼎鼎大名的現代新儒家唐君毅先生亦然。上課經常過時而不下課的。

十、「你是中國人，不要忘記中國」：1985 年，錢先生已經是 91 歲的高齡了。當年 6 月 9 日（大概學期結束放暑假前最後上課週的其中一天吧；按：該天是週日），錢先生上他教書一輩子的最後一堂課。那天錢先生家中擠滿了人，水洩不通，連房子外的窗前都站滿了來聆聽錢先生上最後一堂課的學生。時任新聞局局長的宋楚瑜先生也來當學生。[11]錢先生課末最後的贈言是：「你是中國人，不要忘記中國。」各位觀眾，你們不要以為這是天經地義，不必多說的一句廢話！觀眾們之所以把這句話視為天經地義而認為不必說出的一句話，是因為你們現今居住在中國大陸，生長在中國大陸。（筆者提醒：這個專訪是在（北京）中央電視臺中文國際頻道（CCTV-4）錄製的。）但是你們想想，錢先生是在 1985 年在臺灣說這句話的啊。當時在臺灣已經出現國家認同的危機了，可說已經是山雨欲來風滿樓的時候了。這個話題，說來有點敏感，今天就不多談了。錢先生的高足一輩子在美國作育英才的余英時先生曾經用「一生為故國招魂」這句話來形容，來描繪錢先生一輩子的志業。畫龍點睛，用這句話來勾勒錢先生的一生，相信是再恰當不過的。當然，這句話聽來不免讓人傷感。2024.08.27 筆者按：「一生為故國招魂」一語，表示在余先生看來，錢先生心中定然是認為作為現代中國人的我們（即錢先生一生中所看到的一代中國人），我們的靈魂已然離開了我們的故國——中國了。靈魂也者，人之精神也，即作為人最重要之要素也。靈魂離開故國，即意謂人最重要之要素不復存在於故國了。既認定居住在中國的中國人竟然遺失了或主動丟棄了其最重要之要素——國魂（讓筆者再強調一次：此乃余先生視野下所看到的或所認定的錢先生的價值取向），這又怎能不讓錢先生憂心忡忡而終其一生不能不為其故國——中國招魂呢？！

---

[11] 後來擔任臺灣省省長、親民黨黨主席。

## 乙、若干問題的回應

以下是針對張艷琳女士所提出的 8 個問題的最後 4 個（即標題五至八）的回應：

### 一、標題五：新亞辦學

1949 年 4 月錢先生與唐君毅先生應廣州私立華僑大學之聘南下（其前，2 人同時任教於無錫之江南大學）。同事趙冰先生乃錢先生之舊識。後來又遇見張其昀先生，張先生相告已約好謝幼偉、崔書琴等人，擬在香港辦學；張先生並邀錢先生一同參與。後來張先生離穗赴臺。而錢先生則隨僑大遷往香港。1949 年秋 10 月，錢先生與謝、崔等人創辦「亞洲文商學院」（夜校；此即新亞書院之前身），由錢先生擔任院長（即校長）。當時的教師有唐君毅先生、張丕介先生、程兆熊先生、羅夢冊先生等等。不久，崔、謝等人離校他往。後來唐先生和張先生應錢先生之邀而正式加入亞洲文商學院而成為該校的創辦人。不久，該校改組而成為後來名重一時的新亞書院；時維 1950 年 2 月。而錢、唐、張三位先生則分別擔任校長、教務長和總務長；並成為新亞書院得以撐過苦難時期最重要的三根支柱。新亞書院艱險奮進的境況，錢先生所撰寫的新亞校歌有最刻骨銘心的描繪，其中「手空空，無一物；路遙遙，無止境」一語句，筆者讀之，每不能自已。

回應標題五下之第 1 個和第 3 個問題：當時辦學的出發點（動機）很單純：1949 年前後，中國大陸時局動盪，不少年輕人遷居到香港。當時香港只有一所大學（香港大學）。錢、唐等人憫年輕人失學流離，所以便興起辦學之念。且香港大學是英國政府殖民地的香港所辦的大學，全無民族意識，亦不關心中華傳統文化。這也是促使錢、唐等人辦學之另一原因。

回應第 2 個問題：1950 年秋向香港教育司署註冊為「新亞書院」。但財務困難，錢先生乃赴臺灣募款（含透過演講活動以賺取演講費）。獲蔣介石先生從辦公費中挪出每月 3,000 元港幣作為資助。1953 年秋獲美國「亞洲協會」的捐助成立新亞研究所。1954 年 5 月新亞書院正式接受美國耶魯大學

「雅禮協會」經費援助，每年美金 25,000 元。錢先生於是去函臺北，辭謝蔣先生繼續資助的雅意。

回應第 4 個和第 5 個問題：「天花板姻緣」：錢先生第三任太太胡美琦女士（1929-2012）[12]的父親 1949 年前曾擔任江西省府的要職，與錢先生認識。胡美琦女士 1949 年時曾在廈門大學讀過一年書，後便遷往香港，在新亞書院讀了一年書（嘗修讀錢先生課，對錢先生很敬仰；可能有點今天所說的粉絲看到偶像的味道），便又轉到臺中師範學院。1952 年春，錢先生在淡江文理學院（後升格為淡江大學）新近建築完成的驚聲堂演講，天花板掉了一塊下來，錢先生頭部受重傷，需要住院多月療養。胡美琦女士深怕錢先生孤單，乏人照料，於是前往照顧，日久生情，1956 年在香港乃共偕連理。

## 二、標題六：離港赴臺，情繫兩岸

回應第 1 個問題：1967 年為何離港？大概因為文化大革命爆發，逃港難民潮湧現，社會動盪，先生便移居臺北。

回應第 2 個問題：錢先生抵臺北後，蔣介石先生安排錢先生在士林外雙溪居住（給先生一塊地）。返港後錢師母作一圖樣。蔣先生囑咐陽明山管理局負責依圖樣建築。錢先生乃命名新居為素書樓，藉以紀念其母在大陸之居所「素書堂」。

回應第 3 個問題：2024.08.27 按：這個問題，是針對〈丙寅新春看時局〉一文提出的。筆者現今作以下的說明：

---

[12] 錢先生第一任夫人是鄒氏，因難產而連同腹中胎兒一起離世。第二任夫人是張一貫（畢業於女子師範學校。其後，張氏又輾轉在江蘇好幾所學校任職。），嘗為錢先生育有 3 子 2 女；與錢先生聚少離多。為錢先生與家庭各成員付出極大。其生平，可參「每日頭條：歷史名人小傳（張一貫）」：〈失散 27 年，她 77 歲孤獨離世，卻不知 61 歲丈夫已娶 27 歲嬌妻〉：https://kknews.cc/news/gmop9el.html（https://kknews.cc/zh-tw/news/gmop9el.html）；瀏覽日期：2024.12.27. 其中「27 歲嬌妻」，乃指胡美琦師母。

1986 年 3 月，即錢先生 92 歲高齡之時，嘗應臺北《聯合月刊》的邀請，發表〈丙寅新春看時局〉一文，指出：「……此下的中國，只有全中國和平統一始是個大前途、大希望。和平統一是本中國的文化精神和民族性的大前途、大理想、大原則之所在」；稍後北京《人民日報》發表了該文的摘要。

## 三、標題七：親人相聚

2024.12.27 補充：親人相聚，計前後共三次。其一：1980 年（先生八六歲）與三子、幼女（錢輝）會於香港，卅二載未見，得七日相聚。其二：1981 年（八七歲）與長女（錢易）晤聚於香港，五子女兩年內分別見面。[13] 其三：「1988 年 11 月 9 日，臺灣正式開放大陸同胞赴臺灣探親、奔喪。得知這一消息，正在荷蘭訪學的清華大學教授錢易從荷蘭飛到臺灣，與她的父親、當時已 93 歲高齡的史學大家錢穆相聚，成為第一位赴臺灣探親的大陸居民。錢易：我實際上是臺灣批准大陸人士探親的第七位，但是批准的人都要去呢，我去得最快。因為從阿姆斯特丹就可以直接飛到臺灣，而大陸呢沒有直接通，他們要先到香港，還要在香港辦手續住一晚上，所以我變成第一個到臺灣。

1988 年的冬天，在臺北東吳大學的素書樓，錢穆一家洋溢著一片團圓的溫馨與歡樂。這個團圓，許多人盼望了將近 40 年。錢易：那幾天我父親說了好多很動人的話，他就老說，哎呀，我女兒給我洗腳了，哎呀，我女兒陪我在一個房間裡睡覺了。」[14]

---

[13] 參維基百科「錢穆」條之年表紀要：https://zh.wikipedia.org/zh-tw/ ；瀏覽日期：2024.12.27。然而，根據錢先生高足戴景賢所述，則略有差異。戴氏云：「一九八零、一九八四兩年，先生留滯大陸之三子，拙、行、遜；二女，易、輝；先後獲准至港與先生晤面。」此見戴景賢，〈無錫錢賓四先生事略〉，《錢賓四先生與現代中國學術》（香港：中文大學，2014）。又見「書摘」#暗藍# 2016-05-03 09:11:58：https://site.douban.com/240998/widget/notes/17039703/note/555159272/；瀏覽日期：2024.12.27。

[14] 陝西廣播電視台製作：「百年瞬間——臺灣開放大陸同胞赴臺灣探親奔喪」：http://www.snrtv.com/snr_wtcp/a/2021/11/10/20084417.html；瀏覽日期：2024.12.27。

回應第 1 個問題：因政治因素，錢先生女兒錢易不得不提前結束訪親之旅。

## 四、標題八：魂歸故里

（針對本標題，張艷琳女士或該節目的相關負責人並沒有設計任何問題向筆者提問。）2024.10.03 筆者做點補充說明：錢先生逝世於 1990 年 8 月 30 日。其後不及一年半（即 1992 年 1 月 9 日），錢師母胡美琦女士歸葬錢先生的大體於太湖邊的蘇州西山。[15]

---

[15] 在墳後的墓牆上有一塊黑色的石碑，碑文如下：「先父錢賓四先生，一九九〇年在臺北去世。遵先父遺願，一九九二年一月九日歸葬於此。先母張一貫女士，給予了我們生命，撫育我們成長，畢生辛勞，一九七八年去世，安葬于蘇州鳳凰公募永安墓區。繼母胡美琦女士於一九五六年與先父結為夫婦，陪伴、照顧隻身客居港臺之先父數十年。一九八九年與先父在臺灣創辦素書樓文教基金會，先父去世後，全心投入先父全集及小叢書之整理出版工作，為完成先父遺願，不辭辛勞奔走兩岸三地，戮力弘揚中華傳統文化，壬辰年三月初五去世，合葬於此，永伴先父於地下。願父親、母親、繼母安息。」碑文的左邊鐫刻著：錢拙、錢行、錢遜、錢易、錢輝謹立。壬辰年四月初十。筆者按：壬辰年，換算洋曆，即 2012 年。（內容來源：http://blog.sina.com.cn/s/blog_b7a3199c0101b9hl.html）筆者轉引自以下網址：https://www.douban.com/group/topic/44274823/?_i=7945669fspDIVS；瀏覽日期：2024.10.03。

## 上篇附錄（一）

# 錢穆先生論讀書
## ——從文化和如何讀書等等談起[*]

### 一、什麼是「文化」？

說到「文化」或「文明」，一般人很可能先想到英文的 "Culture"、"Civilization"，以為這兩個中文詞彙是分別從英文翻譯過來的。其實，中國早有這兩個詞彙。「天文」、「人文」、「文明」及「文化」這些詞彙，可以說皆源自《易傳》。《易經·賁卦》的〈彖辭〉說：「賁，亨；柔來而文剛，故亨。分剛上而文柔，故小利有攸往。天文也，文明以止；人文也。觀乎天文，以察時變；觀乎人文，以化成天下。」又：《易·乾》：「見龍在田，天下文明。」孔穎達疏：「天下文明者，陽氣在田，始生萬物，故天下有文章而光明也。」後世「人文化成」一詞便據「觀乎人文，以化成天下」一語約化而來；而其中已含「文化」和「人文」兩個詞。

至於現今我們所常用的「文化」一詞，它的定義，人言人殊，莫衷一是[1]。

---

[*] 以下的報告，是 2017 年 8 月 13 日應臺北市奉元書院潘朝陽先生之邀請在該書院發表的。以其中有相當篇幅是闡揚錢賓四先生（錢穆）的學問的，是以現今作為附錄，亦收入本拙著內。按：以下報告第三節之（三）「錢穆先生論讀書三部曲」，當然是本報告中與錢先生最有關係的一部分。（按：這部分亦見本書第一章之（六），但詳略不同，讀者可並參。）但其他部分亦多有牽涉及錢先生的。又：本文源自演講稿，所以內中設計了不少向聽眾提出的問題，藉以讓講者與聽眾產生一點互動。今一併保留下來，主要是考慮到本書讀者也許可以從中得到一些思考上的刺激或啟發也說不定。再者，筆者這個報告是七八年前的產物了。在資訊方面，已經有點落伍了；然而，筆者已沒有體力精力做與時俱進的更新了。當然，就錢先生的意見來說，那反而是歷久彌新的。今且因陋就簡，收入本書前，僅做了一些必要的更改，尚祈讀者諒之。

[1] 有學者統計過，「文化」一詞計有 80 個以上的定義。

就錢穆先生來說，他的專書，如《文化學大義》、《中國文化史導論》、《民族與文化》等等，對「文化」一詞，都嘗下過定義或作過說明。在我讀書、畢業的香港新亞研究所來說，除錢先生外，其他多位師長，如唐君毅先生、牟宗三先生和徐復觀先生等等，都曾經直接地或間接地對「文化」一詞下過定義或作過說明。或縱然沒有對「文化」一詞下過定義，但幾位先生一輩子所關注的或所處理的問題，就是人類的文化這個問題。現在恕不展開。

## 二、閱讀在文化中的重要性

臺灣官方單位在今年（2017 年）3 月下旬曾經公布 PISA[2] 2015 年各國學生表現結果，臺灣「數學素養」數學表現優異、排名第 4，「科學素養」從原本第 13 名大幅提升至第 4 名，「閱讀素養」則退至第 23 名。

我們再看看中國大陸的公布：北京時間 2016 年 12 月 6 日 18 時整，OECD[3]（經濟合作與發展組織）發布 PISA 2015 測試結果。在最新（這裡所說到的「最新」是指筆者 2017 年做這個報告前的若干年）出爐的 PISA 報告中，新加坡學生力壓群雄，整體表現獲得 2015 年 PISA 測試的第一。中國大陸這次由北京、上海、江蘇、廣州參加測試，排名大幅下降。發揮最好的 OECD 國家還包括日本、愛沙尼亞、芬蘭和加拿大。

---

[2] PISA 是國際學生評估項目（Programme of International Student Assessment）的英文簡稱。這項測試（評比）是每三年舉辦一次的。2015 年曾經舉辦過一次，2016 年年底才放榜（公布結果）。再上一次的舉辦年度是 2012 年。

[3] OECD 是經濟合作暨發展組織（The Organization for Economic Cooperation and Development）的英文簡稱，1961 年成立，由全球 34 個市場經濟國家組成的政府間國際組織，總部在巴黎。其主要宗旨是協助會員建立強而有力的經濟實力，提高效率，發展並改進市場體系，擴大自由貿易，並促進已開發及開發中國家發展。OECD 原始會員國為歐美先進國家，包括加拿大、美國、丹麥、法國、德國、瑞典、瑞士、英國等，後來增加日本、芬蘭、紐西蘭等國。會員國雖只有 34 個國家，卻生產全球三分之二的貨品及服務。以平均每人享有的貨品及服務來看，OECD 的人民為非 OECD 人民九倍之多。

### 三項測試的十大排名（下表源自中國大陸）

| 科學 排名 | 國家/城市 | 平均分 | 閱讀 排名 | 國家/城市 | 平均分 | 數學 排名 | 國家/城市 | 平均分 |
|---|---|---|---|---|---|---|---|---|
| 1 | **新加坡** | **556** | 1 | **新加坡** | **535** | 1 | **新加坡** | **564** |
| 2 | 日本 | 538 | 2 | 香港 | 527 | 2 | 香港 | 548 |
| 3 | 愛莎尼亞 | 534 | 3 | 加拿大 | 527 | 3 | 澳門 | 544 |
| 4 | 臺北 | 532 | 4 | 芬蘭 | 526 | 4 | 臺北 | 542 |
| 5 | 芬蘭 | 531 | 5 | 愛爾蘭 | 521 | 5 | 日本 | 532 |
| 6 | 澳門 | 529 | 6 | 愛莎尼亞 | 519 | 6 | 中國 | 531 |
| 7 | 加拿大 | 528 | 7 | 韓國 | 517 | 7 | 韓國 | 524 |
| 8 | 越南 | 525 | 8 | 日本 | 516 | 8 | 瑞士 | 521 |
| 9 | 香港 | 523 | 9 | 挪威 | 513 | 9 | 愛莎尼亞 | 520 |
| 10 | 中國 | 518 | 10 | 新西蘭 | 509 | 10 | 加拿大 | 516 |

＊注：中國的平均分由來自北京、上海、江蘇和廣州的分數計算而成。
資料來源：教育部／OECD　　　　　　　　　　　　　　　早報圖表／梁錦泉

　　2015 PISA 成績　中國大陸學生成績下降。

　　BBC 中文網報導，「國際學生評估項目」測試涵蓋三個部分：科學、閱讀、數學。上一次，「國際學生評估項目」於 2012 年舉行，上海學生在科學、閱讀、數學測試中都是名列首位。但今年（2015），北京、上海、江蘇、廣州參加測試，表現比較遜色。

　　值得指出的是，以上三項測試，作為 OECD 成員國的西方大國，如英、美、法、德等大國，都沒有進入 10 大排名。所以我們也不必過分悲觀，妄自菲薄。作為兩岸四地的老百姓，我們一起來加油，好不好？

　　我們回過頭來，再來談「文化」。要獲得文化，成為有教養的「文化人」，而不只是「自然人／野蠻人」[4]，其途徑可說非常多。（請同學舉例

---

[4] 《孟子・離婁（下）》：「人之所以異於禽獸者，幾希；庶民去之，君子存之。」我們可以說，禽獸是有限的存在（受各種生理欲求的牽絆）；而人亦是有限的存在，但人可以由自覺、修養（做工夫）、反省，以超克自然欲求而成為無限。筆者近年苦參，深深體悟到，「自覺」在人生成長途程上，在超克自然欲求上，深具關鍵地位。

看看。參考答案：各類學習、體會／會悟都是。這都有賴人自身的努力，譬如立志（擺脫有限而追求無限；擺脫無知而追求知識）、模仿（見賢思齊；多聞博識）、參悟、反省、溫故知新等等都是。當然，其他條件也是很重要的。譬如環境優異：家庭（父母兄弟姊妹）、學校（師長、同學）、社會（同學想想看）等等都是；善於利用工具，譬如好好利用五官／六官及科技新產品。就人類在文化上所表現的領域來說，我們似乎可以分為兩個面向：知識上的，德行上的；今天的報告，我們只側重前者來說。[5]）針對成為文化人（上文已說過，今天的演講只偏重知性方面——知識人來說，而略過德性方面）的眾多途徑來說，其中閱讀（讀書，讀報、讀文章，讀雜誌／看雜誌，以至閱讀／瀏覽網上的材料、資訊），恐怕是最重要的途徑之一吧。

上網看東西，我看大家比我頻繁多了[6]。如何透過各種搜索引擎來抓資

---

陳白沙曾說：「人爭一個覺，纔覺便我大而物小。物盡而我無盡。」《陳獻章集》，卷三，書二，〈與林時矩書〉。自覺固然是自己生起的。然而，自覺亦可假外物而生起？即亦可由其他途徑達致之？譬如由後天的教養、機遇等外緣——外在條件達致之，則個人迄今尚未有定見。或兩者相輔相成？2024.10.06 則有如下的看法：自覺，好比人之良心良知，應是先天性的，即與生俱來的，不假外求的。即人之自覺心（好比良心）永遠都存在著的。然而，自覺又恆潛而未發，即人不見得永遠都是在自覺的狀態中的。換言之，恐有待適當機遇才得以生起（產生）自覺？

[5] 其實，就中國傳統所側重的來說，看重德行／道德是遠勝看重知識的。孔子開列他的學生表現的傑出者，計有四個項目：德行、言語、政事、文學。其中德行排第一，這恐怕絕不是偶然的。孔子的意見，應該是很可以代表或反映在過去歷史的發展過程中一般中國人的意見的。其說見《論語‧先進》。但要促使同學們成為有道德的人（或簡單的說，要成為有愛心的人吧），就算筆者舌燦蓮花，利用今天僅一二個小時的演講來進行說教（教化），恐怕是絕對無濟於事的。更何況針對德行方面來說，身教永遠勝於言教；多說反而無益，甚至可能產生反效果呢！君不聞「好話說盡，壞事做盡」這句名言嗎？「巧言令色，鮮矣仁。」（《論語‧學而》）因此今天的演講，我只偏重知識方面的文化人來說。但這絕不是說有德行，有修養的文化人不重要。大家切勿誤會才好。

[6] 現今，一天上網三、四個小時，甚至五、六個小時者，比比皆是。很多年輕的朋友上網已經上了癮，到了不能自拔的地步了。「君子役物，小人役於物。」（《荀子‧修身》）今天不少人已成為網路奴隸了。除浪費不少時間之外，在生理上亦受到困擾，如頸脊、背部、眼睛、指頭，都產生疼痛，甚至發生病變。

料，在技術上亦定然比我純熟。所以這方面，我今天就不多談了。我現在只針對傳統定義上的「閱讀」來說；指的就是讀紙本的東西，尤其讀書、讀報方面來跟同學作一個報告。

## 三、如何讀書？

### （一）讀書六到

　　人們要獲得知識，主要的途徑是透過五官（同學們，何謂五官？）或六官。（何謂六官？）針對閱讀來說，我們都知道是透過眼睛的（盲胞另當別論），這個不必我多說。沒有眼睛，當然閱讀不來。[7]然而，同學們，你們可知道，只透過眼睛來閱讀是絕對不夠的。人的其他官能，都要派上用場，我們的閱讀才真正有效，才稱得上真正的閱讀。讀書要有「五到」，同學們聽過嗎？「五到」指的是甚麼？（遲到？不到？煞到？卡到？賺到？當然不是！）就是眼到之外，還需要手到、口到、耳到、心到。[8]（請同學細述之。）我今天要多說一到。就是鼻到。甚麼是鼻到？就是要嗅到書中的味道。書有甚麼味道啊？香味嘛！君不聞「世代書香」、「書香門第」等語嗎？恐怕只有紙本的材料（書籍）才有香味吧。透過電腦所看到的網上資料有香味嗎？恐怕不可能吧！為了尋香，其實為了不要多看電腦屏幕（更不要說只有丁方大小的手機、iPad、iPhone 的屏幕了）而損耗視力，我今天要特別提倡看書要看紙本的（古代人，甚至二三十年前的人不必如此提倡，原因是？　答：因為二三十年前，書都是紙本印製出來的；今則不然，或至少不盡然了！），而盡量減少看電子書。

---

[7] 以前看過一則電視新聞，說某一異能人士能夠用耳朵來閱讀。但既是異能人士，擁有特異功能，那自當別論。我你我都是凡人而已，異能是天生的，是我們學不來的。今天便不必多談這個面向。

[8] 讀書要三到：心到、眼到、口到（提倡者：宋朱熹）
　　讀書要四到：心到、眼到、口到、手到（提倡者：胡適）
　　讀書要五到：心到、眼到、口到、手到、耳到（提倡者：魯迅、周樹人）

## （二）略讀、精讀

　　唸文科不能不讀書，尤其不能不多讀書。但書本浩如煙海，又如何可以盡讀或多讀呢？清人有謂：「一物不知，以為深恥／儒者之恥。遭人而問，少有寧日。」[9]就今天來說，是要求太嚴苛了。如果要按照這句話來提出要求的話，我們任誰都蒙羞，任誰都變得無恥！因為根本上無法做到事事物物皆知嘛！！但唸文科總不能不多讀書。那又如何可以辦到呢？市面上補習班的速讀法，筆者不會。所以不敢多談。但讀書，至少可分為二法：略讀也，精讀也。不略讀，無以多讀書；不精讀，無以出入其內而得其義蘊。就中國書來說，一般而言，傳統的經典，不能不精讀，甚至不能不背誦。再者，假使你是從事研究的，那麼就你個人的研究範圍來說，相關要典，便不能不精讀。精讀時，便需要運用到上面所說過的五到。其他書，譬如你是研究歷史的，那有關文學的，哲學的，社會科學的，思維方法的，那也得略讀一下。針對你研究的主題的前人研究成果，也必得讀一下（略讀）。不讀原典，研究出來的東西便不踏實；不讀前人相關研究成果，那你研究出來的東西，可能是白費、白研究。（為甚麼？）此外，前人研究成果也很可能刺激你產生新的觀念、觀點與方法。但前人研究成果，常常是非常多的，所以與原典（原典，就歷史研究來說，很多時就是原始材料）比較，也只能略讀。然而，這只是就一般情況來說。有時候，前人研究成果也要精讀的。如研究隋唐政治制度史，陳寅恪的一本書（書名？）恐怕是非精讀不可的。我再多舉一個例。錢穆先生在1930年35歲的時候解決了一個學術史上的大問題，那是今文經學家康有為先生（1858-1927）引發的。康氏"名著"《新學偽經考》（1891年刊行）說：漢時劉向的兒子劉歆偽造古文經書。換言之，古文經書全是漢時劉氏的個人作品，非古代流傳下來而經孔子整理過的著作。這個說法真是大膽之極。錢先生以細緻而慎密的考證並在極具識見的情況下，寫出《劉向歆父子年譜》一書，從生平行誼經歷上證明古文經書不可能是劉歆偽造出來的。康氏大膽而缺乏證據的"創見"，便不攻自破了。錢先

---

[9]　此閻若璩語，見《清史稿》，列傳268，〈閻若璩傳〉。

生《劉向歆父子年譜》是相關問題的研究成果，而不是古代的甚麼原典，但要了解古代經書是否漢人所造而非孔子所承傳下來，錢先生該書是非細讀不可的。（上面說到陳寅恪的書，同學們都很客氣，不主動跟我說。由於時間關係，那我就直接給出答案吧。書名是：《隋唐制度淵源略論稿》；陳氏另一名著是《唐代政治史述論稿》。）

## （三）錢穆先生論讀書三部曲

說到錢先生，他教導我們讀書非常重要的步驟和方法。這就是有名的讀書三部曲：「讀前構思，讀時對照、比較，讀後掩卷深思（含做筆記、寫心得；記下重點、消化及批判書中的內容）。」[10] 茲舉例細說如下：譬如你在某書店（或圖書館）看到近人所寫的研究鴉片戰爭的一本書，而你本身對鴉片戰爭很感興趣。於是很自然的，你定然會把該書從書架上拿下來翻看一下。（同學們，按一般情況來說，我們習慣先看書中哪部分或哪些部分呢？）但是錢先生告訴我們，我們先不要急著這樣做；取而代之的是：先作點構思。構思甚麼？答案是：假設你是該書的作者，你會如何處理相關課題？在這個情況下，你就非得作點構思不可了，而不是馬上翻看手上拿到的書。你要把所構思的各項寫下來。不必很有條理，而是想到甚麼，便寫甚麼便好。譬如鴉片戰爭發生的年分、地點、原因、經過、影響、意義（對參與國、對世界局勢）、所牽涉的人物等等。寫好之後，應稍作分類、歸納、整理。假定你未來真的要寫有關鴉片戰爭的一本書時，這個分類、歸納、整理的結果，便構成你這本書的一個大綱（即未來書中的章節的標目）了。這是讀書三部曲中的第一部。

第二部是把你寫下來的各項（即上文所說的大綱），拿來跟你剛才從書架上拿下來的書的內容，尤其目錄／目次，作仔細的比較，目的是要發現兩者的異同（相同處和差異處）。看到相同處（即該書作者處理的課題跟你相

---

[10] 錢先生確切的用語和這三個步驟的出處，蓋見《中國史學名著》；不贅。讀者可參本書第一章第六節：論如何讀書。

同），你應該很高興，因為你的想法、構思（即你以後真要寫書時要處理的課題），竟然暗合"古人"（作者）的想法。至於差異處（譬如書中目錄上有的，但你大綱上沒有；或書中目錄上沒有的——即作者不擬處理的，但你卻打算予以處理），那你就要仔細深入思考、推敲為甚麼有此等差異？是你注意不及，孤陋寡聞，所以沒有想到要處理該等課題？或該等課題根本不重要，只是該書作者"多事"、畫蛇添足？這些疑惑，都有待你一一解決。但問題是你該如何解決呢？現在就讓我來和同學們分享一下個人的心得吧。解決之道，其實很簡單：現在才正式詳細翻看書中的內容。因為你現在已有若干問題／疑惑在心中，所以你看該書時，實際上是針對心中的問題找答案。在這情況下，因為你已經有了方向，有了針對性（針對問題找答案），所以你讀該書時，便不會漫無邊際、漫不經心。在這情況下，"答案"便會一個一個的浮現在眼前。萬一答案出不來，即書中根本沒有相應的答案（其實，很多時是你不曾注意到而已，是你粗心大意沒有發現它而已。同學們不妨想想以下一句話：「千里馬常有，而伯樂不常有。」），那也不打緊。然而，你該把迄今仍未找到答案的這些問題／疑惑，放在心中，甚至寫下來，留待下一步（即讀書三部曲中的第三部——最後一部）來解決。

現在我們就來說這最後的一部；它就是：掩卷深思。經過讀書三部曲中的第二部之後，書算是讀完了，但學習該書內容的過程，或所謂求學過程，一點都沒有完呢。可以說你把該書蓋上之後，學習（尤其是深度學習）才正式開始。剛才說到的讀書的第二部曲，它的功能其實只是幫助你發現問題（我再提醒一遍，你構思時寫下來的項目和書中目錄上的項目，兩者的差異，就是你要特別注意的相關問題了）和在書中找答案而已。沒有找到答案的，你固然要多思考為甚麼答案沒有出來。那你得想想是否要透過別的管道（譬如再讀其他書、上網、請教老師等等）來解決相關問題。就算已找到答案了，但也得反思這些答案（書上（紙本上）的答案），是否就是歷史的真際／真相？總之，書讀完之後，真正的學習過程才正式開始呢。而其中最重要的就是要不斷思考，反覆思考。書中的答案確是真答案而不是假的或錯的答案嗎？就算是真的答案，那它是唯一的答案嗎？就是說，有沒有別的答案

也同樣是真的，但該書卻沒有寫出來的呢？又假如書中對同一問題作出不同的答案（譬如說鴉片戰爭發生在 1839-1842 年，但又說發生在 1856-1860 年），是書中有矛盾嗎？錯誤嗎？書中的答案和另一書提供的答案不同，那又如何辦？又譬如很多書都給予相同的一個答案，唯獨只有一本書給予另一個答案。那我們是要採取多數決，以多者為準嗎？這種種問題、疑惑，你都得一一予以解決。以上種種是涉及對該書作批判的層次了。這個對同學來說，也許是比較困難一點的。我不擬再談下去。

對同學來說，比較實用的是，讀的過程中（即讀書的第二部曲）和讀完之後（即讀書的第三部曲），是要做筆記／摘要、寫心得，藉以記住、消化書中的內容。只有筆記／摘要寫好、心得寫好，甚至對書中內容、論點作出批判（含接受、不接受）後，我們才可以說讀完該書；否則書中的內容——所揭示的相關知識，甚至相關資訊[11]，好比浮光掠影，一去永無蹤影了。廣東人稱這個為「水過鴨背」。（同學們：閩南語叫甚麼？上海話叫甚麼？別的方言又如何說？）[12]

---

[11] 順便一談，"學問"是有很多層次的，由下而上依次是：數據（Data）、資訊—情報（information）、知識（knowledge）、智慧（wisdom）。當然，一般來說，數據和資訊—情報，不能算學問；不細表。

[12] 近日看到網上有如下一則資訊，很可以補充筆者上文所不及，今轉錄如下。〈錢穆讀書三得〉：「國學大師錢穆（1895-1990）對中國歷史，尤其是對中國歷代思想家及其思想源流的研究和考辨，均自成一家之言。從凡人到宿儒，是由於他讀書的開悟得道。

一曰有法。錢先生小時候癡迷《曾文正家訓》，那是指導他讀書和做人的一部書。先生年輕時，讀書是信手拈來，隨意翻閱，往往半途而廢。而曾文正教人要有恆，讀書也須從頭讀到尾，不能隨意翻閱，更不能半途中止。這點對錢先生觸動很大。從那以後，不論是多大多難啃的，都一字字，一本本從頭讀來，不知不覺中學藝精進。

二曰有用。世人往往將讀書當成求取功名的進身之階，敲門之磚。小有所成之後，又棄之不顧。真正會讀書的人是以書為師的。有一次，錢穆先生和同事說，自己好像快病了。而同事說，你不是常讀《論語》嗎，《論語》可以醫之。錢先生不明白了，同事說《論語》上不是說：子之慎、齋、戰、疾。你感到快病了，正好用得上『慎』字。不要疏忽大意，也不要過分害怕。同事的一番言論讓錢先生恍然一悟，領

## （四）要看整本書，不要只抱個題目去找材料

　　看書要看整部，不要抱著針對某個題目找材料的心態來看書。這是我的老師，亦即錢穆先生的大弟子嚴耕望先生在其史學方法名著《治史經驗談》中所說的（很明顯，嚴先生的說法是上承其業師錢穆先生的卓見而來的。）他意思是說，重要的書，一定要從頭看到尾。譬如你是以做秦漢史作為畢生專業的，所以儘管你現在只打算寫一篇秦漢經濟方面的文章而已，但除了《史記‧貨殖列傳》和《漢書‧食貨志》等篇章一定要細看之外，《史記》、兩《漢書》及《三國志》的其他篇章，也應該要細看。原因有二。一是《史記‧貨殖列傳》和《漢書‧食貨志》之外，應該還有其他篇章可能找到經濟方面的史料的。所以其他篇章便非看不可。另一原因更為關鍵。嚴先生說，因為你是研究秦漢史的，所以秦漢的經濟應只是你要關注的一個點而已。其他點，譬如政治、軍事、教育、宗教、社會、科學成就等等，也可能是你未來要研究或處理的重點。所以你讀《史記》、兩《漢書》及《三國志》時，便應把各項相關資料一一抄錄下來。如時間上來不及，那也應該把相關資料做個記號（即把重點劃下來），好使爾後再鈔錄。否則現在做秦漢經濟史，便只鈔錄經濟方面的資料，那以後做其他方面，又得把幾部書從頭到尾再看一遍，以便找出其他方面的資料，那豈不是更花時間？！換言之，只針對某一題目找資料（鈔錄資料）而不理會其他資料的作法，不要以為是

---

悟了讀書的目的在於教人切己體察，學以致用。

　　三曰有專。錢先生開始讀《論語》時，多所忽略。一日被同事問及《論語》中的篇什，自己喜歡哪章。錢先生竟無以應對，而對方則高聲吟哦：『飯蔬食飲水，曲肱而枕之，樂亦在其中矣。不義富且貴，於我如浮雲。』錢先生一驚，又感到心中豁然，不覺讀書又上了一境界。」

　　（劉文波 文）轉自《人民政協報》2009 年 2 月 9 日；2009-04-08 | 947：https://www.tsinghua.org.cn/info/1951/19313.htm；瀏覽日期：2024.10.06。按：以上所引《論語》的話，出自〈述而篇〉，其中：「子之慎、」，應作：「子之所慎，」。『飯蔬食飲水，……不義富且貴，』的一段，亦出自〈述而篇〉，其中「不義富且貴」，應作「不義而富且貴」。

快，其實是慢[13]！再者，看書要看整部，還有一個理由。作者在同一本書中的不同部分，可能有不同，甚至相反的說法。譬如唐朝大史學家劉知幾在《史通》的〈內篇・表曆篇〉便反對史表（即反對透過用表格的方式來呈現史事）。然而在同書的〈外篇・雜說上〉便很稱頌司馬遷《史記》中的〈表〉。所以如果只看以上兩篇文章中的一篇，便說劉氏的主張如何如何，那是很不周延的；由是對劉氏的批評也會有失公允。

前面說到重要的書，應要精讀。上一段則說，重要的書，應要整本讀。合而言之，重要的書，應要整本精讀。我在這裡，要稍作補充。精讀整本書，這只是原則。其實某些書的部分內容，我們不妨只略讀，或只需要知道其中的梗概便足夠了。假使你無意研究秦漢和秦漢以前的天文現象（這是專家之業；一般史家沒有這方面的興趣，且能力上亦無法做到），那麼《史記》的〈曆書〉、〈天官書〉，《漢書》的〈天文志〉，你是不必細讀的，且其中不少內容，你也讀不來（不明白其內容）。

## 四、閱讀的樂趣

「書中自有黃金屋；書中自有女顏如玉。」[14]這是古人以此為誘因（前者是財，後者是色）勸人努力讀書的一種象徵性的說法而已。我們今天不必理會它。就今天來說，情況可能正相反：書讀得愈多，可能愈討不到老婆，愈發不了財。況且就學問來說，知識性的學問只是學問之一而已（同學們，另一學問是甚麼？我上面曾經說過啊）。就傳統中國來說，修德遠重於致知：成就德性，遠重於開拓聞見。再者，就算要追求學問，也不必非讀書不可。古人即嘗云：「何必讀書，然後為學？」[15]意思是說，讀書只是眾多求

---

[13] 嚴耕望，〈壹 原則性的基本方法（四）要看書，不要只抱個題目去翻材料〉，《治史經驗談》。

[14] 《勸學詩》或稱《勸學文》，有謂乃宋真宗所作。

[15] 語出《論語・先進》，是子路對同為孔門弟子的子羔所說的一句話。其前有二句話，如下：「有民人焉，有社稷焉」。

學問的途徑之一而已；意謂讀書不是唯一的途徑。但聽眾不要誤會，以為古人教我們不要讀書。如果這樣理解的話，那就產生天大的誤會了[16]！

上面第三節說了很多讀書的方法，尤其針對做研究的讀書方法。這也許說得太嚴肅了一點。不以做學術研究為專業的聽眾或同學們，很可能有點受不了。針對一般聽眾，讓我轉個話題，談談讀書本身的樂趣吧。

讀書可以增廣見聞，這不必我多說了。此外，讀書可以怡情悅性。人在林泉間，品一壺香茗，手中書一卷，尚友千古，與古人精神相往來，離開凡塵俗世（至少暫時嘛！！）。我們作為讀者，常會對古人種種的不幸、不快，一灑同情之淚。其實反過來，亦然。我心中的抑鬱，原來古人早已有之；心中的不快，古人早道說之；心中的苦悶，古人亦早言及之。原來你的所謂不快、不幸，實古今所恆有、所恆存。我的種種所謂負面的遭遇，實曠宇長宙中所有人所同有者，同經歷過者。就此來說，我還有甚麼不滿，而產生自怨自艾的呢？你當下就該滿足了，甚至該感恩了。這滿足、感恩，從何而來？朋友們，我告訴你，它就從書中來，即來自你手中的一卷書。曹操〈短歌行〉：「對酒當歌，人生幾何？譬如朝露，去日苦多」。在今日物質不虞匱乏的地方（譬如在臺灣、香港、或中國大陸的大城市；當然亦有例外，不多說）來說，對酒當歌，幾乎每人每天都可以享受到的。所以我要把曹操的詩改寫一下：「對書當篇（篇章—文章），人生幾何？」在今日電子化極為流行的時代，年輕的一代，他們拿紙本書（甚至電子書）來看的情況，已經愈來愈少了。恐怕不出二三十年，看紙本書的人，必然是稀有動物。所以如果「對書當篇，人生幾何？」的說法，在今天來說是稍微誇張了一點的一句話，但二三十年後，絕對會是事實。二三十年後的世界，恐怕我

---

[16] 孔子大概就是想到子路的話不無問題，會誤導讀書比較少的子羔。所以在子路說出：「何必讀書，然後為學？」這句話之後，便指責子路說：「是故惡夫佞者。」意謂子路是強詞奪理。個人以為，就成德來說，讀書（成就聞見之知）並不是必要條件，但仍係相當重要的條件。就成就知識來說，那讀書更是必要條件。換言之，除非條件不具備——環境不容許，那當然另作別論，否則無論如何，人都應該多讀書的。

來不及見了（同學們，你猜我今年幾歲？）。朋友們，你們還年輕。你們就拭目以待吧，希望不要不幸而被我說中啊[17]。

## 五、錢穆先生眼中的朱子讀書法

南宋朱熹著作極多，但討論讀書方法方面，則沒有撰寫過任何一本專書。然而，他的文集和南宋末年人黎靖德所編的《朱子語類》中則收錄了不少他討論讀書方法方面的精言警句。朱子門人輔廣嘗予以輯錄，其後張洪、齊熙（兩人同為宋人）又續有輯錄，而成書四卷[18]。四卷書可分為兩部分，各佔二卷。首二卷有如下的標目：〈綱領〉、〈循序漸進〉、〈熟讀精思〉、〈虛心涵泳〉、〈切己體察〉、〈著緊用力〉、〈居敬持志〉七項。末二卷標目全同。疑以上七標目乃輔廣原書所訂下者。洪、齊續編乃一仍其舊，是以標目全同。參閱〈循序漸進〉以下六標目，即可以得知朱子讀書法之梗概，不贅。

朱子讀書法對後生小子，甚具啟發性與參考價值。錢穆先生晚年鉅著《朱子新學案》即嘗用不少篇幅予以闡述，成〈朱子論讀書法〉一文[19]。今

---

[17] 2010 年 4 月的國際讀書日／世界讀書日（4 月 23 日；全稱為「世界圖書與版權日」，乃 1995 年所確立），東吳大學圖書館請我主持一個有關讀書的座談會。座談會的標題是「讀好書・好讀書・讀書好」。這個題目非常有意思。開場白致詞時，我賣弄機巧，給它對了對子，如下：「讀死書・死讀書・讀書死」。「讀死書」，不知消化變通也；「死讀書」，天天讀，時時讀，刻刻讀，但不知為何而讀，甚至讀書不得其法；「讀書死」，則用功過度，因太用功而隕命之謂也。針對「讀好書・好讀書・讀書好」和「讀死書・死讀書・讀書死」的課題，我本來打算進一步做點說明的，但時間關係，也許留待日後吧。

[18] 參《四庫全書總目提要》，卷 92，〈朱子讀書法四卷〉條。

[19]《朱子新學案》收入《錢賓四先生全集》（臺北：聯經出版事業公司，1995），冊 11-15。〈朱子論讀書法〉則收入冊 13，頁 691-773。按：錢先生所輯錄者，不盡與前人相同。先生於〈朱子論讀書法〉開首處即嘗云：「後儒彙集朱子語為《朱子讀書法》者，不止一家。茲篇亦仿其例。惟取捨編排，與加闡述語，則不必與前人相同。」錢先生撰寫完成《朱子新學案》後，「因念牽涉太廣，篇幅過巨，於五十九年

為省篇幅,不予細述。惟引錄錢先生書中開首處若干文字以見朱子讀書法之精神所在。先生云:

> 朱子教人為學,必教人讀書。朱子教人格物窮理,讀書亦是格物窮理中一重要項目。朱子教人讀書法,平實周詳。初視若大愚大拙,實啟大巧大智之鍵。初視若至鈍至緩,實蘊至捷至利之機。學者苟不潛心於此,而徒驚其學問之淵深廣博,與其思理之縝密閎偉,而歎以為不可及。是猶臨淵羨魚,不知歸而結網,亦終無門徑階梯之可尋矣。……為學雖不專在讀書,而不廢讀書則斷可知。……我心與聖賢心本無二致,聖賢之心見於方策,我之讀書,正為由書以求聖賢之心,亦不啻自求我心也。[20]

錢先生上文重點有三:
(一)朱子學問上所以有大成就與其讀書得法有絕大關係;學者從此契入,則學問之門徑階梯即可自尋。
(二)為學途徑固可有多端,但讀書一途絕不可廢。
(三)讀書之終極目的,在於讓讀者本人發明其固有之本心。
一言以蔽之,朱子的讀書法連篇而累牘,勝義紛陳。錢先生之闡述尤能

---

初夏特撰提綱一篇,撮述書中要旨,並廣及於全部中國學術史。」錢穆,〈弁言〉,《朱子學提綱》(臺北:三民書局,1971)。按:《朱子學提綱》一書無目次。全書分為32節,約12、3萬字;其中第25節撮述朱子論讀書方法(頁160-168),約4千多字。《提綱》一書亦收入《錢賓四先生全集》中,作為其中第11冊的首部分。又:朱子讀書法因為甚具卓識,近人陳仁華曾針對黎靖德所編的《朱子語類》中的朱子讀書法,予以翻譯和解讀,可並參。黎靖德編,陳仁華翻譯解讀,《朱子讀書法》,臺北:遠流出版事業公司,1992。錢先生對中國古人的讀書法,是相當關注的。除上開朱子一人外,針對其他先賢,還撰有〈近百年來諸儒論讀書〉一文,其中陳澧、曾國藩、張之洞、康有為、梁啟超的讀書法,便是先生探討的對象。見《錢賓四先生全集》,冊24。讀者予以比較融會貫串,於一己之讀書,想必有所裨益。

[20] 上揭《朱子新學案》,《錢賓四先生全集》,冊13,頁691-693。

揭示其義蘊所在。惟以時間所限,其他要點,恕從略。又:錢先生以《朱子新學案》篇幅過鉅,嘗撰《朱子學提綱》以為撮述。其中亦收錄了先生闡述朱子讀書法的文字,可參看以見朱子讀書法之梗概。

## 上篇附錄（二）

# 錢穆先生《中國史學名著》導讀[*]

## 一、前言

　　錢穆：江蘇無錫人（1895-1990）。《中國史學名著》乃錢先生於 1970-1971 年間為中國文化大學史學研究所博、碩班講課之演講紀錄（由錢先生高足戴景賢教授紀錄，後經錢先生本人刪潤）[1]。共 22 講，原則上，一堂課或兩堂課講畢一史學名著。（附識：錢先生以演講稿成書者尚有其他著作，恕從略。）

　　上述錢著針對以下各史學名著作了論述：《尚書》、《春秋》、《春秋三傳》、《左傳》（附《國語》、《國策》）、《史記》（上、中、下）、《漢書》、《後漢書》及《三國志》、綜論東漢到隋的史學演進、《高僧傳》（並及《水經注》和《世說新語》）、《史通》、《通典》（上、下，附《貞觀政要》）、《新五代史》及《新唐書》、《資治通鑑》、《通鑑綱目》及《通鑑紀事本末》、《通志》、《文獻通考》、《明儒學案》及《宋元學案》、從兩學案講到《文史通義》、《文史通義》。

---

[*] 導讀時間：2003.07.19；地點：臺北市外雙溪錢穆故居。筆者所據的版本是臺北：三民書局，1973 年初版，337 頁，兩冊，共約 20 萬字。

[1] 約 10 年前，戴景賢先生出版了他探討錢先生的一本專著，如下：《錢賓四先生與現代中國學術》（香港：中文大學出版社，2014）。汪榮祖先生針對該書嘗撰寫一書評。文見《中央研究院近代史研究所集刊》，第 88 期，2015 年 6 月，頁 223-229。汪氏行文的語氣頗重，即對戴文持相當負面的評價；所提出的看法或觀點，筆者相當認同，不贅。

## 二、該書精神

該書精神大抵如下：

（一）藉著講述各史學名著而闡發中國史學之精神、史學大義：史學之最終目的在於經世致用，史學研究之對象最重要的是歷史上的大問題、非小考據、非小問題（當然，錢先生亦指出，除著史外，考史及評史亦係做歷史研究該有之重要項目）。史學研究要有識見（史識）；錢先生不接受以下說法：今人所說的懂得史學方法與具備史料便可以做歷史研究這個說法。

（二）中國歷史不是封建、專制，即反對俗人之隨意漫罵、亂批評。讀書要學會懷疑，不能照單全收。作為讀書的一個有效程序，錢先生特別提出讀書三部曲的一個見解；掩卷深思是三部曲中的最後一部，但其重要性不容少覷。

（三）要看重自家之史學，批評西方之史學表現與成就不如中國（記事、著史傳統、修史制度、體裁、史書數量等等方面皆是）。

（四）不要滿足於只當一個史學家，只看狹義之史料／史籍，而要把史學研究作為學術中的一環來研究—識見始廣，做出之研究才有意義。

## 三、書中各單元略述

（1）《尚書》：今古文經問題、今文篇章中亦有偽的部分、記言記事問題、指出周書部分比較可靠。（附識：讀各種史著時，須了解該史著之作者和該史著中若干篇章之作者（譬如周書之作者周公）；其所反映之時代精神，亦應多予注意。）

（2）《春秋》：第一部正式歷史書；事、文、義。「其事則齊桓晉文，其文則史，其義則丘自謂竊取之矣。」以上三項中的義乃指：尊王、大一統；藉書法以褒貶古人古事，以作為後人之鑑戒（此促成了後世之鑑戒史學、訓誨史學）。（附論：王官學、百家言）

（3）《春秋三傳》：《公羊》、《穀梁》（兩書皆今文經）、《左

傳》（古文經）；《左傳》作者問題；前兩者重義，《左傳》則重事。

（4）《左傳》：此書為成熟之編年史，歷史上重要之領域皆有所描述／涉及，如地理、氏族、政治制度、禮制（如朝聘盟會之制）、軍事、社會禮俗、信仰、食貨經濟、四裔等等。《國語》則類似今之國別史，記春秋時八國事。《國策》乃係戰國時代縱橫家言之記錄。

（5）《史記》：《尚書》記言為主，《春秋》為編年史，《史記》為紀傳體（係一創新製作，內含五體）：對象以人為主。「究天人之際，通古今之變，成一家之言」（讀書要讀該書之序文；就《史記》來說，要讀其自序；此外，要細看其目錄）。古代無史學／史書，只有經學（王官學、貴族學）、子學（百家言、平民學）；《史記》以至其他史書，在漢以前，皆納入《漢書·藝文志·六藝略》內；無表現（事功方面之表現）之人物亦入傳，孔子入世家，項羽入本紀。應注意《史記》中之"太史公"問題（譬如古代有太史公一職官否？）。

（6）《漢書》：該書作者？第一部紀傳體斷代史，主要之貢獻在十志，尤其藝文志、地理志；八表中之古今人表問題（譬如既係斷代史，則何以有古今人之表？又譬如何以既稱為《漢書》，但表中又竟無漢代人？）。

（7）《後漢書》及《三國志》：前書之列傳可反映其時代特色（如獨行傳、文苑傳）；《三國志》以何政權為正統問題；裴注問題（補闕、備異、糾妄、論辯；引書多少種？）；王先謙《後漢書集解》。

（8）綜論東漢到隋的史學演進：史部已出現；《隋書·經籍志》分史部為十三類（正史、古史、雜史、霸史、起居注、舊事、職官、儀注、刑法、雜傳、地理、譜系、簿錄），著錄史書817部；史學最盛時代（另一時代為？答：宋代是也。），但相對於春秋至兩漢時代，史學已走下坡。

（9）《高僧傳》、《水經注》、《世說新語》：正史中無僧人之傳記；於是有《高僧傳》、《續高僧傳》、《再續高僧傳》、《三續高僧傳》；《水經注》：記水道及其所流經地域、城邑之沿革變遷；清人對《水經注》之校勘；《世說新語》：該書之史料價值；劉孝標注。

（10）《史通》：錢先生認為此書之成就不及《文心雕龍》；不知史學

大義（不知治經、經世致用），只著眼於批評史書之史法、所用之材料；以史學自限，不知治學應該由博返約。

（11）《通典》：典章制度之專書，以致用為依歸，三通之一；內分九門：食貨、選舉、職官、禮、樂、兵、刑、州郡、邊防。附：《貞觀政要》：宋以後君臣治國之重要參考書。

（12）《新五代史》、《新唐書》：前書係承《春秋》大義（書法、褒貶）而以致用為依歸之史書。《新唐書》所添之志、表很有貢獻；歐公謙讓。

（13）《資治通鑑》：記 1362 年史事之編年體史書，294 卷；19 年成書；書局自隨；三大助手，然成書於一手；以訓誨、致用為依歸之史論；論正統問題；相關著作（目錄、考異、舉要曆等等）。

（14）《通鑑綱目》與《通鑑紀事本末》：前書之作者問題；撰著動機？後書為一創新，然無識見：遺漏之史事（尤其治世之史事）極多。

（15）《通志》：為紀傳體通史，但最大成就在二十略：氏族、六書、七音、天文、地理、都邑、禮、謚、器服、樂、職官、選舉、刑法、食貨、藝文、校讎、圖譜、金石、災祥、昆蟲草木。重視「通」；書中論述前人之處，有相當偏見。

（16）《文獻通考》：何謂「文」？何謂「獻」？分 24 門；貢獻：史料比通典多，時代敘述至宋末；但識見不及杜佑，至少門類先後編排便不及杜佑之有深意。

（17）《明儒學案》、《宋元學案》：為學術史之名著。前書貢獻：能把握學案主相關著作之精神面貌，開創風氣。後書之作者問題。

（18）由兩學案講到《文史通義》：《國朝學案小識》；《清儒學案》；兩本《中國近三百年學術史》；任公有史才。章學誠之重要貢獻在於洞識學術史之發展源流，並以此切入講史學。

（19）《文史通義》：「六經皆史」何義？記注與撰述、史家三長、史德、「盡其天而不益以人」；看重紀事本末體史書。章氏之文論亦有特色。

## 四、結論（筆者若干淺見）

　　錢先生此著作雖僅為一課堂演講紀錄，但自有其他同類書不及之處，且卓見慧解甚多，此略見上文之描述。但亦有若干地方可供討論。

　　（一）若干處稍嫌重複（因為源自演講稿，吾人當予以體諒）。

　　（二）對西方史學欠深入了解，以之與中國史學作比較時，便或有所偏頗。

　　（三）若干論斷或不免見仁見智，譬如比較輕視《史通》之貢獻便值得商榷。錢先生從經學立場論該書，認為該書不知經世致用之大義。但如從實錄史學立場予以討論，則該書之貢獻及識見便十分卓異。有關後者，可參看業師許冠三先生之《劉知幾的實錄史學》一書（香港：中文大學出版社，1983）。

# 上篇附錄（三）

# 錢穆先生的史學[*]

## 一、前言

演講緣起：20多年前，本校（東吳大學）歷史學系有幸邀請到前北京大學歷史系著名教授張芝聯先生（1918-2008）[1]蒞臨系上擔任客座教授一學期。[2]張教授博聞強記，史學功底湛深，識見卓越；且深富忠厚長者的風範。筆者隨侍左右一學期，獲益良多，畢生難忘。以張教授的關係，筆者嘗應邀在北大歷史學系做過一次演講（或所謂學術報告吧）。北大乃中國高校第一學府。後生小子，真的是初生之犢，竟敢應邀！以錢穆先生嘗任教於北大多年；且錢先生雖學貫四部，然而史學當係其學術表現之主軸，是以講題乃訂為：錢穆先生的史學。相關講稿，今遍尋不獲；唯得一極簡略之大綱，如下：

---

[*] 這是演講大綱；時間：2004年6月15日；地點：北京大學歷史學系。邀約人兼主持人：前北京大學歷史學系資深教授張芝聯先生。

[1] 張芝聯先生（1918年11月7日-2008年5月27日），浙江鄞縣人，我國著名歷史學家、歷史教育家，世界史學科和法國史學科的主要奠基人，中西歷史學術交流的重要推動者。北京大學歷史學系教授。出生書香世家，自幼博聞強記。早年受教於張歆海、呂思勉、童書業、張爾田、聶崇岐等諸大家，在世界史方面造詣深厚，更是公認的法國史專家，曾被授予法蘭西共和國榮譽軍團騎士勳章。參百度百科「張芝聯」條：https://baike.baidu.com/item/%E5%BC%A0%E8%8A%9D%E8%81%94/5539064；瀏覽日期：2025.03.11。

[2] 約1997-1998之間；確切時間，不復憶及，真抱歉。然而，筆者記得很清楚的是，當時筆者是第一次擔任歷史系主任一職；時維1995年-1998年。張教授的到訪，則應係筆者任期的中後期。換言之，張教授來訪，應落在1997年-1998年之間。

## 二、正式開講前之引子

（一）錢先生之成就：國學大師；史學祭酒
（二）錢先生與北大之關係
（三）去年（2003 年）東吳大學與（臺北市）錢穆故居舉辦以下研討會以發揚光大錢先生的學術思想：「錢穆思想學術研討會」；會議論文集即以同名：即《錢穆思想學術研討會論文集》出版於 2005 年。編著者為：錢穆故居管理處；發行人為時任東吳大學校長的劉兆玄教授。

## 三、錢先生之史學精神

（一）經世致用
（二）修養心性
（三）史學求真

## 四、錢先生之史學方法／讀書方法

（一）了解一書背後之精神
（二）抓重點，但亦不能忽略細節：細讀是工夫，解決大問題是關鍵
（三）要讀全書，不應為了寫論文而讀書時只是找材料
（四）遇有疑難，要考據、思索：考據是手段，解決大問題是目的
（五）心中常要存疑，不能照單全收
（六）其他

## 五、餘論

（一）大漢沙文主義？
（二）對西方之誤解／不解？

（三）著作上的若干問題
（四）瑕不掩瑜

2024.11.09 後記：張教授於東吳大學歷史學系客座一學期返北京後，曾多次來函，或鞭策，或惠示治學津梁。其對後學勖勉關懷之情，非語言筆墨所能盡表。2000 年 6 月並惠贈其英法文新著：《*Renewed Encounter: Selected Speeches and Essays 1979-1999* 張芝聯講演精選》（北京：商務印書館，2000 年 4 月）與另一文：〈當代中國史學的成就與困惑〉，《史學理論研究》（1994年，第4期）予筆者和內子慧賢（按：內子的聖名是 Margaret；張教授恆藉以稱呼內子；該書扉頁亦寫上此名字）。筆者感恩之情，非筆墨所能形容。今張教授歸道山轉瞬已 10 多載，其當日訓誨之情，猶歷歷在目；其提拔獎掖之恩，更是一刻不敢或忘！今綴數語於本報告末，藉以聊表無盡之思念。

## 上篇附錄（四）

## 《錢穆先生思想行誼研究論文集・出版緣起》[*]

　　2005 年，錢穆故居[1]嘗出版《錢穆思想學術研討會論文集》，收錄專題演講講稿 1 篇，論文 13 篇，全書約 22 萬字。此外，並整理歷年所舉辦之「文化講座」、「溪城賞書悅會—讀書會」之演講內容，擇其要者輯為《文化講座—臺灣歷史、社會與文化系列》與《錢穆先生著作導讀—中國思想史系列》二書。

　　為鼓勵年輕學者（博、碩士班研究生為主）投入錢穆先生之研究，故居乃於 2004 年、2006 年分別舉辦第一和第二屆「錢穆先生思想研究徵文」活動。來稿共有 53 篇，並於 2005 年、2007 年分別舉辦論文發表會以展現研究成果；發表論文共計 40 篇。

　　自去年（2008）暑期前後開始，故居繼續推動後續出版計畫，旨在彙整 05 年及 07 年「錢穆先生思想研究論文發表會」上所發表過之論文。擇優送審後，乃決定出版本論文集；所收錄之論文計有 15 篇，共計約 25 萬字（按：部分論文雖通過審查，但因作者另有考量而故居不得不割愛）。錢穆先生孫女北京語言大學人文學院教授錢婉約女士與美國亞歷桑拿州州立大學田浩教授（Professor Hoyt Tillman，錢先生高弟余英時教授之高足），於獲悉本出版計畫後，更惠允撰著鴻文，共襄盛舉。兆強必須在這裡致上由衷之謝意。

　　本論文集含錢先生生平行誼及學術思想等等方面之研究，是以命名為

---

[*] 本論文集由臺北：東吳大學出版於 2009 年。論文集出版時，筆者正擔任錢穆故居（以下簡稱故居）執行長（任期：2008.07.01-2010.12.31）。收入本書前，本〈出版緣起〉在文字上稍作潤飾。

[1] 有關錢穆故居的簡史／簡介，可參：https://culture.gov.taipei/cp.aspx?n=17132835F7AB4617；瀏覽日期：2025.03.11。

《錢穆先生思想行誼研究論文集》。是集得以出版，首先最應該感謝的當然是諸位作者。此外，2005 年及 2007 年兩次研討會的各篇論文講評人及各場次會議主持人，也都是兆強必須表示由衷的謝意的。以惠我者甚多，不克一一列名申謝。「萬事無財不行」，05 年研討會的「金主」來自兩單位—東吳大學教務處及教育部教學卓越計畫案；07 年研討會及今年（2009）本論文集得以順利出版的「金主」，則純粹來自東吳大學所申請到的教育部教學卓越計畫補助案。兆強必須借此機會向東吳大學與教育部致謝。東吳大學中文系林伯謙主任及哲學系李賢中教授與兆強共三人組成編委會，負責終審作業。兆強亦必須向林主任及李教授致上最高的敬意和謝意。當然，任何出版編輯問題以至作業上的疏漏，作為本論文集的主編，兆強是責無旁貸而必須承擔全部責任的。錢穆故居劉慧真主任及組員許彩真小姐、吳逸群小姐，在庶務上費心良多，茲一併致上無限之謝意。

錢穆故居執行長　黃兆強　謹誌<br>
2009 年 6 月於錢穆故居辦公室

## 上篇附錄（五）

## 《錢賓四先生逝世二十周年紀念書畫邀請展作品集・代序》

### 撰文（本〈代序〉）緣起

　　為紀念錢穆先生逝世 20 周年，位於臺北市的錢穆故居（當時委請東吳大學經營和管理）乃於 2010 年 9 月 20 日至同年 10 月 19 日假錢穆故居舉辦紀念書畫邀請展。本文乃邀請展作品集之〈代序〉。同年 10 月 22-23 日，錢穆故居又舉辦一學術研討會；其後出版了論文集《錢穆研究暨當代人文思想國際學術研討會論文集》。本書畫邀請展作品集之〈代序〉於大幅增修後，嘗置於論文集之首；名稱作：〈緬懷一代宗師賓四先生兼述「錢穆研究暨當代人文思想國際學術研討會」舉辦緣起（代序）〉；此拙文撰就於 2010 年 11 月 10 日。論文集於同月由東吳大學出版，主編：黃兆強。納入本書前，此篇〈代序〉的文字嘗作若干增刪潤飾。按：以上兩〈代序〉，詳略不盡相同，今茲兩者合併為一，俾以一更完整之面貌呈獻於讀者的眼前。其重複者，則刪去之。

　　光陰荏苒，20 年前的 8 月 30 日，一代宗匠、國學大師、史學祭酒錢賓四先生溘然長逝，海內外無不同表哀悼。
　　賓四先生是時代的見證，先生見證了中國新舊時代的交替。先生本人更是「天行健，君子以自強不息」的最佳見證。先生中學未畢業，但竟能任教中學；未窺大學門牆，但竟能任教上庠。從未放洋留學，但竟獲頒名譽洋博士學位，而名重歐美。其學兼通四部，著作等身，無慮 2,000 萬言；乃中國學術，甚至世界學術之瓌寶；成為後世取之不盡，用之不竭的人類學術文化最豐富的學術資產。其貢獻亦可謂卓矣、偉矣、鉅矣！

錢先生的學術成就及貢獻，不必細表。究其由，則可有多端。先生聰明、具慧解，這是世所共喻的。先生用功、困苦力學，亦是人所共知的。先生記性好，凡上過先生課的同學，皆印象深刻。先生沈潛，遇事百折不撓，則世人亦多知之者。聰明、記性好，這可說是先天的，是上天賦與的。然而，天下間聰明人多矣，記憶力好的人亦不可勝數。而能有先生之成就，且為世人做出卓越貢獻者，則可謂寥寥無幾。何以故？一言以蔽之，以"後繼乏力"故也：即自強不息之精神，自勉自勵、奮發向上之鬥志及百折不撓雖千萬人吾往矣之氣魄不足故也。先生則異於是。職是之故，先生之成就，與其說是先天致之者，那寧可說是後天之功。

　　中國儒者，必以內聖外王為工夫著力之所在，為一己抱負及使命感之所在。先生之修養，人所共知，今不必細述。至於外王，則其表現有二。唐韓愈云：「化當世莫若口，傳來世莫若書。」先生執教鞭諭當世 70 餘年，近代學者恐無人能出其右；著書近 2,000 萬言，世亦罕其匹。再者，小學、中學、大學，先生皆嘗任教。其不同層級教學經驗之豐富完整，世人恐亦難以比肩。是先生無論諭當時、或傳來世，皆可謂空前也。此先生以學術經世之途轍而成就外王者也。再者，以先生為首的多位從大陸播遷於香港的教授學者，如唐君毅先生、張丕介先生、程兆熊先生等等乃於民國 38 年創辦亞洲文商夜學院，翌年改組為新亞書院，1953 年又創辦新亞研究所，且先生親任校長與所長，此於教育青年一代、為國儲材，並存續中華傳統文化於海外的一舉措，亦先生經世致用精神而見諸社會文教事業之尤著者也。此即著書立說外之另一外王面之表現。是中國儒者之最高表現、所期盼之最高境界（內聖外王），先生乃充分踐履之，成就之。

　　臺北市政府文化局嘗委託東吳大學經營錢穆故居。筆者不敏，承乏故居執行長兩年半。今茲適逢先生仙逝二十週年，在文化局大力支持下及東吳大學挹注額外經費的情況下，乃籌備舉辦一系列活動，以緬懷先哲、策勵來茲。其犖犖大者，如 8/30 的追思紀念會、9/25 之座談會、9/20-10/19 之紀念書畫展、10/22-23 之學術研討會等等，皆是其例。各項活動，筆者雖竭盡所能，勉力從事，然而，以個人能力有限，兼且才拙思鈍，各項活動不如人意

之處，必所在多有，惟盼大雅君子不吝賜教為幸。

\*\*\*\*\*\*\*\*\*\*\*\*\*\*\*\*\*\*\*\*\*\*\*\*\*\*\*\*\*\*\*

　　上述各項活動之得以順利展開，各方之支持、參與，功不可抹。今茲開列各相關單位或各相關人士芳名如下，聊表謝忱，並永誌不忘：

（一）8月30日追思紀念會：素書樓文教基金會董事長傅百屏先生之哲嗣傅可暢教授（時任教於東吳大學歷史學系）及執行長秦照芬教授、文化局謝小韞局長及二科各職員、東吳大學各相關單位。

（二）9/25座談會：東吳大學人文社會學院、東吳大學中國文學系、歷史學系、哲學系、東吳大學前校長劉源俊教授及各引言人（辛意雲、吳展良、李紀祥、閻鴻中、傅可暢等教授）。

（三）9/20-10/19 紀念書畫展：東吳大學中文系林伯謙主任、東吳大學游藝廣場劉維公執行長、東吳大學溪城攝影學會吳仁凱同學、臺北市無錫同鄉會趙進元會長。臺灣書畫家數十人（彼等大名詳本作品集，即《錢賓四先生逝世二十周年紀念書畫邀請展作品集》）參展。此外，參展者尚有：大陸四川著名書畫家丁常忠先生引薦之四川省宜賓市美術家協會畫家共十人；家兄黃兆顯先生率領彼所創辦之香港南薰書學社子弟兵共十一人；家兄黃兆漢先生從澳洲寄來丹青。

（四）10/22-23 學術研討會：東吳大學歷史學系；論文發表者，除15位來自海峽兩岸之博碩士研究生外，尚有大陸學者專家4人（均為大學教授）：錢先生哲嗣錢遜、趙建軍、陳勇、徐國利；香港2人：區志堅、陳學然；馬來西亞1人：黃文斌；義大利漢學家1人：白安理（U. Bresciani）。

（五）紀念短片：摯友周博裕先生。

　　為使得各項籌備工作順利展開，錢穆故居營組成籌委會，其成員計有：中國文化大學王吉林院長、東吳大學賈凱傑主任秘書、中國文學系林伯謙主任、歷史學系林慈淑主任及前主任李聖光教授、哲學系米建國主任、音樂系

孫清吉主任、課外活動組蔡志賢組長。其後之擴大會議，又邀請得哲學系李賢中教授、歷史學系傅可暢教授、游藝廣場賴原主任、總務處張德利組長等等出席。以上各師長、同仁，貢獻卓見良多，茲一併致上最深之謝意與敬意。然而，上述各項活動（8月30日追思紀念會除外，蓋紀念會乃由臺北市文化局主持），個人既負責總其成，則一切失誤、疏漏之處，自然責無旁貸。惟諸事紛繁，經費調配又極費斟酌；再加上錢穆故居近期人事異動並員額減少，工作交接勢難完整周備；再者，故居近期又大事修繕，工程雜沓。凡此種種，顧此失彼、掛一漏萬，恐必不能免，尚祈大雅君子不吝隨時賜示匡正為幸。

又：本小冊子《錢賓四先生逝世二十周年紀念書畫邀請展作品集》之封面題簽乃出自家兄兆顯先生手筆，謹此致謝。

******************************

自東吳大學接受臺北市政府文化局的委託經營錢穆故居以來，已先後舉辦過多次研討會，並業已出版兩冊研討會論文集。至於本次研討會的舉辦，筆者最原先的構想是把錢先生的研究往下扎根，並由研究錢先生一人而擴及當代人文思想的研究。而所謂往下扎根，是指除專家學者外，筆者更希望透過徵文方式來發掘更多有潛力的年青人，尤其臺灣各大學的博碩士生來參與錢先生或相關議題的研究。本次研討會之所以會出現半數以上的論文是來自臺灣各大學的博碩士生，其原因即在於此。至於中國大陸武漢大學兩博士生（廖曉煒、吳龍燦）的"插花"（額外加入），那可說是無心插柳的一個意外的驚喜。今年（2010）農曆年過後，筆者又想到今年適逢錢先生逝世二十週年，研討會宜擴大舉行，於是便想到應多邀幾位學者專家來共襄盛舉，並藉以提供年輕學子（上述博碩士生）學習的機會。在這情況下，筆者便修函分別邀請臺灣學者、大陸學者（含錢先生哲嗣錢遜先生）、香港學者和馬來西亞學者來發表論文。二三個月前，筆者得悉擬於本年 10 月初與筆者共赴義大利出席一個學術工作坊（workshop）的漢學家白安理教授（Professor Umberto Bresciani）對錢穆先生亦有相當深入的研究，於是筆者乃力邀白教

授惠賜鴻文。是以文章總數（含主題演講）便積累至 24 篇。其實，筆者應邀請更多專家學者共襄盛舉為是，惟以經費所限，且半年多來，以籌辦一系列紀念活動而諸事紛繁，經費調配調動又極費斟酌。凡此種種，顧此失彼、掛一漏萬，恐必不能免。然而，作為故居最高負責人，一切過失及處理不周延之處，固責無旁貸，尚祈大雅君子不吝隨時惠賜南針為幸。

　　在這裡除對本次研討會各發表人、評論人及主持人致謝外，東吳大學歷史學系前主任李聖光教授及現任主任林慈淑教授鼎力幫忙，請容許筆者表示最深的謝意和敬意。又：本次博碩生所發表的論文，事前已經過嚴格篩選始得在本次研討會上發表；其後，大會又設有評審的機制（當時委請東吳大學楊俊峰教授擔任評審人，特此致謝），以作為會議閉幕時頒發獎狀的依據。至於其前一階段多位評審人（恕不一一列名申謝）的鼎力幫忙，筆者更必須在這裡致上無限的謝意。

　　　　　　　　＊＊＊＊＊＊＊＊＊＊＊＊＊＊＊＊＊＊＊＊＊＊＊＊＊＊＊＊

　　按照相關契約書，東吳大學接受臺北市政府文化局委託經營管理錢穆故居，今年底（2010 年 12 月 31 日）合約即將屆滿 9 年（合約 1 期 3 年，可續約 2 次，即最多共 9 年）。換言之，本年為東吳大學經營管理故居最後的一年。憶二年半以來，先後承蒙代理校長　馬君梅教授與校長　黃鎮台教授錯愛，兆強自 2008 年 7 月 1 日起承乏故居執行長一職，迄今即將屆滿二年半。二年半來，得黃校長、馬副校長、前校長劉源俊教授、人事室林政鴻主任、會計室洪碧珠主任、本校各師長同仁及各方好友等等的關愛、協助，工作其間所遭遇之各種困難及挫折，最後皆得迎刃而解。在這裡請容許兆強以由衷至誠之心，對以上各師友表示最深的謝意與敬意。又：本年六月中旬始上任與兆強共同打拚半年的兩位年青人黃淑惠小姐和蘇柏瑋先生，他們勇於負責及任勞任怨的精神，是故居半年來得以順利營運最關鍵的因素，所以請容許我在這裡向他們說聲謝謝。

　　　　東吳大學教授兼錢穆故居執行長　黃兆強謹識　2010 年 11 月 10 日

# 上篇附錄（六）

# 《重訪錢穆・編者序》

　　本書《重訪錢穆》由臺北：秀威資訊科技股份有限公司出版於 2021 年 6 月。本書由北京大學歷史系李帆先生、香港樹仁大學歷史系區志堅先生暨筆者（黃兆強）所編輯。業務主要承擔者是區教授；筆者，掛名而已。本序文由志堅兄起草，筆者做了相當程度的修改。收入本書前，又修訂了若干個別用語。

　　錢穆先生（1895-1990）為國學大師、史學家、教育家、思想家，研究範圍甚廣，涉及學術思想史、宗教史、文化史、文學、史學等等。錢先生出生於中國江蘇無錫，嘗任教北京大學。早年撰著《先秦諸子繫年》、《中國近三百年學術史》，抗日戰爭期間完成《國史大綱》。1949 年，先生南下香港，其後並遠赴臺灣。晚年更多在今天臺北市東吳大學旁之居所素書樓講學，成為推動北學南移的重鎮。先生的《國史大綱》、《中國歷代政治得失》，嘗為香港、澳門、臺灣三地高等院校的教科書，及高中公開考試命題的重要參考書，啟迪一個時代的莘莘學子，使彼等對中國歷史與中國文化產生濃厚的興趣，其中尤以《國史大綱》以下一語所承載之信念：「對其本國已往歷史有一種溫情與敬意」，既引領青年學者提昇其研治中國史的興趣，又成為今天治史者的座右銘。另一方面，錢穆先生的學術著作雖 1949 年前已在中國流行，其後隨著其《國史大綱》、《中國歷代政治得失》、《中國近三百年學術史》、《朱子新學案》、《中國文化史》等多本著作，分別成為中國大陸高等院校的重要參考書之後，先生之治史菁華更得以進一步流行海峽兩岸四地。甚至，隨先生的著作及其高徒任教東南亞及美國等地，更促進先生之治學精神得以遠渡重洋而傳播彼邦。由此可見，錢先生治學思想及精神實廣被海內外華文文化界、教育界。

2020 年乃錢穆先生 125 周年的冥壽，同時也是先生逝世 30 周年的重要紀念年分。本書三位編者，早於 2019 年 9 月已構思針對錢先生之思想、行誼，編輯一部論文集，希望藉百年後「重訪」先生的思想及行誼，作為今天治學的借鑑，遂邀請海內外相關學者專家不吝惠賜鴻文。編者為求「配合」現今學術界之相關規範，並提昇論文之水平，嘗把各論文委請三位學者教授評審裁決。其相關建議，其後乃承蒙學者專家惠予接納並作出相應之修改。編者必須在此致上十二萬分之謝意與敬意，否則本論文集恐必流產或胎死腹中無疑。

　　本論文集主要探討、闡述以下課題：錢先生的治學思想及治學特色、錢先生的行誼、先生與時人論學、先生行事及治學所引起的不同意見的論爭，乃至海內外地區學人傳承先生治學的精神面貌等等的課題。

　　論文集得以順利出版，尤應感謝林浩琛、吳佰乘、梁唯實等同學。彼等嘗針對全書各篇文章進行校對及統一註釋的工作。編者更要感謝秀威出版社編輯蔡登山先生、鄭伊庭小姐、沈國維先生及其團隊協助排版、多次細心校對。沒有以上各位師友的支持與付出之心力，本書必不能順利出版。

　　最後，更重要的是，本書三位編者衷心感謝惠賜鴻文的各位專家學者。沒有您鼎力支持、惠賜大作，本論文集根本不可能面世。在疫情猖獗肆虐期間，您埋首疾書，「雖千萬病毒，吾往矣」的精神，「敬佩」二字豈足以詮表吾等三人私衷之萬一耶？

　　2020 年乃紀念錢穆先生的重要年分，據悉兩岸四地已有不少學術機構擬舉辦紀念先生的學術研討會，惜疫情未歇，不少研討會被迫延期或取消。本論文集的出版，或得以稍微彌補此缺憾歟？是為序。

編者
李帆、黃兆強、區志堅 謹識
2020 年 8 月 25 日

# 上篇附錄（七）
# 《國學南移：錢穆先生思想與新亞辦學・序》

## 一、

　　50 多年前，即筆者讀高中時，已獲悉錢穆先生的大名。其名字好比如雷貫耳；稍有志讀書的高中生，恐無人不悉「錢穆」一名者。猶記得高中畢業前，筆者從家兄兆顯先生（家兄讀書比筆者用功多了，學問亦遠在筆者之上；乃陳湛銓、梁簡能、馮康侯諸先生之高弟也。）的書架上取下錢先生的一部通俗讀物：《中國文化叢談》（臺北：三民書局，1969 年初版；共二冊）。50 多年後的今天，已無法憶述該書的具體內容。然而，讀後感則至今不敢或忘，譬如書中呼籲讀者要好好做一個人（中國人）和好好愛祖國、愛中國文化等等，是筆者刻骨銘心之重點所在。今重檢該大著，其中〈中國文化與中國人〉、〈中國文化與國運〉、〈怎樣做一個中國人〉等等篇章，恐怕都是當年引起筆者產生莫大興趣的至文慧篇也。當時嘗把錢先生視為天下學問之大熔爐，即天下學問皆薈萃於錢先生一人矣。

## 二、

　　以素無大志，1975 年浸會學院（當年還未升格為大學）史地系畢業後，便去中學執教鞭。任教的中學名鄧鏡波學校（位於香港的九龍天光道）。該所中學正好位於新亞研究所對面。以地利之便，教書一年後，即 1976 年，便去投考新亞研究所（當年教書不像今天這麼忙碌）。既僥倖獲得錄取，於是便半工半讀入讀由錢穆先生、唐君毅先生、程兆熊先生和張丕介等等諸位先生所創辦的新亞書院所附設的新亞研究所（創所年分：1953年；1974 年則完全獨立而不再附屬於新亞書院）。所前的一面牌匾「新亞

研究所」這五個字便是出自錢先生的手筆，墨書白底刻印在一塊木板上。時維 1976 年仲夏，錢先生早已離開香港而來臺灣定居了。然而，筆者見此匾如見其人，肅然起敬不已。再者，雖無法親炙夢寐以求的錢先生，但先生的大弟子，如嚴耕望先生、孫國棟先生等等教授仍任教於新亞研究所，且與錢先生具相同教育理念與相同家國情懷而執哲學界牛耳者，如唐君毅先生、牟宗三先生，執文史哲學界牛耳者如徐復觀諸位先生仍健在。換言之，新亞的傳統精神，即筆者渴望求得的學問及其背後的精神，猶在也。

## 三、

　　1979 年，三年修業期滿畢業，取得碩士學位。1980 年仲秋負笈法國巴黎第七大學。6 年半後，即 1987 年 3 月 5 日博士論文答辯以最優等的成績（Tres Honorable）通過。不久後便獲得當時任職於臺灣東吳大學而擔任歷史學系主任的學長廖伯源教授（嚴耕望先生高弟）暨系內同仁青睞而於同年秋季獲聘為副教授。其間從 2008.07.01 至 2010.12.31（共兩年半），獲東吳大學校長青睞而指派負責管理由臺北市政府委託東吳大學經營之錢穆故居。捫心自問，作為錢先生的「粉絲」，兩年半的管理期間，無時無刻不為弘揚錢先生的生平志業及其學問思想而竭盡一己之綿薄。然而，以能力、識力、體力所限，所獲得的成績，實在極為有限；內心慚赧不已，以愧對錢先生也。

## 四、

　　錢先生既為國內外大名鼎鼎之學人（何止學人，實國學大師也，甚至歷史文化巨人也），學者教授撰文著書探討錢先生，藉以發揚其學問者，其相關著作幾可充棟，幾可汗牛。其犖犖大者，如中國大陸之汪學群、陳勇、徐國利，香港之李木妙諸教授即其表表者。國外學者如〔美〕鄧爾麟（J. Dennerline，代表作為《錢穆與七房橋世界》）等等，即其顯例。然而，錢

先生好比一座大寶山，所涵藏之希世珍寶，乃取之弗盡，索之不窮者。樹仁大學區志堅教授於中國近現代史之鑽探，尤其學術人物思想方面之闡幽發覆，已臻極深研幾之境域；恆能發前人所未發，見前人所未見。筆者欽佩不已。今茲其大著《國學南移：錢穆先生思想與新亞辦學》即將面世，筆者聞之興奮無極，以其必嘉惠士林無疑也。其大著所處理之內容，向少學者關注；即關注，筆者深信，志堅兄必能在前賢之上，更上一層樓也。是所厚望焉。承蒙區教授志堅兄月前囑序，今不嫌譾陋，乃綴數語於簡端，實穢語蕪辭耳；是為序。

前錢穆故居執行長<br>
現新亞研究所榮譽教授、東吳大學名譽教授<br>
黃兆強　謹序　2023.03.05（本序納入本書時，嘗作若干修訂）

# 中 篇
## 徐復觀先生

# 第四章　當代新儒家論讀經
## ——以徐復觀先生爲例[*]
### （兼論讀經與道德實踐之關係）

**摘　要**

　　讀經問題，自晚清以來即受到學者關注。近一二十年來（按：此指本文初稿發表時的 2016 年及其前的一二十年；以下同），這個課題，又再度熱鬧起來。其實，70 多年前的 1952 年，即徐復觀先生在學術上剛出道之時，便撰有〈當前讀經問題之爭論〉一文，篇中充滿精闢獨到的見解。是以縱然就 21 世紀的今天來看，其相關論點，似乎仍可作為今人贊成或反對讀經者之參考。

　　徐文針對以下問題，皆作出適切之回應：讀經是不是復古、窒礙難行、對政治沒有好處、經學研究者都不贊成讀經？再者，針對以下課題及其相互關係，又予以深入探討：反讀經、反封建與反傳統。再次，特別強調指出：儒者（含讀經者）不反對自然科學；胡適之先生反傳統只是亂

---

[*] 本文乃應「經典如何活化學術會議：從人文看永續」之邀請而發表。會議主辦單位：中央大學儒學研究中心；日期：2016 年 12 月 9-10 日；地點：中央大學文學一館 A302 國際會議廳。稍作增刪修改後，嘗應邀投稿至《華中國學》（2019，春之卷，總第 12 卷，頁 5-22）發表。所謂稍作「增刪修改」，指三方面。其一，原稿沒有〈結語〉一節，刊登於《華中國學》時，嘗補上；此即所謂「增」。其二，原有之〈附錄：兼論經書／讀經（道問學）與道德實踐之關係〉一節，刊登於《華中國學》時，嘗略去；此即所謂「刪」。其三，所謂「修改」，主要指若干小地方及文字方面之潤飾。納入本書時，以上所補上者，今仍之；所刪去者，現今則回復舊觀；至於個別修改的小地方及文字方面之潤飾，恕不細表。按：本文最早發表於 2016 年年底；迄今已將近 10 年。10 年間，讀經問題之不同意見及相應之作法，筆者不克一一蒐羅，並藉以更新本文。今因陋就簡，敬請讀者諒宥。

反；傳統之本身即一歷史真理；中國傳統不必反，而係需要清理；知識分子應擺脫對政治之依賴，並進而挺立其人格，培養獨立自主性；不要輕言反對一切、打倒一切、輕薄一切。

徐先生立論，恆能破能立。所以在文中徐先生又特別從正面立說，詳言其贊成讀經的四點理由。針對教材編纂和教學方法這些具體操作方面，徐先生著墨尤多，藉以總結全文。

至於兼論的部分，乃可謂筆者不容自已下寫出的，即對相關問題，在學理上作深入的反思，並根據一己生命上個人的微末體會而寫出的一篇小文章。文章最後的部分，筆者所做的四點總結和三點補充（含末尾處的兩三個腳注），也許是管見中，最值得細讀的，尤請文中提到的 A 教授和其他讀者惠予賜教為幸。

# 一、前言

近年針對讀經的問題（譬如：應否讀經？若果要讀，如何讀？讀甚麼經？教者又如何教？以至「偽經盲讀」，借讀經為名以斂財為實種種問題），在海峽兩岸都激起了程度不一的討論[1]。筆者企圖從熊十力先生及其

---

[1] 詳參龔鵬程主編，《讀經有什麼用？——現代七十二位名家論學生讀經之是與非》（上海：上海人民出版社、世紀出版集團，2008）；黃曉丹，〈溫故：1935 年「讀經問題」大討論〉，《新教育‧讀寫月報》，期 11，2014 年。以海峽兩岸三地來說，最近 30 年來推動讀經運動最力（恐怕也是最早）的，恐怕莫過於王財貴先生（1949-）。自 1994 年開始，王氏在臺即推動「兒童誦讀經典」的教育運動。其原則有四，如下：時機：越早越好；文本：越文越好；內容：越深越好；至於方法，則有六字箴言：小朋友，跟我唸。詳參百度百科「王財貴」條。http://baike.baidu.com/subview/75189/18855712.htm（2016.10.02 瀏覽）。推動的過程中，王氏碰上若干困難，尤其是來自民眾的質疑。1995 年，王氏撰寫了〈解消疑難好讀經〉一文，作為回應。文中特別指出說：「其實，那些反對與質疑很簡單，大要說來，只不過是兩方面：一是因誤會而有疑，一是出於偏邪的故意攻擊。對於誤會，吾人應解釋，對於故意，吾人應當正辭以破解之。」王氏針對誤會的回應，茲從略。至於質疑，則王氏羅列了九項，如下：保守、復古、封建、八股、填鴨、死背、書呆、食古不化、開倒

得意門生——徐復觀（1903-1982）、唐君毅（1909-1978）、牟宗三（1909-1995）三位先生（三大師皆筆者的業師，是以排名以出生先後為序，蓋本乎客觀事實，藉以避免爭議也。）的相關論述中，一窺彼等之立言旨趣。唐先生似乎沒有特別針對讀經問題，撰寫過相關文章。熊先生則至少撰有〈經為常道，不可不讀〉一文[2]，牟先生亦有〈祀孔與讀經〉一文[3]。熊、牟二先生之弘言大旨，甚富啟發性，值得吾人省思。然而，針對具體情況來說，尤其針對經書該如何編纂，講者又如何教授等等問題，似皆語焉不詳。三先生中，似乎徐先生的論說最為具體可行而具相當參考價值，其中針對經書的編和教等問題，亦嘗有所申述。是以下文乃扣緊徐文[4]以闡述其相關旨趣。

---

車。文中，王氏一一予以回應。詳參 http://www.dujing.org/ClCms/Article/ShowInfo.asp?InfoID=1091（2016.10.02 瀏覽）。又：緣於最近（「最近」乃指本文最初發表前的一段時間，非本書出版前的一段時間）爭議而引起的整個讀經問題（含北京文禮書院之讀經課程等等），王氏針對記者所提出的問題，作了一個相當詳盡的回應。王財貴，〈我們要培養融貫古今會通中西的大才，以聖賢為目標——兒童讀經爭議答問〉，2016 年 10 月 1 日首發於儒家網：http://www.rujiazg.com/article/id/9316/；瀏覽日期：2016.10.01。

[2] 熊十力，〈經為常道，不可不讀〉，《熊十力集》（北京：群言出版社，1993）。文章撰就於 1945 年；主旨在於闡發近現代西方所重視、倡議之科學與民主等等精神，中國傳統經典中，大皆已蘊涵之，惜未發皇、張大而已。後記：本文在上述會議上宣讀時，武漢大學國學院來臺進修之博士生劉依平先生對熊先生何時撰寫讀經文章這個議題很感興趣，當晚（2016 年 12 月 9 日晚）便來信指出說：「返家後翻閱熊先生文章見諸報刊者，發現最早專論讀經的文字，當屬於 1935 年 6 月 6 日《天津益世報》"讀書周刊"第一期，所載〈讀經〉一文。同文又以"答某報"為題，收入《十力語要》卷一，但文字較報載略繁。前文則見《熊十力全集》（湖北教育出版社）第八卷 106 頁。特此稟知，並頌誨安。」承蒙劉先生惠告，感激不已，特此申謝。

[3] 牟宗三，〈祀孔與讀經〉，《生命的學問》（臺北：三民書局，1970）。原載〈孔子誕紀念特刊〉，《中央日報》，1952 年 9 月 28 日。該文主旨在於說明，行之千餘年的讀經傳統不應以個人之好惡為依歸而定其存廢，蓋讀經乃中華文化傳統所繫之一重要「文制」（文化制度、文化建制）。高瑋謙先生對〈祀孔與讀經〉一文嘗作闡釋，可並參。高瑋謙，〈讀經、文制與常道——讀牟宗三先生〈祀孔與讀經〉一文有感〉（鵝湖論壇），《鵝湖月刊》，期 491，2016 年 5 月。

[4] 徐復觀，〈當前讀經問題之爭論——為孔誕紀念專號而作〉（以下簡稱〈爭論〉），

頗值得指出的是，徐、唐、牟三大師中，徐先生之出道較晚[5]。在其著作中，徐先生經常表示如下的意見：「我以遲暮之年，開始學術工作」[6]。按：徐先生開始學術工作，已屆知命之年。然而，這絕不妨礙其成為第一流的學者，且最後並與唐、牟二先生鼎足、並駕，而成為當代新儒家第二代的大宗師。即以現今擬展開討論的〈當前讀經問題之爭論〉一文為例，該文雖撰就於距今 70 多年前的 1952 年，即徐先生剛出道之時，然而篇中充滿著精闢獨到的見解。是以縱然就 21 世紀的今天來看，其相關論點，似乎仍可作

---

《徐復觀文錄》（臺北：環宇出版社，1971），冊 2，頁 20-36。文章原載《民主評論》，卷 3，期 20，1952 年 10 月 5 日。以下引文，凡出自徐先生此文者，僅標示環宇出版社版本之頁碼。

[5] 茲以撰寫及刊布學術文章之早晚來做說明。三大師中，撰文最早的也許是唐先生。唐先生16歲時（民國十三年，1924 年）便撰有〈荀子的性論〉一文（今已佚，惜哉），載《重慶聯中校刊》。www.fed.cuhk.edu.hk/youngwriter/tang/tl1-2_6.htm（2019.10.01 瀏覽）。牟先生最早的一文蓋撰寫於 23 歲（民國二十年，1931 年），文章名：〈辯證法是真理嗎？〉，載《北平晨報・北晨學園》，162、163 期，1931 年 9 月 7 日、8 日；收入《牟宗三先生全集》，冊 25。詳參李明輝，〈牟宗三先生著作編年目錄〉，《全集》，冊 32。前年（2023 年）7 月李明輝於《牟宗三先生全集》外，又出版了下著：《牟宗三先生早期文集補編》（臺北：聯經），藉以補充《全集》之遺漏。反觀徐先生，其最早的一文大概撰寫於 1951 年，即行年 50 歲之時。詳參下註。

[6] 徐復觀，〈中國思想史工作中的考據問題（代序）〉，《兩漢思想史》（臺北：臺灣學生書局，1979），卷 3，頁 1。類似說法，又見〈研究中國思想史的方法與態度問題（代序）〉，《中國思想史論集》（臺北：臺灣學生書局，1975，四版），頁 9。後文撰於 1959 年 10 月 2 日。徐先生撰寫學術性的文章，尤其與中國文化相關的文章，大概始於 1951 年底，即將屆知命之年之時。文章名〈儒家政治思想的構造及其轉進〉。詳參黎漢基、李明輝編，《徐復觀雜文補編》（臺北：中央研究院文哲所籌備處，2001），冊 6，頁 481。（然而，據徐先生同窗及老友涂壽眉先生所述，則徐先生於 1937 年時便寫過學術文章，名〈漢武帝戰時的經濟政策〉，曹永洋編，《徐復觀教授紀念文集》（臺北：時報文化出版事業公司，1984），頁 41。）〈當前讀經問題之爭論〉一文則寫於 1952 年 10 月（詳參上註 4）。換言之，乃徐先生正式從事學術研究並搦管撰寫學術文章之翌年。然而，筆者認為該文已充分揭示先生深具學術素養及充滿了慧解卓識。其起步雖晚，但絕不妨礙其仍能獨樹一幟而與唐、牟二先生鼎足為三。

為今人贊成或反對讀經者之參考。

徐先生大文〈當前讀經問題之爭論〉[7]之旨趣，茲分作七個細目（即下文節二至節八），依序予以闡述。

## 二、復古？窒礙難行？對政治沒有好處？經學研究者都不贊成讀經？

徐先生首先指出，主張讀經或反對讀經之人士，彼等所持之理由，皆不能成立。茲先論「復古」。徐先生的具體意見如下：

> 反對讀經最普遍的說法，以為讀經即是復古，⋯⋯首先，我應指出歷史上沒有真正復古的事情。有的是「托古改制」，⋯⋯有的則係原始精神之再發現，⋯⋯更普通的則為接受前人的精神遺產，由「承先」以「啟後」。⋯⋯復古，不僅是好不好的問題，而且是能不能的問題。站在真正現代史學的觀點而論，「復古」一詞，並不能成立。（頁 21）

徐先生非常明確指出，他不相信歷史上有所謂真正復古的事情，因為真正的復古根本不可能發生。其實，退一步來說，縱然承認歷史上真有所謂復古，筆者認為這也無妨，因為如果古代（某些方面）是好的，則吾人又何嘗不可予以恢復，即所謂復古呢？不少人有先入為主之見（這經常是成見、偏見），一聽到「古」一字，便視為罪大惡極，必去之而後快，所以便進而對「復古」產生反感！

說到「復古」，這讓人想起它的孿生兄弟：「保守」。"先進人士"認為儒家之所以復古，乃緣自其根深蒂固之保守精神。徐先生在〈爭論〉一文

---

[7] 徐文 9,000 多字，分為 3 節，分別以一、二、三作區隔，但沒有立下標目。本文節二至節八各標目，乃筆者綜括徐文而擬出者，非徐文所原有。

中雖然沒有論說「保守」這個問題，但在這裡我們不妨一併予以討論。王財貴先生在上揭〈解消疑難好讀經〉一文中，便是把這兩項列為首要項目來回應反對讀經者的質疑的（詳參上註 1）。說到「保守」，這讓人想起唐君毅先生感人極深的一篇文章：〈說中華民族之花果飄零〉。唐先生說：

> 凡此一切於「親者無失其為親，故者無失其為故」、「久要不忘其生平之言」、「不忘其初」、「不失其本」之事，今之心理學家、社會學家、歷史文化學家，或以為不過習慣，此是保守。但我可以告世人曰，此決非只是習慣，此乃人所以得真成為人，我所以得真成為我，之實然而又當然之理。如說此是保守，此即是人之所以保守其人，我所以保守其為我，而人類不能不有，亦當有之保守。此保守之根原，乃在人之當下，對於其生命所依所根之過去、歷史、及本原所在，有一強度而兼深度之自覺。[8]

唐先生本人是當代新儒家。王財貴又是另一當代新儒家牟先生的弟子。筆者在香港時，則更是同時受業於徐、唐、牟三大師。所以讀者也許會說，你們當然會為新儒家所恆"推崇"的「保守」、「復古」等詞及相應的行為辯解一番！其實，保守、復古自有其本身的價值，實不必因學術專業之不同，甚或價值取向之不同——是新儒家或不是新儒家，而異其結論的。筆者之摯友東吳大學同事政治學家徐振國先生即嘗指出說：

> 在一般人的語意中，「保守」這個語詞早就被污名化了，幾乎和「守舊」、「頑固」、「封建」等為同義字。中國知識分子一般都喜歡宣稱自己是自由主義者，絕少有人肯承認自己是保守主義者。然而在英國，保守主義代表了民主社會中一種綿延不絕的傳承，一股安定穩健

---

[8] 唐君毅，「保守之意義」，〈說中華民族之花果飄零〉，《說中華民族之花果飄零》（臺北：三民書局，1976），頁 16。

的力量。一個成功穩定的民主政治社會應該兼具保守主義，自由主義，和激進主義三種意識形態，而三者之間要有持續不斷的辯證互動關係。[9]

其實，「保守」一詞是中性的。就是說，保守可以是好的，也可以是壞的，要看你保的是甚麼，守的又是甚麼。擴大一點來說，文化上的保守主義亦然。換言之，筆者不否認保守或保守主義有其局限的一面，或所謂負面的一面，有待揚棄的一面。然而，不能光憑「保守」一詞便馬上斷定它所指涉的，必定是壞的，負面的，不好的。這個問題，這裡不細談[10]。

容再論述經書中所涉及的義理、行事窒礙難行一點。徐先生說：

> 有人舉出「經」中許多現在不可實行的事情，如喪祭之禮等，以證明經之不應讀，……讀古典，是要通過這些具體事件以發現其背後的精神，因此而啟發現在的精神。……經且可疑，豈不可加以選擇。因其可加以選擇而即斷定為不應讀；因其所敘述之具體事件不合於今，而不考察其具體事件所代表之精神如何，即斷定經為不應讀，此種膚淺之見，也很難成立。（頁 21-22）

徐先生以上幾句話很有意思。其一，徐先生並沒有盲目地把經中所有的話語視為字字珠璣，更不是金科玉律。換言之，不排除吾人可作出篩選檢別；即意謂不必「照單全收」。這很可以反映徐先生之深具開放、明敏之讀經精神，甚至治學精神。其二，具體事件都是個別的，也可以說都是特殊的。但具體、個別、特殊之背後之精神，恆未嘗不相一致而有其共通性。而讀經之主旨／目的（之一）即在於把握這種具共通性質之精神（當然，這裡所說的

---

[9] 徐振國，《中國近現代的「國家」轉型和政商關係遞變》（新北市：韋伯文化出版公司，2008），頁 3。

[10] 徐振國在上揭書中對中國文化保守主義的性質和侷限，作了很扼要的闡述，可並參。詳見頁 57-64。

精神,是扣緊精神上優質的一面,正面的一面來說。)反對讀經者於此不悟而盲目地予以反對而概視為窒礙難行!此所以徐先生視之為「膚淺之見」,並斷言其「很難成立」。

反對讀經者又從「對於政治沒有好處」的角度揚言不應讀經。徐先生之駁議如下:

> 有人引了許多歷史證據,說讀經對於政治沒有好處,主張讀經的人多是無聊之人;並進一步主張政治不靠道德,而是要靠韓非和馬基維里 (N. B. Machiavelli) 這類的統治之術。……其實,中國歷史上,讀經有好處與無好處,讀經的有好人與有壞人,兩方面都有很多的材料。問題是在兩種相反的材料中,那一種與經的本身有必然底關係。……我們對讀經問題,應有一社會文化的觀點,不能完全粘貼在政治上面。(頁 22-23)

上引文中有三點值得注意:(一)對於「主張政治不靠道德」的說法,徐先生最不能認同,而恆嗤之以鼻;並嘗提出與之相對反的另一個說法:「政治中當然有道德問題」。[11] 上引文又提到韓非和馬基維里二人[12]。作為理想主義者的新儒家徐先生來說,對於中國法家集大成之人物韓非和以《君主論》

---

[11] 徐復觀,〈給張佛泉先生的一封公開信〉,《民主評論》,卷5,期16(1954.08.16);收入徐復觀,《論戰與譯述》(臺北:志文出版社,1982),頁 65。其實,政治與道德有其有關係的一面,但亦有沒有關係的一面。徐先生對此即嘗有所指陳。詳參黃兆強,《政治中當然有道德問題──徐復觀政治思想管窺》(臺北:臺灣學生書局,2016),頁 I-V、24-28。

[12] 徐先生嘗論述馬氏,指出其學說是「順著潮流走的思想」,「是應適(按:蓋為「適應」之顛倒誤排)當時權謀政治的開始抬頭而產生的。」見〈時代與思想〉,《徐復觀文錄》(臺北:環宇出版社,1971),冊一,頁 48。徐先生以上的斷語,筆者非常認同。國人何欣嘗翻譯《君王論》為中文;並對該書寫了一篇簡介,名〈馬基維利的時代與生平〉。吾人只要稍微瀏覽一下,即知徐先生所言不虛。馬基維利著,何欣譯,《君王論》(臺北:國立編譯館,1976)。

（或譯作《君王論》）而著名於世的現實主義者政治學家馬基維里[13]，徐先生當然是難以認同彼等之治國理論或所謂政治理論的。（二）衡諸史實，徐先生得出如下結論：讀經不一定只有好處而無壞處；更不認為讀經者必係好人而絕無壞人[14]。然而，讀經的好處、壞處，尤其讀經是好人還是壞人（其實，好人、壞人，俱可讀經），或讀經之後便成為好人或變成壞人，這與經本身絕無必然關係。要言之，經書者，蓋見聞之知之總匯也；亦助人開啟其德性者也（即具備開啟德性之功能）。然而，伊川先生（1033-1107）不云乎：「聞見之知，非德性之知。……德性之知，不假聞見。」[15]據此，則人之成德或人之具備道德意識並由是而作道德實踐，實與見聞之多寡（含讀經之多寡）無直接關係，否則不識一字之端茶童子，又如何可以堂堂地做個人，而有成德之可能呢？！然而，上引伊川文，吾人亦不宜做極端之解讀。要言之，筆者深信，就德性而言，見聞具一定的輔助功能──必有助於德性之擴充、開發（或所謂有助於成德、作道德實踐），然不得謂德性之擴充、開發，非有賴見聞不可。由此可見，見聞非成德之必要條件，尤非充分條件。這方面，容詳本文兼論部分。（三）讀經固可與政治相關──對政治產

---

[13] 徐先生甚至以「極權主義者」稱之。詳〈爭論〉，頁23。

[14] 中國清朝以前的讀書人必得讀經。但這些讀書人中恆有壞人，且他們為惡使壞的程度甚至比不讀書、不讀經的庶民，不知壞上多少倍！順便一提的是，徐先生對中國的讀書人，恆不懷好感。我們且舉一例。毛澤東鄙視讀書人，把他們視為臭老九。徐先生嘗說：「老實說，毛先生整知識分子，我有百分之七、八十是同情的，中國的知識分子應該整。」換言之，先生大體上是肯定毛對知識分子的整肅。徐先生甚至說：「中國知識分子最缺乏的是人格」。徐復觀，〈徐復觀談中共政局〉，《七十年代》，1981.03.20；收入《徐復觀最後雜文集》（臺北：時報文化出版事業公司，1984），頁422。

[15] 〈伊川先生語錄十一〉，《河南程氏遺書》，卷25，《二程集》（北京：中華書局，2019），上冊，頁317。按：伊川語，當源自張載（1020-1077）。後者嘗云：「德性所知，不萌於見聞。」語見《張載集》（北京：中華書局，1978），頁24。此語見〈大心篇第七〉。按：橫渠之學，人道之得以合天道者，緣乎人之能大其心。換言之，大心無疑居樞紐之地位。唐先生闡釋橫渠之學，嘗特別撰寫〈大心篇貫義〉一文。然則大心在橫渠學中之關鍵地位，唐先生知之審矣。「德性所知，不萌於見聞」，此乃一儒學大義，而此語見諸〈大心篇〉，而不見於他處，豈偶然哉，豈偶然哉？！唐說見《中國哲學原論・原教篇》（香港：新亞研究所，1977），上冊，頁78-86。

生助益（按：此或可稱為「學術經世」），但其本身則係一社會文化活動。這所以徐先生特別指出說：「不能完全粘貼在政治上面」。即不應太現實的僅扣緊是否能對政治給出好處（即是否對政治有所幫助，譬如是否能促成優質政治之出現、落實）為理由，以決定贊成讀經或反對讀經。筆者又進一步認為：讀經之本身即一價值，或至少是一工具價值，蓋讀經充實了人文價值之內涵，並藉以提升人文價值、人文質素。若依唐先生，則人文的位階恆在政治位階之上。[16]據此，則退一步來說，縱然讀經對政治無所裨益或助益，但亦絲毫不減損其可有的價值。一句話，吾人論讀經的價值，實不必定然扣緊其與政治的關係來說的。

至於「對經有研究的人，都不贊成讀經」的說法，徐先生則提出如下的批評：

> 還有的說法是「對經有研究的人，都不贊成讀經」。此一說法的問題是在於其所謂對經有研究的是那些人？其有研究還（筆者按：「還」字，疑衍）是自己覺得，還是社會公認。……說這種話的人，只算是說明了他的態度，不算說明了他的理由。尚有一種人以為「古書在古有當有不當，在今則無一當」。經是古書，所以今日不宜讀。照這種說法，豈特中國的經不宜讀，中國今日可讀的，恐怕只有用王雲五先生的四角號碼來編的報紙雜誌了。只有如此，讀書人才勉強可與古絕緣。（頁 23-24）

上引文中有「對經有研究的人，都不贊成讀經」一語。其為以偏概全的一個謬誤，至為顯然，實不待辯。至於另一語「古書在古有當有不當，在今則無一當」，蓋亦情緒話而已，不細論。

本節上文所說到的四項質疑，徐先生作出了如下的一個結論：

---

[16] 唐先生這個依據其畢生信念而來的一個說法，可參拙著：《唐君毅的文史哲思想》（臺北：臺灣學生書局，2023），頁 32-33。

以上，我看不出反對讀經者舉出了充分理由；由此，亦可見當前知識分子對於文化本身的問問（筆者按：第二個「問」字，當係「題」字），也缺乏一種謹嚴認真底態度。（頁24）

反對讀經者所舉出的理由，殊欠充分周延。反之，徐先生之詰問駁斥則中肯允當而確然不可拔者；其高下立判無疑！

## 三、反讀經、反封建與反傳統

作為新儒家的徐先生，他當然反對「反對讀經」。反對讀經的個別理由，徐先生認為皆不能成立而一一予以駁斥。此已見上文（即第二節）。然而，作為一位思想史家，他進而從更寬廣的立場——以歷史發展（尤其中國文化發展史）的大脈絡為背景，來考察、闡明為甚麼不少人士反對讀經；文中並評衡反對者理據之所在。此外，反對讀經運動可有之歷史意義、時代意義等等，亦隨文而有所指陳、闡明。徐先生不愧為傑出的思想史家——他無忝斯名，不辱「使命」，在該文相關部分的短短三數千字中，作出了讓人（至少讓筆者）讚嘆的論述。具體來說，徐先生從中國文化的特質及中國近現代的歷史發展出發，並以西方近代之反傳統運動為參照系，反思了中國的反傳統運動，尤其反讀經運動。換言之，正如上文所說的，徐先生不是把中國近現代的反讀經運動視為一個孤立的現象來處理而已。反之，乃視之為近現代反傳統的一環來處理。這個縱論古今中外的宏觀處理方式，正預示著一位剛出道的思想史家（按：〈爭論〉一文撰寫於1952年，即徐先生剛踏入學術圈之時），在未來可有之非凡成就。徐先生的相關論點（見於徐文第二節），今依次逐一闡述如下。徐先生首先指出說：

除開當前反對讀經者的各個理由以外，若從整個歷史文化演進的過程看，從中國近百多年歷史的夾雜情形看，則我對於反對讀經的現象，到（應係「倒」字，蓋手民之誤）可寄以同情。（頁24）

歷史研究,尤其是思想史的研究,最重要的是研究者能夠切身處地的對古人寄以同情的諒解,否則無法神入歷史——進入古人的內心世界,其結果必然是導至研究成果流於膚淺(得其表而遺其裏)[17]。徐先生雖然反對「反對讀經運動」,但明確指出對反對者當「寄以同情」,這是很關緊要的一種開放的治學態度。[18]先生又說:

> 中國的文化,本來是人間底,是世俗底。……中國以「經」為中心的文化,是中國的一大傳統,與歐洲中世紀宗教文化之為歐洲之一大傳統,即有相同。……為了接受新的事物與觀念,總係以反傳統開始,乃自然之勢。五四運動以來之反讀經,當然是由這種自然之勢而來底。它本身有其歷史上的意義。(頁25)

上文有二點值得指出:(一)「經」既為中國傳統文化之中心,則反傳統便必然反經。是以反對讀經便必須放在反傳統這個大脈絡下去探討,始可得其契解。徐先生便是在這個大脈絡下去探討反對讀經這個問題的。(二)傳統恆被視為「新的事物與觀念」的障礙。是以反傳統(含反對讀經)便順理成章成為了自然的趨勢,否則便無法接受這些新生事物和觀念!上文徐先生所

---

[17] 從這個角度來看,英國史家、歷史哲學家柯林烏(R. G. Collingwood,1889-1943)的名言:「所有歷史都是思想史」(All history is the history of thought),是滿有道理的。見所著 *The Idea of History* (London: Clarendon Press, 1946), p.215.

[18] 說到開放的治學態度,筆者想起唐先生的相關說法。以其甚富啟發性,且與徐先生之說法有異曲同工之妙,茲引錄於此:「從學術上看,人文思想之興盛,恆由超人文,非人文、次人文的思想之先行,亦恆由反人文思想之先行。……由此而人之最高的人文思想中,必須一方包括反『反人文思想』,另一方又必須包括,對反人文思想何以發生加以說明的思想。」唐君毅,〈中國人文精神之發展〉,《中國人文精神之發展》(臺北:臺灣學生書局,1974),頁19。一般來說,既然不贊成反人文思想者的學說,則這些不贊成者,他們對該等學說,恐怕「一於闊佬懶理」(此乃粵語俚諺,以甚到位,故借用於此;其意蓋謂:一概不予理會),而那有還為你的思想學說,做出說明之理的呢?!然而,唐先生心胸寬廣,態度開放,深富包容性,對他人恆能寄以同情,所以其表現異乎常人也。

說的：反對讀經「有其歷史上的意義」，指的正是符合歷史發展上這種自然趨勢來說的。而符合這種自然趨勢所產生的歷史意義，具體來說指的又是甚麼呢？對於這個問題，徐先生給了一個答案，如下：中國人在這個反讀經的歷史發展的過程中，得到某／某些方面的解放。其詳細說法如下：

> 以經為中心的中國文化，是一道德性的文化。並且是一個大一統底文化。……道德性底文化，一統性底文化，從某一方面說，是人的生活之向上，是人的生活之調和。但從另一方面說，也可以招來知性底沉滯；換言之，也可以招來生命力的束縛。近代基本精神的動力，一是「為知識而知識」，一是「為財富而財富」，這才是近代文化的兩根脊梁，尤其是後者。這兩根脊梁，都常要求從文化的道德性與一統性中得到解放；因此而五四運動以來的反讀經運動，我們也應承認其有一解放的作用。（頁25）

「道德性底文化，一統性底文化」是中國文化的特質，也可說是中國文化的傳統。這個特質、傳統當然有其優長的一面；然而，不無負面的一面（其實，任何文化傳統皆然；總是有其優長處，但亦必有欠佳，不理想，乃至陷於一偏之處）。就德性一項來說，也許由於中國人太重視這方面了，所以人類文化之其他面向，尤其知性（追求知識）和經濟（追求財富）這兩個面向，即西方人恆比較重視的面向（由是形成了他們的傳統），中國人便比較忽略了，以至比較輕視了。其實，這個有所偏重的現象是很可以想像得出來的：幾乎全幅精神都用在德性的開發和追求上（德性之追求便成為了中國人的傳統；尤其是就士的一個階層來說），顧此失彼的現象便必然隨之而產生！（這所以牟宗三先生倡言三統（道統、學統、政統）並建，以救治太過重視道統（德性）之弊。今不細論。）過分重視德性而輕忽其他，那便必然如徐先生所說的「*招來生命力的束縛*」。五四運動的反傳統（含反對讀經），對於這種束縛的解除（藉以獲得生命上更大的自由），當然不無幫助。這所以在一定程度上反對五四運動，尤其反對其靈魂人物胡適的表現的

徐先生，亦不得不說出以下一句話：「我們也應承認其有一解放的作用。」五四運動擬從西方引進之科學與民主，作為新儒家的徐先生等人絕不反對。不止不反對，而且樂於接受、勇於引進；猶有進者，甚至連中國傳統向來所特別重視（因為特別重視，其稍一偏差便變成過分重視，乃至陷於偏重而顧此失彼了）的「德性之知」（易言之，亦可以稱為「成德之教」），徐先生都承認它「可以招來生命力的束縛」（意謂有招來生命力被束縛之可能）！其實這正反映新儒家絕不是盲目地認為凡中國傳統都是好的，正面的，正向的。其包容、開放的態度，由此頗可概見。

又：從以上的引文可以很清楚的看到，五四時期的「反傳統運動」，徐先生未嘗不承認有其一定的價值。然而，與歐洲「反宗教傳統運動」相比，已然落後了四個半世紀，且所反的內容也不相同，又有許多夾雜糾纏在裡面（頁 26）。是以最後便落得一事無成。徐先生說：

> 首先，以經為中心的中國傳統文化，是以人為中心的道德文化，它本身不似宗教之與人間，存在一種隔離性。反宗教的傳統，常是反對這種隔離性。中國的傳統，沒有這種隔離性可資反對。（頁 26）

徐先生這個說法是深具卓識的。就西方宗教信仰中最具代表性的一個宗教－基督宗教來說，雖其神學理論含以下一學說：上帝藉著其獨生子耶穌基督的降生世間，拉近了人神間的距離，並進而讓人類得救；然而，在得救前，人類與生俱來的原罪畢竟仍存在著！此一事實，依基督教義，人必得予以承認，並進而必須匍匐在上帝／耶穌基督跟前痛切懺悔，原罪才得以洗刷掉；人亦必由是而始可得救。這很明顯反映了人神間的隔離性（隔閡性）；且縱然得救了，但神永遠高高在上而為神；而人則永遠卑微在下而仍為人！此絕對相異於儒家之「仁義內在說」，蓋依後者，人僅須明其已明之德（明明德），致其已良之知（致良知）而人即可成聖成賢[19]。按：中國之聖賢，猶

---

[19] 順便一說的是，基督宗教之所謂得救，乃指人洗刷掉原罪後可以成為基督徒，死後可

西方基督宗教之神。人可成聖成賢，猶人可成為神之謂。是以就儒家教義來說，人神便無隔，不似西方神學理論人、神之有隔。徐先生又說：

> 其次，宗教傳統，有一固定「教會」為其負荷者，以與其他勢力相對立。……但中國的經，並無一特定負荷之固定團體，與其他社會勢力相對立；於是這一反，便直接反到經的本身，反到傳統的根荄，等於要連根拔起。老實講，連根拔起的反傳統，是會反得兩頭落空底。
> （頁 26）

徐先生意謂：既要反，則總得有一個反的對象，否則力量何所施？中國自清末，尤其自五四新文化運動以來，既無法像西方反傳統之有宗教團體之可反，那便很自然地直接反到經的本身上來了。徐先生這個基於深刻觀察而來的詮釋，可謂合情合理之至，實在令人折服。

再者，五四期間提倡新文化運動的人士，又把中國幾千年的歷史定位為封建的歷史。他們當中不少人又「認為經是代表封建的東西」，於是「反讀經即是反封建」了（頁 26）。[20]筆者認為首先應該指出的是，「封建」一詞被他們污名化了。就此詞的原意來說，封建也者，封土建國（封侯建國）是也，其事蓋始於三代，乃一歷史事實（歷史制度）之客觀描繪[21]。順著封建

---

升天堂並與上帝永享至福而言；然而，人永遠成為不了上帝！此不似儒家學理上預設凡人皆可以成聖成賢，道教、佛教學理上亦預設了人皆可以成仙、成佛之圓融無隔也。

[20] 其實，中國之反封建與歐洲之反封建，在意義上是有所差別的。徐先生本人即明確指出說：「歐洲之反封建，有僧侶、領主、貴族等具體底對象，當時並沒有提出那是封建思想，因而反對之。中國的反封建，在共產黨鬥爭地主以前，缺少社會性底明確對象，卻直接指向中國文化中心的『經』上面，其與歐洲反封建的意義，自不相同。」（頁 27）

[21] 不同學者對於中國的封建制度始於何時，說法不一，有主始於黃帝、始於夏、始於商，亦有主於西周者，不一而足。今不細論。詳參維基百科以下條目：https://zh.wikipedia.org/zh-tw/封建制度（中國）。瀏覽日期：2024.08.20。

制度而來之社會,即成「封建社會」。是以「封建社會」一詞,亦一歷史事實之客觀描繪,原不含褒貶之價值意涵。逮乎近代,「封建」一詞及「封建社會」一詞,乃漸次成為「落後」、「落伍」、「封閉」,乃至「剝削」、「打壓」、「人吃人」等等的同義詞。當然吾人亦不全然否認封建制度下之封建社會,確實存在上述若干現象。然而,似乎不宜無限上綱,把「封建」一詞予以極度污名化、妖魔化,並由是認為非徹底打倒封建──封建社會不可!而經既被認為「是代表封建的東西」,那麼讀經便同樣的被認為非打倒不可了!一言以蔽之,經書既係傳統、封建中之一環,甚至係其核心、代表,則在棄傳統、去封建的風潮下,經書／讀經的下場,便無待龜著了。其實,固不應把「封建」污名化,更不應把經書／讀經也污名化。封建固有其不好的一面(譬如提倡貴賤尊卑之差異而造成人際間之不平等、不合理等等的情事),經書亦有其不好或不妥適的一面(站在今天來說,更有其不合時宜的一面),但總不該一概打倒、一應推翻。然而,反傳統、反封建的大旗一旦擎起,則被視為宣揚封建,謳歌傳統的讀經活動,那有倖存之可能呢!

　　上一段主要是指出,緣自政治上的封建制度所衍生的封建社會,固有其欠理想的一面,但五四時代及其後繼的趕潮者也不應把它過分污名化。退一步來說,縱然把封建社會污名化並視為「罪該萬死」、「萬惡不赦」的一種存在物,但經書何辜,而非要把它定位為「是代表封建的東西」,並進而把讀經非污名化不可呢?非打倒不可呢?徐先生又進一步指出:

　　　　況且中國之反讀經者,常以歐洲啟蒙運動相比附,而不知儒家德治禮治思想,卻在法國德國發生了推動啟蒙運動的作用。此一歷史事實,應當可以供指「經」為封建思想者以反省。(頁27)

徐先生意謂,經書乃德治、禮治思想根源之所在(即經書乃德治、禮治思想的載體;至少就文本而言,是主要載體)。而德治、禮治思想在推動歐洲的啟蒙運動,實作出一定的貢獻。可惜的是,盲目反對讀經並指稱經書為封建思想者,於此乃一無察識,不亦悲夫!(所以一無察識,蓋緣自不知反省,

不知自重。遂由此而產生了自卑自貶；最後變成了自賤。按：「自賤」一詞，乃 40 多年前在課堂上首獲聞於牟宗三先生，時先生正斥責中國若干知識分子。今轉瞬先生歸道山 30 載，思之唏噓不已。）！然則反對讀經者「常以歐洲啟蒙運動相比附」，實乃一知半解，甚至連一知半解都談不上的一種瞎比附而已！嗚乎哀哉！

個人認為，在這裡應該特別指出的是，就上文來說，徐先生沒有把反讀經運動孤立來看，而係扣緊更大的範疇——社會上之反封建和文化上之反傳統，來詮釋反讀經運動產生之緣由。這種深具宏觀視野的詮釋方式，足以開拓、啟迪吾人的心智；是以值得推崇、學習。再者，就其詮釋的有效性而言，較之於僅訴諸微觀視野者，自然優勝許多[22]。

## 四、儒者（含讀經者）不反對自然科學；胡適之反傳統只是亂反

反對讀經者又恆認為謳歌讀經的孔孟之徒乃反對知性之追求者——反對追求自然科學。徐先生指出，這種指控是站不住腳的。其說如下：

> 更從積極方面去看，歐洲近代黎明期的知性解放，都遇著以宗教為傳統中心的反抗，如哥白尼[23]、加利略[24]、開普勒[25]、哈維[26]等。從這種反抗中解放出來，便成就自然科學。這是有不能不反之勢。說也奇怪，中國對於自然科學之嚮往（原作「響往」，蓋手民之誤），乃至在實際上稍有成就，皆出之孔孟之徒，如曾國藩、李鴻章、張之洞等，其

---

[22] 當然，微觀研究亦自有其優長處，譬如針對個別主題之剖析、鑽研之恆至乎其極，所謂辨析至乎毫芒，則恆為宏觀研究所不及。
[23] N. Copernicus，波蘭人，1473-1543。
[24] G. Galilei，義大利人，1564-1642。
[25] J. Kepler，德國人，1671-1730。
[26] W. Harvey，英國人，1578-1657。

事實皆班班可攷。最低限度,中國向知性的追求,並沒有受到以孔孟為中心的傳統反抗。(頁 27-28)

要言之,傳統中國在文化上雖不以追求知性(含自然科學)為主要的訴求,但也未嘗予以反對。至於倡議引進科學與民主的反傳統大將——胡適,徐先生更是不稍予假借寬貸,其言曰:

中國真正研究自然科學的人,縱然對傳統毫無興趣,但誰也沒有因此而受到壓迫,或有被壓迫之感。……當時領導人物如胡適之先生……兩大戰略中[27],只看出他對自己民族歷史文化的一種先天憎惡之情,希望在他的實證底考證事業中將主幹和根拔起。……胡先生只掛著科學與民主的招牌,憑著生活的情緒,順著人性的弱點去反傳統。傳統受了打擊,胡先生成了大名,但知性是能憑藉紅樓夢考證而得到解放,而能有所著落嗎[28]?……其與歐洲近代黎明時期之因解放知性而

---

[27] 據徐先生,胡適的兩大戰略,乃指:(一)解除傳統道德的束縛;(二)認為應提倡一切非儒家思想。換言之,即應提倡諸子百家之思想。蓋胡氏意謂儒家不過是諸子百家之一而已,不值得國人特別珍視。(頁 28)然而,徐先生不認為這兩大戰略對成就科學與民主有甚麼必然關係。換言之,自家的東西或確然被打倒了,中國文化由是付出代價了,甚或被犧牲了,但能夠由此而引進科學與民主嗎?答案恐怕是否定的,然則中國文化所付出的代價實在是太大了,犧牲也成了白犧牲!上引文中,徐先生說:「連根拔起的反傳統,是會反得兩頭落空底」,正指此而言。

[28] 筆者則認為,知性固然是不能憑藉〈紅樓夢考證〉一文而得到解放;但似乎不宜說,知性由此而一無著落。換言之,胡氏該著作,假定其考證是確然有據而站得住腳的話,則就知性方面而言,是有其價值的,並由此而應獲得肯定的。按:該著作讓胡適成了大名(1921 年撰,胡氏時年 31 歲)。當然,吾人亦不宜過分誇張該著作的重要性。牟宗三先生甚至相當輕視該著作,而質疑「你(胡適)考證那麼多有甚麼用呢?」。牟先生自謂很能欣賞陳寅恪的考證,但未嘗予以稱讚,等而下之者(胡適乃其中之一)則更無足論矣。詳參上揭《政治中當然有道德問題》,頁 552-555。在這裡似乎也應同時指出,徐先生對適之先生之批評,一向非常嚴苛;然而,亦不無肯定之處,而非一面倒的,或只知其一而不知其二的。譬如承認胡氏之倡導自由與民主有其不可磨滅的功勳,即其一例。詳參學長翟志成教授,《新儒家眼中的胡適》(香

反對傳統,沒有可以比附的地方。(頁28)

換言之,就徐先生來說,你們這些反中國傳統文化者,不要往臉上貼金而認為你們的所作所為可以比擬歐洲黎明時期的啟蒙運動了;兩者實在沒有任何可以比擬之處。

## 五、追趕不上西方社會經濟之發展;中國社會新秩序之摸索;傳統之本身即一歷史真理

徐文第二節最後一部分主要是指出以下三點:五四時代,縱然傳統投降了,也無法及時追趕上西方社會經濟之發展型態;中國社會新秩序是甚麼,向何方向形成,當時國人仍在摸索當中;傳統之本身即一歷史真理。今依次述說如下,徐先生說:

真正說起來,以五四運動為中心的反傳統主義者,實以想改變社會生

---

港:商務印書館,2020),頁226。2024.12.28 補充:胡適在學術上的表現,也許不無名過其實之處。此點當然可以再討論。然而,吾人當"惡而知其美"。近日偶讀一小文章,乃得悉胡適有一大美德,此即其於抗戰剛開始之時,不計個人之成敗得失而於1938年接受了蔣介石之邀請而出任駐美大使,為祖國奉獻一番心力。再者,胡適暗中樂於助人之性格,亦係筆者所極欽佩者。以前隨徐先生、牟先生等等而嚴苛地批評胡氏,今當深切自反而當多從正面評價胡氏矣!胡適生也榮,死也哀。有記載說:「1962年2月24日,一生仗義疏財的胡適在"中央研究院"第五次院士會議上說:『我挨了40年的罵,從來不生氣,並且歡迎之至,因為這是代表了中國的言論自由和思想自由。』這句話說完不久,胡適便意外辭世。其秘書王志維在幫助胡家清點遺物時發現,除了書籍、文稿、信件等,胡適留下的全部財產只有135美元。出殯之日,臺灣各界有30萬人自發為『我的朋友胡適之』執紼送別,一片淚海。國民黨要人、學界名流、生前友好、同事前往送行者不計其數,整個送葬路上人山人海,車馬難行,形成無涯之海洋。其規模之大,盛況之隆,前所未有。」從30萬人送別一事,可知其生前偉大表現之一斑。以上引文,見〈胡適之死:30萬人送別一顆自由之星〉。出處:https://minguowang.com/character/rw-xh/15140/;瀏覽日期:2024.12.29。

活習慣，社會生活秩序為內容的。這一點，我承認也有其意義。但歐洲社會生活之改變，是拿「為財富而追求財富」作一主題，隨財富追求者之成功而社會秩序亦完成其改變的。換言之，各種建立新秩序之思想，是環繞資本主義之發展，使資本主義之要求得到「正當化」的地位而發生成長的。……傳統為要求自己的生存，只能努力於自身對此一新環境之適應[29]，一切問題也就解決了。但中國沒有趕上這一幸運時機。（頁29）

從上引文中，吾人可知徐先生並不反對五四運動的反傳統主義者以西方為標竿而展開其社會改革。然而，西方之成功是以資本主義之得到正當化的發展為前提的。可惜的是，中國沒有趕上這一幸運時機。而更不幸的是，當中國人努力在這方面追蹤繼武時，資本主義的本身已屆強弩之末，盛極而衰了。在這情況下，「於是我們社會新的秩序，到底以何種勢力為骨幹，向何種方向去形成，都令人捉摸不定。主張革新的人士，只要求傳統向它投降；認為傳統投降了，一切便得到解決。」然而，傳統既降，甚至完全被清刷掉之後，「並沒有一個新社會來作反傳統者立足之地。而且最奇怪的現象是，凡是極端反傳統的人，都是在新的思想上，新的事物上，乃至在一切學問事功上，完全交白卷的人。」（本段引文均出自頁29或頁30）本段引文中，筆者以為最值得注意的是以下一句話：「並沒有一個新社會來作反傳統者立足之地。」這句話很明確地反映出從徐先生的立場來看，傳統被你們反掉了之後，理應出現一個新社會來接納你們所提出的新生事物；或你們理應主動提

---

[29] 「傳統為要求自己的生存，只能努力於自身對此一新環境之適應」一語中的「新環境」是指西方資本主義發展過程中的所孕育出的一個環境來說的；不是針對中國來說。然而，值得指出的是，西方資本主義出現前的傳統社會也好，中國幾千年來的傳統社會也罷，一無例外地其固有的傳統都「只能努力於自身對此一新環境之適應」。這最後一語非常明顯地揭示了，徐先生固然非常重視傳統，但絕不固執著傳統，而認為應當全然固守之而不接受任何改變！其革故更新與時俱進的精神，實值得吾人學習。先生真可謂「聖之時者也」。

出／提供新生事物來取代被你們所反掉、推翻掉的「舊傳統」的。然而，在這方面你們全繳白卷！換言之，你們根本締造不了新社會！舊傳統被推翻了，但仰賴「新傳統」所建構的新社會則全不見蹤影，可謂破壞有餘而建設全談不上！對中國，尤其對中國文化來說，你們不是來找碴，那又是甚麼呢？終結本節（徐文第二節）前，徐先生似乎無可奈何地，但又語重心長地（因有所期許，故語重心長；此蓋儒者、理想主義者之特色也），說出了如下幾句話：

> 傳統是由一群人的創造，得到多數人的承認，受過長時間的考驗，因而成為一般大眾的文化生活內容。能夠形成一個傳統的東西，其本身即係一歷史真理。傳統不怕反，傳統經過一度反了以後，它將由新底發掘，以新底意義，重新回到反者之面前。歐洲不僅沒有反掉宗教；……「若干中世紀……原理之復興，……確實可以成為人類的利益」。（頁 30）

上引文有二涵意可堪注意，茲稍一申說：

（一）既能成為一個傳統，則它必是經歷過考驗和淬鍊的。這所以徐先生視為係一歷史真理。既係歷史真理，那它定然長存曠宇長宙間而不怕被摧毀掉、推翻掉的（徐先生即以「傳統不怕反」描繪之）。然而，淺薄之士、逐潮者、跟風者或易被煽動者，總是不自量力，或不知反省回思而非要反傳統不可！好吧，你們既要奮起螳臂或甘當蜉蝣，非反不可，那就反吧。我又怎奈何得了你們呢？！

（二）傳統不是一成不變的；它本身就是一個生命、一個有機體。在歷史發展的過程中，它恆自我革故更新，即所謂因革損益。殷因夏禮而有所損益，周因殷禮亦有所損益。世界上或歷史上，那有一成不變的傳統呢？只是就中國文化來說，這種變易恆進展緩慢，以致常人不覺其前進發展而已。其實，歷史發展有常有變。即以常而論，常中又豈無變呢；惜人不察而已。由此即可見傳統恆與時俱進；因與時俱進，故必歷久而彌新。面對新挑戰，它

恆自我調整而作出適切之回應[30]。就反傳統人士（至少部分反傳統人士）的動機來說，固不乏善良者。然而，緣自昧於傳統有其自我調整、自我更易，俾與時俱進的一面，於是便來了一個「反」！這是以最激烈的方式、手段來革新，甚至擬革掉，推翻掉故有的傳統。非藉著這種方式來進行改革不可，其實是很可惜的，也是很可怕的。然而，徐先生對中國歷久彌新的傳統甚具信心。所以便作出了以下的斷言：「（中國）傳統不怕反，傳統經過一度反了以後，它將由新底發掘，以新底意義，重新回到反者之面前。」（詳見上引文）徐先生不尚空言，所以便進一步舉出歷史事例以作說明。中國的反傳統者不是經常自我比擬歐洲之反宗教嗎？然而，徐先生指出：歐洲反傳統者要反對宗教，但宗教不僅沒有被反掉，而且若干中世紀「原理之復興」尚造福人類而「成為人類的利益」呢![31]這個歷史事例不是正好提供我國反傳統

---

[30] 當然亦有回應不來，或所謂回應不適切而最後不得不在歷史舞臺上消失的。英國偉大史家、歷史哲學家湯恩比（A. Toynbee, 1889-1975）以「挑戰與回應」（Challenge and Response）來說明歷史上 20 多個文明之興衰。這個說法，其實用以說明傳統之興衰似乎亦無不可。唐君毅先生因之，亦嘗以「挑戰與回應」來說明中國自春秋迄清代的歷史發展情況，其間挑戰凡七，實不可謂不多；但中國仍屹立不搖，中華傳統文化亦恆存。唐先生的說明，非常發人深省。唐君毅，〈中國文化的原始精神及其發展〉，《中華人文與當今世界》（臺北：臺灣學生書局，1975），下冊，頁 687-708，尤其第二節：「中國文化過去所經之七次挑戰之性質，及其回應之方式」，頁 693-699。

[31] 「歐洲反傳統者要反對宗教，但宗教不僅沒有被反掉，而且若干中世紀『原理之復興』尚造福人類而『成為人類的利益』呢！」這句話，筆者想做點補充或引申，如下。針對以前（譬如二戰前）宗教徒的數量和目前宗教徒的數量，到底何者較多，筆者沒有做過統計。當然，某些信仰算不算是宗教信崇，人言人殊？今不細論。姑取其廣義可也。果爾，則佛教、道教、基督宗教、伊斯蘭教、印度教、猶太教、神道教等等，固然是宗教。然而，儒教（或所謂孔教、人文教；錢穆先生嘗名中國的宗教為人心教、良心教，蓋亦儒教或孔教之別稱也。）、cult、各國的民間信仰等等，似乎亦宜視之為宗教。這麼來說，則當今之世，宗教信仰者（信徒）之數目，筆者以為當不比二戰前為少（當然人口的基數也要作為分母相對應的算進來）。再者，若就某些面向而言，宗教信仰之風氣當不減昔日。然則徐先生「宗教沒有被反掉」一語，是確然有據的。錢穆先生對中國宗教的看法，見所著〈孔子與心教〉，《靈魂與心》（臺北：聯經出版事業公司，1976），頁 23-31。

者深切思考反省嗎?徐先生的意思是說,反傳統者的反是反不出正面結果的;傳統還不是「重新回到反者之面前」嗎?然而,在反的過程中,國人已然付出慘痛的代價!我們為甚麼要白白地付出代價呢?

## 六、中國傳統不必反,而係需要清理;知識分子應擺脫對政治之依賴,並進而挺立其人格,培養獨立自主性;不要輕言反對一切、打倒一切、輕薄一切

從上文,我們可以很清楚的看得出來,徐先生是反對反傳統的。然而,徐先生絕不盲目的謳歌傳統,無條件的擁抱傳統。下文即可為證:

> 中國的傳統,不是須要反,而是須要清理。清理的對象,是由我們文化所憑藉的歷史條件帶來的東西。我們文化所憑藉的歷史條件,若以之和西方比較,不難發現一最大不幸的事實,因此而可對中國古往今來的一切知識分子,寄與以同情。(頁 31)

徐先生本身是知識分子,所以發生在知識分子身上的不幸,徐先生感同身受之餘,自然是寄以同情的[32]。然而,寄以同情是一回事,其事實之本身則終歸係一不幸。此不幸又何指呢?徐先生明確的指出說:「中國文化,自始即以政治關係為中心。集大成的孔孟,都要『傳食於諸侯』,靠政治關係吃飯。」(頁 31)知識分子既要靠政治吃飯,則在相當大的程度上,其學術文化工作便不得不忍受政治干預,甚或干擾而難有自主獨立性可言[33]。其中

---

[32] 其實,縱使徐先生不是知識分子,但以其儒者人溺己溺之胸懷,復本乎人同此心,心同此理之所謂同理心,其於知識分子之不幸,亦必寄以同情的。

[33] 徐先生即明言:「知識分子沒有自由活動的社會平面,文化即失掉其自律與自主的伸展。」(頁 32)徐先生所說到的「自由活動」,容稍一申述。人的自由活動是可以包含很多個種類或面向的,如言論自由、行動自由(含遷徙自由)、宗教自由等等。這些蓋稱為積極自由。然而,亦有消極性質的自由(簡言之,即消極自由),如免於

比較有骨氣的，能夠特立獨行的，且具備客觀的相應條件的，固然仍可遠離政治而不靠政治關係吃飯（當官退休而不愁生計的情況下，尤其可以如此；但有時也很難說，因為政治恆如影隨形，要完全擺脫掉它，不容易啊！），但此畢竟是少數；且其學術志業（精神生命）恐怕亦難有大發展。再者，即以其身體（形軀生命）來說，或亦不免陷於險境。徐先生即明言：「不與現實政治發生關係，即成為隱淪之士，假定對政治有所不滿，便有隨時被指為叛夫之虞。」（頁32）

為了扭轉、擺脫對政治之依賴，知識分子必須有一「覺悟」。徐先生很敏銳的觀察到中國歷史上確曾出現過知識分子「覺悟」的事例，如下：「宋儒及明中葉以後一部分士人，漸意識到文化的社會性，而不把朝廷裏（「裏」字，蓋為「視」字之誤）為文化的函數[34]，故儒學得到新的發展。」（頁32）蓋只有以社會為基礎，而非以政治／政府為磐石，知識分子才有獨立自主性可言。在這個地方，也許讀者會產生疑惑：為甚麼依靠社會而不依靠政治／政府，知識分子便有獨立自主性呢？社會難道對知識分子就比較寬容、包容，而不予以干預或干擾嗎？筆者在這裡願意指出說，徐先生思考問題是相當周延的。上面的疑惑，徐先生是想到的，且亦直接給出了答案，如下：「當然，社會的本身，對文化也有制約的作用，但這種制約是分散底、間接底、彈性底；而現實政治對文化的干擾，則是集中底、直接底、強

---

匱乏的自由和免於恐懼的自由等等即是其例。賽亞・伯林（Isaiah Berlin，1909-1997）《四論自由》（*Four Essays on Liberty*）一書論之詳矣。以上各種自由中，筆者今擬僅稍及「言論自由」一項。中國近幾千年的歷史發展長河中（尤其帝制建立以來），假使在政治上人們沒有太大言論自由的空間，那是不足為怪異的。其最怪異，或最嚴重的是有時候中國人連「不說話」的自由都沒有！換言之，有些統治者一定要您說話，一定要您表態。在這情況下，為了避免人頭落地，您就只好說些違心的話了。其痛苦比起沒有言論自由的情況，不知要痛苦多少倍！筆者由此產生一構想，上面說過的兩種消極自由外，宜多加一項，此即：人應享有「免於說話的自由」。

[34] 依徐先生，其意是：對明中葉以後的一部分士人來說，「朝廷」不再是「文化」的函數。換言之，不是一說到「文化」，那就非得把「朝廷」扯進來不可。也就是說，文化可以是（或應該是）獨立自主的。當然，它可以和朝廷，但也可以不和朝廷連在一起，而與其他人類活動的領域／面向，譬如社會，連在一起的。

制底。」（頁 31）徐先生所說的「制約」，是比較客氣的說法；其實不啻「干預」、「干擾」，至少可說是一種輕微的干擾。然而，筆者要指出，知識分子既來自社會，受社會所栽培[35]，則於其學有所成時，正應當以其知識回饋社會。即應當以服務社會、服務老百姓為依歸、為最高目的、最高理想之所在；所以不應或不宜我行我素，全然以滿足一己之個性、興趣為唯一考量以從事學術、文化工作。[36]明乎此，則當可瞭悟來自社會之制約（甚至稱之為「干擾」，似亦無不可），是有其必要的，蓋此種制約乃類似平衡桿的一個客觀機制；其實，知識分子應視之為社會對他們的期許、期盼。是以知識分子理應樂於接受之，且甚或主動了解社會上之需求，而設法予以配合。

然而，一般知識分子是不容易有所「覺悟」的。徐先生即慨乎言之：

> 一般士人，為了做官而談政治，決不能構成政治學；為了爭寵而說有談無，決不能構成哲學。於是中國歷史上的大多數士夫，總是自覺或不自覺底挾帶著滿身政治污穢，而中國文化的真精神，也常不免和這種污穢夾雜在一起。此一歷史的條件，一直到現在還沒有改變。（頁32）

上文說到現實政治對文化造成干擾。這也可以說是知識分子的獨立自主性受

---

[35] 當然，讀者或質疑的說：知識分子年輕求學的過程中，假若是在官校讀書受教育，則他們便是受政府所栽培了。筆者試作出如下的回應：其實，政府的資源恐怕主要來自稅收。而稅收又來自社會上各階層人士。由此來說，表面上，官校生是受政府所栽培。語其究竟，實「受社會所栽培」也。

[36] 唐先生對此有相關建議，如下：「人不能於一切史學之研究，無所重輕，而必求其當務之急者而為之，亦不待辨而可明矣。」上引文雖係針對史學研究的選題來說，其實其他學問亦然，不細表。換言之，所選擇從事的課題，應盡量考慮到是否與人生日用，乃至與國家、民族、社會相關的課題，而不宜挑一些與此全不相干，而流於無病呻吟的小考據、小考證的課題來做。唐君毅，〈歷史事實與歷史意義〉，《中華人文與當今世界》（臺北：臺灣學生書局，1975），上冊，頁 157。其詳，可參黃兆強：《學術與經世——唐君毅的歷史哲學及其終極關懷》（臺北：臺灣學生書局，2010），頁 164-165。

到干擾，甚至知識分子本身也遭遇到打壓。這在一人專制的局面下，政治掛帥的大環境下，很多時是無可奈何的。「人在屋簷下，不得不低頭。」所以吾人也不應對這些知識分子過分苛責。然而，知識分子本身也應該自我深切反省，蓋其中實有不少是阿政治／政府之所好者：干擾、打壓未至，但先自毀長城；阿諛奉承、爭寵獻媚者，不一而足！猶記得 40 年前上牟先生課時，牟先生即嘗以「知識分子之自賤」一語直斥其非[37]。〈當前讀經問題之爭論〉成文於 70 多年前的 1952 年。70 年過去了，但知識分子的表現似乎依然故我，甚至更糟。「此一歷史的條件，一直到現在還沒有改變。」徐先生這個 70 多年前的斷語，真可謂歷久彌新，他所說的「一直到現在還沒有改變」這句話，原來對 21 世紀的今天——2025 年，還繼續管用呢！然而，徐先生並不悲觀，他對知識分子既作出積極性的建議；再者，又作出建設性的呼籲，甚至是一番忠告，其言詞如下：

> 現在的知識分子，應從這種自反自悲中奮發起來，清理我們文化在歷史中所受的負累，使幾個頂天立地的觀念，徹底透露出來，以潤澤現在焦萎欲死的人生，而不必先憑一股淺薄顢（原作「瞞」，蓋手民之誤）頇之氣，要反一切，打倒一切，輕薄一切。（頁 32）

---

[37] 2016 年 10 月 29 日，筆者在四川成都接受「鳳凰評論」針對當代新儒家對自由民主等現代價值的看法的專訪，筆者亦特別強調牟先生這個看法。其專訪標題為：「黃兆強：讀書人不能作賤自己」。http://news.ifeng.com/opinion/gaojian/special/090/（2016/11/15 瀏覽）。說到「阿諛奉承、爭寵獻媚」，猶記得陳水扁擔任臺灣最高領導人（總統）時，在某一次公開講話中（5.20 就職六周年淨灘活動），錯用了「罄竹難書」一詞。其實，這也沒有甚麼大不了。可怪異的是，當時的教育部長（青壯年之前研究中國古代史，頗受肯定，且中文根柢，甚至國學根柢都相當不錯）卻極力替陳水扁辯白。真可謂文過飾非，即今所謂硬拗也。其實，您既非相關部門的發言人，亦非新聞局局長，又何必非要如此表現不可呢？！憶牟先生上課時，說過不少次「知識分子之自賤」一語，其此之謂歟？可悲，可嘆！其事，詳參人間福報社發行之電子版《人間世・罄竹難書的痛心》2006.05.24：https://www.merit-times.com/NewsPage.aspx?unid=16904。又可參〈「罄竹難書」新解 教長為總統硬拗〉https://news.tvbs.com.tw/politics/363862。瀏覽日期：2024.08.21。

上引文中，徐先生所期許的「使幾個頂天立地的觀念，徹底透露出來」，是一個非常積極而管用的建議；至於呼籲不「要反一切，打倒一切，輕薄一切」，則對知識分子語重心長之忠告也。前者——頂天立地的觀念，必源自或必奠基於中國故有的傳統文化；而後者——不要反一切，打倒一切，輕薄一切，其對象指的當然也是傳統文化。換言之，兩者皆直接與傳統文化有關。而傳統文化的載體，一言以蔽之，經書是也。由此可見，徐先生必贊成讀經。但徐先生之贊成，是有「條件」的；所以絕非盲目的。他明確指出說：「基於上述觀點，落在讀經問題上，我補充以下的理由，是贊成有限度讀經底。」（頁32）徐先生的理由，俱見下文第七節。

## 七、贊成讀經的四點理由

徐先生何以贊成讀經，其理由今依次開列並闡述如下：

> 第一，我們假使不是有民族精神的自虐狂，則作為一個中國人，總應該承認自己有文化，總應該珍惜自己的文化。……中國文化，是一個有「統」底文化，不似歐洲作多角形發展。而此一有統底文化的根源便是「經」。胡適之先生拿諸子來打「經」，來打儒家的策略，……一口說不讀經，實際即一口抹煞了中國文化的主流，於情於理，皆所不許。（頁33）

上引文重點在於指出，中國文化的根源乃在經。而胡適拿諸子來打經[38]，實際上即抹煞了中國的主流文化。是以徐先生乃特別強調：此於情於理，皆所不許。然而，今天在臺灣仍自我定位為中國人，且進一步說出「作為中國人，……」一語的，恐怕已近乎鳳毛麟角了。既非中國人，則代表中國文化主流的經書，便似乎非必讀的對象了；甚或必去之而後快，那又何足怪異

---

[38] 按：即視儒家的經典，猶同於其他諸子百家之書，無軒輊高下之別。

哉？！徐先生繼續說：

> 第二，我們要承認變中有常，人類始能在宇宙中歷史中取得一個立足點。而常道之顯露，總是超越時間性而永遠與人以提廝（當為「提撕」之筆誤或手民之誤）指示的。中國的經，不能說都是常道。但在人之所以為人的這一方面，確顯示了常道，而可對自己的民族，永遠在精神的流注貫通中，與我們以啟發鼓勵、提廝、溫暖，我覺得這是無可置疑底。（頁33）

按：經者，常也。但徐先生絕不盲目肯定經中所說的，定然是 100%「超越時間性而永遠與人以提撕指示」的恆常之道。這顯示了徐先生對經有所篩選，絕不照單全收而認定經文中無一語句不可取。然而，就「人之所以為人的這一方面」，中國的經，則「確顯示了常道」。徐先生再說：

> 第三，……益覺我們的「經」的這一文化系統，真是布帛粟菽，應靠著它恢復人的本性本味。（頁33-34）

布帛粟菽，人生日用不能一日或缺而係稀鬆平常之物品也。徐先生藉此以譬喻經書（而不藉高不可攀、遙不可及之珍奇異品來作譬喻），則經書的永恆實用性、普遍有效性，便不言而喻了。這所以徐先生由是說出：「靠著它恢復人的本性本味」這句話。徐先生贊成讀經還有第四點理由，如下：

> 第四，我們應坦白承認是在流亡之中。莊子說：「逃空谷者，聞人足音，則跫然以喜」[39]，何況是自己文化的根源。流亡者已經失掉了地

---

[39]《莊子・徐无鬼》：「夫逃虛空者，藜藋柱乎鼪鼬之徑，踉位其空，聞人足音跫然而喜矣。」

平面上的卷舒，何可再失掉精神上縱貫底提攜維繫。（頁 34）

1949 年大陸政權易幟，徐先生不認同中共政權而隨國府遷臺，所以便說出「是在流亡之中」這句話[40]。70 多年過去了，就今天來說，似乎不必再說甚麼流亡了。然而，就我們現今所居住的臺灣來說，其去中國化、去中國傳統文化的程度日甚一日！所以就文化上來說，吾人（至少筆者個人）在心境上仍不免處於流亡的狀態中（即筆者心中恆存的中華民族意識、中國文化意識已越來越得不到島上居民的共鳴或認同了），[41]蓋島上自外於中國的氣氛似乎已越來越凝重了。此言之傷心，實無奈也。

上引文中，最後一句話中的「平面」與「縱貫」兩詞，也許可以一說。此兩詞反映了徐先生考慮事事物物，恆從立體的視角出發，即絕非只考慮「點」的，也非只考慮由點點相連而串成的一條「線」的；甚至不是，或至少不只是僅考慮二維度，即由線線並排並列而成為的一個「平面」而已。而是也把縱軸（即縱貫一維度）加上去的。此維度加上去之後，那連同原有的平面，便成為一立體了。相對於點、線、面，立體當然是更全面的，即更整全的。而被考慮的事事物物，也就恰似「面面俱到」的都被觀察到了。徐先生考慮事情之周延遍至，由此兩語，已見其端倪。

## 八、教材編纂；教學方法

徐文最後一部分（約 1,000 字）旨在陳說讀經的具體構想（以下引文，見頁 33-35）。其中含教材編纂和教學方法二部分。茲先說前者：

---

[40] 當然，徐先生絕不會不承認臺灣是祖國的一部分。然而，大好河山丟掉了，而不得不徙居偏處海峽一隅之臺灣。其孤臣孽子之心情可想而知。所以就地域言，尤其就心境言，非流亡而何？！

[41] 當然，吾人亦不必過分悲觀。詳參唐君毅，〈花果飄零及靈根自植〉，《說中華民族之花果飄零》（臺北：三民書局，1976），頁 30-61。

## (一) 學校教育

相應於不同層級的學校教育，徐先生提供如下的意見：

1、小學：

(1)「小學中應有若干經的故事。」
(2)「選擇若干切近而易了解的經中的文句，作學校中的格言標語，於週會加以講解，使受了國民教育的人，知道中國有經，有聖人，有切身做人的道理。」

2、中學：

(1)「將《論》、《孟》、《學》、《庸》、《禮》、《詩經》中精選若干，共不超過一萬萬言[42]，或彙為一篇，在課程中立一專課。或分別插入國文、公民中，……按其內容之深淺，分別在高初級中學中講授。」
(2)「更於歷史中加一點經學史。如此，則學生之負擔不加重，而經之大義微言，亦略可窺其大概。」

3、大學相關學系（即所謂「專門之業」）：

「如史學、哲學或文學等，皆應精研經中有關的部分。」

## (二) 社會教育

「除學校教育以外，我希望成年人，不論作何職業，手頭能保持一部四

---

[42]「一萬萬言」，其中一「萬」字，蓋衍文。

書,可能時,再加一部《近思錄》[43],於晨昏之暇,隨意瀏覽。」徐先生這個建議是滿好的。基督徒們經常《聖經》不離手;自己看以外,一有適當機會,還努力傳揚其中的道理,並視傳教為其使命之所在。這值得我們學習。徐先生還指出說:

> 但這只可出之於社會的提倡,而不可出之於政府硬性的規定。有人很瞧不起四書與《近思錄》,覺得太平常了。平常確是平常,但只要你能體會得到這種平常,你才算對於中國文化摸到一點門徑。

上引文,筆者認為有二點值得注意。其一,筆者很贊同鼓勵社會成年人多讀經。如能做到人手一經,好比今天人手一機(當然也可以把經書納入手機內或 ipad 內,而不必手拿紙本的經書),那就太好了。其二,就儒家大義,尤其就宋人所體會的儒家大義來說,《近思錄》的確是很重要的一部書。然而,就現時代來說,該書對一般社會人士也許是艱深了一點。再者,該書收錄周、張、二程語錄 600 多條,共 14 卷;篇幅也許過大了一點。所以如果考慮要納入該書作為誦讀的對象的話,似乎可以作點篩選。

說到書商等人對教科書的編選,徐先生指出說:「今日包攬教科書利益的集團,喜歡把自己弄不清楚的字句、內容選到教科書裡面[44]」!那更是徐先生所引以為憾的。

至於針對教學方法,或徐先生所說的「講解問題」,他也提出了若干建議,今彙整綜合如下:

---

[43] 本書由南宋學者朱熹(1130-1200)和呂祖謙(1137-1181)合編,選輯北宋理學家周(敦頤)、張(載)、二程(程顥、程頤)四人語錄而成。

[44] 這種選擇上的不當,徐先生舉例指出說:「如把《論語》的『因不失其親,亦可宗也』,選到初中國文裡,把《孟子》的養氣章選到高中國文裡;把〈乾文言〉選作大一國文的第一課。」由是徐先生很慨歎的指出說:「此種人,隨處都與兒童、青年為敵,那就更無從說起。」上引言,其實很可以反映徐先生兩個面向。其一:重視青少年的教育。其二:深切了解,甚至是主張編纂教科書,必須配合青少年能力上可接受的程度。是可見夫子因材施教的教育原理,徐先生最能體會。

1、「攷據校刊，乃專門之業，與經之大義關係不大。……學校授經，當然應該注重義理。」

2、「《論》、《孟》、《學》、《庸》，應以《朱子集注》為主」，原因是「中國的義理，與西方哲學不同者，在其實踐底基本性格」（此最後一句話，徐先生一輩子在不同文字中，經常指出。此正可反照出，恆重視形上學，或同時亦重視形上學的一種學術路數，何以徐先生相當反感）。而朱注正緣自朱氏本人的實踐；由是「對經的義理有所了解」。「其他各經，有宋儒註釋底，都應加以尊重」。其原因正如同何以仰賴朱註[45]。

3、「今日若欲繼宋儒而對經的義理作新底發掘，必須對西方哲學真有研究的人，把西方思索的態度與線索，反射過來，以作新的反省，才有可能。」

有謂：藉西學之光，以照我中學之晦。今日欲從事義理之學或中國哲學之研究、闡發，徐先生的說法，乃可謂顛撲不破的不刊之論。在今天來說，已成為中國哲學研究的常識了；不細說。

就今日臺灣或大陸所流行的兒童讀經班來說，其初階僅強調背誦，而講授者不作解釋。這方面，〈爭論〉一文，沒有談到。是以無法知悉徐先生對這方面的看法。然而，針對重視義理或重視攷據校刊來說，很明顯徐先生是側重前者的。就「講解問題」來說，則贊成採用宋儒之註釋，尤其是朱註[46]。若欲進一步發明經中之義理，則必須借重西方哲學。徐先生這些看法，都是具相當啟發性而值得吾人認真參考的。

## 九、結語

在這個結語中，筆者擬指出五點。

---

[45] 徐先生即明白說：「因為他們有這一段實踐工夫，精神可以相通，聲氣可以相接，對經的義理自較了解真切。」

[46] 當然，就 70 多年後的今天來說，業界已出版了不少相當好的註釋及翻譯的本子。然而，追源溯始，就義理來說，宋人的本子仍是深具參考價值的。

其一，經書乃中國傳統文化最重要的載體。作為現代新儒家的徐復觀，他當然非常重視經書。重視經書蓋必由讀經始。然而，就讀者來說，經書該如何讀；就教者來說，又如何教；乃至經書該如何編纂等等問題，都引起徐先生充分的關注。

其二，徐先生被視為深具常民、庶民色彩的一位思想家、學者。[47]他一輩子對世俗事務（此相對於純粹的學術研究來說），都給予最大的關懷、關注，且歷久彌新。本此，則 1950 年代臺灣社會對讀經問題的不同看法，乃至爭論，徐先生當然不能置身事外。上文所梳理、闡釋的一文：〈當前讀經問題之爭論——為孔誕紀念專號而作〉，即徐先生有感而發的發聲振瞶的德音。

其三，該文撰寫於 1952 年，即徐先生赴臺後在學術上剛出道的第二、三年。然而，文章深具慧解精識。非學問根柢本來博雅淵深、天資稟賦原係聰穎絕異者，實不克臻此。

其四，徐先生看問題，恆能微觀、宏觀都兼顧到。先生檢討、回應經書本身可有的問題（譬如被反對讀經者指為封建、復古等等的問題），即可說是一種微觀的探索。就扣緊中國反傳統之風潮，尤其參照、借助西方啟蒙運動時期之反宗教、反傳統等歷史事實，來解釋清末，尤其五四新文化運動以來，之反對讀經，則很明顯是一種宏觀的考察。

其五，徐先生的文章恆言之有物，非徒空談理論、義理者可比。譬如徐先生衡論宜否讀經問題後，針對教材編纂及教學方法等問題，乃進一步具體地擬出若干方案。這些都是非常具建設性而切實可行的。

## 十、附錄：兼論經書／讀經（道問學）與道德實踐之關係[48]

經書，依其本身之性質來說，乃可謂一種見聞之知，或所謂見聞之知的

---

[47] 詳參李淑珍，《安身立命——現代華人公私領域的探索與重建》（臺北：聯經出版事業公司，2013），頁 261。

[48] 這個附錄源自以下文章：〈當代新儒家論讀經——以徐復觀先生為例（兼論讀經與道

一個結集[49]。此種見聞之知與道德實踐之關係，到底如何？今稍作說明如下。上文第二節筆者引錄伊川先生：「德性之知，不假見聞」這句話之後，

---

德實踐之關係）〉，文章發表於中央大學儒學研究中心所舉辦的以下研討會上：「經典如何活化學術會議：從人文看永續」。其詳，請參本文首頁。稍作修訂後，此兼論嘗用以下題目：〈讀經（道問學）與道德實踐之關係〉，發表於《鵝湖月刊》，2017年2月，期500，頁32-40。今再作修改後，納入本書內發表。其實，筆者之所以撰寫這個兼論的部分，是源自拜讀了A教授以下大文：〈中華經典的易讀與難讀〉。其文章之出處，詳見注50。A教授在上揭的研討會中，對筆者的兼論部分，嘗馬上作出回應：當場出示並派發其大概不少於4,000字打字稿的回應文。筆者當時非常訝異。原因是：按道理，作為研討會的參與者來說，A教授應該是當場才有機會看到拙文才對，但他為何能夠事先看過拙文呢？後來想到，因為A教授是研討會主辦單位的負責人（之一？），所以便比一般的參與者，更有機會早一點看到拙文了。這恐怕是會議中的其他參與者沒有機會得到的一種「優先閱讀權」，並隨而得到「優先回應權」！然則這似乎便有點濫用其職權之嫌了，是耶？非耶？A教授的回應文於修改後，嘗用以下一標題：〈思辨於成德是否必要──敬答黃兆強教授並論讀經問題〉，發表於《鵝湖月刊》，2017年3月，期501，頁27-33。其實，A教授的「提前回應」，大概緣自性子太急所致。筆者深信，其出發點絕對是善意的。筆者特別寫將出來，就是由於個人一輩子之所以闖下不少禍，其原因正相同，即全起因於性子太急，即所謂性子偏急；並由是對人鮮所包容。《論語・泰伯》：「人而不仁，疾之已甚，亂也。」性子急用於彰善也許還好，用於癉惡那就萬萬使不得了。今早屆垂暮之年，悔之無及矣。往者已矣，來者可追。豈敢責人，用以自責自反而已！

又：與A教授之辯難，眨眼已是七八年前的往事了；似乎不必再提起。然而，A教授對此事又似乎念念不忘。其近著《……新儒學論文精選集》（臺北：臺灣學生書局，2024）嘗將彼對筆者的回應文納入其大著中，當可為明證。這促使筆者再憶起此陳年往事。顧七八年來，筆者對原先所堅持之舊說，迄今仍固執如昔；若棄之，則終非心之所能安、性之所能協。是以將此拙文，作相當幅度的增補後，納入本書內，藉以流傳。再者，我倆為學問而真心誠意之不斷辯難（筆者針對此問題，曾先後發表三文；A教授針對這個問題和相關問題，所發表文章之多，就更不用說了。筆者其他二文，雖或不無若干"創見"或"新意"，但主旨無殊本文，所以就先擱下。），乃可謂人間一美事也；相關文章，即以文獻保存計，亦值得納入書冊內刊出，以避免散佚。

[49] 當然，吾人不排除經書大皆係前聖前賢據具體的道德實踐所總結出來的一種智慧結晶，至少其中部分內容是如此。然而，此種智慧既筆之於書，而吾人透過眼目（視覺）以獲取之，則此種智慧便形成了一種見聞之知；或至少應算係一種廣義的見聞之知。

指出說：人之成德或人之具備道德意識並由是而作道德實踐，實與見聞之知無必然關係，否則不識一個字之端茶童子（端茶童子正可代表一般人——婦孺、文盲，或比一般人更一般的人），又如何有成德之可能呢？！然而，筆者又指出，上引伊川文，吾人亦不宜做過度的解讀。折衷來說，筆者深信見聞具一定的輔助功能，乃有助於道德意識之擴充、開發，並進而有助於成德——作道德實踐，然不得謂此種意識及相應的行為，非有賴見聞不可。換言之，見聞非上述意識及行為之必要條件，尤非充分條件。

惟月前（「月前」乃指撰寫本文初稿的 2016 年 10 月之前）拜讀 A 教授〈中華經典的易讀與難讀〉一文[50]，其中有句云：「對於一般人，『尊德性』必須加上『道問學』，才可以有真正的道德行為出現。」（頁 12 上），則筆者悚然以驚，頓生疑惑。上引語中，「必須」、「才可以」兩用語，筆者尤其不明所以。按：「必須ＸＸＸ，才可以ＹＹＹ。」的語句，乃一有邏輯因果關係而其前之子句為因，其後之子句為果的一個述句。即意謂若缺少了ＸＸＸ，則一定達到不了ＹＹＹ；即ＸＸＸ乃成就ＹＹＹ的必要條件（就上引 A 教授的一個語句來說，它尚且導致筆者產生以下的一個感觀：此語句似隱涵了以下一義：ＸＸＸ乃成就ＹＹＹ的充分條件）。起初筆者以為上述語句或緣於 A 教授筆誤？又或手民之誤？幸好這個語句之後附上了一個註釋（註 5）。筆者乃按圖索驥，由是檢得並拜讀了 A 教授以下大文：〈程伊川、朱子「真知」說新詮——從康德道德哲學的觀點看〉[51]。A 文勝義紛陳，具相當創見；值得推崇。惟筆者愚昧，對於其中一個論點，也許是最重要的論點——創獲，不免深具疑惑。該論點見於A文多處。今舉其中三例，如下：

> ……通過這種對道德義務的目的論的論證分析，對於善意本身便具有絕對價值，給出了較為詳細的說明，此便可以避免對道德義務產生懷

---

[50] 《鵝湖月刊》，總第491期，2016年5月號，頁9-17。拜讀此文，獲益匪淺，甚感欽佩。

[51] 載《臺灣東亞文明研究學刊》，卷8，期2，2011年12月，頁177-203。

疑。我認為如此的用哲學思辨於道德實踐是很必要的，也應該是程伊川所說的，從「常知」必須進至「真知」之義。（頁 188）

如果要有真正的，而且持久的道德實踐，用哲學思辨於道德以解明道德義務何以有絕對價值、何以為義便不能為利，是必要的工夫，即是伊川所說從「常知」進到「真知」也是必要的。（頁 189）

人若只處於「常知」的情況，是不足以有真正的實踐的，必須對本來已有所知的道德性理的全幅內容作深切的了解，由深切了解性理，而產生道德性理的價值絕非順從性好欲望而獲得的功利或幸福所能比擬的想法、信念，才可以擋住徇性好而來的對道德法則的質疑。而對道德法則的純粹性、無條件性，能夠清楚地掌握，便可以引發真正的實踐動力。（頁 200）

以上三條資料，其內容不盡相同，但主旨則一，即：哲學思辨乃道德實踐的必要條件。其中第一條及第二條，出現了「必要」一詞。第三條除「必須」（相當於「必要」）、「才可以」之外，更用上「便可以」一詞。「必須……才可以」的邏輯因果關係，已見前所述：前者乃後者的必要條件；而「便可以」似乎更進一步了（即話說得更滿了）：前者乃後者的充分條件，即具備了前者，後者便必隨之而出現：隨之而得以成就（得以落實）。

筆者不厭其繁，轉引 A 文相關資料凡三，目的不外是藉以佐證上面引錄過的一個判語（可說是一新創獲），即以下一語：「對於一般人，『尊德性』必須加上『道問學』，才可以有真正的道德行為出現。」，相信是 A 教授「苦思冥索」下得出來的；且歷時四、五年[52]始凝鍊出來的深具概括意涵的一個判語。然而，筆者深感疑惑，甚至不能認同的也正是這個判語。筆者

---

[52] 〈中華經典的易讀與難讀〉一文發表於 2016 年 5 月。〈程伊川、朱子「真知」說新詮〉一文則發表於 2011 年 12 月。其間相距凡 4、5 年。

對伊川和朱子沒有任何研究；對康德，則連涉獵都談不上。所以 A 教授的新詮，其符合三人的原意否，筆者尤其不敢置喙。但就個人所理解的儒家大義來說，則始終認為「道問學」與「尊德性」無必然關係。如上（本附錄首段）所述，筆者深信前者有助於後者；然而，兩者無必然關係，即前者非後者的必要條件，尤非充分條件。A 教授〈程伊川、……〉一文對於「常知」、「真知」等問題辨析毫芒，鞭辟入裡；真可謂哲學家之能事也。筆者則僅持常識義以立論而已[53]。該文通篇多處強調「哲學思辨」；竊思愚夫愚婦（猶〈中華經典的易讀與難讀〉一文中所說的「一般人」）有幾人能有此能耐呢？！據 A 教授大文，沒有哲學思辨，則無成德（作道德實踐、道德行為）之可能！然則不必說一般人了，縱然哲學家，則除伊川、朱子、康德三人外（茲假設 A 文對三人之詮釋不誤），乃至於 A 教授本人在耳順之年之前[54]，恐亦「不得其門而入」矣！說得極端一點，你們幾個人要把成德（作道德實踐）壟斷下來嗎[55]？（當然此非 A 教授本意，但依其立論，則相應之

---

[53] 按：常識固不及專業知識，而顧名思義的僅係「常識」而已。然而，從另一角度看，常識恆為一般人之共認共識，即共同認可之真理而有其普適性、普遍性。所以如果連常識這一關都通過不了，則似乎不必侈言甚麼專業知識了！再者，愚夫愚婦（即一般素人）在日常生活中，便是靠常識以行事做人。如必待具備專業知識而後可，則一般素人便沒有生存空間了！換言之，他們的生存空間便被剝奪了；不細說。

[54] 按：〈程伊川、……〉一文撰於 2011 年年底，A 教授虛歲剛 60 歲。是以乃以該年為 A 教授創立（創獲）其新說之始年。

[55] 如說到哲學家或思想家，則當代新儒家徐、唐、牟三先生，恐不克贊成A說。唐先生曾說過，哲學是對有需要的人，譬如對宇宙人生等大問題恆感困惑而思有以解之而「存在」的，而始有其價值的。如對這些大問題一無困惑，而照樣能夠好好的過其日常生活，則他們根本不必讀哲學（含不必作哲學思辨）。然而，唐先生絕不否認這些「凡夫俗子」一樣可以成德（作道德實踐）。是可知從唐先生的立場來看，哲學思辨之有無絕不妨礙「凡夫俗子」之作道德實踐的。以上唐先生的說法，略見〈自序〉，《生命存在與心靈境界》（臺北：臺灣學生書局，1977），頁 4-5。至於徐先生，就更不必多說了。徐先生思考問題，永遠從一般老百姓的立場出發，而一般老百姓那有能耐做哲學思辨呢或感到有需要做哲學思辨呢？然而，徐先生絕不否認凡人皆可以成德。是亦可知徐先生必不贊同能做哲學思辨者始可成德這個說法。至若牟先生的意見，亦至為清晰而明確。A 教授本人亦深悉之。其大文〈程伊川、……〉一文開首第

結果恐不免於此。）筆者要強調的是,「道問學」與「尊德性」無必然關係。這方面,上面已說過多遍了。再者,「道問學」中之「哲學思辨」,則更不是一般人所能擁有的能耐。必由此始可以成德,並由此始可成聖成賢,何儒門之狹隘若此？！此所以筆者百思不得其解也。

　　筆者的結論是：見聞之知（道問學）固有助於德性之促進、落實,即所謂成就道德行為,惟不具決定性之關鍵作用耳[56]。以上管見,不知 A 教授以為然否？尚請惠予諟正為感。

　　最後筆者要說,幾經思考後,筆者得出如下看法：〈中華經典的易讀與難讀〉一文以下判語：「對於一般人,『尊德性』必須加上『道問學』,才可以有真正的道德行為出現。」及〈程伊川、……〉一文中意思相類似的判語（譬如上文引錄過的三條資料）,其實就理論上來說（尤其從知識主義／主智主義的視角來看）,不必然無其理據的。再者,〈程伊川、……〉一文的相關論證也是很細密的,是以筆者深深的認為相關論說是相當可取的。再者,就理想上來說,亦當懸此為鵠的：努力追求「道問學」,俾真真正正的成就「尊德性」。然而,就事實上來說,恐殊不然,蓋人明可依其道德意識、道德自覺,不假外求（含道問學,譬如哲學思辨,及現今所說的讀經等等）,而逕作出道德行為的。君不見不懂「哲學思辨」,甚至連甚麼是「哲學思辨」,或連聽都沒有聽過甚麼是「哲學思辨」的一般人,經常都能做出「真正的道德行為」嗎？而道問學等等,語其究竟,筆者以為,僅一外緣,或所謂助緣而已。

　　諺語有謂：「知其然,而不知其所以然。」今借用以作說明。按：A 教

---

　　一段即明說：「……伊川、朱子如此把握性理,牟先生認為是以講知識的方式來講道德,並非儒學的正宗講法。」（頁 179）然則必須通過知識進路,即先獲得知識,「才能有合於道德的行為出現」（亦 A 教授語,頁 179）,牟先生之不予認同,亦至為明顯。是可知徐、唐、牟三大師之說法皆與 A 教授異其旨趣。

[56] 所謂「關鍵作用」,乃指：「非見聞之知不足以成就德性之知」或「非道問學無以成就尊德性」。用更通俗的說法來說,就是：「不具備知識不能獲致道德行為的出現／實落。」

授意謂必須藉著「哲學思辨」以強化、鞏固相關理據，藉以「擋住徇性好而來的對道德法則的質疑」。換言之，即必須如此始可說服得了自己及說服得了別人何以吾人能一頭栽進去而義無反顧地作道德實踐。A 教授之確切用語，如上所引錄者，乃係：「『尊德性』必須加上『道問學』，才可以有真正的道德行為出現」。這似乎可以說是：「知其然」（此好比伊川所說的「常知」）之後，再加上「知其所以然」（此好比伊川所說的「真知」）。既知其然，又進而知其所以然，這當然是最理想的、在理論上是最周延的[57]。然而，就愚夫愚婦或所謂「一般人」來說，他們實在沒有能耐（甚至沒有機會、條件）知其所以然，蓋視為導人獲致「真知」而知其所以然的這種「哲學思辨」[58]，一般人那有辦法呢，那有這種能耐呢？然而，筆者認為這絕無妨、無礙，因為知其然便足夠了——足夠讓一般人逕作道德實踐了；「知其所以然」由是不免錦上添花而已。猶記得 40 多年前上牟先生課時，先生嘗批某西方大哲說：「甚麼實踐理性只是一假設！日常生活中，不是天天都可以看到道德行為嗎？」[59]（大意如此；確切用語，不復憶記。）要

---

[57] 寫到這裡讓筆者想起天主教的「入門聖事」。按：入門聖事凡三：領聖洗（聖洗聖事）、領堅振（堅振聖事）、領聖體（聖體聖事）。今僅說前二事。領聖洗，乃使罪人洗去原罪而成為基督徒，乃至死後升天堂與天主共享萬福之一最重要之手段（means）。如能進而領堅振（confirmation）以強化及鞏固信徒的信念，那當然更佳。然而，若條件不容許，那亦無妨：不妨礙信徒仍然可以升天堂。領聖洗，筆者以為，好比儒家所說的具道德意識、道德自覺；領堅振，則好比 A 教授所說的做「哲學思辨」。兩者兼具，那當然是上上大吉，讓人額手稱慶。然而，後者則有點好比錦上添花。有之，固佳；缺之，亦不礙事。然而，A 教授則有點強人所難，認為非此不足以成德——作道德實踐，那便似乎有點不可思議了。

[58] 這種針對成德而來的「哲學思辨」，筆者認為亦可稱之為「成德之教」的一種「教」（「教」者，今取其教規、教條義，猶手段、工夫、管道之謂），唯此教異常特殊而非一般人有條件、機會而得以獲取者也。

[59] 其實，例子不勝枚舉。遠的不必說，今只舉兩例。其一，10 多年前（約 2010 年左右）發生在臺灣的一例：獲得數項大獎的臺東賣菜阿嬤陳樹菊女士，她那具有甚麼「哲學思辨」的能耐呢？其二，類似的一案例發生在香港，似乎也很值得一提。第 37 屆（2018 年）香港電影金像獎專業精神獎的得主是楊容蓮女士（人稱 Pauline 姐）。她上台領獎時（頒獎人是大名鼎鼎的武俠片國際巨星成龍），一開口便說自己

之，理論歸理論、理想歸理想；但事實則歸事實也，且幸好是如此，否則人世間之能作道德實踐而成德者，恐必鳳毛麟角、稀若星辰也；更不必說成聖成賢了。此豈不嗚呼哀哉[60]？！

最後，筆者擬做一個總結，如下：對道德法則有所了解，並進而給出學理上的說明、闡釋，這固然有其價值；然而，吾人不宜由此而衍生出以下的說法：對道德法則無所了解、不能給出學理上的闡明，便由此而說保證不了，甚至進而否定了道德行為在現實世間仍然可以出現、仍然可以落實的事實。簡言之，道德法則之了解、闡明，是一回事（知性之事）；道德行為之出現又是另一回事（德性之事），蓋知與行，本二事也。至於兩者可以有一定的關係，那是不必再多說的。即不能說由於欠缺前者，遂否定後者可以存

---

是一個茶水工，不識字的人。她繼續說，帶她入行的一位女士特別囑咐她做工（上班）時，要把心交出來（即做事時，要盡心盡力為之）。她領獎時，全場的導演，大明星等等，幾乎無一不起立致敬鼓掌。試問這樣的一位茶水工，她能有甚麼「哲學思辨」的能耐呢？筆者相信，什麼叫哲學，什麼是思辨，恐怕她連聽都沒有聽過呢！詳參：https://www.google.com/search?q=楊容蓮；瀏覽日期：2025.2.26。

[60] 談到這個問題，拙前好發議論說：這麼說來，難道孩童（按：孩童認知能力（cognitive ability）比較差，更不要說哲學思辨的能力了）便沒有甚麼道德行為嗎？這個疑惑實在發人深省。記得 2016 年 10 月上旬有一個南投縣小孩名叫宸宸（4 歲），看到媽媽打死「小強」（蟑螂），竟當場崩潰，哭喪著臉說：「……牠她會跑進這個櫃子躲起來，找牠的媽媽。妳把牠打死，牠就很難過，牠媽媽就找不到牠了。妳想把我打死喔？」這個故事非常可愛，且也超感人的。宸宸只有 4 歲。對他來說，無所謂益蟲害蟲。他只知道蟑螂就是一個生命。這意味著人不該（沒有權利）終結其他生物的生命。此其一。這個故事也反映了牠不是孤零零存在的。牠的死，牠的媽媽會傷心難過的。這也揭示了在孩子的心目中，牠的存在／生存，對另一個的牠（母親）是至關緊要的。此意味著生命與生命之間有著情誼上之感通、相通。此其二。宸宸看似非常天真爛漫的最後一句話：「妳想把我打死喔？」更揭示了他把自己的生命跟另一生命（儘管只是昆蟲）連結起來了——牠的死就好比是自己的死；妳打死牠就好比打死我！這意味著人我（牠我）的生命是相關連的；人不該只關心其自身，且也應該關心他人（乃至牠們及它物）。此其三。試想想一個 4 歲的小孩有甚麼哲學思辨的認知能力呢？但他完全發乎內心（仁心）的一種惻隱之情，難道不足以證成其道德行為（淚崩而責怪他媽媽）跟哲學思辨是完全沒有任何關係的嗎？http://www.ettoday.net/news/20161005/787362.htm（2016.10.21 瀏覽）。

在或出現。蓋兩者無必然關係，頂多只有概然關係。

　　同理，與道德行為正相反的另一人類行為——惡的行為，其情況亦然。假如對人類之行惡使壞不能給出人人皆認同認可（即有共識）的一個學理上的說明或有效的闡釋，便由是否定人間有惡，那豈不是天大的笑話！這個對惡的說明似乎更足以佐證知性與德性根本是各自獨立的二領域；其間無因果關係，亦無函數關係[61]。縱然兩者有其關係，但那大概是概然的關係，而不是必然的因果關係。

　　A 教授賜閱拙文後，嘗予以回應。此即筆者 2016/12/05 所收到的〈回答黃兆強教授的論難並論讀經問題〉一文。全文 4000 多字，論說綦詳。茲先感謝 A 教授的費心指正。針對 A 教授此〈回答〉文，筆者擬提出四點說明：

　　（一）筆者察覺到 A 教授對其舊作〈程伊川、……〉一文的若干說法，似乎已有所鬆動，並作了補充，甚至可以說作出了一定程度的修正，茲舉例如下：1、「黃教授的質疑很有道理，或者我說道問學或實踐的哲學為必須或必要，是太強了一點。」；2、「按照孔孟的傳統給出來的成德之教、實踐的工夫並不走康德思辨的路子。孔子強調為仁由己、克己復禮，孟子強調求放心、擴充，盡心之性，象山強調發明本心，先立其大，陽明說致良知，而致知存乎心悟，用的都不是探究問道德或道德法則是什麼而作的思辨的工夫，而是用如牟先生所說的逆覺體證的工夫。我們當然不會認為只有康德所說的實踐哲學的工夫才可以成聖。」；3、「……必須要用工夫，但不是非要讀書不可。即此慎思明辨可以不從讀書來，也可以是從對自己生活體驗作反省而來。」

　　（二）A 教授雖然作出了上面三點補充或"修正"，然而，縱觀整篇〈回答〉文的大旨，其基調並沒有若何改變。換言之，「非知性不足以成

---

[61] A 教授的說法似乎是把知性和德性視為一種函數關係：一說到德性——道德行為的出現，便蘊涵了做道德行為者（道德行為實踐者），其人必在學理上對道德法則已具備了確然不拔的了解。A 教授這個說法，以至彼〈回答黃兆強教授的論難並論讀經問題〉一文（2016.12.05 收到，即上述研討會之前收到）的相關說法，依筆者愚見，是不是有點偏了，或太過鑽牛角尖了一點呢？

德」（即哲學式的慎思明辨為道德實踐的必要條件）的原先主張仍為〈回答〉一文所繼承下來，即仍為其文中的主軸而無異（或至少無大異）於其舊文。

（三）〈回答〉文的內容是否一無可取而為筆者所全然反對？這當然不是。茲舉一例：最後一段文字（約 3、400 字）的說法——由讀經而說到「明事理、辨是非」，並進而說到內聖外王事業的開展，筆者便相當贊同。然而，筆者以為這個說法與全文的主旨——吾人要充分把握知性始可成就道德，實不相關涉；是以兩者實不宜混為一談。

（四）最後筆者要說的是：筆者實不敢全然否定〈程伊川、……〉一文及〈回答〉一文的論點，而認定其一無可取。也許〈程伊川、……〉一文開首的第一段文字可以給予吾人一點啟發，如下：「……伊川、朱子如此把握性理，牟先生認為是以講知識的方式來講道德，並非儒學的正宗講法。」（頁 179）筆者對牟先生的說法全然認同，所以 A 教授依程、朱二人（或加上其理解下的康德）而來的說法，也許正是別樹一幟或所謂「別子為宗」（牟先生用語）的一個說法吧，而「並非儒學的正宗講法」！

在這裡，擬補充三點：

（一）上引〈中華經典的易讀與難讀〉一文的相關語句，其開首冠上：「對於一般人」一語。其意蓋謂，對於一般人以外的其他人，譬如道德意識極強、對「感性欲求」之抗壓力特強之志士仁人，就不必「道問學」也可以成就「尊德性」。筆者認為，A 教授很善於為文，「一般人」加在這裡是一個「活門」，是開了「一扇窗」，而不把話說死。然而，「一般人」一語似乎是一把雙面刃啊。既有其利，即如上所說的是一個「活門」；但似乎也是「死穴」，蓋天下間能有幾人不是「一般人」呢？依 A 文，一般人非具備知性（道問學）便不足以成就德性（尊德性），且此知性是「哲學思辨」式的知性，則一般人又何能具備此種能耐呢？

（二）〈程伊川、……〉一文有以下一語：「伊川、朱子……強調格致工夫並不是要開出經驗知識，……」（頁 201）這個說明是很好的。但「道問學」無論是指「經驗知識」也好，是指「哲學思辨」也罷，筆者仍深信，

皆與「尊德性」無必然關係。

（三）筆者絕不否認「哲學思辨」有助於成德——促進道德行為的落實，此上文已有所指陳[62]。但幾經思考，筆者乃有如下的看法：就實效來說，對於成德，理性的「哲學思辨」似遠不及感性的「當頭棒喝」[63]，蓋後

---

[62] 當然，書讀得越多越不明理的也比比皆是。這就產生了所謂理障，甚至進而產生理盲，或粵語所說的齯塞（矇塞、盲塞）不講理的情況。然而，這是比較極端的說法。平情而論，或就一般情況而論，讀書與明理是成正比的，即書讀得越多便越明理；至少理論上來說，應該如此。但現在問題不是明不明理或懂不懂、知不知道相關道理的問題，而是做不做得到的問題。依凡人所必具備之良心良知來說，或依牟先生所說的逆覺體證來說，何者為是？何者為非？何者為善？何者為惡？其實吾人是必然"知道"的，所以不必仰賴知性上的「哲學思辨」，因為「知是知非」、「知善知惡」，這根本上不是知性上思辨範疇內之事。把「哲學思辨」視為「知是知非」的關鍵，並視為道德實踐的必要條件——即把「道問學」（道德法則的了解、闡明）與「尊德性」（道德行為的實現）定位為邏輯上的一種因果必然關係，個人無論如何無法接受，或至少無法領會。個人的意見是：非理性的、感性的性好欲求（或所謂行惡使壞的念頭、誘惑），無時無刻不挑戰你的意志力，挑戰你的良心。個人認為這絕不是透過理性思維，或所謂縝密的說理講道而辨之於毫芒的哲學思辨便能夠壓制得住、抵擋得住的。這其實需要做的是如牟先生所說的逆覺體證的工夫。用通俗語來說，即一種覺醒、自我反省、檢討的工夫。筆者近來想到的具體對治之方是：人行惡使壞的念頭出現的剎那時，其當下所需要的，其實是能夠產生警醒作用、醍醐灌頂作用的「當頭棒喝」的一喝。這一喝是可以促使人回神過來，定神回思過來，從而把人之良心良知召喚回來，並進而堅定人之意志的作用的。反之，靜態的哲學思辨，乃至A教授所特別強調的為了要對治、擋住緣自「自然的辨證」所衍生之惡而不得不進行的「慎思明辨」，以便對「道德法則有透澈的了解」，筆者認為，都是無補於事而擔當不了這個對治、擋住的重責大任的。

[63] 一般來說，當頭棒喝是對他人而言，但又何嘗不可對己而言呢？即自覺的要經常自我醒悟，自我懸崖勒馬是也。俗諺中有「心神」、「心神不寧」等語。而後者乃指心思精神不穩定、不安寧而言。今筆者借用「心神」一語而另有所指。按：《黃帝內經》有以下一語：「心者，君主之官，神明出焉。」此語蓋謂人本身（君主）具一靈體（心）；簡言之，吾人不妨說人本身乃一靈體（而不必僅指天上之靈體——神明）。此靈體乃可謂一載體，其所載者，無疑人之精神也。而依上引語，此神明又被另一載體所載，此另一載體乃人之心也。這有點說遠了。我們現在回來再說人心中的「神明」。此神明有一特性，即具備一自明之特性——即自明其神（自明其精神：自明其神體／靈體），而不假外求。然則吾人不必言外界（天上）之神明，蓋吾人本身即為

者讓人猛然醒悟過來,以抑制任性縱欲而來之惡。筆者姑且名之曰「棒喝震撼」。此種震撼蓋源自人之「憂患意識」、「戒慎恐懼意識」、「危機意識」、「危牆意識」(君子不立於危牆之下),甚至「一陷永陷的意識」。這種意識應可促使人懸崖勒馬、回頭是岸;是以也可以說是一種「克己意識」。當然,這種意識是比較消極的或負面的。然而,這種意識乃可謂只是一手段而已,而其旨歸乃在於成就道德意識。道德意識當然是比較正面的。換言之,消極義未嘗不可轉成積極義。按:克己乃旨在復禮,而禮的表現,當然應算是道德意識方面積極的表現。果爾,則「危機意識」、「懸崖勒馬意識」等等在成德方面是至關緊要的。

　　按:儒家強調人性本善。性本善,此固然。然而,人之物欲無窮。也可以說其來自四方八面之誘惑,實無窮無盡。依基督宗教來說,魔鬼永遠在你身邊,無一刻不意圖誘惑你;當然,依教義,我們也有護守天神在身邊來給你支撐,來對抗魔鬼的種種誘惑。然而有謂:「道高一尺,魔高一丈。」當然,唐先生說過:「魔高一丈,道亦可再高十丈」來對抗這個魔。然而,魔也可以高百丈。然則誰勝誰負,恐怕永遠都在拉扯拔河中[64]!如果沒有「危

---

一神明也。「神明」一語遂可反過來而成「明神」(此筆者刻意為之而把「明」作動詞用):吾人本身或吾人之心乃具有自明其神之能耐也。其實,此神之本身恆具自明之功能。然則吾人果又無事可作,無力可施手?此又絕不然。蓋吾人可進一步明之也。〈大學〉首句云:「明明德」。吾人自可比照辦理而曰:「明明神」可也,即明其本已自明之神也。宗教恆言崇敬外界(天上)之神明。依上文,此或不免捨本逐末也,蓋吾人自明其心中之神即可。依儒家義,則更當如此。是以「明神」一語,作為儒家來說,不妨予以廣泛推廣。願共勉!

[64] 但亦不必太悲觀。個人認為永遠要心存正念,要自我充分武裝起來,要具備正氣凜然,雖千萬人(千萬魔)吾往矣的氣慨,則魔鬼必不能奈我何!!所謂「邪不能勝正」是也。猶記得 50 多年前,筆者唸天主教中學時,嘗誦讀過〈痛悔經〉,其中有云:「吾主耶穌,基利斯督,造我養我,救我的主。我重罪人,得罪天主。今特為愛天主在萬有之上,專心痛悔,惱恨我罪,決意定改,寧死再不敢犯天主的誡命,……」(慈幼大家庭適用禱文)站在儒家立場來說,當然不會承認甚麼「我重罪人」、「犯天主的誡命」這一類的話。但吾人不妨從寬泛義來看。個人認為,吾人永遠都是一「待罪之身」(筆者習氣重,恆有罪惡感;每一靜下來的片刻,更常感罪孽深重):

機意識」、「懸崖勒馬意識」、「一陷永陷意識」或「道德無休假一日之意識」，則個人認為，魔鬼必占上風無疑。有謂「除惡務盡」，即不能讓絲毫的惡存在，如果稍一放縱自己，一旦生起自我姑息的念頭，認為只是滿足一下小小的欲望而已，應該沒有甚麼大不了吧，那就千錯萬錯了，因為魔鬼必乘機入室操戈。有謂：「勿以善小而不為，勿以惡小而為之。」為小善及不為小惡，個人有如下體會：其實最關緊要的，不在於小善、小惡的本身；而在於其接續而來的"後繼物"：大善、大惡。習慣於為小善是否會"引導"你為大善，這個先不說。但一旦習慣了為小惡，則膽子大了以後，中惡、大惡必隨之而至；而最後必至乎泥足深陷，不能自拔的窘境。這才是最最可怕的。

　　唐先生曾說過，我們每一個人都是「候補的聖人」。這個看法，非常具啟發性。（「候補的聖人」，易言之，即「潛存的聖人」。）但筆者要指出，我們每一個人亦未嘗不是「候補的魔鬼」／「潛存的魔鬼」！只要稍一

---

人隨時都會受到誘惑而犯罪！詳細來說，就是：魔鬼無時無刻不等待機會來誘惑你犯罪。其實，我們也可以反過來說，作為臭皮囊的吾身實無時無刻不是等待著機會來犯罪！怪不得老子說：「吾所以有大患者，為吾有身。」（《道德經》，第 13 章）在犯罪前，你當然不是罪人，但因為你隨時有犯罪的可能，所以你是潛存的罪人。為了自我提醒、自我警惕，或所謂為了預警，你不妨稍進一步而先承認你就是罪人，甚至是「重罪人」，並由此而決意「寧死不敢犯天主的誡命」。個人認為，只有當這種「犯罪意識」及與之相抗衡的「寧死也不犯罪的意識」永遠存在於心中時，你才得以抗拒誘惑、頂住誘惑，並由此而得以遠離罪惡。當然，吾人又可從積極的，正面的努力來遠離罪惡，此即懸以下一語為鵠的，為座右銘，甚至為承諾：「無事不可對人言，無行不可公諸世」。每當您想及此之時，您便會意識到您必不能犯罪，否則您便違背承諾而對不起自己了。然而，筆者又常感到，作為凡人來說，我們的意志力經常是非常薄弱的。魔鬼的誘惑力則是無窮大的。假如魔鬼（先不談是否有心魔，即不談魔鬼是否只是吾人心魔的化身，即只是從心中投射出來的一個假象而已的一個問題）算是一種外力的話，則我們似乎便得假借另一種外力予以對抗。筆者於此便領悟到基督宗教相關教義何以深具（或至少頗具）說服力了。由此又領悟到何以該宗教深具吸引力了。若從另一視角來看，即不少人的確是需要它的；其存在上的價值，亦由此而得以確立無疑。上引唐先生語：「魔高一丈，道亦可再高十丈。」，見〈中國人文精神之發展〉，《中國人文精神之發展》（臺北：臺灣學生書局，1974），頁39。

自我放縱、稍一失足，你便候補上了，由潛而顯而正式成為魔鬼了。孟子說：「人之異於禽獸者幾希。」其間不容髮，由此可以概見矣。豈可不慎哉！

2016 年 10 月 21 日初稿；11 月 28 日二稿；<br>
12 月 1 日三稿；2024 年 12 月 30 日四稿；<br>
2025 年 2 月 26 日定稿

2025.07.10 補充：本文所說的道德實踐不必仰賴知識（聞見之知、哲學思辨等等），主要是針對個人成德來說的，即針對內聖的一個面向來說的。然而，若牽扯到外王的一個面向（大如治理國家，小如災難救援等等），則道德實踐恐怕很多時是非仰賴知識不可的。這個意思上文沒有多做說明，現今遂補充如上。

# 第五章　政治行為上的經與權：
# 徐復觀先生的偉大啟示[*]

## 摘　要

　　經與權是儒家恆關注的一個大問題。其相互間的關係到底如何？又到底何者重，何者輕，比重又如何？乃至是否並無一成不變的，一定永定的一個準則，也經常成為人們討論的對象。一般來說，經比較單純，比較好拿捏，以其為常道也（經的意思就是常）。權則不免因時制宜而得隨時變易，可說千變萬化而無一定；此即所謂權變也。本文先討論經權在原則上的運作問題，繼討論徐復觀先生的相關看法。按：先生本人似乎從來沒有針對經權問題（含「經、權」這對概念），做過直接的探討。然而，先生對國際社會的交往，則甚為關注。而其中正有不少是牽涉到經權問題的。筆者乃從中試圖勾勒出先生的相關看法。其經權觀，或正可得以概見。徐先生的經權觀，深具慧解卓識（其實，徐先生的其他想法或理念恆如此；其經權觀，僅一例而已）；足資吾人行事做人的參考，甚至充當定盤針，乃用是奮發，草成本文。

---

[*] 本文作者嘗出版下書：《政治中當然有道德問題：徐復觀政治思想管窺》（臺北：臺灣學生書局，2016）。其中上篇「道德與政治」第 10 章名：〈政治行為中的經與權〉。本文乃以該章書為基底，予以大幅度增刪修訂後而彙整成為今文。增訂的部分，以第一節和第二節（含若干條腳注）居多。其中有若干觀念和資訊是來自摯友李瑞全教授以下大著：《儒家生命倫理學》（臺北：鵝湖出版社，2000）的第五章：〈經權原則與道德判斷〉；謹此致謝。至於刪的部分，主要是把原文的第五節，即不足 1,000 字的末節「附識」的部分，全部刪去。按：該附識主要是摘錄了徐復觀先生長女公子均琴女士的一封來信（2014 年 10 月 11 日接獲）的部分內容。該部分內容與經權問題，或經權的關係，並不直接相關，是以刪之。

## 一、緒言

　　經與權的相互關係和應用問題，以中國來說，自春秋戰國以來，便受到相當大程度的關注。傳統儒家，尤其著眼於此。大體上來說，經猶現今所說之恆常之道（常道）；而權則權宜、變通（可合稱為權變）之道也。而兩者都是側重在實踐方面上來說的。前者代表原則性之運用（其背後恆以道德原則、道德規則、道德規範為準繩）；而後者則避免實踐過程中前者所可能陷於教條式的僵化，反之乃彰顯靈活性之落實。從理論上說，經與權是既對立又統一（相輔相成、相互為用）的一對概念。本此，則無經便無所謂權，無權也無所謂經。

　　在一般的情況下，依經道守常執中以行事做人，是相對地比較容易的；在特殊的非常情況下，知權行權以解決問題則難度高得多。前者主要屬於道德修養及依道德修養以行事的問題，後者既屬於道德修養問題，也屬於智能或智力運用（即相關知識的運用）的問題，甚至涉及智慧運用的問題[1]。就實踐上來說，以後者的運用比較複雜，即變數大，須處理的面向也比較多，所以傳統儒家的經權說，其討論的重點主要放在「權」上。[2]然而，權之運

---

[1] 說到「智慧運用的問題」，讓人想起牟宗三先生對「哲學」所做的說明。他說：「……。所以哲學或智慧學（實踐的智慧論），……。」「實踐的智慧論」，筆者認為也可以稱為「實踐（的）智慧學」。依此，則上文所說到的行權的問題，也是哲學（實踐智慧學）所應處理的問題了。牟宗三，〈序言〉，《圓善論》（臺北：臺灣學生書局，2010），頁 v。

[2] 大陸一位名叫李婕的女士所編輯的〈經權說〉具相當參考價值，以上之論述嘗節取之。該文尚依五個不同的細目以進一步描繪各相關內容。以頗具參考價值，今擇錄其若干文字並稍作闡釋如下：
　　一、孔孟的經權說：「從《論語》《孟子》的記載看，孔子、孟子實際上把經權的問題與執兩用中即中道密切地聯繫起來加以討論，認為行權的實質是用中即行中道，用中必須通過行權來實現。在他們看來，中就是經，權一旦成為現實，也就是經。……孔子實際上認為權與經分不開，經總是通過權表現出來。……孟子認為用中必須行權，行權正是為了用中。……執一不變，便是『舉一而廢百』的『賊道』行為（《孟子‧盡心上》），既然不合乎『權』，也就違背了『經』。」針對上文，可說

者有二。其一,權乃一方便之法門。行權旨在落實經而已。由此來說,兩者並非對立的。其二,上引文多次提到「中」、「中道」、「用中」這個問題。簡言之,即中庸之道的問題。按:亞里士多德所說的 "the doctrine of the mean",有翻譯成「中庸之道」的。其實,兩者所涵的義蘊,其範圍廣狹有別。可參上揭《儒家生命倫理學》,頁 82,注 16。

二、漢儒的經權說:「漢儒以為經是經,權是權,二者不可混淆。行權必違背經,但是必須合於道。行權反經而不合於道,便是權詐了。……故賢人之權為事為國,佞人之權為身為家。……權的第一個特點是反經,即違背常禮常法,第二個特點是合道,即符合為國為人為事為公的原則。」筆者按:上引文中有「反經」一語。此語有不同的解讀,詳見下文。又其中說到合道的「道」,乃指比經的層次更高的一個道理、一個原則;似乎可稱之為一種精神。所以縱然違背了經,但能夠合乎這個道理、原則,那似乎就更理想了,即更應該被接受了。

三、宋儒的經權說:「宋儒對漢儒反經合道的經權說大多持批評的態度。他們認為行權不是反經,而是合於經。權與經不能視為二物。」程頤、楊時的觀點與孔子、孟子的經權說大體上一致。此外,邵雍和朱熹也提出了一己的看法。李婕由是得出以下的結論:「以上諸說雖不盡相同,但在反對『權必反經』這一點上卻是一致的。」筆者按:程頤、楊時、邵雍和朱熹的說法,分別見:1、程顥、程頤,《河南程氏遺書》卷 18,《二程集》(北京:中華書局,2019),頁 234;2、楊時,〈荊州所聞〉,《龜山先生語錄》(四部叢刊本,張元濟校),卷第一;3、邵雍,《漁樵問答》(中國哲學書電子化計劃作《漁樵對問》。針對「權與變」的討論,見第 84 節。https://ctext.org/wiki.pl?if=gb&res=720334;2022.11.22 瀏覽。);4、朱熹,〈答魏元履〉,《晦庵先生朱文公文集》,卷 39。

四、權與經有同有異說:「元儒胡榮祖作〈權說〉,不贊成漢儒的『反經合義為權』說,也不同意宋儒的『權只是經』說。他認為經與權有所不同,但是從根本上說二者都合於道,行權必不反經而合於經。……經是有常之宜,權是臨時之宜,經是義,權也是義。所以權不反經,權也不就是經。」按:上引語中,最後一語:「權不就是經」,有點不詞,其意恐即謂:「難道權不也就是經嗎?」,意謂:權就是經了。針對上引李婕女士所解讀下的胡氏的「經權說」,其中說到的「道」,筆者以為實可以不忍人之心,即惻隱之心,也即是良心、仁心(以上,籠統稱之,可名為「道德心」)來說明之。換言之,據道德心、依道德心以行事做人的便合乎道了。由此來看,經權皆以道德心為判準無疑。筆者這個說法,乃得自上揭《儒家生命倫理學》一書(頁 84-85)的啟發。《論語·里仁》:「君子之於天下也,無適也,無莫也;義之與比。」據《中庸》,「義」者,「宜」也。合乎道,則義(宜);否則便不義(不宜)。而義不義,固以道德心為判準也。有關道,又宜並參下注 3。

五、反於常違於道而合利為權說:「唐儒馮用之作〈權論〉,提出與一般儒家不

作，終究還是要面對經的，乃至在某一程度上，要回歸到經道上的。所以歸根究柢，兩者在互動上或關係上需要建立一適切之機制，否則恐無法解決現實上的問題。

根據上文，我們大體上可以說，儒家必講求經道（常道、精神、原則），但不僅只講求經道。蓋儒家（大部分儒家）亦接受／贊成權道（權宜、權變）。然而，部分（恐怕只是一小部分）儒家在權道，甚至在經道之上，提出一個高一層次的，而更具折衷性、包容性，藉以綰合、融貫經與權在一起的一個準則或指標（或可稱之為高一層次的一個理想、原則）；而這個準則或可稱之為道[3]。對一些認為經、權必須同時兼顧的儒家來說（就經

---

同的經權說。從國家整體利益著想，他認為權是國家的利器，輜重兵食皆可去，而權不可無。權的特點是『反于常而致治，違於道而合利』。權必反于常，是漢儒已有的觀點，把『違於道而合利』做為權的特點，則是馮氏的新見解。以為只要對國家有利，反于常違於道的事也皆可為。權的根本問題『在於利害而已』。……宋儒司馬光作〈機權論〉，以為權並非一時之事，『聖人未嘗斯須不用權』。行權無非取捨去就重輕，而取捨之間不離於道。『今世俗之為說者，乃欲棄仁義而行權，不亦反哉！』司馬光強調行權不離道，不棄仁義，直截反對馮氏行權只問利害的觀點。」引文中有：「違於道而合利」一語。筆者認為，其實，就廣義的「道」來說，它未嘗不可包括「利」的。所以實在不必在「道」之外，另立「利」這個項目。據百度百科，馮用之又撰有〈機論〉，李婕女士則作〈權論〉，今未審其為兩著作歟？抑〈機論〉誤作〈權論〉，即實為同一著作歟？

以上四和五所提到的各大儒的說法，其出處見〈經權部・經權部總論〉、〈經權部・經權部藝文〉，《欽定古今圖書集成・理學彙編・學行典》（上海：中華書局，1934），第603冊，〈學行典〉之第74卷。上所引錄的李婕女士所編輯之〈經權說〉，見中國孔子網：http://www.chinakongzi.org/baike/MINGCI/lunli/201707/t20170725_139564.htm；來源：作者：2017-07-25 16:01:00；瀏覽日期：2022.11.18。

[3] 其實，如果不把經（經道）視為僵化的、全無轉圜餘地的一套規範準則；反之，仍具一定的靈活性、彈性的話，則經未嘗不具備「道」的性質。（這個道，其詳，可參上注之五。）所以個人倒覺得，不必在「經」之外，另提出「道」這個準則。其實，如果把經視為具備一定的靈活性、彈性的一套規範準則，則經已多多少少等同或類似權了。然而，兩者的側重點始終有所不同（其一特別強調原則性的堅持，另一強調視特殊環境或情況的不同而做彈性或變通性的處理，所以仍有所分別）；為了避免價值理念可有之混淆，經權分立為二，仍有很大的意義。

權的關係或兩者的比重而言,持這個觀點的儒家,其比例應高於持其他觀點的儒家),他們大抵認為:有經無權,則事情恆不能濟——行不通,事情辦不來;有權無經,那就根本不是儒家。換言之,經、權必須兼顧,缺一不可。[4]

## 二、經經權緯(體經用權):權道是用來輔助經道的

中國人講經、權,其源甚早。我們不妨先引錄若干段古代文獻為證。

(一)、《春秋·公羊傳·桓公十一年(前 701)》條云:「古人之有權者,祭仲之權是也。權者何?權者反於經,然後有善者也。權之所設,舍死亡無所設。行權有道,自貶損以行權,不害人以行權。殺人以自生,亡人以自存,君子不為也。」[5]

---

[4] 就筆者來說,個人絕不反對行權(個人擔任大學學術單位主管 10 多年,其中含由臺北市政府委託東吳大學經營的錢穆故居執行長 2.5 年,可謂深悉經、權必須兼顧)。但行權的背後,必須有經道在。具體落實下來,即行權的過程中,一刻不得把經道忘記掉。由此來說,行權的最終目的也只不過是要成就經道吧了。若以目的和手段做譬喻,或者可以說:「經」乃正義所在的正大光明的一個目的,而「權」只不過是達陣的手段;即經永遠是經,而權則僅為緯而已(輔經以成就經的一位「助理」而已)。因為筆者心中恆以具備這種性質(符合正義、正大光明)的經道作為行事做人的準繩準則,所以便絕不會只求達陣(成功達到目的),而淪落到無所不用其極,甚至淪落到不擇手段(因為這種手段必係違反其大前提的經道的)。這點尤為關鍵(筆者永遠依此做自我繩衡,並自我反省),否則權即不成其為權(權變、權宜的作法),而只成為權術(為謀一己私利之「權謀之術」),甚至權詐吧了。果如是,則法家是也,何儒家之可言?!

[5] 這段出自公羊家之手的文字,以其深具代表性而可藉以知悉儒家(至少大部分儒家)行權所依據的準則,所以筆者試圖作某一程度的翻譯以便讀者,如下:「古人行使權而得其法者,(鄭國國相)祭仲是一個好(典型)例子。權的性質是甚麼呢?(行)權是違反經道的,所以不宜隨便行權。必要行權時,則必須保證其結果一定是善的然後方可。要把權推行、落實下來,是有一個前提的,就是除非(相關人等)面臨死亡(即賠上性命)這個大關頭,否則不宜行權。行權是有原則的。其一是行權者要甘願犧牲自己的利益,甚至身心受損也在所不惜;其二,不得侵害到他人。如果是為了保

（二）、《論語》也談到權，〈子罕篇〉即如是說：「可與共學，未可與適道；可與適道，未可與立；可與立，未可與權。」

（三）、《孟子》中有關男女授受不親的一個說法，則更是家傳戶曉。〈離婁上篇〉說：「男女授受不親，禮也。嫂溺，援之以手者，權也。」[6]

（四）、〈盡心（上篇）〉又說：「執中無權，猶執一也。」

（五）、《荀子》一書對「權」也有一番論述，嘗從行權可能產生的結

---

住自己的性命而殺害別人，君子是絕對不會這麼做的。」其實，說到「經權」這個問題，《春秋》（含三傳）不乏討論的文字；以上祭仲，僅其一例而已。馬一浮先生所指出的《春秋》四項要旨中，其中的一項便是：「經權予奪」。詳馬一浮，〈論語大義十‧春秋教（下）〉，《復性書院講錄》（南京：江蘇教育出版社，2005），卷二，頁 91-94。又可參胡楚生，〈《春秋》嚴夷夏進退——馬一浮《復性書院講錄》探微〉，胡楚生，《烽火下的學術論著——抗戰時期十種文史著作探微》（臺北：臺灣學生書局，2015），頁 146-149。本注上文說到翻譯，就針對《公羊傳》的翻譯來說，在臺灣比較流行的至少有兩家，如下：李宗侗註譯，《春秋公羊傳今註今譯》（臺北：臺灣商務印書館，1994）；雪克註譯，《新譯公羊傳》（臺北：三民書局，1998）。筆者上面的"翻譯"，其實不全然只是純粹的翻譯，是以與李、雪兩家的譯文稍有別異；然而，不敢謂比兩家更符合原文。依道德規範而來的經道和依變通原則而來的權道，李瑞全教授以下的論議可謂一針見血道說出了兩者的關係及各自的分際，茲引錄如下：「在儒家的倫理學中，日常的道德規範自是要遵守，但是，這並不是最後的或不能作任何變通的。不變通的盲目遵守，使道德規則僵化為教條，反而扼殺了道德的表現，常常成為壓抑人性的不道德的要求，這即形成所謂禮教吃人。……要留有變通的餘地，使道德實踐可以得以實現。因此，這種變通不是隨意的，尤不是為了私利而有的變通。」瑞全兄所論極到位；筆者獲益良多。上引語見上揭《儒家生命倫理學》，頁 82。

[6] 針對「嫂溺援之以手」這種出自權變而來的作法，李瑞全教授的解讀甚好，如下：「這權變是出於救人生命這一更基本的道德義務而作出的，因為，在此救命顯然是一更直接而強烈的道德命令。這種在一般道德出現衝突而訴之更根源的道德義務，可名為『經權原則』。」上揭《儒家生命倫理學》，頁 83。上引文中所謂「道德出現衝突」，乃指兩道德規則或兩道德規範出現衝突而言。當面臨這種窘境時，似乎可用「切要性」（stringency）來判別何者具道德優先性，並依此而作出相應行為的選擇。參 David Ross（戴維‧羅斯），*The Right and the Good* (Oxford: OUP, 1930)；David Ross, *The Foundation of Ethics* (Oxford: OUP, 1939)；上揭《儒家生命倫理學》，頁 84。

果上立論。此見諸〈不苟篇〉，如下：「欲、惡、取、舍之權：見其可欲也，則必前後慮其可惡也者；見其可利也，則必前後慮其可害也者；而兼權之，熟計之，然後定其欲、惡、取、舍。如是則常不失陷矣。」

蕭美齡博士（東海大學哲學系）[7]引錄及闡述以上幾段話之後，作出如下的總結：

> (1)、權是在某種特定時機中進行的。(2)、行權是為了實現善（動機的善或結果的善）；(3)、權是違反經或禮的。(4)、行權是一種高度發展的道德能力。(5)、行權的過程必須針對各種可能的行動結果加以考量。[8]

蕭女士以上 5 點的總結是做得很不錯的。筆者得其啟發，今稍作補充、引申：上文第 1 點意謂「經」乃係常道，具普遍意義，所以只有碰到特定的時機時，「權」才有其用武之地，而得以派上用場。

第 2 點意指，行權的時機到底對不對，以實行權道是否可達致善的結果為判準：能達致善即表示行權的時機是抓對了；否則「權道」便有陷於被濫用的危險，而成為了某些人士（譬如政治野心家）遂其一己之私的藉口了。

第 3 點指出權與經或與禮是一種對立或對反的關係，也可以說由此而為權（權道）置定下一個適當的位階或安排上一個恰當的角色。既名為「權」（權宜、權變），則必與「經」（常道）成為對反，或至少得與「經」保持一個相當大的差距；這也反映出兩者本來不是同一個層次的東西（經在上，

---

[7] 2014 年畢業於東海大學哲學系博士班之蕭美齡女士嘗獲「第四屆思源人文社會科學博士論文獎」哲學學門「優等獎」；獲獎論文：〈從儒家之經權辯證論道德衝突問題〉；獲獎訊息連結：http://nccupress.nccu.edu.tw/prize/；瀏覽日期：2024.10.10；蕭女士此博論後由新北市：花木蘭文化出版社出版，時維 2015 年。詳參：https://www.huamulan.tw/data/isbn/978-986-404-367-5.pdf；瀏覽日期：2024.10.10。

[8] 蕭美齡，〈朱子的經權觀析論〉，中央大學儒學中心，《當代儒學研究》，第 9 期（2010 年 12 月），頁 81。

權在下;即經是主,權是從)。然而,筆者以為,不能由此而判定權的最終目的必在於反經。恰恰反過來,相反只是表面的,而其實恆相成;正所謂相反而實相成也。上所引《春秋‧公羊傳‧桓公十一年》條有云:「權者反於經[9],然後有善者也。」這句話的意思大抵指:所謂「權」,就是回歸於經道上(或:就是儘管違反經道),而最後能達致善的結果的,這樣才稱得上是權。換句話說,權道很可能只是繞一個彎,透過迂迴的途徑以成就經道而已。說到為權道找一個適當的位階,我們不妨再看看上文所引錄過的《論語‧子罕篇》以下幾句話:「可與共學,未可與適道;可與適道,未可與立;可與立,未可與權。」其中所說到的「道」,吾人不必細究其為何種道,更不必詳察其具體內容。但無論如何,這個「道」一定是一個正面、正向的東西(恐即相當於今日所說的「理想」)。因此我們不妨把它視為「常

---

[9] 「反於經」一語,其中的「反」字,筆者以為,既可作原字解,即作「反背」、「違反」解,但亦可作「返回頭」、「返家」之「返」字解,即作「返歸」解。「反」之指「反背」、「違反」與「反」之指「返回頭」、「返歸」,兩義明顯不相同,但針對「必反於經」一語來說,似兩義俱適用。如解作今日常見之「反」義,其意乃謂權道之表現必與經道所揭示者相反(至少不能逕依經道而行),其事乃能有濟(獲得善的結果)。如作「返」字解,其意乃謂儘管權道不依經道而行,但其最終目的(終極理想)實不異於經道(即必返歸於經道),其事乃能有濟。是以「必反於經」一語,其中的「反」字,筆者以為,作原字解,或作「返」字解,俱可通。漢儒,如董仲舒,即作原字解(相關說法見《春秋繁露‧精華篇》);而宋儒,如程頤,則異於是,乃作「反歸於經」的解讀;換言之,即視「反」為「返」。詳參陳榮捷,〈權〉字條,韋政通主編,《中國哲學辭典大全》(臺北:水牛圖書出版社,1983),頁849-851。程頤又提出「權只是經」的看法;嘗云:「漢儒以反經合道為權,故有權變,權術之論,皆非也。權只是經也。自漢以來,無人識『權』字。」見黃宗羲撰,全祖望補,王梓材等校,〈伊川學案上〉,《宋元學案》(臺北:世界書局,1973),上冊,卷15,頁363。摯友香港嶺南大學哲學系黃慧英教授嘗撰文討論《公羊傳》中的經權問題,頗值參考。黃慧英,〈從《公羊傳》中的經權觀念論道德衝突的解消之道〉,發表於假臺北舉行之「儒學、宗教、文化與比較哲學的探索──賀劉述先教授七秩壽慶學術研討會」;主辦單位:東吳大學哲學系;會議日期:2004.06.23-25。劉教授出生於1934年,而於2016年6月6日辭世,惜哉。筆者服務於東吳時,劉教授嘗於2000年及其後數年間,擔任端木愷校長講座教授,貢獻良多。

道」，即本段文字中所說的「經道」。這個道，依上引孔子的看法，吾人或可與他人共適之，即共同安適在這個道上。引申來說，「適道」意指接受道、遵守道、堅持道、維護道、追求道。然而，雖可與他人共適道，但不見得可以與他人共立；雖或可進而與他人共立，但不見得可與他人共同行權。以「共立」的問題與現今所論述者不相干，恕從略。

　　至於適道與行權的問題，為何可以與他人共適道，但不見得可以共同行權呢？其原因何在？按：「經道」，「常道」也，所以必然也是「善道」。道不遠人，所以只要是人，或只要是志同道合之士，便必然可以共同維護之，甚至死守之，所謂死守善道也。守道，簡言之，即堅持原則、堅守理念、理想。既係志同道合，則堅守原則、理念、理想，不難。難是難在，在不違背原則、理念、理想的情況下，碰上現實上經常是複雜的千變萬化的具體問題時，到底該如何處理呢？應變呢？解決呢？上面〈緒論〉一節說過：「經主要屬於道德修養及依道德修養以行事的問題，權既屬於道德修養問題，也屬於智能或智力運用的問題。」堅守原則可說是道德修養的問題，而應變便不僅是道德修養的問題，且也是智能或智力運用的問題；甚至也是智慧（尤指應世的智慧）運用的問題。然而，說到智能（今取其狹義，即僅指知識所產生的，所提供的能力；簡言之，即智力），則千人千樣，萬人萬樣，人各不同也。落實到運用（應用）上去，遂由此而產生千萬種不同的手段、途徑。簡單來說，權道乃處理人世間的事務時，所必須因時制宜，懂得彈性靈活變通的一門大學問。（如牽涉到智慧來說，那就更是超乎學問智能的問題，今不展開。）據上，各人乃各依其智能而作出不同的彈性、不同的變通。（當然，也有人只管死守善道，不作任何變通的。其實，這是無法順暢地處理世間事務的。）其實，儘管大家都知道為了應付特殊情況、具體情況、臨時突發情況而不得不變通，但如上所述，不同人又或採取不同的應變策略、措施。孔子對此深有體會，於是便有：「……，未可與權」之嘆！此可見謀取得共識，以共同行權之難了。

　　行權在分寸的拿捏上是要抓得很準的；其間稍一差池，破壞了或違反了本要堅持的原則、理念、理想，那便糟糕透頂了。果爾，則寧可不行權，死

守善道算了。這其間是要講究高超的手腕,或所謂"政治藝術"的。要言之,相對來說,守道不難,甚至死守善道,以身殉道亦非至難。[10]反之,在不違背原則、理念、理想、立場(含不損人利己,即上引《公羊傳》所說的:「不害人」)的情況下,而能夠推出、落實一切權宜、應變之措施(軟體),並靈活運用、調動所有可用的資源(硬體)以行權,藉以最後成功達陣,那便千難萬難了。上面說到權的適切運用也牽涉到智慧問題,即以此故。

　　按:智慧的運用是超越知識的。超越知識,讀者切勿誤會,不要以為是不需要知識。其實,剛好相反,智慧已涵攝了知識。然而,除知識之外,還需要具備高一層次的一種能力,否則不足以使人縱覽全局,衡量全局,看出重點,看出最可行的途徑或方法以使人周延地圓滿地對策以解決某一問題的。這種能力,筆者在這裡就稱之為智慧。而智慧恐怕與其人過去之閱歷經歷分不開。換言之,其人過去的閱經歷恐怕是構成這種能力(智慧)非常關鍵的要素。

　　至於第 4 點,我們不妨從上文第 2 點說起。第 2 點談到「實現善」。那麼何謂「善」呢?孟子說:「可欲之謂善。」(《孟子‧盡心下》)孟子所說的「善」,在這裡不擬細究。然而,依上文以經道為依歸之「權道」,其所欲達致之「善」,則必係大眾之善——大眾福利、福祉(或可名為「公善」、「公益」?),而絕對不是追求個人一己之善——個人私利(或可名為「私善」?)。換言之,所謂「實現善」,就行權者本身來說,是指實現(追求)大眾之善,而不是實現(追求)其個人之私善(其實私利而已!)。行權者甚至應該「自貶損以行權」,而絕不應「害人以行權」。(「行權者」,原意是指行使權道——權宜、權變——之人。但能夠行使權

---

[10] 此正所謂「慷慨赴死易」;然而,「從容就義」,就難得多了。蓋前者僅牽涉視死如歸,即勇於殉難的一種道德勇氣而已;而這種勇氣,有可能只是「暴虎馮河」之勇而已,即有勇無謀的一種冒險蠻幹而已。至於後者,則勇氣之外,還進一步多多少少涉及智慧運用的問題。

宜、權變之人，其大前提是此人必為擁有具有一定權力之人。）所以「行權者」尤應小心謹慎，自我約束，不能利用為了方便解決問題這個藉口而隨便用權、行權，否則便容易流於濫權，甚至弄權；由此更可能導致侵權（侵犯他人的權利）。所謂自我約束，乃指在行權的過程中，要高度自覺、自律、自節，不斷提昇道德反省能力，藉以自我提撕、豁醒。積極方面，其途徑是「吾日三省吾身」；消極方面，其途徑是「克己復禮」。所以上文第四點便總結為以下一個判斷：「行權是一種高度發展的道德能力」。

至於第 5 點，其主旨是，儘管行權者具備善良的動機，甚至具備高度的道德反省能力（含行為上自律），但行權時仍得針對其可能產生之各種正負面結果，予以全方位深入的考量（即周延的，全盤的，全面性的考量），並必須隨時彈性調整其相應的具體作法，否則無法達致理想（即上文所說的「善」）的結果。上文第 3 點，針對擅於行權者，於道德修養外，還需具備相應的智能和應世的智慧。而這雙智（智能、智慧）正可提供最佳的手段、途徑以達致行權時所欲獲得的理想結果的。此上文已做過相關說明，今不贅。

## 三、徐先生的經權觀與現代民主政治

就筆者閱覽所及或記憶所及，徐先生似乎沒有針對「經、權」的問題，發表過甚麼專書或專文。然而，透過徐先生討論政治人物的行為的文章，卻很可以看出先生是很意識到「經、權」這個問題，甚至對相關問題是有深入研究、反省的，儘管他沒有用上「經」、「權」這一對概念。然而，筆者相信，筆者上文對經權的看法，徐先生應該是首肯的；或至少不至於反對，蓋應不乖違他心中可有之理念也。下文即從先生的雜文中舉例，看看先生的具體主張。

依筆者閱讀徐先生的文章的個人心得，徐先生恆重視事物的實質內涵，而相對的比較不重視事物的形式（外形、外表）；以徐先生乃最為務實故也。然而，這不是絕對的。徐先生即嘗指出說，合義當然很重要，但合義之

外，還要合禮[11]，否則最後可能連義都合不了[12]；先生嘗云：

> 義是行為中合理的內容。上面所說的有形式而無內容的弊害，容易為一般人所察視。但有內容而缺乏合理形式的弊害，卻不容易為一般人所察覺。其原因不外一般人以為只要內容合理，形式便自然合理；或者以為只須計較內容，不必計較形式，於是覺得義可以離開禮而孤立的存在。我稱這種沒有禮的正義，是「裸體的正義」。裸體的正義，會得到與正義相反的結果；因此，我為南韓的前途，不能不捏把冷汗。任何政治，都有一套行使政權的程序，這即是政權運用的形式。民主政治運用的形式，是和以大多數人利益為內容的政治目的相符，所以民主政治的程序形式，即是今日政治上的「禮」。……他們（筆者按：指推動政變的南韓軍人）目前所標榜的正義，只是裸體的正義；今後他們最大的努力，應當使自己所標榜的正義，納入於民主政治的形

---

[11] 所謂禮，可視為一種外部規範，甚至只是一形式、儀式。就今天來說，則好比事情或活動進行時，參與者該遵守的一些程序、秩序。說到禮，猶記得孩童時，三兄兆顯嘗訓誨曰：「不學詩，無以言。……不學禮，無以立。」（原語出自《論語・季氏》）為了讓兆強學詩，三兄要我讀《唐詩三百首》；為了學禮，三兄要我讀《論語》。筆者稍悉二書之內容，甚至會背誦其中不少篇章，皆三兄之教也。筆者至今仍感念不已。順帶一說，學詩不能不懂平仄和調聲。今稍悉粵語聲調的門徑，亦三兄之教也。按：標準的粵語有九聲（國語則僅有四聲；若加上輕聲，則為五聲。）有謂，若連同變調，粵語的聲調可被算作十一聲，甚至十三聲。詳參：https://zh.wikipedia.org/zh-tw/%E7%B2%B5%E8%AA%9E%E8%81%B2%E8%AA%BF 粵語聲調；瀏覽日期：2025.02.27。

[12] 徐先生即明確的說：「裸體的正義，結果會成為不正義。」《論語・泰伯》也有類似的話。子曰：「恭而無禮則勞，慎而無禮則葸，勇而無禮則亂，直而無禮則絞。」廣義來說，恭、慎、勇、直，都可以說是義。雖然具備了這四種義，但無禮的話（無禮便導致了徐先生所說的僅成為一種裸體的正義），便會造成勞、葸、亂、絞。勞、葸、亂、絞，其實就是不義，違背義，或至少是遠離義的。所以上引徐先生的判斷：「裸體的正義，結果會成為不正義」，可說是遙契了孔子的精神的。徐先生語，見〈看南韓變局〉，《徐復觀雜文補編》（臺北：中央研究院文哲所籌備處，2001），冊3，頁167。原載香港《華僑日報》，1961.02.27。

式之中,(否)則他們的裸體正義,與過去李承晚的「孤頭正義」,並沒有什麼不同,結果便也不會有什麼兩樣。……獨裁之所以出現,不能說它完全沒有若干正義的背景;但任何性質的獨裁,必定走上滅絕人性之路。這正足以證明政治上禮與義的不可相離,亦即證明任何完美的政治主張,必須通過民主政治而實現。[13]

徐先生一輩子講民主。這不僅是由於民主在實質上有其非常寶貴的內涵(譬如原則上人我平等;推動議會政治;各人可自由發言[14]、一人一票等等。),且在形式上也提供了一套合理、有效的程序(譬如會議召開多少天前要正式發函通知與會人士;會議程序——議題之安排;會議法定人數;出席者及列席者的權利;與會者依議事規則發言;選票應分為有效票、無效票[15]及其認定等等)。這就是今人所常說的程序正義(上段引文中,徐先生本人便使用上「行使政權的程序」一語)。程序正義是對應於實質正義來說的。實質正義固然可貴,蓋此乃人們所努力追求的對象、核心價值;而程序正義則居於輔助的地位,幫助人們成就實質正義。其實,程序正義雖僅扮演輔助的角色,然而,其重要性恐不在實質正義之下。蓋若無程序正義,則實質正義是否能落實下來,不免是一大疑問。[16]這方面其實不必多講,因為早已成

---

[13] 徐復觀,〈看南韓變局〉,上揭《徐復觀雜文補編》,冊3,頁166-168。

[14] 說到「自由」,當然涵今天所常說的「積極自由」和「消極自由」這兩個面向。相關內容,可參賽亞‧伯林(Isaiah Berlin)1958年在牛津大學所做的演講 "Two Concepts of Liberty",收入氏著 Four Essays on Liberty (Oxford: OUP, 1969), pp.118-172. Four Essays on Liberty 之中譯至少計有兩種:陳曉林,《自由四論》(臺北:聯經出版事業公司,1986);胡傳勝,《自由論》(南京:譯林出版社,2003)。

[15] 選票中還有逆反票等等的名目。有關選票的類型,可參維基百科:https://zh.wikipedia.org/zh-tw/%E9%80%86%E5%8F%8D%E7%A5%A8:「逆反票」條;瀏覽日期:2024.10.11。

[16] 2025.02.26 補充:略言之,縱然落實下來了,但恐怕亦必大打折扣。且最要者為,所謂落實,到底是真落實,還是假落實呢?萬一只是徒具形式的落實,那反而不如不落實好了!順帶一說:筆者來臺灣快要40年了,對於所謂實質正義(譬如實質民主)的落實,乃至形式正義(程序上的所謂民主)的落實,筆者近今恆深感痛心不已!形

為現代國民的常識了。筆者要強調的是，徐先生把這個現代常識與中國古代的義和禮結合起來講。這正是徐先生厲害之處；也正足以反映先生活學活用歷史之處。實質正義，猶中國古人所說的義；程序正義，則猶中國古人所說的禮。義非禮不行——落實下來不了，至少難以落實下來；禮非義則徒具虛文——空架構。兩者相須而行，缺一不可。有謂讀史、治史旨在知古以知今，以達到古為今用的目的。其實，古今不是單向的，而是雙向互動的，所以知今亦未嘗不提供一途徑而讓吾人知古[17]。現代國民恆知悉「程序正義與實質正義」之相須為用，缺一不可；但不見得瞭悟古代「禮和義」實扮演類同的角色。徐先生的疏解、闡發，既可啟民智，開民明，且把古今貫通起來，使人茅塞頓開，實在讓人敬佩。

現在且回過頭來說說經、權的問題。中國古人所說的「義」、今人所說的「實質正義」，猶本文所說的「經道」；而「禮」、「程序正義」，不妨比擬為本文上面所說的「權道」（當然，權道所包含的內容可以很廣，凡因時制宜的一切措施，皆屬之。禮、程序正義，其一而已）。上文指出「義」（實質正義）和「禮」（程序正義）缺一不可，這與上文所說的經、權必須兼顧的道理是一樣的[18]。不要以為只要道理（正義）是在自己的一邊，便可

---

式正義的所謂落實（或所謂民主），也許需要稍做說明。臺灣幾乎天天都有各色各樣的選舉活動，是以舉此例以做說明：略言之，譬如某些候選人雖然全然符合投票規則（辦法）所要求的合法當選的票數而當選了，但其間或不免有無所不用其極的巧詐手段的介入！果爾，則這種形式民主，吾人又何所貴乎哉？！其實，說到最後，筆者還是願意相信民主的。但必須有其他配套。其詳，可參見拙著《唐君毅的文史哲思想》（臺北：臺灣學生書局，2023），第一章第四、第五節。

[17] 知古可以知今（時事現況），世人多悉此義。其實，知今又何嘗不是一個管道、手段，即好比一支鑰匙，以了解古人呢？法國年鑑學派史學大師布洛克（M. Bloch）的名著 *Apologie pour l'histoire ou métier d'historien*（中譯有兩種，其一譯作《史家的技藝》，另一則譯作《歷史學家的技藝》；出版方面的相關資訊，為節省篇幅，恕從略。）在書中嘗闢專章以討論兩者雙向互動的關係這個問題，讀者可並參。

[18] 吾人所追求者，尤其最終所追求者，當然是義（實質正義），而不是禮（程序正義）。但為了能夠成功達陣，不得不符合禮（程序正義），即不得不行權。這所以筆者以「經和權」來說明「義（實質正義）和禮（程序正義）」的關係。

以不拘"小節"，不顧任何形式而蠻幹一番。這種正義，徐先生稱為「裸體的正義」。徐先生非常斬截的指出說：「裸體的正義，會得到與正義相反的結果」[19]。所以吾人焉得不慎哉！

二戰後，大韓民國（即一般人所說的南韓）是從專制獨裁慢慢走向自由民主的國度中。一向非常關心民主發展的徐先生之所以對韓國局勢多所關注、發聲，恐與韓國的相關發展有一定的關係。我們現在看看徐先生對相關問題的看法。〈在考驗中的大韓民國〉一文中，徐先生說：

> 我們不必先抽象地去反對安全法案這類的措施，而應進一步去分析採取此類措施的真正動機與目的。如果真正的動機是為了維護私人權力，其目的是在掩護內部失敗，是在把少數人的特權，通過這種強迫方法，使其永久化；由此所得的結果是不問可知的。假定真正的動機與目的，是對應國家的客觀情勢，是認真要解決國家情勢中的問題，則在安全法案的運用中，當然會以天下的公是公非為標準，依然可以保持若干合理的成分，保持若干民主的因素；並且也會隨時可以恢復民主政治的體制，而不至一往不返。[20]

1971 年中國大陸成功地成為聯合國的會員國，再加上北韓狂熱地準備發動戰爭。所以綜合來說，1971 年國際情勢對南韓相當不利，所以南韓總統朴

---

[19] 當然，為求行文上縝密周延，吾人不必把話說死。所以上引語，或可多加兩三個字而成為：「裸體的正義，很可能會得到與正義相反的結果」。其實，徐先生的原語，應涵此義，只是沒有明白寫出來而已。吾人不必拘泥，斯可矣！

[20] 徐復觀，〈在考驗中的大韓民國〉，上揭《徐復觀雜文補編》，冊 3，頁 362-363，原載《華僑日報》，1972.01.08。引文中說到「安全法案」，這「安全法案」恐即今日所常言的「維護國家安全法」（簡稱「國安法」）。按：2020 年 6 月 30 日中國大陸全國人大常委會通過「港版國安法」。其通過的動機和目的，土生土長於香港的筆者，乃由衷並深切的企盼，希望是正如徐先生所說的：「真正的動機與目的，是對應國家的客觀情勢，是認真要解決國家情勢中的問題，則在安全法案的運用中，當然會以天下的公是公非為標準，……」。筆者安得不焚香祝禱焉！

正熙便在該年 12 月宣布全國進入緊急狀態,並向國會成功地提出了國家安全法案。其相應的非常措施使得總統的權力大增。這對以人民的福祉為唯一的考量,並對以「公是公非」為運作標準的民主政制來說,可能會產生相當大程度的衝擊,甚至損害。這是徐先生所擔心的。站在徐先生的角度來考量,如果說民主政制是經的話,那麼非常手段的國家安全法案便是權。徐先生固然非常重視經(上文早說過經是常道,是原則),但為了「對應國家的客觀情勢,是認真要解決國家情勢中的問題」,也就不能不用權。「體經用權」[21]、「體經行權」或「經經權緯」恐怕是出入黨、政、軍三界 20 餘年[22],且縱觀古今中外歷史一輩子而深明大義的徐先生,所必然接受與支持的一個構想、理念。

作為儒家,徐先生固然非常重視道德良心。但在政治的運作上,光是道德良心,恆不足以濟事;而必得靠民主制度。徐先生即明言:

> 人類只有在和平中才能過著人的生活,而和平生活的保障,不能僅訴之於人類的道德良心,更必須靠一套民主制度。一切暴力鬥爭,應用

---

[21] 所謂「體經用權」,筆者的意思是以經為體,為常道,為原則,但有時不得不用權。但用權、行權,必須十二萬分的小心謹慎。這在上文已有所道及。對於經、權的運用,牟宗三先生提出了好比「啟示」的一個說法,如下:「對社會隨便敷衍一下,有時也可以,但那是行權,行權在聖人之教中,不是隨便可為的。不行權在現實上有時行不通。但他們(筆者按:承上文,乃指理學家)嚴守這原則,所以是體經而用經。」牟宗三,《時代與感受》(臺北:鵝湖出版社,1986),頁 136-137。有時為了應付現實情勢,不得不「體經而用權」。然而,這是險招,好比行兵或下棋的險著;非萬不得已,此招不宜使出來!為求慎重,「體經而用經」,還是比較保險安全的。且最大的麻煩或困惑是,行使此險招者,恐不少人士其實是以此為藉口,而目的是方便一己之濫權而已!假如出發點,即動機是純正善良的,而且目的是為了追求大家的福祉的,那行一下險招,還是可以接受的,否則此險招以不用為宜。

[22] 大概從 1926 年,即徐先生 23 歲在軍中供職(任中尉書記)算起,至 1949 年,年 46 歲抵臺灣後便淡出政治為止,先生參予黨政軍三界前後共約 24 年。參徐復觀,〈垃圾箱外〉,《徐復觀雜文——憶往事》(臺北:時報文化出版事業有限公司,1980),頁 22-46,尤其頁 23。

於反對民主政治的統治階級。……我的想法，人類只應當有兩種鬥爭。一是反帝國主義的鬥爭，一是反「反民主」的鬥爭。[23]

由上段話也許可以察覺到，徐先生雖然非常重視民主政制，但民主政制對先生來說，並不是人類所追求的終極目的；和平生活的保障（並由此而使人民安居樂業）[24]，恐怕才是徐先生所追求的終極目的。和平與暴力乃相反的一對概念。徐先生既肯定和平，則人們必推想徐先生一定會反對暴力，反對戰爭。其實不然。和平，經道也；這種經道即上文所說的行權的目的是「為了要實現善」的一種「善」。暴力，甚至戰爭，則權道也。體經用權，是以贊成和平，不必然反對暴力，反對戰爭。為了達致和平及維繫民主政治，有時就不得不接受暴力，甚至不得不接受戰爭形式的鬥爭[25]！在這個考量下，徐先生之所以贊成「反『反民主』的鬥爭」，便很可以理解了。徐先生深悟「體經用權」這個道理，並予以靈活運用，從上引文中又再一次得到印證。然而，在這裡稍作補充。和平是徐先生所努力追求的。但和平有大小。所以不能為了要獲取小小的和平，更不能把和平當作藉口，便從而進行大大的暴力。徐先生即如是說：「暴力鬥爭的價值，是由換取和平生活的大小來加以決定。」[26]這句話非常發人深省，尤其可以堵塞住野心家們縱情率性，或為了一己的私利而發動暴力鬥爭、戰爭的一切藉口。

鬥爭（暴力、戰爭），其目的很多時是為了要進行革命。而革命有多種，譬如政治革命、社會革命等等。就徐先生來說，他贊成前者，反對後者。對於一個社群，如國家、民族來說，社會革命也許比政治革命更根本，

---

[23] 徐復觀，〈維護人類和平生存的權利〉，上揭《徐復觀雜文補編》，冊 3，頁 432。原載《華僑日報》，1972.06.07。

[24] 具體來說，《禮記・禮運大同篇》以下一段文字，必定是徐先生所欣然嚮往的：「故人不獨親其親，不獨子其子，使老有所終，壯有所用，幼有所長，鰥寡孤獨，廢疾者，皆有所養。」這豈不就是今天的社會主義所追求的理想項目嗎？

[25] 可詳參上揭拙著《政治中當然有道德問題》上篇第七章〈和平是王道〉。

[26] 〈維護人類和平生存的權利〉，上揭《徐復觀雜文補編》，冊 3，頁 431。

更符合群體的需要。我們試舉一例做說明。畢生從事革命的國父孫中山先生（1866-1925）晚年嘗說：「革命尚未成功，同志仍須努力。」[27]語中所說到的「革命」，相信是社會意義多於政治意義。然而，徐先生竟然僅贊成政治革命，而反對社會革命。這就有點讓人丈八金剛摸不著頭腦。我們不妨先看看徐先生怎麼說。先生說：

> ……如上之說，是只承認政治革命，而未承認社會革命[28]。社會主義，是要求社會革命的。既是社會革命，則鬥爭當然要擴及於全社會。但我覺得，人類只應當有政治革命，不應當有社會革命。由政治革命取得政權以後，一切社會改革，皆可通過立法在和平中加以實行。[29]

---

[27] 這原是 1923 年 10 月孫中山先生在廣州中國國民黨懇親大會上的題詞，後來汪精衛從中山先生的遺囑中也提煉出這兩句話。

[28] 社會革命，很多時是由共產黨發動的。所以這裡順帶一提，徐先生雖具有反共意識（簡單說，即反共），但絕不認同由不民主的手段推翻共產黨業已建立的政權並取而代之。徐先生說：「（一九）五八年五月的選舉，由巴特寮獲得勝利時，卒被由美國所支持的右翼推翻，這是非常橫暴的行動，今後不應當再發生這類的事情。」孟子說：「行一不義，殺一不辜而得天下，皆不為也。」（《孟子‧公孫丑上》）徐先生雖反共，但更反對美國以不民主的方式（不民主必不義；暴力介入以奪取政權必連累無辜）推翻共黨業已建立的政權，則徐先生猶孟子也，其儒家性格可見一斑。由此亦可見，對徐先生來說，民主的順位乃在反共之上。即民主是首要的，反共是次要的。也可說寧可不反共，但也不能違反民主。也可說不能違反民主以進行反共；即不應為了反共便進行不民主（即不應以不民主的手段來進行反共）。上文所說到的「巴特寮」，又稱戰鬥寮、國家寮，乃以共產主義為基本信念的一個戰鬥部隊，英文為 Pathet Lao，始建於 1949 年 1 月 20 日。1965 年 10 月改名為寮國人民解放軍，1982 年 7 月改稱寮國人民軍。參網路維基百科。上引徐先生的意見，見〈對寮國聯合政府的期待〉，上揭《徐復觀雜文補編》，冊 4，頁 167。原載《華僑日報》，1974.04.09。

[29] 〈維護人類和平生存的權利〉，上揭《徐復觀雜文補編》，冊 3，頁 431。2025.06.06 補充：上引文中以下一句話：「一切社會改革，皆可通過立法在和平中加以實行。」筆者認為是殊有卓見慧識的。然而，就今日臺灣的情況來說，徐先生的看法也許是太

社會革命,其鬥爭是擴及全社會的。換言之,整個社會要為其革命付出很大的成本、代價。政治革命則不然;所付出的成本是相對地比較小／少的。在"成本考量"下,所謂兩害相權取其輕,當然是捨重取輕了。政治革命成功後,即可由立法的和平手段進行社會改革。徐先生這個讓社會付出最少成本而讓最多人獲得最大幸福的考量,洵為最能為人民著想並減少社會災難的一劑靈丹妙藥。個人認為徐先生這個考量是非常睿智的,而值得現今一切擬從事社會革命的人認真思考反省的。

暴力、戰爭及政治革命,徐先生都可以接受,那麼性質相類似的軍事政變,徐先生也不會拒絕了。下文即可為證。先生說:

> 一般的說,軍事政變,不是可以鼓勵的,但有兩種情況,應視為例外。首先,現代的獨裁政治,有一整套壓制人民的機能,使人民不僅沒有集會結社的自由,連起碼的批評自由也剝奪得乾乾淨淨。……除了軍事政變外,再無其他途徑可資選擇。……其次,較好的軍人集團,其智慧,其良心,其品格,往往較獨裁者及其小集團,為優勝,為純潔。……較好的軍人集團,從士兵身上,從下級軍官身上,可以反映出國家社會的許多真實問題;這便是智慧的來源,良心的激勵。因此,葡國的軍事政變,可能走向成功之路。[30]

據上文,可知原則上(即所謂就「經道」來說),徐先生是不接受軍事政變以推翻一國之政府的;但不無例外(即不排除權宜的作法)。例外之一是,徐先生非常明確的指出說:「除了軍事政變外,再無其他途徑可資選擇。」

---

理想化了一點。其實,這不能說徐先生思慮不周延。相關文章寫於 1972 年。臺灣的大環境(政治面向也好,社會面向也罷)變遷得太快了。50 多年後的今天,其情況今非昔比,蓋人心早已不古。若徐先生今天仍健在,恐怕已然無語;或得改寫上引語;或至少得補充一兩句按語,藉以更能反映臺灣的目前狀況。

[30] 徐復觀,〈葡萄牙的軍事政變〉,上揭《徐復觀雜文補編》,冊 4,頁 172-173。原載《華僑日報》,1974.04.30。

而所謂「再無其他途徑可資選擇」,意謂就實現善(至少是為了改善本來的情況)來說,當時葡國沒有比進行軍事政變更好的其他途徑了。針對上例(1974 年 4 月葡國的軍事政變)來說,這個所謂「善」,不是指絕對的善(其實現實世界恐怕也找不到絕對的善),而是指政變後,人民的生活將比政變前有所改善,至少政變前「一整套壓制人民的機能,⋯⋯連起碼的批評自由也剝奪得乾乾淨淨」的現象將會有所改觀。而這也就符合了上文所說的行權的目的「是為了實現善」這個條件。另一個例外是政變的軍人是「較好的軍人集團」[31]。因為較好的軍人集團給人民帶來的新生活,比起原先「獨裁者及其小集團」統治下所過的生活,應有所改善。換言之,這也符合了行權「是為了實現善」這個條件。一言以蔽之,為了實現善──針對上例來說,即為了獲得比過去的不民主,不自由的生活,有所改善的機會,吾人便可以行權。於是「軍事政變,不是可以鼓勵的」這個原則(即所謂經道),便不是一成不變,而是可以針對具體情況作出相應的適度調整的。

上面說過徐先生在某種情況下不反對鬥爭。打仗是鬥爭的方式之一,所以徐先生也不反對打仗。先生說:

> 歷史上,有的為女人打仗,有的為面子打仗,有的為疆土打仗;越進入現代,打仗的社會基礎越拓大,打仗的口實越莊嚴。但凡是真正為了爭取自己生存而打仗,即具備了打仗的充分理由,不是空洞的其他概念所能阻止的。[32]

「為了爭取自己的生存而打仗」,這是絕不容否定或歪曲的一個最光明正大

---

[31] 上引文中以下幾句話當係源自徐先生個人多年從軍經驗的心得:「較好的軍人集團,從士兵身上,從下級軍官身上,可以反映出國家社會的許多真實問題;這便是智慧的來源,良心的激勵。」當代新儒家,尤其第二代新儒家中,恐怕只有徐先生有資格說出這樣的話。

[32] 徐復觀,〈戰爭是政治的延續〉,上揭《徐復觀雜文補編》,冊 4,頁 272。原載《華僑日報》,1975.01.14。

的理由,所以徐先生稱之為充分理由。「天地之大德曰生」[33]。有甚麼比求生(追求生存,爭取生存)更重要,更偉大的呢?所以追求生存,爭取生存,必係人世間的大經大法無疑;即人所追求之經道無疑。至於打仗,則必以殺戮、戕害對方,以求戰勝對方為目的。這樣說來,則打仗必導致生命之戕害。換言之,重視生命或主張追求生存的人,是不應該接受打仗,贊成打仗的,更不要說發動打仗(戰爭)了。然而,徐先生則接受之,何以故?原因是「為了爭取自己的生存」。凡人皆有求生的欲望。這可說是人世間最卑微的欲求;但也是最崇高的一項價值追求(因為欲求不多不大,所以是卑微;對一般愚夫愚婦來說,沒有比生命更值得重視的,所以是崇高)。所以當一己的生命受到威脅,是對方先不給你機會活下去時,那在這萬不得已、百般無奈的情況下,你只好冒著生命危險,不惜拋頭顱,灑熱血,用自己的生命來爭取自己的生命,或爭取家人的生命、同胞的生命、國人的生命;即爭取能夠繼續存活下去的空間。其悲壯,其慘烈,真足以驚天地,泣鬼神。[34]爭取的過程中,若不得不動武——打仗,那就只好打仗了!由此來說,徐先生所贊成的那種打仗,是為了自我(小我或大我)求生(爭取生存)時,不得不然的一種權道——權宜作法。然而,上文(第二節)說過:「行權是一種高度發展的道德能力。」所以你之所以開戰——打仗,雖然有其非常正當的理由,但在過程中,絕不能過了頭、過了分,譬如不能放任自己濫殺無

---

[33] 語出《周易‧繫辭傳》。上揭拙著《政治中當然有道德問題》即嘗以此語作為上篇第二章的標題來討論徐先生的相關卓見。讀者可並參。

[34] 行文至此,筆者幾乎哭將出來。4 天前,即 2024.10.07,以色列和哈瑪斯之激烈軍事衝突(簡稱為 2023 年以加戰爭或 2023 年以哈戰爭)已屆滿一週年。據聯合國估計,至 2024 年 5 月 14 日為止,衝突已造成加薩走廊 35,000 多名巴勒斯坦人死亡。流離失所之難民,更以二三百萬計。據悉,以色列人在其國境內,亦有流離失所者,但恐不及巴勒斯坦人 10 分之 1。以色列總理,筆者無以名之,稱之為屠夫,其行徑,稱之為罪孽,恐不為過。據《法新社》2023 年 11 月底的報導,土耳其總統艾多根已用「加薩屠夫」一名來稱呼該總理了。怎麼 70 多年前,你自己可以建國,而現在你竟不讓人家建國呢?恕筆者愚昧,實在不解、不懂。2024.12.31(2024 年最後一天)補充:此戰爭迄今仍在繼續進行中,且參與者又不止以國和哈瑪斯而已。悲夫?!

辜。不應對對方,尤其對對方的家族成員懷有仇恨;仇恨值更不能無限上綱,以至禍及無辜手無寸鐵的老百姓。換言之,你必須自律,展現出一種高度自我克制的道德能力,時時刻刻自我警惕不能殺紅了眼而做出種種非理性的行為。在具體的操作上,一言以蔽之,就是要做到:一旦爭取到生存的空間,便立刻止戰。

二戰後韓國的政治情勢,永遠都是徐先生關心的焦點之一。對掌握韓國最高政治權力近 20 年(1961-1979)而評價不一的朴正熙總統,徐先生尤其關注。我們先看看徐先生怎麼說。他說:

> 朴正熙以政變的方式取得政權,當然有他們的若干成就。但任何成就都應安放在奠定國家基礎的大經大法之上,才會有真正的意義與結果。自己對政治有興趣,也應考慮到他人的興趣;自己要發揮才能,也應考慮到他人也想發揮才能。為了穩定動蕩中的局勢,不可能有充分的自由,但總應考慮到一個社會中不可少的自由。[35]

國家賴以運作暢順的大經大法,永遠都是徐先生所重視的。在上文,徐先生沒有明言其所謂「大經大法」到底何所指。但衡諸徐先生畢生所信持的政治理念、細察朴氏統治時期一般民眾(尤其反對黨、異議人士)所追求者,及細閱上引文最後的一兩個語句,則徐先生所說的大經大法,非自由、民主而何?自由、民主必係國家得以運作之「經道」無疑。然而,如同前文所指出的,光有「經道」不足以濟事。再理想之理念,其推動及落實,必須考慮客觀大環境。衡諸當時的大環境,朝鮮(朝鮮民主主義人民共和國,即俗稱的北韓)旦夕間即可長驅直入韓國(大韓民國,即俗稱的南韓)首都漢城(2005 年改名首爾),甚至進而消滅整個韓國。深明國家生死存亡之道的徐先生,當然不會天真到要求朴氏短期內在韓國全面推動及落實民主政治及

---

[35] 徐復觀,〈日、韓問題應有的反省〉,上揭《徐復觀雜文補編》,冊 4,頁 217。原載《華僑日報》,1974.08.22。

對各種自由作全面的開放。充分的自由雖不可能,然而,徐先生語重心長的指出說,「總應考慮到一個社會中不可少的自由」。如果說全面民主及充分自由乃係一個國家賴以暢順運行及蓬勃發展的大經大法,因而是經道;則基於政局、時勢考量而不得不暫時剝奪人民的部分民主及部分自由(剝奪的程度以不能超過一個社會中該有而不可少的自由為準則),則可說是權道。上引文又可再一次佐證徐先生討論問題,尤其現實上的政治問題時,恆能經權兼顧——經經權緯、體經用權,而絕不是書呆子式的只抱持不切實際的理想,或只談空洞的理念而已。又:上引徐文中,「自己要發揮才能,也應考慮到他人也想發揮才能」這個說法,正是比孔子:「其恕乎。己所不欲,勿施於人。」[36]一語更積極的說法。徐先生這個本乎恕道而來的推己及人的說法,猶同西方以下的道德黃金律:「己所欲,施於人。」[37]其實,這也就是《大學》中所說的「絜矩之道」。是可知,中外古今聖賢(在筆者眼中,徐先生當然是今之聖賢也)的智慧是相通互濟,彼此輝映的。

## 四、結語

本文的目的,乃在於闡釋徐先生政治論述中的經道(常道、常軌、原則)與權道(因時制宜的權宜、權變、權策)的問題。其實,就中國來說,經、權這個議題,早見諸中國古代儒家的文獻,如《春秋公羊傳》、《論語》、《孟子》、《荀子》各書中的相關論述即其例。其後,歷代學者,尤其漢唐宋元各朝代的儒者(詳見上注 2),皆不乏相關論述。彼等恆能透過「體經用權」、「體經行權」,或「經經權緯」(以經為經,以權為緯)等

---

[36] 《論語・衛靈公》。

[37] 這個道德黃金律,源出《聖經・馬太福音》第七章第十二節。其確切語句如下:「無論何事,你們願意人怎樣待你們,你們也要怎樣待人,因為這就是律法和先知的道理。」語出和合本《聖經・新約》(臺北:聖經資源中心,2009 年 1 月),頁 9。2025.07.09 補充:日前與友人閒聊時,乃獲得一啟發:「己所欲,施與人」也不見得真的是黃金律。蓋己所欲者,不見得他人也同樣有此欲也。

等的手段，以期達致解決問題的目的。

　　「經」與「權」，表面上看來，也許是一對相互對反的概念；然而，相反亦相成也，實相須為用者也。有經無權，世間之事恆不能濟。有權無經，則做人行事，為政施教，乃喪失其根柢、原則；根本上不能算是儒家！在世間事務的處理上，恐怕只有「經、權兼顧」，甚至「經、權相互支援」下，始可既維護住人類之道德良知，又發揮道德的靈活性與創造性（當然這也牽扯到相關知識的運用，甚至智慧亦參與其間的問題，上詳）。其見諸徐先生眾多政論雜文中的相關文字，正係這個議題最具代表性的偉大論述。

## 中篇附錄

# 生平報國堪憑處　總覺文章技稍長：
# 略談徐復觀先生的讀書和寫作[*]

## 一、前言

　　提起浠水（徐復觀先生出生地），人們很自然地就會想起著名的學者、愛國詩人、民主鬥士聞一多先生。然而，今天向同學們所做的報告，倒與聞先生沒有什麼關係。據悉，在新聞圈內，浠水卻有個「記者縣」的雅號。據統計，今天散布在全國各地的浠水籍記者達千餘名，其中具有高級職稱的就有上百人。

　　浠水為什麼會成為記者「扎堆」的產地或所在地呢[1]？是否有一種隱約

---

[*] 2018 年 5 月上旬筆者到湖北黃岡師院訪問，嘗做學術報告。負責接待的中文系摯友方正教授建議謂，除在師院做學術報告外，是否亦可向高中學生做一個較淺顯的報告，以利高中同學學習。方教授的建議良是，爰做本標題的一個報告。以手頭上沒有書刊可參考的緣故，當時的報告相當簡略，回臺北後便做增補。增補的內容，有不少是直接轉引徐先生本人的文字。這是因為徐先生的文字，非常白話化──流暢易懂；藉以代替筆者拙劣之筆，是最理想不過了。本報告收入本書前，做了不少修改增訂。2024.09.07 補充：下文所提出的各問題，主要是請本報告的聆聽者（即黃岡團陂高中的同學們）回應，藉以多增加一些互動的。其答案相當簡單，讀者憑常識或憑猜想，或立馬上網，恐怕已可獲悉答案；為節省篇幅，下文就從略了。只有在很例外的情況下（即考慮到同學一時間想不出答案時），才給出一些參考性質的答案。報告時間：2018 年 5 月 5 日；地點：武漢黃岡的黃岡團陂高級中學。6 年後的 2024 年 11 月 19 日，筆者嘗應同一高中之邀請做報告。筆者因陋就簡，乃以上面的報告為主軸，並加插熊十力先生對徐先生怒罵的一節後，用比較完整的 PPT，做出以下報告：「本地（黃崗浠水）鄉賢徐復觀先生談讀書：從徐先生的恩師熊十力先生的怒罵說起」。（報告的當天，邀請單位簡化講題為：「新儒家代表徐復觀讀書法」。）

[1] 遍布全國之浠水籍記者不下 1000 人。據不完全統計，目前已知者包括：十七大代表、人民日報副總編輯楊振武，新華社原新聞調查部主任、高級記者楊繼繩，新浪財

存在的文化、歷史發展的邏輯與歷史淵源而使得浠水成為「記者縣」？

據悉，一踏進浠水縣境，一種深厚的文化氣息撲面而來。當地民間文化人士，一談及浠水的歷史文化，便掩飾不住豪情。近年為了宣揚業師徐復觀先生的學術文化思想及其偉大的事功，筆者嘗去浠水多次。真的體會到、感受到浠水既純樸，又深厚的文化氣息；且人情味又特別濃郁。洵所聞不虛也。徐師的各種表現，就正是當地具體而微的最佳寫照。

據《浠水縣誌》，浠水自南北朝置縣至今，已 1500 多年。這裡自古山川秀美，風光綺麗，有三國時期孫吳屯兵的城山，有周瑜犒賞三軍的散花洲，有「茶聖」陸羽評定的「天下第三泉」，有禪宗三祖僧璨說法的天然寺，有劉鄧大軍轉戰的三角山……歷史上，王羲之、杜牧、劉禹錫、陸羽、蘇軾等眾多名人都在此留下足跡。

那麼，浠水為何會成為記者「扎堆」的產地？

黃岡日報社副社長、副總編輯，浠水籍的當地知名新聞人士胡國民曾對前往採訪的一記者說：「沒有深厚的歷史文化底蘊，是不可能產生『記者縣』的。」[2] 據胡先生的介紹，浠水自古就有崇文重教傳統，有「全楚文鄉」的美譽。從地理位置看，浠水地當巴楚文化和吳楚文化的融匯地，境內多名山秀水，有著燦爛的歷史和深厚的積澱。

受傳統歷史文化的耳濡目染，浠水人歷來把從事文化事業作為自己的崇高理想和首選謀生手段。其中，徐復觀先生（1903-1982；嘗官拜陸軍少將）「棄武從文」，並最終成為一代大儒，就是一個典型的例證。其實，無論是從文或習武，皆可以達到經世致用的目的。徐先生之所以在他自稱的垂

---

經報導專家、新華社主任記者皮曙初，中國國際廣播電台主編、非洲問題專家李守明，《參考消息》原社長兼總編輯夏海濤，《人民日報》文藝部主編楊柏青，中央機關刊物《求是》編審周溯源，中國文化報社社長、總編輯馬畏安等等。2024.09.09 補充：本條注文以上資訊，乃筆者在黃岡團陂高中做完本報告回臺北後所增補者。資料來源，參下注 6。按：徐復觀先生嘗肆業於團陂學校。

[2] 採訪（探訪）日期：2016 年 2 月 18 日。

暮之年（其實尚不到五十歲）[3]，便棄武從文，大概是對「生平報國堪憑處，總覺文章技稍長」這個精神（價值取向）或人生方向深有所感吧。本文遂以此作為標題。

徐復觀，浠水人，原名秉常，字佛觀。後由其師熊十力先生更名為復觀。[4]在新儒家當中，甚至在整個20世紀的中國人文學術史上，徐復觀都是一個深具傳奇色彩的人物[5]。

---

[3] 徐先生出生於1903年1月31日。1949年5月抵臺中。同年6月16日便創辦了《民主評論》半月刊（先生人仍在臺灣，月刊則創辦於香港）。第一卷中好幾期都有先生的文章，時維1949年；其中不乏學術性的文字。先生說垂暮之年始從事學術研究，則顯係自謙語，蓋40多歲而已，似不能以「垂暮之年」稱之。「垂暮之年」一語見於多處，譬如見扉頁，《中國思想史論集續編》（臺北：時報文化出版事業公司，1985）。其出生資訊、抵臺中時間與創辦《民主評論》半月刊事宜，見謝鶯興，《徐復觀教授年表初編》（臺中：東海大學圖書館，2017），頁1、14-15。1949年發表文章事宜，見《徐復觀雜文補編》（臺北：中央研究院中國文哲研究所，2001），第六冊，頁477-478。

[4] 更名的詳情，可參筆者下文：〈徐復觀先生的名字、出生年月日及其對心靈生活的慧解〉，《中國儒學》，中國社會科學出版社，第20輯，2023年12月，頁234-237；又可參拙著《政治中當然有道德問題：徐復觀政治思想管窺》（臺北：臺灣學生書局，2016），頁1-4。

[5] 徐復觀出生在一個貧苦的耕讀之家。他8歲跟從執教於私塾的父親讀書，12歲考入縣高等小學，15歲考入武昌省立第一師範學校，23歲投考湖北省武昌國學館。26歲，受省政府資助赴日留學。留學期間，因反對日本發動「九‧一八」事變，被拘留3天，後退學回國。抗戰時，他曾經進入政治中樞——蔣介石侍從室，任蔣介石的秘書和高級幕僚，被蔣器重並授陸軍少將軍銜。從貧困農家走出的徐復觀，好不容易走上令人羨慕的政治舞台，為何甘願急流勇退，成為一介書生呢？許多人覺得不可思議。促成他這種轉變的關鍵因素之一，是他在40歲時結識並師從了當代新儒家開山祖師之一熊十力先生。熊先生「亡國族者常先自亡其文化」之言，給了他深刻的啟發。他下定決心步入學術之門，回歸中國文化之研究。然而，促成徐復觀人生轉變，除了源自熊先生的啟發之外，有無別的因素？個人認為，浠水人崇尚文化的傳統，似乎提供了一個很適切的答案。這就是：徐復觀之所以「棄武從文」，緣於當地的文化傳統刺激先生產生了向文化回歸、一心向學的強烈願望。從此，中國少了一位將軍，卻多了一位大儒。（本條以上資訊來源，詳見下注6；至於個人的少許見解，則有待讀者惠予賜教正。）徐先生何年何月，年紀多大就讀於團陂學校呢？筆者不知其詳。有待會眾指教。

從歷史上看，徐復觀雖未直接從事新聞工作，但辦過刊物。1947 年，徐復觀在南京創辦過學術刊物《學原》，1949 年又在香港創辦政治學術理論刊物《民主評論》。[6]從廣義上講，徐復觀也算是一名浠水籍「報人」。

值得一提的是，徐先生晚年寓居香港，任教於新亞書院和新亞研究所（1969-1982；1967 年上半年，已任教於該書院約半年），積極主張祖國和平統一。他曾在致浠水友人的信中流露出對家鄉的懷念，希望「埋骨灰於桑梓之地」。1987 年，徐復觀的骨灰由幼子徐帥軍先生（1951-）捧回浠水，最終實現了「落葉歸根」的願望[7]。

「生平報國堪憑處，總覺文章技稍長」。筆者非常欣賞這兩詩句（順便一提，徐先生本人也是很會寫詩的啊！）；認為用來描繪徐先生是最恰當不過了。各位同學，您們知道是誰所寫的嗎？乃出自清中葉大詩人、大史學家趙翼（1727-1814）之手啊。

當然今天不是談這首詩的作者的生平及其學術上的表現。我們只談徐先生。但也不是談他的生平和學術上的表現和成就。我們今天的主題是：談他的讀書和寫作經驗、經歷。因為這方面也許對在座的同學們更有啟發；更值得同學們參考和學習。徐先生著作等身（問：何謂「著作等身」？）。但今天不談他如何撰寫他的學術鉅著（為甚麼不談這方面？），而是談他如何撰寫幾乎篇篇擲地有聲的時論雜文。（為甚麼只談這方面？）要寫作（或所謂著書立說），無論是學術鉅著或時論雜文，都必須先具備相應的知識。而讀書（含讀報等等）當然是最重要的條件了。所以我們先談徐先生如何讀書。

---

[6] 詳參摯友謝鶯興編，《徐復觀教授年表初編》（臺中：東海大學圖書館，2017），頁 10-11、15-16。2024.11.09 補充：鶯興兄乃東海大學圖書館榮退館員。其榮退後筆耕不輟，其中為整理徐先生手稿，出力最多。嘗出版相關著作凡九種。陳惠美教授皆為九種著作之合作者。筆者對謝陳兩人，在此致上無限之敬意與謝意。

[7] 以上正文及注文的資訊，主要根據下文：〈業界走進湖北：浠水縣為何會成為記者搖籃？〉2016.02.12 由南方傳媒書院發表，見 https://kknews.cc/zh-tw/other/3ja4bao.html；瀏覽日期：2018.03.15。

徐先生是筆者在香港受教育時（即讀書時）的業師。然而，他上課時很少談他這方面的經驗或經歷的。幸好，1959 年時（當時徐先生幾歲呀？）他寫過一篇文章，名叫〈我的讀書生活〉[8]。文章不長，大概只有六七千字；網上都可以找到。下面我們便以這篇文章為主要素材向大家作個簡單的報告。為了更踏實地掌握該文的要旨和讓在座的同學，多認識徐先生寫得非常流暢，且深富感情的白話文，下面將把該文的重要段落轉引下來，然後稍加說明和解釋。

## 二、徐先生談讀書

　　我從八歲發蒙起，即使是在行軍、作戰中間，也不能兩天三天不打開書本的。但一直到四十七八歲，也可以說不曾讀過一部書，不曾讀通一本書。因為我的讀書生活是這樣的矛盾，所以寫出來或者可以作許多有志青年的前車之鑑。

說明一：上引文反映出徐先生與生俱來的性情、性向：喜讀書。

說明二：先生深具為他人（尤其為有志青年）設想的經世致用的精神，亦隨而獲睹。

　　我不斷的讀書，是來自對書的興趣。但現在我了解，興趣不加上一個目的，是不會有收穫的。

說明三：徐先生之所以說：「……是不會有收穫的」，一言以蔽之，乃緣於

---

[8] 文載《徐復觀文錄》（臺北：環宇出版社，1971），冊三，頁 166-176。原載《文星》，卷 4，期 6，1959 年 12 月。網址：https://read01.com/ye8ORe.html#.WqngUbch1q0；瀏覽日期：2018.03.15. 此文的《文星》版，可從網上下載下來，是以下面的引文，大體上轉錄自《文星》版。

「泛濫」（任情肆志地、浮泛地閱讀），於是便「無所依歸」了，即抓不到書中的重心主旨，或作者的精神、價值取向了；於是讀書，其結果便正如廣東話所說的：水過鴨背！即猶同：泥牛入海，一去永無蹤影；也就是所謂浮光掠影而已！然則讀了猶不讀也。

> 一發蒙，即是新舊並進。所謂「新」，是讀教科書，從第一冊讀起，讀到第八冊。再接著便是論說模範。接著，就讀《闈墨》。所謂闈墨，是把考舉人、進士考得很好的文章印了出來的一種東西。在這上面，我記得還讀過譚延闓[9]的文章。

說明四：徐先生幼年讀書，是新式教科書和清朝以前（含清朝）考科舉必讀的闈墨，都讀過的。也許值得同學思考的是，寫過闈墨文章的讀書人，數不勝數。為什麼徐先生特別舉譚延闓為例呢？（上注 8 也許可以提供同學們一點線索。）

> 所謂舉（筆者按：蓋為「舊」字之誤）的，是從《論語》起，讀完了《四書》便是《五經》；此外是《東萊博議》、《古文筆法百篇》、《古文觀止》、《綱鑑易知錄》，後來又換上《御批通鑑輯覽》。除《易知錄》和《輯覽》外，都是要背誦，背誦後還要復講一遍的。

說明五：上引文所開列的書目說明了為什麼徐先生深具舊學根柢。背是指記

---

[9] 「光緒三十年（1904 年）3 月開封會試第一名，成為中國最後一個會元，亦填補了湖南在清代 200 餘年無會元的空白。同年 7 月殿試位列二甲三十五名」進士。https://zh.wikipedia.org/zh-tw/%E8%B0%AD%E5%BB%B6%E9%97%BF；瀏覽日期：2024.08.04。同學們，殿試中式者名為「進士」。那會試中式者，即考上會試者，他獲得的頭銜，又是什麼呢？這可以說只是一種過渡性的頭銜，因為其中式者，不久便會參加殿試，而獲得進士了。當然，獲得這種過渡性的頭銜而考不上進士的人（或因特殊情況，譬如生病，而不克應考殿試的，也是有的），實際上是少之又少的。

誦;但這個不夠,原因是印象不深刻,且所背誦的東西,大體上還沒有經過背誦者本人所消化;更不要說內化為自己生命的一部分了。經過復講一遍便不同了。為甚麼?答案很簡單;其實,上文的幾句話,不是已經提供了答案嗎?至於記誦,同學或者會問:今天不是說讀書不必記誦嗎?徐先生的讀書生活,他還特別提到記誦,這不是太落伍了嗎?

> 上面新舊兩系統的功課,到十三歲大體上告一段落。這中間,我非常喜歡讀詩,但父親不准讀。因為當時科舉雖然早廢了,但父親似乎還以為會恢復的。而最後的科舉,是只考策論,並不考詩賦。有一次,我從書櫃裏找出一部套色版的《聊齋志異》,正看得津津有味的時候,被父親發見了,連書都扯了燒掉。等到進了高等小學,脫離了父親的掌握,便把三年寶貴的時間,整整的在看舊小說中花掉了。這也可以說是情緒上的反動。

說明六:上引文中說到「讀詩」、「詩賦」,筆者認為徐先生本身是很會寫詩的人,但他又謙稱不會做詩[10],那到底他會還是不會呢?現在先從以下一語說起:「熟讀唐詩三百首,不會吟詩也會吟。」「吟詩」就是作詩、寫

---

[10] 徐先生說:「我頗能論詩,但不能作詩。……我是不會做詩,偶然做一首兩首,也多不成熟乃至不合規格,乃必然之事。」語見〈自序〉,徐復觀,《中國文學論集續篇》(臺北:臺灣學生書局,1984),頁 1-2。又說:「余愧不能詩,有所作,亦隨即棄去,現就記憶所及,及友人開示者二十餘首,附錄於此,蓋十不存一矣。」語見〈附錄 詩文舊稿〉,上揭《中國文學論集續篇》,頁 243。以筆者之統計,計有 34 首,上引文,先生說「二十餘首」;恐「二」字為「三」字之誤。據高焜源先生之統計,先生詩作見諸〈附錄 詩文舊稿〉中者,乃 24 首;恐誤。高氏說法,見〈附錄二 《中國文學論集續篇》中所收錄的詩〉,《徐復觀思想研究——一個臺灣戰後思想史的考察》(臺灣師範大學國文系博士論文,2008 年),頁 343-346。此外,先生之詩作,又散見於其不同的雜文中,恐亦不下數十首。據高氏的統計,則為 21 首。見上揭博論,頁 347-349。徐先生既說其詩作「蓋十不存一」,然則其詩作當不下數百首矣。

詩。明明說「不會吟詩——寫詩」,但又說「也會吟(詩)」。這不是自打嘴巴,很矛盾嗎?這句話又該如何理解,才讓它說得通呢?提示:「不會吟詩」,也作「不會作詩」、「不會寫詩」。(參考答案:所謂「不會作詩」,蓋意謂,沒有正式學過作詩,譬如沒有學過作詩該先懂得的各種格律,如平仄、對仗等等;然而,因為熟讀過幾百首詩了,所以其相關格律便很可能不知不覺地潛移默化於胸臆中,即自自然然地成為您意識中的一部分了。由是便出口成章而「也會吟」詩了。這好比您在說英語的地區居住久了,由於耳濡目染,所以就算沒有正式的或刻意的學過英語語法/文法,但您也會英語了。其實,最簡單的比喻是,您土生土長在漢語區,您根本不必學什麼漢語語法/文法,但還不是一樣會說漢語,寫中文嗎?)筆者由此得出一結論,也許徐先生沒有很認真的學過作詩,但因為國學根深柢固,且又表明「非常喜歡讀詩」;久而久之,出口成章便成詩了。

說明七:看了三年小說。徐先生很客氣的說是花掉(即浪費掉)三年寶貴的時間。但其實也不見得。為什麼?(參考答案:就徐先生下半生的事業——專注於學術上——來說,小說的內容,也許對先生沒有什麼直接幫助,但對中國舊社會,即傳統社會的了解,乃至對各種人性的了解,恐怕還是深具參考價值的。再者,徐先生的文筆是非常流暢的,白話文更是寫得老嫗皆懂,這很可能得歸功於三年小說的"訓練"。)

> 十五歲進了武昌省立第一師範學校,還是那樣的糊塗。……改作文的是武昌李希哲先生。……他發作文時,總是按好壞的次序發。……但每一次都是發在倒二三名;……《荀子》,打開一看,……引起了我的好奇心,便借去一口氣看完,覺得很有意思。……日以繼夜的看子書。因為對《莊子》的興趣特別高,而又不容易懂,所以在圖書館裡同時借五六種注本對照看。等到諸子看完後,對其他書籍的選擇,也自然和以前不同。有過去覺得好的,此時覺得一錢不值;許多過去不感興趣的,此時卻特別感到興趣。……尤其是以看舊小說的心情來看

梁任公、梁漱溟和王星拱（好像是講科學方法）[11]，及胡適們有關學術方面的著作。到了第三學年，李先生有一次發作文，突然把我的文章發第一；自後便常常是第一第二。……要有內容，就一般的文章說，有思想才有內容；而思想是要在有價值的古典中孕育啟發出來，並且要在時代的氣氛中開花結果。

說明八：「一口氣看完《荀子》」。這在求知上是何等奮進的一種衝動？！這句話，現在讀來，個人仍是敬佩不已。按：今本《荀子》計有 32 篇（此據劉向所編輯之版本），大概有 91,000 多字；[12]且其中不好理解處不少。一口氣予以讀完，實在不簡單。

說明九：針對《莊子》[13]，徐先生同時借五六種注本對照看。徐先生後來對各家思想能夠做到極深研幾的探討鑽研，十五、六歲已經看出點端倪了。不是嗎？好讀書但不求甚解之人，譬如筆者，中壯年前讀書，就從來不像徐先生這麼有蠻勁幹勁，能同時拿五六種注本對照著看。所以至今一事無成；悔之無及矣。[14]同學們，您們千萬別學我。

---

[11] 王星拱（1887-1949.10.08），字撫五，男，安徽懷寧人，中國教育家、化學家、哲學家。參維基百科：https://zh.wikipedia.org/zh-tw/%E7%8E%8B%E6%98%9F%E6%8B%B1；百度百科：https://baike.baidu.com/item/%E7%8E%8B%E6%98%9F%E6%8B%B1/1884101；瀏覽日期：2025.01.02。

[12] 參維基百科「荀子條」：https://zh.wikipedia.org/zh-tw/%E8%8D%80%E5%AD%90；瀏覽日期 2025.03.06。

[13] 司馬遷說莊子著書十萬餘言，（見《史記‧老莊申韓列傳》）；《漢書‧藝文志》則說「《莊子》五十二篇。」今本《莊子》僅33篇，65,000多字，分內篇（7篇）、外篇（15篇）、雜篇（11篇）三部分。並參維基百科「莊子（書）條」：https://zh.wikipedia.org/zh-tw/%E8%8E%8A%E5%AD%90_(%E6%9B%B8)；瀏覽日期 2025.03.06。

[14] 說到好讀書不求甚解這個問題，讓筆者想起徐先生也有說過類似的話。先生說：「詩人以欣賞詠嘆的心態來讀書，所以讀書不求甚解；但也常由欣賞詠嘆而能對書有所得。……學人是以鑽研揭露的心境來讀書，讀書必求甚解。也常因鑽研揭露而對書才有所得。」據此，則以上說到的讀書的兩種心態，都會產生正面，即有所得，的效果

說明十:「我的文章發第一」,這句話讓人想起韓愈〈雜說四〉的名言:「世有伯樂,然後有千里馬。千里馬常有,而伯樂不常有。」引申來說,主觀上,你再努力,再再努力;但最後還是得看您有沒有遇上伯樂呢?假若您碰不上這種相應的機遇,您爾後可能就不太會獲得什麼成就了。所以客觀際遇——被人賞識、發現(發掘),是很關鍵的(當然,您本身得先具備一定的本事、能耐,否則一切免談)。這也許就是所謂「命」吧,奈何!

> 我對於線裝書的一點常識,是五年師範學生時代得來的。以後雖然住了三年國學館,但此時已失掉了讀書時的新鮮感覺,所以進益並不多。可是奇怪的是,在這一段相當長的讀書期間,第一,一直到民國十五年十一月底為止,可以說根本沒有看過當時政治性的東西,所以對於什麼主義,什麼黨派,完全沒有一點印象。我之開始和政治思想發生關涉,是民國十五年十二月陶子欽先生當旅長,駐軍黃陂,我在一個營部當書記的時候,他問我看過孫文學說、三民主義沒有?我說不曾;他當時覺得很奇怪,便隨手送我一部《三民主義》,要我看,這才與政治思想結了緣。第二,我當時雖然讀了不少的線裝書,但回想起來,並沒有得到做學問的門徑。這是因為當時雖然有好幾位老先生對我很好,但在做學問方面,並沒有一位先生切實指導過我。再加以我自己任天而動的性格,在讀書時,並沒有一定要達到的目的;也沒有一個方向和立足點;等於一個流浪的人,錢到手就花掉;縱然經手的錢不少,但到頭還是兩手空空。

---

的。然而,就筆者來說,欣賞詠嘆的讀書心態,根本與筆者絕了緣,所以不求甚解的讀書法,不能使筆者成為詩人或其他文藝表現方面的作家。至於做學問,那又必得藉著鑽研揭露的心態,即必求甚解的讀書心態,才會有所得。但筆者又偏偏不具備這種心態。所以數十年來,雖不宜,亦不敢妄自菲薄而說對書全無所得,但所得實在非常有限。面對徐先生的教誨,深感慚愧和汗顏不已。上引文,見徐復觀,〈自序〉,《中國文學論集續篇》(臺北:臺灣學生書局,1984),頁2。

說明十一:「在做學問方面,並沒有一位先生切實指導過我」。這句話讓人得到一點啟發,就是再聰明用功的學者,有時候也是需要別人指導一下,或點醒一下的。[15]

說明十二:「讀書時,並沒有一定要達到的目的;也沒有一個方向和立足點」。這樣子的讀書態度,是很難會有什麼成就的啊。所以同學們,這方面,您們一定要切記。當然,如果您讀書的目的,只是為了消閒一下,那倒無所謂。其實,有所為而為的讀書和為了消閒一下而讀書,各有其價值。要言之,前者讓您成就某一理想;後者讓您輕鬆一下。而為了成就一理想,很多時是要勞心勞力的。這對於生命力便有所損耗。有謂:「張而不弛,文武弗能也;弛而不張,文武弗為也。一張一弛,文武之道也。」簡言之,「張」就是過緊張但有所進取的生活,即有所追求地過活。然而,人總不能一輩子過這種生活的。所以有時必須要放鬆一下,鬆弛一下的。張和弛各有其是,而必須取得平衡,這恐怕是有益身心千古不易的大道理。

> 從民國十六年起,開始由孫中山先生而知道馬克思、恩格斯、唯物論等等。以後到日本,不是這一方面的書便看不起勁,在日本陸軍士官學校的時候,組織了一個「群不讀書會」,專門看這類的書……。大概從民國三十一年到三十七年,我以「由救國民黨來救中國」的呆

---

[15]「需要別人指導一下,或點醒一下」一句話中的「別人」,可以包括很多人;然而,其中最好的所謂「別人」,當然是名師(名師絕對不是指出名,有名,更不是指浪得虛名而全無真材實學的老師,乃指能夠傳授真學問的老師),即以獲得名師的指導為最理想。說到獲得名師或廣義的老師(所謂「廣義的老師」,筆者指從某人一言半語中都使您有所獲益者)的指導,猶記得元代文學家方回論及作詩時,有如下主張:「立志必高,讀書必多,用力必勤,師傳必真。四者不備,不可言詩。」此「四句教」,乃筆者童稚之年時,胞兄兆顯先生語及治學津梁時所教誨者;至今不敢或忘。(轉眼三兄兆顯已接近九旬,而筆者亦踰不逾矩之年矣。)其實,何止作詩,寫學術文章,其理正同。今不細論。上引文中徐先生的說法,也正好揭示了名師(上引徐文「先生」一詞,即今人所說的「老師」。)切實指導的重要性、關鍵性。

想，接替了過去馬恩主義在我精神中所佔的位置。……民國三十一年軍令部派我到延安當聯絡參謀，住在窰洞裡的半年時間，讀通了克勞塞維茲所著的《戰爭論》，但又從此把它放棄了。……在延安讀這部書，是我的第三次。這一次偶然了解到它是通過那一種思考的歷程來形成此一著作的結構，及得出他的結論；因而才真正相信他不是告訴我們以戰爭的某些公式，而是教給我們以理解、把握戰爭的一種方法。凡是偉大的著作，幾乎都在告訴讀者以一種達到結論的方法，因而給讀者以思想的訓練。我看了這部書後，再回頭來看楊傑[16]們所說的，真是「小兒強作解事語」。……但由此也可知道對每一門學問，若沒有抓住最基本的東西，一生總是門外漢。

說明十三：「克勞塞維茲所著的《戰爭論》，……在延安讀這部書，是我的第三次。這一次偶然了解到它是……。凡是偉大的著作，幾乎都在告訴讀者以一種達到結論的方法，因而給讀者以思想的訓練。……但由此也可知道對每一門學問，若沒有抓住最基本的東西，一生總是門外漢。」這段文字可說者有三：1、以徐先生的聰明，讀一本書，竟然要讀到第三次時，才偶然了解到該書的旨趣、竅門。這一方面說明了先生治學甚勤奮（甚至可說能鍥而不捨，百折不撓）；再者，也說明了先生讀書過程中能不斷深思逆索。這方面，吾人當認真學習仿效。2、了解一書的內容，尤其是書中的結論（含裁斷），當然是讀書的目的。然而，先生進一步指出說，一部偉大的著作，它給予讀者的，又不止於此。因為它隱含著引領讀者去認識、去領悟達致該結論的方法。這就給予讀者一種思想的訓練。（筆者由此獲得一啟發：多讀偉大的著作，便可多獲悉、多掌握方法學上各相應的思想上的訓練。）3、徐先生由此又悟得：每一門學問，若沒有抓住最基本的東西，一生總是門外

---

[16] 楊傑，1889年1月25日-1949年9月19日，字耿光，白族，生於雲南省大理縣（今雲南省大理市），國軍陸軍中將加上將銜，中華民國軍事理論家。https://zh.wikipedia.org/zh-tw/%E6%9D%A8%E6%9D%B0_(1889%E5%B9%B4)；瀏覽日期：2024.08.04。

漢。[17]

我決心扣學問之門的勇氣，是啟發自熊十力先生。對中國文化，從二十年的厭棄心理中轉變過來，因而多有一點認識，也是得自熊先生的啟示。……他老先生教我讀王船山的《讀通鑑論》；我說那早年已經讀過了；他以不高興的神氣說，「你並沒有讀懂，應當再讀。」過了些時候再去見他，說《讀通鑑論》已經讀完了。他問：「有點什麼心得？」於是我接二連三的說出我的許多不同意的地方。他老先生未聽完便怒聲斥罵說：「你這個東西，怎麼會讀得進書！任何書的內容，都是有好的地方，也有壞的地方。你為什麼不先看出他的好的地方，卻專門去挑壞的；這樣讀書，就是讀了百部千部，你會受到書的什麼益處？讀書是要先看出他的好處，再批評他的壞處。……譬如《讀通鑑論》，……你這樣讀書，真太沒有出息！」這一罵，罵得我這個陸軍少將目瞪口呆。……原來讀書是要先讀出每一部的意義！這對於我是起死回生的一罵。恐怕對於一切聰明自負，但並沒有走進學問之門的青年人、中年人、老年人，都是起死回生的一罵！近年來，我每遇見覺得沒有什麼書值得去讀的人，便知道一定是以小聰明當（筆者按：當係「耽」字之誤）擱一生的人。以後同熊先生在一起，每談到某一文化問題時，他老人家聽了我的意見以後，總是帶勸帶罵的說：「你這東西，這種浮薄的看法，難道說我不曾想到？但是……這如何說得通呢？再進一層。又可以這樣的想，……但這也說不通。經過幾

---

[17] 然而，要如何做才可以抓住最基本的東西呢？其間，可說者可以很多。在這裡，筆者想到章學誠的一個說法。彼嘗云：為學要本乎性情。若不能本乎性情、性向之所近以為學（治學），則一生總是門外漢。牟宗三先生也說過類似的話：「一個人誠心從自己的生命核心這個地方作學問吸收學問……，（否則）我們也可以說你這個人沒有真學問。」見牟宗三，〈為學與為人〉，《生命的學問》（臺北：三民書局，1976），頁129-130。又可參拙著《性情與愛情：新儒家三大師相關論說闡微》（臺北：臺灣學生書局，2021），頁10。

個層次的分析後，所以才得出這樣的結論。」經他老先生不斷的錘鍊，才……慢慢感到精神上總要追求一個什麼。為了要追求一個什麼而打開書本了，這和漫無目標的讀書，在效果上便完全是兩樣。……

說明十四：上段文字，其中熊十力先生痛罵徐先生的幾句話，據徐先生，乃起死回生的一罵[18]。整段文字，則可讓人領悟到：1、幾乎任何一本書，都有其好的和壞的地方。所以絕不宜只強調其一，而忽略其另一；換言之，即心中必須先存一平衡之念（一公允的念頭）；尤其不宜只看到其壞的一面，否則便是對撰寫者不敬——換言之，宜心存忠厚。2、讀書是要先讀出每一部的意義！換言之，即不宜執著於枝枝節節的問題上。當然，小問題，也不能忽略，但大小輕重本末，總得要有所拿捏。3、針對一問題（上文特別指文化問題；其實，其他問題亦然）發表意見時，必須不停地不斷地從多個視角多個層次自我"拷問"：我這個意見站得住腳嗎？即說得通嗎？「經過幾個層次的分析後」，您所得出的意見，才可說是經得起考驗的一個意見。而只有經得起考驗的意見，才算是一個結論。筆者按：其實，這也不過是一個暫時性的，或階段性的一個結論而已。這絕不是說它一定是永遠站得住腳的，絕不會被修正的；其實，甚至被推翻，也是不足為奇的。4、「為了要追求一個什麼而打開書本了，這和漫無目標的讀書，在效果上便完全是兩樣。」這一點也非常重要，但因為前面已說過了，現今便從略。

自卅八年與現實政治遠緣以後，事實上也只有讀書之一法。我原來的計劃，要在思考力尚銳的時候，用全部時間去讀西方有關哲學這一方面的書，抽一部分時間讀政治這一方面的。預定到六十歲左右才回頭

---

[18] 上網只要打上關鍵詞：「起死回生的一罵」，便會出現熊十力先生罵徐先生這事宜，可見其事多麼流行或多麼受人關注了。順便一說的是，有時候老師痛罵作為學生的您一番，不一定是老師情緒上失控，更不一定是老師故意要虐待您。而是恨鐵不成鋼，所以要給您來個當頭棒喝，讓您印象深刻，知所反省。當然，老師故意要演出這種戲碼時，他必須分寸拿捏得恰恰好，否則弄巧反拙，那就麻煩大了。

來讀線裝書。但此一計劃因為教書的關係而不能不中途改變。不過在可能範圍以內,我還是要讀與功課有關的西方著作。譬如我為了教《文心雕龍》,便看了三千多頁的西方文學理論的書。為了教《史記》,我便把蘭克、克羅齊及馬伊勒克們的歷史理論乃至卡西勒們的綜合敘述,弄一個頭緒,並都做一番摘抄工作。因為中國的文學史學,在什麼地方站得住腳,在什麼地方有問題,是要在大的較量之下才能開口的。我若不是先把西方倫理思想史這一類的東西摘抄過三十多萬字,我便不能了解朱元晦和陸象山,我便不能寫「象山學述」。因此,我常勸東海大學中文系的學生,一定要把英文學好。

說明十五:上段文字的重點在於:今人讀書必須中西會通。就算自我範圍於只是治中國的學術/學問,也要懂得:借西學之光,以照我中學之晦。一百多年前,國人治學,不懂洋文或日文,不看洋書或日文書,那是可以接受的。但今日治學,則萬萬不可。洋文或日文,能兼擅者最好,否則至少懂其一。上引文中以下的一兩句話,筆者看後只有欽佩二字:「……便看了三千多頁的西方文學理論的書……我若不是先把西方倫理思想史這一類的東西摘抄過三十多萬字,我便不能了解朱元晦和陸象山,我便不能寫『象山學述』」。其中「把西方倫理思想史這一類的東西摘抄過三十多萬字」,筆者實在慚愧汗顏無地。其實,凡是大學者,大思想家莫不然。針對研究中國的學術,也要多看西方的著作,君毅先師便有過類同的表現。眾所周知,唐先生主要的成就,就哲學一領域來說,是中國哲學。但唐先生早說過,他花時間看西方的東西,其時間與看中國的東西實在相當!此可見大學者,絕不劃地自限。其實,生當今世,非如此,絕成不了大學者。

當我看哲學書籍的時候,有好幾位朋友笑我:「難道說你能當一個哲學家嗎?」不錯,我不能,也不想。但我有我的道理:第一,我要了解西方文化中有哪些基本問題,及他們努力求得解答的經路。因為這和中國文化問題,常常在無形中成一顯明的對照。第二,西方的哲學

著作,在結論上多感到貧乏,但在批判他人,分析現象和事實時,則極盡深銳條理之能事。人的頭腦,好比一把刀。看這類的書,好比一把刀在極細膩的砥石上磨洗。[19]在這一方面的努力,我沒有收到正面的效果,即是我沒有成為一個哲學家。但卻據(筆者按:似當作「收」)到了側面的效果:首先,每遇見自己覺得是學術權威,拿西化來壓人的先生們時,我一聽,便知道他在什麼地方是假內行,回頭來翻翻有關的書籍,更證明他是假內行(例如胡適之先生)。……許多人受了這種假內行的唬嚇,而害得一生走錯了路,甚至不敢走路,耽擱了一生的光陰、精力。其次,我這幾年讀書,似乎比一般人細密一點,深刻一點;在常見的材料中,頗能發現為過去的人所忽略,但並非不重要的問題;也許是因為我這付像鉛刀樣的頭腦,在砥石上多受了一點磨洗。

---

[19] 徐先生這個說法,又見下文:「我常常想,自己的頭腦好比是一把刀;西方哲人的著作好比是一塊砥石。我們是要拿在西方的砥石上磨快了的刀來分解我國思想史上的材料,順著材料中的條理來構成系統;……。」引文中「頭腦……磨快了的刀」,意謂:刀子(頭腦)已經在砥石上磨過多次了(即不再是鈍刀,而是利刃了),所以在分解我國思想史上的材料時,便能夠很快的產生效果(快速的成功達陣)。至於「順著材料中的條理來構成系統」這句話,若分析起來,是頗複雜的。筆者試著先從句中的「材料」一詞說起。一般來說,作為研究用的材料來說,它們都是零散的,分散的(來自不同來源的),片段的。所以要從這麼一堆雜亂無章的材料中找出或發現其相互間的條理(假若真的有條理,恐怕也多半是隱晦不明的;即不見得一定是一目瞭然的!)所以「順著材料中的條理」,筆者理解為:研究者本人必先具備一些相關概念;也可以說必須先有一些功底(相應的知識、訓練),譬如邏輯知識(藉以知悉並把條理建構起來的一些有效推理程序──理路)、相應於該等材料而來的時間順序、與研究對象相應的專業知識、歷史發展中的整個客觀形勢脈絡(這對於說明歷史現象／事象來說,尤其關鍵)等等。如果不具備這些知識,您根本無法把材料條理起來,即無法按一定格局把材料彙整貫串起來。如條理彙整不來,那便無法建構徐先生這裡所說的系統了。以上兩語,徐先生說得比較簡直,是以稍加說明如上。引語見〈代序:我的若干斷想〉,《(四版)中國思想史論集》(臺北:臺灣學生書局,1975),頁2。

說明十六：上段文字可讓人獲悉以下資訊：徐先生明言，他不能，也不想當一個哲學家。那他讀不少西方的哲學著作，又所為何來呢？原來先生認為：「西方的哲學著作，在結論上多感到貧乏，但在批判他人，分析現象和事實時，則極盡深銳條理之能事。」上引文中，「西方哲學著作，在結論上多感到貧乏」一語，吾人似乎不必照單全收。當然，徐先生此判語，絕非隨便說說。吾人至少可以說，該判語有其道理在，蓋先生扣緊中國文化所最重視並成就非凡之德性倫理學（即成德之教）以立論。就此來說，西方的哲學著作，似乎真的是難以滿足徐先生的胃口的。換言之，筆者以為徐先生是先置放一價值理想在心坎中，藉以衡斷西哲的著作，是以得出如上的一個看法。至於「西方的哲學著作，……在批判他人，分析現象和事實時，則極盡深銳條理之能事。」一語，則確係的論。筆者從中獲益匪淺。此外，多讀西哲著作，徐先生認為可助其發現或揭發何人為「假內行（例如胡適之先生）。」也許胡適之的西學根柢的確不甚湛深。但「假內行」一語，則似乎過重了一點。[20]

> 在浪費了無數精力以後，對於讀書，我也慢慢的摸出了一點自己的門徑。第一，十年以來，決不讀第二流以下的書。非萬不得已，也不讀與自己的研究無關的書。隨便在那一部門裏，總有些不知不覺的被人推為第一流的學者或第一流的書。……必須讀第一流著作……第二，讀中國的古典或研究中國古典中的某一問題時，我一定要把可以收集得到的後人的有關研究，尤其是今人的有關研究，先看一個清楚明

---

[20] 徐先生對適之先生頗有微辭，甚至可說素不懷好感。先生批評胡氏的文字，散見多處，恕不一一開列。其中抨擊最烈之文字，厥為撰寫並發表於 1961 年的下文：〈中國人的恥辱　東方人的恥辱〉。詳參拙著《性情與愛情：新儒家三大師相關論說闡微》（臺北：臺灣學生書局，2021），頁 49，注 84。然而，徐先生惡而知其美，胡氏對自由民主之追求和堅持，徐先生是予以肯定和欣賞的，見所著〈一個偉大書生的悲劇——哀悼胡適之先生〉，《徐復觀雜文——憶往事》（臺北：時報文化出版事業公司，1980），頁 140-142。又可參學長翟志成先生，《新儒家眼中的胡適》（香港：商務印書館，2020），頁 226。

白,再細細去讀原典。因為我覺得後人的研究,對原典常常有一種指引的作用;且由此可以知道此一方面的研究所達到的水準和結果。但若把這種工作代替細讀原典的工作,那便一生居人胯下,並遺(筆者按:當作「貽」)誤終身,看了後人的研究,再細讀原典,這對於原典及後人研究工作的了解和評價,容易有把握,⋯⋯第三,便是讀書中的摘抄工作。一部重要的書常是一面讀,一面做記號:記號做完了便摘抄。⋯⋯書上許多地方,看的時候以為已經懂得上;但一經摘抄,才知道先前並沒有懂清楚。所以摘抄工作,實際是讀書的水磨工夫。再者年紀老了,記憶力日減,並且全書的內容,一下子也抓不住,摘抄一遍,可以幫助記憶,並使(筆者按:當作「便」)於提挈全書的內容,匯成為幾個重要的觀點,這是最笨的工作,但我讀一生的書,只有在這幾年的笨工作中,才得到一點受用。

說明十七:上段文字以下的資訊極為重要:「第一,十年以來,決不讀第二流以下的書。非萬不得已,也不讀與自己的研究無關的書。」徐先生多次指出,他從事學術研究(或所謂扣學問/學術之門)已屆垂暮之年(先生當時快 50 歲了);真可說時不我予。所以先生不得不幾乎任何時刻都在用功,也可說片刻都不能浪費。這所以先生說出上引語。然而,先生仍有其不能自已者;此即緣乎先生深具一顆「感憤之心」[21]。以其感憤之心非常濃郁,所以先生便不能不寫一些他本來不打算寫的文章(其中不少是打筆墨官司的文章)。而促使先生寫這些文章,蓋緣乎先生先看了(讀了)一些不值得看的文章(或書刊)。這些文章或書刊,即上引文中所說的「第二流以下的書」;其中當然也包括了與先生的研究無關的書刊。按:先生打筆墨官司的文章,其《論戰與譯述》一書中的論戰文章可為代表;在此不展開。「第二,讀中國的古典或研究中國古典中的某一問題時,我一定要把可以收集得

---

[21] 僅 1000 多字的〈自序〉中,「感憤之心」一詞出現凡六次!〈自序〉見《徐復觀文錄》(臺北:環宇出版社,1971)。筆者對「感憤之心」一詞嘗做過一點闡述,見上揭拙著《政治中當然有道德問題:徐復觀政治思想管窺》,頁 400-407。

到的後人的有關研究,尤其是今人的有關研究,先看一個清楚明白,再細細去讀原典。」筆者授諸生課業時經常指出:做研究,好比兩條腿走路。一條腿走路,必難以平穩。做研究亦然。研究上的兩條腿乃指讀原典和參看前賢的研究成果。前者使您有所本,立論不會流於空疏、說大話!後者則使您,其一,不致於閉門造車,而天真地以為自己是某些論斷或某些看法的始創者;其二,可從中獲得啟發。這就是上引文徐先生所說的:「常常有一種指引的作用」。「第三,便是讀書中的摘抄工作。」這一點,徐先生已說得很明白了;今不再展開。然而,摘抄一問題,讓筆者想起余英時先生讀其業師錢穆先生《國史大綱》的過程中,他向錢先生請教和錢先生回應他的幾句話。如下:

> 我將《國史大綱》從頭到尾精讀一遍,對每章每節儘量作出簡要的報告,然後請他指正和評論。……他第一次發還我筆記本時說:「你不要一頁接一頁的寫滿全本,應該另換一個新本,每頁隔一空頁,不著一字。為什麼呢?因為我書(指《國史大綱》)上討論的問題,也有其他學者進行研究和分析,而且往往意見不同,甚至相反。留下的空頁可以將來擇錄這些異說,以為參考和比較。」(余先生本人有如下按語:這當然不是原話,但表達的確是原意。)[22]

余英時在筆記本上所寫下的重點,當然是《國史大綱》上所記載的史事,但似乎也一定包含作者(錢先生)本人的一些意見。是史事本身也好,是作者的意見也罷,總而言之,都是書中的重要內容。徐先生要人摘抄的,恐怕也必含這兩個面向。這是不必多說的。筆者要說的是,上引文中錢先生要余英時特別注意的是,摘抄滿一頁之後,必得隨而空出下一頁,以備將來異說之擇錄。這方面,是吾人讀書做學問很重要的一個環節。當然,今天在電腦排版的幫忙下,這個技術性的環節,是非常容易處理的。因為任何兩段文字之

---

[22] 余英時,《余英時回憶錄》(臺北:允晨文化實業公司,2018),頁 103。

間要插入新的文字,是隨時都可以做到的,實在不必事先空出一頁。然而,就讀書治學的途徑而言,錢先生對余英時這個提點是非常值得吾人參考借鏡的;蓋其說法揭示了錢先生是預想到他人異說儘有其可取之處。這種治學上的開放精神、重視異說的態度,是極可取的。以徐先生上文不及此,今稍作補充如上。徐先生又說:

> 其實,正吃東西時,所吃的東西,並未發生營養作用。營養作用是發生在吃完後的休息或休閒的時間裡面。書的消化,也常在讀完後短暫的休閒時間;讀過的書,在短暫的休閒時間中,或以新問題的方式,或以像反芻動物樣的反芻的方式,若有意若無意的在腦筋裏轉來轉去,這便是所讀的書開始在消化了。並且許多疑難問題,常常是在這一刹那之間得到解決的曙光。我十二三歲時,讀朱易氏,對於所謂卦的錯、綜、互體、中爻等,總弄不清楚,我父親也弄不清楚。[23] 有一天吃午飯,我突然把碗筷子一放:「父,我懂了。」父親說:「你懂了什麼?」我便告訴他如何是卦的錯綜等等,父親還不相信,拿起書來一掛掛(筆者按:當作「卦卦」)的對,果然不差。平生這類的經驗

---

[23] 徐先生的父親乃蒙館教師,是以絕非目不識丁之輩。「我父親也弄不清楚」一語正蘊含了(預設著),在徐先生眼中,其父親乃具備相當學養者。蓋只有具備一定學養、學識,才有「資格」弄不清楚一知識問題或學術問題。反之,如果全無學養,則弄不清楚一學術問題,那是必然的,當然的;是以「也弄不清楚」一語句,便不是贅詞 (tautological term)。徐父嘗任教於蒙館,見上揭《徐復觀教授年表初編》,頁 1。筆者三大業師(徐唐牟),彼等之尊翁均深具學養。唐先生尊翁迪風公乃前清秀才,其學養固不必多說;且極具經世致用之才、識見與使命感。虎父無犬子,君毅師有大成就,豈偶然哉,豈偶然哉!筆者嘗拋磚引玉,為迪風公撰寫一 50,000 字的年譜,以發覆其底蘊。見上揭《唐君毅的文史哲思想》,頁 437-500。牟先生尊翁雖然一生務農,但極具識見,且讀書至 18 歲始輟學,可知絕非目不識丁之輩。牟父之相關表現,見牟宗三,《五十自述》(新北市:鵝湖出版社,2000),頁 35-36。按:在晚清時,能讀書至 18 歲始輟學,已經非常不簡單了;其學問自有根柢可知矣。憶先嚴樹萱公只讀過五六年書,但已寫得很不錯的文章了,且書法亦有相當造詣。筆者粗通文墨,兩位兄長兆顯兆漢則更是文章高手,乃先父之遺澤歟?

不少。我想也是任何人所有過的經驗。

說明十八:「書的消化,也常在讀完後短暫的休閒時間;……。並且許多疑難問題,常常是在這一剎那之間得到解決的曙光。」由此可見,在讀書的過程中,碰上問題或疑難時,千萬別氣餒;然而,不妨先放下不管。當然,所謂「放下不管」,也並不是真的不管而全然把問題或疑難拋諸腦後;而是說不要急著讀完某書後,非要把書中該等問題或疑難馬上解決不可。在這個地方,唐先生的經驗也許可以提供一點借鏡。唐先生說,一問題放在心中數年甚至更久者,是常有之事。但只要沒有把它拋棄掉,即心中永遠存放著它,那該問題是有解決的一日的,至少是不無解決的希望或機會的。一句話,不要老是急著一定要把問題馬上解決。待醞釀一定的時日之後,答案很多時便自自然然出來了。[24]因為一問題的解決,很多時是有待其他條件的。當其他條件都齊備了成熟了,該問題的答案也便出來了。這裡所說的「其他條件」,筆者以為至少有二。其一,相關知識。知識經常是相互關連在一起而成為一個知識網絡的。各別的知識或零散的知識好比一幅拼圖中各片獨立的拼圖;但這些各別獨立的拼圖,又是直接地或間接地關連在一起的。現舉一淺譬:假若拼圖中的左上方不知該安放哪一片拼圖時,我們不妨先放下不管而改為先拼其他空間上的拼圖。待其他空間都解決了,或解決得七七八八了,那左上方的空間該放哪一塊拼圖的問題,便很可能迎刃而解了。其二,上引文字中的「短暫的休閒時間」。今亦舉一淺譬:當失眠時,您千萬別拼命要求非要睡回去不可,否則您定會繼續失眠!反之,您得處之泰然,輕鬆對待之而視若等閒(視若等閒的過程,即好比徐先生這裡所說的給自己一點

---

[24] 「醞釀一定的時日」,這個環節,近來有所體會。筆者退休後無書可教,為了強身健體,便練習唱歌。有時候,一首歌,就是怎麼練習,但調子就是抓不準!筆者乃拼命練,但越練越抓不準,甚至走音,大概太累了;乃真切的體會到何謂欲速則不達!有謂事緩則圓。筆者乃很無奈的先放下。不意過三五天後再唱時,情況便改善多了。酒一定要經過醞釀的一道工序才成其為酒。原來練習唱歌亦然。解決書中疑難亦然。此所謂一理通百理明歟?

「短暫的休閒時間」），那失眠便很可能離您而遠去了。換言之，您很可能幾分鐘後便再睡著了。依同理，書中解決不來的問題或疑難，亦很可能迎刃而解了。

> 一個人讀，（「，」蓋為衍文）了書而腦筋裏沒有問題，這是書還沒有讀進去；所以只有落下心來再細細的讀。讀後腦筋裏有了問題，這便是扣開了書的門，所以自然會趕忙的繼續努力。我不知道我現在是否走進了學問之門；但腦筋裏總有許多問題在壓迫我，催促我。支持我的生命的力量，一是我的太太，及太太生的四個小孩，一是架上的書籍。現在我和太太都快老了，小孩子一個一個的都自立了，這一方面的情調快要告一結束。今後只希望經常能保持一個幼稚園的學生的心情，讓我再讀二十年書；把腦筋裏的問題，還繼續寫一點出來，便算勉強向祖宗交了帳。

說明十九：「一個人讀了書而腦筋裏沒有問題，這是書還沒有讀進去；所以只有落下心來再細細的讀。」筆者比較笨，讀書（尤其是讀三大師——徐唐牟三先生的書），經常只有讚嘆，五體投地，提不出問題[25]（心中稍有疑惑，提點小問題倒是有的；但大問題，就闕如。實在對不起三位業師！）。筆者又沒有恆心毅力再細細的重讀、三讀。所以學問就難以寸進了。要成為大家或大師，就更不敢奢望了！！

---

[25] 猶記得 40 多年前，筆者嘗上唐先生中晚期大弟子霍韜晦先生在新亞研究所教授的日文一課。課後閒聊時，霍先生說，唐先生經常鼓勵同學發言。霍先生說自己對唐先生只有「敬佩」兩字，並謙稱自己很笨（不違如愚），所以從來沒有提出過問題。以霍先生之聰穎都提不出問題，那筆者就不必多說了。霍先生當年對筆者說話時，只有 30 來歲。面對學術巨人且著書立說恆周延縝密的唐先生，假使真的提不出任何問題，也是很可以理解的。可憐的是筆者，時年 70 多歲了，現在讀三大師的著作，都很少能提出問題！汗顏無地不已。霍先生謙稱自己「不違如愚」的說法，又見〈後記〉，《唐君毅著作選導讀》（香港：法住出版社，2006），頁 198。

說明二十:「讓我再讀二十年書;把腦筋裏的問題,還繼續寫一點出來,便算勉強向祖宗交了帳。」按:〈我的讀書生活〉(以上各條引文的文本)撰就於 1959 年,徐先生活到 1982 年。老天有眼,讓先生不止再讀 20 年書。先生遂能為中國文化,甚至為世界文化,多貢獻了 23 年。全文最後一句,即「向祖宗交了帳」一語,最能揭示徐先生對祖先的孝敬情懷、感恩情懷。西方社會最基層的單位(元素)是一個一個的個體(個人)。中國傳統社會則不然,而必以「家」為最基層,最基本(primary)的單位。徐先生,現代人也。但其傳統情愫極濃郁。是以其重視家庭家族,乃必然者。以上全文最後的一句話,深具壓軸性的特色,其傳統情愫由是表露無遺。

## 三、結語

徐先生論說如何讀書這個問題的各重點,大抵見諸上文。其中引錄徐先生原文者,恐占本文全文約 4 分之 1,蓋以其字字珠璣、句句金玉,而難以多所割愛也(當然,徐文本身是很流暢的白話文,多引錄一些,或許可以提供給讀者參考學習。此上文已稍微說明過。)筆者之相關闡述(含向聽眾,尤指同學,所提出的問題),恐不免狗尾續貂而已。其最所企盼者,乃讀者逐讀徐先生原文。筆者深深的認為,徐先生的讀書經驗(含做學問的經驗、體悟),最可提供後人,尤其是年輕朋友參考借鏡。若不嫌所謂說大話,其實,就算一般所謂有成就的學者,亦當從中取經焉。至少筆者個人是佩服到五體投地的![26]

---

[26] 從徐先生〈我的讀書生活〉一文中,我們可以領悟到很多讀書的竅門。其實,除徐先生外,中國古人論讀書的文字非常多。這些都是非常值得我們效法借鏡的。其中朱子的讀書法,其參考價值尤高。錢先生對朱子,以至對其他先賢(如陳澧、曾國藩、張之洞、康有為、梁啟超)的讀書法,都有所闡發;甚具參考價值。錢說見《錢賓四先生全集》(臺北:聯經出版事業公司,1995),冊 24。讀者予以比較融會貫串,於一己之讀書,想必裨益甚大。錢先生對朱子讀書法的討論,又可參本書,上篇附錄一。

最後，需要向讀者致歉的是，本報告的副標題是：略談徐復觀先生的讀書和寫作。然而，上文大體上只講到讀書的部分，而不及寫作！這實在是有點：「文不對題」！這與報告的時間不太充裕很有關係。幸好，上文曾多次提到做學問的問題。對我們從事文科的人來說，做學問的過程，尤其是做學問所得出的結果或成果，一般來說，都得靠書寫來表達。由此來說，談學問，就必然涉及寫作問題；然則寫作這個面向，上文已算是接觸到了，談論到了。所以本報告的內容，也不太算是「文不對題」吧。或異日再事添補以贖愆尤歟？

# 下篇 史學

# 第六章　宋真宗與《冊府元龜》[*]

## 摘　要

　　北宋第三位皇帝宋真宗時代所編纂的「歷史百科全書」——《冊府元龜》，是宋代四大書（類書）之一。真宗皇帝在該書編纂過程中所給予的「關注」，恐怕超過了其前歷代帝王對史書編修所關注的程度，這是中國歷代帝王關注／干預修史的現象中頗值得注意的一例。過去學人（按：「過去」乃指本文最初發表時的公元 2000 年 5 月之前；非指今年——2025 年之前）研究《冊府元龜》（下文或簡稱《冊府》）的不多，研究真宗與《冊府》的關係的專文，更未之見。筆者本文便試圖作一點嘗試。《冊府》所含約 90,000 字的〈國史部〉，更可說是中國最早出現的一部「中國史學史」。但為避免「觀其小者遺其大」，茲先對《冊府》作探究。又該書的纂修與真宗的關注（含參與），關係極其密切，故不得不對真宗的性情及其價值取向，亦做一定程度之探討。至於《冊府》一書之取材、編纂過程、編纂人員，乃至真宗皇帝參與之具體情況（早期非常積極，中後期稍見怠惰鬆懈，書成時又再度積極起來，乃至參與意圖動機及對該書的命名等等），筆者都做了論述。至於針對約 90,000 字的〈國史部〉的相關論述，容見本書下一章，即第七章。

---

[*] 本文發表於東吳大學歷史學系所舉辦之第 3 屆史學與文獻學學術研討會。會議日期：2000 年 5 月 26 日。當日所發表之論文共計 9 篇。依次之發表者計有：何傳馨、黃兆強、蔣武雄、劉靜貞、林慈淑、雷俊玲、莊吉發、蔣義斌、侯坤宏諸位學者專家。其後主辦單位（東吳大學歷史學系）並把 9 篇論文彙整成冊，並以《史學與文獻（三）》一名目出版於 2001 年 4 月。本文納入本書時，內容上有所修改，但大體上一仍舊觀。最近 20 多年來的前賢最新研究成果，亦不克多所採納，讀者其諒之。

## 一、前言

　　宋代史學上的成就是很了不起的。[1]就官方的表現來說，宋承唐制，設立多種性質不一的修史機構，如起居院、中書時政記房、樞密院時政記房、玉牒所、日曆所等常設機構。此外，隨事而置，事畢即廢的臨時性質的機構又有實錄院、國史院及為編修前代史而置的各史局。這些機構在史書的編纂上作出了鉅大的貢獻。[2]就私家史籍編修方面來說，宋人的表現尤其卓越。震古鑠今的《資治通鑑》固不必多說，[3]至若歐陽修的《新五代史》、鄭樵的《通志》、袁樞的《通鑑紀事本末》，都是劃時代的製作。

　　政書體方面有徐天麟的《兩漢會要》；史考方面有吳縝的《新唐書糾謬》、《五代史記纂誤》；史論體則有范祖禹的《唐鑑》。類書體則有王應麟的《玉海》及下文即要探討的《冊府元龜》。總之，以公、私著作數量之多而言，以史體的多元化及創新性而言，以官方修史機關的逐漸完善而言，宋代史學上的表現確是可圈可點的。

　　宋真宗（趙恆，968-1022；在位期：997-1022）時代所編纂的「歷史百科全書」——《冊府元龜》，是宋代四大書之一。[4]真宗在該書編纂過程中

---

[1] 有謂宋代的史學成就超過中國其他朝代，清代固亦瞠乎其後。此則未見其然。按：宋人史學之成就，蓋在於開創；清人之史學成就，乃在於守成，尤在於舊有史籍之整理、疏釋，舉凡輯佚、補遺、注釋、考證等等均是。兩代各有表現，固難分軒輊。

[2] 有關宋代官方的修史情況，可參蔡崇榜，《宋代修史制度研究》（臺北：文津出版社，1991）。宋官方編修的史書很多，即以日曆及實錄而言，據《宋史》，卷203，〈藝文志二〉所載，《高宗日曆》及《孝宗日曆》各有1,000卷和2,000卷。太祖至理宗14朝皆有實錄，凡3,000多卷。其後度宗以降迄宋亡（以帝昺投海死算）共歷四朝（度宗、恭帝、端宗、帝昺：1265-1279），合計共15年無實錄而已。以其時天下大亂，文事固未遑及也。

[3] 《通鑑》固神宗所命名、賜序，並提供撰史資源——「俾就秘閣繙閱，給吏史筆札」（〈御製序〉語）。但舉凡該書義例之釐定、協修人手之聘用，均出自司馬光一人之手。且上無監修，又設局自隨。故可謂官修其名，私纂其實也。

[4] 宋四大書指：《太平御覽》、《太平廣記》、《文苑英華》與《冊府元龜》。首書載諸子，次書載小說，三書載文章。《冊府》則載史事，故筆者乃比附為"歷史百科全

所給予的「關注」，恐怕超過了其前歷代帝王對史書編修所關注的程度，[5] 這是中國歷代帝王關注／干預修史的現象中頗值得注意的一例。過去學人研究《冊府元龜》的不多，研究真宗與《冊府》的關係的專文，更未之見。[6]

---

書"，並以此名目稱謂之。

[5] 中國歷代君主，大體上莫不關注史事之記載或史書之編纂。史官設置極早便足以反映其事之一斑。當然，上古史官職務繁重，不僅從事紀錄而已；然而，無可否認，史事紀錄，永遠都是史官重要的一項工作。君主參與史書編纂工作的，最早的一位似係宋孝武帝。《宋書‧自序》稱何承天、山謙之、蘇寶生及徐爰之《宋書》，宋孝武帝嘗撰臧質等人之傳記。又《梁書‧武帝紀（下）》「史臣曰」的一段文字之前載武帝「又造《通史》，躬製贊序，凡六百卷。」是唐太宗之前，宋孝武帝與梁武帝已參與修史事矣；惟所修者，不為今所認定之正史而已，且亦早已散佚。至於梁武帝何以造《通史》一書，乃緣乎彼不滿《漢書》等斷代為史的作法，因而主持編撰《通史》，並躬制贊序。（並參：https://zh.wikipedia.org/zh-tw/%E6%A2%81%E6%AD%A6%E5%B8%9D；瀏覽日期：2025.02.27）現今仍存之帝主史著，也許以唐太宗文皇帝所撰著者為最早。他親自為官修《晉書》撰寫〈宣帝紀〉、〈武帝紀〉、〈陸機傳〉和〈王羲之傳〉的論贊。要求褚遂良給他看起居注更是他「關注」歷史記載（其相關的起居注便成為日後歷史記錄）的最佳寫照。宋真宗雖未提筆親自撰寫《冊府》中任何一篇章，但該書的整個編修過程及纂修方向、原則，真宗是充分參與並加以指導的。如果說真宗的參與是一種善意的關注的話，則 350 年後明太祖朱元璋對《元史》編修的關注，便可說是一種赤裸裸的干預了。此例一開，清帝的各種御覽、御製、欽定、聖裁，便接踵而至。官修史書本來就難得有"清白的空間"，明清以後，每況愈下，史官的自主性更不可問。當然，設官修史，亦自有其可取處，如容易獲得比較豐富的史料、經費資源比較充足即是。唐劉知幾反對官方修史，有五不可之說，所見固精到。然而，失諸未能作平衡正反兩方面的考量。惟其中第四個不可指出說：「史官注記，多取稟監修」，則恐係官修史書永遠無法踰越的先天必然侷限，實無可如何！其實，官修所以為官修，正在於此。劉氏言論，見《史通》，卷 20，〈忤時〉一文。有關明太祖對《元史》編纂上的指導，參黃兆強，〈《元史》纂修若干問題辨析〉，《東吳歷史學報》，創刊號，1995 年 4 月，頁 153-180，尤其頁 176-178。此拙文已收入本書內。

[6] 專文雖未見，但相關文章的部分內容論及真宗與《冊府》關係的，至少有以下二文：劉乃和，〈序〉，《《冊府元龜》新探》；顏中其，〈《冊府元龜》編修者介紹〉。劉文及顏文的相關論述，分別見劉乃和編，《冊府元龜新探》（鄭州：中州書畫社，1983），頁 6-10；40-48。劉氏〈序〉文又收入劉乃和，《勵耘承學錄》（北京：師範大學出版社，1992），頁 268-289。以下引錄劉文，均據《勵耘承學錄》一書（以

筆者本文便試圖作一點嘗試。《冊府》所含的〈國史部〉，更可說是中國最早出現的一部「中國史學史」，[7]筆者對〈國史部〉注意已久，[8]本有意作點研究探討。但為避免「**觀其小者遺其大**」，茲先對《冊府》作探究。又該書的纂修與真宗的關注，關係極其密切，故先予以析述。

---

下或簡稱《承學錄》）。按：本注起首「未見」一語，乃指 20 多年前，即公元 2000 年時首撰拙文時未見其他專文。以事隔 20 多年，今或已有新篇也說不定。然而，以精神體力關係，不克追蹤最新研究的近況了。尚祈讀者諒宥。

[7] 劉勰《文心雕龍・史傳篇》及劉知幾的《史通》，尤其後者，固有史學史的成分，但能夠系統地分門別類，羅列史家史著，並加以述說的，似當以〈國史部〉為第一部史學史專著；且篇幅不少，約 90,000 字。把該部視為史學史著作，並撰文研究其價值的，可參高振鐸，《開發史學史的寶藏——《冊府元龜・國史部》的價值》一文，收入上揭《冊府元龜新探》，頁 147-167。上文說過宋代的史學成就很了不起。就以史學史來說，除〈國史部〉外，南宋人高似孫的《史略》，亦值得一提。該書可說是我國現存最早的一部史籍專科目錄。由此來說，南、北兩宋，皆各有一種史學史的著作了。有關《史略》的扼要介紹，可參周天游，〈《史略》淺析〉，周天游，《史略校箋》（北京：書目文獻出版社，1987）。

[8] 筆者最初注意到《冊府元龜》一書的，緣自先師章群教授 20 多年前的提點。先師嘗指出該書含史料極豐富。今言猶在耳，不意 2,000 年年初章師遽歸道山，茲草就此文，敬致永恆的悼念。屈指一算，章師逝世已 4 分 1 世紀。1971-1975 年筆者肄業於浸會學院（其後升格為大學）史地系，追隨章師問學凡 4 年之久。其間，嘗修讀老師所開授之以下各課：中國文化史、秦漢史、隋唐史、宋元史等。1988-1990 並與老師共事於東吳大學歷史學系共兩年。兩年間，首年住同一棟大樓（東吳大學家眷教師宿舍，老師住 4 樓，筆者住一樓）凡一年之久。其間，幾乎可說朝夕與共。師母以未能充分適應臺灣生活，章師以客座教授身分任教東吳兩年後便與師母僑遷加拿大多倫多定居。章師之學術專長有二。唐史方面之研究，固有極大之成就。另一則為中國史學史。此後者，乃筆者鍾愛之對象。筆者比章師早一年在東吳任教。任教之初，課業繁重，以備課方面除準備上課之內容外，尚要準備上課之"工具"，此即國語（普通話）是也。筆者土生土長於香港，國語好比外語也！（當年筆者說英語絕對比說國語流暢，最少在發音方面是標準多了！）是以教書開頭數年，備課方面，是相當吃力的。這所以當年未能在中國史學史專業上向章老師多所請益。今思之，真好比入寶山而空手回也。惟早已追悔無及矣！！

## 二、天真的「真命」天子──宋真宗

中國歷代皇帝以「真宗」作為廟號的,似乎只有一人。此人便是北宋第二位皇帝的第三子趙恆。[9]

趙恆在中國歷史上算是一位表現不差的皇帝;當然,也不算一個傑出、偉大的英主。他統治中國前後共 26 年。大體來說,前期的統治(約 10 年,997-1007;即大中祥符之前),是比較理想的。但假藉天命、瑞符作為統治之所據之後,情況便漸次不如從前。趙恆之廟號為真宗,未悉其由。筆者則以為如「真」字作為他的謚號,可能更恰當。因為他天真到接受「引天命以自重」的建議,認定自己是如假包換的"真命"天子;以為可藉此以鎮懾當時他頭痛不已的戎狄──契丹。[10]其實,趙恆在本質上,不算一個壞皇帝,他努力繼續先緒,企圖承接先父太宗皇帝,以至伯父太祖皇帝的鴻圖偉業。惜理想歸理想,現實歸現實,[11]他本人的性格、才能、以至大環境的種種因

---

[9] 中國皇帝的數目,據鄔元初的算法,計有 334 位,據劉瑞方的算法,則為 352 名。數目稍異,這大抵與算法或確認標準不盡相同有關,這裏不擬究明。大體來說,視為 350 名左右即近是。按:趙恆的廟號是其死後的第二年(天聖二年)十一月所議訂的。參《宋史‧真宗本紀三》。何以選擇「真」字?則史未明言。以上鄔氏及劉氏的統計,分別見鄔元初編著,〈再版說明〉,《中國皇帝要錄》(北京:海潮出版社,1991);劉瑞方編著,〈前言〉,《中國皇帝史》(北京:國防大學出版社,1992)。

[10] 鎮懾契丹,使之不敢再度輕啟邊釁;此外,亦旨在雪恥,蓋年前的澶淵之盟在五鬼之一的奸相王欽若的解讀下,是一個「城下之盟」。(語見司馬光,《涑水記聞》(臺北:世界書局,1970),頁 60。)換言之,引天命符瑞以自重,就真宗來說,未嘗不是補償作用下的一種心理自慰的表現。王欽若建議真宗「盛為符瑞,引天命以自重」數語,見司馬光,上揭書,頁 62。按:蘇洵《謚法》,卷二,以「不隱無藏」為「真」字謚法上之確詁。真宗既天真地接受欽若之建議,以為可藉此自欺欺人,則自另一角度言之,亦可謂「不隱無藏」(天真、無心機)之至。筆者上文認為「真」字作為他的謚號,可能更恰當,便是基於這個考量。以「真」作為謚之研究,參汪受寬,《謚法研究》(上海:古籍出版社,1995),頁 390。

[11] 系上摯友劉靜貞教授嘗以「理想與現實」來命名她探討真宗皇帝的一章書。該章乃所著《皇帝和他們的權力──北宋前期》(臺北:稻鄉出版社,1996)的第三章。筆者對宋史素來生疏,尤不熟真宗之史事。本文真宗部分的析論,該章書對筆者啟迪殊

素，使他只好「天真」地沉醉在天書、聖文與封禪的自欺欺人的幻境當中，「一國君臣如病狂然」！[12]如能永久沉醉，那倒無所謂，因為至少可以在夢幻中快樂地過上一輩子。不幸的是，在他醉生夢死九年之後，於大中祥符九年，即在他與世長辭的 6 年前，一場蝗災使他不得不驚醒過來，他必須再度面對真實的世界。上天真「不仁」，以趙恆為芻狗，假使不假以年，讓他早 6 年便駕崩，那他可真「快樂到不得了」呢！[13]

真宗個性本柔弱謙退，虛懷聽納。當皇子時，所接受的書本教育，主要是儒家的經典為主。[14]真宗 46 歲時，嘗憶及青少年時，「弟兄相接，亦無游

---

多。劉教授扣緊「人」的角度（即從人之個性、情欲、才能、自我期許、定位，及他人對他的期許、定位等等）切入研究主題，以探討北宋前四帝。分析殊深入細膩，此不在話下。最使人讚嘆的是，該書充分揭示了靜貞教授得歷史研究的三昧，能跳脫歷史的表象而進入歷史（史情）之內，蓋歷史非人之活動而何？要探究人的活動，能不先鑽研、洞悉人之所以為人乎？俗語有謂「文如其人」，苟靜貞非渴望能對「人」產生深入的認識、瞭解（反之，假若對「人」一無關懷、熱愛），則尚有其他因素能誘發、啟迪靜貞依上述角度以進入歷史研究中乎？筆者之所以讚嘆者，正在於此。

[12] 《宋史·真宗本紀贊》。

[13] 這讓人想起宋末大將夏貴之降元。景炎元年（公元 1276）正月宋奉表降元；翌月，夏貴遂以淮西入獻降。再 4 年，貴卒，時年 83。歿後有人弔之曰：「自古誰無死，昔公遲四年；問公今年死，何似四年前？」又曰：「享年八十三，何不七十九？嗚呼夏相公，萬代名不朽！」詩見王圻，《稗史彙編》，卷 88，〈人事門·尤悔類·降虜見嘲〉條引《三朝野史》。又可參趙翼，《廿二史劄記》，卷 26，〈夏貴〉條。夏貴宋末守邊，一生勞瘁；惜降元，而《宋史》不為立傳。入元後無傑出表現，《元史》亦不為立傳，「徒使數十年勞悴付之子虛」（〈夏貴〉條語），故詩人惜之。按：真宗卒年五十五，固不能與夏貴相比。然而，據統計，中國歷代帝王之平均壽命不足四十歲。真宗卒年五十五，以帝王歲數之平均值來算，應算是高壽了。其實，先進國家男性歲數平均值在七十以上，這是近今四五十年的情況；即以 19 世紀來說，歐洲人的平均壽命亦只有 45 歲。中國皇帝的平均壽命，參章用秀，《中國帝王喪葬》（天津：百花文藝出版社，1999），頁 6。歐洲人的平均壽命，參謝德秋編著，《醫學五千年——外國醫學史部分》（北京：原子能出版社，1992），頁 281。

[14] 李燾，《續資治通鑑長編》（以下簡稱《長編》），卷 73，〈大中祥符三年六月辛未〉條。

談，唯是讀書著文，交相質問。」[15]這種求學態度自然使得他對儒家經典滾瓜爛熟。他於接受經師講誦之餘，之所以還能夠自己充當講官，便很可以理解了；嘗講述《尚書》七遍，《論語》、《孝經》亦皆數四。[16]儒家經書，其主旨不外講論修己治人、家齊國治天下平的道理。真宗浸淫其間，對其日後治理天下，想必產生一定的影響。[17]儒家教育固重視道德訓誨，但亦同樣重視文事博雅；然則編修寓道德訓誨功能的典籍書冊，藉文以載道，便很可能是最理想的二合一的歸趨了。史公引孔子之言曰：「我欲載之空言，不如見諸行事之深切著明也。」[18]換言之，即藉史以載道。真宗對史遷所引孔子之名言不可能不有所體會；於是下詔編修具歷史性質的百科全書《冊府元龜》，便是很順理成章的一項舉措。如果說藉史以載道只是中國人歷來撰史的一項原則，又孔子的名言對真宗來說是過分遙遠了一點的話，則真宗的父親太宗皇帝修書的先例對他來說便應該是最直接的一個啟發。太宗嘗修《太平御覽》1,000 卷、《太平廣記》500 卷及《文苑英華》1,000 卷。真宗踵事增華，續承先緒，是以有《冊府》之編修。[19]

作為一個日理萬機的帝君來說，編修典冊，根本可以「詔後不理」，讓修書班子完成任務便好了。但真宗的作法不然。他的努力勤奮、不憚焦勞，是創業帝君以外的後代君主中少見的。[20]他對《冊府》編纂作業之熱切關

---

[15] 《長編》，卷 80，〈大中祥符六年春正月辛酉〉條。真宗好學，史冊屢載，不煩徵引，可參劉靜貞，上揭書，頁 103，註 23。

[16] 《長編》，卷 72，〈大中祥符二年九月乙亥〉條。

[17] 這個影響包括對君權產生一定程度的限制。余英時即指出儒家企圖用教育的方式來塑造皇帝於一定的模型之中。見氏著，〈君尊臣卑下的君權與相權〉，余英時，《歷史與思想》（臺北：聯經出版事業公司，1977），頁 50。

[18] 司馬遷，《史記‧太史公自序》。

[19] 真宗於《冊府元龜‧序》中明言繼承父業而有斯作。

[20] 一般來說，歷代創業帝君，尤其是馬上得天下的帝君，相對其後嗣來說，都是比較勤勞而有為的，否則無法成功地在打天下的過程中從別人手上把天下搶過來。這與深悉稼穡之艱難，非長於深宮、養於婦人之手有絕大關係。宋太宗雖非宋代首位人君，但其不憚焦勞，與其兄長太祖皇帝相比，恐有過之而無不及。這與他積極參與開國創業打天下的活動，當有絕大的關係。這與唐太宗李世民年十九便隨同乃父起兵，情況如

注,也許是歷代帝君中唯一的個案。這點留待下文詳述。

真宗做人謙遜自守、處事殫精竭慮、又好學儒雅。唯一可惜的是:生長在帝王家;更不幸的是,他繼承宵旰不寐、枵腹從公猶同開國君主的太宗皇帝之後而為帝。這便使得他的一切努力都被比下去了。更不要說作為九五之尊,他在個性方面,架勢方面,本來就不及乃父!天書、祥瑞的「降臨」本來可以提供他一個心理上的避難所,且更可藉此以昭雪澶淵之盟之恥,但一場蝗災使他從但願長醉不願醒的美夢中驚醒過來。蝗、蝗,何不仁乃爾!然而,《冊府元龜》的編纂或可以讓真宗「扳回一局」,俾不致事事落後乃父,蓋這部「歷史百科全書」使歷史研究者獲益匪淺。至少筆者之所以注意真宗,或可以說,真宗之所以在筆者心中名垂不朽,便是拜該書之賜。所以就筆者來說,真宗對該書的悉心關注,所付出之心力,絕沒有白費。由此來說,他這個皇帝,並沒有白做,因為如果不是以帝王之尊登高一呼,這部書能否出現,或出現的面貌到底如何,那便不無疑問了。

## 三、《冊府元龜》述論

真宗指導下編纂的這部類書,書成後取名為《冊府元龜》。真宗本人及纂修的官員,並沒有對書名作任何解釋。大抵他們認為不必多作說明吧。古人學問有根柢,今人則不然。茲引錄劉乃和的說明如下,以助今人對該書名稱的瞭解:

> 冊府就是書冊的府庫,元龜意思是大龜,古人用龜占卜,可知未來,故認為可以作借鑒的事,常謂之龜鑒。書名為《冊府元龜》,即是說這部書是一部為君臣鑒戒的古籍大書,並可作將來的典法。[21]

---

出一轍。真宗之不憚勞累,參劉靜貞,上揭書,頁 97-99。

[21] 劉乃和,《冊府元龜・序》,收入劉乃和,《勵耘承學錄》(北京:北京師範大學出版社,1992),頁 272。

劉氏的說明須稍作解釋。《冊府》乃為提供鑑戒而作，這從「元龜」兩字可知之。但劉氏何以「無中生有」多加上「君臣」二字？原因大概是以下二者之一：一、《左傳・昭公七年》：「普天之下，莫非王土；率土之濱，莫非王臣。」所以天下之人有兩類，不是君，便是臣。給君臣作鑑戒，猶同給全天下人作鑑戒。二、編著該書的目的，只為給君主與臣僚看，根本不考慮君臣以外一般的老百姓。茲不論劉乃和對「臣」字取上述廣狹兩義中那一種解釋（或許，她根本不意識及此！），她多加上「君臣」兩字倒符合了該書編纂的原意。原因是該書原先不名為《冊府元龜》，而是稱作《歷代君臣事蹟》，[22]是輯錄過去的君臣事蹟，給後來繼作君臣的人藉以鑑戒來閱覽的。所以劉乃和多添加「君臣」二字，倒是很符合該書旨趣的。該書完成後，真宗始命名為《冊府元龜》，[23]其時為大中祥符六年（1013）八月，[24]上距景德二年（1005）九月下詔開修，前後歷時九年。

《冊府元龜》是宋代四大書之一，凡 1,000 卷，據劉乃和統計，是《四庫全書》著錄 3,400 多種書籍中，第二大部頭的書，篇幅僅次於修於康熙年間的《佩文韻府》。（存目者另算。）[25]《冊府》內容類分為 31 部，部下分

---

[22] 《長編》，卷 61，〈景德二年九月丁卯〉條。

[23] 王應麟，《玉海》，卷 54，〈景德冊府元龜〉條。以下引用《玉海》，凡資料出自本條者，僅標舉書名；卷數及條目名稱，恕從略。王德毅教授為筆者指出謂，宋太祖始祖名「玄朗」；《冊府元龜》當作《冊府玄龜》，以避諱改作「元」。

[24] 同上註。

[25] 所謂存目，即現今僅存其書名，而書已佚。按：《佩文韻府》440 卷，卷數不及《冊府》之半。然而，若以頁數統計，則兩書相差不大，而前者反稍勝。譬如以藏於北京圖書館之文津閣板本之《四庫全書》來說，《佩文韻府》之頁數為 28067 頁；《冊府》則為 27269 頁。參劉乃和，〈《四庫全書》中最大部的書〉，上揭《勵耘承學錄》，頁 239。臺北商務印書館影印文淵閣《四庫全書》本中《冊府》之頁數，則為 26488 頁，約 900 萬言；此與文津閣板本稍異（相差 781 頁）。究係兩板本本來就不同，抑只是統計上之誤差？不擬細考。案：北京人民大學黃愛萍教授於本文宣讀前數日，嘗過訪東吳大學歷史系。黃教授對《四庫全書》之編纂，素有研究。筆者即詢以頁數相差之故。黃教授答謂，蓋或緣於鈔胥者怠惰，故意漏鈔；不同板本之字數、頁數，由是便有落差。

門，凡 1,100 多門，[26]每部前有總序，每門前有小序，各門的材料，按時代先後排列；始修於真宗景德二年（1005），成書於大中祥符六年（1013）。

《冊府》的總纂修官是王欽若和楊億。其下計有錢惟演、刁衎、杜鎬、戚綸、李維、王希逸、陳彭年、姜嶼、陳越、宋貽序，共十人。其後真宗又派內臣劉承珪、劉崇超典其事。[27]再後又加上陳從易、劉筠、查道、王曙、[28]夏竦等五人，並委派孫奭注音義。即除兩內臣負責典事而不參與具體編纂作業外，餘共十八人（含王、楊）參與其役。[29]筆者以為纂修這麼大部頭的

---

[26] 依次為：帝王（128 門）、閏位（78 門）、僭偽（37 門）、列國君（40 門）、儲宮（17 門）、宗室（42 門）、外戚（23 門）、宰輔（41 門）、將帥（106 門）、台省（29 門）、邦計（29 門）、憲官（15 門）、諫諍（6 門）、詞臣（8 門）、國史（13 門）、掌禮（9 門）、學校（15 門）、刑法（9 門）、卿監（15 門）、環衛（9 門）、銓選（8 門）、貢舉（10 門）、奉使（17 門）、內臣（16 門）、牧守（42 門）、令長（21 門）、宮臣（11 門）、幕府（16 門）、陪臣（21 門）、總錄（241 門）、外臣（34 門）。以上所開列各部之序次及各門之數目，乃據《玉海》。以上 31 部總計共 1106 門。《玉海》則云 1104 門，程俱《麟台故事》（卷二）亦同。其實，應係 1116 門。詳見本書第七章，注 16。

[27] 內臣典纂修事不知始於何時。但這是很值得注意的現象。就《冊府》的編纂來說，既已責成王、楊負責總纂，本該示人以信，今真宗再派內臣掌典，很明顯是旨在有效監控，並企圖快速掌握編纂的資訊。

[28] 《玉海》作「王曉」，當為手民之誤。

[29] 同上註。《四庫提要》云：「……以欽若提總，同修者十五人。」「五」字蓋為「七」字或「九」字之訛。蓋含二內臣，則共十九人；捨之，則為十七人。總之，不可能是「十五人」。按：《冊府》部分纂修者名單，亦見載於《長編》，如卷 61，〈景德二年九月丁卯〉條即是。然最早錄載十八人名單者，應為程俱之《麟台故事》（見卷二）。據馬端臨《文獻通考》卷 193 所載，李燾於隆興元年（1163），始成《長編》前 17 卷（記建隆迄開寶事），時程俱已謝世 20 年。王應麟為南宋末年人，則更無論矣！由是言之，王、李、程三人有關編纂者之記載，當以程為最早，李次之，王居末。案：南宋人曹彥約所編撰之《經幄管見》卷二，載真宗與王欽若議《冊府》纂修事頗詳盡，凡六百餘字。《管見》乃輯錄自《三朝寶訓》。《寶訓》於「寶元二年（1039）十二月詔以進讀」（《四庫提要》語），可知其成書乃在寶元二年之前。由此來說，有關《冊府》纂修事之記載，以上四書（《長編》、《玉海》、《麟台故事》、《三朝寶訓》）當中，應以《寶訓》為最早。《經幄管見》載真宗與王欽若論修《冊府》之對話，係蒙王德毅教授之提點而始知之者，謹致上謝忱。王教授對

書，且前後歷時九載，除纂修者必預其役外，其他朝廷大臣不可能是全然「冷漠置之」的。[30]

《玉海》在這方面恰好為筆者提供了一項足以佐證的資訊。卷 54 載：

> 王欽若以《南北史》有索虜、島夷之號，欲改去。王旦曰：「舊史文不可改。」趙安仁曰：「杜預注《春秋》，以長曆推甲子多誤，亦不敢改，但注云日月必有誤。」乃詔：欲改者注釋其下。[31]

王旦、趙安仁皆擅長文史，德高望重，盛享時譽。[32] 上引文更可見二人史識遠在王欽若之上。筆者引錄上文主要是揭示《冊府》之纂修，除上述十八人參與其役外，其他大臣提供意見的恐必不在少數，王、趙蓋其中一二而已！

《冊府》總序與小序 1,000 多篇，原先由各纂修官分別撰寫。後真宗認

---

本文之其他指點，於此一併致意。（德毅教授於本年（2024）4 月 29 日辭世於臺北，享壽九十有一。教授對學術，尤其對史學之貢獻，不必贅說。其獎掖後輩之不遺餘力，其具體事蹟，則非筆墨所能盡表者。就以受惠者來說，筆者恐為千百中之一而已！）有關李燾成《長編》17 卷事，又可參王德毅，《李燾父子年譜》（臺北：臺灣商務印書館，1963），〈孝宗隆興元年〉條。近 20 名纂修者中，除姜嶼及劉崇超外，餘《宋史》皆有傳。顏中其嘗撰文簡略介紹纂修者的事蹟；指出云：「王希哲、姜嶼、宋貽序三人，《宋史》未有傳。」按「王希哲」，當作「王希逸」；顏中其誤，故未能見其本傳。又宋貽序，附見其父〈宋琪傳〉，顏中其亦失檢。顏中其，〈《冊府元龜》編修者介紹〉，劉乃和編，上揭書，頁 39。

30 筆者所以有此一念，實緣於近年東吳大學校史編寫計劃所給予的一點啟示：校史編寫人員或研究人員之外，實有不少熱心人士不斷提供校史相關資訊或相關意見。但後者的姓名，大多隱而不彰。想《冊府》之編纂亦如是。

31 案：「索虜」、「島夷」的用語，最足以反映南北朝人輕鄙對方的一種心態。《南北史》予以保留，實可藉以充分揭示時人的意識型態。此等字眼，怎能任意刪去？！蓋王欽若以為刪之最足以表示客觀，其實就保存史事原貌來說，這適得其反，欽若可謂無史識之至。

32 王、趙事蹟，分別見《宋史》卷 282、287，二人〈本傳〉。

為體例不一,便選擇李維等六人負責其事,最後由楊億定稿。[33]十八人中,以陳越、陳從易、劉筠用力最多。[34]

至於《冊府》之取材,王應麟有所說明:

> 凡所錄以經籍為先,(楊)億又以群書中,如《西京雜記》、《明皇雜錄》之類,皆繁碎,不可與經史並行,今並不取。止以《國語》、《戰國策》、《管》、《孟》、《韓子》、《淮南子》、《晏子春秋》、《呂氏春秋》、《韓詩外傳》,與經史俱編,歷代類書,修文殿御覽之類,采摭銓擇。[35]

《四庫提要》對《冊府》之取材,亦有相同的看法,指出云:「惟取六經子史,不錄小說。」並進一步指陳云:「於悖逆非禮之事,亦多所刊削,裁斷極精審,⋯⋯典籍至繁,勢不能遍為掇拾,去誣存實,未可概以挂漏相繩。」《提要》的指陳,細析之,含三項內容:一、依道德倫理立場以取捨材料。「凡所錄以經籍為先」(上引王應麟語),其原因正在於此。二、典籍至繁,勢不能全部掇拾。三、編纂者以是否達到心目中既定的去誣存實這個目的,作為材料掇拾取捨的依據(其實,說到最後,所謂去誣存實,依上文「悖逆非禮之事」一語來看,蓋指是否符合狹隘的道德倫理立場而已;而非真能以歷史事實為據也。);故未予采摭者,不可以掛漏遺落視之。最後一點是為《冊府》作辯解的。原來洪邁與袁褧皆曾批評過《冊府》取材貧乏;前者更指出雜史、瑣說、家傳,不可盡廢。[36]四庫館臣則持異議,故為

---

[33] 見《玉海》。按:「李維等六人」,據劉乃和,乃指李維、錢惟演、劉筠、夏竦、陳彭年。劉乃和,上揭文,頁 273。但所列舉者亦僅五人而已,且亦未明言何所據而云然。

[34] 《宋史》,卷441,〈陳越傳〉。

[35] 《玉海》,卷54,〈景德冊府元龜〉條。

[36] 洪邁,《容齋四筆》,卷 11,〈《冊府元龜》〉條。袁氏言論,見《楓窗小牘》,卷下。

之辯護。持平而論，洪邁等人的「要求」是比較恰當合理的，蓋既係類書，則相關資料該一應收錄，而不宜以道德倫理立場作為取捨之判準。《冊府》纂修者為遵奉真宗意，[37]固無可如何，四庫館臣自不必隨聲附和。

《冊府》雖不攝錄稗乘野史的記載，但現今早已不存在的唐代和五代實錄，以至《舊唐書》和《舊五代史》所未載的其他材料，《冊府》中倒保存不少，這正可作補苴之用。此外，《冊府》所引用五代以前的各正史，都是北宋以前古本，這正可作校勘之用。所以即使僅就史料的角度來看，《冊府》的價值已不可少覷了。[38]比較可惜的是，大概由於卷帙繁多，又輾轉流傳，所以錯誤難免，如脫簡、衍文、前後顛倒、字句訛誤等，便不一而足。即以筆者讀畢的〈國史部〉來說，上述情況便相當普遍，若干地方甚費解，幾不能卒讀。一般讀者現今閱讀到的是香港中華書局（1960 年出版）影印崇禎年間出版的本子。

《四庫全書》本大抵為同一版本。幸好，1989 年北京中華書局出版了《宋本冊府元龜》，共 581 卷；[39]雖未為全璧，然已是全書之過半。這對上述脫、衍、誤等等情況之改進，幫助至大。

宋真宗下詔編纂《冊府》的目的意圖，似乎應在本節中一併予以說明析述，俾讀者對該書各方面有一個概括的了解。但下節將會探討研究此課題，是以本節從略。[40]

---

[37] 詳情，請參下節之析述。

[38] 劉乃和對《冊府》的價值早有所指陳。參劉氏，上揭書，頁 284。又有關《冊府》在校勘學上的價值，可參王仲犖、鄭宜秀，〈從《宋書・顏延之傳・庭誥》校勘記看《冊府元龜》在校勘學上的價值〉，劉乃和主編，上揭《冊府元龜初探》，頁 49-58。

[39] 詳見〈影印說明〉，《宋本冊府元龜》（北京：中華書局，1989），頁 3。

[40] 有關《冊府》簡明扼要之描述，固見諸上文多次引錄之《玉海》。此外，明人楊仲良《資治通鑑長編紀事本末》，卷 16，〈王欽若等編修《冊府元龜》事蹟〉條之記述亦頗便參看，全文接近 1,000 字。至於《容齋四筆》卷 11，〈冊府元龜〉條及《麟台故事》卷 2 所載，則分別為 500 及 300 字。上述各書所載，當以《玉海》最為詳盡，凡 1,000 多字。然記述最早者，應首推《經帷管見》所引錄的《三朝寶訓》；程俱之《麟台故事》則次之。參上注 29。

## 四、真宗皇帝對《冊府元龜》纂修的關注

九五之尊、日理萬機的帝王，相信很少能夠像宋真宗一樣，對書冊的纂修作鉅細不漏、洪纖靡遺的關注的。真宗對《冊府》關注的程度，令人難以置信。茲先引錄若干文獻以明其梗概。王欽若等纂修官於《冊府》纂成後上表曰：

> 推明凡例，分別部居，皆仰稟於宸謨，惟奉遵於成憲。刊除非當，隱括無遺。每煩乙夜之覽觀，率自清衷而裁定。……洪惟上聖之能，獨出百王之首。[41]

其實王欽若等於該書纂修的過程中，即嘗作出相關之說明。其言曰：

> 自續集此書，發凡起例，類事分門，皆上稟聖意，授之群官；間有凝滯，皆答陳論。[42]

上述的說法，絕對沒有誇大其詞。真宗可說是《冊府》的總設計人、總工程師、發起人、監修人，蓋舉凡該書纂修的目的旨趣、纂修官員的選用、分工、考核及獎賞，以至該書體例、取材、糾補、編排、命名等等，無一不予以指導、裁斷。日理萬機的真宗，何能至此？以下我們試作若干分析。

首先，真宗本人是個做事勤快，不憚焦勞的帝君，此上文第二節已有所論述。就對《冊府》的關注來說，其勤勞之表現，《玉海》有如下的記載：

> 景德四年十月癸亥，上謂輔臣曰：「朕每因暇日閱《君臣事蹟》

---

[41] 見《玉海》，卷 54，〈景德冊府元龜〉條；李嗣京，〈《冊府元龜》考據〉亦轉載此〈表〉文，惟若干個別文字稍異，頗費解，想係手民之誤。李文收入香港：中華書局，1960 年版之《冊府元龜》。

[42] 《玉海》，〈景德冊府元龜〉條。又上揭《經幄管見》卷 2 亦有類似之記載。

（按：《冊府元龜》原作《歷代君臣事蹟》）草本，遇事簡則從容省覽，事多或至夜漏二鼓乃終卷。」

《玉海》又載：「……日進草三卷，帝親覽之，摘其舛誤，多出手書詰問，或召對，指示商略。」[43]每日令臣下進草三卷，大抵是承襲乃父太宗皇帝本有的作法。王應麟說：

> 太平興國八年十一月庚辰，詔史館所修《太平總類》一千卷，宜令日進三卷，朕當親覽焉。自十二月一日為始。宰相宋琪等曰：「天寒景短，日閱三卷，恐聖躬疲倦。」上曰：「朕性喜讀書，頗得其趣，開卷有益，豈徒然也。」[44]

太宗閱讀《太平御覽》的具體情況，與本文不相干，茲不具論。就真宗所讀的《冊府》來說，上文已指出，大概有 900 萬言。全書 1,000 卷，故平均一卷約 9,000 字；3 卷即接近 30,000 言。古人為文不斷句，想纂修官所進呈者亦然。古時夜間照明設備，即以宮廷書齋設備之完善來說，想絕不及今日之一般民居。每晚閱讀手鈔本 30,000 言，其勞累損目可知。且不止閱覽，尚經常加以批改裁斷，其勤奮實異於常人。然而，「日進草三卷」這句話，亦不宜認真看待而 100% 照單全收。原因有二：一、若真的每日 3 卷，則 1,000 卷書，不足 1 年便全部讀畢，但本文下表所據《長編》等書之相關資料顯示，真宗讀《冊府》的時間，絕不止 1 年。二、該書纂修前後共歷九載，[45]故修畢、進呈之速度亦不可能每日 3 卷；否則，實不必歷時九載。但

---

[43] 《玉海》，卷 54，〈景德冊府元龜〉條。
[44] 《玉海》，卷 54，〈太平興國《太平御覽》〉條。「日進三卷」，《經幄管見》卷 2 作「二卷」。案：「二」蓋為「三」之訛，以真宗皇帝當承襲乃父之固有作法也。
[45] 此外，尚有一常識性的理由如下：譬如我們說，「某人很用功，每晚讀書到深夜。」這句話不宜理解為此人 1 年 365 天，真的天天如此。1 年當中，如能經常如此，則「此人每晚讀書至深夜」一句話，便不能算是大話了。又再舉一例：譬如我們對某人

無論如何,「日進草三卷」是充分揭示了真宗很用功勤快閱讀《冊府》這個事實的。

上文說過,作為統治者來說,真宗個人的性格、才能,實不如乃父太宗皇帝。但他自小好學儒雅,喜愛文墨,[46]所以能夠讓他抵得上父親成就的,恐怕就只有藝文方面。父親既能纂就《太平御覽》等三大書,所以身為人子的真宗,便奮力「遹遵先志,肇振斯文,載命群儒,共司綴緝」了。[47]由此來說,《冊府》的纂修可說是被視為一項事業來經營的。真宗所以願意給予最大的關注,原因之一,當在於此。

真宗除做事不憚焦勞及以經營個人事業的用心來對待《冊府》的編纂外,他任命了內臣(劉承珪、劉崇超,詳參上文第三節)掌典其事,恐怕是他日理萬機之餘,尚能充分掌握、了解具體編纂情況的一個要因,蓋內臣可以朝夕無間向他打報告也!真宗之經常「臨檢」及纂修官之答問回應,又當

---

說:「可否借一步說兩句話?」意思是要離開現場,甚至找一個隱密的地方來說一下不便讓旁人知悉的話之意。所以這裡的「一步」,絕不可能只是不足一公尺的一步(按:常人走路,其步幅不會超過一公尺。有謂身高 170 公分的民眾,其步幅大概就是 70 公分);「兩句話」,也不可能真的只是說兩句話而已!換言之,數字問題,有時絕不能作實看。再者,要懂得說話人背後的文化。如果傻傻的完全如實來看,那是要貽笑大方,而反為遠離事實的。看史書數字上的問題,其道理正相同。

[46] 真宗或許是宋代十多位帝君中撰文最多的一位,逝世前二年(天禧四年,1020),內廷嘗頒聖製 720 卷(見《長編》,卷 96,〈天禧四年十一月戊午、庚申〉兩條)。700 多卷,到底含多少篇章,史無明文。但筆者據《全宋文》(成都:巴蜀書社,1989,1990),第 5、6,7 三冊統計,真宗所撰詔、書、制、序、銘、論、贊、表、手札等篇章,乃在 2,500 以上,詩賦等文藝作品尚未算在內。所以聖製 700 多卷,當屬事實。當然,吾人當猜想到,2,500 篇章中,當有不少是臣下代筆的。就算以同一篇章中的部分文字來說,恐怕也有是臣下代筆的。筆者對宋代史事素極生疏,不敢說得太滿,但以筆者較熟悉的清代史事和皇帝來說。清高宗的 4 萬多首詩作中,便有不少是臣下代筆的,或高宗開了個頭,而臣下續完的,又或只是說了個大意而臣下代為撰就者。劉靜貞嘗編製〈宋真宗御製文目錄〉,見上揭書,頁 132-135,可並參。

[47] 真宗,《冊府元龜·序》。載《玉海》,卷 54;又載上所引《冊府元龜·考據》及《古今圖書集成》,〈經籍典〉,卷 497。

是另一要因。[48]

　　真宗與《冊府》的關係，屢見記載。其中見於《長編》者十多條；[49]《玉海》一條（但可細析為十條以上，開除與《長編》重複的三數條，仍約有十條新資料）；[50]《經鉏管見》一條（可細析為多條，其中不見於他書之材料不少）；[51]《容齋四筆》一條，[52]所載內容大多見於《長編》；《麟台故事》一條（可細析為四條，然皆見於《長編》）；[53]《資治通鑑長編紀事本末》一條（可細析為多條，其中不載於他書者僅一條）；[54]《宋大詔令集》四條。[55]以上各書所載，約有20多條資料（重複者不算）；其中絕大部分與真宗關注《冊府》的纂修有關。帝王關注一典冊的編纂而有如此多記載的，如果不是僅此一例，恐怕中國歷史上亦絕不多見。且其關注面極廣，舉凡修書目的、體例、編排、材料取捨，以至人員之選用、分工、考核等等，無一不涉及。然而前人對這方面已作過論述，[56]茲不贅。現僅依年代先後，依次歸類開列真宗之各項關注如下表，以便讀者知悉其梗概。

---

[48] 「臨檢」的情況，參《長編》，卷62，〈景德三年四月丙子〉條；卷66，〈景德四年八月壬寅〉條。按：「壬寅」，《麟台故事》卷二作「己亥」。換言之，《麟台故事》之紀載比《長編》早了3天。依干支順序，己亥之後是庚子、辛丑，再來才是壬寅。《長編》，卷66，筆者所據乃北京：中華書局1980年的本子。相關頁碼為頁1479。

[49] 詳細情況，見下文〈真宗關注《冊府》纂修項目一覽表〉。

[50] 見卷54，〈景德《冊府元龜》〉條。

[51] 見卷2。

[52] 見卷11，〈《冊府元龜》〉條。

[53] 見卷2。

[54] 見卷16，〈王欽若等編修《冊府元龜》事蹟〉條。

[55] 見卷150，〈政事三・經史文籍〉：〈賜王欽若手札〉、〈與王欽若手札〉、〈手札賜王欽若〉、〈諭王欽若新編君臣事蹟廢滯卷篇序雷同手札〉。見載《宋大詔令集》（臺北：鼎文書局，1972），頁557。以上四文，亦分別見上揭《全宋文》，頁425、307、405、421。

[56] 如劉乃和與顏中其之論述即是。劉乃和，上揭書，頁272-283；顏中其，文章收入劉乃和主編之上揭書，頁40-47。顏氏的論述頗有系統，嘗歸納真宗關注的項目為三：一、確定編修目的、要求和體例。二、親自遴選編修人員，確定分工，並為之創造較好的工作條件。三、隨時進行檢查，具體給予指導。

## 真宗關注《冊府》纂修項目一覽表

| 關注項目/日期 | 修書目的 | 體例/門類 | 內容裁決 | 內容增刪/補缺 | 取材 | 糾改 | 人員選用/分工 | 待遇/賜器物錢財 | 考核 | 命名/賜序 | 備註/說明 |
|---|---|---|---|---|---|---|---|---|---|---|---|
| 1.景德二年九月丁卯 | | | X | X | | | X | X | | | 按：本條所含之項目非盡發生於景德二年九月丁卯，惟《長編》繫於本日，故仍之，《玉海》亦見相關記載。 |
| 2.三年一月癸酉 | | | | | | | | X | | | |
| 3.三年四月丙子 | X | | X | X | | X | | X | | | 此條見《長編》，唯僅及修書目的、糾改及待遇/賜器物錢財三項。《經幄管見》所載則極詳盡，且含數要點為他書所未載者，茲綴錄如下：一、指出修《冊府》，「所貴便於（史事之）檢閱。」二、「疑義闕聞之事，慎勿以己意更之。」此顯示真宗矜慎的態度及治學的客觀精神。三、「褒貶古人行事，根究聖人用心，亦甚難事。苟書成，外人無所攻斥，則為善矣。」此反映真宗深切體認修書難臻至善盡美之境界。其能體諒而未見苛責當事者之記載，蓋緣於此。 |

第六章　宋真宗與《冊府元龜》　215

| | | | | | | | | | |
|---|---|---|---|---|---|---|---|---|---|
| 4.四年四月丁丑 | X | | | | | X | | | 指示前代褒貶不當者，宜析理論之。 |
| 5.四年八月壬寅 | | | | X | | | X | | 「壬寅」，《麟台故事》作「己亥」。 |
| 6.四年八月壬寅之後 | X | | | | | | | | 此條乃有關「索虜」、「島夷」用語之去取及如何處理之問題；見諸《玉海》，年月不明，然繫於四年八月壬寅日之後，故姑置於此。 |
| 7.四年八月乙巳 | | | | | | | X | | 此條見於《長編紀事本末》。 |
| 8.四年九月戊辰 | X | | | | X | | | | 此條見於《玉海》。 |
| 9.四年十一月癸酉 | | | | X | | | | | |
| 10.四年十二月乙未 | X | | | | | | | X | 真宗纂修本書之目的，見本表後說明三；然而本條又揭示真宗之另一修書目的：「聽政之暇，資於披覽。」 |
| 11.真宗初 | | | | X | | | | | 此條見《容齋四筆》，未註明年月，然起首有「真宗初」三字，故置諸景德末。此條所描述事，大多見於他書。按：景德僅四年。 |
| 12.祥符元年二月丙 | | X | | | | X | | | 見《玉海》。 |

| | | | | | | | | | |
|---|---|---|---|---|---|---|---|---|---|
| 午 | | | | | | | | | |
| 13.元年五月甲申 | | | X | X | | X | | | 見《玉海》。 |
| 14.元年 | | | | | | | | | 見《玉海》。真宗「詔婦人事別為一書」。八年閏六月書成，賜名《彤管懿範》。 |
| 15.二年三月丁卯 | | X | | | X | | | | 見《玉海》。此條並未指示內容該如何增刪，而是指出有增改者，「標記覆閱之」。 |
| 16.二年十月丁未 | | | X | | | | | X | 見《玉海》。此條指示「其增損悉書之」。 |
| 17.三年三月辛卯 | X | | | X | | | | | 見《宋大詔令集》，指示應「慎於稽古」、「無涉於譏諷」。 |
| 18.三年五月辛巳 | | X | | | X | | | | |
| 19.三年九月戊戌 | X | | | X | | | | | 見《宋大詔令集》。 |
| 20.三年十一月壬辰 | | | | | | X | | | |
| 21.三年 | X | X | | X | | | | | 見《宋大詔令集》，月、日不明。 |
| 22.六年八月壬申 | | | | | | X | X | | |
| 23.六年八月 | X | | | X | | | | | 見《玉海》，真宗〈序〉文無年、月、日，惟繫於王欽 |

第六章　宋真宗與《冊府元龜》　217

| | | | | | | | | | | | |
|---|---|---|---|---|---|---|---|---|---|---|---|
| | | | | | | | | | | | 若所上〈表〉之後，《全宋文》作六年八月，今從之。 |
| 24.八年十一月乙丑 | | | | | | | X | | | | 見《玉海》。此日王欽若等上板本，真宗賜宴編修官，並賦詩，賜令屬和。然據《長編》，「板本初成」則繫於〈天禧四年閏十二月癸丑〉條下；今存疑，待考。 |
| 25.天禧四年閏十二月癸丑 | | | | | | | X | | | | 《冊府》板本初成，賜輔臣各一部（附：仁宗景祐四年二月甲子賜御使台各一部）。《玉海》同，惟未說明此日板本初成。 |
| 總數 | 8 | 5 | 4 | 7 | 4 | 5 | 2 | 9 | 1 | 2 | 47 |

說明：

一、本表之資料乃彙整自以下六書：《長編》（卷61-96、120）、《玉海》（卷54）、《宋大詔令集》（卷150）、《經幄管見》（卷2）、《資治通鑑長編紀事本末》（卷16）及《容齋四筆》（卷11），其中以《長編》及《玉海》最多。

二、資料來自《長編》者，不另作說明；來自他書者，備註欄內始予以指出。

三、表中首欄「修書目的」，一言以蔽之，乃彰善癉惡，俾成鑑戒，以資世教是也。「內容裁決」、「內容增刪／補缺」、「取材」等項，亦恆與此應用倫理學之觀點有莫大關係，不盡關乎史料之真偽或蕪陋。

附識：真宗與《冊府》之關係，據閱覽蒐集所得，皆客觀地（此所謂「客觀」，乃指非真宗本人「主觀自述」之意；而不是說絕對可靠，絕無偏見而完全符合事實之意）反映、展現真宗所給予之各種關注（各相關項目已具見上表），唯仍有一例外。此一例外，見《玉海》，其內容乃真宗自述其勤於閱讀《冊府》之情況。這方面，本節上文嘗引錄申述，茲不贅。

　　根據上表，我們可以作一些簡單的歸納分析。

一、所據資料共25條，獲得訊息共47項，即一條資料平均提供近2項訊

息[57]；而同一條資料最高者及最低者分別提供 4 項與 1 項訊息。[58]

二、「內容增刪/補缺」與「待遇/賜器物錢財」分別獲得 7 分和 9 分，幾為各項目之冠，此反映真宗最關注者，當在於此。然而，就後者來說，其中第 24 及 25 條資料分別顯示《冊府》編纂完竣後，真宗賜宴與賜輔臣《冊府》各一部。此大抵為任何大部頭書冊編纂完工後，主事者之必然表現，似不必算分數。因此「待遇/賜器物錢財」之 9 分，若從嚴，可說實得 7 分。

三、「修書目的」得 8 分，稍勝於「內容增刪/補缺」之 7 分。按：內容所以增刪，恐無非旨在配合修書目的。由此來說，修書目的，當係真宗所最關注在意者。[59]

四、分數的高低固然可以顯示關注的程度，但亦不能視為一絕對的指標。如考核一項僅得一分，似不受重視；其實，此適巧見諸文字記載，故知有明確考核制度存在一事實而已；[60]至如真宗經常「臨檢」垂詢，並委派

---

[57] 第 14 條資料沒有提供任何與《冊府》直接相關的訊息，但據真宗詔書，則得悉原擬編入《冊府》內的一椿史事，由於真宗之裁示而改編入《彤管懿範》一書內。然則這項訊息，亦可謂充分反映真宗關注《冊府》纂修事而裁示內容當作何取捨之一案例。由此來說，這項訊息（史事），亦不妨納入「內容增刪／補缺」欄位項下。然而，又稍有不同。蓋此項訊息乃全部改為置入他書內，與其他訊息只作部分增刪者，仍有所不同。

[58] 為方便說明，以下將以分數表示訊息之多寡：1 項訊息，視為 1 分。

[59] 修書目的，見上表下之說明三。

[60] 真宗的考核措施頗具體周延。《長編》卷 66，〈景德四年十二月乙未〉條載：「……起今後，自初修官至楊億，各依新式，遞相檢視，內有脫誤、門目不類、年代、帝號失次者，並署歷，仍書逐人名下，隨卷奏知。異時比較功程等第酬獎，庶分勤惰。委劉承珪專差人置歷。」此引文可注意者有三點：一、自初修官至總纂楊億，層層遞相檢視，以防躐等脫軌。二、有謬誤者，就各人名下改正隨卷奏上，以示負責。三、在相距若干時間後，委專人統計、比較各人之功程，藉以酬獎。按：此條資料乃真宗賜王欽若之手札。真宗素優禮大臣，此札亦說得相當客氣，故只獎，而不言懲戒。情況可能是下述兩項之一：一、考績之優劣，僅以酬獎之厚薄示之。二、僅言酬獎即可，以懲戒固不言而喻也。然而，筆者目前並未發現任何真宗懲戒纂修官之記載；或真僅有酬獎，不作懲罰，亦未可知。

二內臣掌典纂修事,想亦能,甚至更能,產生考核之效果。至於「命名/賜序」一項,尤能反映真宗關注重視之程度,可謂意義重大,影響深遠,不能以僅得一分便輕視之,蓋此一分與彼一分(如賜某編修官器物錢財若干),實不可同日而語也。是則僅憑分數,尤其相差不大的 1、2 分數,很難判定關注程度之高下。換言之,上表僅具參考性質,尤其不能以分數之高低便全然判定關注之程度。

五、《冊府》之纂修,起自景德二年,終於大中祥符六年,前後共九年。真宗之關注散見各年。唯祥符四年、五年,獨缺記載,此事之不可解者;似不可能係史家之漏載,蓋該兩年應係《冊府》完成前最緊鑼密鼓的階段,真宗作為全書的"總指揮",應給予關注最多,由是記載亦相應增多,才算合理。筆者原先以為符瑞、天書、封禪等情事,或使真宗不遑分心他顧;但符瑞等事,景德四年以降即漸次發生,然祥符三年前,真宗對《冊府》之關注,仍史不絕書。筆者思慮再三,頗認為怠惰鬆懈當係重要的原因。(針對這個說法,筆者後來作出修正。詳參第七章,注 14。)祥符四、五年既無若何關注,故史家便只好從缺了。這需要多等兩年,迄六年八月書成表上,真宗的關注始重新再現,此即其予以命名、賜序是也。

## 五、結語

真宗以性好文墨,又緣於遹遵父志、鑽承先緒,企圖有所表現,不至事事不敵乃父,故在極大的關注下,領導編修班子,纂成 1,000 卷 900 萬言的宋代第一大書《冊府元龜》。其對於學術界,尤其史學界之貢獻,至為鉅大。[61]關注之情況,雖於最後二三年,或有所懈怠。然身為帝王,日理萬機

---

61 《冊府》之貢獻、價值,上文已稍作討論。劉乃和主編,上揭《冊府元龜初探》收錄數文與此相關,可參看。若就該書對宋代人之貢獻而言,容舉真宗子仁宗一例作說明。《玉海》,卷 5,〈乾興天和殿御覽〉條載:「乾興初,(仁宗)命翰林侍讀學士晏殊等於《冊府元龜》中摭其善美事,得其要者四十卷,為二百一十五門,名曰

之餘,能持續關注六年(景德二年至大中符祥三年,1005-1010),且關注面極廣,鉅細靡遺,此在國史上縱然非唯一的個案,恐亦絕不多見了。就閱覽所及,尚未見專文討論相關課題,故草成拙文以就正於方家。筆者於宋代史事,素來生疏;文中所論,洵貽笑大方處不少。然而,真宗之於《冊府》,或最足以說明、反映帝王「關注」典冊纂修情況之一斑,故不揣謭陋,勉力予以揭示探討焉。《冊府》之纂修已足以使真宗名垂不朽,惜天書、符瑞、封禪等等之荒誕表現,驟減其聲價,此最可同情歎息者也。不然,漢唐英主,亦或無以過之!

---

《天和殿御覽》。仁宗嘗謂輔臣曰:『《天和殿御覽》可命校定模本刊行之。』因言:『朕聽政之暇,於舊史無所不觀,思考歷代治亂事蹟,以為鑒戒。』」按:乾興僅一年,為真宗最後一個年號而為仁宗所沿襲者。乾興初,仁宗即下詔摘錄《冊府》,以資鑒戒,可知仁宗甫登極即重視、仰賴該書了。

# 第七章　《冊府元龜‧國史部》研究[*]

## 摘　要

　　《冊府元龜》（以下簡稱《冊府》）係著錄於《四庫全書》的第二大類書，約 900 萬言。內含 31 部，1100 多門。前人探討研究該書不多；至若《冊府》中的〈國史部〉，則鑽研析論者更少。本文乃先述論《冊府》，後剖析其所含之〈國史部〉。該〈部〉約 90,000 字，可謂係中國五代（含）前的史學編纂史長編；舉凡史家的生平事跡、思想、品格操守，乃至史書體裁、史學論議、修史制度、史館建置沿革、史書目錄等等，皆可於〈部〉中得其相關資訊，洵為近現代中國史學史的濫觴。〈國史部〉固有其優點與貢獻，然缺點亦復不少，本文皆予以探討剖析辨明。該〈部〉文字脫、衍、舛誤、錯簡頗多，有待校勘以還其本來面目；或異日另文諟正之。[1]

---

[*] 本文原發表於《東吳歷史學報》，第 7 期，2001 年 3 月，頁 19-51。當時承蒙兩位匿名審查者提出不少寶貴意見，並推薦予以刊登，謹致謝忱。文章今稍作修訂後，納入本書內。其最近 20 多年來之最新研究成果，則不克納入本書內，實引以為憾也！

[1] 2024.09.23 補充：筆者之學術專業是中國歷史，其中尤其鍾情於中國史學史。中國史學史中，又特別偏愛明清史學史，尤其是後者。然而，就筆者的了解，宋代史學，就某一領域來說，譬如就開創性來說，就大部頭的史著來說，宋代之表現，似皆在清代之上。按：中國史學史之研究，以臺灣的學者專家來說，筆者最欽佩者，計有二人。其一，王德毅先生，另一則杜維運先生是也。（後者已作古 10 多年，前者亦已於今年——2024 年 4 月作古；讓人唏噓不已！！）兩人分別在宋代與清代史學史之研究上，表現傑出非凡；且對筆者，恆提攜獎掖，至今不敢或忘。宋代史學之研究，筆者只撰寫過二篇文章（本文即其一，另一為〈宋真宗與《冊府元龜》〉；後者亦收入本書內，即六章）。除史學史外，筆者對史學理論，亦頗鍾愛。1987 年，即執教上庠之首年，嘗承乏而教授西洋史學名著一科目。所以對西洋史學（含西方人所專擅之史學理論方面），也撰寫過和翻譯過一二篇文章；惟恐貽笑大方不已。2006 年，在一

## 一、前言

　　2000 年 5 月下旬本學系（東吳大學歷史學系）嘗舉辦第三屆「史學與文獻學學術研討會」。會上，筆者發表了一篇名為〈宋真宗與《冊府元龜》〉的文章。[2] 該文主旨在於探討真宗皇帝與《冊府》纂修的關係，對《冊府》本身只略作論述。[3] 前賢對該書所作之研究，成果亦未為豐碩。[4] 其中探討該書〈國史部〉的，所見僅 3 文。[5] 換言之，該〈部〉之義蘊宗趣，尚未見前

---

　　個偶然的機會下，又矢志發揚光大現代（當代）新儒家海外三大師（徐復觀、唐君毅、牟宗三，三位先生皆筆者之業師）之學術思想。該年筆者已 55 歲了。以精神體力等等緣故，實在無力再回過頭來從事史學史之研究。所以除了教學上的需要和「應酬」一下史學領域方面的研討會或論壇等等的活動外，乃全然集中心力在三大師的探討上。所以這裡說到的針對《冊府元龜・國史部》的校勘來說，或異日另文為之，只成一句過時的大話而已。今晨從書櫥中翻檢〈國史部〉文本（四庫全書版之影印本），其每頁之上，皆嘗針對不少錯別字做了校勘，甚至寫有若干眉批；心中遂不免生起一股小衝動，直欲重理舊稿，再作馮婦；惟念年事已高，時不我予，其事乃不得不作罷！！實在慚愧汗顏。

[2] 研討會上，臺大歷史系王德毅教授擔任拙文的評論人。承蒙惠賜不少寶貴意見，謹致謝忱。該文略作修改後，發表於《史學與文獻（三）》（臺北：東吳大學歷史學系編，2001 年 4 月），頁 75-98。

[3] 見上揭拙文〈宋真宗與《冊府元龜》〉，第三節。此拙文亦收入本書內，即書中第六章。

[4] 《《冊府元龜》新探》（劉乃和主編；鄭州：中州書畫社，1983）輯錄了 13 篇研究《冊府》的文章，算是近人研究的一大結集。（所謂近人研究乃指筆者發表〈宋真宗與《冊府元龜》〉一文之時，即公元 2,000 年前學者所發表之研究成果來說。）但 13 篇論文，連同劉乃和介紹性的〈序〉文合計，亦不過 175,000 字而已，研究成果不算很豐碩。內容則參差不齊。然而，〈影印明本《冊府元龜》弁言〉（見香港：中華書局，1960 年版《冊府元龜》），全文雖僅 1,000 多字，但精審無匹。此〈弁言〉作者，據劉乃和前揭〈序〉文第四節，知係出自史學大師陳垣先生的手筆，宜乎迥異他人。又中華書局版《冊府元龜》書前收錄明人李嗣京〈《冊府元龜》考據〉一文，雖內容本於《玉海》卷 54〈景德《冊府元龜》〉條及《續資治通鑑長編》相關條目，但頗有綜述之功，便利參看。

[5] 此 3 文為：高振鐸：〈開發史學史的寶藏──《冊府元龜・國史部》的價值〉，收入劉乃和主編，上揭書，頁 147-167；陳可青：〈漫議《冊府元龜・國史部》〉，收入

賢多予闡釋發覆。本文之撰，正緣於此。茲先對《冊府》一書作一綜述，至於前賢已作過論述之處，[6]則本文本乎詳人之所略、異人之所同之原則以為文，俾避免重覆。

## 二、《冊府元龜》述論[7]

宋代國力，尤其以武功而言，雖不及漢、唐[8]，然文化之成就，則戛戛乎獨造。文學、理學、史學、藝術等等，無一不有卓越之表現。即以書籍之纂修來說，真宗（含）前所完成者，已計有六種。其中太宗太平興國二年（公元 977），李昉領銜纂修完成者有二：《太平御覽》1,000 卷、《太平廣記》500 卷。七年，李氏又領銜修成《文苑英華》1,000 卷。真宗咸平四年（公元 1001），宋白奉詔纂成《續通典》200 卷。真宗大中祥符六年（公元 1013），王欽若、楊億成《冊府元龜》1,000 卷。以上五書皆為官修。此外，私撰者有樂史的《太平寰宇記》200 卷。此皆大部頭之著作，[9]其中類書即有四種。宋初文化事業之盛，可以概見。

《冊府》1,000 卷，所輯錄的內容以歷史為主，可謂類書中的「歷史百科全書」，異於輯載諸子之《太平御覽》、摘錄小說的《太平廣記》及收存

---

　　同上書，頁 168-187；陳可青：〈《冊府元龜・國史部》的編纂特點及意義〉，《北京師範學院學報》，1982 年，第 3 期，頁 82-88、77。

6　上揭《《冊府元龜》新探》所輯錄之各文，大抵皆或多或少對《冊府》一書有所述介。其中以劉乃和〈序〉文的述論最為全面。劉文後收入彼撰：《勵耘承學錄》（北京：北京師範大學出版社，1992）一書中，本文徵引該文，即據《承學錄》。

7　筆者上揭文第三節嘗用同一標題論述《冊府》，今仍用原標題，惟內容則詳略不同。

8　其實，亦未見其必然。按：蒙古人滅宋之前，嘗西征凡三次（1218-1223、1235-1242、1252-1259），每次皆數年即大功告成而滅國無數；其滅西遼、西夏，亦近乎不費吹灰之力。彼入侵宋境，則凡 40 餘年始得逞而有天下。由此或可見，宋人之武力亦不弱；至少跟西域諸國相比，猶在其上。

9　其中《冊府》一書，約 900 萬言，乃係《四庫全書》所著錄的 3,000 多種藏書中，篇幅第二大的。參上揭《勵耘承學錄》，頁 239；〈宋真宗與《冊府元龜》〉，第三節，注 25。

文章的《文苑英華》。該書於景德二年（公元 1005）始修時，原稱《歷代君臣事蹟》；[10]大中祥符六年（公元 1013）纂成時，真宗皇帝親撰序文，[11]並賜今名。[12]「元龜」猶「大龜」，古人用龜占卜，借往蹟以為未來行事之鑑戒，故謂之龜鑑。該書輯錄歷代典策中君臣之事蹟，藉以為未來君臣行事之準繩，故名為《冊府元龜》。[13]至於真宗纂修該書的動機，彼所撰的序中已有所表白，可謂「遹遵先志，肇振斯文」是也。「先志」特指父親太宗皇帝的志趣。作為帝君來說，真宗各方面的表現，以性向所限，皆不逮乃父。然雅好文墨，因此文化編纂事業便可以提供他一個突破的空間。太宗皇帝嘗纂成三大類書；真宗纘承先緒，《冊府》乃應運而生。[14]

《冊府》1,000 卷，約 900 萬言。[15]分為 31 部，部有總序；其下分門，

---

[10] 《續資治通鑑長編》，卷61，〈景德二年九月丁卯〉條。
[11] 真宗序文，見以下各書：《玉海》，卷 54；《古今圖書集成》，〈經籍典〉，卷 497；上揭《冊府元龜・考據》；《全宋文》（成都：巴蜀書社，1994），第七冊，頁 120。
[12] 《長編》，卷 81，〈大中祥符六年八月壬申〉條；《玉海》，卷 54，〈景德《冊府元龜》〉條。
[13] 參劉乃和，上揭文，頁 272；上揭拙文，第三節。又「冊府」，猶藏書冊之府。《穆天子博》卷二載：「癸巳，至於群玉之山，容成氏之所守，曰：群玉田山。□知，阿平無險，四轍中繩，先王之所謂冊府。」郭璞注：「即《山海經》云群玉山，西王母所居者。言往古帝王以為藏書冊之府，所謂『藏之名山者也』。」可參鄭杰文：《穆天子傳通解》（濟南：山東文藝出版社，1992），頁 44-45。
[14] 真宗對《冊府》關注的程度異乎尋常。這似乎可以從心理分析角度加以理解：即藉此纂修事業「扳回一城」，彌補不足，獲致心理上的平衡，俾不致事事不敵乃父。真宗積極關注該書及關注的具體情況，可參上揭拙文。又拙文第四節之（五）指出不解真宗於該書完成前之二年內，何以關注驟減。嘗謂「息惰鬆懈當係重要的原因」。然何以息惰鬆懈，則不知也！現今試作解答。蓋緣於真宗所迷信的符瑞、天書、封禪，漸次日甚一日地佔據了真宗的整個思維，使真宗不必憑竭力用心於纂修事業始可取得心理上的平衡。換言之，纂修事業的關注已被取代，蓋符瑞、天書、聖文，比起《冊府》的纂修，更足以使真宗認為可匹敵乃父，甚或超過乃父。因此與其說「息惰鬆懈」，則寧可說關注點已有所轉移，即真宗已另有寄託了。
[15] 參上揭拙文，注 25 之統計。

第七章 《冊府元龜‧國史部》研究 225

共1116門，門有小序。[16]此外，尚有目錄。各門的材料，按時代先後排列。每條材料，皆頂格起首。偶有注釋，皆以雙行夾注方式為之。此等注釋，或為相關材料之原注，或為纂修者之案語。以王欽若為總纂修官，故後者大體上皆以「欽若等案」起首。[17]

就《冊府》的纂修來說，真宗皇帝可說是全書的總指揮，計由思想指導、框架設計，以至全書的細部規劃，甚至材料增刪取捨，無一不參預其中。[18]總纂官王欽若與楊億，恐怕只是聽命行事而已。其下之纂修官則更無論矣！纂修官計有十六人：錢惟演、刁衎、杜鎬、戚綸、李維、王希逸、陳彭年、姜嶼、陳越、宋貽序、陳從易、劉筠、查道、王曙、夏竦及負責音義的孫奭。其中以陳越、陳從易、劉筠用力最多。[19]真宗尚派內臣劉承珪及劉崇超監典其事。此外，未參與實際纂修工作，但偶爾提供意見的大臣，仍所在多有，如王旦、趙安仁等即是。[20]蒐錄及篩選材料，當然很費功夫。然而，最講究功力的恐怕是序文的撰寫。全書31部、1,100多門，皆各須一總

---

[16] 此31部之名目，參上揭拙文，註26。《玉海‧冊府元龜》及《麟台故事》（卷二）等書皆云1104門。《玉海》於每部下皆註明門數，如〈帝王部〉則註明128門，〈閏位部〉則註明78門即是。然據所開列之門目合算，則為1106門，非所言之1104門！筆者據中華版《冊府》之目錄加以核算，則實得1116門。其誤差乃由於〈宗室部〉實為43門，非《玉海》所言之42門；〈貢舉部〉為7門，非10門；〈奉使部〉為27門，非17門；〈總錄部〉為243門，非241門。其算式為：（43－42）＋（7－10）＋（27－17）＋（243－241）＝10。1106門＋10門＝1116門。案《玉海》每部下所註明的門目數字，實源自《冊府》每部總序中所開列的數目。

[17] 案語的具體情況，下文探討〈國史部〉時，將詳及之。

[18] 詳參上揭拙文，第四節。

[19] 《宋史》，卷441，〈陳越傳〉。

[20] 有關本段所描述的纂修情況，其詳情，請參上揭拙文，第三節，王欽若、楊億等18人的事蹟及各人之具體纂修作業，可參顏中其，〈《冊府元龜》編修者介紹〉，上揭《冊府元龜新探》，頁29-48。順帶一提：內臣監典史書之纂修，其事不知始於何時。惟東漢安帝元初年間，嘗命蔡倫監典經傳之讎校事宜。然則編修於同時之《東觀漢紀》，或亦不乏內臣之監典邪？果爾，則內臣監典史書纂修事，至少可追溯到東漢。可並參高國抗：《中國古代史學史概要》（廣州：廣東高等教育出版社，1985），頁114。

括各該部、門的內容大要、精神旨趣，乃至學術源流的序文，這是一項需要何等學養始可完成的艱鉅工程？真宗乃從 16 名纂修官中，選定李維等 6 人負責其事，[21]最後交由從小天資聰穎，七歲便能屬文的當時第一流文章高手並長於史學的楊億負責定稿。[22]王欽若為本書總纂官之一，且名列各人之首，但未見有若何名副其實的貢獻。以其人實為攬功諉過之傾巧小人也。[23]

有關《冊府》的編纂年月及成書後的流傳出版情況，茲略作介紹。本書始編於景德二年（公元 1005）九月，成書於大中祥符六年（1013）八月。[24]總纂官王欽若「上板本」乃在祥符八年（1015）十一月。[25]而「板本初成」，真宗命賜輔臣各一部則在天禧四年（1020）閏十二月。[26]逮仁宗景祐四年（1034）二月，乃命賜御史台。[27]本書「板本初成」迄今已超過 1,000 年。1,000 卷的宋本，後散佚流落多處，近年經七拼八湊，計得 581 卷。北京中華書局 1989 年乃以《宋本冊府元龜》為名，予以影印出版。先是，香港中華書局於 1960 年嘗影印出版明崇禎刻本；其參校他本而補充明本所缺者，則附錄於每部之後。《四庫全書》本所據者即為此明刻本（中華書局補

---

[21] 《玉海・景德冊府元龜》：「……遂擇李維等六人撰記，付楊億寘定。」《玉海》並未開列除李維外其餘五人的姓名。上揭《冊府元龜・考據》云：「遂擇李維、錢惟演、陳彭年、劉筠、夏竦等，付楊億寘定。」據此，則僅五人耳，非六人。或遺漏一人姓名，或連同楊億一起算始共六人，則未可知。劉乃和亦云六人，但姓名開列者亦僅五人！上揭文，注33。

[22] 參《宋史》，卷 305，本傳。

[23] 參《長編》，卷 67，〈景德四年十二月乙未〉條。茲順帶一說：真宗皇帝亦有心求治，然寵信姦邪險偽之五鬼（王欽若、丁謂、林特、陳彭年、劉承珪），政事遂每況愈下。按真宗修《冊府》，本意即為借歷代君臣事蹟，以為當今君臣行事之鑑戒。然寵信小人，則所謂鑑戒，又從何說起！

[24] 始編及成書之年分，分別見《長編》，卷 61，〈景德二年九月丁卯〉條及《玉海》，卷 54，〈景德冊府元龜〉條。

[25] 《玉海・景德冊府元龜》。

[26] 《長編》，卷 96，〈天禧四年閏十二月癸丑〉條。

[27] 上註 25。此賜御史台事，因發生於 14 年後之景祐四年，故《玉海》作者以小字注文方式為之。

充之條目不內含)。宋本固優於明本,然亦有明本不誤而宋本反誤者。此其一。又宋本以距今過久,其缺損或模糊不清之處,所在多有。[28]製版影印,情況彌甚。此其二。宋本未為全璧,故明本自不可廢。此其三。以筆者閱讀該書的經驗來說,以讀明本為宜,蓋比較不損目力(《四庫》本字體較大,更適宜閱讀。)但偶有窒礙難通之處,則需對照宋本,甚或查核原書(《冊府》既係類書,則其內容全輯錄自他書。他書中,自以原書為最理想。原書中,又以祖本為最理想。),以求其本來面貌。

至於《冊府》一書之取材,王應麟有所說明:

> 凡所錄以經籍為先,(楊)億又以群書中,如《西京雜記》、《明皇雜錄》之類,皆繁碎,不可與經史並行,今並不取。止以《國語》、《戰國策》、《管》、《孟》、《韓子》、《淮南子》、《晏子春秋》、《呂氏春秋》、《韓詩外傳》,與經史俱編;歷代類書,修文殿御覽之類,采摭銓擇。[29]

《四庫提要》對《冊府》之取材有進一步的說明,並為該書之未能博採廣蒐做出辯解。宋人洪邁及明人袁褧皆分別批評該書取材貧乏。[30]筆者認為洪氏等人的說法是有其根據的。蓋以類書言,固以廣錄群書為宜也。或曰,《冊府》非一般性質的類書,自今天的視角來說,乃可視為有資於歷史研究的類書。而歷史研究,以求真為首義;雜書小說,恐於此無所裨益。假若由此視角來看,則上引楊氏的說法便不無再商榷的餘地了。蓋雜書小說、稗乘野史,仍不無信實之史料寓於其中,且其本身亦為一歷史產物,故可反映一

---

[28] 《宋本冊府元龜》(北京:中華書局,1989)書前之〈影印說明〉對宋本的流傳經過及宋刻、明刻之優劣等等,有很詳細的報告,可並參。

[29] 《玉海》,卷54。

[30] 《提要》、洪邁及袁褧的言論分別見〈子部・類書類・《冊府元龜》〉;《容齋四筆》,卷11,〈冊府〉條;《楓窗小牘》,卷下。又前揭拙文,第三節對此亦有所析論,可並參。

定之歷史現象（譬如撰著者本人的思想與心態等等）。就此義來說，實未嘗不可應用於歷史研究；至於是否濫用誤採，那是史家本身功力及識見問題，稗乘小說之本身是不必承擔責任的。由是言之，編纂者自當盡情廣蒐博錄可也。楊億以「皆繁碎」視之，似未解類書應有之義！（當然，楊氏另有考量；詳下段文字）可貴的史料或由此而見棄，甚可惜！當然，就具體情況來說，其說法，亦非全不可取。然而，就原則上來說，類書固宜廣採博蒐也。

然而，被真宗視為「長於史學」的楊億，[31]怎麼會不解類書應有之義而遺棄大量所謂繁碎的材料呢？！筆者思之者再，朗然頓悟《冊府》取材方向及範圍廣狹實完全取決於修書目的。該書開修後半年，真宗嘗謂侍臣曰：「朕此書蓋欲著歷代事實，為將來典法，使開卷若動有資益也。」[32]「為將來典法」，藉以資益行事便成為了編纂該書的最高指導思想，亦可謂該書的修書目的。然則與此目的相悖或不相符的材料，便在所必摒了。由此來說，《西京雜記》、《明皇雜錄》等書，所謂「繁雜」而不被採納，恐怕只是表面原因，或頂多只是次要原因而已，真宗對侍臣的天語御旨，恐怕才是關鍵之所在呢！楊億又豈敢另有考量呢？！按：《西京雜記》採摭繁富，李善注《文選》、徐堅作《初學記》、杜甫作詩用典，莫不用之。[33]然而，以其無益於將來典法，宜見棄。真宗可說是從「道德倫理致用教科書」的立場來看待《冊府》的，一切與此無關的材料便被摒棄無疑。[34]

明瞭該書的指導思想便不會怪責楊億等人取材之過於狹隘了，更不會以為彼等不解類書編纂取材之原則。但有一點則不能為之諱：楊億等人未恪守自設的準則！筆者未遍讀《冊府》，但以閱讀再四的〈國史部〉來說，上引

---

[31] 語見《宋史》，本傳。
[32] 《長編》卷 62，〈景德三年四月丙子〉條。修書目的，尚見《長編》多處。亦見《玉海》、《宋大詔令集》等書之相關條目。參上揭拙文〈真宗關注《冊府》纂修項目一覽表・修書目的〉。
[33] 參《四庫提要》，〈西京雜記〉條。
[34] 《容齋四筆・冊府元龜》雖僅 500 字左右，然頗可見《冊府》取捨材料之標準。其大抵有四：異端小說、溢美揚善、正史已有及煩碎語怪者，皆所不錄。此可補充上說，故特予列出。然而，其中說到正史已有者，則不予錄取，則不知洪氏何所據而云然！

楊氏的見解中，明言以經籍為先。此外《國語》、《戰國策》等書，亦係「采撮銓擇」之列。今以〈國史部〉衡之，則未見其然。案：真宗父太宗皇帝所編纂的《太平御覽》無〈國史部〉，惟書中不足 8,000 字的〈文部十九・史傳〉（卷 603-604），其所採撮之典冊，尚含《禮記》、《詩序》、《韓詩外傳》、《周禮》、《左傳》等書。此中的《禮記》、《左傳》等非經籍而何？至若《韓詩外傳》，則楊億更明言採擇，何亦未見容納？〈文部十九・史傳〉以篇幅短小，絕不能與〈國史部〉比肩。然而以採納群書之數量言，則未必瞠乎其後！至若《文心雕龍・史傳篇》、《史通》等書，既大有功於史學，亦不悖真宗編纂之旨趣；[35]是以不予撮錄，亦一大病。

就〈國史部〉而言，其取材大抵以《舊五代史》以前之各朝正史及若干官書為主。然而，不得謂凡見於正史而與史學有關之材料，皆已盡錄。舉例言之，東漢明德馬皇后自撰顯宗起居注事、[36]北周蕭大圜討論該否紀錄隱諱事、[37]唐憲宗讀國史而讚歎太宗、玄宗之業績等情事，[38]尤其前二者，皆係有關史學之材料，然未見採錄。[39]此亦可見〈國史部〉之疏漏。本節之主旨在於論述《冊府》一書編纂之動機、目的、體裁、編纂者、版本流傳，以至取材廣狹等各端。該書之思想、體例，雖上文已略及之，然亦頗可更作申論。茲留待下文論述〈國史部〉時，始詳言之。

---

[35] 《史通》工訶古人，固有言論過激之篇章，然全書史學精義，俯拾即是，楊億等人因噎廢食，未免考慮過當！

[36] 見《後漢書》，卷 10，〈明德馬皇后紀〉。

[37] 《周書》，卷 42，〈本傳〉；《北史》，卷 29，〈本傳〉。

[38] 《舊唐書》，卷 15，〈憲宗紀〉贊前之記載。

[39] 反之，以上三條資料皆收錄於《太平御覽》，卷 603-604，〈史傳〉。以此言之，《御覽》固有勝於《冊府》者。此外，《御覽》皆開列資料來源出處，篇名則大抵不詳，然較諸《冊府》連書名亦從缺者，固優勝多矣。〈國史部〉與〈史傳〉可作異同比較之處尚多，或俟諸異日。

## 三、《冊府元龜・國史部》述論

### （一）總述

〈國史部〉在《冊府》總共 31 部中，依先後順序，是排第 15 的，剛好位於中間。31 部的名目依序如下：帝王、閏位、僭偽、列國君、儲宮、宗室、外戚、宰輔、將帥、台省、邦計、憲官、諫諍、詞臣、國史、掌禮、學校、刑法、卿監、環衛、銓選、貢舉、奉使、內臣、牧守、令長、宮臣、幕府、陪臣、總錄、外臣。[40]稍作分析，可知這種排序是經過思考設計的，絕不是任意的。大體而言，統治者（無論是被認可的帝王，或只是閏位、僭偽或列國君主）排最前。與統治者或皇權最有血緣關係的人物，如儲宮、宗室、外戚等，則緊排其後。接下來是政府組織中的關鍵人物／機構，依次是宰輔、將帥、台省、邦計、憲官、諫諍。再下來可說是與文化教育相關的部類。依次是詞臣、國史、掌禮、學校。先家後國，由內而外，先政經後文教

---

[40] 31 部中，除〈總錄〉外，其他各部的內容大抵顧名思義而得知之。〈總錄〉門目最多，凡 240 多門，篇幅亦最多，但〈總錄〉所指為何，則非顧名而可思及者。翻開所含之各門類，大抵指人之各種行為、操守、德行、品格、性情、技能、志趣、信念、崇尚及嗜好等等而言。以門類多寡來說，最多的前 5 部依序如下：總錄（243 門）、帝王（128 門）、將帥（106 門）、閏位（78 門）、宗室（43 門）；最少的 5 部依序如下：諫諍（6 門）、貢舉（7 門）、詞臣（8 門）、刑法（9 門）、宮臣（11 門）。至於國史部，則倒數第 6（13 門）。然而，門類多寡不能反映篇幅多寡的實際情況。今以 1960 年中華書局版的《冊府》頁數來算，由多至少順序開列如下：總錄（2302）、帝王（2184）、將帥（1390）、外臣（505）、邦計（466）、閏位（436）、宗室（415）、掌禮（401）、宰輔（393）、台省（354）、諫諍（350）、牧守（343）、列國君（262）、陪臣（241）、幕府（183）、僭偽（166）、學校（152）、奉使（147）、貢舉（145）、刑法（136）、銓選（122）、國史（113）、外戚（104）、宮臣（91）、卿監（73）、令長（64）、內臣（61）、儲宮（58）、詞臣（44）、環衛（20）、憲官（12）。案：括號內為該部的頁數。〈國史部〉僅 113 頁，排第 22 位。門類多寡，甚至篇幅多寡不必然反映該部重要性的高下：大抵只可反映所蒐集到的材料在量方面的客觀實際狀況而已。《冊府》各部的重要性（被重視的程度），其實是由各該部在書中排序的先後看出來的。

的排序意圖相當明顯。最後一部則為外臣。帝王為內，故排作首部；外臣則外之最外者也，其名為「外」正可反映此事實，故排最後。此可見編纂者在排序方面是費煞苦心的。

31 部 1,116 門，共 1,000 卷。其中多半是 1 卷 1 門的；亦有 1 卷數門的，如卷 266〈宗室部〉便含〈儀貌〉、〈才藝〉兩門，又卷 310〈宰輔部〉便含〈德行〉、〈間望〉、〈清儉〉、〈威重〉4 門；亦有一二十卷而處理同 1 門的，如卷 82 至 96 為〈帝王部〉之〈赦宥門〉，卷 573-594 為〈掌禮部〉之〈奏議門〉便是其例。

上文說過，部的排序原則是以帝王為核心，按先內後外順序開列的。其實，部內各門的排序原則亦依此為準。本文所研究的〈國史部〉於總序後便是〈選任門〉。[41]誰具有選任權？不必多說，最後的決定權定然是皇帝無疑（也許法理上，皇帝非最後決定人，但帝制時代，經常是皇帝說了算！）。據此便隱約可見部內排序的準則了。茲多舉三例。〈奉使部〉的首門是〈達王命〉，次門是〈宣國威〉。〈牧守部〉首門是〈選任〉，次門是〈褒寵〉。〈內臣部〉的首門是〈恩寵〉。此即可概見以帝君為樞機、關鍵的一種排序考量了。

至於門的資料編排，〈國史部〉與他部相同，部下各門皆大抵秉持詳近略遠的原則。這似乎不盡出諸編纂者的主觀意圖，而應該與時代愈近，資料愈多的客觀情況有莫大的關係。[42]至於資料的排序，則依自然情況為之，即依時代先後為序。

〈國史部〉每條材料皆以人名起首，如其人為該朝代首見者則先冠上朝

---

[41] 其他以「選任」命名，且名列相關部類之首者尚多，計有 11 部（若連同〈國史部〉合算，便成 12 部），〈台省〉、〈邦計〉、〈憲官〉、〈詞臣〉、〈學校〉、〈卿監〉、〈環衛〉、〈牧守〉、〈令長〉、〈宮臣〉、〈幕府〉等部即是。案《冊府》31 部，其中 12 部之首門以此命名，在數量上遠超過以其他稱謂命名的首門。

[42] 〈邦計部·賦稅門〉便提供了一個很好的例子。參崔曙庭〈《冊府元龜·賦稅門》剖析〉，上揭劉乃和書，頁 130-135。

代名。[43]如〈採撰門〉漢人首列陸賈，晉人首列華嶠；編者便於陸、華之前分別冠上漢、晉二字。他部則除以人名起首外，亦有以年分（年號）起首者，以與〈國史部〉無涉，不具論。

類書採納群書資料，按部門之性質而作相應的彙整刪節自不可免。《冊府‧國史部》固不乏其例。茲舉其一以概其餘。〈不實門〉採《北齊書‧魏收傳》以明魏氏記載不實例，傳中與史學無關者，皆刪節。類書體例固應爾，恐不獨《冊府》為然。

王欽若為總纂官，書中案語，皆掛其名。茲舉兩例。〈採撰門‧蔡邕靈帝時為議郎條〉（四庫本，頁625上-626下）後附注釋。再後則為欽若之案語：「……臣欽若曰：『餘四意，史不載名。』」[44]又〈世官門‧小序〉後附注釋。繼後為案語：「欽若等按：『《左氏傳》：「重，少皞之弟；黎，

---

[43] 按：香港中華書局版明刻本《冊府元龜》與四庫本《冊府元龜》中之〈國史部〉有若干條資料不以人名起首，筆者原先以為編纂者自亂體例。及查對宋刻本，始知此數條資料其實只是其他條資料的一部分，而非獨立別出者。如〈採撰‧三年五月使館奏〉條及〈十一月壬午使館奏〉條（均見四庫本，冊911，頁657；下文引錄《冊府》如不作特別聲明者，皆引自四庫本）皆原隸〈崔棁為官郎中〉條（頁657）。明刻本及四庫本另行頂格獨立別出，顯係錯簡。唯一的例外似係〈採撰門〉最後一條，該條以〈顯德六年十二月壬申朔史館奏〉起首（頁665），宋本亦同。筆者認為此條恐亦錯簡，唯宋本即如此，則姑且存疑！此外〈國史部〉所採納之若干著作有不知撰人姓名者，故只得開列書名，〈譜牒門〉例子尤多。此恐事非得已，自當別論，不宜以編纂者自亂體例視之。

[44] 本條原注釋及欽若案語頗可商榷，茲稍作討論。原文如下：「〈列傳〉又載，邕撰集漢事，未見錄以繼後史，適作零紀及十意，又補諸列傳四十二篇，因李催之亂，湮滅多不存。十意有律曆意第一、禮意第二、樂意第三、郊祀意第四、車服意第五、車表意第六。臣欽若曰：餘四意，史不載名。」案：〈列傳〉乃指《後漢書‧蔡邕傳》。唯〈傳〉文以至李賢之注文與此注釋之文字頗有落差，〈國史部〉編者或別有所據，姑不論。惟必須指出一錯誤：「車服意第五、車表意第六」（宋本兩者皆作「車服意」，尤誤），據李賢所引《（蔡）邕別傳》當作「天文意第五、車服意第六。」又欽若案語所言「餘四意，史不載名」者，亦失考！《南齊書》，卷52，〈檀超傳〉云：「……〈藝文〉，依班固；〈朝會〉、〈輿服〉，依蔡邕。」（中華書局版，頁891）據此正可補上〈朝會意〉。編者不考他史，僅據《後漢書‧蔡邕傳》，何其陋也！又〈檀超傳〉嘗為〈採撰門〉編者所輯錄（四庫本，頁634下-635上），「〈朝會（志）意〉」數字亦見於其中，何編者前後不相檢視？！

顓頊之子。」至於夏商,重黎氏世序天地』」[45](頁 708 下)上兩例,一為「臣欽若曰」,一為「欽若等按」。自表面言之,前者乃欽若親撰案語;後者則應為某編者或眾編者所作之案語,而以欽若領銜表出之。然筆者頗認為兩例皆非親出欽若之手;以其為首席總纂官,故得以掛名而已。

## (二) 〈國史部〉思想述論

〈國史部〉作為《冊府》的一部來說,其思想實可謂《冊府》全書的縮影。藉道德綱常倫理以資世教,為將來法,是採錄群書的最高指導原則。《冊府》全書固如是,此前已言之;〈國史部〉亦然。前面已指出過,真宗皇帝是該書編纂方向、義例、群書資料採錄增刪等等方面的總指揮。然而,王欽若作為實際上總纂官來說,難道沒有絲毫空間可以發表其個人的意見或表達其想法之處?真宗似乎是一個仁柔寡斷的君主,按道理,王欽若是可以有一定自我揮灑的空間的。然而,此五鬼之一的王欽若,為人「奸邪險偽」(《宋史‧本傳》),他討好主子恐怕都來不及呢,何敢批逆鱗而凸出個人獨立的思想?況且,欽若志不在編書,亦未見其有若何文化事業的擔當。全書看不到他個人意見的流露便不足為怪了。[46]一言以蔽之,該書所流露的思

---

[45] 案:欽若云據《左氏傳》:「重,少皞之弟;黎,顓頊之子。」其實,此乃《史記‧太史公自序‧索隱》等語。《索隱》云:「……據《左氏》,重是少昊之子,黎乃顓頊之胤。」(中華書局版《史記》,頁 3285)。今通行本《左氏》則未見「重,少皞之弟／子」一語。此乃《索隱》之誤?抑所據乃別本《左氏傳》歟?

[46] 《冊府》以體例所限,看不到欽若個人的思想或亦可以理解,不足以證明欽若全無個人意見。然而,《長編》亦全無記載,此當可佐證欽若確以真宗意為己意。該書輯錄不少真宗與欽若會商《冊府》纂修事的資料,其中唯見真宗的指示,未見欽若有若何議論往復、稍持異議之處。其溝通可謂只是單向的。茲舉三例。卷 62,〈景德三年四月丙子〉條,真宗命令欽若等立即修改書中「倫理未當者」。卷 65,〈景德四年四月丁丑〉條,真宗令欽若「……宜區別善惡,有前代襃貶不當如此類者,宜析理論之。」卷,67,〈景德四年十一月癸酉〉條,真宗令欽若刊削失道惑溺過甚的材料。《長編》不載王欽若對真宗的指示有何回應。大抵恭順聖裁,悉數聽納而已。又真宗嘗數賜欽若手札,指示編《冊府》事,可並參。載《全宋文》(成都:巴蜀書社,1989),第 6 冊,頁 397,405,421,425。

想，大抵全為真宗個人的思想。該書的修書目的最足以揭示這個面向。[47]

真宗本君臣道德倫理教科書的立場纂修該書，這可說是傳統中國經世致用精神的落實。這在今天來說，或不合時宜。吾人存而不論可也。但飽讀詩書的真宗，[48]是有一定的識見眼光的，此表現在史學上，便成為史識。史識是人的一種思想／思維活動，故並論於此。茲舉一例。王應麟曰：「王欽若以《南、北史》有『索虜』、『島夷』之號，欲改去。王旦曰：『舊史文不可改。』趙安仁曰：『杜預注《春秋》，以長曆推甲子多誤，亦不敢改，但注云日月必有誤。』乃詔：『欲改者注釋其下』」[49]欽若不學，類書旨在分類輯錄彙整群書中之材料，豈可擅自更改原文！王、趙二人，識見固遠在欽若之上。即以真宗來說，其批示亦具識見。必欲改者，須加注釋。如何注釋，真宗並未作進一步的指示。然而，其原文本來如何，恐注釋仍應予以保留。若錯改，後人可憑以覆核考據。這是矜慎的作法。[50]

〈國史部〉的思想是全書總體思想的縮影。因此在正式進入該部思想前，上文便不得不對該書的總體思想先作綜述。

〈國史部〉共有 13 門。總序後依次為〈選任〉、〈公正〉、〈恩獎〉、〈採撰〉、〈論議〉、〈記注〉、〈譜牒〉、〈地理〉、〈世官〉、〈自序〉、〈疏謬〉、〈不實〉、〈非才〉。《冊府》中垂訓鑑戒、為將來法的思想，至少可於該部〈總序〉及以下 6 門的〈小序〉中見之：〈公正〉、〈採撰〉、〈記注〉、〈疏謬〉、〈不實〉、〈非才〉。13 篇小

---

[47] 參上揭拙文，第四節相關表格，〈修書目的〉項。有關《冊府》的思想，亦可參看上揭劉乃和主編的《新探》一書。書中以下數文皆與此有關。宋衍申：〈中國封建社會經濟領域中專制主義——讀《冊府元龜》札記〉；倉修良：〈從《冊府元龜·帝王部》看其作者的神學史觀〉；陳抗生：〈論《冊府元龜》編者的法律思想〉。《新探》輯錄文章共 13 篇，上揭探討思想者即有 3 文，不可謂不多。此外，其他文章亦或多或少涉及《冊府》的思想取向，亦宜參看。

[48] 真宗好學，史冊屢載，不煩引述，可參劉靜貞：《皇帝和他們的權力——北宋前期》（臺北：稻鄉出版社，1996），頁 103，註 23。

[49] 〈玉海·景德《冊府元龜》〉條。

[50] 上揭拙文亦嘗討論此改易史文事，參其中註 31、32 及相關正文。

序，其中 6 篇彰顯斯義，不可謂不多。然而，落實下來，史書如何撰著，始可彰顯斯義？曰：書法不隱是也。這個「書法不隱」涵蓋面甚廣，不因為記述的對象是帝君，便成例外。以上各序文便數度指出「君舉必書，書法不隱」。因為如果是反過來「君舉不書，書法必隱」，則天下臣民所仰望的，且在理論上應最有能力彰顯勸懲之義的歷代帝君，如果其本身的行為事蹟都隱而不彰，甚至故意遠離事實、歪曲事實，則何垂訓鑑戒可言？何將來法可言？

上文說過，《冊府》各部的編纂排序原則是從帝君起首，然後「由親及疏」、「由近而遠」依序排開的。這種以帝王為萬物之首的「皇帝中心主義」的思想，〈國史部〉可見一斑。首門曰〈選任〉。誰選任誰？帝王選任史官也。史官紀載史事必須公正、善惡不隱，此間接地彰顯帝王服善從公一義，故次門即曰〈公正〉。三門曰〈恩獎〉。誰恩獎誰？帝王恩獎史官也。皇帝中心觀的思想及垂訓鑑戒為將來法的思想，上述三門的序位已作了最好的說明了。與此不相關或關係相對疏遠的門類，均位列其後。

13 門可分析、綜合為數類。公正、疏謬、不實、非才屬同一類。此乃編纂者按價值取向定位史家記事優劣的四個門目。當然這也是編者一種思想／意識型態的流露。若以優劣的量來看，則以上四個門目中，優者（公正）僅占其一，劣者則占三項（疏謬、不實、非才）；頗失平衡。其實，實錄、直書，也是史家的優長之處，何可遺闕？[51]幸好在13個門目中，〈公正門〉序位排第 2，緊跟在排第 1 的〈選任〉之後。換言之，在量方面雖不及〈疏謬〉、〈不實〉、〈非才〉之有三門，且篇幅亦不逮，[52]但序位方面優勝多矣（13 門中，疏謬、不實、非才，排最後，即疏謬排第 11，不實排第 12，非才排第 13。）。

13 門中，有關史書體裁者，計有3 門，〈記注〉、〈譜牒〉、〈地理〉是也。這 3 門固然是傳統史部中的體裁，《隋書‧經籍志》、《舊唐書‧經

---

[51] 當然，〈公正門〉亦頗輯納史家實錄、直書的相關資料，但公正與實錄、直書，其範疇自有差別；且疏謬、不實、非才，既析別為三，則前者亦宜各別獨立。

[52] 按：〈公正門〉約 2,000 字，〈疏謬〉、〈不實〉及〈非才〉3 門共約 5,000 字。

籍志》與《新唐書‧藝文志》史部下均有此 3 體；然而，相對其他史書體裁來說，〈譜牒〉、〈地理〉畢竟有點是「邊緣學科」的味道，與史體之大宗（如紀傳、編年）相比，固不能並駕齊驅。[53]〈國史部〉編者設立這 3 門，大抵有鑑於漢魏而下，這 3 門發展頗蓬勃的緣故。[54]然而，其他史體，如紀傳、編年，則明係史部之大宗，又何得從缺？以其太盛行普遍，人所共知，故不必開立一門類歟？然則其他史體，如職官、儀注等等之闕如，又不知作何解釋？編纂者在〈總序〉末尾處特別指出〈記注〉[55]、〈譜牒〉[56]、〈地理〉[57]，以至〈自序〉[58]，乃「司籍之事」，可「資博聞之益」。然則性質相類之其他史體，非亦可資博聞乎？然則何以見遺？此恐係思慮不周之失！

至於〈世官〉一門的設立，則可充分反映編纂者深具歷史意識：對承先啟後、因襲流傳方面的關注。這自然亦是編纂者史學思想的一種流露。此外，〈國史部〉流露了頗為嚴重的封建階級意識的思想。〈總序〉於「諸侯亦各有國史」句下附注釋云：「……晉大夫趙鞅亦有書過之臣，乃陪臣之僭也。」案：此書過之臣大抵指好直諫的周舍。《史記‧集解》引《韓詩外傳》曰：「周舍立於門下三日三夜，簡子（即趙鞅）使問之曰：『子欲見寡人何事？』對曰：『願為鄂鄂之臣，墨筆操牘，從君之過，而日有所記，月

---

[53] 《隋書‧經籍志‧史部》下分 13 類：正史、古史、雜史、霸史、起居、舊事、職官、儀注、刑法、雜傳、地理、譜系、目錄是也。《舊唐書》易古史為編年、霸史為偽史、舊事為故事、譜系為譜牒。改動一二字，無關宏旨。《新唐書》名目與舊書全同。下逮《四庫總目》，則上揭《冊府‧國史部》之下的 3 門（依次為〈記注〉、〈譜牒〉、〈地理〉），其中〈地理〉仍隸史部，但其序位居 13 類中的倒數第三位；〈記注〉已改入〈編年類〉下，不能自成一類；〈譜牒〉更改隸子部。據此筆者遂認為，譜牒、地理在四庫館臣眼中只是史部的邊緣學科，可謂輔助學科而已。記注，今日視之，猶史料也，固不能與紀傳、編年相侔也。
[54] 有學者把這 3 門視為「新的史學門類」。參陳可青：〈《冊府‧國史部》的編纂特點及意義〉《北京師範學院學報》，1982 年，第 3 期，頁 84。
[55] 〈總序〉中之相應用語為「注錄之部次」。
[56] 〈總序〉中之相應用語為「譜籍之名學」。
[57] 〈總序〉中之相應用語為「方志之辨析」。
[58] 〈總序〉中之相應用語為「世績之敷述」。

有所成,歲有所效也。』」⁵⁹趙鞅為大夫,即所謂諸侯下的陪臣。編者沿襲周代的封建階級意識,許帝王、諸侯設史職修史,大夫則不之許!按簡子後繼者為襄子,其時已入戰國。戰國時代,權力已自春秋時代的諸侯下移大夫之手。簡子是春秋戰國之交權力移轉的關鍵人物,編者未能擺脫封建型態的思想框架,乃否定簡子有資格設官修史(認為簡子設官書過,乃作為陪臣的他僭越上的一種表現;詳上引文)。其日常言行舉止當被記載之權利,遂被剝奪!這反映出撰寫〈總序〉者對歷史時勢嚴重認識不足。⁶⁰

綜上所述,〈國史部〉的思想至少有五端:一、垂訓鑑戒意識;二、書法不隱的意識;⁶¹三、某種程度上反映重視新學門的意識;四、歷史承傳意識;五、封建階級意識。此外,或尚有其他思想有待發覆,容俟諸異日。

## (三)〈國史部〉十三門類析論

〈國史部〉9 卷(卷 554-562),共 13 門,約 90,000 字,⁶²篇幅佔《冊府》全書約 1%。13 門篇幅上的差距極大,茲依多寡順序開列如下(括號內為字數):1.採撰門(29,000);2.論議門(14,000);3.自序門(7,750);4.選任門(7,000);5.記注門(5,100);6.地理門(4,400);7.恩獎門

---

59 《史記》(香港:中華書局,1978),頁 1792。
60 魯定公十三年,《春秋》載:「秋,晉趙鞅入于晉陽以叛。」趙鞅雖為陪臣而姓名竟見於史冊,且以「叛」字稱之,孔子貶斥之意最為明顯。然則《冊府》編者本乎孔子之教而不許其設官修史歟?
61 其實,這意識恐怕只是心中的一理想而已。其見諸文字者(譬如見諸上述的相關序文者),恐怕更見其然。果爾,則門面話的成分居多!此等文字出諸帝君之手者,則似乎更是只針對臣下的表現來說的而已。即您們擔任史官的,不得為過去的臣子隱諱;甚至當今同朝為官的,亦不得隱諱其行為上的負面表現;反之,當據實直書。然而,對朕(當今皇上)的表現來說,作為史官的您們,搦管行文時,就當……了。換言之,縱然史官或史家具備書法不隱的意識,但碰上大皇帝時,這種意識恐怕永遠都只能是意識而已。其能踐履者,鮮矣。悲夫,痛夫!!然則其大義凜然、視死如歸,寧為蘭摧玉折,不作瓦礫長存而作出實錄者,吾人又豈能不予以發覆表彰呢?
62 陳可青云:「共十萬餘字」,則稍嫌多算。同上註 54,頁 82。又陳氏的另一文亦作「十萬餘字」。見〈漫議《冊府元龜‧國史部》〉,劉乃和,上揭書,頁 169。

（4,000）；8.譜牒門（3,600）；9.不實門（3,040）；10.世官門（2,150）；11.公正門（2,000）；12.疏謬門（1,340）；13.非才門（650）。13 門前的〈總序〉約 1,700 字。字數最多的一門是字數最少的一門的 40 多倍。然而，篇幅字數的多寡可說只是所蒐得或篩選得的材料多寡的直接反映而已。材料多，則篇幅多；材料少，則篇幅少。此與門類的重要性不相干。[63]

13 門可歸納彙整為 6 類：[64]
1、彰顯史家優劣的計有 4 門：公正、疏謬、不實、非才
2、依史體區分的計有 3 門：記注、譜牒、地理
3、展示帝王主宰性的計有 2 門：選任、恩獎
4、載述家世、承傳、嗣掌的計有二 2 門：世官、自序
5、記錄撰史動機、原委、過程的計 1 門：採撰
6、探討史學微旨的計有 1 門：論議

現試評析以上各類的優劣。第一類僅得 4 門，其未能充分展示史家專業素養的各項優劣，上文已作過說明，今從略。〈總序〉謂可藉此「以彰闕善」、「申儆於後」，恐亦不克奏功。第 2 類僅得 3 門，其他史體闕如，則〈總序〉指稱的可「資博聞之益」，恐亦大打折扣。第 3 類雖僅得 2 門，但序位分別居第 1、第 3，被重視的程度可以想見。何以被重視，蓋此 2 門的背後掌控者為帝王也，編纂者僅馬首是瞻，故此 2 門便位居前列。上文對此已作過說明，今不詳論。第 4 類〈世官〉，最能展示、呈露編纂者的歷史承傳意識；〈自序〉乃史家世系、撰史宗旨、義例，以至內容方面的自我報告。開立此 2 門，用意甚善。章學誠嘗倡議：「諸史（筆者按：恐尤指紀傳

---

[63] 前面指出過，門類的重要性乃由位序的先後顯示的，字數多寡與此無關。
[64] 《國史部・總序》嘗藉「以彰厥善」、「申儆于後」與「資博聞之益」來分別揭示以下三組門類的功能，依次為：一、〈選任〉、〈採撰〉、〈世官〉、〈論議〉、〈公正〉、〈恩獎〉；二、〈疏謬〉、〈不實〉、〈非才〉；三、〈記注〉、〈譜牒〉、〈地理〉、〈自序〉。高振鐸即本此分類闡述各門的旨趣。高振鐸，〈開發史學史的寶藏——《冊府・國史部》的價值〉，上揭劉乃和書，頁 149-154。筆者的分類乃以各門本身的性質來區分，不從致用功能的立場來區分。是以類分的結果與〈總序〉所開列者有異。

體正史）於紀表志傳之外，當更立圖；列傳於〈儒林〉、〈文苑〉之外，更當立〈史官傳〉。」〈國史部〉之〈世官〉一目，或可視為章氏所倡議的〈史官傳〉之濫觴；或章氏由此目得到了一點啟發而遂倡議設立〈史官傳〉也說不定。[65]第 5 類〈採撰門〉不啻一簡明史學史，固可取，惟部分內容與其他的門類重疊，殊可惜。此或所有類書之先天缺失局限耶？第 6 類〈論議門〉輯載史家的史學議論，或可稱為〈採撰門〉（猶簡明史學史）的附錄，亦可取，惟內容頗與〈自序〉重複。綜合來說，以蒐採到的材料是否比較齊備來說，上述 6 類，後 3 類較優，前 3 類稍劣。至於各門的具體分析，容詳下文。

《冊府》中的總序和小序是經過編纂者精心製作，藉以闡釋各部、門的要旨、內容的最佳報告。有學者謂：「……這是編修工作中的一項創造性勞動，它不同於大量史料的排比整理，它要求在大量排比整理史料的基礎上，闡明有關事實的發展過程和狀況，以及評論等。」[66]〈總序〉和〈小序〉，的確是一項創造性的工作；對部、門內容的概括性很高。下文探討〈國史部〉13 門內容時，將連帶論述之。

〈國史部・總序〉1,700 字，與其他部相比，字數算是比較少的。[67]這篇〈總序〉對我國史學的演進情況已作了相當不錯的報告。重點如下：1、敘述上古至五代設官修史的情況。2、指出歷代修史宗趣在乎垂訓鑑戒。3、條列簡述〈國史部〉13 門的功能及其內容。[68]

〈總序〉嘗指出《周禮・春官宗伯》之屬有太史、小史、內史、外史。此固然，惟尚有御史，何以缺載？這大概是〈總序〉撰者一時疏忽所致。然

---

[65] 章說見：〈外篇三・家書六〉，《文史通義》（北京：北京古籍出版社，1956），頁 337。

[66] 顏中其：〈《冊府元龜》編修者介紹〉，上揭劉乃和書，頁 33。

[67] 如〈台省部〉、〈邦計部〉與〈卿監部〉的總序便分別有 12,000 字、9,000 多字及接近 9,000 字。

[68] 除這 3 點外，該序記載了一個亦頗值得注意的資訊。史官有在治所，甚或在家修史者，如張說、吳兢、沈傳師即其例。

《周禮》5 史,人所共喻,不應疏略乃爾。

以下依序逐一論述各門之旨趣。首門為〈選任〉,約 7,000 字,採輯東漢班固至後周張昭之材料共 86 條,[69]內容如下:1、含監修合算,被選任修史者超過 200 人。2、各條材料大都臚列史官姓名、別字、籍貫、官職、簡歷;其後便是所負責纂修之史籍的名稱,如某某實錄、國史便是。3、輯錄不少皇帝下召修史之相關敕令及史官以至大臣所上有關修史的奏疏。4、該門〈小序〉不苟作,其中「成書於外郡,終老於冊府」的說法,所輯錄材料中即有兩條可以證成此說。〈張說為并州大都督府長史〉條(四庫本,頁 610 上下)可落實「成書於外郡」的說法;〈柳芳肅宗朝為史官〉條(頁 610 下)可證成「終老於冊府」的說法。[70]

次門為〈公正〉,約 2,000 字,採輯從春秋董狐「書法不隱」到唐魏謩拒絕文宗看起居注事共 14 條。[71]所謂「公正」,乃指史家善惡無隱,不畏強權,直書實錄而言。所採輯的史家中,固有大義凜然、視死如歸,寧為蘭摧玉折,不作瓦礫長存者,晉董狐、齊太史,其尤著者也。宋王韶之、南齊劉祥,豈能與之相比匹敵,今並列〈公正門〉,有失斟酌。又馬遷、崔浩,直書實錄,豈減韋昭、孫盛,竟遭棄遺!所輯材料僅得 14 條,則〈公正門〉缺漏亦多矣!

第 3 門為〈恩獎〉,約 4,000 字,從東漢高彪「詔東觀畫彪形象以勸學

---

[69] 此數目及以下各門所輯材料的數目,大體據高振鐸,上揭文,頁 149-154。班固以前,選任情況不清楚,故〈小序〉明言「以班固為之首」。

[70] 案:本條摘錄自《舊唐書》卷 149,〈柳芳傳〉。原文云:「芳,肅宗朝史官,與同職韋述受詔添修吳兢所撰《國史》,殺青未竟而述亡。」(中華書局版,頁 4030)本條脫「述亡」之「述」字;且本條以柳芳起首,故轉似亡者係柳芳,而非韋述!脫一字以致大乖史實真貌,可不慎歟?

[71] 高振鐸,上揭文,頁 151 云:「十一條」,恐誤。案:本門計 13 條,其中〈南齊劉祥為長沙王鎮軍諮議參軍〉一條誤植前條之後;其實,應新行另排,故實得當係 14 條。其相關史家如下:董狐、齊太史、韋曜(按:即韋昭,以避晉文帝司馬昭諱而改作「曜」。)、孫盛、趙泉車敬(趙、車兩人同條)、王韶之、劉祥、柳虬、杜正倫、褚遂良、吳兢、于休烈、鄭朗、魏謩。即共 14 條,15 人。其實〈鄭朗〉條中之朱子奢與本門其他史家表現無異,或者另立一條以彰其善。如此,則得 16 人。

者」到後周張昭因上實錄而「賜物有差」，共 32 條。受恩獎之史官約 100 人，其中有多人得恩獎不止 1 次，如房玄齡、岑文本、許敬宗、李延壽等即是。〈小序〉認為「文籍既興，官守攸重」，因舉漢史官以為證，其言曰：「逮乎漢氏之世，則天下計書，先上太史，副上丞相。」（頁 616 下）案此語原出《史記・集解》所引如淳的說法。如淳曰：「《漢儀注》：太史公，武帝置，位在丞相上。天下計書，先上太史公，副上丞相……。」[72]《冊府》編纂者逕錄如淳語而失諸考證。案：西漢實無太史公一官職；即有，亦非位在丞相上。前輩學者辯析此課題者不少，金毓黻之說法頗簡明，可參看。[73]

第 4 門為〈採撰〉，佔〈國史部〉9 卷中的 3 卷，約 29,000 字。以篇幅字數言，恰佔本部 3 分之 1，是〈部〉中篇幅最多的一門。輯錄／敘錄的著作（或相關事宜的記述），始自孔子修《春秋》事，終於後周史館奏請修《世宗實錄》事。首卷起先秦，迄隋末，共 170 多條；次卷始元魏，終李唐，凡 80 餘條；3 卷盡五代，凡 10 餘條；[74]共二百七十八條。本門採輯之材料，以內容言，大抵與撰史動機、原委、過程，以至撰史義例有關；以形式言，大抵係撰史者之自述，或皇帝所下的詔敕。〈小序〉首述孔子《春秋》勸戒之義。次及馬遷之《史記》；編者以「良史之體」目之，又認為後世「信史者，咸不越子長之矩矱矣」，推崇可謂備至。至若其他史書之種類，大抵不出《史記》五體之牢籠。〈小序〉曰：

---

[72] 《史記・太史公自序》（香港：中華書局，1978），頁 3287。

[73] 金毓黻：《中國史學史》（臺北：鼎文書局，1974），頁 16。惟金氏認為如淳之誤，劉知幾、錢大昕皆信之，則有厚誣大昕之嫌！知幾輕信，固誤。其說見《史通・史官建置》（上海：古籍出版社，1978），頁 307。惟大昕《廿二史考異》卷 5，〈太史公自序〉條明白指出謂：「予謂『位在丞相上』者，謂殿中班位在丞相之右，非職任尊於丞相也。」，可知大昕實不誤。其說見氏撰《嘉定錢大昕全集》（南京：江蘇古籍出版社，1997），第 2 冊，頁 109。

[74] 高振鐸，上揭文對 3 部分（即 3 卷）起訖朝代的認定，與筆者不盡相同。見該文頁 150。又明刊本及四庫本頗有錯簡之處，第 3 部分以〈唐路隋〉條起首。宋本以〈梁李琪〉起始，當以宋本為是。

其有述雋賢耆舊之美,詮高逸貞烈之行,第職官之儀秩,敘天官五行之占候,紀輶軒木鐸之方言,著為紀傳,參於志錄者,亦史臣之一體也,咸附出焉。

以上所引,其中「輶軒木鐸之方言」,《史記》五體中似無任何一體之內容特別予以處理外,其他均係〈列傳〉或〈書〉(含後來之〈志〉)所處理、記述的範圍。由此可見,本門所輯錄的各體史書,大抵《史記》已奠其規模。換言之,按上引〈小序〉說法,本門編者採輯資料大抵以《史記》五體為準。然而,《史記》五體包含甚廣。《史記》固紀傳體也,然〈紀〉自係編年,〈書〉即後世政書,〈世家〉猶後代之霸史。〈列傳〉則不啻晚出之各種傳記、雜傳。若以此為準,則本門所採納之資料,便幾乎可以涵蓋依各種史體修成之史書!本門乃〈國史部〉13門之1而已,然篇幅竟佔3分之1,遠超過他門之上,其理由恐即在此。輯錄既廣,如不類分,便成大雜燴,無系統倫次可言。筆者遍讀〈採撰門〉數過,深以此為憾!〈記注〉、〈譜牒〉、〈地理〉既可獨立別出,各成一門,則〈採撰門〉何不依樣畫葫蘆,按史體而分類彙整相關之資料?近300條資料,只按時代先後排序,閱讀時只覺頭昏目眩,不著邊際,未識重點。〈小序〉本有導讀的功能,但本門〈小序〉似乎不足語此。內容本身既成混沌雜燴,則〈小序〉「失職」,又何足深責!釜底抽薪之法,在於重新分類彙整本門資料。或以此而成《〈國史部〉新編》歟?有待來茲。

第5門為〈論議〉,共2卷,約14,000字。首卷,即卷558,起西漢司馬談論六家要旨,終後魏陽尼「奏佛道宜在史錄後」[75];次卷,即卷559,始北齊魏收上表論國史斷限,終後晉曹國珍上疏修《大晉政統》。所輯錄資料共20多條。本門〈小序〉概述其內容曰:

---

[75] 《魏書》,卷72,本傳無「後」字(北京:中華書局版,頁1601)。多一「後」字,文意便大有差別。

......斟酌前史,譏正得失。……至於考正先民之異同,論次一時之類例,斷以年紀,裁以體範,深述懲勸之本,極談書法之事。或列於封疏,或形於奏記。

以上〈小序〉的論述,都是相當有根據,而可以從本門 20 多條資料中找到例證的。現各舉一例如下:

1、「斟酌前史,議正得失」例:〈後漢班彪為徐令〉條便斟酌《史記》而譏正其「甚多疏略」、「論議淺而不篤」。

2、「考正先民之異同」例:〈張衡字平子〉條以先民三皇五帝之先後接軌而糾彈《史記》,認為不宜「獨載五帝,不記三皇」。

3、「論次一時之類例」例:〈後魏高祐孝文時為秘書令〉條載高祐及李彪論次《尚書》、《春秋》記事、錄事之體例。

4、「斷以年紀」例:〈晉賈謐為秘書監〉條載賈謐、荀勖等議論《晉書》限斷。

5、「裁以體範」例:〈南齊袁彖為秘書監〉條載袁彖駁議檀超,認為彼欲立之〈處士傳〉,宜「附出他篇」。

6、「深述懲勸之本」例:〈沈既濟為左拾遺史館修撰〉條載既濟上奏非議吳兢「以則天事為本紀」,認為此有失懲勸之義。

7、「極談書法之事」例:〈李德林為通直散騎侍郎〉條載德林與魏收討論《齊書》起元事,極談「一」與「元」之異同。

筆者認為本門之設立甚善。史家針對各史學課題的議論,均可概見。惟僅得 20 多條,蒐羅殊欠齊備。《文心雕龍》、《史通》等書,議論最多,以均非官書而見遺,甚可惜![76]

第 6 門為〈記注〉,約 5,100 字。所輯錄材料凡 40 條,首條載周穆王內史作《穆天子傳》;末條錄後周李轂奏請修起居注事。案:起居注記述人君

---

[76] 〈國史部〉輯錄漢以後書,除正史外,大抵不出《唐會要》、《五代會要》與各朝實錄;蓋以官書為準也。

的言行，而人君之言行為萬民表率。申儆戒，防逸豫皆繫於斯，其重要性可以想見。然而，實際上起居注「隨時隆廢，與運休息。」（本門〈小序〉語）這個制度本身用意甚善；惟徒善不足以為政，徒法不能以自行。必須持之以恆，深具「永續經營」的理念與鬥志，其事始可底於成而得以持續的。如帝王懷一己之私，時思一窺注中所記何事，[77]又或官員以其事不便實行，[78]則「隨時隆廢」便是必然的命運了。本門所輯錄的資料含不少各朝大臣建議恢復起居注制度的奏疏，可見人心不死。唐以後國史賴起居注而成篇者甚多，然則建言者固居功厥偉；而本門予以輯錄彙整，使其名聲流傳更廣，貢獻亦匪細。

第 7 門為〈譜牒〉，約 3,600 字，輯納資料凡 40 多條，可謂係譜牒學發展史及譜牒目錄的彙編。首條載劉向撰〈世本〉，[79]末條錄唐柳璟奏請續修《皇室永泰新譜》事。本門設立的動機，與本部多門相同，概以致用為務，〈小序〉即云：「……紀其閥閱，辨其流品，使宗派之不紊，而人物之惟敘，參於部錄，垂之軌範。……斯乃稽古之大訓，非可以忽焉。」可知藉部錄以稽往古，並垂軌範係本門設立的要旨。

第 8 門為〈地理〉，約 4,400 字，採擷上古至後周有關地志撰著的資料凡 60 條。除各種獨立成篇的著作外，正史的〈地理志〉、〈州郡志〉等

---

[77] 中國歷史上被稱為一代英主的皇帝唐太宗猶不免此失（參本門〈朱子奢為諫議大夫〉條；〈褚遂良為諫議大夫〉條），則等而下之的皇帝便不必問了。

[78] 本門〈楊嗣復開成三年為宰相〉條記載楊嗣復奏請恢復起居注制度事。案：本條末句作：「時同列多不便之事，竟不行。」語句頗不辭，然大意很清楚。意謂其他同朝官列述其事不便恢復，故案子便擱置下來。本條資料應輯錄自《唐會要》卷 64，〈開成三年二月〉條。惟《唐會要》末句作：「昨日延英面奏，已蒙允許。敕旨，依奏。」此與上引末句語涵義正相反！筆者以為兩條資料各有脫漏，兩者互為補充殆係該條資料之原貌。蓋文宗已頒旨允許恢復故事，後以官員續上疏言不便，其事遂寢耶？

[79] 以《世本》為劉向所撰，大抵據《隋書》卷 33〈經籍志〉。案：《世本》作者問題，歷代頗有爭論，今大體認為作者非一，應係周初至戰國時史官相承之作。有關本問題的討論，參朱順龍對《世本》的研究，收入姜義華編：《中國學術名著提要・歷史卷》（上海：復旦大學出版社，1994），頁 219-221。

等，亦係本門蒐輯臚列的對象。

第 9 門為〈世官〉，約 2,100 字。首條載堯設官掌天地四時，敬授人時；末條述唐沈既濟父子修實錄事，凡 18 條。〈世官〉一門之設立，意義重大，蓋「家」在傳統中國任官承傳方面所扮演的角色及本門編纂者的史學承傳意識，皆藉以充分彰顯流露無遺。惟所輯資料中，有不盡符合所謂「世官」者。如〈唐令狐德棻〉條載令狐德棻及其玄孫峘修史事。案祖孫雖先後為史官，但二人並未同時並世，且相隔四代，[80]所修又非同一史，然則以「世官」稱述二人，恐失諸寬泛！

第10門為〈自序〉，約7,700多字，輯錄以下 7 家的自述：漢司馬遷、班固、劉宋范曄、[81]蕭梁沈約、北齊魏收、隋許善心、唐李延壽。本門〈小序〉的說明很具有導讀的功能，且極簡短，茲引錄如下：

> 自司馬談父子續先業，齊世傳，為之史記，以成一家之言，及其斷章自敘，發明其族系，稽古立論，揚榷其官守，詮擇（筆者按：疑當作「釋」）文理之要，區別祖述之旨，亦云備矣。班、范而降，遵用舊式，至於世胄之源派，纂次之模楷，似（筆者按：疑當作「嗣」）續之憑厚，沿襲之殊軌，悉可徵焉。然其講世德，敘家範，亦不能無虛美者矣。

上所引錄可看出編者是頗用心綜括各自序的內容的，既知悉其優點，亦復能道破其虛美誇大失實之處。案：中國人以孝治天下，家是社會的原級團體，且崇古尊老，[82]一切榮耀光彩皆歸功列祖列宗。史家「講世德，敘家

---

[80] 兩人之卒年相距約 140 年。兩人生平事蹟，見《舊唐書》，卷 73、149；《新唐書》，卷 102。

[81] 四庫本誤作「范華」；明刊本及宋本不誤。

[82] 金耀基對中國傳統社會的各項價值取向，頗具慧解，嘗列述 8 項，首項即為「崇古尊老」。金耀基：〈中國的傳統社會〉，收入金耀基，《從傳統到現代》（臺北：時報文化出版事業公司，1989），頁 55-56。

範」，自不能免於是。〈小序〉作者能客觀地加以指陳，甚具導讀的功能。

第 11 門為〈疏謬〉，約 1,300 多字，輯錄自晉至唐資料 13 條，共 14 事例[83]：晉王沈、郭頒、王隱、後魏鄧淵、崔浩高允（崔、高同條）、崔鴻、山偉、北齊魏收、楊休之[84]、宋孝王、隋王劭、唐吳兢、令狐峘。

〈小序〉以「為一代之典，流千秋之訓」期許史家，因此深責以下的修史表現：1、脫落時事；2、采述異端；3、體蕪舛而不倫；4、文混漫而難辨；5、否臧非允；6、論次乖方。這 6 方面，我們可以從史才、史學、史識、史德四判準來加以彙整分析。史學膚淺，史識不足，故「脫落時事」；史才缺缺，史識闇昧，由是而「采述異端」；「體蕪舛而不倫」、「文混漫而難辨」，大抵又源於不才；「否臧非允」、「論次乖方」，則史德不充，以至史識闇昧之結果也。〈小序〉編纂者的論述雖簡短，但所以致疏謬之原由，皆可謂統括無遺。

第 12 門為〈不實〉，約 3,000 字，輯後漢至後周資料凡 12 條。所以導致不實，其原因大抵如下：「因嫌而沮善，瀆貨以隱惡；或畏威而曲加文飾，或徇時而蔑紀勳伐；恣筆端而溢美，擅胸臆而厚誣。」（〈小序〉語）一言以蔽之，蓋均由於史德不彰而導致之。然而，史家記載所以不實，其原因實多端，自傳統眼光視之，除史德外，尚可以訴諸史才、史學、史識之不足備來作說明。自今日視之，更可以補上其他因素，譬如：由於史料不足而陷溺偏頗，或緣乎史法不善而紀錄舛誤，或肇端立場乖謬而結論不倫。簡言之，即非盡由於史德欠缺而致之也。〈小序〉作者在傳統史學思想的影響左右下，一概本乎道德立場，而未能憑藉其他觀點視角以立論，是很可惜的。但從史料不足、史法不善等等因素切入，乃至憑藉史學的輔助學科（譬如心理學、社會學、經濟學、法律學、文化人類學，自然科學等等）之相關理論以解釋歷史記錄或歷史研究之失實，乃近現代產物。千年前的宋人未足語

---

[83] 高振鐸，上揭文，頁 152。惟其中云 11 條事例，恐誤。

[84] 楊休之，當作「陽休之」，《北齊書》，卷 42，《北史》，卷 47 有〈傳〉。宋本、明本及四庫本《冊府元龜》均誤。第 6 門〈議論〉起首第一句作：「北齊陽休之……」，則不誤。

此，吾人又何忍深責！編纂者能有所覺而設立「不實」一目，其實已相當難得。

第 13 門，即最後一門，名為〈非才〉，篇幅最少，僅 600 多字。採擷後魏至唐之資料共 10 條。內容不外是批評耗時而不能成篇、作者無所措意，或史書內容無可足稱者。本門編纂者一概以非才視之。

以上 13 門，共 600 多條資料，可說構成了一部五代（含）前中國史學發展史的長編。[85]雖採輯資料尚未齊備，門目猶有待增補，又〈小序〉之論述或未概括周延，但距今已超過 1,000 年的宋真宗時代，《冊府》的主事者能為史學規劃設立〈國史部〉，俾網羅彙整相關資料，則彼等實可謂獨具隻眼，匠心獨運；對中國史學的貢獻，功不可抹。

## （四）〈國史部〉優缺點總論

〈國史部〉的優點或貢獻，前人論述者不少，[86]大抵不外以下數方面：1、保存大量唐及五代的重要史料；[87] 2、藉以校勘史書；[88] 3、補史書所

---

[85] 以現今史學史研究的任務和範圍來說（此可參白壽彝：《中國史學史》，第一冊（上海：上海人民出版社，1986），第一章的論述。），《冊府》誠有所不足，但該書所採擷彙整的資料，實已包含不少史學史的基本素材。如史家的生平事蹟（含學經歷）、品格操守、思想、史書體裁、史學論議、修史制度、過程、史館建置沿革、史書目錄等等已涵寓其中。是以筆者乃以史學史長編定位之。

[86] 如上揭陳可青的兩文，高振鐸的一文及劉乃和的〈序〉文，皆嘗論述該問題。

[87] 案：唐及五代史料、史書，最常見者計有：兩唐書、《唐會要》、《唐大詔令集》、兩五代史及《五代會要》等書。然而，史料未見以上各書而為〈國史部〉所採錄者仍不少。於此即可見〈國史部〉之貢獻。

[88] 參上揭拙文，第三節。約言之，藉〈國史部〉校勘舊籍，如校勘兩唐書、舊五代史等，成效卓著，以《冊府》所據史書，皆北宋前之古本也。近年北京中華書局點校以上各書，皆嘗據《冊府》。清人邵晉涵據《永樂大典》及《冊府》採擷彙整五代史料，並按《玉海》辨其篇第，重輯《舊五代史》，此人所共知者。然而，據劉乃和之研究，邵氏所據者乃以《大典》為主，《冊府》為輔。於此，筆者不免有所保留，《大典》乃較後出之書，邵氏似不會重《大典》而輕《冊府》。劉乃和，上揭書，頁 284。又《冊府》於校勘學方面之具體貢獻，尚可參《冊府元龜・影印明本《冊府元龜》弁言》（香港：中華書局，1960）。

缺；[89] 4、詳載目錄資訊。[90]

除上述四項外，尚有一項很值得注意。〈國史部〉所採摭彙整的材料中，有不少是充分展示、呈露某些可貴的歷史現象的，此中〈公正門〉、〈論議門〉即輯載不少發人深省的條目。然而，筆者印象最深刻的一例則見載於〈採撰門‧干寶為著作郎〉條，茲特別引錄如下：

> ……雖考先志於載籍，收遺逸於當時，蓋非一耳一目之所親聞睹也。亦安敢謂無失實者哉？衛朔失國，二傳互其所聞；呂望事周，子長存其兩說。

> 若此類，往往有焉。從此觀之，聞見之難一，繇來尚矣。夫書赴告之定辭，據國史之方策，猶尚若茲，況仰述千載之前，記殊俗之表，綴

---

[89] 這方面，可分為：補上整條資料全文；或補上原有資料所缺載者。茲先就前者，舉兩例如下：一、〈論議門〉末尾倒數第二條〈韋籌為左拾遺〉條輯載史館回應韋籌之建議之奏章一道。案兩唐書、《唐會要》及《全唐文》均不載此史館奏章。二、同一門最後一條〈曹國珍為左諫議大夫〉條輯納國珍於高祖天福四年所上之奏章；《舊五代史‧本傳》亦未載此奏。今幸賴〈論議門〉而兩條材料得以保存。至於原書載有某條材料，惟不詳，而《冊府》反詳載者，舉兩例如下：一、〈採撰門‧趙瑩為相監修國史條〉載瑩奏請下敕購求唐實錄之奏章。《五代會要》卷 18，〈前代史〉條載此奏，惟缺以下文字：「復有世積典墳，家傳史筆。或收纂當時除目，藏在私居。或採摭近代制書，以為文集。未逢昌運，無以發明。今屬搜揚，誠為際會。既伸志業，佇見旌讎。」今幸賴〈採撰門〉而此段文字得以流傳。二、〈論議門‧李翱為國子博士〉條載翱奏請記事宜直書，不得虛加妄言。《舊唐書‧本傳》缺載以下文字：「不如此則詞句鄙陋，不能自成其文章矣。繇是事失其本，文害其理，而行狀不足以取信。若使指事書實，不飾虛言，則必有知其真偽。不然者，縱使門生故吏為之，亦不可謬作德善之事而加之矣。」又缺：「則善惡功跡，皆據事實足以自見矣。」〈採撰門〉於本條則詳載這些文字。上舉四例均可見〈國史部〉大有裨益於補史。按：以上所舉之末三例，雖或見載於《全唐文》，惟《全唐文》乃編纂於清中葉。此與《冊府元龜》相較，已後出八百年矣。

[90] 從目錄學方面來看，《隋書‧經籍志》、《舊唐書‧經籍志》及《新唐書‧藝文志》或不著撰人，或年代從缺，或書名、卷數互有差異。〈國史部〉至少可在個別問題上提供一定的參稽或補正。

片言於殘缺,訪行事於故老,將使事不二跡,言無異塗,然後為信者,固亦前史之所病。然而國家不廢注記之官,學士不絕誦覽之業,豈不以其所失者小,所存者大乎?[91]

案:干寶,晉人也,距今約 1,600 多年。筆者讀畢上引文,驚愕不已,亦可謂驚喜無限。1,600 多年前之古人,竟然深悉歷史本身(the history itself;或過去本身——the past itself)與歷史記錄(the written history)之間常有差距,誠屬難得。(按:深悉「歷史本身」與「歷史記錄」之不能劃上等號,當然不始自干寶。然而,如此明白表示出來者,也許干寶是第一人。)而最使人振奮者,尤在於干寶深悉歷史記載無法完全如實重建、呈現史事之原貌時,猶能抱持樂觀積極的態度而指出說:「……豈不以其所失者小,所存者大乎?」[92]這種樂觀進取,絕不悲觀氣餒的治史、修史態度最為可取。這比諸時下流行的後現代主義視一切歷史記載僅係「文本」(Text),不足語乎歷史事實的如實報告或客觀報告(換言之,即此文本絲毫不足以代表或反映歷史上所確曾發生過的史事!),真不知高出多少倍!〈國史部〉編者採納此條資料,甚具識見。其他可貴的條目尚多,恕不一一列舉說明。

作為一部中國史學史來說,〈國史部〉的優點或貢獻固然很多,但缺點亦復不少,此上文已偶爾作過零星的論述。前賢對此亦嘗予以關注。[93]此下

---

[91] 原載《晉書》,卷 82,〈本傳〉,其內容源自干寶《搜神記》之〈序〉文。按:《搜神記》被後世視為中國古代神話小說之先河。

[92] 筆者認為歷史的研究成果,得多少,算多少。不必事先期盼過高,更不可預設立場。因此,既然「所失者小,所存者大」,當然就很值得「投資」,即所謂值得進行研究了。反之,若是「所失者大,所存者小」,筆者認為亦無妨。總之,得多少,算多少可也。

[93] 比如宋人洪邁、明人袁褧皆批評該書取材過分狹隘即是。參上註 30。陳可青亦批評該書存在不少問題和缺點。茲稍開列如下:一、搜羅有所遺漏,如常璩撰《華陽國志》、李百藥子安期預修《晉書》,以至崔浩修史罹罪事,皆見遺不錄。二、考核不精,如誤據《陳書·姚察傳》而以為姚察係梁、陳二書之主要修撰人。(見〈採撰門·姚察入隋條〉)三、不重視史注,如裴松之注《三國志》事,隻字不提。四、矛盾錯謬。矛盾者如〈不實門〉既視陳壽紀錄不實,然於同門〈王沈條〉又認為王「多為時諱,未若陳壽之實錄也。」錯謬者如誤賈淵、賈希鏡為二人而分立條目。(見

所論，以前人不及關注或未嘗詳論者為原則。

首先，我們可以從結構、體例方面來看。〈國史部〉下分 13 門，各自獨立，互不統屬。這在結構層次上似乎欠缺一個細密周延的安排。[94]筆者認為〈部〉下不妨先分立若干大項，譬如史家、史著、修史制度等三項，然後藉以籠罩、彙整原先之 13 門，[95]則上下統屬層次分明，更使讀者容易明瞭、掌握中國史學之精義。[96]體例方面，該〈部〉幾全以史官、史家人名起首，雖云整齊劃一，然缺乏針對不同具體問題而該有之靈活配合變化。該〈部〉全不標示資料來源出處，此亦可謂體例設計上的缺失。

至於門目方面，僅得 13，連中國自魏晉以降即時有爭辯之正統問題，以至依此而衍生之正史問題，亦全未提及；更不必說開立一門以採擷相關資料了！其他當有或宜有之門目但從缺者亦甚多，此如記注既自成一門，則自李唐以來，其他史事載體，如時政記、實錄，乃至國史，已成日後修史之基料，何不比照記注而同樣設立門目耶？又正史中〈自序〉既成一門，則正史之〈論贊〉亦宜另立一目。

至於所採群書，大抵以正史為主，旁及實錄、《唐會要》、《五代會要》等官書。私人撰著，雖不乏史學材料，如《文心雕龍》、《史通》等，一概不予採納。此最為〈國史部〉之大病，顧前人及上文已申論及之，今從簡。

---

〈譜牒門・賈淵〉條；同門〈賈希鏡〉條。）五、資料條目重複者不少。以上皆見陳可青，上揭〈《冊府・國史部》的編纂特點及意義〉，頁 77、88。

[94] 當然，這不僅是〈國史部〉如此，整部《冊府》亦莫不皆然。全書共 31 部，其下分立門目共 1,100 多個，多者 1 部含 200 多門，〈總錄部〉即是；少者 1 部僅含 6 門，〈諫諍部〉即是。這在比例的分配上，似乎輕重懸殊過甚。

[95] 如史家項下可包含〈公正〉、〈疏謬〉、〈不實〉、〈非才〉、〈恩獎〉、〈世官〉、〈論議〉、〈自序〉等 8 門。當然，這 8 門亦可再分別隸屬於其他項下。如前四門隸〈史家品格才能〉；〈論議〉、〈自序〉或屬〈史家敘論〉亦可。至於以上 8 門外之其他門，如〈記注〉、〈譜牒〉及〈地理〉則入〈史著〉項，或另立〈體例〉項以牢籠之亦可。〈選任〉、〈採撰〉則可入〈修史制度〉項。

[96] 順帶指出，該〈部〉名〈國史部〉，頗嫌名不副實，使人混淆。似可改易為〈史學部〉；否則易使人誤會該〈部〉乃採輯見諸記載之歷史事跡（歷史事實）而已，即轉錄史事之筆之於書者（written history）之一部門而已。

〈國史部〉採輯資料多所遺漏，此前人大多予以批評。[97]今稍作補充。三國分立，各有史官。〈選任門〉載吳人韋昭及華覈等人應詔修史，唯不及曹魏及蜀漢。實則蜀有王崇補東觀，魏有衛覬掌著作，[98]何得缺遺？吳人除韋、華二人見載外，尚及丁孚、項峻、周昭、薛瑩、梁廣等人。魏、蜀雖僅各得一例，然不予載錄，則失平衡，轉似二國全無史官、史學者。又〈國史部〉採輯唐、五代之資料最多，惟〈公正門〉不錄五代史家，則以五代數十年無一公正之史家可言歟？抑由漏略而致之？此亦有待研究、檢討之課題也。

〈國史部〉優缺點，大抵如上所述論；蓋旨在賡續補苴前人研究成果之罅漏，非敢謂必係一己獨得之秘也。

## 四、附識

本文原擬分兩部分，首部分述論〈國史部〉，此即上文所呈現者。次部分則打算探究尋索〈國史部〉各條資料之來源出處，並進一步據以校勘〈國史部〉文字上之譌誤，又或進而針對所述載之史事，予以鑽研考證。文字校勘，今人多不屑為，每以雕蟲小技視之。然一磚一瓦皆有助巨廈大樓之落成也，何可輕忽之！惟以時間所限、學報篇幅所限，次部分被逼擱置，頗自覺惋惜。或俟諸異日以竟厥志焉。惟歲月催人老，力不從心；後賢予以完成之，其事當更為可能也。茲厚望焉！

---

[97] 參上註93，第一項。
[98] 按：王、衛二人修史事，〈國史部・總序〉注文嘗略及之。注云：「衛覬以侍中充著作」；「蜀有王崇補東觀」。據《三國志・魏書》，卷21，〈衛覬傳〉，衛受詔典著作時已徙為尚書，非復侍中矣。

# 第八章　明人元史學編年研究[*]

## 摘　要

　　本文按明代元史著作成書或刊行先後，逐一予以述介、評論，一方面使讀者對明代的各種元史著作獲得一概括的認識，他方面則企盼能使人對明代史學的整體發展具備一粗略的了解。明代元史學的特質及發展與明代整個史學發展，以至學術的整體發展，其調子基本上是一致的。以理學為主軸，以倫常為判準的史學特色，終有明一代，未嘗稍減其聲價。通鑑綱目的著作充斥於元史學界；其他元史著作，非濃縮宋濂、王禕之《元史》而成簡編、節鈔，則針對元代史事人物作臆斷、品評。史學求真的要義，則鮮有所聞。明繼元而興，其元史學之表現如是不孚人望，殊為可惜。當然，個別元史著作，或著作中之個別地方，仍有可取之處，此則不宜一筆抹殺。此讀者當可於本文各敘錄，尤其文末綜述中窺見之。

## 一、前言

　　兩年前（即 2000 年左右），筆者嘗撰〈明人元史學探研〉一文。[1]文中除針對胡粹中之《元史續編》及周復俊之《元史弼違》二書有所論說外，尚遍蒐明人之元史著作而彙整成〈明人元史著作一覽表〉。筆者當時以為搜尋

---

[*] 本文嘗刊載於《東吳歷史學報》，第 9 期，2003 年，頁 97-144。按：2006 年（含）之後，筆者之學術興趣已轉易為對當代新儒家的探討。中國史學史，尤其明代史學的一段，已久未接觸。今且因陋就簡，納入本書前，本文大體上僅作文字的訂正潤飾而已；幸讀者諒之。

[1] 發表於《書目季刊》，卷 34，期 2，2000 年 9 月，頁 29-43。

殆盡。去年（2001年）12月，大陸學人錢茂偉先生寄贈其大著《明代史學編年考》一書。[2]拜讀之餘，驚嘆錢先生用力精勤、蒐輯廣博。明人史學著作，可謂網羅殆盡。即以元史著作而論，其所開列者，亦有上揭拙文不及備錄者在。筆者復翻檢楊翼驤先生所主編之《中國史學史資料編年》第三冊（元、明），[3]其所納入之明人元史著作，亦有拙文不及開列者。率爾操觚，貽笑大方，固無所逃矣！筆者乃更事蒐討，草就本文，冀稍贖前愆；錢、楊兩家所未備載者，亦或可藉以補其罅漏云矣！若所謂著述，則吾豈敢！

本文名為〈明人元史學編年研究〉。茲稍述其凡例：

一、起洪武元年（1368），迄崇禎末年之元史撰著活動，皆依年納入。
二、相關撰著者之生平事蹟，皆盡量稍予述介。
三、元史著作，逐一予以敘錄。
四、上面提到的錢、楊兩家已有所述說者，本文不嫌重複，惟盡量本乎「詳人之所略，異人之所同」之原則為文。
五、文中刻意引錄不少相關史料，此旨在使讀者免翻檢之勞而得讀原文；個人意見則相對地予以壓縮。

## 二、明人元史著作編年

### 太祖洪武元年戊申（1368）

蕭洵撰《元故宮遺錄》一卷。

是書見載於黃虞稷《千頃堂書目》（以下簡稱《千目》[4]），入地理類，可說是專史，《明史‧藝文志》（以下簡稱《明志》[5]）不載。書前吳

---

[2] 北京：中國文聯出版社，2000年12月出版。
[3] 天津：南開大學出版社，1999年出版。
[4] 本文所引《千頃堂書目》之版本為：黃虞稷撰，瞿鳳起、潘景鄭整理之版本。上海：古籍出版社，2001年7月出版。
[5] 北京：中華書局，1974年版。以下有關《明史》之引文，皆以此版本為準。

節之〈序〉文稱洵於「革命之初,任工部郎中,奉命隨大臣至北京毀元舊都,因得遍閱經歷」,可知蕭洵嘗為工部郎中,明毀元大都在洪武元年,該書之撰年亦當在蕭洵遍閱毀都經歷之同年,即洪武元年。全書不足 3,000 字,收入《知不足齋叢書》[6]。

籌備纂修《元史》。

相關事宜,見總裁官宋濂以下兩文的描述。其一云:「皇帝既正宸極,龕定幽燕,薄海內外,罔不臣妾。慨然憫勝國之亡,其史將遂湮微,乃洪武元年冬十有一月,命啟十三朝實錄,[7]建局刪修,而詔宋濂、王禕,[8]總裁其事,起山林遺逸之士,協恭共成之。以其不仕於元而得筆削之公也。」[9]另一云:「洪武元年秋八月,上既平定朔方,九州攸同,而金匱之書,悉入於秘府,冬十有二月,乃詔儒臣,發其所藏,纂修《元史》,以成一代之典。而臣濂、臣禕,實為之總裁。」[10]

《明史》卷 128,〈宋濂傳〉:「宋濂,字景濂,其先金華之潛溪人,至濂乃遷浦江。幼英敏強記,就學於聞人夢吉,通五經,復往從吳萊學。已,遊柳貫、黃溍之門,兩人皆亟遜濂,自謂弗如。元至正中,薦授翰林編修,以親老辭不行,入龍門山著書。踰十餘年,太祖取婺州,召見濂。……

---

[6] 臺北:世界書局 1963 年嘗出版該書。

[7] 十三朝實錄,指太祖成吉斯汗孛兒只斤鐵木真以下迄寧宗懿璘質班十三朝之實錄。此外,據錢大昕(1728-1804),尚有太祖子拖雷《睿宗實錄》及成宗兄《順宗實錄》(即共十五朝實錄)。然而,何以僅稱或統稱「十三朝實錄」?此蓋以二人未嘗正式臨朝故也。十五實錄的名稱,見錢大昕《補元史藝文志・史類・實錄類》,收入《嘉定錢大昕全集》(南京:江蘇古籍出版社,1997),冊五,頁 25。亦可參閱陶懋炳:《中國古代史學史略》(長沙:湖南人民出版社,1987),頁 390。

[8] 王禕,有些書寫作「王褘」,或緣於手民之誤?或作者逕認為以「褘」為是?何冠彪嘗作考證,認為作「禕」者是。今從之。何冠彪,〈王禕二題〉,收入何冠彪,《明清人物與著述》(香港:香港教育圖書公司,1996),頁 1-8。

[9] 宋濂,〈呂氏採史目錄序〉,《宋文獻公全集》,卷 7,臺北:臺灣中華書局,四部備要本。

[10] 宋濂,《元史・目錄後記》,附見北京:中華書局 1976 年版《元史》,冊 15。

尋改起居注。……洪武二年詔修《元史》，命充總裁官。是年八月史成，除翰林院學士。」[11]

《明史》，卷 289，〈王禕傳〉：「王禕，字子充，義烏人。幼慧敏，及長，身長嶽立，屹有偉度。師柳貫、黃溍，遂以文章名世。睹元政衰敝，為書七八千言上時宰。危素、張起嚴並薦，不報。隱青巖山，著書，名日盛。太祖取婺州，召見，用為中書省掾史。征江西，禕獻頌。太祖喜曰：『江南有二儒，卿與宋濂耳。學問之博，卿不如濂。才思之雄，濂不如卿。』……洪武元年，……明年修《元史》，命禕與濂為總裁。禕史事擅長，裁煩剔穢，力任筆削。書成，擢翰林待制，同知制誥兼國史院編修官。」[12]

宋濂（1310-1381）、王禕（1322-1374）之學問、才思，深得朱元璋肯定，上引文可以概見。其詔二人為總裁官，即以此故。然而，清人批評宋、王二人「非史才」，以《元史》之劣陋為二人過。此或不免厚誣。《元史》蕪雜舛誤，此固然，然致此者原因多端，二人實不必負其責；或至少不必負全責。[13]

---

[11] 宋濂生平事蹟，史家記述至夥，前揭《明史》而外，見諸其他傳記，不下 30 種。詳見田繼綜，《八十九種明代傳記綜合引得》（上海：上海古籍出版社，1986），頁 176（III, 02360）。就《元史》之纂修來說，焦竑，《玉堂叢語》，卷四〈纂修〉，特別指出《元史》之編纂，「……同列斂手而已，逾年書成，濂之功居多。」按：濂功居多，或係實情；但謂同列僅斂手，則似不盡然。有關太祖下詔修史之時間，《明史》〈本傳〉云：「洪武二年，詔修《元史》，命充總裁官。」上揭〈呂氏采史目錄序〉及〈目錄後記〉則分別云詔修史之時間為元年十一月及十二月。《明史》撰著於清代，述載史事，當不及當事者紀錄之確鑿可靠，故當以〈目錄序〉及〈目錄後記〉所言為是，然二者又自相出入，相差一個月！此非手民之誤，即宋濂本人之誤記！然詔修史事乃在元年冬，不在翌年，當可確信無疑。

[12] 王禕生平事蹟之傳記目錄，可參田繼綜，上揭書，頁 63-64（I, 70700），凡 29 種。

[13] 錢大昕嘗深責二人「非史才」，見《潛研堂文集》（臺北：臺灣商務印書館，1968），卷 13，頁 183。宋濂或確如大昕所批評者，乃「詞華之士」（語見《十駕齋養新錄》，卷 9，〈《元史》條〉），不諳史學，但王禕的史學素養要比宋濂強得多，不得純以「詞華之士」視之。陳高華嘗對宋、王等人的史學素養與《元史》纂修

## 洪武二年己酉（1369）

開局纂修《元史》，完成寧宗（含）以前史事。

按：《元史》分兩階段始纂修完成。前階段止於寧宗朝之史事。《太祖實錄》，卷 39：「洪武二年二月丙寅朔，詔修《元史》。上謂朝廷曰：『近克元都，得十三朝實錄。元雖亡，國事當記載，況史紀成敗，示勸懲，不可廢也。』乃詔中書左丞相宣國公李善長為監修，前起居注宋濂、漳州府通判王禕[14]為總裁，徵山林遺逸之士汪克寬、胡翰、宋禧[15]、陶凱、陳基、趙壎、曾魯、高啟、趙汸、張文海、徐尊生、黃篪、傅恕、王錡、傅著、謝徽十六人同為纂修，開局於天界寺，取元《經世大典》諸書，以資參考。『……今命爾等修纂，以備一代之史，務直述其事，毋溢美，毋隱惡，庶合公論，以垂鑒戒。』」

按：一、上揭文同為纂修之 16 人，除黃篪、王錡 2 人外，餘 14 人，《明史》皆有傳；不贅。黃篪，生平事蹟未詳。王錡傳記，見劉鳳及錢謙益之論贊。[16]

二、由上揭文可見朱元璋對《元史》之纂修極為關注。事實上，稱之為「干預」，亦絕不為過。上引文中：「務直述其事，毋溢美，毋隱惡」等語，正係干預之顯例。元璋此等裁示，吾人更不宜認真看待，蓋官樣文章而已。

三、攻克元大都不及半年即下令編修《元史》，此不啻向天下宣示一己之政權乃天命攸關之唯一正統王朝，他人罔得指染。就此意義來說，《元史》不啻政治文宣作品而已。[17]

---

的關係作過研究，可參看。陳高華，〈《元史》纂修考〉，《歷史研究》，1990年，第 4 期，頁 119-120。

[14] 原作「王禕」，今改作「王禕」，參上註 8。
[15] 《明史》，卷 285，「宋禧」作「宋僖」。
[16] 劉鳳，《續吳先賢讚》，卷 12，16b；錢謙益，《歷朝詩集小傳》，丙，51b。
[17] 筆者嘗對此政治文宣問題有所論說闡釋。黃兆強，〈《元史》纂修若干問題辨析〉，《東吳歷史學報》，第 1 期，1995 年 4 月，頁 153-180。按：此文亦納入本書內，即第九章。

此第一階段修史終止於同年八月,前後共七個月。《太祖實錄》,卷44:「癸酉……《元史》成,中書左丞相宣國公李善長等奉表進。表曰:……。」

按:修史事始於二年二月丙寅,終於同年八月癸酉,各種記載大抵均無異詞,[18]總裁官宋濂在《元史‧目錄後記》中亦持同一說法。可怪的是宋濂在另一文章中則記載云「秋七月史成」。[19]這則明顯異乎上說。除上揭《太祖實錄》卷44之記載外,同書,卷43云:「秋七月乙未,……《元史》將成,詔先成者上進,闕者俟續采補之。」七月尚言「《元史》將成」,則《元史》成書大抵不在同一個月(七月)可知。然則宋濂所謂「秋七月史成」,蓋一時誤記;或僅大略言之耳;又或只是粗成,非定本也。

元亡於惠宗(順帝)統治期間,該朝史事,便無《實錄》予以述載(蓋一朝實錄,大抵為同一王朝之繼任者命臣子予以纂修者,是以王朝之最後統治者,便無實錄可言)。修《元史》者只好另謀他法。其相關記載,見《太祖實錄》,卷43:「(二年七月)乙未,詔遣儒士歐陽佑等十二人往北平等處采訪故元統及至正三十六年事蹟,增修《元史》。」至於采訪之內容為何及工作之時程,上揭宋濂〈呂氏采史目錄序〉可資參考:「……順帝三十六年之事,舊乏《實錄》,史臣無所於考,闕略不備,於是禮部尚書崔亮、主事黃肅與濂等發凡舉例,奏遣使者十又一人,遍行天下,凡涉史事者悉上送官。今之北平,乃元氏故都,山東亦號重鎮,一代典章文獻,當有存者。將擇有職於官者行,示不敢輕也。章貢呂仲善時司饎成均,乃被是選。是月(筆者案:指七月)癸卯即乘驛北去,八月丁卯抵北平。凡詔令章疏拜罷奏請,布在方冊者,悉輯為一。有涉於番書,則令譯而成文。其不繫公牘,若乘輿巡幸、宮中隱諱、時政善惡、民俗歌謠,以至忠孝亂賊災祥之屬,或見之野史,或登之碑碣,或載群儒家集,莫不悉心諮訪。且遣儒生危於等,分行乎瀼燕南諸郡,示以期日,有慢令者,罪及之。……已而,諸使者咸集,

---

[18] 此起訖年月,除分別見諸《太祖實錄》,卷39及44外,尚見諸多種記載。詳參上註17,頁155,註9。

[19] 宋濂,〈呂氏(呂仲善)采史目錄序〉,《宋文獻公全集》,卷7。

濂於是有所依據，修成續史四十八卷。夏六月復詣闕上進。仲善以功陞太常典簿，尋為丞，且以史事之重，不可易視也，集為目錄四鉅編上之，而藏其副於家，徵濂序其首。……順帝一紀，卒得為完書，皆仲善之功無疑。……」

按：上揭《實錄》云「遣儒士歐陽佑等十二人」，〈目錄序〉則云「奏遣使者十又一人」；相差一人。然而，〈目錄序〉又云：「且遣儒生危於等……」。證諸宋濂另一文章，〈送呂仲善使北平采史序〉，[20]可知所遣者當以十二人為是。是以「十又一人」不是誤記，便是手民之誤；再不然，便是十一人中不含危於一人，若連同危氏合算，則正好是十二人。採史十二人中，上揭《實錄》只開列歐陽佑一人為代表，[21]總裁官宋濂針對修史一事嘗為呂仲善撰寫兩序文，其中更稱許呂氏「順帝一紀，卒得為完書，皆仲善之功無疑。」然則在宋濂眼中，呂仲善之貢獻可知。然而在上揭《實錄》中，乃至在《明史》中，卻未見其名字，頗可怪異。[22]奉命採史者共12人，除上述 3 人（歐陽佑、呂仲善、危於[23]）得知其姓名外，尚可知者，為黃盅一人。〈送呂仲善使北平采史序〉云：「而元統迄於終祚又三十六年，遺文散落，皆無所於考，丞相具以上聞。帝若曰：『史不可以不就也，宜遣使天下訪求之。』於是儀曹會諸史臣，發凡舉例，具於文牘，遴選黃盅等十有二人，分行各省。……」此外，其可考者，尚有張貫、夏以忠、吳允思、劉迪簡及顧九成等人。[24]換言之，今得知其姓名者，乃以下九人：歐陽佑、呂仲

---

[20] 收入《宋文獻公全集》，卷1。

[21] 歐陽佑奉派往採史事之相關記載，亦見《明史》，凡兩見。一見卷 128，〈宋濂傳〉；一見卷 285，〈趙壎傳〉。

[22] 《明史》卷 299 有方技〈呂復傳〉，乃以醫術見稱於世，與採史之呂復非同一人。採史之呂復，字仲善，贛州興國人。《贛州府志》卷 50 及《興國縣志》卷 36 載其生平事蹟；《古今圖書集成·理學彙編·文學典》第 93 卷有〈呂復傳〉，可並參。方齡貴指出，呂復（即呂仲善）在採史過程中作出特殊貢獻，參所著〈《元史》纂修雜考〉，收入張寄謙編《素馨集》（北京：北京大學出版社，1993），頁 54-59。方文對纂修《元史》之各人，以至其他纂修問題，很有研究，甚具參考價值。

[23] 危於乃危素長子。按：「危於」當作「危扑」，參方齡貴，上揭文，頁 59-60。

[24] 方齡貴嘗論述張、夏等人事蹟，參上揭文，頁 61-64。

善、危於、黃盅、張貫、夏以忠、吳允思、劉迪簡及顧九成，共九人。

朱元璋於洪武二年七月遣 12 使臣赴各地蒐摭順帝一朝事蹟，此上文可以概見。他方面，寧宗以前史事之彙整述載仍繼續進行約一個月。一個月後之八月史成，監修李善長即奉表以聞。其〈進元史表〉曰：「……上自太祖，下迄寧宗，據十三朝實錄之文，成百餘卷粗完之史。若自元統以後，則其載籍靡存，已遣使而旁求，俟續編而上送。……所撰《元史》，本紀三十七卷、志五十三卷、表六卷、傳六十三卷、目錄二卷，通計一百六十一卷，凡一百三十萬六千餘字，謹繕寫裝潢成一百二十冊，隨表上進以聞。」[25]第一階段之纂修作業由此便告一段落。

纂修者之一的趙汸（1319-1369）於史書完成後三個月便因病辭世，享年五十有一。詹烜〈東山趙先生汸行狀〉云：「先生諱汸，字子常，姓趙氏。……延祐六年己未（1319）三月癸亥，先生生焉。……己酉（洪武二年，1369），起山林遺士共修《元史》，先生在召中，既竣事，得請還。未幾，疾復作，十有一月丙申而先生捐世矣，得年僅五十有一。」[26]

按：趙汸頗事撰述，《周易》而外，其於春秋經傳之鑽研，用功至深；所成專著數種今傳世，此翻閱《千頃堂書目》及《四庫全書總目》即知之。其中《春秋集傳》因疾作而未及成書，門人倪尚誼乃據趙氏另一著作《春秋屬辭》之義例補成之。倪氏《春秋集傳·後序》亦載趙氏卒於洪武二年仲冬。此外，《明史》卷282，〈趙汸傳〉亦載趙氏之卒年，可並參。

劉迪簡成《庚申大事記》（又作《庚申君大事記》或《庚申帝大事記》）。按：權衡《庚申外史》（詳下文權衡條）卷首收錄宋濂一序文，序文稱洪武二年，劉迪簡奉命訪求庚申帝 36 年遺事而成書，號之曰《庚申帝大事紀》。《四庫全書總目》〈《庚申外史》〉條認為該序文實係為《庚申帝大事紀》而作，非為權書而作；後人移綴於權書中而已。換言之，權、劉各有一書記述庚申帝史事[27]，惟劉書後佚。

---

[25] 李善長，〈進元史表〉，附見北京：中華書局版《元史》，第 15 冊。
[26] 程敏政，《新安文獻志》，卷 72。
[27] 可並參方齡貴，上揭文，頁 62-63。

劉迪簡（1371-？），宜春人，明初任尚寶副使，奉命赴河南訪順帝朝遺事[28]，歸而成書。

## 洪武三年庚戌（1370）

續修《元史》，全書告成，凡 210 卷，乃紀傳體之史著，《明志》與《千目》均著錄。

《太祖實錄》，卷 49：「（洪武三年二月）乙丑，詔續修《元史》，時儒士歐陽佑等采摭故元元統以後事實還朝，仍命翰林學士宋濂、待制王禕[29]為總裁。儒士趙壎、朱右、貝瓊、朱世濂、[30]王彝、張孟兼、[31]高遜志、李懋、李汶、張宣、張簡、杜寅、殷弼、俞寅十四人同纂修。」[32]又卷 5 云：「洪武三年秋七月丁亥朔，續修《元史》成，計五十有三卷，紀十、志五、表二、列傳三十六。凡前書未備者，悉補完之，通二百一十二卷，翰林院學士[33]宋濂率諸儒以進，詔刊行之，人賜白金二十兩，文綺帛各二，授儒士張宣等官，惟趙壎、朱右、朱廉[34]乞還田里，從之。」

按：兩階段之參與修史人數，除宋、王外，總共尚有 30 人。[35]30 人中，只有趙壎一人前後兩階段皆與其役。[36]據悉，第二階段開局時，只有趙汸一人因病辭世。前一階段修史而今健在尚有 15 人，何以皆不與其役？此

---

[28] 王禕《造訪勛賢錄》；《四庫全書總目》〈《庚申外史》〉條。
[29] 原作「禕」，今改作「禕」，參上註8。
[30] 原作「廉」，今據〈目錄後記〉改作「濂」。
[31] 原作「謙」，今據〈目錄後記〉改作「兼」。
[32] 按：〈目錄後記〉尚有王廉 1 人，《太祖實錄校勘記》同，即除宋濂、王禕外，續修者應共 15 人。
[33] 據〈校勘記〉，別本多無「院」字。
[34] 按：〈目錄後記〉作朱世濂。
[35] 按：鄭柏，《金華賢達傳》，卷11〈蘇伯衡傳〉載：「蘇伯衡，字平仲，金華人。……國初召為國子學錄，纂修《元史》，升國史院編修，以瞶辭歸。」惟伯衡修史事，未見載於《實錄》、〈進元史表〉、〈目錄後記〉等著作。其實，伯衡亦嘗參與其役，惟事在校讎，非編纂。參方齡貴，上揭文，頁48。
[36] 見〈目錄後記〉及《明史》卷285，〈趙壎傳〉。

事之不可解者。以朱元璋之過分干預，恐由是罹禍而先離去？[37]抑宋、王不再予以續聘？俟考。又 30 人中，首次即預其役之黃箎、王錡，二人生平事蹟《明史》不載，此上文已言之。此外，其他史臣，其傳記不見載於《明史》者，尚有王廉、李懋、俞寅及殷弼等 4 人。他人事蹟，大皆附載於《明史》卷 285〈趙壎傳〉中。其中含斯道之列傳。惟斯傳中全不及其纂修《元史》事，又《明實錄》、〈目錄後記〉、〈進元史表〉等文獻亦全不載其參與修史之事蹟，甚至姓名亦未予開列[38]。筆者以為斯傳居〈趙壎傳〉中，而雜廁諸史臣列傳中，當係《明史》編纂者之錯簡、誤置而已，烏斯道應從未參與《元史》編纂的工作。

《元史》兩次開局，前後凡331天，共30史臣在宋、王二公的帶領下，總算完成了。但品質陋劣、錯漏百出，此上文已道及，清人予以嚴厲批評者，大有人在。[39]其實，明人對此書，早有負面定評；或更撰新元史，或改編舊作，又或對《元史》予以拾遺補缺、糾矯其舛謬。此下文即將道及。大陸學者錢茂偉嘗臚列明人對《元史》的批評，可並考。[40]

權衡於本年前撰成《庚申外史》2 卷（卷上、卷下）。

有學者認為該書又稱作《庚申大事記》、《庚申史外聞見錄》；[41]《千目》作《庚申外史》，入〈別史類〉；《明志》入雜史類；屬編年體的史

---

[37] 明太祖的淫威及由是相伴隨的文字獄，史不絕書，參上揭拙文，頁 164-165，註 32。

[38] 按：斯道，應作「烏斯道」（《明史》卷 285 之目錄即作烏斯道），字繼善，慈谿人，元明之際四明著名士人。洪武初官石龍縣，調永新，坐事謫戍定遠，尋放還，著《春草齋集》，今存。宋濂嘗為之撰序，於其文章推崇備至，然不及撰《元史》事，蓋亦可佐證烏斯道實未嘗參與其事。生平事蹟及《春草齋集》之簡介，見《四庫全書總目》相關條目。

[39] 參上揭拙文，頁 164，註 30。

[40] 所臚列者計有：楊士奇，〈書《元史》後〉，《東里文集》，卷 10；錢謙益，〈論史法〉，見林德謀《古今議論卷》，卷 25（按：錢書作卷 15，誤）；王夫之，〈文帝〉，節 19，《讀通鑑論》，卷 15。參錢茂偉，前揭書，頁 1。

[41] 任崇岳即持此說。參所著《庚申外史箋證》（鄭州：中州古籍出版社，1991），〈前言〉，頁 1。然《庚申外史》與《庚申大事記》顯非同一書，參上文劉迪簡條。

書。《元史‧順帝紀》及元末諸大臣列傳頗取材於是書。《元史》成書於洪武三年，則該書之撰成年分最晚亦不過此年。[42]

權衡，字以制，吉安人，號葛溪。[43]

## 洪武五年壬子（1372）

危素（1303-1372）卒。[44]危素有否參與《元史》纂修的工作，史家未有定論。〈進元史表〉及《明實錄》等官方文獻均未載其事。唯筆者據《明史》〈本傳〉推測，危素很可能是以顧問身分（不具名）參與其事的。[45]錢茂偉則進一步肯定危素嘗「參與《元史》纂修的主持工作。」[46]

清人曹溶謂危素撰《元海運志》一卷[47]。此與危素是否曾經纂修元史亦

---

[42] 楊翼驤云：「權衡於本年（洪武四年）前著成《庚申外史》」（上揭書，頁 129）。《外史》成書於洪武三年前，楊云四年前，尚不致大謬。錢茂偉於洪武四年下逕作「權衡《庚申外史》成。」（上揭書，頁 4）此則必誤無疑。

[43] 生平事蹟見宋濂為該書所撰之一短文，收錄於任崇岳，上揭書，頁 159。《千目》卷 5，〈別史類〉（頁 140）、《四庫全書總目》，卷 52，〈雜史類存目〉及任崇岳，上揭書〈前言〉亦及其生平事蹟，可並參。按《千目》，卷 15，〈類書類〉（頁 419）載：「《庚申外史》二卷，（作者）葛祿衡」。「葛祿衡」或係權衡之另一別號？或「權衡」與其號「葛溪」，兩者錯合為一，而其中誤添一「祿」字？此則未可知。然而，權衡外，想必無別有一葛祿衡另撰一《庚申外史》，此當可斷言也。W. Franke, *An introduction to the sources of Ming History* (Singapore/Kuala Lumper: University of Malaya Press, 1968)，有著錄該書，參頁 55。

[44] 有關危素卒於是年之記載，見《太祖實錄》，卷 71。又見宋濂，〈故翰林侍講學士中順大夫知制誥同修國史危公新墓碑銘〉，《宋文獻公全集》，卷 27，該碑銘指出危素卒時享年 70。由此上溯，可知危公生於元成宗大德七年（1303）。

[45] 參上揭拙文，頁 160，註 19。

[46] 按：《千目》卷 4〈正史類〉著錄危素《元史稿》50 卷。又廖道南《殿閣詞林記》卷 6〈弘文館學士危素〉條則記載危素有《宋史稿》、《元史稿》、《文集》50 篇；宋濂所撰之〈墓碑銘〉則云危氏有《元史稿》若干篇。天啟年間，薛大中、張萱、何喬新各自在所撰述的文字中，皆記載危氏嘗參與《元史》編修的工作。錢茂偉即據此判定危氏嘗主持其事。詳參錢茂偉，上揭書，頁 4-5。危素與《元史》之關係，亦可參方齡貴，上揭文，頁 37-38。

[47] 收入曹溶《學海類編》（臺北：文源書局，年分不詳），冊 4。

有關,故稍作申論如下。按:《永樂大典》「運」字韻嘗引錄《經世大典》有關元海運之記載。《元海運志》蓋綜括其文而成篇。以明代諸書錄不予著錄,又危素諸傳記均未提及危氏有是作,故王慎榮認為綜括者應非危素。[48]《四庫總目提要》〈《元海運志》〉條則認為作者乃丘濬。該條云:「舊本題明危素撰。……驗其文,乃丘濬《大學衍義補》之〈海運〉一條也,亦不善作偽矣。」

以該書為丘濬(1421-1495)所撰,似非;稍申論如下:

一、遍檢《大學衍義補》之目錄,並無〈海運〉一條。惟其中卷 34〈制國用・漕輓之宜(下)〉有述及元海運情事者,約 8,000 字。〈《元海運志》〉(不含附錄)全條不過 1,000 字。二文內容雖間有相同之處,但敘事之詳略,顯有差距。丘濬若有意為元代之海運撰成一志,則此志之篇幅不應反在〈制國用・漕輓之宜(下)〉相關文字之下。

二、《元海運志》正文後附錄有關元海運之記載共 7 則,其中含《草木子》、《廣輿圖》、《大學衍義補》3 書之相關記載。按:此 3 書成書年分皆在危素卒後,可知相關附錄當為後人所添加者。

三、上述 7 則附錄中,最後一則為《大學衍義補》。四庫館臣見《元海運志》之簡末明示出處為《大學衍義補》,而不細究此僅為相關附錄之出處,便逕下判斷云:《元海運志》「乃丘濬《大學衍義補》之〈海運〉一條也」。按:《大學衍義補》之目錄,並無〈海運〉條。詳參上文。

四、四庫館臣又云:「亦不善作偽矣。」察其上下文脈,乃指危素不善作偽,居然轉錄丘濬之文而視為己作。按:丘濬出生在永樂之後,時危素作古已數十年,危素何來作偽而竊據後生者之著作為己作之有哉?

五、按:《元海運志》正文與《元史・食貨志一・海運》,幾乎一字不

---

[48] 王慎榮,《元史探源》(長春:吉林文史出版社,1991),頁 109-110。

差，其下之附錄則收入《元史·食貨志五·海運》第一段及丘濬《大學衍義補》有關元海運若干文字。疑其編成時間，當在丘濬與曹溶之間。換言之，《元海運志》之作者（其實，應稱作《經世大典》有關元海運記載之綜括者），既非危素，亦非丘濬。

《元史》纂修者之一汪克寬卒。[49]

《元史》另一纂修者曾魯卒。[50]

## 洪武六年癸丑（1373）

《元史》纂修者之一張宣（1341-1373）卒。[51]

《元史》總裁之一王禕（1322-1373）卒。王紳（王禕子）〈滇南慟哭記〉載：「先公以洪武五年正月奉使雲南，六年遇害。……六月抵其境，……遇害時為臘月二十四日未申時，蓋僰人以此為節日，故久不忘也。」[52]按洪武六年十二月二十四日為西元 1374 年 2 月 5 日。因此如以西元記其卒年，則當作卒於 1374 年。

---

[49] 汪氏卒於洪武五年冬，年 69。見《明史》，卷 282〈本傳〉。所撰著作，《千目》卷 2〈春秋類〉及卷 5〈史學類〉有載。生平傳記目錄凡 10 種，見田繼綜，上揭書，頁 19（V, 01770）。

[50] 《太祖實錄》卷 77：「洪武五年十二月……壬辰禮部侍郎曾魯卒。魯字得之，臨江將新淦人。……卒年五十四。」宋濂嘗撰〈大明故中順大夫禮部侍郎曾公神道碑〉（收入《宋文獻公全集》，卷 10），曾氏逝世時日及所享年壽，與《太祖實錄》所載同。傳記目錄凡 18 種，見田繼綜，上揭書，頁 308（III, 90882）。

[51] 見《明史》，卷 285，〈本傳〉。此外，張宣傳記尚有 7 種，見田繼綜，上揭書，頁 67（V, 12890）。

[52] 王紳，〈滇南慟哭記〉，見氏著《繼志齋集》，卷 7。又可參何冠彪，上揭書，頁 8-9。何冠彪嘗細考王禕的生年，認為有二說，如以西元紀之，則當作 1322 年（12 月 25 日）或作 1323 年（1 月 24 日）。上揭書，頁 11。楊翼驤記王禕卒於洪武五年，據上揭王禕子王紳的記載，知不確。楊說見上揭《編年》，頁 130。

## 洪武八年乙卯年（1375）

《元史》纂修者之一杜寅（？-1375）卒。[53]

## 洪武九年丙辰（1376）

《元史》纂修者之一朱右（1314-1376）卒。[54]朱氏嘗撰《《元史》拾遺》[55]一書；不知撰於何年，惟該書既以拾《元史》之遺為旨趣，則撰寫年分不可能早於《元史》之成書年分：洪武三年。朱氏卒於洪武九年，故成書必在三年至九年之間，今姑置於此，是書早佚。

## 洪武十四年辛酉（1381）

《元史》總裁宋濂卒。據《太祖實錄》卷 111，宋濂於洪武十三年因兒子宋璲得罪朱元璋而命居於茂州。「十四年五月，行至夔州，卒。」[56]

## 洪武十七年甲子（1384）

張九韶（1314-1396）成《元史節要》二卷。[57]張氏生平事蹟見《明

---

[53] 見《明史》，卷 285，〈本傳〉。此外，杜寅傳記尚有 4 種，見田繼綜，上揭書，頁 147（V, 36370）。

[54] 見《明史》，卷 285，〈本傳〉。此外，生平傳記至少 8 種，可參田繼綜，上揭書，頁 15（I, 25600）。清人黃瑞編，《明國史翰林編修晉府右長史伯賢朱先生年譜》（1卷，約 3,800 字）。見黃秀文編《中國年譜辭典》（上海：百家出版社，1997），頁 223。

[55] 《明史·藝文志·藝文二·正史類》。《千頃》作《元史補遺》12 卷。焦竑《國史經籍志》卷 3 亦作「《元史補遺》12 卷」；撰人從缺，疑即朱右本書。傅維麟《明書·經籍志》亦著錄《元史補遺》一書。傳書收入《明史藝文志廣編》。

[56] 鄭楷嘗撰〈潛溪先生宋公濂行狀〉，見焦竑《國史獻徵錄》，卷 20。〈行狀〉更明確記載濂卒於十四年五月二十日；惟安置於茂州，乃以其孫慎因罪被刑故，不及其子璲之事。〈行狀〉又記濂生於至大庚戌（至大三年）十月十二日，享年七十有二。《明史·太祖紀》洪武十三年九月條下記載宋濂安置於茂州，卒於道。安置於茂州確係十三年事：然卒於道乃翌年之事，今概繫於十三年下，誤。

[57] 九韶嘗為《節要》之刊刻完竣撰〈序〉一篇，〈序〉末云：「刻成敘之」；所押之年

史》,卷137。⁵⁸又見黃佐〈翰林院編修張公九韶傳〉。⁵⁹九韶編輯該書之動機乃有感於《元史》浩瀚冗繁,使人讀之有倦心,於是「用《資治通鑑》例,編年於上,而繫事於下……而有元一代君臣政事之得失是非,及其盛衰興亡之政,瞭然在目。」⁶⁰該書改紀傳體之《元史》為編年體之《節要》,內容無所增添,書中每卷之首皆作「明翰林編修張九韶美和編輯」,而不作「……撰述」或「……編纂」,則其書非著作可知。《四庫提要》乃以「記載多不具首尾,未為該備」視之。

## 洪武十九年丙寅（1386）

梁寅（1303-1389）《宋史略》4卷成書於本年前。⁶¹《明志·正史類》及《千目·編年類》載梁寅《宋史略》、《元史略》各有4卷。《太祖實錄》卷198,〈洪武二十二年十二月〉條載梁寅撰《宋元史節要》。該書未

---

分為洪武甲子（1384）。其書為2卷,則明載於《明史》,〈藝文志二·正史類〉;又載於《千目》卷4〈編年類〉。今《四庫存目叢書》本有14卷者乃九韶七世孫克文（隆慶二年（1568）進士）之重刊本。錢茂偉以為重刻為14卷本,其事在洪武三十年。此說不知何據。（錢說見上揭書,頁7。）據《中國古籍善本書目》（上海：古籍出版社,1998）,頁716,確有洪武三十年之刻本,惟相關條目作「元史節要二卷釋文一卷」,不作14卷！又該書末卷（卷第14）〈順帝紀〉卷末數則記事,屢稱朱元璋為「太祖高皇帝」;可知該書第14卷,乃至他卷,蓋撰成於洪武三十一年駕崩之後。《四庫提要》卷65〈史部·史鈔類存目〉逕謂「疑其經後人所改竄,非九韶原本也」。

58 九韶,字美和,以字行。《明史》〈本傳〉即作「張美和」,此清人修史不恪守史例之一證。九韶卒於洪武二十九年（1396）,年八十三,見葉砥《坦齋文集》,卷2,〈張吾樂先生墓表〉。

59 收入焦竑《國朝獻徵錄》,卷21。此外,尚有7種其他傳記,見田繼綜,上揭書,頁75（V, 12890）。

60 《元史節要·序》。

61 此書未見。《四庫全書總目》亦不載。王重民《中國善本書提要》（頁86）記載梁寅於洪武十九年刊刻其所撰《元史略》（4卷）時,梁氏本人嘗撰〈自序〉1篇。王氏把該書納入紀傳體史書內。此同乎《明志》之分類。然所錄載之〈自序〉則明言係編年。王重民所見本則標示為「明洪武年間刻本」,不知是否即十九年本也。

見載於他籍；疑即《宋史略》及《元史略》二合為一之異名。

## 洪武二十二年己巳（1389）

是年，梁寅卒，年82。《太祖實錄》卷198〈洪武二十二年十二月〉條載梁氏生平頗詳。此外，生平事蹟又見《國朝獻徵錄》卷114及《明史》卷282〈本傳〉。[62]

## 洪武二十三年庚午（1390）

《元史》監修李善長（1314-1390）卒。《太祖實錄》卷202〈洪武二十三年五月乙卯〉條載善長於群臣廷議其罪（時朱元璋御朝）後，乃返歸自盡。《明史》卷3〈太祖紀〉逕作：「乙卯，賜太師韓國公李善長死。」[63]

## 洪武三十一年戊寅（1398）

解縉（1369-1415）於本年前成《元史正誤》。解縉嘗寓書於禮部侍郎董倫。〈書〉云：「……《元史》舛誤，承命改修。及踵成《宋書》，刪定《禮經》，凡例皆已留中。奉親之暇，杜門纂述，漸有次第，涒將八載，賓天之訃忽聞，痛切欲絕。」[64]可見解縉承命修改《元史》至修書董倫已歷8年。其後未聞有繼續修改之事，故姑且視洪武三十一年為《元史正誤》成書之下限。然而，必須指出兩點：一、《明志》及《千目》皆不著錄該書，故是否成書，實屬疑問。二、縱使已成書，是否確以《元史正誤》命名，亦未

---

[62] 又田繼綜，上揭書，頁179（III, 02360）。載梁寅傳記目錄16種。

[63] 《太祖實錄》卷202，洪武二十三年五月乙卯條嘗記述李善長歸第自殺事，其賜死者乃陸（仲）亨及善長從子李佑而已，並未逕作「賜善長死」。然而，朱元璋於廷臣參奏善長後默許其歸第，而不為善長說一句話，則《明史》逕作「賜善長死」，亦不可謂言過其實。L. C. Goodrich 及房兆楹編之《明代名人傳》收錄 Romeyn Taylor 所撰之李善長傳記頗長（頁850-854），可參看。

[64] 《明史》卷147，〈本傳〉。

敢必。按朱元璋命解氏改修《元史》時，恐不暇連書名都擬定下來。[65]

縉，字大紳，吉水人，幼穎敏，洪武二十一年進士，甚見愛重，常侍帝前。永樂時以私覲太子犯禁而被殺。[66]

## 洪武年間

尤義撰《元史輯要》。本書未見。[67]《千目》入〈別史類〉，其《輯要》條下注云：「尤義，字從道，吳人，洪武中湖廣布政司經歷。」既名《輯要》，蓋《元史》之節本。尤義，生平事蹟不詳，《千目》所開列尤義著作目錄，亦僅得該書。

熊太古撰《元京畿官制》2卷。是書未見，亦不詳撰著年月。《千目》卷9〈典故類〉著錄是書。以太古為元末明初人，故姑繫於此。《四庫全書總目》卷143《冀越集》記載太古之生平事蹟：「太古，豐城人，熊朋來之孫也。登進士，官至江西行省郎中。至正末，天下盜起，太古力陳守禦計，當事者不從，遂棄官去，入明後不仕而終。」按：《元史》卷190有〈熊朋來傳〉。

---

[65] 解縉修改《元史》，而所撰者被冠以《元史正誤》一名，見於王慎榮主編之《元史探源》（長春：吉林文史出版社，1991），頁360。顧炎武云：「洪武中，嘗命解縉修正《元史》舛錯。其書留中不傳。」（《日知錄》卷26，〈《元史》條〉。）可見炎武亦未嘗稱其書為《元史正誤》。筆者頗疑解氏書不必定作《元史正誤》。此蓋王慎榮以意度之。然該書之旨趣既在於正《元史》之舛誤，故逕作《元史正誤》，亦不可謂不當。炎武謂「留中不傳」，意謂書已成，惟以留中而不傳而已。筆者亦頗疑之。上引《明史·解縉傳》云：「《元史》舛誤，承命改修，及踵成《宋書》及刪定《禮經》，凡例皆已留中。」據此，則留中不傳者，或指《宋書》及刪定《禮經》之相關凡例而已；不必指《元史正誤》之凡例留中不傳。

[66] 事詳《明史》卷147，〈本傳〉。縉生平事蹟載29種傳記，見田繼綜，上揭書，頁103（V, 22754）。又陳學霖（Hok-lam Chan）嘗撰解縉傳，參上揭《明代名人傳》，頁554-558。

[67] 《中國古籍善本書目》亦不載。

### 成祖永樂元年癸未（1403）

　　胡粹中《元史續編》16 卷成。本書為綱目體編年史，旨在續陳桱之《通鑑續編》，非續宋、王之《元史》。胡粹中本倫理綱常之旨趣以成書；所撰自序，頗可見其撰史動機與用心所在，惟其中云：「……雖竊取朱子編年之法，而於褒貶之義則不敢僭一辭焉。」此則不實之辭，蓋以儒家倫理道德為判準的各種褒貶之辭，書中屢見。[68]

　　粹中，名由，以字行。山陰人。永樂中官楚府長史。[69]

### 永樂十三年乙未（1415）

　　解縉（1369-1415）卒，年 47。《明史》卷 147〈本傳〉：「永樂八年，縉奏事入京，值帝北征，縉謁皇太子而還。漢王言縉伺上出，私覲太子，徑歸，無人臣禮。帝震怒。……奏至，逮縉下詔獄，拷掠備至。……十三年，錦衣衛帥紀綱上囚籍。帝見縉姓名曰『縉猶在耶？』綱遂醉縉酒，埋積雪中，立死。年四十七。籍其家，妻子宗族徙遼東。」

### 永樂二十二年甲辰（1424）

　　陳濟（1364-1424）於本年前成《元史舉要》。《舉要》載《千目》，入別史類。成書年分不詳。以濟卒於永樂二十二年，故姑置於此。書未見，蓋已佚。濟嘗參與《永樂大典》之纂修；又撰有《書傳補注》、《詩傳通證》、《資治通鑑綱目集覽正誤》（《集覽》係元王幼學撰）等書。[70]

　　金寔〈儒林郎右春坊右贊善武進陳公濟行狀〉：「先生諱濟，字伯載，姓陳氏，常州武進縣人。……甲辰夏五月日，暴中風，不能言，卒於寓舍，

---

[68] 詳參上揭拙著〈明人元史學探研〉，頁 30-33。
[69] 田繼綜上揭書標示粹中傳記見萬斯同《明史》，卷 387；又見錢謙益，《列朝詩集小傳》（乙）。惟前書，卷 387 未見粹中傳記；後書則收入《明代傳記叢刊》，冊 11，粹中傳記見頁 275。
[70] 見《千目》，〈陳濟〉條。

年六十一。」[71]

## 宣宗宣德四年己酉（1429）

劉剡《資治通鑑節要續編》30 卷成。據王重民《中國善本書提要‧增修附註資治通鑑節要續編》，該書乃劉剡所編輯，張光啟所訂正。卷 27 至 30 為《元紀》，大抵本乎胡粹中、張九韶之元史著作。張光啟撰序於宣德四年，劉剡為此書之刊刻而撰寫的〈後記〉則寫於宣德七年。是書以宋為統，遼、金分書之，元則直承宋統。《明史‧藝文志》有張光啟《宋元通鑑節要續編》30 卷，蓋即是書，以該書記宋元史事，故有是稱。此《續編》有明一代翻刻多次，想與科考不無關係。[72]

劉剡，號仁齋，京兆人，生平事蹟不詳。張光啟，建昌人，嘗任建陽知縣（參此書「原題」）。[73]

## 代宗景泰六年乙亥（1455）

敕修《宋元資治通鑑綱目》（簡稱《宋元通鑑綱目》，又名《續資治通鑑綱目》、《通鑑綱目續編》）。景泰六年七月乙亥，敕諭陳循、高穀、王文、蕭鎡、商輅等，仿朱子例，編纂上接通鑑綱目之史書。陳循等乃推舉彭時、劉實等等共19人，共為一書。[74]然而，是時陳循等正忙於纂修《寰宇通志》，不暇他顧。翌年五月《通志》成書，然不久即發生奪門之變，循等去位，該書卒未有成。[75]下逮憲宗時，其事始再賡續。（參以下〈成化九年〉條。）

---

[71] 焦竑《國史獻徵錄》卷 19。《明史》卷 152〈本傳〉，陳濟卒年作「年六十二」，與〈儒林郎右春坊右贊善武進陳公濟行狀〉不符，疑《明史》誤。田繼綜，上揭書，頁 211（V, 82564）開列陳濟傳記目錄 7 種，可並參。

[72] 參錢茂偉，上揭書，頁 10、11、18、44、58、122。

[73] 田繼綜，上揭書，頁 72（V, 12890）開列張光啟傳記目錄 2 種，可並參。

[74] 詳見《英宗實錄》卷 256〈廢帝郕戾王附錄〉第 74。

[75] 詳參李晉華《明代敕撰書考》（北平：哈佛燕京學社，1932），頁 45。是書臺北：成文書局 1966 年重印。

## 景泰年間（1450-1456）

劉實撰《元史略》[76]，蓋為史評類之著作。此書未見，蓋失傳。《明史》卷161，〈本傳〉：「劉實，字嘉秀，安福人。宣德五年舉進士。……景泰時，侍臣薦其文學。召修《宋元通鑑綱目》。實為人耿介，意所不可，雖達官貴人不稍遜。然頗自是。見同曹所纂不當，輒大笑，聲徹廷陛，人亦以此忌之。」[77]《元史略》不知撰於何時。惟景泰六年（參上條）劉實參與《宋元通鑑綱目》之纂修時，嘗以同曹所纂不當而訕笑之，故筆者疑性質相類似之《元史略》，或亦撰於同時也，即景泰六年前後。

## 英宗天順七年癸未（1463）

陳循（1387-1463）卒。焦竑《國朝獻徵錄》卷13〈前大學士陳循〉：「天順五年十二月，釋遼東鐵嶺衛軍陳循為民。循自軍中遣人上疏自陳。……疏入，上曰：『循歷事朝廷年久，曾效勤勞，而為石亨等挾私誣害。今覽其所奏，是非明白，情實可矜，其放回原籍為民。』……抵家一年卒。」王世貞〈內閣輔臣年表〉：「陳循，字德遵，盧陵人。由永樂乙未狀元，正統八年以學士入。天順元年，以少保華蓋殿學戍。赦歸，天順七年卒，年七十七，後詔復官。」[78]陳循嘗奉敕撰《宋元通鑑綱目》，然生前未成書。（參上〈景泰六年條〉）

## 憲宗成化九年癸巳（1473）

彭時（1416-1475）等奉命編纂《宋元通鑑綱目》。《憲宗實錄》卷122：「成化九年十一月……戊申，上諭大學士彭時等曰：『朱文公《通鑑綱目》，可以輔經而行。顧宋、元二代，至今未備。卿等宜遵朱子凡例，編

---

[76] 《千目》，入別史類。
[77] 又田繼綜，上揭書，頁233（V, 87220），開列劉實傳記目錄17種，可並參。
[78] 王世貞，《弇山堂別集》卷45，又可參《明史》卷168，〈本傳〉；田繼綜，上揭書，頁215（V, 82564），載傳記目錄14種。

纂宋、元二史,上接《通鑑》,共為一書。』時等因奏……(筆者按:共 14 人)分為七館編纂。明年,侍講學士丘濬丁憂起復,時等請令同編纂,再加一館為八館云。」

《明史》卷 181〈丘濬傳〉:「丘濬,字仲深,瓊山人。《續通鑑綱目》成,擢學士,遷國子祭酒。……(弘治)八年卒,年七十六。」[79]

## 成化十一年乙未(1475)

《宋元資治通鑑綱目》總裁彭時卒。《憲宗實錄》卷 139:「成化十一年三月……辛未,……少保吏部尚書兼文淵閣大學士彭時卒。時字純道,江西安福縣人,正統戊辰進士,及第授翰林修撰。……遂卒,年六十。贈太師,諡文憲。」[80]

## 成化十二年丙申(1476)

《宋元資治通鑑綱目》27 卷修成,《明志》入正史類;其中元紀佔 5 卷。《千目》卷 4〈編年類〉:「《續宋元資治通鑑綱目》二十七卷,成化九年敕修。尊朱熹《資治通鑑綱目》例,纂宋、元二史上續其書。總裁大學士彭時、戶部尚書商輅、禮部尚書萬安。」[81]按彭時原為總裁,成化十一年卒後,由商輅接任該職。

《明史》卷一 176〈商輅傳〉:「商輅,字弘載,淳安人。舉鄉試第一。正統十年,會試、殿試皆第一。……《宋元通鑑綱目》成,改兼文淵閣大學士。」

---

[79] 北京:中華書局版《明史·校勘記》對於濬享壽年歲頗致疑,以傳文前後不符故也。見頁 4829。
[80] 又可參《明史》176,〈本傳〉;田繼綜,上揭書,頁 132(V, 31221),開列傳記目錄 22 種。
[81] 萬安生平事蹟,見《明史》卷 168〈本傳〉。田繼綜,上揭書,頁 220(III, 33824),開列傳記目錄 7 種。按:《續宋元資治通鑑綱目》之「續」字,疑衍文或贅文,蓋其書既以宋元之時段(共 408 年;此據《憲宗實錄》,卷 159)為處理之對象,若多一「續」字,則轉似處理宋元(不含宋元)以後之事,而非處理宋元時段之事矣!

商輅（1414-1486）等於《綱目》修成後，嘗上〈進續資治通鑑綱目表〉：「……俯竭微勞，已見星霜之再易。總以四百餘年之事，粹成二十七卷之書，上徹經緯，臣輅等才不足以達經權之宜，學不足以盡古今之變，仰承隆命，愧乏良史之三長；少塵睿覽。伏願正大綱、舉萬目，隆世道於亨嘉；興教化、淑人心，保鴻圖於悠久。臣等無任瞻天仰聖，激切屏營之至。謹奉表隨進以聞。成化十二年十一月初九日，資德大夫正治上卿太子少保吏部尚書兼文淵閣大學士臣商輅等謹上表。」商輅既為該書總裁，故書成後乃代表眾纂修官進呈皇帝，因此《綱目》一般作「商輅等修」。改名為《續資治通鑑綱目》亦在成化十二年書成之後。所進〈表〉值得注意的是商輅雖然嚴厲批評胡元之統治中國，但仍然承認其為正統王朝，這可說是明朝政府的官方口徑。[82]

《憲宗實錄》卷 159：「成化十二年十一月……乙卯，《續資治通鑑綱目》成，上製序文以冠其首曰：『……顧宋、元二代之史，迄無定本，雖有《長編》、《續編》之作，然采擇不精，是非頗謬，概以朱子書法，未能盡合。乃申敕儒臣，發秘閣之載籍，參國史知本文，一遵朱子凡例，編纂二史，俾上接《通鑑綱目》，共為一書，始於宋建隆庚申，終於元至正丁未，凡四百有八年，總二十有七卷，名曰《續資治通鑑綱目》。』」

該書宋史及元史部分分別以陳桱《通鑑續編》及胡粹中《元史續編》為底本改寫而成；皆本乎朱子《綱目》之旨趣以衡斷史事、褒貶人物。書成後，分別有張時泰撰《續資治通鑑綱目廣義》、周禮撰《續通鑑綱目發明》及金江撰《續資治通鑑綱目書法》等書，[83] 以闡揚疏釋該書。此皆本乎《紫陽綱目》以立論，徒事雌黃，既無補於史實，亦無助於考證。明人理學化之史學，於此可以概見。

---

[82] 錢茂偉，上揭書，頁 23 對這方面有所論說，可參看。
[83] 三書皆嘗進呈皇帝，所上之表疏，見明人梁夢龍所編之《史要編》，卷 5。

## 成化二十年甲辰（1484）

祝萃（1452-1518）《宋遼金元史詳節》。該書未見，亦不詳撰著年月，惟見於《千目》卷 5〈史鈔類〉。既著錄於〈史鈔〉，可知非著作。以祝萃成化二十年成進士，故姑繫該書於此。

祝萃有《虛齋先生遺集》10 卷，著錄於《四庫全書總目》卷 175〈別集類存目〉。《遺集》條下記述祝萃之生平事蹟：「萃字維真，海寧人。成化甲辰進士。官至廣東布政司參政。」[84]

## 成化二十二年丙午（1486）

《續資治通鑑綱目》總裁商輅卒（1414-1486）。

尹直〈商公輅墓誌銘〉（收入《國朝獻徵錄》卷 13）：「……丁酉（1477），以疾懇休，上察其誠，從之。升少保，兼職如故。……抵家十載始卒，丙午七月十八日也。泝生永樂甲午二月廿五日，壽七十有三。……贈特進榮祿大夫、太傅，諡文毅。」[85]

## 孝宗弘治五年壬子（1492）

許浩於本年寫成《元史闡幽》1 卷，《明志》入史鈔類；《千目》亦著錄是書。《元史闡幽·後序》云：「予來桐城，錄出舊所為《宋史闡幽》。既成帙，因取《元史》閱之，亦欲為論，而心竊鄙其事，欲作而復止者數四，既念其事多或可以為戒，而其詞有彼善於此者亦或可法，不可以盡棄也。」可知該書為鑑戒史學之著作。

《四庫全書總目》卷 89〈史評類存目〉對該書之描述極簡略：「大抵皆取《續綱目》所書而論斷之，凡五十二條，持論雖正，而亦不免於偏駁。」按《續綱目》指商輅《續資治通鑑綱目》。所謂「持論正」，乃指符

---

[84] 按：「維真」一作「維貞」，田繼綜，上揭文，頁38（V, 6811）開列傳記目錄4種，可並參。

[85] 田繼綜，上揭書，開列商輅傳記目錄凡廿七種（頁 168, III, 1921）。

合儒家綱常倫理之道德論旨。至於「不免於偏駁」，四庫館臣並無進一步說明。筆者以為蓋本乎清官方立場而認為許浩之言論有問題。茲舉一例。許書卷首有〈（至元）十八年詔焚毀道經〉一條。該條批評元世祖不焚毀佛乘；且指出元代崇尚佛教而耗費極大，民生艱困。案清官方亦頗崇尚佛教。若贊成許浩之言論，則不啻批評清朝。據此則四庫館臣便只好認為許說「不免於偏駁」了。許浩於弘治初年嘗撰《宋史闡幽》2 卷，其撰述動機與《元史闡幽》相同。門生錢如京出貲刊刻《元史闡幽》並撰〈序〉稱該書：「詞嚴義正，褒貶得當，殆欲與致堂《管見》方駕，人共傳誦。……又著《元史闡幽》五十二篇，元人……姓名……，先生獨加考究，而凡善惡之實之隱微者，皆闡明之，以備一代之史。」這篇〈序〉文很清楚的揭示了兩書皆係道德取向、鑑戒史學的作品。上引文中之《管見》，指《致堂讀史管見》，簡稱《讀史管見》，南宋胡寅（人稱致堂先生）撰，凡 30 卷。[86]

　　許浩生卒年及其生平事蹟不詳，[87]好友丘濬於其道德文章，甚為推崇。（丘濬《宋史闡幽·序》）據《明史·藝文志·史鈔類》，《宋元史闡幽》之作者作「許誥」；誤。按許誥（1471-1534），確有其人，弘治十二年進士，嘗撰《通鑑綱目前編》3 卷，著錄於《明志·正史類》；實係不同之兩人。

### 弘治九年丙辰（1496）

　　《元史弼遺》作者周復俊（1496-1574）生。[88]

---

[86] 詳見維基百科「致堂讀史管見」條：https://zh.wikipedia.org/zh-tw；瀏覽日期：2025.01.08。

[87] 許浩門人於弘治十七年嘗撰〈元史闡幽·序〉，據〈序〉文，可知當時浩已逝世。故浩之卒年不能晚於弘治十七年。

[88] 周復俊，嘉靖十一年進士。生平傳記，至少計有 8 種，參田繼綜，上揭書，頁 131（II, 82581）。

## 弘治十三年庚申（1500）

《宋元通鑑》作者薛應旂（1500-1574？）生。知其生年為 1500 年者，其根據有二。其一，《嘉靖十四年進士登科錄》載「年三十六，十一月初四日生」。按：嘉靖十四年即公元 1535 年。1535 年（含）往前逆推 36 年，便是 1500 年。其二，應旂門人陸光宅撰於萬曆二年（1574）之〈刻《憲章錄》·跋〉，稱應旂時年為七十五。1574 年（含）往前逆推 75 年，便也正是 1500 年。[89]至於應旂之卒年，則大多資料作 1474 年，但亦有作 1475 年者。今姑從前者。

## 弘治十五年壬戌（1502）

《宋元史臆見》作者何喬新（1427-1502）卒。何喬新，字廷秀，號椒丘，江西廣昌人。景泰五年進士，歷南京禮部主事、右副都御史、刑部侍郎、南京刑部尚書。有政聲，與人寡合，氣節友彭韶，學問友丘濬而已。博綜群籍，聞異書輒借鈔，積三萬餘帙，皆手校讎，著述甚富。[90]見於《千目》者即 10 多種，其中史書計有《左傳擷英》、《訂刻馬端臨經籍考》、《續百將傳》、《椒丘史論》、《宋元史臆見》。

《宋元史臆見》，未見單行本，但喬新所著《椒丘文集》卷 4 至卷 8（共 5 卷），[91]即此書。前 4 卷論宋史；末卷論元史，後者共 27 則。每則先冠以一標題（一百數十字；概略地描述一史事），然後加以論斷，每則約三數百字。所論皆本傳統儒家綱常倫理、忠孝節義為主軸。可注意者有二端：

---

[89] 生平事蹟，見 9 種以上傳記，參田繼綜，上揭書，頁 201（III, 33232）。明人過庭訓《本朝分省人物考》（續修四庫全書本），卷 28〈常州府（二）〉有〈薛應旂傳〉，惟不及其生卒年。

[90] 主要參《明史》卷 183，〈本傳〉。〈本傳〉載「（弘治）十五年卒，年七十六。」以此上溯，其生年當係宣德二年（1427）。田繼綜，上揭書，頁 260（V, 90721）開列喬新傳記目錄 23 種。

[91] 錢茂偉，上揭書，頁 44 作「四卷」，誤。W. Franke 前揭書，頁 129 著錄《椒丘文集》，可參看。

一、其史觀可稱為退步史觀，如〈帝（指順帝）以世祖在位長久欲祖述之，詔改元統三年仍為至元元年〉條云：「建號紀年，自秦以前未有也。年號雖古所未有，然在後世則不可廢焉。蓋古者民俗淳、官政簡，案牘無檢覆之繁，雖無年號可也。至於後世，奸偽日滋，官政日凡，文書盈於几閣，非有年號以別之，則歲月瞀亂，點吏為奸，將不勝其弊矣。……」本條旨在申論後世建號紀年實有其必要。依歷史事實或趨勢之自然發展（前簡後繁），何氏之立論應算允當。惟其中可注意者為，其立論頗富崇古賤今之特色。

二、不免流於迷信，如〈文宗以明宗在時素謂托歡特穆爾非其子……〉條云：「曾不知宋滅未六十年而天下以宋之胤陰篡元之統矣，是豈人力所能為哉？世之欲滅人之國以利其子孫者，亦可以自省矣。」所謂「宋之胤陰」，何喬新指元順帝托歡特穆爾；喬新確信此胤陰係宋恭帝（德祐帝、瀛國公趙㬎）之子。凡「世之欲滅人之國以利其子孫者」，筆者以為這些野心家，確應自察自省，但不宜以此便篤信善惡報應之循環史觀，以至盲目相信順帝為宋之胤陰！[92]

## 弘治十七年甲子（1504）

許浩《元史闡幽》1 卷出版。許浩弟克深（曉庵先生）擬出版該書而未果。浩逝世前，囑託門人錢如京付梓，[93]時為弘治十七年。

## 武宗正德五年庚午（1510）

《元史本末》作者謝鐸（1435-1510）卒。該書未見，《千目》入〈編

---

[92] 按：喬新頗迷信，《椒丘文集》卷 7（即《宋史臆見》部分）即有其例。〈錢塘江潮三日不至〉條認為元兵所以能渡過錢塘江，固家人謀不臧，但亦「蓋有天命焉」。由本條及以上〈文宗以明宗在時素謂托歡特穆爾非其子……〉條，可以概見喬新之天命迷信色彩。

[93] 錢如京〈元史闡幽・序〉；許浩〈元史闡幽・後序〉。按：許浩，字克大。〈後序〉（筆者按：是篇文字，未有正式命名；因置於全文末，姑以〈後序〉或〈跋〉稱之）稱「克深」者，疑為許浩弟之字；其名則不詳。

年類〉。謝鐸，字鳴治，浙江太平人，天順末進士，《明史》稱其經術湛深，為文有體要，兩為國子師。正德五年卒，贈禮部尚書，諡文肅。[94]

## 正德（1506-1521）初年

葉夔約於正德初年成《元史提綱》。《提綱》見《千目》卷 5，入〈別史類〉。該書未見。然夔嘗撰《毘陵忠義祠錄》4 卷；記載宋末殉節於常州而從祀於忠義祠之義士 10 多人之事蹟。《四庫全書總目》稱「足訂史之偽也，此書作於正德初年。」[95]《提綱》未悉撰著年月，以該書記元代史事，與《毘陵忠義祠錄》所載宋末義士事蹟，恐不無關係，故姑視為同時（正德初年）之製作。

葉夔（1455-1534），字司韶，號存齋，武進人，嘗應貢入京，授汝陽訓導；未幾，乞歸養繼母。[96]

## 世宗嘉靖十一年壬辰（1532）

呂光洵（1518？-1580）《元史正舉》。[97]該書未見。《千目》卷 5〈別史類〉開列本書。光洵。字信卿，號沃洲，嘉靖十一年進士。[98]官至工部尚書，好史學，尤長於元史。《元史正舉》不詳撰著年分，以光洵嘉靖十一年

---

[94] 《明史》，卷 163，〈本傳〉。田繼綜，上揭書，頁 49（V, 08234）開列生平傳記目錄 23 種。
[95] 《四庫全書總目》卷 61，〈傳記類存目〉，〈毘陵忠義祠錄〉條。
[96] 同上；又參邱樹森，《中國史學家辭典》（石家莊：河北教育出版社，1990），頁 65〈葉夔〉條。
[97] 《元史正舉》或作《元史正要》，參《千目》，〈別史類〉，卷 5《元史正舉》條。
[98] 嘉靖十一年為公元 1532 年。《明代名人傳》頁 502 及上揭書《中國史學家辭典》，頁 86，光洵之生年皆作 1518。然則光洵十五歲即成進士矣！此違反常情。按：嘉靖十一年成進士，見諸官方記載，必不誤。可知生年之記載作 1518 則必誤無疑。張元忭〈呂公光洵行狀〉：「當嘉靖壬辰（十一年）間，甫踰冠，公已成進士。」男子二十而冠，可知光洵成進士時，已超過二十歲。逆推其生年，則大抵在正德六、七年間，即公元 1511，1512 年左右，而不可能在 1518 年明矣。〈行狀〉見《國朝獻徵錄》卷 52。其他生平傳記，見田繼綜，上揭書，頁 298（III, 88282）。

成進士，《正舉》姑置於此。

## 嘉靖二十三年甲辰（1544）

　　陸深（1477-1544）於本年前成《平元錄》1卷。該書未見，《明志》入〈雜史類〉，《千目》入〈別史類〉；成書年分不詳，以陸深卒於嘉靖二十三年，故其書必成於該年前。《千目》載陸深著作 30 多種；其中史書似以《史通會要》一書最為著名。

　　陸深，字子淵，上海人，弘治十八年（1505）進士，二甲第一。選庶吉士，授編修。深少與徐禎卿相切磨，為文章有名，工書，仿李邕、趙孟頫。人頗倨傲。[99]

## 嘉靖二十五年丙午（1546）

　　王洙（1484-？）《宋史質》100 卷成書於本年。楊翼驤以為該書約成於正德十六年（1521）之後，此顯與實際成書年分相差甚遠。[100]《宋史質·自序》：「……乃取元臣脫脫所修《宋史》，考究顛末，參極群書，試折衷焉。刪其繁，存其簡，去其枝葉，存其本根。始於天王正紀，終於道統，凡若干卷。始於嘉靖壬辰（十一年），迄於丙午（二十五年），凡十六年。九脫稿乃就，書成名曰《史質》，以示不文。故昔之為書也，十之九而或晦；今之為書也，十之一而或明。大要闢夷狄尊中國，……中間君子小人之進退、權奸降叛之倚伏，覽者誠能因文而得意，思舊而圖新，則保治於未亂，求安於未危，未必無少補云。」王洙云：「……迄於（嘉靖）丙午」，是可知書成於丙午，即嘉靖二十五年。「壬辰」至「丙午」，前後僅十五年，王

---

[99]《明史》卷 186，〈本傳〉。田繼綜，上揭書，頁 195（V, 82370）開列傳記目錄 14 種。Hok-lam Chan（陳學霖）嘗撰專傳，收入房兆楹，Goodrich，《明代名人傳》，頁 999-1003。朱保炯、謝沛霖，《明清進士題名碑錄索引》（上海：上海古籍出版社，1979），頁 2493-2495，「弘治十八年乙丑科（1505）」遺漏陸深名字，全書亦未見他處有陸深一名，可謂失檢。

[100] 楊翼驤，上揭書，頁 250。

洙云十六年,不是誇大便是誤算。[101] 上引〈自序〉可概見王洙撰《宋史質》之動機與抱負。要言之,其本人即明言乃旨在:闢夷狄,尊中國。

按:該書為紀傳體史書,又名《宋元史質》,以其實質內容包涵元史故也。然而原名只作《宋史質》,蓋以王洙不承認元之正統地位。洙不以元紀年,而以朱元璋之祖先虛繫年月,稱閏紀。這與明代官方史家雖嚴厲批判蒙古之統治,但仍然承認其為正統王朝,大不相同。四庫館臣為配合清政府政權,於《總目》該條上直斥《史質》「荒唐悖謬,縷指難窮。自有史籍以來,未有病狂喪心如此人者。其書可焚,其版可斧,其目不宜存。然自明以來,印本已多,恐其或存於世,熒無識者之聽,為世道人心之害。故辭而闢之,俾人人知此書為狂吠,庶邪說不至於誣民焉。」元清皆為外族入主中夏之政權,四庫館臣修書,其屬辭不得不如是也。當然,四庫全書纂修於滿人入主中國 100 多年之後,館臣本身亦或自視為滿人,或完全認同滿人之政權矣。果爾,則上引言論,或出自館臣之肺腑也說不定。

該書根據《宋史》、《元史》改編而成,作者撰書之旨趣,上文已稍道及,無非在於:在政治上,辟夷狄、尊中國、貶低元朝、突出明朝的地位;在倫常道德方面,貫穿君子小人、忠孝節義之論說;在文化上,強調道統,更特立道統一目。[102]

該書在編纂體例上,效法歐陽修《新五代史》,悉為類傳。除紀志表外,不置個傳與合傳,而是全部類傳化,凡 20 多目。於是相關傳主之道德、功業、文章,以至某一方面之表現,便突出朗現。作者於此,自有一番深意存焉。

《史質》一書,就史事之補充釐正,史實之考據求真方面而言,實無甚貢獻,但不得以此便輕視為無價值之史書。柳詒徵氏〈述宋史質〉一文便從民族大義立場肯定其價值。王德毅教授更認為該書書法嚴謹、批評中肯允

---

[101] 錢茂偉沿襲王洙之誤而亦仍作「十六年」。錢氏,上揭書,頁 100。
[102] 錢茂偉於該書之思想頗有研究,參錢氏,上揭書,頁 99-105。

當，且列傳悉為彙傳（上文以「類傳」稱之），「不乏別裁特識」。[103]可見《宋元史質》自有其價值在，四庫館臣入主出奴，其立論不免有待商榷。此上文已稍及之。

按：《四庫總目》〈宋史質〉條以為王洙「仕履未詳」，此實失考。該書〈自序〉云：「王洙氏生天台之靈江，耕牧於巾幘之野。……十八食廩餼，乃字崇教。……庚辰（正德十五年）復與天下士人會於春官，中一十二名。辛巳（正德十六年）今天子親策問之，賜同進士出身，受行人司行人。」可知王洙字崇教。又秦鳴夏嘗為《史質》撰序，稱王洙為「一江王子」，可知王洙號一江。該書署「臨海王洙著」，可知王洙為浙江臨海人。觀上所引王氏〈自序〉，可知成進士於正德十六年。[104]館臣謂「仕履未詳」，實不考甚[105]；或以不愜其撰著態度，是以故謂「仕履未詳」耶？

## 嘉靖二十六年丁未（1547）

王世貞（1526-1590）撰《元主始末志》（不分卷）。該書未見，唯存目於《中國古籍善本書目》卷 7〈史部・雜史類〉。以世貞為嘉靖二十六年進士，故姑以本年為成書年分。

王世貞，字元美，號鳳洲，又號弇州山人。生有異稟，書過目，終生不忘。才極高，地望又隆，聲華意氣籠蓋海內。一時士大夫及山人、詞客、衲

---

[103] 柳詒徵〈述《宋史質》〉及王德毅〈由《宋史質》談到明人的宋史觀〉對王洙書皆有深刻之論述。兩文收入臺北：大化書局，1977年版《宋史質》之卷首。

[104] 錢茂偉稱王洙成進士於正德十五年（1520），此或可稍作說明。錢氏，上揭書，頁99。按王洙正德十五年「與天下士人會於春官，中一十二名」指的是參加當年的春闈：會試，其中式者名貢士；必俟通過「天子親策問」之殿試，才可稱為中進士。〈自序〉於此嘗明白記載。按：正德十五年庚辰會試後，武宗南巡，殿試未及舉行，翌年三月武宗崩，世宗接任後始舉行殿試，然而該科仍可稱「庚辰科」，中式者亦可稱「庚辰科進士」；惟不宜遽作「正德十五年進士」。《臨海縣志》作「正德庚辰進士」，楊翼驤以為「誤，應為辛巳進士」，則或過分拘泥矣。楊氏，上揭書，頁251。

[105] 王洙生平事蹟，尚可參陳田，《明詩紀事》，戊十四，葉18a。

子、羽流，莫不奔走門下。片言褒賞，聲價驟起。[106]

## 嘉靖三十五年丙辰（1556）

周復俊（1496-1574）《元史弼違》2卷刊刻。按：該書實際刊刻年分不詳，復俊〈自序〉作於嘉靖三十五年，故姑視為該書刊刻之年分。[107]《元史弼違》，顧名思義，主旨不在記述元代史事，而在於匡正《元史》之謬誤；所匡正之對象，不是史事本身，而是從衛道及漢民族立場對《元史》糾謬矯正一番。書中除個別地方對元代史事之評騭較為中肯客觀外，餘皆高下本乎己意、褒貶全憑一心，於史學可謂無所裨益；亦明人史學理學化之典型例子之一。[108]

周復俊，字子籲，號木涇子，江蘇昆山人，嘉靖十一年進士，官至南京太僕寺卿。[109]

## 嘉靖四十四年乙丑（1565）

陳士元於本年前成《新元史》40卷。士元著作甚夥，據《千目》，撰書凡25種，但當中無《新元史》一書。《四庫總目》開列其著作凡11種，但亦無此書。所作史書，當以「起自元始，迄於帝摯」之《荒史》為最著。嘉靖四十四年，張弦嘗為《荒史》撰〈讀《荒史》序〉；中云：「⋯⋯陳君少與余同舉於鄉，登甲辰（按：嘉靖二十三年）進士，人咸奇其有良史才，

---

[106] 參《明史》卷287，〈本傳〉。〈本傳〉所記王世貞成進士之年歲（由此可推其生年）及其卒年皆誤，今不從。田繼綜，上揭書，頁39（I, 70700）開列14種傳記目錄。又 Barbara Yoshida-Krafft 為之撰傳記，房兆楹、Goodrich，上揭書，頁1399-1405。清人及今人至少計有6人嘗撰世貞年譜或年表，參王德毅，《中國歷代名人年譜總目》（臺北：新文豐出版公司，1999），頁162-163。

[107] 錢茂偉以為「此書今佚」，失考。錢氏，上揭書，頁131。《弼違》收入臺北：新文豐出版公司，《叢書集成續編》，冊277。

[108] 筆者嘗對該書做過頗為深入的研究剖析。見上揭〈明代元史學探研〉，頁33-37。該文經修訂並改題目後，納入本書內，即本書第10章。

[109] 田繼綜，上揭書，頁131（II, 82581）開列復俊傳記目錄8種。

宜入史館校天錄石渠之秘，乃以才忌弗庸於時，退而著作，頗富，殆十數種，其他作毋論，而史學則有《新宋史》一百六十卷、《新元史》四十卷、《史學論纂》五十卷、《歷代世紀》八卷，並可傳世云。嘉靖乙丑冬十月望日，賜蘇張弦書。」視陳士元嘗撰《新元史》40卷，即本此序文而來。

陳士元（1516-1597），字心叔，又字孟卿，號養吾，又稱環中迂叟，一號江漢潛夫，應城人。[110]

## 嘉靖四十五年丙寅（1566）

薛應旂（1500-1574？）《宋元通鑑》157卷刊刻；《明志》與《千目》皆予以著錄。該書〈宋紀〉及〈元紀〉分別佔128卷及29卷。《四庫全書存目叢書》[111]收有該書（先是，即1973年臺灣商務印書館嘗影印出版該書）。此《叢書》本的《宋元通鑑》，在編排上，正文與論贊連書，不便閱讀。（按：該書一條目記載一史事，條目與條目間及條目與論贊間皆只空一格，不另行別書。）據作者〈自序〉，知此書始撰於浙江提學任上。嘉靖三十五年丙寅（1556）致仕後，「居間無事，得以研精竭慮，熟復四史，於凡宋元名人文籍、家記、野史，罔不抉摘幽隱，究悉顛末，日夜手書。五六年間，積草綴稿，堆几盈篋。」後由書史謄出，應旂復為刪潤，嘉靖四十五年丙寅正式刊刻（按：應旂撰〈自序〉於該年，其書之刊刻亦當在同年或稍後）。撰著動機，亦概見〈自序〉：「……自宋以下，雖有李燾之《長編》，劉時舉、陳桱之《續編》，而記載失次，筆削未當，仍為缺典。於時不自揆量，妄意刪述，以紹司馬氏之事。」又曰：「且回視宋元，世代不遠，人情物態，大都相類。《書》曰：『我不可不監於有夏，亦不可不監於有殷。』宋元，固今之夏、殷也。所宜為監者，蓋莫切於此矣。」引文中「劉時舉、陳桱之《續編》」乃指：宋人劉時舉所撰之《續宋編年資治通

---

[110] 胡鳴盛編，〈陳士元先生年譜〉，《北平圖書館月刊》，第3卷第5期，1929年11月印行。參上揭《中國歷代名人年譜總目》，頁159。

[111] 四庫全書存目叢書編纂委員會，《四庫全書存目叢書》，臺南縣：莊嚴文化事業公司，1997。

鑑》與元末明初陳桱所撰之《通鑑續編》。按：經世致用之鑑戒史學為中國史學之大宗。明人更輔之以理學，二者合流，遂成理學化之史學。應旂即為此中之表表者。薛氏之理學思想，可謂出入於朱、陸間，主張調和折衷兩家之說。[112]晚年更強調務實踐履，反對空談。[113]在實學致用思想的啟迪下，歷史研究及史書的編纂，便成為應旂晚年用心之所在。[114]

　　清人對該書的評價很低。朱彝尊、周中孚及四庫館臣的言詞可為代表。就學養方面來說，大抵認為應旂孤陋寡聞，其書之材料主要源自宋元二史之紀傳及陳桱、商輅之綱目，其他相關著作多未寓目；就彙整剪裁方面來說，則不免文繁而事複；就考證求真方面來說，又不辨虛實，徒求新異。[115]

　　薛應旂，字仲常，號方山，江蘇武進人，嘉靖十四年進士。[116]

## 穆宗隆慶元年丁卯（1567）

　　王宗沐《續資治通鑑》64卷書成；《明志》與《千目》皆予以著錄。

　　本書又稱《宋元資治通鑑》，其中宋通鑑52卷，元通鑑12卷。後者大抵改編《元史》而成。書前開列〈義例〉9則，該書撰寫之起訖年分及著作大旨可以從中概見。茲摘其要者，尤其與元史相關者，略述如次。

　　〈義例一〉云：「……元一天下，始於至元庚辰（1280），迄於至正丁未（1367），共八十八年，合遼金夏三姓，其興亡治亂，有足紀者，不應獨缺，是以輒忘固陋，編而次之，功始於嘉靖乙卯（三十四年，公元1555），成於隆慶丁卯（元年，1567），以備全史之要略云。」此概述該書撰述之終始年分及王氏心目中元代政權之統治斷限。

---

[112] 見薛應旂，〈書《考亭淵源錄》後〉，宋端儀撰，薛應旂重修，《考亭淵源錄》，續修四庫全書本。

[113] 薛應旂，《方山文錄》卷16，〈尚實〉；薛應旂，〈薛方山紀述〉，收入《明儒學案》卷25。

[114] 《宋元通鑑·義例》凡13例，應旂實用史學之思想可以概見。

[115] 詳參朱彝尊，《靜志居詩話》卷12；周中孚，《鄭堂讀書記》卷16；《四庫全書總目》，卷48〈《宋元通鑑》〉條。又可參錢茂偉，上揭書，頁159-160。

[116] 生平傳記至少計有9種，參田繼綜，上揭書，頁201（III, 33232）。

〈義例二〉云：「有治亂之界而後啟金，有存亡之界而後成元。以中國之不治然後夷狄得乘間而主中國，有國者不可全以腥羶之毒委之天數。」可見宗沐固以夷狄視金元，然宋所以亡於夷狄，以中國先不治也。

〈義例三〉云：「元之君臣立國，本純於夷。自開禧二年（公元 1206）蒙受大號，距其亡也，實一百六十二年。……蓋不覽其全史，未易知也，……為書一十二卷，以存其概。」可知至元十六年（1279）前雖不被視為元之統治期，但為求清楚其建國之來龍去脈，不得不仍予以記述。

〈義例四及五〉則分別說明該書對歷史人物稱謚所採用之標準及遇史事異同時，乃「於比事考異之中而致旌別覈實之旨」。

〈義例六〉說明：同一年而前後紀年計有二年號時，則去其前者而僅用後者。

〈義例七〉指出：元至元庚辰（1280）以前（即 1279 年及其前）以宋為正統，遼金元之統治者，俱稱國主。

〈義例八〉聲明：「事關係大而議論多者，則先提其綱而後原其詳。」

〈義例九〉指出：「（宋元）二代治亂，大都粗備，於是不敢不盡心焉。」

上述義例可揭示宗沐政治價值之取向（正統予誰），以至對歷史人物褒貶之所在。此外，宗沐在書中亦逐用「王宗沐曰」起首以評論史事。就《元通鑑》部分，計有三例。其一批評世祖用人方面乏知人之明（卷 53），其二批有元一代窮兵黷武（卷 53），最後一條批元代以佞佛而導致佛教政策之害民（卷 58）。所論皆可謂甚中肯有據。然該書取材貧乏，就史實之記載來說，恆失諸考訂，年月差錯往往有之。蓋本乎《元史》而未嘗深考也。

王宗沐（1525-1592），字新甫，謚襄裕，浙江臨海人。嘉靖二十三年進士，授刑部主事，與同官李攀龍、王世貞輩，以詩文相友善。史稱宗沐尤習吏治。[117]

---

[117] 《明史》卷 223，〈本傳〉；田繼綜，上揭書，頁 46（I, 70700）開列傳記書目凡 7 種。又《臨海縣志》卷 19 有〈王宗沐傳〉。據《台州經籍志》明王士崧編有《王襄裕公年譜》1 卷，約 21,000 字，唯現今僅見之年譜。參楊殿珣編，《中國歷代年譜總

## 隆慶五年辛未（1571）

王宗沐《續資治通鑑》重刊。[118]

## 神宗萬曆二年甲戌（1574）

《元史弼違》作者周復俊卒，年 79。[119]周氏著作多種，其中與歷史有關者，除《弼違》外，尚有《東吳名賢記》8 卷、《霸州志》9 卷、《涇林雜記》及《涇林類記》等。[120]

## 萬曆四年丙子（1576）

《續資治通鑑》作者薛應旂卒於本年。[121]應旂史學著作尚有《浙江通志》72 卷（嘉靖辛酉修）、《皇明人物考》7 卷、《隱逸傳》2 卷、《高士傳》2 卷及《考亭淵源錄》24 卷（後書之原撰者為明宋端儀，應旂予以重修）。

---

錄》（北京：書目文獻出版社，1996），頁 474；上揭《中國年譜辭典》，頁 264-265。

[118] 按：上揭《中國古籍善本書目》，頁 127，開列《續資治通鑑綱目》之刻本有五，其二在隆慶年間，首作「隆慶刻本」，次作「隆慶五年刻本」。前者蓋為初刻，後者當為重刊本。（隆慶僅得六年，五年既有刻本，則另一標示「隆慶刻本」者，當為初刻本無疑。）知後者為重刊本者，乃據梁夢龍所撰〈重刊《續資治通鑑》序〉而知之。此序未標明年月。然而，梁氏嘗編撰《史要編》一書，其自序乃撰寫於隆慶六年。《史要編》既收錄了梁氏所撰寫之〈重刊《續資治通鑑》序〉，是可知此序必撰於隆慶六年前無疑。然而，隆慶六年前到底是哪一年？據上揭《中國古籍善本書目》，《續資治通鑑綱目》於隆慶五年有一刻本，梁氏於隆慶六年前既為《續資治通鑑》之重刊撰寫一序，是可知此序文即為此隆慶五年之刻本而撰寫。而序文中既有「重刊」二字，由此可知此隆慶五年之刻本為重刊本，又可知其序文亦撰寫於隆慶五年也。

[119] 此據《婁東周氏藝文志略》。是書未見，參錢茂偉，上揭書，頁 187。周氏生平事蹟傳記凡 8 種以上，參田繼綜，上揭書，頁 131（II, 82581）。

[120] 見《千目》，〈周復俊〉條。

[121] 參錢茂偉，上揭書，頁 189。

## 萬曆五年丁丑（1577）

霍鵬有《元史鈔節》7卷，著錄於《千目》；書未見，成書時間不詳，以成進士於萬曆五年，故姑繫於此。此外，尚有《宋史鈔節》14卷、《遼史鈔節》2卷及《金史鈔節》7卷（總名《四史鈔節》）。[122]

霍鵬（1555-1610），真定人，官至山西巡撫、都御史。[123]

## 萬曆二十年壬辰（1592）

張延登（1566-1641）有《元史略》2卷，著錄於《千目》；書未見，成書時間不詳，以成進士於萬曆二十年，[124]故姑繫於此。延登尚有《晏海編》2卷。[125]

延登，字濟美，崇禎二年（1629）嘗督撫浙江。[126]

## 萬曆三十四年丙午（1606）

魏顯國《歷代相臣傳》168卷刊刻，其中卷157-168（共12卷）述元代相臣25人。《四庫總目》卷62於《歷代相臣傳》外，又著錄《元相臣傳》一目。疑後者即前書之一部分，非別為一書也。按：《元相臣傳》不見於《千目》，亦頗可證本書非獨立別出者。據《千目》，顯國之著作尚有《歷代守令傳》24卷、《儒林全傳》20卷。[127]

《四庫總目》〈《元相臣傳》〉條：「其書紀元代丞相自耶律楚材至布延巴哈二十六人（筆者按：實為25人）。各自為傳，全襲《元史》之文，未嘗別有蒐討，又前後凌亂脫誤。……蓋不特於正史之外，無所徵引，且於正史之中亦多所挂漏矣。」又《四庫總目》〈《歷代相臣傳》〉條：「……元之

---

[122] 見《千目》，〈霍鵬〉條。
[123] 同上註。
[124] 見《明清進士題名碑錄索引》，頁423，〈張延登〉條。
[125] 見《千目》，〈張延登〉條。
[126] 同上註；《明詩紀事》，庚，卷17有傳。
[127] 《四庫全書總目》卷62，〈傳記類存目四〉；《千目》，相關條目。

參議中書省事,乃六曹管轄,官止四品,亦非宰相,故《元史·宰相表》不列是官,又元制三公非相職,故別立〈三公三師表〉,今俱列於宰相,紕謬既甚,挂漏尤多。」可知《相臣傳》所據史料貧乏,考證粗疏,剪裁失次,甚至史學素養闕如。

魏顯國,字汝忠,南昌人,隆慶元年丁卯(1567)舉人。[128]

陳邦瞻著成《元史紀事本末》4卷。[129]

此書優缺點具見《四庫全書總目》卷49〈史部·紀事本末類〉:「《元史紀事本末》四卷,明陳邦瞻撰。凡列目二十有七,其〈律令之定〉一條,下注一補字,則歸安臧懋修[130]所增也。明修《元史》,僅八月而成書,[131]潦草殊甚。後商輅等撰《續綱目》,不能旁徵博采,於元事亦多不詳。此書採掇不出二書之外,故未能及《宋史紀事》之賅博。又於元明間事,皆以為應入明國史,……是一代興廢之大綱,皆沒而不著,揆以史例,未見其然。……尤為曲筆。……亦不免於失實。特是元代推步之法、科舉學校之制以及漕運、河渠諸大政,措置極詳;邦瞻於此數端,記載頗為明晰,其他治亂之迹,亦尚能撮舉大概,覽其指要,固未嘗不可以資考鏡也。」是該書之缺點為:採摭未周、間有曲筆及失實。優點為若干記載詳盡明晰;治亂之迹,尚能撮舉大概。上引文中所提及之《宋史紀事》,其全稱為《宋史紀事本末》,凡26卷,亦同為陳邦瞻所撰也。

該書之撰述及刊刻年月,王重民曰:「《元史紀事本末》四卷,四冊,明萬曆間刻本。原題:『高安陳邦瞻編,吳興臧懋循補,勾吳徐申、豫章劉

---

[128] 《四庫全書總目》卷62,〈歷代相臣傳〉條。
[129] 《千目》卷4〈編年類〉作6卷;《明志》〈正史類〉亦作6卷。錢茂偉,上揭書,頁264-269〈萬曆三十四年〉條作27卷。按《中國古籍善本書目》卷6,〈史部·紀事本末類〉開列本書5種不同版本。其中萬曆三十四年刊刻者註明為4卷本。6卷本及27卷本,蓋為後出之版本,非萬曆三十四年之版本。
[130] 據該書原題,應作「臧懋循」。
[131] 按:《元史》分前後兩階段完成,合計共11個月;「八月而成書」,誤。詳參上揭拙著〈《元史》纂修若干問題辨析〉,頁153-157。此文亦收入本書內,即第九章。

曰梧校。』按陳氏自序及徐申《宋史紀事本末‧後序》，知是書始纂於萬曆三十三年仲春，而脫搞於翌年孟秋。……考是書纂成於萬曆三十四年孟秋，黃吉士等當重刻於孟冬也。」是王氏指出徐申〈序〉及陳〈自序〉皆撰於萬曆三十四年。[132]

陳邦瞻（1557-1623），字德遠，高安人，萬曆二十六年進士。天啟三年（1623）卒於官。[133]

## 萬曆四十三年乙卯（1615）

馮從吾《元儒考略》4卷成，《明志》著錄為儒家類。[134]

該書記述元儒共100人，泰半皆注明傳記資料之出處。所輯錄之材料，以出自《元史》個人本傳居多。此外，亦有若干傳記轉錄以下各書：《山西通志》、《湖廣總志》、《陝西通志》、《大元一統志》、任世華《屯留縣志》、何景明《雍大記》、及曾洋《白鷺書院志》等書。

該書內容以記述傳主生平事蹟出處進退為主，不涉學說之總體介紹，亦不徵引其人之語錄論說，與同類書而後出之《明儒學案》比較，相差多矣；只可視為元儒傳記之彙整合編。《四庫全書總目》亦持相當負面之評價，但肯定從吾輯錄之功，其言曰：「……唯元儒篤實，不甚近名，故講學之書，傳世絕少，亦無匯合諸家，勒為一帙，以著相傳之系者。從吾捃拾殘剩，補輯此編，以略見一代儒林之梗概，存之亦足資考證。物有以少見珍者，此之謂歟？」[135]

馮從吾（1556-1627），[136]字仲好，長安人。萬曆十七年進士。從吾生

---

[132] 王重民，上揭書，頁113。
[133] 《明史》卷242，〈本傳〉；田繼綜，上揭書，頁216（V, 82564）開列傳記目錄7種。Goodrich及Tay為之撰專傳，Goodrich上揭書，頁176-178。
[134] 成書於本年，乃據錢茂偉，上揭書，頁311。楊翼驤，上揭書，頁385則籠統作「約於本年（萬曆十七年）後著《元儒學案》」。
[135] 《四庫總目》卷58〈傳記類‧元儒考略〉。
[136] 生卒年據姜亮夫，《歷代人物年里碑傳綜表》（香港：中華書局，1976），頁467。

而純謹，長志濂、洛之學。[137]

## 熹宗天啓三年癸亥（1623）

《元史紀事本末》作者陳邦瞻卒。[138]

## 思宗崇禎七年甲戌（1634）

王光魯《元史備忘錄》1 卷成書。該書為光魯所撰《閱史約書》中之一種，原編在卷第 5，後鈔出單行，並收入數種叢書中。《約書》初成於崇禎七年，後有所增添，全書成於崇禎十六年。《備忘錄》顧名思義，蓋旨在備遺忘，故書僅得十數頁。據目錄，內容計有：〈（元帝宗支）譜系〉、〈氏族〉、〈諸臣〉、〈重名〉及〈俚名〉5 種。據《四庫全書存目叢書》本，〈俚名〉一目有目無書（即缺內容），故實得 4 種。[139]

王光魯，字漢恭，淮安人。生平事蹟不詳。

## 崇禎十四年辛巳（1641）

《元史紀事本末》27 卷之作者張溥（1602-1641）卒於是年。該書未見，亦不知撰於何年月，今僅見載於《明志‧正史類》。以張溥卒於是年，故繫於此。

張溥（1602-1641），字天如，太倉人，幼嗜學。所讀書必手鈔，鈔已，朗誦一過，即焚之，又鈔，如是者六七始已。右手握管處，指掌成繭。冬日手坼裂，日沃湯數次。後名讀書之齋曰：「七錄」，以此也。崇禎四年

---

[137] 《明史》卷 243，〈本傳〉；田繼綜，上揭書，頁 26（V, 01823），開列傳記目錄 12 種；Hucker 為之撰專傳，Goodrich 上揭書，頁 458-459。

[138] 邦瞻生平事蹟及相關傳記資料，參上文萬曆三十四年條。

[139] 有關該書之介紹，可參《四庫全書總目》卷 50〈別史類存目‧閱史約書〉；王重民，上揭書，頁 126；〈元史備忘錄〉條。

成進士;十四年卒,年 40。[140]所著史書,以《歷代史論》最為有名。[141]

著錄於《千目》或著錄於他書之明人元史著作,尚有以下數種,以未見原書,亦未悉其內容,甚或撰著者之生平事蹟,亦罔然不知,故姑開列於此,以備後賢稽考。

蔡伸《宋元通鑑輯略》2 卷。[142]

不知人撰《元史外聞》10 卷。[143]

南山逸老《宋元綱目愚管》20 卷。[144]

陸侹《宋元史發微》4 卷。[145]

劉應孚《元婚禮貢舉考》1 卷。[146]

不知撰人《元史論》。[147]

明人元史著作之編年研究,已陳述如上文。今茲依年分先後,開列各著作如下表,俾便讀者綜覽。

---

[140] 《明史》卷 288,〈本傳〉;田繼綜,上揭書,頁 79(V, 12890)開列傳記目錄七種。近人蔣逸雪嘗編《張溥年譜》,1945 年重慶商務印書館排印本;後《揚州師範學院學報》1962 年第 6 期轉錄該《年譜》,全文約 7,000 字。

[141] 四庫館臣對該書的評價很低,以為「議論凡近,而筆力尤弱,殊為不稱其名。」《四庫總目》卷 90,〈史評類存目二‧歷代史論二編十卷〉條。

[142] 《千目》卷 4,〈編年類〉。宋定國、謝星纏《國史經籍志補》,蔡伸作蔡申。宋、謝書收入《明史藝文志廣編》,臺北:世界書局,1963。

[143] 《千目》,卷 5,〈別史類〉。

[144] 同上注,卷 5,〈史學類〉。

[145] 同上注,據吳騫所補,悉陸侹為四明人。

[146] 該書收入《古學彙刊第一集‧掌故類》;視為元代之著作。然李思純《元史學》(臺北:華世出版社,1974),頁 60-61,則明確標示為明人劉應孚之著作。今姑開列於此。劉氏生平事蹟不詳。

[147] 見傅維麟《明書‧經籍志》,〈史附〉:「《元史論》一冊,闕」。傅書收入《明史藝文志廣編》,《中國目錄學名著》,第三集,第七冊。

## 三、明人元史著作一覽表

| 年分[148] | 編著者 | 著作名稱 | 卷數 | 類別／性質 | 存／佚[149] | 備　註 |
|---|---|---|---|---|---|---|
| 洪武元年(1368) | 蕭洵 | 元故宮遺錄 | 1 | 專史 | 存 | 約成書於是年 |
| 洪武二年(1369) | 劉迪簡 | 庚申帝大事記 | 不詳 |  | 佚 |  |
| 洪武三年(1370)前 | 權衡 | 庚申外史 | 2 | 編年體 | 存 | 與劉迪簡所著庚申帝大事記非同一書 |
| 洪武三年(1370) | 宋濂、王禕 | 元史 | 210 | 紀傳體 | 存 | 官修正史 |
| 洪武五年(1372) | 危素 | 元海運志 | 1 | 專史 | 存 | 著者是年卒；此書編撰之實況，詳上洪武五年條 |
| 洪武九年(1376) | 朱右 | 元史拾遺 | 12 | 補闕 | 佚 | 又名元史補遺；作者是年卒 |
| 洪武十七年(1384) | 張九韶 | 元史節要 | 2 | 編年體 | 存 |  |
| 洪武十九年(1386) | 梁寅 | 元史略 | 4 | 編年體 | 佚 |  |
| 洪武卅一年(1398) | 解縉 | 元史正誤 | 不詳 | 糾謬 | 佚 | 是年為成書之下限年分，然未悉確實成書否 |
| 洪武年間(1368-1398) | 尤義 | 元史輯要 | 不詳 | 別史 | 佚 | 尤義為洪武時人 |
| 永樂元年(1403) | 胡粹中 | 元史續編 | 16 | 綱目體編年史 | 存 |  |
| 永樂廿二年(1424) | 陳濟 | 元史舉要 | 不詳 | 別史類 | 佚 | 著者是年卒 |
| 宣德七年(1432) | 劉剡、張光啟 | 資治通鑑節要續編 | 30 | 編年體 | 存 | 卷27至30為元紀 |

---

[148] 此指著作書成或刊刻之年分；其不詳者，則於本表備註欄內註明該年係編著者之卒年或成進士之年分。

[149] 所謂「佚」，乃指其書未見，非定然世間絕無其傳本也。

| 景泰年間<br>(1450-1456) | 劉實 | 元史略 | 不詳 | 別史類 | 佚 | 成書年分,參上文〈景泰年間〉條 |
|---|---|---|---|---|---|---|
| 成化十二年<br>(1476) | 商輅等 | 宋元資治通鑑綱目 | 27 | 綱目體編年史 | 存 | 又名通鑑綱目續編、續資治通鑑綱目;元紀佔 5 卷 |
| 成化廿年<br>(1484) | 祝萃 | 宋遼金元史詳節 | 不詳 | 史鈔 | 佚 | 著者是年成進士 |
| 弘治五年<br>(1492) | 許浩 | 元史闡幽 | 1 | 史評 | 存 | |
| 弘治十五年<br>(1502) | 何喬新 | 宋元史臆見 | 5 | 史評 | 存 | 收錄於椒丘文集,卷4-8,卷 8 為元史 |
| 正德五年<br>(1510) | 謝鐸 | 元史本末 | 不詳 | 紀事本末體 | 佚 | 著者卒於是年 |
| 正德(1506-21)初年 | 葉夔 | 元史提綱 | 不詳 | 別史 | 佚 | 成書年分,參上文〈正德初年〉條 |
| 嘉靖十一年<br>(1532) | 呂光洵 | 元史正舉 | 不詳 | 別史 | 佚 | 又名元史正要 |
| 嘉靖廿三年<br>(1544) | 陸深 | 平元錄 | 1 | 別史／雜史 | 佚 | 著者卒於是年 |
| 嘉靖廿五年<br>(1546) | 王洙 | 宋元史質 | 100 | 紀傳體 | 存 | |
| 嘉靖廿六年<br>(1547) | 王世貞 | 元主始末志 | 不分卷 | 雜史 | 佚 | 著者是年成進士 |
| 嘉靖卅五年<br>(1556) | 周復俊 | 元史弼違 | 2 | 糾謬 | 存 | |
| 嘉靖四四年<br>(1565)前 | 陳士元 | 新元史 | 40 | | 佚 | 據張弦荒史序而推知是書成書於本年前 |
| 嘉靖四五年<br>(1566) | 薛應旂 | 宋元通鑑 | 157 | 編年體 | 存 | 元紀 29 卷 |
| 隆慶元年<br>(1567) | 王宗沐 | 續資治通鑑 | 64 | 編年體 | 存 | 元紀 12 卷,又名宋元通鑑 |
| 萬曆五年<br>(1577) | 霍鵬 | 元史鈔節 | 7 | 史鈔 | 佚 | 著者是年成進士 |
| 萬曆二十年<br>(1592) | 張延登 | 元史略 | 2 | 別史 | 佚 | 著者是年成進士 |

| 萬曆卅四年 (1606) | 魏顯國 | 歷代相臣傳 | 168 | 傳記 | 存 | 書末12卷為元相臣傳 |
| 同上 | 陳邦瞻 | 元史紀事本末 | 4 | 紀事本末體 | 存 | 今通行本為27卷 |
| 萬曆四三年 (1615) | 馮從吾 | 元儒考略 | 4 | 傳記 | 存 | |
| 崇禎七年 (1634) | 王光魯 | 元史備忘錄 | 1 | 別史 | 存 | 增訂本成書於崇禎十六年 |
| 崇禎十四年 (1641) | 張溥 | 元史紀事本末 150 | 27 | 紀事本末體 | 佚 | 著者卒於是年 |

上表臚列著作35種（含所謂危素所撰之《元海運志》），若連同表前6種（即蔡伸《宋元通鑑輯略》以下的6種）合算，則明人元史著作共為41種。

## 四、綜述

下文擬根據以上的編年敘錄，對明人元史學作一些分析、闡述。為求凸顯其特質，清人元史學的相關處亦稍予附述，以便對照比觀。

（一）41種著作，其中含10種並非純粹是針對元代歷史而撰述的。[151] 若排除該等著作，則明人元史著作便僅得31種。

（二）這三四十種著作中，官修者僅得2種。一為明初宋濂、王褘之《元史》210卷，另一為明中葉商輅等所纂修之《宋元資治通鑑綱目》27卷。解縉承命改修《元史》而撰寫之《元史正誤》是否成書及縱然成書，是

---

[150] 《明史・藝文志二・正史類》開列了張溥《元史紀事本末》（27卷）一書。按：該書之撰者係陳邦瞻，而張溥乃依該書篇次作論，每卷一論，附於篇末而已；《明史》誤。

[151] 這10種著作開列如下：劉剡、張光啟《資治通鑑節要續編》、商輅等《宋元資治通鑑綱目》、祝萃《宋遼金元史詳節》、何喬新《宋元史臆見》、薛應旂《宋元通鑑》、王宗沐《續資治通鑑》、魏顯國《歷代相臣傳》、蔡伸《宋元通鑑輯略》、南山逸老《宋元綱目愚管》、及陸釴《宋元史發微》。其中除《歷代相臣傳》通貫全史外，其餘9種皆可謂與宋（含遼金）有關；可謂係宋元史也。

否算作官史，不無疑問。其餘諸史，皆為私撰。明代史學，除《明實錄》外，其餘官修史書之質素皆不高；相對來說，私撰者，至少就數量上來說，便遠在官史之上。明人元史學正可謂此一普遍現象之寫照；即堪為一顯著代表。

（三）41 種著作中，不詳卷數或不分卷者佔 11 種。其他泰半（17 種）皆在 10 卷以下，甚至一、二卷者亦不在少數。41 種著作，其內容明確知為僅記述元代史事者，僅得約 410 卷。假定卷數不詳之 11 種著作，每種平均以 5 卷算，11 種著作合共不過 55 卷。55 卷中，其內容有紀錄元史以外史事者，如《宋遼金元史詳節》一書即是。縱使 55 卷全視為元史之著作，則連同前述之 410 卷合算，總數亦不過 465 卷，而其中宋、王之《元史》所佔卷數已幾近一半。換言之，其餘 40 種著作，其總卷數僅 200 餘卷而已。明人（含官方）不重視元史（按：此對明人來說，即不啻彼等之近現代史）之撰述、研究，奚待論辯！

（四）41 種著作，其中除官修 2 種各有十數人以上合纂外，餘皆一人成一種著作。換言之，整個明代，僅得 30 多人以私人身分撰著元史而已。若其書兼述宋元二代者不予計算，則撰著元史之人數尚不及 30 人。

（五）元史之著作雖僅得上述三四十種，但以種類言，則可謂繁富。以體裁言，紀傳、編年、紀事本末而外，別史、雜史、史鈔、史評、傳記，皆有之。以性質言，有專史、糾謬、補闕（二者或可合稱為糾補）等等。其中糾補一項，似僅得朱右、解縉各一著作，惟早已佚，內容不詳。此與清人元史學以糾補、考證為主軸者，絕不相同。史評一類則尤多，蓋與明人學風之好月旦評騭人物有關。清人元史學中則絕少此類著作，蓋以學風與明人迥異，重稽考徵實故也。[152]

---

[152] 當然，明人治學亦有重考據徵實的一面。清人考據學風，其實可溯源於明代，甚至宋代。但大體來說，明人學術主流乃在理學，此固與清人異趣。有關明人考據學風，可參林慶彰，《明代考據學研究》（臺北：臺灣學生書局，1986）。其實，「考據」一詞，寬泛（廣義）言之，則凡人治學，若走徵實的一途，實無不牽涉考據，此所謂必考而後信也；否則非實學。蓋視考據為治學之一手段。然而，清人則非常重視考據之本身，即所謂視之為「學」（學問，學術）也。此則異乎其他朝代。

（六）清人於考訂糾補外，又數度展現其氣魄，改造重編之元史凡 5 種，此邵遠平、魏源、曾廉、屠寄、柯劭忞之著作是也（按：柯書雖成書於民國初年，然而，其始事則早在光緒丙戌年，即 1886 年；是以視為清人著作，亦不得謂謬。）且除邵、魏各撰著一書，其篇幅不及百卷（前者撰《元史類編》42 卷，後者撰《元史新編》95 卷）外，餘皆百卷以上，其中柯書更多至 257 卷；此明人之氣魄絕不能相提並論者也。（宋、王等編纂之《元史》乃官修之集體著作，另當別論。）

（七）上述各項，尤其前 4 項，皆可謂就數量方面分析明人元史學之表現。今再就素質方面評騭之。一言以蔽之，明人元史學的表現是讓人失望的。其中最大部頭的著作是官修的《元史》，但早為人所詬病，今不贅。然而，有明一代 300 年的元史學，皆可謂在此書下「討飯吃」，其所撰成者，由是每況愈下，又何待蓍龜！明人撰史，就元史來說，氣魄絕不及清人。所撰元史，盡是《元史》之節鈔、輯要、提綱、改編、備忘錄之類。此外，好發議論之史評尤多，闡幽、臆見等書，皆此類也。[153]明人在理學影響下，史學大抵皆理學化。[154]鑑戒史學、致用史學，為中國史學之大宗。明人理學化之元史學與之合流，其泛倫理道德之傾向又更甚於前代。通鑑綱目性質之著作，數見，不一見，皆係鐵證。

明人元史學，固不能語乎撰述。[155]縱然以元史學之另一表現，即以考證、糾補《元史》來說，明人亦絕不合格。41 種著作中，僅得拾遺、正誤

---

[153] 筆者非謂治史不得發議論。發議論而言之有物（如史遷之議論，即以見諸「太史公曰」之下者，便有不少是補充史事者。筆者所謂「言之有物」，此乃最佳之例證），且具識見而有裨史學者，議論固有其意義與價值在。如王夫之《讀通鑑論》、《宋論》即是其例，否則，徒事雌黃，無補史學，多發議論又何益？！

[154] 在這裡也許必須一說的是，筆者絕不貶視理學。理學乃義理之學，筆者重視之都唯恐不及，何有貶抑之理呢？筆者要指出的是，史學本身乃係一非常重要之人文科學或人文學科。其本身自有其獨立之價值；反之，若依附在理學下，為其附庸、婢女，則其本身獨立自主之地位便頓失。此絕非史學之福；且恐亦違反以下一精神：各學科當各有其獨立自主性之存在與發展。

[155] 筆者此處「撰述」，係指成一家言，藏諸名山、傳諸其人之著作而言。

各一種。前者已佚而後者有否成書又不可知。至於《元儒考略》一書，乃《元史》若干列傳，以至少數其他書籍之相關傳記之彙輯而已，何考之有？總言之，糾補《元史》或考證元代史事（含考證《元史》）之專書，明人幾乎全繳白卷。然則明人元史學，是否一無可取？此又不盡然。這可以從數方面來說。

（一）宋、王之《元史》雖有各種問題，但後出各書，含清人魏源《元史新編》、屠寄《蒙兀兒史記》、民國初年柯劭忞《新元史》不能取而代之，此即可見其仍有價值在。就以保存史料方面來說，亦有其貢獻。

（二）《元史》卷帙浩繁，內容冗雜。明代後出之各種改編、節鈔之類的著作，至少可使讀者就了解元代歷史來說，省減不少時間、精神。

（三）個別著作之內容，有超溢《元史》者，如馮從吾《元儒考略》除轉錄《元史》外，亦有不少列傳採摭他書而成者。

（四）個別著作之議論頗有貢獻於史學，非全係無病呻吟之夢囈或泛道德主義的訓誨之詞，如王洙《宋元史質》之議論即有其一定的價值在。

總體來說，明人元史學既無重點，又無主軸，更談不上有機發展。[156]此與清人元史學絕異。[157]其實，明繼元而興，以時代相接，研究及撰寫元史實最為有利，且亦最有義務總結元人經驗以為鑑戒。然官方及民間皆不在此著力用心，所撰各著作難愜人望，此則明人有負於當時及後世者。當然明

---

[156] 所謂無重點，無主軸，更談不上有機發展，乃就史學求真方面之努力和成果來說。若就其他方面來說，明人元史學可謂既有重點，又有主軸。其重點為理學化之史學，此落實為各種通鑑綱目之編纂；其主軸為環繞宋、王《元史》而作出之各種努力，此見諸各種節鈔、輯要、改編之流行。而其有機發展，則史評之泛濫也。惟上述種種，猶不當理學之附庸、《元史》之婢女、名教之蠹賊；於史學求真之途轍上，更不能增添任何新元素而助其往上發展也。

[157] 清人元史學之特色，可參拙著《清人元史學探研》（新北市：稻鄉出版社，2000），頁 21-29，尤其頁 28-29。按：大要言之，與清人相較，明人愛遊談闊論、重理學思辯／理學思辨，固不以考訂徵實為學問之究竟也。門徑分殊，途轍異趣，各有所偏重，亦各有其成就，吾人固不得重彼而輕此可矣。

人個別元史著作或個別內容仍有其價值在,此前文各敘錄可覆案,故不得概謂明人元史學一無可取也。[158]

---

[158] 本文全文修訂畢並打算作為本書第八章付梓之前,又發現(不經意的看到)筆者 20 多年前原刊載於《書目季刊》的一文的抽印本(參上注 1),其上有若干眉批,其中竟開列了上文的表格(即第三節)未嘗收錄的元史著作共三種,如下:

其一,熊太古《元京畿官制》(專史)。熊氏乃豫章人,生於元明間;元文宗至順二年鄉貢進士。

其二,王圻(1530-1615,嘉靖四十四年進士)《續文獻通考》(政書類,著錄於《明志》),254 卷,記事上起南宋嘉定年間,下迄明萬曆初年。以書中部分內容事涉元史,是以仍納入本文內。

其三,李廷機(1542-1616,萬曆十一年進士),《大方綱鑑》(編年體,著錄於《千目》),39 卷。

按:以上的分析、闡述,本應納入這 3 種著作一起計算,其論述始比較完整周備。但以其不致於造成嚴重的缺失而影響到結論,今且因陋就簡而僅藉著全文最後的一個注釋(即本注)以補上此掛漏之三書。

# 第九章 《元史》纂修若干問題辨析[*]

## 摘 要

　　本文共 4 節，分別探討以下問題。一、《元史》纂修前後兩階段，歷時僅 331 天，乃歷代紀傳體正史成書最速捷者。有謂《宋書》成書，所需時日更短，此則無根之談，本文首節即辨其虛妄。又宋濂係《元史》之總裁官，然該書纂修之起迄年月，其本人竟有不同之二說，本文予以指出辨析。二、明太祖御極（以攻克元大都算）未及半年即下詔編纂《元史》，此中原因固多，然筆者以為「政治性文宣」之意圖最為關鍵，蓋欲藉此向天下宣示明朝乃天命攸歸之正統王朝也。「文宣」最重視時效，朱元璋急於修史，正以此故。《元史》蕪雜舛誤，總裁官宋濂知之甚深。其於〈進《元史》表〉等文章中所以數度委婉地指出，太祖既係編纂計劃之率先倡議者，亦係實際上之總策劃人，蓋欲藉此「提醒」太祖，《元史》若出紕漏，幸開恩體恤，勿予深責，以聖上本人始係真正之總裁也！三、《元史》所以修不好，原因至多，其中政治因素（干預）殆係最關鍵者。時間倉促、史料匱缺、史臣乏才只可視為次要、衍生的原因，絕非關鍵首要者。本文第三節即探討、闡述此問題。末節乃一簡短的結論。

## 一、《元史》纂修歷時最短及纂修起迄年月析述

　　中國歷代紀傳體正史的纂修，無論就私撰或官修而言，其成書之速，恐

---

[*] 本文原發表於《東吳歷史學報》，第 1 期，1995 年 4 月，頁 153-180，乃筆者探討明史學的第一篇文章。今稍作修改後納入本書內。

怕沒有一部比得上明初所修的《元史》了。《史記》歷 20 餘年始成書[1]。《漢書》之撰寫，即以班固所述作的部分而言，亦需時 20 多年[2]。《明史》之纂修，更不用說了，縱使從康熙十八年（1679）起算，亦歷時 61 年始成書[3]。然而，210 卷的《元史》，其成書時間，僅 331 天，可說破盡一切正史纂修時間的紀錄[4]。有謂沈約（441-513）《宋書》之纂修時間比《元史》更短，則完全是一種無根之談。茲稍考述如下。

徐浩描述《元史》纂修過程時，有如下的說法：「……計兩次開局修史時間，第一次為一百八十八日，續修時間為一百八十三日，綜前後僅一年有零，古今修史之速，除《宋書》外，未有如《元史》者。」[5]按《元史》第二次之纂修時間是 143 天[6]，不是 183 天。茲先說明《宋書》之撰寫時間，

---

[1] 趙翼（1727-1814）：《廿二史劄記》，卷一，〈司馬遷作史年歲〉條。筆者對史公修史前後所耗用的時間嘗作探討，見〈二十五史編纂時間緩速比較研究——附清史稿〉一文，此文收入本書內，即第十四章；讀者可並參。

[2] 同上註，《廿二史劄記》，〈班固作史年歲〉條；上揭拙文亦談及此問題，讀者宜並參。

[3] 按順治二年（1645）已開始設局編修《明史》，但至康熙十七年（1678），幾無任何具體成績，是以此階段可不必算。《四庫提要》〈《明史》〉條認為：「……蓋康熙十八年始詔修《明史》」，就是針對實際情況來說的。若從康熙十八年（1679）重開史局，至乾隆四年（1739）刊刻進呈計算，則歷時前後共 61 年。參湯綱：〈《明史》〉，收入倉修良主編：《中國史學名著評介》（濟南：山東教育出版社，1990），頁 403-407；黃雲眉等：《明史編纂考》，臺北：臺灣學生書局，1968。相關問題，亦可參上揭拙文〈張廷玉等《明史》三三六卷〉條。

[4] 或謂《史記》成書於司馬遷（前 145-？）一人之手，《漢書》亦只成書於班固（32-92）父子、兄妹及馬續等四人之手，《元史》則由 30 多人纂修，因此需時便較短。按這種算法不無一定道理。可是 330 多卷的《明史》，其纂修者不下百數十人，然成書亦歷時 60 多年，可見人手之多寡與纂修時間之長短是沒有必然關係的。

[5] 徐浩：《廿五史論綱》（上海：世界書局，1947），頁 258。徐書後由世界書局在臺灣再版，易名為《廿五史述要》，作者亦改為「世界書局編輯部」。吳天任亦全採徐氏的說法，見所著《正史導讀》（臺北：臺灣商務印書館，1990），頁 160。徐浩論《宋書》之纂修時間，亦見《論綱》，頁 91-92。

[6] 洪武三年（1370）二月乙丑，史局重開，至七月丁亥書成，共 143 日。史局重開至書成的日期，見宋濂（1310-1381）：《元史·目錄後記》。

否則無以比較《元史》與《宋書》纂修時間的長短。《宋書》卷一百〈自序〉說：「……〔永明〕五年（公元 487）春，又被敕撰《宋書》。六年二月畢功。」又說：「本紀列傳，繕寫已畢，合七帙七十卷。臣今謹奏呈。所撰諸志，須成續上。」按「七帙」二字，各本多作「志表」，今據北京：中華書局（1974）版《宋書》之〈校勘記〉（頁 2470-71）改。王鳴盛（1722-1797）及余嘉錫（1884-1955）則認為各本「志表」二字為衍文[7]。姑無論是「七帙」也好，「志表」為衍文也罷，可得的結論是：永明六年二月所成之《宋書》僅得 70 卷，並僅含本紀、列傳二部分而已。但縱使以紀、傳二部分來算，由永明五年春始事，至六年二月畢功，即使以五年春三月計算，至翌年二月止，亦不少於 11 個月，此與《元史》需時 331 天相若。如連同後來「須成續上」之表志二部分來算，需時必超過 331 天，甚至可謂必超過一年。換言之，《宋書》全書之纂修時間必超過《元史》無疑。

　　《元史》是分兩個階段纂修完成的。以下試析述兩階段之起訖年月。總裁之一的宋濂撰《元史・目錄後記》[8]，描述第一階段成書過程說：

> 洪武元年秋八月，上既平定朔方，九州攸同，而金匱之書，悉入於秘府。冬十有二月，乃詔儒臣，發其所藏，纂修《元史》，以成一代之典，而臣濂、臣禕實為之總裁。明年春二月丙寅開局，至秋八月癸酉成書，紀凡三十有七卷，志五十有三卷，表六卷，傳六十有三卷。

就洪武二年（1369）春二月正式開局修史，至同年秋八月成書（第一階段）這一點來說，大體上各說皆無異詞[9]。怪異的是，〈目錄後記〉的同一作者

---

[7] 王鳴盛：《十七史商榷》，卷 53，〈沈約《宋書》〉條；余嘉錫《四庫提要辨證》，卷 3，〈史部一・《宋書》一百卷〉條。

[8] 按〈目錄後記〉、〈纂修《元史》凡例〉及〈進《元史》表〉，本排放在各版《元史》的卷首，北京中華書局 1976 年出版該書時，將三文移至書末作為附錄。

[9] 如《明太祖實錄》，卷 39；《明史》，卷 2，〈太祖二〉；同書，卷 285，〈文苑一・趙壎傳〉；朱彝尊（1629-1709）：《曝書亭集》，卷 62，〈趙壎傳〉；龍文彬

——宋濂，竟在另一文章中作出不同的說法。他說：「乃洪武元年冬十有一月，命啟十三朝實錄[10]，建局刪修，而詔宋濂、王禕總其事。明年秋七月史成。」[11]……這段文字可注意者有三事。一、太祖命修《元史》在元年「十一月」，異於前說之「十二月」。二、未指出正式開局於何月。三、成書於二年秋「七月」，異於前說之「八月」。按就上述第二事來說，「元年冬十有一月，命啟十三朝實錄，建局刪修，……」，其下即接「明年秋七月史成」，很容易使人誤會，以為元年底（無論是十一月或十二月）即已建局修史！其實下詔至正式開局，已歷若干時日，不可能在下詔之當時即能立刻開局，進行修史工作的。頃閱朱彝尊《曝書亭集》卷 32〈史館上總裁第三書〉，其中記載《元史》修成之時間是十三個月，不知何據。現在看來，大抵朱氏此說是本諸宋濂〈呂氏采史目錄序〉的。如上指出，《元史》是在 331 日（即約 11 個月）內完成的。第一階段之修史，上述各資料（〈呂氏采史目錄序〉除外）顯示，乃係由洪武二年二月開局起算，而完成於同年八月的。若開局時間往前挪移至前一年之十一月，而完成於翌年之七月（如〈目錄序〉所說者），則明顯會多出兩個月，即共十三個月了。由此推知朱說應本宋氏〈目錄序〉而來。

至於上述的第三事，亦不是毫無根據的。《明太祖實錄》（卷 43）載：洪武二年七月「乙未，詔遣儒士歐陽佑等十二人往北平等處採訪故元元統及至正三十六年事蹟，增修《元史》。時諸儒修《元史》將成，詔先成者

---

（1821-1893）：《明會要》，卷36，〈修前代史〉條等皆持同一說法。

[10] 按十三朝實錄指太祖、太宗、定宗、憲宗、世祖、成宗、武宗、仁宗、英宗、泰定帝、文宗、明宗、寧宗十三朝之實錄。此外，據錢大昕（1728-1804）《補元史藝文志‧史類‧實錄類》（按：《補元史藝文志》收入開明書店《二十五史補編》），尚有《睿宗實錄》與《順宗實錄》。然以睿宗及順宗乃追尊之皇帝，未正式臨朝，故統以十三朝實錄稱之。亦可參陶懋炳：《中國古代史學史略》（長沙：湖南人民出版社，1987），頁390。

[11] 《宋文憲公全集》，卷7，〈呂氏（呂復）采史目錄序〉。朱彝尊《曝書亭集》，卷62，〈趙壎傳〉亦說洪武元年冬十一月詔發十三朝實錄修《元史》，此與朱說同；至於成書，朱氏云在同年秋八月，此則與宋氏今說異，而轉同於宋氏〈目錄後記〉之說法。

上進，闕者俟續採補之。」據此，在二年七月，《元史》寧宗朝以前之史事[12]將修成而未全成之際，太祖便先下詔遣人採訪順帝一朝 36 年（1333-1368）之史事。〈目錄序〉以第一階段之修史完成於七月，大抵是把遣人為未來階段採訪史事誤斷為即第一階段之終結。其實，這距離完成期還差一個月。

對於《元史》纂修的第二個階段，〈目錄後記〉有如下的記載：「……又明年（洪武三年）春二月乙丑開局，至秋七月丁亥書成，又復上進，以卷計者，紀十、志五、表二、傳三十又六。」[13]如同前一階段，〈目錄後記〉的同一作者宋濂在〈呂氏采史目錄序〉中又有不同的記載。他說：「……（洪武三年）三月壬寅，輦還京師。……修成續史四十八卷。夏六月復詣闕上進。」這與他在〈目錄後記〉及一般的說法有兩點差異。一、續史僅得 48 卷，與一般說法之 53 卷異。二、續修始於三年三月，成於同年六月，與一般說法之始於二月、成於七月異。按〈呂氏采史目錄序〉的呂氏，指的是呂復。他與歐陽佑等人同被派往北平、山東等地採錄元順帝的史事[14]。宋濂是《元史》的總裁，呂復找他寫序是很適合的。本序文未注明年月，但就內容看，應寫於《元史》修成後不久，即當與撰寫於洪武三年十月之〈目錄後記〉為年月相近之作品。但不知何故，宋濂前後二文，竟有如此不同的記載！要之，〈目錄後記〉是附載在《元史》內的官方文章，且有《明實錄》等書的相同說法為佐證（參上註 9），故比較可信。〈目錄序〉的說法，蓋一時誤記耳。

## 二、明太祖趕修《元史》的政治意圖及宋濂相關文章的微旨

《元史‧目錄後記》有如下的記載：

---

[12] 按第一階段之《元史》終於寧宗朝。順帝一朝無實錄可據，故修史事暫停。參上引〈目錄後記〉。

[13] 此說法尚見以下各書：《明太祖實錄》，卷 49；《明史》，卷 285，〈趙壎傳〉；《曝書亭集》，卷 62，〈趙壎傳〉；《明會要》，卷 36，〈修前代史〉條。

[14] 參見《明史‧趙壎傳》；《曝書亭集‧趙壎傳》；《明會要‧修前代史》條。

> 洪武元年秋八月，上既平定朔方，九州攸同，而金匱之書，悉入於秘府。冬十有二月，乃詔儒臣，發其所藏，纂修《元史》，以成一代之典。……明年春二月丙寅開局，至秋八月癸酉書成。……[15]

按所謂「平定朔方」，乃誇張之詞。朔方蓋指漠南、漠北。然洪武元年八月，明軍始北進克大都，何來「平定朔方」？至於「九州攸同」，則更失實。明初西北及西南等地均未盡入版圖。且遲至洪武十四年，徐達與元兵仍時有接戰。至與北元交兵，則持續至洪武廿三、四年。又明軍平定雲南全境乃在洪武十五年[16]。換言之，明朝太祖初年，舉國尚在烽煙四起、民生凋弊、百廢待舉之時。社會生產力猶待恢復。沒想到朱元璋竟在克大都後不到半年便下詔修《元史》，這應該是歷代開國之君破紀錄的創舉了。

《元史》的監修官是明初左丞相李善長（1314-1390）。以他的名義所寫的〈進《元史》表〉（真正的執筆者是宋濂；此文收入《宋文憲公全集》，卷一）是這樣說的：「……僉言實既亡而名亦隨亡，獨謂國可滅而史不當滅。特詔遺逸之士，欲求議論之公。……此皆天語之丁寧，足見聖心之廣大。」這很明顯的指出《元史》是奉朱元璋的旨意才開局纂修的。但是我們要注意一點：在帝王專政時代，一切的行政命令（以至施政作為），在名義上，都可以說是由國家最高統治者——皇帝發布或授權發布的。然而，這些行政命令的背後倡議者多半不是皇帝本人，而是朝廷的官員。是以開局纂修《元史》，雖說是奉朱元璋的旨意（特詔），但不見得原先起意動念的人真的就是他。那麼究竟誰是倡議者呢？對於這個問題，《元史》的總裁官宋濂給予了一個很明確的答案。他說：

---

[15] 洪武元年八月，徐達（1332-1385）率軍北伐，取元都，禁士卒殺戮，並「封府庫籍圖書寶物，令指揮張勝以兵千人守宮門殿門。」（見《明史》，卷125，〈徐達傳〉）按張勝或作張煥，今據北京：中華書局（1974）版《明史》，頁3739改。徐達八月入元都事，亦見《明史·太祖本紀二》。

[16] 參見《明史》，卷2、卷3，〈太祖本紀〉。

> ……史其可滅乎？然自漢以迄於近世，類多群臣奏請，始克緝成典籍。惟我皇帝既成大統，即蔽自淵衷，孜孜以纂修《元史》為意，則其神謀睿斷，卓冠百王，偉量深仁，與天同大，巍巍乎不可尚已。[17]

這是非常明顯的指出主動提出修纂《元史》的人就是朱元璋本人。這與歷代「類多群臣奏請」，君主才下詔修史的情況絕不同。

在上面引文中，宋濂還說了不少歌頌明太祖的話。這固然是專制時代臣下在各類文字中常有的附加表現。但筆者以為宋濂在這裡特別歌頌太祖的「修史特詔」，是別具一番心意的。宋氏是一個「性誠謹」的人，且在朱元璋登極前便充當幕僚，對他的個性當然很了解[18]。他之所以特別指出太祖是《元史》計畫的發起人，固然可視為是有功必先歸諸主上的臣下意識形態的具體流露，但恐怕更內在的原因是：倡議者在道義上當擔負相關的責任。就是說，在宋濂的內心，他大抵有如下的意念：我們纂修者當然會全力以赴把《元史》修好，但是萬一出了岔子，那就得請皇帝陛下回想這個修史計劃是奉聖上您的旨意才進行的。所以還得懇請皇帝陛下開恩體恤、勿予深責。我們這樣推斷宋濂內心有這種顧慮，並不是沒有根據的。這得從洪武元年的修史環境說起。

正如上文指出過，明太祖統治初年，國基絕未穩固。洪武元年八月才攻克大都，在四個月後的同年十二月便下令修史，這時可說完全不具備修史（以至其他文化建設）的條件（民生經濟問題不先解決，遑論其他！）在皇權特盛的時代，雖然可以先不管其他而強制士人從事修《元史》的工作。但物質條件又如何解決呢？其中史料更是修史不可或缺的要素。可幸徐達攻克元都時擭取、保存了元十三朝實錄[19]，再加上《經世大典》等書，於是史料

---

17 《宋文憲公全集》，卷7，〈送呂仲善使北平采史序〉。
18 參《明史》，卷128，〈宋濂傳〉。
19 元十三朝實錄得以保存，元末明初大學者危素（1303-1372）是一關鍵人物。茲稍述其貢獻。《明史》，卷285，〈危素傳〉有如下的描述：「明師將抵燕，淮王帖木兒不花監國，起為承旨如故。素甫至而師入，乃趨所居報恩寺，入井。寺僧大梓力挽起

略稱完備。然而,史料之外,修史亦需要充裕的時間。而當時所欠缺的正是充裕的時間!我們現在沒有看到太祖限時完工的詔旨,但宋濂等人不可能揣摩不到太祖這個心意——所以急於修史,不可能是基於文化建設的考量(文化建設不必如此急,且亦急不來),而當是別有原因的。而這個原因蓋與時效性最相關,即最重視時效。然則這個原因是甚麼呢?一言以蔽之,現實政治上的考量是也。在析述這一點之前,讓我們先來探討朱元璋下令修史的另一原因。

一般學人,多從「鑑戒考量」方面來看待朱元璋所以下令修史。他曾對廷臣說:「近克元都,得元十三朝實錄,元雖亡國,事當記載。況史記成敗,示懲勸,不可廢也。」[20]又說:

> 諸儒至,上諭之曰:「自古有天下國家者,行事見於當時,是非公於後世。故一代之興衰,必有一代之史以載之。元主中國,殆將百年,其初君臣樸厚,政事簡略,與民休息,時號小康。然昧於先王之道,酖溺胡虜之俗,制度疏闊,禮樂無聞。至其季世,嗣君荒淫,權臣跋

---

之,曰:『國史非公莫知。公死,是死國史也。』素遂止。兵迫史庫,往告鎮撫吳勉筆出之,《元實錄》得無失。洪武二年授翰林侍講學士,數訪以元興亡之故。」可見,「《元實錄》得無失」,危素是一關鍵人物。按危素仕元時,曾預修《宋史》、《遼史》、《金史》。明太祖下詔修《元史》,他應該是最適當的人選,可惜朱元璋選人的條件以不曾仕元為原則,而危素在元朝又當過大官(太常博士、兵部員外郎、監察御史、工部侍郎、大司農丞、禮部尚書),所以便未被邀請參與其事!然而,上引文有句云:「洪武二年授翰林侍講學士,數訪以元興亡之故」。洪武二年正是《元史》進行纂修的時期,所以筆者認為危素雖未正式被邀入史局,但很可能是以顧問身分(甚至不掛任何名銜)參與其事的。邱樹森主編的《中國史學家辭典》(石家莊:河北教育出版社,1990),〈危素〉條便說:「與宋濂等同修《元史》。」案諸上引《明史·危素傳》,這很明顯不符事實,但《辭典》編者竟有此誤會,則多少說明了危素與《元史》的關係。然則危素與《元史》,無論就保存史料,或就後來很可能充當顧問而言,其關係皆至為密切。有關修《元史》以不曾仕元為原則,可參下註66。

[20] 《明太祖實錄》,卷39。

扈,兵戈四起,民命顛危,雖間有賢智之臣,言不見用,用不見信,天下遂至土崩。然其間君臣行事,有善有否,賢人君子或隱或顯,其言行亦多可稱者。今命爾等修纂,以備一代之史。務直述其事,毋溢美,毋隱惡,庶合公論,以垂鑒戒。[21]

所謂「殷鑑不遠,在夏后之世」。中國歷代君主大都注意到歷史是提供借鑑最好的寶庫,明太祖不可能是例外。因此很多學者便完全採信上引資料,認為太祖下令修《元史》的動機便在於是[22]。但筆者認為朱元璋本人根本不必借助閱讀《元史》來了解元朝之敗亡衰滅,俾從中吸取教訓,因為其相關過程,乃至具體情況,他本人和跟他打天下的英雄豪傑們大多親身經歷過,印象還不夠深刻嗎?若為子孫未來御極計,則亦不必急於在洪武元年,自己仍係壯年(四十一歲)的時候,便下詔修史。換言之,筆者以為「鑑戒考量」頂多只能說明朱元璋下令修史的原因,但不足以說明何以他要急於下令修史。那麼是什麼使他急於下令,並急於看到《元史》的完成呢?上文說過的現實政治上的考量恐怕就是唯一決定性的因素了。不少學人已從這方面解釋過設局修史這問題,但似乎都沒有充分的從時效性(即修史從急)的角度思考本問題[23]。筆者則認為這個原因最為關鍵,因此下文即以此為著眼點加以探討。

歷代新建王朝泰半會編纂前朝的歷史。於是,造成了如下的一個認知:有機會編纂前朝史者,即為天命攸歸的新建王朝。換言之,新朝之所以編纂

---

[21] 同上註。又《元史‧進元史表》亦有類同的說法。如「苟善惡瞭然在目,庶勸懲有益於人」便是。

[22] 張孟倫、邱樹森等學人便持此說。張說見氏著:《中國史學史》(蘭州:甘肅人民出版社,1986),頁263-264;邱說見倉修良主編:《中國史學名著評介》(濟南:山東教育出版社,1990),第2卷,頁224-225。

[23] 按邱樹森已注意到朱元璋下詔修《元史》,「實在是時局的需要」,並指出「這一如此急忙的舉動,即可以從上述政治需要中得到解釋」。但邱氏對本問題的論述,仍嫌未夠深入,且並未指出這是朱元璋急於修史的最重要的考量。邱說見倉修良,上引書,頁223-224。

舊史，與其說是為了保存前朝事跡，使之不致湮沒無聞（換言之，即緣於文化建設或文化重建而來的一種考量），那寧可說是要藉此正式向人民（尤其向前朝遺臣及其他割據群雄）明白宣示：「前朝氣數已終，新朝代之而興」的訊息吧了。希望借此削弱、消弭反抗情緒，並打擊、瓦解敵對勢力的軍事行動。朱元璋急於下令修史，這個原因當是最關鍵的。此外，為了攏絡士大夫，消除他們排斥新朝的懷舊情意結，使他們樂於為他效命，俾儘快完成統一大業，亦是另一重要原因[24]。但無論是要宣示新朝的合法性（天命攸歸）也好，要攏絡士大夫也罷，這都是要盡快透過具體行動具體作為，才能有效落實下來的。換言之，時效性、時機性是最關鍵的。一旦時間拖久了，很多事情便會不了了之！歷史上經常發生的所謂「政令廢弛」，朱元璋不會不知道的。是以攻克元大都不及半年即下令修《元史》，可說便是為了「趕時效」。然而，修史令雖下，但《元史》若遲遲修不出來，則時效便失。宋濂身為總裁，對此不可能不了解。《元史》雖然經過前後兩階段才完工，但總計僅 331 天，若從太祖元年十二月下詔算起，至三年七月全部完工為止，亦不過 20 個月而已。

趙翼（1727-1814）在說到《元史》纂修官員為什麼沒有把前後兩階段所完成的部分重加編訂時，作出以下的解釋：「諸臣以太祖威嚴，恐干煩瀆，遂不敢請將前後兩書重加編訂耳。時日迫促，舛漏自多。」[25]第一部分早已修好，並已進呈太祖審閱過；現在修第二部分時，若仍須調整重編第一部分，這豈不是意味著以前沒有好好完成工作嗎？如是，豈不是自暴其短？又重加編訂的前後兩部分進呈太祖審閱時，勢必煩擾太祖花時間重閱以前早已審閱過的第一部分，趙翼指出「恐干煩瀆」，正是指此。這雖是推測之詞，但亦非常合理。而且，如上指出，以宋濂為首的眾纂修官不可能不知朱元璋急於修史的真正目的是現實政治上的考量，因此，《元史》的架構、體例，甚至事實真相的重建，這倒是不必太過講究的。如果用時下流行政治術

---

[24] 參羅仲輝：〈明初史館和《元史》的修纂〉，《中國史學史研究》，1992 年，第一期，頁 144-145。

[25] 《廿二史劄記》，卷 29，〈《元史》〉條。

語「文宣」一詞來形容《元史》是稍嫌失實誇張的話，則該書在政治上的宣示作用：「元朝已死，明朝當立」，至少是朱元璋的第一考量。政治文宣最講求時效，趙翼謂「時日迫促」，雖不必係從上述政治角度立說，但已很明確的道出了當時修史的實況了。在「時日迫促」的情況下，宋濂等確實不辱君命，300多天便趕出來200多卷的皇皇鉅構！

《元史》是趕出來了，但既係急就章，漏洞訛誤，自必難免。宋濂豈有不知之理？此種過失，誰來承擔？宋濂身為總裁官，亦最清楚不過。現在唯一的希望是寄望太祖千萬不要忘記他本人才是整個修史計劃的倡議者及最高策劃人[26]。因此，纂修官員若要承擔罪過，亦深盼從輕發落。然而，怎麼樣才得以提醒日理萬機的明太祖他本人才是「始作俑者」呢？直接進言？這又如何開口？寫奏章？則又從何寫起？歷代修史完竣，例必表上皇帝聖裁。史書之內容，皇帝多半未暇審閱。但所上的〈表〉，大體上總會過目一遍吧。開國之君且做事異常勤奮的明太祖當然更不會是例外。於是宋濂在〈進《元史》表〉上指出說太祖「獨謂國可滅而史不當滅。特詔遺逸之士，欲求議論之公，文辭勿致於艱深，事跡務令於明白。……此皆天語之丁寧，足見聖心之廣大。……」[27]「獨謂」、「特詔」，可說是用非常委婉含蓄的方式提醒太祖他本人才是修史計劃的唯一倡議者、總指揮官[28]。不特此也，甚至連用詞遣字的方向（此見諸上引文中以下一語：「文辭勿致於艱深」），史臣們也只是奉旨行事罷了。〈進《元史》表〉如配合同出宋濂之手的〈目錄後記〉同讀，則更可證宋氏行文用語的旨趣所在。〈後記〉約500字，但三度指出太祖主動提出、關心修史計劃（「乃詔」、「復詔」、「詔修」）。宋

---

[26] 陳高華甚至指出「朱元璋從體例到文字，都作過具體的指示。」陳高華：〈《元史》纂修考〉，《歷史研究》，1990年，期4，頁124。

[27] 羅仲輝說：「明太祖除於首次作了一通關於『取鑒資治』的原則性指示外，在全部修纂過程中再無一字具體要求。」羅仲輝，上引文，頁146。羅氏大概沒有細讀〈進《元史》表〉；或雖讀，但沒有察覺有關語句所隱藏的涵意。其實，〈纂修《元史》凡例〉亦指出不作〈論贊〉，乃係「欽奉聖旨事意」的結果。可見朱元璋是充分「參與了」修史工作的。

[28] 有關朱元璋在《元史》纂修過程中所扮演的角色，可參陳高華，上引文，頁122。

氏用心可謂委婉極了。

　　《元史》種種舛誤，太祖在世時已知曉，並曾下詔解縉（1369-1415）修改[29]。然而，未見任何資料記載太祖追究以前各纂修官的責任。宋濂所寫的〈進《元史》表〉等等文章，很可能真的是起了點作用。果爾，則他苦心經營而寫下的「委婉提醒」，便真的發揮了一些效果而不至於付之東流水了。朱元璋嘗對宋濂和王褘作出如下的評價：「太祖喜曰：『江南有二儒，卿與宋濂耳。學問之博，卿不如濂。才思之雄，濂不如卿。』」[30]其實作為一代文宗而與高啟、劉基並稱「明初詩文三大家」，又被譽為「開國文臣之首」的宋氏[31]，他的才思又豈在王褘之下呢？（上引朱元璋語，吾人不必認真看待。因為他當面讚揚王褘，當然，是要誇張一點而說什麼王氏在某方面稍勝宋濂了。）宋氏之擅於為文，其〈進《元史》表〉一文，洵可為代表了。

## 三、《元史》修不好原因論述

　　《元史》蕪雜紕漏，恐為諸紀傳體正史之冠。歷代學人交相指責的很多[32]。

---

[29] 《明史》，卷 147，〈解縉傳〉；又見《日知錄》，卷 26，〈《元史》〉條。

[30] 《明史》，卷 289，〈王褘傳〉。

[31] 後語見鄭曉，《皇明名臣記》；又見《明史》，卷 128，本傳。兩語之出處，又可參維基百科「宋濂」條：https://zh.wikipedia.org/zh-tw/%E5%AE%8B%E6%BF%82；瀏覽日期：2025.01.10。

[32] 即以清人而論，如顧炎武（1613-1682）、朱彝尊、錢大昕、趙翼、章學誠（1738-1801）、汪輝祖（1731-1807）、魏源（1797-1857）等便是其例。見顧炎武，《日知錄》，卷26，〈《元史》〉條；朱彝尊，《曝書亭集》，卷32，〈史館上總裁第三書〉；錢大昕批評《元史》至多，所撰 100 卷的《廿二史考異》便用了 15 卷（卷 86-100）探討《元史》，其中批評語不少；此外，錢氏另一名著《十駕齋養新錄》，卷 9，〈《元史》〉等條亦多指斥其非；趙翼，《廿二史箚記》，卷 29，〈《元史》〉等各條；章學誠，《章氏遺書》，外編，〈信摭〉；汪輝祖，《元史本證·序》；魏源：《元史新編·凡例》；魏源，〈擬進呈《元史》新編·序〉。此外，又可參拙著《清人元史學探研——清初至清中葉》（新北市：稻鄉出版社，2000），頁 1，注 2。

此外，不少學者更探討、析述該書所以修不好的原因[33]。本節對相關問題擬作進一步剖析，其中若干論點與前人或不無偶合之處，然詳略、精粗自有不同。冀盼讀者由此或別有所得。

如上文指出，《元史》僅 331 日便纂修完竣。歷來修史之速，無過於此。然則何以速捷如是？最主要的原因，恐怕是由於史臣們畏懼太祖的淫威，不敢不盡快完成使命[34]！但無論如何，要在 331 天內修成 210 卷的書，如果沒有特別有利的條件，就是再畏懼，還是無濟於事的。曾經參與修史工作的趙汸（1319-1369）對這問題提供了一條解答的線索。他說：

> 士之在山林，與在朝廷異。其於述作也亦然。……今吾人挾其山林之學，以登於朝廷之上，則其茫然自失，凜然不敢自放者，豈無所懼而

---

[33] 《中國史學史》（如金毓黻所撰者）、《中國史籍概論》（如張志哲——南京：江蘇古籍出版社，1988——所撰者）等一般教科書，多少都會探討、敘述《元史》修不好的原因。即以專文研究這問題者亦不少。如上引陳高華及羅仲輝的文章即是。

[34] 明太祖的淫威及朝臣們對他的懼畏，史不絕書。《明史》，卷 142，〈陳性善傳〉載：「帝威嚴，見者多惴恐，至惶汗不成一字。」又卷 147，〈解縉傳〉載縉上封事萬言，說：「……國初至今，將二十載，幾無時不變之法，無一日無過之人。嘗聞陛下震怒，鋤根翦蔓，誅其姦逆矣。未聞褒一大善，賞延於世，復及其鄉，終始如一者也。」這封事是上呈太祖過目的，對當事人（太祖）之評騭當然絕對不敢誇張。按諸史實，亦然。太祖動輒猜忌，以文字而罪人者，亦係其淫威展示之另一端。趙翼嘗云：「明祖通文義，固屬天縱。然其初學問未深，往往以文字疑誤殺人，亦不少。……上由此覽天下章奏，動生疑忌，而文字之禍起云。」（《廿二史劄記》，卷 32，〈明初文字之禍〉條。）又可參陳登原：《國史舊聞》，卷 42，第 494 目，〈明初文字之獄〉條。中國大陸近年對文字獄之研究頗留意。以專書探討這問題者不少。如胡奇光：《中國文禍史》（上海：人民出版社，1993）；謝蒼霖、萬芳珍：《三千年文禍》（南昌：江西高等教育出版社，1991）即是。兩書皆有不少篇幅探討明初文字禍問題。至於明清稗乘小說述說太祖之淫威、濫殺者更多，姑舉一例。何良俊轉述某僧人之語曰：「洪武間，秀才做官，喫多少辛苦，受多少驚怕，與朝廷出多少心力，到頭來小有過犯，輕則充軍，重則刑戮，善終者十二三耳。其時士大夫無負國家，國家負士大夫多矣。」見《四友齋叢說》，卷之九，頁 1a-1b，收入百部叢書集成，《紀錄彙編》。

然哉?尚賴天子明聖,有旨即舊志為書,凡筆削悉取睿斷,不以其所不能為諸生罪,蒙德至渥也。[35]

趙汸這番話,有兩點很值得注意。一、《元史》纂修者32人中[36],大部分原是山林隱逸之士[37],且其中不少是在不太甘願的情況下被薦出山修史的[38]。他們既不好名,又不好利,過去是恬淡甘如飴的過其隱逸生活,就是偶爾為文,亦是寄情於山水之間的一種述作,與現今被逼棲身朝廷,承命著述絕異。其所以「茫然自失」、「豈無所懼」,自可理解。趙汸所述,恐係當時「苟存性命於亂世,不求聞達於諸侯」[39]的大部分史臣的共同寫照。二、朱元璋是個乾綱獨攬的人君。該寫與不該寫的(即所謂「筆削」),史臣們概斂手承命,完全得以他的意旨為依歸,正所謂悉取睿斷也。然則豈不省時慳力!元明鼎革之際之史事,筆削最為困難。一不留神,干犯忌諱,那問題可嚴重了。現在既有太祖最高指示為護身符,那史臣們遵旨照辦便諸事大吉,不必傷腦筋而多作思量。至於取材方面,那更簡單,《十三朝實錄》及《經世大典》等史著[40]為擺放眼前最便捷的史料,史臣們以之為藍本,稍加

---

[35] 趙汸:《東山存稿》,卷2,〈送操公琬先生歸番陽序〉。此〈序〉未注明撰寫年月,但必寫於洪武二年,蓋操公琬以病辭歸即在本年,又汸本人預修完成第一階段之《元史》後,亦旋卒,而第一階段之《元史》修成於二年八月,故知汸必卒於該年內無疑。參《明史》,卷282,〈趙汸傳〉;《元史·進《元史》表》;《元史·目錄後記》。序文既寫於《元史》修成之同年,而汸又參與其事,故所述「即舊志為書」等事,至為可信。

[36] 32人(含總裁宋濂、王禕)之姓名,見〈進《元史》表〉及〈目錄後記〉。《明史》卷285列述纂修者姓名、生平時,誤添斯道一人。按上述兩文均未見斯道一名;又其本傳絕不及修《元史》事,與同卷〈宋僖傳〉以下各傳皆述及傳主修《元史》事絕異。可見斯道一名乃誤置於此。有關斯道參與修史事,詳參本書第八章,注38。

[37] 參陳高華,上引文,第一節,〈《元史》的編纂班子〉。

[38] 參倉修良,上引書,頁239-240;羅仲輝,上引文,頁147。

[39] 諸葛亮(181-234):《諸葛亮集》(北京:中華書局,1960),卷1,〈前出師表〉。

[40] 錢大昕對元朝史事及《元史》一書,至有研究,洵係清中葉前最有貢獻之學者。大昕

整理，過錄一遍便可藏事。修史之簡易，恐無過此。所以在斂手承命，並依恃本已相當具備史著規模的實錄等書的有利條件下，210 卷的《元史》，300 多天便得以完成。

此外，《元史》不作論贊，這無疑是縮短纂修時間另一很重要的原因。〈纂修《元史》凡例〉云：「今修《元史》，不作論贊，但據事直書，具文見意，使其善惡自見，準《春秋》及欽奉聖旨事意。」所謂「準《春秋》」，恐怕只是次要的理由，或附加的理由。最重要的當然是朱元璋的一道聖旨。不作論贊除縮短時間外，史臣們更大大地減少了犯錯誤的機會。正史之有論贊，始自《史記》之「太史公曰」。其內容除史公本人評論史事人物外，尚加上不少補充材料。後來的論贊，則大率僅是史臣們個人意見之發揮，無預於史實之補充。個人意見之展露，最易觸犯忌諱。今《元史》史臣們既奉詔免於是，自可減少犯錯誤了[41]。

---

做學問極精細慎密，但論述《元史》史料與《元史》編纂者時，則不免輕率偏頗。其〈跋《元名臣事略》〉說：「予始讀《元史》，至四傑事，……獨木華黎有家傳、有碑，故史載其事，首尾完具。博而朮，博爾忽二人，則子孫有顯者，托於閻復元明善之碑，史猶能書其氏族世系。赤老溫，則泯然失其傳矣。……特明初修史諸臣，於實錄外，惟奉蘇氏《名臣事略》為護身符，其餘更不採訪，遂使世家汗馬之勛，多就湮沒爾。厥後金華竄死，烏傷非命，毋亦作史之孽歟！」（《潛研堂文集》，卷 28）按「明初修史諸臣，於實錄外，惟奉蘇氏《（元朝）名臣事略》為護身符」一語，順從上文連讀，其意當謂明初史臣修元初人物列傳時，惟奉實錄及蘇天爵（1294-1352）之書為史料，不是說修纂整部《元史》時僅據此二種書。然大昕用語（「明初修史諸臣……」）究稍嫌斬截，易誤導讀者。此其一。宋濂（金華人）、王禕（烏傷人；烏傷，即今義烏）參稽史料不多，即據以成書，此固事實，但大昕大概不明白他們處境之艱困（太祖下旨「即舊志為書」，一切「悉取睿斷」，又迫於時日），而以「作史之孽」來描述宋、王之「竄死」、「非命」，恐有失忠厚，且過於迷信。此其二。按《元史》之纂修，即以第一階段來說，除根據實錄及《元名臣事略》外，尚參考《經世大典》等書。《明史》卷 285，〈趙壎傳〉載：「洪武二年……二月，開局天界寺，取元《經世大典》諸書，用資參考」，即可為證。以大昕語易啟誤會，並有傷忠厚，故特釐清、析論如上。

41 其實，《元史》亦不是完全不作論贊。以本紀言，〈太祖〉、〈憲宗〉、〈世祖〉、〈成宗〉、〈武宗〉、〈仁宗〉、〈英宗〉、〈泰定帝〉等紀，都附有史臣的評語，

上文主要從三方面（奉旨意以舊志為基本史料、筆削悉取睿斷、不作論贊）說明《元史》得以速成之原因。

至於本書所以修不好，其原因至多，茲論述如次：

## （一）時間倉促

凡事欲速則不達。太祖急於展開修史計畫[42]及修史時間過於短促都導致《元史》品質低劣。該書得以速成，上文已作過詳細之說明。而速成很明顯又造成了該書修不好的重要原因。因此，上文之說明便正好同樣用作這裡的說明。茲不再重複。

## （二）史料缺乏（文獻不足徵）

如上文指出，史臣們雖奉詔以舊志為底本即可，然而，當時史料本十分缺乏，即要參考他書，恐亦不易。元朝曾修國史，曰《脫必赤顏》（Monggol-un Nihuča Tobčyan，意即蒙古秘史），乃係研究早期蒙古政治、軍事與社會史最重要的史料[43]。不幸元人修史時，已不得該書以為援據之資。《元史》，卷181，〈虞集傳〉載：

> ……既而以累朝故事有未備者，請以翰林國史院修祖宗實錄時百司所具事蹟參訂。翰林院臣言於帝曰：「實錄，法不得傳於外，則事蹟亦不當示人。」又請以國書《脫卜赤顏》增修太祖以來事蹟。承旨塔牙海牙曰：「《脫卜赤顏》非可令外人傳者。」遂皆已。

---

惟不特標〈論贊〉名目而已。然既奉明太祖詔「不作論贊」，則寫與不寫，便可隨意。不必寫或不好寫的便可從略。

[42] 按《四庫提要·元史》已指出《元史》修纂始事過驟。

[43] 參李思純：《元史學》（臺北：華世出版社，1974），頁 55；陳高華、陳智超等：《中國古代史史料學》（北京：新華書店，1983），頁 321-323；蕭黎、李桂海：《中國古代史導讀》（上海：文匯出版社，1991），頁 325。

上引語，約言之，其意乃謂：已被彙整過的史料而以紀錄的方式見諸《實錄》上者，乃至呈現事蹟原貌的原始史料，即原始紀錄、原始檔案（上引文中所說的「百司所具事蹟」蓋指此），一概「不當示人」，因為作為史臣的這些「人」，從蒙古人的角度來看，你們只是外人而已！而《脫卜赤顏》，國書也。連實錄等等的紀錄，都不給你們看，則國書便更不必說了！

其實，虞集等人被拒利用《脫必赤顏》編纂史事，只是類同事件中的一次而已。尚有另一次亦同樣發生在文宗朝[44]。《元史》，卷 35，〈文宗紀四〉載：

> （文宗至順二年四月戊辰）奎章閣以纂修《經世大典》，請從翰林國史院取《脫卜赤顏》一書以紀太祖以來事蹟，詔以命翰林學士承旨押不花、塔牙海牙。押不花言：「《脫卜赤顏》事關秘禁，非可令外人傳寫，臣等不敢奉詔。」從之。[45]

雖有詔書允准，但亦無可奈何！與其說是文宗懦弱，聽命於大臣，那寧可說是事關歷來成法，在大臣提示下，文宗幡然醒悟了。

《脫必赤顏》雖流傳下來，明時尚翻譯為漢文，但只被視為教習語文的資料[46]，不受重視[47]。明初纂修《元史》時，史臣們大抵未目睹該書；且即

---

[44] 《元史》，卷 181，〈虞集傳〉。

[45] 魏源對兩次修史（《實錄》及《經世大典》）皆不得參稽國史《脫必赤顏》一事，深表憤慨；指出說：「《元史》……荒陋疏舛，諱莫如深者，皆元人自取之。……乃中葉修《太祖實錄》，請之而不肯出；天曆修《經世大典》，再請之而不肯出。……以金匱石室進呈乙覽之書，而視同陰謀，深閉固拒若是！」（《元史新編·擬進呈《元史》自敘》。轉錄自楊翼驤、孫香蘭主編：《清代史部序跋選》（天津：古籍出版社，1992），頁 152-153。）魏氏之識，可謂卓矣。唯文宗修《經世大典》，其事雖始於天曆（參〈文宗紀二〉）；然不得以《脫必赤顏》為參稽之史料，其事發生在至順年間（1330-1332）。魏氏以其事發生在天曆（1328-1329），誤。

[46] 陳高華、陳智超，上揭書，頁 322。

[47] 清初孫承澤始注意該書。清中葉，錢大昕更據以考證元史。同上註。

遇目，以迫於時日，恐亦只好因陋就簡，視而不見了。

　　元十三朝實錄及《經世大典》未能本諸史料價值極高的《脫必赤顏》，而《元史》之主要史源就是來自這兩書，則其陋簡可以想見。再者，元朝本身亦不甚詳悉其過去之歷史。成書於元世祖時之《元聖武親征錄》對於太祖所滅之四十國，「不能悉載（其名），知太祖時事，世祖時已不能詳。……」[48]然則元朝史料，其內容本欠周詳。此外，所記亦嫌偏頗，欠整全。《元史》，卷 205，〈姦臣傳〉載：「元之舊史，往往詳於記善，略於懲惡，是蓋當時史臣有所忌諱，而不敢直書之爾。然姦巧之徒……其行事之概，亦或散見於實錄編年之中。」可見，元代編年體的實錄雖概略的記述了有關人物的行誼，但往往是隱惡揚善，失諸偏頗、不平衡。其實，歷代實錄，以修纂於當時的緣故，必多迴護；「詳於記善，略於懲惡」乃可謂公例，不獨元實錄為然。鼎革之後，時移世易，修史者才不必忌諱。新朝史臣乃得考覈確當、據實直書，不為實錄所誤。可見其過不在實錄之本身，而在易代後修史者之態度[49]。《元史》成書倉促，自然疏於參訂稽考了。但其中亦不無直書不諱之處，如劉基與宋濂同朝為官，卷 188，〈石抹宜孫傳〉不諱劉基曾仕元即可為證。

　　《元史》得以成書，如上指出，主要是以十三朝實錄為依據，然則實錄又以何書、何史料為根柢，我們似乎有必要加以探討。曾經被薦修《元史》，雖已上道赴史局，後以疾力辭的徐一夔（1318-1400）嘗云：

> 近世之論史者，以謂莫切於日曆。日曆者，史之根柢也。……僕自有知，頗識元朝制度。文為務從簡便，且聞史事尤甚疏略。不置日曆，不置起居注。獨中書置時政科，以一文學掾掌之，以事付史館。及一帝崩，則國史院據所付修實錄而已。……今夫順帝一朝三十六年之事，既無實錄可據，又無參稽之書，惟憑採訪以足成之，竊恐其事未

---

[48] 《四庫全書總目提要》，卷 52，〈皇元聖武親征錄〉條。
[49] 趙翼：《廿二史劄記》，卷 16，〈舊唐書前半全用實錄國史舊本〉條即指出實錄、國史必多迴護。此有待訂正始可作得準。

必數也,其言未必馴也,其首尾未必貫串也。雖執事高材卓識、提綱挈領有條而不紊,有如向之諸公,或受官,或還山,既各散去,而欲不材且病如僕者承乏於後,誠恐不能化臭腐為神奇,以副執事之意。有司不容見辭,逼上道,舟至嘉興驛,賤疾大作,行步不前。謹令侍生奉狀上達左右。乞賜矜察,言之當路。……[50]

《明史》,卷 285,〈徐一夔傳〉亦節錄這〈與王待制書〉,然終於「乞賜矜察」一語。之後,史臣以「一夔遂不至」結束其未參與修史之事,此中省去一夔被「逼上道,舟至嘉興驛」等文字。按諸上引〈與王待制書〉,一夔雖極不願意接受此一工作,但他最後在「有司不容見辭」之情況下,還是被「逼上道」了,只是後來「疾大作,行步不前」,不得不修書請辭。不少學者大抵逕採《明史》,不翻檢原〈書〉,所以便以為一夔截然拒絕了這個修史計劃,而不知其中尚有已上路而中途折返的一段曲折情事[51]。

上引〈與王待制書〉指出元朝「不置日曆,不置起居注」。其實,這個說法很有問題。但一夔名氣大,因此不少學者便隨聲附和,認為元朝真的如此[52]。但據《元史》本紀及百官志,得知實況並非如此。卷 6〈世祖三〉載:至元五年(1268)十月,「中書省臣言:『前代朝廷必有起居注,故善

---

[50] 徐一夔:《始豐稿》,卷 6,〈與王待制書〉。王待制指的是與宋濂並領史局的王禕(1322-1373)。徐氏以疾辭王氏之薦,故修書道明原委。此〈與王待制書〉亦收入程敏政編的《明文衡》,卷 26。

[51] 李宗侗便是逕採《明史》記載的其中一位學者。氏著:《中國史學史》(臺北:華岡出版公司,1975),頁 138。

[52] 如趙翼:《廿二史箚記》,卷 29,〈《元史》〉條;《四庫提要》,卷 46,〈《元史》〉條;邱樹森:〈《元史》〉,收入倉修良主編,上引書,第二冊,頁 241;張志哲:《中國史籍概論》(南京:江蘇古籍出版社,1988),頁 295;李宗侗,上引書,頁 137 等即是。張孟倫雖已指出一夔之錯誤,認識到元朝確嘗設有纂修起居注的職官,但把設置事誤算後數十年,以為順帝時始有之,則仍可謂一間未達,殊可惜。張孟倫,前揭書,頁 273。其實,金毓黻早已駁斥一夔之非。見金氏著:《中國史學史》(臺北:鼎文書局,1974),頁 132。下文闡述此問題,即本金氏之說而加詳。特先聲明,示不敢掠美。

政嘉謨不致遺失。』即以和禮霍孫、獨胡刺充翰林待制兼起居注。」可見世祖建國號為大元之前三年即有起居注之設，其事不可謂不早。英宗時御史李端[53]所上之奏議更可佐證其事。卷 28，〈英宗紀二〉載：「御史李端言『朝廷雖設起居注，所錄皆臣下聞奏事目。上之言動，宜悉書之，以付史館。世祖以來所定制度，宜著為令，使吏不得為奸，治獄者有所遵守。』，並從之。」然則世祖以來設置起居注，確為事實，惜所記未及帝之言行而已。〈百官志四〉更記載起居注等官之職掌如下：

> 給事中，秩正四品。至元六年，始置起居注、左右補闕、掌隨朝省、台、院。諸司凡奏聞之事，悉紀錄之，如古左右史。十五年，改陞給事中兼修起居注，左右補闕改為左右侍儀奉御兼修起居注。皇慶元年，陞正三品。延祐七年，仍正四品。後定置給事中兼修起居注二員、右侍儀奉御同修起居注一員……

這條可注意者有二事。其一，據上引〈世祖紀三〉，設置起居注係在至元五年十月，本條則云六年。想世祖雖立即以和禮霍孫等人充起居注，但正式任職則在明年，故紀、志稍有出入。其二，起居注概為他官兼職，故〈百官志〉未另立一目述其職掌，而係隸「給事中」之下。

〈百官志六〉在「秘書監」一目下載：「秘書監，秩正三品。……屬官：著作郎二員，從六品；著作佐郎二員，正七品；秘書郎二員，正七品；校書郎二員，正八品。……」該〈志〉未詳此等屬官之職掌，然按諸宋遼金官制，著作郎、佐郎即負責掌修日曆，元制當不為例外[54]。

以上所述乃出自官方的記載（《元史》）。此外，私家記錄，如王惲（1227-1304）《秋澗集》亦可佐證。王云：

---

53　金毓黻，上揭書，頁 132 作「李端」，當係誤植。
54　參上註，頁 132。

……圖籍編摩既富,搜訪加詳,採摭於時政之編,參取於起居之注;張皇初稿,增未見於罕聞;承奉綸音,俾蹠繁而就簡。……[55]

按這條資料很重要。因為它佐證了起居注及藉以修實錄的情事確實存在過。

綜觀以上所引各資料,得知元代確曾設置掌修日曆及起居注的職官。然其官員,偶或流於虛置,不事其事,且又未盡錄載皇帝之言動,不免粗疏漏略。徐一夔謂「不置日曆,不置起居注」,此說法固失實[56],但眾人竟隨聲附和,吾人當可以推想,元朝實未嘗重視其職務;否則,其職務或職事若昭如日月,並長期付諸踐履,又何致被誤會!

《元史》之基本史料是實錄,而實錄又本諸起居注及日曆,絕對不是如徐一夔所說的僅本諸中書時政科一文學掾之記錄而已。職是之故,析述《元史》史料,不得不不厭其繁的考述相關問題如上。

---

[55] 《秋澗集》,卷67,〈進呈《世祖皇帝實錄》表〉。
[56] 按徐一夔之言或僅係托詞,不見得他本人真的認為元朝「不置日曆,不置起居注。」徐一夔〈與王待制書書〉旨在婉拒王禕推荐修《元史》一事。其〈書〉上下文列舉不少纂修之種種困難障礙。蓋刻意誇張史料欠缺(無起居注、日曆),藉以婉拒修史,很可能才是事實的真相呢!細讀一夔〈書〉,深覺他之所以婉拒纂修順帝朝之《元史》,理由有三。其一是史料闕如:無實錄及其他書籍(如前一階段所仰賴之《經世大典》)作為根據;僅憑採訪,恐未足置信。其二是本身老病。其三是不願收拾爛攤子:一夔明確指出第一階段修史之各史臣或還山歸隱或改授他職而離開史局。按第一階段之修史計劃完成於洪武二年八月;第二階段則始事於翌年二月。然二年七月,太祖已遣派歐陽佑等往採史料,為第二階段之修史工作預作準備。換言之,參與第一階段工作的史臣們於二年八月離開史局前已預知《元史》計劃必會進行下去,但部分史臣還是選擇「還山」一途。由此更可佐證參與纂修《元史》,實非他們的本願。洪武二年七月,遣歐陽佑等採訪史事,見《明實錄·太祖實錄》,卷43。又第二階段仍留下來修史者,除總裁宋、王二人外,僅餘趙壎一人。見〈目錄後記〉。一夔所以指出絕大部分的史臣在第一階段完成後即離開史局,其用意恐在於向王禕暗示:人家明知整個計劃還沒有完成便不要繼續參與了,現在怎麼要我來扛起這個爛攤子呢?!除上述三原因外,恐怕還有一個更重要,但一夔沒有明說的原因。那就是政治上的恐懼。修史一不小心,干犯朝廷忌諱,那可嚴重了。這個考量,恐怕永存一夔的心中。

## （三）史臣乏才

　　《元史》是在左丞相李善長（1314-1390）監修，宋濂、王禕為總裁官，前後率領共 30 史臣的情況下，纂修完成的。監修只是掛名，不負責實際工作。因此，《元史》品質的好壞，宋、王等人纔是責任的承擔者。正如前面指出，《元史》品質低劣，為諸紀傳體正史之最，歷代指責者史不絕書。對元史素有研究的錢大昕即指出「史之蕪陋，未有甚於《元史》者。」[57]並特別從宋、王等人的史學素養方面作出解釋。他說：

> 金華、烏傷兩公，本非史才。所選史官，又皆草澤迂生，不諳掌故。於蒙古語言文字，素未諳習，開口便錯。即假以時日，猶不免穢史之譏。況成書之期，又不及一歲乎？[58]

　　這段文字，有一點很值得注意：在大昕觀念中，史書品質的好壞，與史家之素養關係最大；至於修史時間是否充裕，那倒是比較次要的[59]。《四庫提要》〈元史〉條亦指出該書修不好，宋、王等人應承擔部分責任，認為「……是則濂等之過，無以解於後人之議者。」那麼，到底宋、王等人該負多少責任呢？宋濂的確是位「詞華之士」，修《元史》前，並沒有寫過比較像樣的史學著作。王禕的史學素養則要比宋濂強得多。大昕以「詞華之士」[60]

---

[57] 《潛研堂文集》（臺北：臺灣商務印書館，1968），卷 13，頁 183。

[58] 同上註。

[59] 大昕在另一著作中則有不太一致的看法。他說：「……蓋史為傳信之書，時日促迫，則攷訂必不審。有草創而無討論，雖班馬難以見長；況宋、王詞華之士，徵辟諸子，皆起自草澤，迂腐而不諳掌故者乎？」（《十駕齋養新錄》，卷 9，〈《元史》〉條。）這指出《元史》修不好的首要原因是時間短促；至於修史者史學修養不夠，那倒是次要的。退一步來說，這段文字，充其量只可解讀為大昕同樣重視史家素養及時間因素；此顯與上段文字首重史家素養有所不同。

[60] 參上註之引文。

來形容宋濂是對的；但用在王禕身上則顯然有欠公允[61]。至於其他史臣，30人中多半是享有一定聲望的文人學者。其中擅長辭章者有之，閑熟經術者有之。明中葉都穆（1459-1525）便說：「當是時修《元史》者三十有二人，皆極天下之選。」[62]清初朱彝尊又說：「明修《元史》，先後三十史官，類皆宿儒才彥。」[63]可見這些修史者本身確有一定的才華，但落實在修史的具體工作上，便不見得派上用場[64]。首先，這批人選，似無一人懂蒙古語文。再者，他們雖目睹元末之史事，但大多早已隱居山林，並未參與元朝政府實際上的運作，對元朝典章制度及社會、經濟狀況，恐無深入的認識。換言之，他們雖前半生與元朝之後半葉同終始[65]，寫的可說就是他們的現代史、當代史，但似乎不能以他們的自身經歷來印證、稽考元朝之重大史事或典章文物[66]。因此，總體來說，他們的史學素養及個人經歷，實在很不足以承擔這個修史重任。

---

[61] 陳高華對宋、王等人的史學素養與《元史》的關係很有研究。這裡相關的論述，是酌取他的論點。陳高華，上引文，頁 119-120。

[62] 都穆：《王常宗集·序》。

[63] 《曝書亭集》，卷 35，〈《元史類編》·序〉。

[64] 參陳高華，上引文，頁 118-119。

[65] 元朝入主中原只 90 年（1279-1368）。宋、王等人修《元史》時，其平均年歲恐已屆不惑之年。故可說各人之前半生與元朝之後半葉同終始。

[66] 當然，話又得說回來。如果他們曾在元朝當過大官，則根據朱元璋的旨意，便不可能被薦舉修《元史》。宋濂即曾轉述說：「……命啟十三朝實錄，而詔宋濂、王禕總裁其事，起山林遺逸之士，協恭共成之。以其不仕於元而得筆削之公也。」（《宋文憲公全集》，卷 7，〈呂氏採史目錄序〉）大抵朱元璋會認為，「仕於元」的遺臣故老，定會站在元政府的立場來筆削；然則《元史》便會完全失去上面說過的「文宣性」的效果，甚至產生反效果。這將是朱元璋極不願意看到的事。當然，「不仕於元」的文人儒士不見得一定幫明廷講話，但似乎至少不至於偏袒元政府吧。朱元璋為甚麼不要聘蒙古人、色目人或甚至懂蒙古語文的漢人修《元史》，亦正可從這個「政治思想、立場是否純正」的角度去思考。在中國大陸過去一段時期「寧要紅（思想「純正」），不要專」，或臺灣目前（時為 2025 年）流行的「寧要綠（思想正確），不要專」的政策考量下，筆者深恐官方史書是先天注定修不好的了。朱元璋的考量，恐正相同。《元史》修不好，那又何足怪異哉！

然而，當時在漢族中（蒙古等外族，「非我族類，其心必異」[67]，是不被考慮的！[68]），是否真的沒有人具備足夠的史學素養來擔當此重責大任呢？答案似乎是否定的。大陸學者邱樹森便指出：「南儒中諳於元朝掌故者並不乏人，如陶宗儀、葉子奇、徐一夔、權衡等皆是，可惜並未入局。」[69]徐一夔的個案，上文已討論過。他是雖已上道赴史局，後以疾力辭的一人。至於陶宗儀（1316-？）等人，則似乎並未被邀請過。這是宋、王等人因「不識泰山」而導致的疏忽遺漏，或雖被薦而力辭，則有待日後進一步探討。然而，就史學修養來看，陶等三人，皆有所表現。

　　陶宗儀的《南村輟耕錄》（30卷）「於有元一代法令制度，及至正末東南兵亂之事，紀錄頗詳。所考訂書畫文藝，亦多足備參證。……朱彝尊……許其有裨史學。」[70]據《明史·陶宗儀傳》，元政府、張士誠及明廷皆曾先後力邀宗儀出仕或辟為教官，然皆不就。可見宗儀就是被薦舉修《元史》，也會力辭的。然而，史既無明文，不便斷說。至於葉子奇（？-1385？），其著作中有關元朝史事者，計有《齊東野語》及《草木子》兩書。《四庫提要》稱前者「記元季明初史事最詳。」[71]後者對於元末兵荒災亂、時政得失及群雄起義之記載，很值得參攷[72]。根據作者自序，該書寫於戊午年（即洪武十一年）。然早在元朝末年，子奇、劉基及宋濂已同為浙東著名學者[73]，其未入史局預修《元史》，殊為可惜。權衡撰《庚申外史》（又名《庚申帝史外聞見錄》、《庚申大事記》）。庚申帝即元順帝。順帝

---

[67] 《左傳》，〈成公四年〉。
[68] 參上註66。
[69] 倉修良主編，上揭書，頁240。
[70] 《四庫提要》，卷141，〈輟耕錄〉條。
[71] 《四庫提要》，卷122，〈草木子〉條。
[72] 參邱樹森等編：《中國史學家辭典》（石家莊：河北教育出版社，1990），〈葉子奇〉條。
[73] 同上註。

一朝無實錄，該書正可作點補充，當時並曾上史局，為修史者所重視[74]。可見權衡正是最適當的人選，但當時亦未入史局。

綜上所述，基於「政治思想、立場純正」的考量，明太祖訓示羅致人選，以未仕於元的漢人為原則。不知何故，陶宗儀等深具史學素養，甚至元史素養，且並未仕元之漢人又未入史局；而任職史局之 32 人，又大都缺乏史學素養，不足以當大任。在這種史才荒的情況下，《元史》蕪陋舛誤，便是不可避免的了。

## （四）政治干預

上面討論過的三因素（時間、史料、人材）固然影響了《元史》品質的高下。但其實這些因素都不是主要的；其本身也不足以獨立自成一項。相反，它們都是由另一「基因」繁衍、生發的。這個可稱為最根本的因素就是明太祖的政治干預。上文探討時間、史料、人材這三項時，已把太祖的積極干預穿插、梭織在相關的論述中，這裡便不再細表。總結上文，明太祖的干預及所帶來的結果是：一、在「寧要紅（思想「純正」），不要專（史學素養高）」的考量下，自然找不到最理想的人選。二、在趕「文宣」的時效壓力下，何來詳細研討、參訂、潤飾？三、在「即舊志為書」的最高政策指示下，何煩採擷參取其他史料？「筆削悉取睿斷」，則更是政治干預最明白醒目的標誌。在這種一切向政治看齊的情況下，《元史》修不好，自然不必見怪了。當然，其他官修正史亦莫不受政治（尤其在位者）之影響、左右，只是程度上輕重不盡相同而已。明太祖乾綱獨攬恐為諸人君之最，再加上猜疑心特重（不找外族人[75]及曾仕元者修史），又要急於利用史書作「文宣」，

---

[74] 近年大陸學人任崇岳對該書作箋證，名《庚申外史箋證》（鄭州：中州古籍出版社，1991），書首之〈前言〉說明該書之史料價值，並指出該書曾為史局所參攷。

[75] 明代之前的元代碰巧是異族人的政權，所以修《元史》者便多了一層其他朝代修前史所沒有碰到的語言隔閡的問題。這對蒐羅、閱讀史料明顯地構成了一重障礙。蒙古人、色目人不准修《元史》，漢史臣又不諳蒙古語文，於是光是語文問題便解決不了。

所以《元史》便成為他個人及政治情勢下的犧牲品了，奈何！

## 四、結語

　　《元史》是眾所公認各種紀傳體正史中成書最速捷者。但時下相當流行的中國史學史參攷書《廿五史述要》則兩度表示沈約的《宋書》成書所需時日更短[76]。這很明顯不符合史實。本文首節即辨其謬誤。宋濂是《元史》纂修計畫最重要的負責人。但其本人在不同文章中對纂修的起迄年月竟有不同的二說。筆者參稽比對相關資料後[77]，認為他所撰寫而收錄在《元史》內的〈目錄後記〉比較可信。另一文章之說法，蓋一時誤記。

　　明太祖朱元璋御極不及半年即下詔纂修《元史》，此中擬欲重建歷史、文化，藉以吸取前人（元朝）成敗興衰之教訓作為未來施政之鑑誡者，固然是原因之一，但絕不是最主要的原因或動力。太祖擬借此向天下（尤其向元朝之殘餘勢力）宣示明朝乃天命攸歸的唯一正統皇朝，殆係急於纂修《元史》之主因。換言之，政治考量，以至軍事考量，才是急於修史之主因。

　　宋濂在朱元璋登極前已擔任幕僚，跟隨朱氏有年，對他的性情必有深入的了解。《元史》既係急就章，荒蕪舛誤，在所難免。宋濂身為總裁官，豈有不知之理。然而，深悉太祖怪罪下來，那問題可嚴重了。因此，如何始可避免，或至少輕減承擔相關過失的責任，相信是宋濂日夕思索、縈繞腦際的大問題。

　　歷代官修史書纂修蕆事後，例必由史臣表上皇帝聖裁。《元史》當然不為例外。宋濂由是利用進呈表上的機會在〈進《元史》表〉中非常委婉、含蓄的「提醒」朱元璋他本人才是整個修史計劃的倡議者及總策劃人；因此，《元史》若有紕漏，幸開恩體諒，對史臣們勿予深責。〈進《元史》表〉若配合其他相關文章細讀，更可察悉宋氏此番用心。

---

[76] 參上註5。

[77] 參上註9。

《元史》修不好，原因至多。一般學人多從時間倉促、史料匱缺、史臣乏才方面加以解說。但筆者認為這些原因都是次要的、衍生的；最為關鍵、樞要的原因是明太祖的政治干預。上文詳細析述的三原因（時間、史料、史才）都可以說就是由太祖政治干預這一主因所衍生、導致的。而太祖的干預（影響、左右）修史，又恐為歷代帝王之冠，以此《元史》淪為諸正史中品質最差劣者之一，那就不足為怪了[78]。

　　附識：本文初稿脫稿時，承蒙任教於香港浸會大學歷史系兄嫂黃嫣梨女史影印惠寄若干資料，雖未便據以更動拙文，惟情誼可感，謹此致謝。

---

[78] 《元史》雖蕪雜舛漏，但它保存了不少早已散佚而今天再也看不到的史料。所以從這個角度來看，它自有價值。又《新元史》成書已超過百年，但仍未能完全取代舊書，可見《元史》價值自不可磨滅。

# 第十章　《元史續編》與《元史弼違》探析[*]

## 摘　要

　　明初人宋濂、王禕等所纂修之《元史》錯漏舛訛百出。書成後，學人加以糾補而寫成專著者眾多。朱右、解縉、胡粹中與周復俊等等便是其例。惜朱、解的相關著作皆不傳。粹中與復俊之著作分別為《元史續編》與《元史弼違》（此即本文所處理之對象）。至若明人之其他元史著作，不是已散佚，便是只研究元史之一面向，或篇幅過少，似乎不值得予以探討，又或前人已作過論述。至於上開胡、周二氏之著作，其未愜人意處，亦所在多有，然究係明人記述有元一代史事或批評《元史》之專著，故筆者便試圖予以探討論述。

　　胡、周二氏之著作，前者順年月先後記述有元一代大政；後者亦依編年體例以成篇，旨趣乃在於評騭《元史》之義例。細言之，明永樂初年，胡粹中改紀傳體之《元史》為編年體之《元史續編》，對成宗以下治平之蹟及順帝時事有所增補，書中評語多以儒家傳統君臣之道立論，篇幅不多

---

[*] 此拙文原刊於《蘇州大學學報》，2000 年 4 月，2000 年第 2 期，總第 111 期。其後大幅增訂（主要多加一節，即以表格方式呈現的第三節）後，並改名為：〈明人元史學探研〉，發表於《書目季刊》，第 34 卷，第 2 期，2000 年 9 月。今文章題目改回為原題目（即〈《元史續編》與《元史弼違》探析〉）後，納入本書內發表。據筆者統計（詳見本書第八章），明人有關元史或《元史》之著作，蓋不下 40 種。是以本文經修訂後轉載於《書目季刊》時，嘗附上以下一表格：〈明人元史著作一覽表〉，藉以讓讀者獲悉明人元史學的梗概（相關總成績）。然而，該表格稍作修改後，已轉附錄於本書〈明人元史學編年研究〉一章（即本書第八章）中。是以該表格便從本文刪去。簡言之，本文僅探討《元史續編》與《元史弼違》兩著作而已。

而頗便省覽。一百多年後的嘉靖年間，周復俊撰編年體史著《元史弼違》，旨在從衛道者及漢民族本位的立場評價《元史》。該書的紀年及書法體現了孔子的正名主張，承襲了儒家思想，尊宋而貶元，但也糾正了《元史》一些史事紀載上的失誤。

## 一、前言

由李善長（1314-1390）負責監修，而實際上係由宋濂（1310-1381）、王禕（1322-1378）率同史臣 30 人在洪武二、三年間的 331 天內纂修完竣的《元史》，其蕪雜舛漏，恐為歷代紀傳體正史之冠[1]。該書背後的實質指導者明太祖朱元璋[2]，在該書修成後曾命解縉（1369-1415）加以改造，大抵取名為《元史正誤》；可知太祖本人亦頗覺其舛謬[3]。其實，早在解氏受命改造該書之一二十年前，原先參與纂修《元史》而為史臣之一的朱右（1314-1376），已對該書進行補遺的工作，成《元史補遺》12 卷[4]。惜該書後佚。

---

[1] 歷代學人批評《元史》之文字至多，其中清人便不稍予寬假。彼等之批評，見黃兆強，〈《元史》纂修若干問題辨析〉，《東吳歷史學報》，創刊號，1995 年 4 月，頁 164，註 30。又《元史》的纂修經過，請參頁 153-157。此文收入本書內，即本書第九章。

[2] 朱元璋在《元史》纂修過程中所扮演之角色，請參上揭文，頁 157-177，尤其頁 176-177。

[3] 《明史》，卷 147。本傳中之相關描述有「《元史》舛誤，承命改修」一語。按《元史正誤》今不傳。修纂之年分當在洪武晚年，約 1391 年至 1398 年間。按太祖以解縉年少氣盛，數得罪權貴而令其返鄉 10 年奉養父親，並命改修《元史》。解氏歸 8 年而太祖崩（公元 1398）。此後未聞《正誤》有繼續編修之事（或已纂修完竣也說不定），故姑且視該書纂修年分之下限為 1398 年，而上限為上溯 8 年之 1391 年。

[4] 《明史・藝文志・藝文二》。《補遺》，一作《拾遺》，見凌揚藻，〈《元史》〉條，《蠡勺編》（臺北：世界書局，1962），卷 15，頁 252-253。該書不知撰寫於何年，然朱氏卒於洪武九年（1376），故當係該書修成年分之下限。此下距《元史正誤》之上限猶早 15 年。朱氏之生平，見《明史》，卷 285，本傳。惟傳文極簡短，僅 34 字。此外，生平尚見以下各書：萬斯同，《明史》（鈔本），卷 386；王鴻緒，

上述解、朱二書之命名，頗值得稍加申說。《元史》係明太祖敕令纂修的，故縱使有誤，學人亦不敢妄加指責、批駁。朱書僅稱《補遺》，即或係有鑑於此。解書則不然，既係受明祖命而改造，故可逕名曰「正誤」。但解書上呈朝廷後，便「留中不傳」[5]，則或係所謂正者仍干忌諱歟？[6]

---

《明史稿》，卷266；曹溶，《明史小傳》（鈔本），卷1；朱彝尊，《明詩綜》，卷6；陳田，《明詩紀事》，卷6；錢謙益，《列朝詩集小傳》，甲；朱彝尊，《靜志居詩話》，卷2。參哈佛燕京學社，《八十九種明代傳記綜合引得》，〈朱右〉條。

[5] 參顧炎武，《日知錄》，卷26，〈《元史》〉條。又：解書的命名，可詳參本書第八章，注65。

[6] 明代君主專斷獨裁，臣下動輒得咎。修史者一方面固不敢輕犯忌諱，他方面或進而刻意阿諛討好。王慎榮等學人便從這個角度說明當時元史學者的態度取向。可惜有關說法，就解縉等人來說，便有乖史實。他們說：「解縉撰《元史正誤》，周復俊著《元史弼違》，對《元史》表示不滿的氣氛相當活躍，而此後趨於沉寂。這是由於最高統治者的意向使然：明成祖怨懟明太子朱標死後不以他續嗣而立建文帝為太孫，解、周等人體會到成祖的隱私，起而以指摘《元史》的失誤默契逢迎；明宣宗又一反成祖的所為而紹述明太祖，指摘《元史》的風氣也就隨之平息。」上引文見王慎榮、葉幼泉、王斌，《元史探源》（長春：吉林文史出版社，1991），頁360。按：這個說法最大的錯誤在於不了解解縉及周復俊撰書的年代！解書撰於太祖時，因此根本沒有所謂需要「默契逢迎」成祖，故起而指摘《元史》失誤的可能。再者，解氏是奉太祖命，授權改修《元史》的，所以指摘該書的錯誤是他的本分。至於是否指摘過當而導致後來「留中不傳」，那是後話。該書何時「留中不傳」，不得而知，但筆者認為當事發於太祖或建文帝時，不可能是發生於成祖的永樂朝，蓋《元史正誤》如真的是充分指摘《元史》之謬以致干太祖忌諱，則依王氏之說法，成祖既怨懟太祖，那又怎會把《正誤》「留中而不傳」呢！至於《元史弼違》的撰者周復俊，其生年在弘治九年（西元1496），時成祖早已作古70多年，周氏又何來「默契逢迎」呢？至謂「宣宗又一反成祖的所為」，因此「指摘《元史》的風氣也就隨之平息」，那麼撰於嘉靖年間的《元史弼違》便全然被抹煞了。本註文頗長，我們的主旨在於指出：筆者絕對不否認最高統治者的意向可以左右撰史的方向，以至史書的內容。但一切判斷及推論必須以既成的事實為根據。解、周之著作，一撰就於成祖登極前，一完篇於其駕崩後，則所謂「默契逢迎」成祖，便不知從何說起了！

## 二、《元史續編》

　　永樂初年出現了一本對《元史》進行改造的著作（改紀傳體為編年體），這就是胡粹中[7]的《元史續編》。該書所續者是明初人陳桱的《通鑑續編》[8]，而不是續上揭宋濂、王禕之《元史》。陳書記兩宋事，胡書接續之而記元事，蓋作者有感於《元史》成宗（繼世祖而為帝）以下治平之蹟及順帝（即惠宗）時事多所闕漏而撰修該書[9]。如上所述，解、朱兩書既早已佚，胡書則仍存，且係改造《元史》而幸存於今最早的專著之一（另一為張九韶之《元史節要》；僅二卷。），是以稍費筆墨予以論述如下。

　　《四庫全書》著錄了該書，凡 16 卷[10]。記事始於元世祖至元十三年（1276），即宋上降表之年；終於順帝至正二十八年（1368），即順帝北走之年。編年繫月，大書分注，全仿《通鑑綱目》之例。紀年雖大書元君年號，但其前必以干支先行，其後於至元十六年（1279）前，又繫以宋帝年號；於「宋祥興二年」後，特注明「是年宋亡」，則可知胡氏並不以宋奉降表之年為其國祚終結之時。[11]宋將，如李芾、李庭芝、姜才、陳文龍之敗

---

7　胡生平見萬斯同，《明史》（鈔本），卷 387；錢謙益，《列朝詩集小傳》，乙。
8　按該書凡 24 卷，全仿朱熹《通鑑綱目》體例，記兩宋史事（卷 1、卷 2 除外），故實可謂續朱子之《綱目》而已，而非續溫公之《資治通鑑》。參《四庫提要》，〈《通鑑續編》〉條。又金毓黻批評該書命名之不當，以為「可稱《元鑑綱目》，不得謂之續元史。」按無論以內容言，以體例言，金氏之指責與建議均屬至當。見氏著，《中國史學史》（臺北：鼎文書局，1974），頁 172。
9　參《四庫提要・史部・編年類》，〈《元史續編》〉條。亦可參王慎榮等，上揭書，頁 361；陳高華、陳智超，《中國古代史史料學》（北京：北京出版社，1991），頁 318。
10　臺北商務印書館所出版之《四庫全書珍本》第六集亦收錄了該書。以下引文即以此《珍本》為據。《明史・藝文志》則作 77 卷，不知何所據？
11　世祖忽必烈建國號曰大元（按：其前國號中之「大」一字，均為臣下或屬國等等所加之尊號，至是始成為國號中之一組成部分），始於至元八年（1271），粹中不以此年為《元史續編》紀事之始年；至元十六年（1279），宋帝昺投海死，宋室保土抗元運動始正式結束，但粹中也不以該年為其專著之始年。以至元十三（1276）年宋奉降表

死[12]，皆書「死之」，可知胡氏不以個人成敗論英雄，並能從宋人立場嘉勉此等忠臣之死節。

此外，胡粹中的行文書法也表現在紀年方面。茲舉二例說明：

一、泰定帝〈致和元年〉（1328）條，《元史續編》以小字書曰：「九月壬申文宗皇帝改天曆元年，泰定皇太子即位上都，亦改天順元年。」按：泰定帝太子阿速吉八（即後來之天順帝）為早已安排好擬繼位的嗣君。簽書樞密院事燕鐵木兒私心自用，謀立武宗子周王、懷王兄弟。後懷王圖帖睦爾果即位於大都，是為文宗，並改元天曆。與此同時，阿速吉八亦即位於上都，改元天順。以上引文，粹中以「文宗皇帝」稱呼圖帖睦爾，而僅以「泰定皇太子」稱呼阿速吉八，此不免偏失，蓋顯有厚彼薄此之嫌。但仍書「天順元年」，則偏失乃不至過甚。

二、〈文宗皇帝天曆二年〉條，其下不書「明宗元年」，此又顯失當。按文宗及燕鐵木兒毒殺明宗，其事相當明白，此可不論。然明宗確曾為帝君八閱月，此乃其弟圖帖睦爾等所共同推戴者。明宗雖未改元，然《續編》「天曆二年」之上，應書「明宗」，不當書「文宗」。又：縱然書「文宗」，但其下宜小書作注曰：「明宗元年」。今大書既乖違，小注又從闕，則難免失當矣。[13]粹中以書法（書、不書、如何書）來表達他對相關事件的立場或看法，《續編》一書中還有不少這類例子，恕從略。

如果說透過書法來察悉粹中對史事的看法，以至其背後的價值取向，是比較抽象、比較不確定的話，那麼透過他所作的評語，便應該是更直接，更可靠的可行途徑了。《元史續編》在大書分注之後，經常加插一節評語，以

---

之年作為紀事之始，這可說是採取了一個折衷的作法。此後迄至元十六年，其紀事大體上皆以平衡報導的態度敘述宋、元兩國交涉事，不作左右袒。至於帝昺赴海死，粹中始書「宋亡」，其原因可能是：一、粹中對漢民族所建立之政權──宋，有眷戀之意，不忍視其亡於上降表之年；或是二、純粹從國家主權的觀念作考量，視宋為一國，元係另一國。即並不從正統觀念之天下唯宋所有或唯元所有之立場看問題。換言之，視至元十三至十六年為兩國並存之時期，因此，乃於宋主投海死，始書宋亡。

12　此數人之殉義，皆見該書，卷1。
13　《四庫提要》以「進退未免無據」批評粹中不書「明宗元年」是很有道理的。

「評曰」起首。據粗略統計,評語約有 180 多則。此外不作「評曰」,但實際上仍有評騭的味道的,尚有若干條。因此,書中的評語,應有 200 條左右。[14]

這 200 條評語,若細析之,可以歸納為很多類別,分別展現作者對以下問題的看法:政治、軍事、倫理、道德(含君主、人臣之操守)、宗教、教育、法律、文學等等。總體來說,作者是從傳統儒家知識分子的立場來看待問題的。《四庫全書》謂:「尺尺寸寸學步宋儒」,蓋得其實。現在僅舉若干例稍作說明。粹中說:

> 評曰:以皇太子命討博囉(按:即孛羅帖木兒),則國幾乎無君矣。順帝至是,蓋徒擁虛器而已。夫家齊而後國治,國治而後天下平,威令不行於一家,豈足以服四海哉?

這例非常明顯的揭示了胡粹中儒家式的由家而國而天下的政治觀點。此外,以儒家倫理道德為判準的各種考量,見全書多處,恕不一一引文說明,今僅摘要舉例如下:

(一)視張世傑「不與其君同溺」為非事君之義,粹中予以指斥(《四庫珍本》本,卷一,葉 3a-b);又同依事君之義,頌揚賈居貞「深得事君之義、大臣之體」(卷二,葉 8b)。

(二)從守臣當死節之觀點褒揚靜江府守臣馬墍,指出謂:「蓋土地,祖宗之土地,非為嗣君守,乃為祖宗守也。嗣君雖不能守其宗社,吾為人臣,豈可以不死於疆域?惟求即其本心之安而已。」(卷十,葉 10a)。

(三)以元世祖之賞識並表彰賢臣廉希憲而稱頌世祖(卷一,葉 15b-16a);粹中固彰世祖之善,然亦不掩其惡,故於他處又責之曰:「其始

---

[14] 黃虞稷撰,瞿鳳起、潘景鄭整理,《千頃堂書目》(以下簡稱《千目》;上海:上海古籍出版社,2001)於「《元史續編》16 卷」之後,又別出《元史評》一書。《四庫提要》便指出說:「疑當時或析其評語別為一本以行。」評語既有近 200 條,則別為另一書,其事固可能。

也，聽之失於偏；其終也，斷之失於明，其為盛德累多矣。」（卷一，葉19b）。按：粹中之評斷大抵皆相當公允，善惡正反面均能兼顧，此有類今日之所謂平衡的報導。

（四）對帝君能禮敬師傅之事，如世祖令太子真金（後追尊為裕宗）於「王恂」[15]名下以學生身分署御名，深表嘉許（卷十三，葉2a）。

（五）不贊成廷杖大臣，認為這是「輕朝廷」、「國家之禮義亡而斯人之廉恥喪」的表現（卷八，葉15a-b；卷九，葉4b）。

（六）編修呂思誠諫止文宗取閱國史，文宗納其諫而止，粹中乃襃美兩人（卷六，葉6a）。

（七）反對事佛：薦用僧侶（粹中稱之為妖僧）、授僧官職，以至大量作佛事，皆粹中所強烈反對者（卷二，葉6b；卷八，葉13b；卷九，葉15a-b）。

粹中之各種評語很多，但總上所舉各例，可知均從儒家傳統之君道、臣節等等方面立論，其中君主應禮敬師傅、君主不得閱覽國史等條，都是很讓人（至少讓筆者）激賞的。又元朝事佛過當，耗損天下至鉅，粹中不稍予寬假，尤見儒家讀書人本色。

至於該書之特色或貢獻，其可言者有三端：

（一）正如《四庫提要》所說：「明初所修《元史》，詳於世祖以前攻戰之事，而略於成宗以下治平之蹟，順帝時事亦多闕漏，因作此以綜其要。」[16]

---

[15] 「王恂（1235-1281），字敬甫，中山唐縣（今河北唐縣）人，元代數學家。跟劉秉忠學習數學、天文、後與郭守敬一道從劉秉忠學習數學和天文曆法，精通曆算之學，王恂任太史令期間，分掌天文觀測和推算方面的工作，遍考曆書40餘部。他在《授時曆》的編製工作中，其貢獻與郭守敬齊名。」以上轉錄自百度百科：https://baike.baidu.com/item/%E7%8E%8B%E6%81%82/3065235?fr=ge_ala；瀏覽日期2024.09.14。

[16] 按：《元史》帝紀共47卷，其中14卷（卷4-17）為《世祖紀》（其前之三卷則紀錄太祖、太宗、憲宗之事蹟），30卷（卷18-47）為成宗以下各帝紀，故比例為14：30。《元史續編》共16卷，首4卷記世祖時事，其餘12卷皆記成宗以後各帝事，故比例為4：12。據此統計，則《續編》確係相對地比《元史》更重視成宗後的史事。

（二）《元史》雖於各篇末或偶附載論贊之文字，但大體上皆闕如。如果說評論的文字可以有導讀的功能（我們先撇開論點是否偏頗的問題或是否學究式的故持高論的問題不談），則《續編》近 200 條的評語，當是導讀上的一大幫助。

（三）該書是綱目式編年體史著，可說是紀傳體《元史》的改造，雖內容無殊舊錄，但篇幅不多，頗便省覽。

至於該書之缺點，則是史料無所添加，史事亦未見多予增補，其不為世所重，於理固宜，蓋史料與由斯而撰就之史事乃史書之基本要素故也。然而，除宋、王等人所編纂之《元史》外，胡書究係明初學人所撰首尾畢具之元史而幸傳於今之專著之一，其中論斷亦多平允，且未見前賢對該書作過任何研究析論[17]，是以上文稍費筆墨予以介紹闡述，俾揭示其底蘊焉。

## 三、《元史弼違》

為糾補《元史》而撰寫於洪武年間的《元史補遺》與《元史正誤》，正如上文說過的，早已散佚。其後 100 多年間似乎便不曾再有過這方面的著作。這個局面要等到嘉靖三十五年（1556）才被打破。這部久候多時的史著名叫《元史弼違》，作者是周復俊（1496-1574）。[18]

《弼違》分上、下兩卷，全書約32,000字，為編年體的史著。作者〈自序〉撰於嘉靖三十五年，姑視為該書撰成之年分。這部久候多時的史著，其實是頗令人失望的。所謂「弼違」，是正誤匡謬的意思，語出《尚書·益稷》：「予違汝弼」，《傳》：「我違道，汝當以義輔正我。」據此，則周復俊擬改正的，原來是《元史》中違道的記載，而不是乖違史事真相的記

---

[17] 本文撰就並發表於 2000 年，即 20 多年前。「未見前賢」乃指該年及其前的前賢而言。20 多年來，以個人研究興趣已有所轉移，故近年學者之相關研究，實不悉其最新情況；其或有長足之進步也說不定。讀者其明以教我為幸。

[18] 周復俊，嘉靖十一年進士。生平見 8 種傳記以上，不詳細開列，可參見田繼綜，《八十九種明代傳記綜合引得》（上海：上海古籍出版社，1986），〈周復俊〉條。

載!那麼復俊所謂的道,指的又是什麼?該書序文可以提供一個非常清楚明白的答案,〈序〉云:

> ……皇祖(明太祖)詔修《元史》,面授儒臣,毋虛美,毋隱惡。而載筆綴言之彥,私填胸臆,公肆謾欺,天語弗棠,家風盡廢。語云豺狼何親,不然無樂乎其佻言之也。愚叨承先訓,繼志無聞,翱翔滇藩,休澣多暇,爰窺往史,憤腥穢之滔天,奭厎言之廷世,旁稽遐紹,敘次釐革,其美其刺,班班著之篇牘矣。嗟夫!千載是非之公,莫能終掩,諸臣紀載之謬,奚可勝誅,惟申言弼違,式昭來葉云爾。嘉靖丙辰四月朔太中大夫左參政吳郡周復俊撰。[19]

這篇序文,可說充滿情緒性的字眼。作者大抵是從衛道者及漢民族本位的立場來評《元史》的。這方面我們從該書的紀年及書法措辭得到充分的印證。

《元史弼違》按年敘事,始於宋寧宗開禧二年(1206),即鐵木真建國稱成吉思汗的一年,終於洪武三年庚戌(1370)。其中以祥興二年(1279)帝昺赴海死為宋亡之年。宋亡前,以宋帝年號紀年,其下以小字附書元帝之年號;宋亡後,以干支紀年,其下小字附書元帝年號同前。周復俊揚宋抑元之意,至為明顯;甚至可以說,不認同元為當時中國的政府,不然,何以大書干支而小書年號?此外,皆以「元主」稱呼各朝元君,未嘗以「帝」稱之。又各帝之崩殂,皆稱「殂」,不稱「崩」;其中更以「死」字稱世祖忽必烈及文宗圖帖睦耳之逝世。[20]復俊以為「世祖之罪浮於始皇」,又逕以「皇太子(即文宗)弒其君和世㻋於行宮」描述明宗之暴崩。[21]世祖和文宗,前者既被視為「罪浮於始皇」,後者則被認定為犯弒君之罪者,然則復俊對二君之不滿,亦可知矣。書「死」不書「殂」,其原因正在於此。

---

[19] 此〈序〉又收入周氏《涇林文集》,卷4;何喬遠,《皇明文徵》,卷46。
[20] 《元史弼違》,卷下,葉 19a;32a(《叢書集成續編》,冊 277,頁 124 上,130 下)。
[21] 同上註,葉 19b;29b。

復俊於各年分下，極其簡略的記述史事，其後便是一番評論。可說全仿《春秋》經、傳之辭，站在華夷之別、君臣大義的立場，針對元代史事，或針對《元史》之書法義例，嚴辭指斥其非。此外，並對一己所用之書法辭藻，作一番詳細的解說。按《春秋》書法，主要是在「書、不書、如何書」方面措意。今各舉一例以作說明。復俊於〈癸丑（皇慶二年）〉條下記事云：「建崇文閣，以許衡從祀孔子廟」。其後即長篇大論的解說何以只書「許衡」一人之姓名而不書他人之姓名。復俊說：

> 建崇文閣於國子監，而以宋儒周敦頤、程顥、程頤、張載、邵雍、司馬光、朱熹、張栻、呂祖謙從祀孔子不書，而書許衡，何？九賢者，心皆得乎聖人之道，言不詭於聖人之經，四方宗之，百世仰之，初不以元之祀否為軒輊也。故不書者，若曰：不必書也。衡何人？斯乃與諸賢並進而列於夫子之宮牆哉？《春秋》之法，內夏外夷，齊桓公攘夷尊周，一匡天下，尤羞稱於仲尼之門。衡生於華而仕夷，固已悖《春秋》之法，而獲罪於聖人大矣。居然引之於俎豆之列！如衡有知，將神爽飛越，不待麾之而走且僵矣。豈能一朝居耶？是知從祀之舉，不足以為衡榮，祇足以為其累耳。[22]

一言以蔽之，復俊是要彰顯許衡之不配從祀孔廟，故刻意書下（寫出）其名字。「從祀之舉，不足以為衡榮，祇足以為其累耳」。果真如此，則當隱諱其事；且連名字都不予寫出為是。今則反之而故意連名帶姓寫出其姓名，使天下後世知悉此人之姓名，則復俊欲彰著許衡之不配，便十分明顯了。[23]至

---

[22] 同上註，葉 25a-b。《元史》於〈仁宗紀皇慶二年六月〉條下全書宋儒周敦頤以下九人姓名並書許衡姓名。

[23] 大儒劉因不仕元，蓋恐道之不崇也；許衡出仕，蓋恐道之不行也。一隱一仕，各有考量，亦各有所當。吾人不必意存抑揚。然許衡之貢獻，史家早有定評。復俊調弄一兩字，以為接踵《春秋》，則其失也誣矣。有關許衡的歷史地位及社會影響，可參陳正夫、何植靖，《許衡評傳》（南京：南京大學出版社，1995），頁 275-316。

於何以不書同入祀孔廟之宋儒九人之姓名,復俊認為根本「不必書」,蓋「四方宗之,百世仰之」,豈待「元之祀否為軒輊」?換言之,即九人在歷史中,早有定位,豈待元君以為抑揚!是以書之或反為其累耳。

上舉兩例(其一寫出「許衡」的姓名,另一故意不寫出「周敦頤」以下九人的姓名),乃在於揭示、說明復俊或書或不書的理據。至於如何書,我們可以舉另一例。《元史弼違》於全書起首處記述鐵木真的建國,是這樣寫的:

> 蒙古鐵木真,奇渥溫氏,後稱為元太祖,即其人也。先是鐵木真侵泰赤烏,敗之,勢浸強,諸部皆附,繼侵西夏。……

接著,復俊便本《春秋》書法義例,長篇大論何以上文用「侵」字,並進而指斥《元史》之不當。其說曰:

> 鐵木真加兵於人之國也,《元史》悉書「伐」,今曰「侵」何?天下有大分,華夷是也。天下有大勢,強弱是也。《春秋》貴中夏,賤外夷,惟謹是大分耳矣。初不以秦楚之強而與之也。鐵木真雄悍,跳逐於砂磧茆葦之場,其於諸國君臣之分未定也,安得以君禮待之而稱「伐」乎?

復俊又進一步指斥史臣不應於世祖建國號為元之前,以「元」稱之,他說:

> 元之史臣食夷之祿,甘其蓁養之恩,怵勢憚禍,不得已而諛之,固已喪其本心矣。後之史臣,爵祿非有繫於其朝,出入非有詔於其國,亦冒昧稱之,無乃承諛襲舛,而決萬世之大防已乎?

這很明顯是從道德操守的視角切入以立論:認為蒙古國未稱為「元」之前,明代史臣何必承諛討好?作者以「決萬世之大防」一語來描述書「元」乃一

罪大惡極的行為,則充分反映作者對名義(名號)問題的重視。按:孔子最重視名與器[24],這也可見出復俊承襲儒家思想的一斑。

同條又反映出作者尊宋貶元的思想。他說:

> 史臣大書元太祖,與宋寧宗並稱矣。今皆削之何?曰:是書也,賤夏尊夷,亂名沒實,篾萬古帝王之正統,紊萬世是非之公議,其獲罪於名教彝典尤大。孔子云:天無二日,民無二主。試觀今日之域中,竟是誰家之天下?由寧宗而理宗、度宗、恭宗、端宗、帝昺,傳八十五年,宋祚始屋。……

引文中所謂「是書」,指的是《元史》。作者本尊夏賤夷的觀念,把宋(含帝昺前之各朝)定位為正統王朝;本條的揭示,可說是再清楚明白不過了。

復俊本《春秋》書法以撰寫其《元史弼違》各條的大綱,其後另行新段以作說明引申,全書結構大體皆如是,內容則以《春秋》本旨(尊王攘夷、君臣大義等等)為依歸。上述各例大概足以彰著說明該書這兩個特點。

《元史弼違》藉書法以施褒貶,這是全書精神所在。站在今天來說,這是沒有什麼意義的,或至少意義不大;站在史事求真的立場來說,這更是全無貢獻。復俊馳騁筆墨,高下本乎己意,抑揚唯據一心。這正犯上錢大昕所說的「輒以褒貶自任,強作聰明」、「陳義甚高、居心過刻」[25]的毛病。然而,復俊的批評,也有個別中肯可取之處,非全本乎《春秋》書法以撰寫其

---

[24] 《左傳·成公二年》記衛齊交戰,衛師敗績。對於馳來救援而擊退齊師的新築人仲叔于奚,衛人意欲報答之而「賞之以邑;辭。請曲縣繁纓以朝;許之。仲尼聞之曰:『惜也,不如多與之邑,唯器與名,不可以假人,君之所司也,名以出信,信以守器,器以藏禮,禮以行義,義以生利,利以平民,政之大節也。』,……」按:「曲縣」之「縣」,同「懸」。依禮,當時天子、諸侯、大夫,其懸掛鐘、磬等樂器於架上的情況是有分別的。簡言之,曲懸是諸侯之禮。仲叔于奚,大夫而已;是不能用諸侯之禮的。詳參楊伯峻,《春秋左傳注(增訂本)》(北京:中華書局,1990),冊2,頁788。

[25] 各語均見錢大昕,《二十二史考異·自序》。

《元史弼違》（當然，《春秋》之書法，亦非全無意義或價值。恕不展開。）。茲舉一例。

〈己酉（至大二年）〉條說：

> 元時僧修佛事，必釋重囚。有殺人者，皆指名釋之。此釋氏之教，自以為慈悲廣大，普濟眾生，而不知澤流奸宄，害及良善。生者苟免，死者無辜。此其左道之偏枯不情，而非公平正大之體。

元時重視釋教，其事佛過度無節所帶來的弊害，數不勝數。復俊的批評雖然是站在儒家本位主義排斥佛教的立場來說的，但就事論事，當時的釋教，在元君的大力支持維護下，的確對社會、國家構成負面的影響。復俊的批評，有其正面意義；非如上述各例，因意識型態上的堅持己是而流於無謂的駁辯紛爭而已。

此外，《弼違》在個別地方亦糾正《元史》史事記載上的失誤。宋恭帝〈德祐元年（元至元十二年）〉條或係其中極少數的例子之一，茲引錄如下：

> ……是役也，伯顏以步騎夾岸掎宋師，殺溺死者不可稱數。當是時豈得不戮一人乎？

接著，作者更引錄丘濬的說法，以證明所謂「不戮一人」的記載完全是違背事實的。他說：

> 丘濬曰：《元史》稱伯顏下江南，不戮一人。常州非江南之地耶？元法攻城臨敵，但以一矢加遺者，得即屠之。……已屠沙洋矣。……殺人煎膏以為礮具，及城陷盡屠戮之，餘止存七人。夷性殘忍一至此哉。中國之人，秉史筆者，乃曲為之諱。……

當然，復俊之目的乃在於批評伯顏殘忍無道，並指責史臣曲筆隱諱。史事真

相之說明或考訂，恐怕只扮演工具性的角色而已。然而，這總比只在書法上調弄辭藻，馳騁筆墨，徒作無謂的意識型態上之爭長道短，算是略勝一籌了。

總上所說，《元史弼違》的表現，是頗令人失望的。《元史》修成於1370年。朱右《元史拾遺》、解縉《元史正誤》皆早已散佚，而幾乎200年後始出現而幸存於今的第三本糾補性的著作──《元史弼違》，又竟是藉書法義例以糾彈《元史》或元代史事，而不擬在史事之考訂或補遺上有所建樹，則該書之不厭人望，便是很可以想見了。

## 四、餘論

以上所闡述的兩部元史著作：《元史續編》、《元史弼違》，就史事的記載或糾補方面來說，雖然不滿人意之處仍不少，但它們至少是對整個元代作一個順序處理的。其他著作之析述，恕從略，原因如下：

（一）不少著作已散佚，研究析論，根本無從談起，如所謂危素所撰之《元史稿》，便是一例。

（二）前賢或《四庫提要》對某些著作（如陳邦瞻《元史紀事本末》[26]），已做過研究、介紹。

（三）只記載、研究元代史事之某一面向，如馮從吾之《元儒考略》便是一例。

（四）並不以元代史為唯一或主要的記述對象，如薛應旂、王宗沐的《宋元通鑑》，又或王洙《宋元史質》，即是其例。

（五）著作篇幅過少，如王光魯之《元史備忘錄》即是。

---

[26] 《明史・藝文志二・正史類》開列了張溥《元史紀事本末》（二十七卷）一書。按：該書之撰者乃陳邦瞻，張溥乃依該書之順序作論，每卷一論，附於篇末而已；《明志》誤。此說明又見本書第八章注150。針對《元史紀事本末》一書之研究闡述，參謝保成，〈陳邦瞻：重近古之史事──撰宋元二本末〉，收入何茲全、趙儷生，《中國古代史學人物》（下）（臺北：國文天地雜誌社，1989），頁61-66。

第十章 《元史續編》與《元史弼違》探析 343

　　綜上所述，以上各著作不是已散佚，便是前賢早已作過研究，或其著作只是元史的某一面向，又或篇幅過少，不值得多費筆墨予以闡述。然而，對明人元史著作做全面性的介紹或析述的文章，至今未見。[27]筆者則企圖做一點突破。此見諸 2003 年所發表的〈明人元史學編年研究〉一文。至於本文，要言之，乃針對《元史續編》和《元史弼違》二書，做點闡述（含批評）而已。前書順年月先後記述有元一代大政，後書亦依編年體例評騭《元史》之義例，雖二書不滿人意之處正復不少，然究係記述有元一代史事或批評《元史》之專著，且前人對此二書似未嘗多作鑽研論述，是以筆者便試圖作點突破。

　　也許可以順便指出的是：就明人元史學之總體表現來說，吾人似可作出如下斷言：明人元史學既無重點，又無主軸，更談不上有機發展，[28]此與清人元史學之表現絕異也。[29]明清兩代元史學之比較，本書第八章已有所論述。詳參該章末尾處，茲從略。

---

[27] 所謂「至今」，乃指筆者發表本文初稿的公元 2000 年及其前。逮 2003 年，筆者乃發表〈明人元史學編年研究〉一文；文章收入本書內，即本書第八章。其後學者的相關研究，當已有長足的進步。
[28] 筆者對明人元史學的特色的說明，詳見本書第八章末尾處之相關論說；讀者可並參。
[29] 清人元史學之特色，可參黃兆強，《清人元史學探研——清初至清中葉》（新北市：稻鄉出版社，2000），頁 21-29，尤其頁 28-29。

# 第十一章　世有伯樂　然後有千里馬：以趙翼為例*

## 摘　要

　　說到清中葉的史學家，恐無人不識趙翼的。然而，這是近百年來的情況而已。趙氏生前及其辭世後約一百年間，一般學人是不太認識趙氏的。縱使識得其大名，但大概是把他定位為大詩人，而非大史學家。大抵清末民初以來，在張之洞、梁啟超、柳詒徵，乃至加拿大漢學家 E. G. Pulleyblank 等等的大力推崇後，其史學地位始獲得充分的肯定。大體來說，其原因有二。其一，趙氏本來就具備相當深厚的史學素養，且亦富史識；其史法（尤其歸納法）方面的表現，更是可圈可點。其關注的歷史課題（「古今風會之遞變，政事之屢更，有關於治亂興衰之故者」，語見其名著：《廿二史劄記》之〈小引〉），與眾不同，而超越了當時一般史學考據家（趙氏本人亦為其一）之視野。其二，學術典範的轉移。趙氏所注目究心的歷史課題，正係清末民初以來的中國大學者最關注之課題。而這個關注重點大異於清中葉的乾嘉時代。在這種嶄新的大風氣的推波助瀾下，好比千里馬的趙翼，便被伯樂們所發現了。換言之，假如沒有相應的時代大環境，恐怕伯樂們是產生不了的。又假如伯樂們產生不了，則作為日行千里的千里馬趙翼，永遠只是潛藏於黑暗中的一匹千里馬而已；然則與駑馬又何以異？！

---

\* 本拙文之撰寫緣自為倉修良先生祝壽。詳見下文與下注 1。2024.09.17 從倉修良先生之高足鮑永軍教授處得悉修良先生已於 2021 年 3 月 5 日辭世。此實中國史學界與方志學界一大損失無疑；不勝感念之至！

2012 年中國大陸名史學家、名方志學家倉修良先生（1933-2021）八十華誕。其高足錢茂偉、葉建華等等教授為給恩師賀壽，特發起徵文活動。本文乃附驥尾，追隨時賢之後而為倉先生祝嘏焉。[1]

## 一、趙翼在近世學者眼中的地位

趙翼（1727-1814，字雲菘，一字耘松，號甌北）是清乾嘉時代一位極具盛名的詩人，與袁枚（1716-1797）、蔣士銓（1725-1784）齊名，所謂乾嘉三大家是也。同時代人，幾乎沒有不知道他是以詩名世的。流傳至今的《甌北集》載詩四五千首，間有附同時人酬答之作。如范起鳳即嘗頌其詩云：「詩傳後世無窮日，吟到中華以外天。」[2]可知同時代人對他的稱頌。

此外，王鳴盛（1722-1797）、錢大昕（1728-1804）、袁枚、蔣士銓等莫不盛稱其詩作；均見《甌北集》各序文。可見趙氏詩名遍天下乃為不可掩之事實。即趙氏本人亦以詩人自居，朝夕吟詠，至垂暮之年仍不絕，殆亦有以詩名傳後世之意。[3]

---

[1] 論文集由倉先生高足錢茂偉教授和葉建華教授主編，名《執著的史學追求——倉修良教授八十華誕慶壽文集》（上海：華東師範大學出版社，2012）。拙文原名為：〈趙翼在近世學者眼中的地位及彼為世所重之原因〉，頁 193-200。大概以篇幅關係，約佔全文 1/3 之註文部分全被刪削掉！又：部分文字由於繁簡字轉檔關係而發生錯誤，校對上亦頗有失誤者。其後乃以完整及更正過的版面，並稍加增刪修訂後發表於《新亞學術叢刊》，第 14 期，2013 年 12 月，頁 168-175；文章標題則改易為今題。今予以稍微修訂，並添加一附表，納入本書內發表。

[2] 見范起鳳，〈范瘦生往訪並投佳什次韻奉答‧附原作〉，趙翼，《甌北集》（上海：上海古籍出版社，1997），卷 28，頁 627。此上海古籍版之《甌北集》乃據嘉慶壬申（1812 年）湛貽堂藏板重新排印出版。按：范起鳳，字紫庭，寶山人，諸生，著有《瘦生詩鈔》。詳參「中華詩詞網」（www.zhsc.net）。

[3] 《甌北集》乃趙氏的詩集，共 53 卷，依年編次趙詩，收趙詩共計 4831 首。每卷開首處皆註明該卷撰著年分。卷 1 註明起「丙寅（1746 年）至戊辰（1748 年）」，末卷（卷 53）則註明「辛未（1811 年）」。1746 年趙氏年二十；1811 年則年八十有五。八十五歲仍寫詩，故可謂垂暮之年而吟詠不絕了。上海古籍出版社的版本在正文及目

第十一章 世有伯樂 然後有千里馬：以趙翼為例 347

但是在近人及今人眼中，趙氏之所以為人所熟悉者，則不在於其詩作，而實在於其史著。換言之，近今學人所關注並予以闡發者，主要是趙氏史學上之表現及成就。然則近今學人，乃可謂趙氏史學表現上之伯樂無疑。趙氏以史學而留名後世，這點恐怕連趙氏本人都沒有意料到。趙氏嘗云：

> 閒居無事，翻書度日，而資性粗鈍，不能研究經學，惟歷代史書，事顯而義深，便於流覽，爰取為日課。[4]

又自謂：

> 一事無成兩鬢霜，聊憑閱史遣年光。敢從棋譜論新局，略仿醫經載古方；千載文章寧汝數，十年辛苦為誰忙，祇應紙上空談在，留享他時醬瓿香。[5]

以上兩引文，雖或可視為係趙氏自謙之詞，但無論如何，就此與同時代人章學誠（1738-1801）的言論相較，則史學在趙氏心目中的地位顯不及章氏無疑。[6]

---

錄前附有〈前言〉一文（作者：李學穎、曹光甫），連註釋共 23 頁，對趙氏生平、詩作與趙詩之結集等等，皆作出詳細說明，可參看。

[4] 趙翼，《廿二史劄記·小引》。
[5] 上揭《甌北集》，卷41，頁1024，〈（庚申）再題《廿二史劄記》〉。
[6] 章學誠，《文史通義》，〈易教上〉首句即云：「六經皆史也。」同書〈家書二〉又云：「吾於史學，蓋有天授，自信發凡起例，多為後世開山。」史學在章氏心中的地位及章氏如何自視為史學天才，上兩引文可見一斑。按：實齋所生長的乾嘉時代，經學被重視的程度是不必多說的。按余英時的說法，實齋乃有意借「六經皆史」的命題以高舉史學的地位。余氏嘗云：「實齋不但用一個嶄新的史學觀點與東原所持的經學觀點相抗衡，並且進一步以史學觀點來超越以至代替經學觀點。」又云：「……他（實齋）逐漸建立了『以史概經』、『以今代古』的理論根據。這個理論最後則凝聚在『六經皆史』這一中心命題之中。」其實，早在余氏提出這個看法之前，對實齋做過專題研究的法國漢學家戴密微氏（Paul Demiéville，1894-1979）已提出過相關看

上文雖然說趙氏有生之年，其史名不及其詩名昭著，但並不是說其史名絕不為同時代人所知悉，茲舉數例以概其餘。趙氏並世友人姚鼐（1731-1815）為趙氏撰〈甌北先生家傳〉即云：

> 先生固善詩，自少遊京邸歷館閣，與諸賢士大夫相酬唱。歸田後，朋遊故舊，杯酒相過從，日賦詩為笑樂。其詩與同時袁簡齋、蔣心餘齊名，世所傳《甌北集》也。其他著述凡十餘種，而《陔餘叢考》、《廿二史劄記》，尤為人所稱道云。[7]

甌北同時代的考據學家孫星衍（1753-1818）為趙氏撰〈趙甌北府君墓誌銘〉亦云：

> 而先生高才博物，既歷清要，通達朝章國典，尤邃於史學。家居數十年，手不釋卷，所撰《廿二史劄記》，鉤稽同異，屬辭比事，其於前代弊政，一篇之中三致意焉。[8]

辛巳（1761）恩科殿試與趙氏同中式之王杰（1725-1805）見趙氏之《廿二史劄記》，乃手書遠訊致意。[9]

---

法。余的看法見〈章實齋的「六經皆史」說與「朱陸異同」論〉，《論戴震與章學誠》（香港：龍門書店，1976）。上引文見頁 50、53。戴密微的看法，見所著 "Chang Hsueh-ch'eng and his historiography", ed., W. G. Beasley and E. G. Pulleyblank, *Historians of China and Japan* (London: Oxford University Press, 1961), pp.167-185。其實，戴氏在 1923 年針對胡適所寫的《章實齋先生年譜》寫書評時，已提出過類似的看法。Demiéville,〈評胡適《章實齋先生年譜》〉，見 *Bulletin de L'école française d'Extrême-Orient*, 1923, XXIII, pp.478-498。戴氏的書評，是用法文寫的，因沒有一個明確的標題，今姑以〈評胡適《章實齋先生年譜》〉命名之。

[7] 收入上揭《甌北集》，〈附錄二・傳記、墓誌銘〉，頁 1417-1419。
[8] 收入上揭《甌北集》，〈附錄二・傳記、墓誌銘〉，頁 1432-1435。
[9] 王杰為同科狀元。彼見《廿二史劄記》一書後，嘗修書趙氏以致意。趙翼乃賦詩二首以為酬答。參〈同年王惺園相公見余《廿二史劄記》，有感於前朝荊楚流氛事，手書

錢大昕嘗為《廿二史劄記》作序，亦盛譽之。其詞云：

……中年以後，循陔歸養，引疾辭榮，優游山水間，以著書自樂，所撰《甌北詩集》、《陔餘叢考》，久已傳播士林，紙貴都市矣。今春訪予吳門，復出近刻《廿二史劄記》三十有六卷見示。讀之，竊嘆其記誦之博、義例之精、論議之和平、識見之宏遠，洵儒者有體有用之學，可坐而言，可起而行者也。[10]

由此可證趙氏當世雖以詩名，但他的史名並非遠遠落在詩名之後，唯史名為詩名所掩而已。但無論如何，直至同治時代，以博學知名的李慈銘氏（1830-1895）還是十分看輕趙氏的史學鉅著《廿二史劄記》的。他評論該書云：

……於史事多是纂集之功，無所發明；筆舌冗沓，尤時露村學究口吻，以視錢氏《廿二史考異》，固相去天壤。即擬王氏之《十七史商榷》，亦遠不逮也。[11]

但無論如何，張之洞（1837-1909）之後，趙氏的史學地位已有顯著的提昇。茲據閱覽所得，條舉引錄各家之言論如次，以見其史學地位焉。張之洞云：

---

遠訊，敬賦奉酬〉，《甌北集》，卷43，頁1078。
[10] 錢大昕，〈錢大昕序〉，〈附錄二‧舊序與題跋〉，趙翼著，王樹民校證，《廿二史劄記校證》（北京：中華書局，1984），頁885。
[11] 李慈銘，《越縵堂日記》，《桃花聖解盦日記》，乙集，同治九年（庚午，1870年）〈七月初五日〉條。此條又收入《越縵堂讀書記》（臺北：世界書局，1975），頁420。按：《越縵堂讀書記》輯錄自《越縵堂日記》。按：李慈銘「口多雌黃」（《清史稿‧文苑三‧李慈銘傳》語），其言論不足為據。據閱覽所及，李氏凡五次評述《劄記》，其批評有如上所引文者；然而，亦不乏正面稱頌趙氏者。詳黃兆強，《（增訂版）《廿二史劄記》研究》（臺北：臺灣學生書局，2024），頁11-14。

考史之書，約之以讀趙翼《廿二史箚記》。王氏《商榷》可節取，錢氏《考異》精於考古，略於致用，可緩。[12]

乾嘉時代，考史派可以錢、王、趙為代表。錢氏最為世所重，王次之，趙敬陪末座。時人以考據學造詣之深淺以為判，故排序乃爾。此看法至同治未變。觀上引李慈銘之言可知梗概。然而，就整個時代學風而言，道咸以後，風氣已變，經世致用之學之地位已漸凌駕考據學地位之上。影響所及，錢、王、趙三書之排序遂改易。上引張之洞《勸學篇》之新排序，可視為"新學風"下的一必然結果；不啻為時代新風氣的一代表性的標誌。[13]新學風，若借用近現人的用語，即所謂範式轉移或典範轉移（paradigm shift）歟？

梁啟超（1873-1929）則繼張之洞後，揄揚趙氏的史學代表作《廿二史箚記》。其源自序文而最後竟成一代名著之《清代學術概論》[14]云：

……四書體例略同，其職志皆在考證史蹟、訂譌正謬。惟趙書於每代之後，常有多條臚列史中故實，用歸納法比較研究，以觀盛衰治亂之原，此其特長也。[15]

---

[12] 張之洞，《張文襄公全集》，〈勸學一、守約第八〉。按：〈勸學篇〉嘗獨立成書。張之洞撰，李鳳仙評注，《勸學篇》，羅炳良主編，《影響中國近代史的名著》（北京：華夏出版社，2002）。以上引文見頁67。

[13] 《勸學篇》撰成於光緒二十四年（1898）4月。道咸以降，外患日熾。經世致用之學遂乘時而興。張之洞在生時之光緒朝，外患尤甚，清朝岌岌乎幾不可終日之情況更日甚一日。有關《勸學篇》之成書年月，參李鳳仙，〈《勸學篇》評介〉，收入上揭張之洞，《勸學篇》，羅炳良主編，《影響中國近代史的名著》，頁1。

[14] 民國初年蔣方震撰《歐洲文藝復興時代史》；書成後索序於任公。任公乃應允為之撰序文一篇，然下筆不能自休，成數萬言；不得已，乃獨立成篇，此即《清代學術概論》一書也。參該書民國九年10月4日任公之〈自序〉。

[15] 梁啟超，《清代學術概論》（臺北：臺灣商務印書館，1975），節十四，頁54-55。

「四書」謂趙之《廿二史劄記》,錢大昕之《廿二史考異》,王鳴盛之《十七史商榷》及洪頤煊(1765-1837)之《諸史考異》。梁氏於〈近代學風之地理的分布〉一文又云:「陽湖趙甌北,亦善治史,所著《二十二史劄記》,善於屬辭比事。」[16]既云「善於屬辭比事」,則《春秋》之旨可得[17];依此則趙氏非局促於狹義餖飣之考據亦可知矣。梁氏於其名著《中國歷史研究法》、《中國近三百年學術史》亦有類似之說法。為省篇幅,恕不徵引。

　　趙氏非局促於狹義之考據,而實秉《春秋》之旨者,近人柳詒徵氏(1880-1956)於所著《國史要義》一書中,亦嘗論及,且對趙氏推崇備至。柳氏云:

> 劉咸炘謂疏通知遠,《書》教也。疏通知遠即察勢觀風也。孟子之論世,太史公之通古今之變,即此道也。又曰:讀史有出入二法。觀事實之始末,入也。察風氣之變遷,出也。趙甌北《廿二史劄記》將散見紀傳者,分條類列,尋出一代特具之事象,既非如考據家之僻搜,又非如學究家之不考而繫斷,最為可法。然趙書於條列歷代事象風氣之外,亦兼述各史之義例,實兼《尚書》、《春秋》之長也。[18]

據此,則讀史有出入二法:瀏覽、閱讀史實或史蹟之始末之見諸記載者可謂「入」;彙整綜合所瀏覽、閱讀過的記載而予以普遍化之(即針對眾多相類同的史實或史蹟而予以抽象化之之謂),並由是而歸納出其背後可有的理據,並/或藉以察識一時代風氣之變遷者,可謂「出」。《廿二史劄記》兼之。按:《劄記》固有考史的成分(此乃上述的「入」的一個面向),但絕非以考史為標的。蓋趙氏先從事考證,而後據所考得之眾多史事或至少假定為不假之類同史事,鎔鑄歸納為一抽象原理。一時代之風氣,治亂興衰之

---

[16] 此文收入梁啟超,《近代中國學術論叢》(香港:崇文書店,1973),頁143。
[17] 《禮記·經解》:「屬辭比事,《春秋》教也。」
[18] 柳詒徵,〈史識第六〉,《國史要義》(臺北:臺灣中華書局,1976),頁188。

跡，恆藉以窺見一斑。此即上文所說過的「出」。無怪乎趙氏於《廿二史劄記・小引》云：「……至古今風會之遞變，政事之屢更，有關於治亂興衰之故者，亦隨所見附著之。」據此則趙書暗合《尚書》疏通知遠之旨也。至於《春秋》一書，固重義例者也。柳氏謂趙書亦重各史義例。是以柳氏遂謂《劄記》實兼《尚書》、《春秋》兩家之長。[19]

治史可分為二途：一為針對史事之本身作研究，旨在對過去所發生者，考求其真相實情、沿革情況，以至歷史演變背後可有之精神等等；另一為史學研究，旨在探究反省重建史事真相時，史家所運用之方法、義例，以至方法、義例之背後史家可有之思想及所撰就之史書之得失等等。前者可謂第一序之研究，後者則第二序之研究也。疏通知遠，可說是第一序研究所關注者。屬辭比事，則第二序之研究也。趙氏兼之。就第二序的研究來說，具體言之，趙氏針對各朝正史，尤其所應用之編纂法，詳明其義例得失，疏通其源流端緒；此正係史學之研究。柳氏的讚譽固非虛語。

至於趙氏另一鉅著《陔餘叢考》，柳氏亦有所稱道。彼說：

……如趙氏《陔餘叢考》所舉諸史之例，多非當時修史者所言，故即以《春秋》為史書，亦不妨由後之學者推尋其例也。[20]

---

[19] 按：所謂《春秋》重義例，乃指孔子重視彼所撰之《春秋》在書法上遣辭用字之義例，即指書、不書、如何書而言。據柳氏，趙書亦兼述各史（指廿二史；實為廿四史，蓋《新、舊唐書》及《新、舊五代史》在趙書中各算作一書）之義例。是以柳氏視趙書得《春秋》之所長。

[20] 上揭《國史要義》，〈史例第八〉，頁 170。上引柳氏語：「諸史之例，多非當時修史者所言，……不妨由後之學者推尋其例」，其中所說的「例」，似乎可分兩方面來說。就狹義來說，乃指史書作者在遣辭用字方面之慣例、義例、凡例或準則；即凡用某字、某詞，即具某一意涵。就廣義來說，「例」即等同今人所常說的「精神」（或所謂「史意」）。廣、狹兩義，合而言之，「例」即指：史書作者藉著某些字詞之使用以揭示、彰顯其本人的史學精神（價值判斷、價值取向）。然而，基於某些原因，史家本人的史學精神不見得清晰而明確地見諸所撰寫的史著的。這便有賴其後之學者推尋其精神也。此即過去所說的發覆、發明、發微、闡幽。用今天的話語來說，就是

此外，柳氏《國史要義・史聯第四》亦稱譽趙氏有識見，瞭解史聯之應用。恕不詳說。

其他眾多史家於所撰中國史學史等書於提及趙氏之史學時，亦每有褒譽之詞。如魏應麒氏（1902/1904-1978）嘗謂：「……能剖析異同，辨校正誤，有綜合貫串之功」。[21] 蔡尚思氏（1905-2008）亦云：「趙、王〔引之〕二書，乃清代『歸納考據學』著作中之最有條理者。」[22]

此外，坊間常見之其他中國史學史著作，如金毓黻氏（1887-1962）《中國史學史》，李宗侗氏（1895-1974）《中國史學史》及《史學概要》亦每多褒揚之詞。[23] 杜維運氏（1928-2012）治趙氏史學尤精審。所撰有關趙氏史學論文，亦多予以稱道。[24] 趙氏史學地位，殆為眾學者所公認無疑。[25]

---

一種詮釋，一種解讀。據上引文，柳氏是贊成這種作法的。這比起同時代人倡言不作價值判斷，而認為「史學便是史料學」者，其眼界不知高出多少倍！

[21] 魏應麒，《中國史學史》（上海：商務印書館，1941），第八章〈元明清之史學〉，第四節〈史評事業之進步〉，頁247。

[22] 蔡尚思，《中國歷史新研究法》（上海：中華書局，1940），〈附錄：中國歷史用書選要・歷史方法〉，頁132。

[23] 1978年12月中共第十一屆三中全會決議進行改革開放後，大陸出版之中國史學史尤夥。其中論及《劄記》一書者，亦每多褒揚之詞，恕不盡開列。

[24] 杜維運氏臺灣大學歷史系碩士論文〈清乾嘉時代之史學與史家〉一文（臺灣大學文學院出版，1962），特闢專章論述趙之史學。其後杜氏為專文討論者尚有以下數篇：（一）〈趙翼之史學〉，《大陸雜誌》，卷22，期7，1961年4月；（二）〈《廿二史劄記》之作者問題〉，《大陸雜誌》，卷19，期6，1959年9月；（三）〈《廿二史劄記》考證〉，《新亞學報》，卷2，期2，1957年；（四）〈《廿二史劄記》考證釋例〉，《幼獅學報》，卷1，期1，1958年10月；（五）〈前言〉，《校證補編廿二史劄記》，臺北：華世出版社，1977；（六）〈評《廿二史劄記校證》〉，《憂患與史學》，臺北：東大圖書公司，1993。1983年杜氏結集了多年研究趙氏的心得出版了400頁鉅著《趙翼傳》（臺北：時報文化出版事業公司）一書，以上各文（除1993年一文外）的內容，或融納入正文中，或以附錄方式置諸書末。

[25] 杜維運《趙翼傳》出版後5年，摯友東海大學教授王建生先生（已榮退）又出版了《趙甌北研究》（臺北：臺灣學生書局，1988）一書，上下兩冊800多頁，對趙氏展開了更全面的研究。其中對趙氏的史學成就特闢專章予以探討。

趙氏不特漸為近世及今世國人所重，即洋人如加拿大漢學家蒲立本氏（E. G. Pulleyblank，1922-2013）亦嘗加讚嘆。蒲氏云：

> 趙翼之學養雖較受拘限，但仍係三人（筆者按：指趙翼、錢大昕與王鳴盛）中之最使人感興趣者。蓋趙氏於克服中國史學之傳統限制上，顯然已較他人邁進一步。……趙氏之生活際遇使他較少機會接觸、研治罕見之史料。因此就其實際上之需要來說，他不得不強調正史之重要，藉此抗衡考證家所廣徵博引之稗乘胈說。他反覆閱讀正史，但並沒有旁徵博引藉以評論瑣碎枝節的問題。相反，他只對史書之本身或史書所描繪之史事，他所感興趣者，予以箚記其要點。他討論各朝史書編纂的方法、史料的來源，且與同時代之其他史著作一比較。……趙氏之觀點，雖亦有標新矜奇之處，然就一般而言，均能觸及近代史家所真切關注之問題。是以，近代史家讀其著作，必能領受益處。[26]

就筆者所知，1982 年美國有兩所大學分別通過了二篇研究趙翼的博士論文。這對於深化趙氏的研究來說，自有其貢獻。[27]

---

[26] 筆者譯自 E. G. Pulleyblank, "Chinese Historical Criticism: Liu Chih-chi and Ssu-Ma Kuang", W. G. Beasley and E. G. Pulleyblank (ed.), *Historians of China and Japan* (London: Oxford University Press, 1961), pp.159-160. 上引文中，蒲立本氏云：「趙氏之生活際遇使他較少機會接觸、研治罕見之史料。」按：這個說法純是臆測之詞。至於根據這個臆測之詞而作出之推斷：「因此就其實際上之需要來說，他不得不強調正史之重要，藉此抗衡考證家所廣徵博引之稗乘胈說。」，那更是站不住腳的。筆者對這個問題嘗作探討。見上揭《（增訂版）廿二史箚記研究》（臺北：臺灣學生書局，2024），頁 85-87；《（增訂本）《廿二史箚記》研究》（臺北：花木蘭文化出版社，2010），頁 56-57。

[27] Virginia Mayer Chan, *Historical Consciousness in Eighteenth Century China: A Case Study of Zhao Yi and the 'Zhexi' Historians*, Harvard University, Ph. D. dissertation, 1982; Quinton Gwynne Priest, *Historiography and Statecraft in Eighteenth Century China: The Life and Times of Chao I (1727-1814)*, The University of Arizona, Ph. D. dissertation, 1982. 依筆者所見，Quinton Gwynne Priest 的一篇寫得相當不錯。以資料蒐羅之廣博言，以論文架

近代史家關注之問題乃係社會史、經濟史、家族史、醫療史、婦女史等等，即所謂廣義文化史之研究的問題，而非僅係帝王將相之"上流階層"人士之問題而已。翻閱《廿二史劄記》，便知悉趙氏對廣義的文化史（至少社會史、經濟史的部分）是如何的關注了。

趙翼在眾學者，尤其眾史學家心中的地位，上文已有所交代。[28]但一般人仍不認為趙氏係中國歷史上第一流的史學家。杜維運先生於《與西方史家論中國史學》一書說：

> 中國史學界重視趙翼，是從張之洞、梁啟超開始，……一直到今天，史學界雖重其書，但仍然不肯認為他是中國歷史上第一流的史學家。西方漢學界則不然，他們對趙翼最感興趣，認為他在向著克服中國傳統缺陷而進步，認為他能觸及真正使近代史學家感興趣的問題。作者旅歐洲，在所邂逅的漢學家中，提及趙翼，無不致推崇之意。[29]

禮失求諸野，假使趙氏在外國人心目中的地位反比本國人心目中來得高，則吾人正宜深切反省。難道是外國的伯樂比本國多？禮失固可求諸野，但這是不得已的下策。幸好近年來，國人對趙翼的研究，已較杜氏撰寫上文時的 1970 年代中期，有所改觀，趙氏在中國史學研究上的顯赫地位也應該可以確立了。換言之，中國的伯樂也日漸多起來了。這是很可喜的現象。

---

構之嚴整言，以立論之確然有據言，皆不可多得的論文也。1990 年代以後之研究，筆者本文不擬涉獵。但可以肯定的是，中外學界對趙氏的研究從未中斷。茲舉一例以概其餘。白興華即嘗撰一專書如下：《趙翼史學新探》（北京：中華書局，2005）。

28 乾嘉以後，承認及揄揚趙氏史學者，尚有張維屏（1780-1859）、丁寶楨（1820-1886），以至近現代日本著名漢學家內藤湖南（1866-1934）等人。詳參杜維運，〈序〉，《趙翼》（臺北：時報文化出版事業公司，1983），頁 2-3。

29 杜維運，《與西方史家論中國史學》（臺北：史學出版社，1974），頁 127-128。

## 二、趙翼所以為當世所重之原因[30]

趙氏之史學，在乾嘉之世，被目為考史之學，次於錢、王。錢大昕為《劄記》寫〈序文〉，雖持異議，稱其為儒者有體有用之學，孫星衍為趙氏撰〈墓誌銘〉，亦不視趙氏為考史派之史家。然而一時風氣難易，世人概以狹義之歷史考據學家目之。逮張之洞、梁啟超出，其風氣始變；此或即上面說過的範式轉移或典範轉移耶？

張、梁之後，趙翼為世所重，原因良多。綜觀上節張、梁言論及柳詒徵、蒲立本等之言論可知。然而，歸納眾家之說，其原因蓋不出三端：（一）趙翼之史學，隱含經濟致用之旨，不是狹義的考據之學；（二）趙氏所處理的史學課題除政治史外，尚有社會史、經濟史、制度史等等；（三）趙氏治史應用歸納法，不執單詞片語為證；此即所謂史法精善。

茲先言首端。趙氏《劄記‧小引》云：

> 自惟中歲歸田，遭時承平，得優游林下，寢饋於文史以送老，書生之幸多矣。或以比顧亭林《日知錄》，謂身雖不仕，而其言有可用者，則吾豈敢！

其實，這是趙氏自謙之詞，此猶太史公擬接踵孔子撰《春秋》之旨而不直言無異。[31]細讀《劄記》全文，即知趙氏實有接軌亭林之意。文中亦不時轉載

---

[30] 上節引錄不少近世學者對趙氏之評論。細讀之，則趙氏為世所重之原因已隱然可見。據此，則本節似可從略；之所以多費筆墨再撰寫本節者，乃特意使人更明瞭何以時代愈後而趙氏愈為人所看重。又本節所據資料因仍上節之舊，非有例外，資料來源恕從略，以省篇幅。

[31] 與司馬遷同時之上大夫壺遂嘗責司馬遷曰：「孔子之時，上無明君，下不得任用，故作《春秋》，垂空文以斷禮義，當一王之法。今夫子上遇明天子，下得守職，萬事既具，咸各序其宜。夫子所論，欲以何明？」司馬遷回應說：「唯唯，否否，不然。……余所謂述故事，整齊其世傳，非所謂作也，而君比之於《春秋》，謬矣。」（《史記‧太史公自序》）意在言外，"欲拒還迎"；史公擬承續孔子作《春秋》之

或綜述亭林之言。[32]。茲為省篇幅，今不煩轉載。孫星衍於〈趙甌北府君墓誌銘〉即明確指出說：「……前代弊政，一篇之中三致意焉。」錢大昕《廿二史劄記‧序》亦說：「洵儒者有體有用之學，可坐而言，可起而行者也。」

趙翼嘗參與編纂《通鑑輯覽》之工作。[33]張之洞乃以《廿二史劄記》及《通鑑輯覽》為代表，而總論趙氏之史學說：「凡此皆為通今致用之史學。

---

旨而不便明說，其意圖其實已非常明顯了。〈自序〉結尾處以下一段文字更可為明證。史公曰：「……凡百三十篇，五十二萬六千五百字，為《太史公書》。序略，以拾遺補藝，成一家之言，厥協《六經》異傳，整齊百家雜語，藏之名山，副在京師，俟後世聖人君子。」《史記‧太史公自序‧索隱》云：「以俟後聖君子，此語出《公羊傳》。言夫子制《春秋》以俟後聖君子，亦有樂乎此也。」《索隱》所謂「亦有樂乎此也」乃指史公樂於接踵孔子之《春秋》而撰其《太史公書》（《史記》）而言。按：《公羊傳‧哀公十四年》原文為：「制《春秋》之義，以俟後聖；以君子之為，亦有樂乎此也。」

[32] 《劄記》轉載或綜述亭林之言，至少計有七次。如〈三國志書法〉條、〈後魏刑殺太過〉條、〈魏孝文遷洛〉條、〈魏齊斗秤〉條、〈唐追贈太子之濫〉條、〈史家一人兩傳〉條、〈元史〉條，即係其例。又前揭拙著《（增訂本）《廿二史劄記》研究》及《（增訂版）《廿二史劄記》研究》中載有一表，名〈《廿二史劄記》徵引正史以外之書籍一覽表〉，其中記載《劄記》轉載亭林之言凡八次（即作為代號之編碼，共計出現八次。）除以上七次（七條）外，尚有〈色目人隨便居住〉一條（編碼係448）。今覆核以上八條，乃發現〈色目人隨便居住〉一條，實未嘗轉載或綜述亭林之言！（按：為省篇幅，上揭〈一覽表〉未嘗開列各條目之名稱，而係以編碼代替之。此編碼源自王樹民《廿二史劄記校證》（北京：中華書局，1984）一書。）換言之，所謂「八次」者，誤；實七次而已。今懇請讀者不必理會此條，即不必理會「448」。

[33] 本書編纂之起迄年分，應始於乾隆二十四年，終於三十二年。參邵學禹，《《御批歷代通鑑輯覽》之御批析述》（臺北：花木蘭文化出版社，2011），頁 5。據《甌北先生年譜》，乾隆二十九年秋趙氏開始參與纂修《通鑑輯覽》的工作，而於三十一年底挈家出都赴廣西鎮安府擔任知府一職。然則趙氏參與纂修的工作維時大概兩年多。雖然時間不太長，但這種經歷對趙氏日後撰著《廿二史劄記》來說，當有相當大助益的。張曉虎更認為這種經歷對《劄記》的寫成有著極為密切的關係。張曉虎，〈趙翼〉，陳清泉等編，《中國史學家評傳》（鄭州：中州古籍出版社，1985），頁1084。《甌北先生年譜》收入上揭《甌北集》，頁 1389-1416。

若考古之史學，不在此例。」[34]

趙氏治史既意在揭示「前代弊政」，且其學之本身又「有體有用」，實可謂隱寓經世致用精神於史學之中。張之洞生逢亂世，經世致用為當務之急。本此，則張氏言史，豈能不重視趙之史著呢？「考史之書」，又豈能不「約之以讀《廿二史劄記》」呢[35]！就此來說，趙氏史學在近現代所以為世所重，其實是時代因素導致的。荀子不云乎：「蓬生麻中，不扶而直。」[36] 換言之，是客觀環境有利於其學術之被重視。此外，趙氏彙集若干類同之史事而歸納出一原則時，他關注之對象有很多屬於社會史及制度史之範疇，而不囿限於政治史方面，而前者正為近代史家所熱切關注之課題。趙氏恆為近代史家所重視，此蓋為另一原因。換言之，近現代學人的學術新興趣／新趨勢，即近今所常說的學術典範的轉移，也促進了趙氏史學之被重視。

再者，趙氏治史，不執片詞孤事以論歷史現象。亦不把史事孤立起來。他必臚列眾多史事，稽其關係，較其異同，然後歸納出一抽象原則，藉以窺見一時代之特殊現象，可謂深得《春秋》屬辭比事之旨。於是「古今風會之

---

[34] 張之洞，《張文襄公全集》（清光緒刻本），〈勸學篇〉。
[35] 張氏嘗云：「考史之書，約之以讀趙翼《廿二史劄記》。」（《張文襄公全集》，〈勸學一 守約第八〉。）據此，則在張氏眼中，《劄記》固為考史之書無疑。然而，同一〈勸學篇〉又指出趙氏之史學乃為通今致用的史學，並云：「若考古之史學，不在此例。」然則在張氏眼中，《廿二史劄記》究為「考史之書」否？筆者現今嘗試作一解答如下：《劄記》固有考史之成分。此稍一翻閱該書，即可瞭然，無待辯論。然而考史絕非《劄記》的唯一成分。其歸納眾多類同史事，藉以觀察一代盛衰得失之故者，比比皆是。換言之，經世致用之精神隱然可見。若據前者，則《劄記》固考史之書也。若據後者，則又經世之史學也。此正所謂「言亦各有所當」。張氏同一〈勸學篇〉中之看似不同的二說，吾人正宜從此處著眼予以理解，不必以所謂矛盾視之。筆者此一判斷，正係古人所謂論古尚恕之一例歟？若就現今流行的說法來說，即等同說，從不同的視角切入，即可得出不同的判斷之謂。吾人治史／治學，態度正宜開放，切忌執一廢百，否則必陷於莊生引為大戒之「道術將為天下裂」《莊子・天下篇》之窘境中！
[36] 《荀子・勸學》。

遞變，政事之屢更，有關治亂興衰之故者」[37]，亦隱約而冒出，其寓意可謂深遠。近世治史，最重科學方法[38]。趙氏屬辭比事之歸納法適巧與之吻合。這個恐怕是趙氏所以為世所重之另一原因。要言之，趙氏的治學方法（尤指其史學方法）與近現代吻合，是促使彼之史學受重視之另一原因。

總言之，政治大環境（動盪亂世使人留意於經濟致用之學）、時代學風（治史方向從餖飣考據轉變為側重義例、歷史評論、史學批評；治史課題之開拓等等）及趙氏個人治史之興味（綜覽通觀的學術性向）[39]促進了其史學被世人所重視。政治大環境及時代學風可說係客觀因素，個人治史興味則主觀因素也。筆者相信，一史事之發生，主觀、客觀因素恆互為因緣，相互促進；缺一不可。趙翼史學為近現代學人所重視，蓋亦以此也。

綜上所言，吾人可說，有伯樂而後有趙翼；有有利之大環境而後有伯樂。吾人論史、論歷史人物（史家亦歷史人物也）地位之隆替昇沉，思此亦可以過半矣。[40]

---

[37] 《箚記·小引》。

[38] 今不暇細論何謂「科學方法」。要言之，其研究過程之工序蓋如下：假設、蒐證（就歷史研究來說，所謂"證"、"證據"，蓋指經考證過而正確無誤的史料而言）、推論、求證是也。而所謂求證，就歷史研究來說，要言之，即依據常識、社會科學通則、自然科學通則，並以邏輯為核心的方法，以重組、彙整作為證據用的史料，看看是否可由此以重建出過去一歷史真貌而言。至於可以（能夠）重建出，或不可以（不能夠）重建出，最關鍵者，其實主要端賴於各確認無誤之相關史料是否相互和諧一致而不相衝突而已。至於過去的一史實是否確然如此，吾人實無法全然獲悉；蓋其僅存在於上帝之眼中而已。

[39] 趙氏廣泛應用歸納法對落實此學術性向正好提供了有效的手段。

[40] 當然，吾人亦得肯定，時代大環境固係左右一人之歷史地位或其評價之主因；然而，這也不是絕對的。蓋時勢固可造英雄，然英雄亦未嘗不可造時勢也。就筆者個人之觀察來說，時勢之因素遠勝個人之因素，因為能夠轉移時勢，甚至逆轉時勢之英雄，實不世出而極罕見者也。或可作如下之綜合判斷：先有有利之時勢，英雄乃可出；英雄出現之後，時勢又可能反過來為其所轉移也。

## 三、餘論

　　科學方法（尤其歸納法）之運用，如僅為狹義之考據服務（即運用之來作考證），則乾嘉時代之諸考據家莫不然，諸歷史考據家如錢大昕、王鳴盛等等亦莫不然，然而趙氏之運用何以獨為別異而與眾不同乎？

　　究其原因，則不在於趙氏以嚴謹的方法（或籠統的稱為科學方法吧）考證個別的史料，亦不僅在於以科學方法組織、聯貫眾多個別史料而成為一有意義之史實、史事，[41]而實在於趙氏更能彙整各個別史實史事之類同點，予以抽象化而成為一極有意義之通則。而通則之優點則在於它超越凌駕各史實史事之上，不為史實史事所囿限拘牽。不為囿限拘牽，故能空靈地成為一理。此理之運用，固可藉此以解釋過去之事實，復可應用之以預測未來之事象而成為吾人行事處世之指導原則。「古今風會」固「遞變」不已；「政事」亦「屢更」無常；「治亂興衰」恆不旋踵而驟至。要言之，古今中外，世事萬殊；現象界固無永恆不變者。然而，變化萬端之世事「之故」（歷史發展演變背後之原理）則未見其必不同。針對萬殊之史實史事予以抽象化而得一普遍之理，以為「致用」之根據，俾可鑑往知來者，此最為重要。宜乎張之洞從致用觀點教人讀史時，約之以讀《劄記》了。趙之歸納法與近代治學所強調的科學方法泰半吻合，此固為趙之成功處，亦為其所以為世所重之另一原因。然而，科學方法好比科學，其本身固無所謂善與不善。用之不善，則僅能成就餖飣瑣碎之考據；用之善，則能經國濟世，超克餖飣之考據

---

[41] 史實、史事兩概念，常被史學家交替使用，無甚分別。可是究其細微處，亦自有差別。業師許冠三先生（1924-2011）嘗謂：「……史事在基本上可分為兩類：一是特定史事，或稱具體史事；一是泛有史事，或稱抽象史事。前者的存在是可以由感官確定的，是人人可以直接耳聞目見的；但後者的確立，還得經過抽象活動。沒有人可以直接觀察到它的存在，必須於直接觀察後經過一番抽象思攷，才能判斷它是否存在。是以，前者又可稱為『史實』，後者則簡稱為『史事』。」本文應用這兩個概念時，乃依據許氏以上所說的兩個涵意而作相應之應用。若涵意界乎兩者之間而不甚明晰時，則兩概念同用，而逕稱為「史實史事」。上引文見許冠三，《史學與史學方法》（臺北：萬年青書廊，缺年分），下冊，第十四章，〈史實與史事的界說〉，頁1。

而負起鑑往知來之責任。趙氏之史學，適可為吾人治史，甚至經世致用之借鏡者，蓋以此也。

## 四、附識

去年（2011）11 月底接寧波大學歷史研究所所長錢茂偉兄電郵，囑咐撰寫一論文，藉以與其他文章結集成一論文集，作為敬獻其業師倉修良先生八十大壽之賀禮。憶 2005 年，茂偉兄引介下，筆者與修良先生在杭州嘗有一面之緣。倉先生，著作等身之忠厚長者也。茂偉兄，志同道合之青年才俊也；既蒙意來函囑託，是以焉能「緘口而不言，默然而無述」？惟倉卒之間，以不克研製新篇為憾矣。今乃藉 30 多年前之舊作碩士論文中之一章以應命；實汗顏慚愧之極。差可告慰者，乃拙著從未正式付梓發表，今茲（2025 年）又補充數千言，增加篇幅恐在一倍以上，並在若干地方作了修正；或可稍免僅以舊作濫竽充數之譏歟？40 多年來，學者對於趙翼之研究，其進步豈可以道里計？必與時俱進，則補不勝補矣。以時間所限（茂偉兄囑一個月內完稿），當時僅能就手邊已有之書刊資料作為補苴罅漏之資而已；其不愜人意處，又豈容贅言！

上述碩士論文撰就於 1979 年。時筆者肄業於香港新亞研究所，前後凡三年（1976-1979）。此三年乃筆者一生中最用功讀書的三年。大學階段不知讀書好，終日參與學生社團瑣碎事務而荒廢學業。研究所碩士班階段以仰慕、追隨眾名師（史學組如嚴耕望、全漢昇、羅夢冊、章群，哲學組如唐君毅、牟宗三，文學組如徐復觀，其他如吳俊升先生等等，皆碩學鴻儒，固一時俊彥也）而始知發憤用功。逮負笈法京巴黎，又以種種緣故而再疏懶於學業（尤其在起始的一個時段），真朽木也！

## 五、附錄 《廿二史劄記》條目名稱可有之修訂[42]

《廿二史劄記》及《陔餘叢考》乃清中葉史家趙翼（1727-1814；字雲菘，一字耘松）的名著。然而，書中條目之命名，頗有值得吾人商榷之處。譬如其內容所指涉之範圍，恆牽扯多端，而作者僅舉一端作為條目名稱者；又或內容僅牽涉某事象之一部分，而趙氏則以全稱命題作為條目名稱者；又或條目名稱籠統，不夠明確等等皆是。下表順《劄記》卷帙先後為序，分為四欄。首欄為卷數，次欄為原條目名稱，三欄為筆者修改後之條目名稱，四欄則簡略說明作如是修訂之原因。（至於《陔餘叢考》部分，則暫不處理。）

有一點筆者必須先聲明的是：修改過的條目名稱，其實只屬建議性質，甚至只具參考性質。實見仁見智，不敢遽然肯定必然比原條目名稱更為妥適。然而，一得之見，或不無稍有貢獻於史學。今者拋磚旨在引玉，實深盼來哲惠予諟正。趙氏好友錢大昕（1728-1804）自序其名著《廿二史考異》云：「祛其疑乃能堅其信，指其瑕益以見其美。」筆者試圖踵武大昕，對趙氏「拾遺規過，匪為齮齕前人」，實欲更「見其美」而已！

### 《廿二史劄記》條目名稱修訂表

| 卷數 | 原條目名稱 | 修訂後之條目名稱 | 修訂之理由 |
|---|---|---|---|
| 一 | 班固作史年歲 | 《漢書》成書年歲 | 《漢書》作者前後共四人（班彪、班固、班昭、馬續），本條內全提及之；故宜修改。 |
| 二 | 賢良方正茂材直言多舉現任官 | 賢良方正茂材孝廉多舉現任官 | 全條言孝廉者多，直言者僅一見：陳咸一人而已。及翻閱《漢書‧公孫劉田王楊蔡陳鄭傳》，則陳咸所以得舉者，以其方正也。直 |

---

[42] 以下的修訂表，附見於 1979 年撰就之碩士畢業論文〈趙翼史學研究〉（香港新亞研究所，未刊）。其後，以碩論中的二章（即第二章和第五章；碩論共十章），並另撰一章，即共三章為準，而於 1994 年出版了《廿二史劄記研究》一書（書中第四章只是前三章的綜論，可不算）。然而，修訂表並未內附。其後此拙著分別於 2010 年和 2024 年增訂再版，惜修訂表亦漏附其上！以該表尚不至於毫無參考價值，乃不忍割愛；今茲稍作修訂而檢附如後。

| | | | |
|---|---|---|---|
| | | | 言則僅為方正之一種，故改直言為方正似更能符合事實（一者，方正涵括直言；既已有方正一目，則直言一目自宜省。再者，據上引《漢書》，陳咸之得舉，以其方正也。）孝廉則為另一薦舉之項目。趙氏缺之，不妥。 |
| 二 | 漢時諸王國各自紀年 | 漢時諸王國各自紀年，然間有以帝年紀年者。 | 本條所引《漢書・齊悼惠傳》即有以帝年紀諸王國事者。 |
| 二 | 與蘇武同出使者 | 與蘇武同出使者與其他羈留異域而名不彰不傳者 | 本條有論及其他非與蘇武同出使之人，故宜修改。 |
| 三 | 兩漢外戚之禍 | 兩漢外戚之受禍 | 內容言外戚之受禍。條目作「兩漢外戚之禍」，則易使人誤會以為外戚在兩漢所構成之禍患矣。故宜修正。 |
| 四 | 《後漢書》編次訂正 | 《後漢書》編次 | 所謂「訂正」可涵兩義：一為《後漢書》作者不滿前人相關著作之著述體例、編次，故訂正之；一為趙翼不滿意《後漢書》之編次，故訂正之。但本條內容不及此，故刪「訂正」二字為宜。 |
| 六 | 《後漢書》、《三國志》書法不同處 | 《後漢書》、《三國志》不同處 | 本條內容除言兩書書法不同外，亦兼言所記事蹟彼此有別。是以刪「書法」二字為宜。 |
| 六 | 《三國志》立傳繁簡不同處 | 《三國志》立傳繁簡不同處及其編纂變體處 | 本條內容有涉及《三國志》之編纂特色及作傳之變體者，故予作修改如左。 |
| 九 | 《齊書》書法用意處 | 《齊書》書法用意處及其記事編次之訛偽失檢 | 《齊書》之記事有問題及編次之失檢，本條亦有所論及，故作是改。 |
| 十四 | 皇太弟 | 皇太弟皇太叔皇太女 | 趙氏欲指出，皇太弟、皇太叔、皇太女等等稱謂之不經。內文既及之，條目亦宜做相應之揭示。 |
| 十四 | 女后之賢 | 女后之重貞節者 | 「賢」固涵「貞節」，惟內文全言貞節，則改為「貞節」似更具體得實。若僅言「賢」，則不免失諸籠統。 |

| | | | |
|---|---|---|---|
| 十四 | 異姓封王之濫自後魏始 | 異姓封王之濫及其他濫賜官階自後魏始 | 除異姓封王外，本條內文亦有論及他人之濫賜官階，以至「馬及鷹犬，皆有郡君，儀同之號」。是以予以修改。 |
| 十五 | 魏齊斗秤 | 魏齊量器 | 內文亦有及尺度者，故以「量器」一詞概括之。 |
| 十八 | 《新書》盡刪駢體舊文 | 《新書》幾盡刪駢體舊文 | 《新書》非盡刪駢體舊文。內文亦指出「郭虔瓘獨存駢體一詔」，然則趙氏亦知《新書》非盡刪四六文者，條目何得云「盡刪駢體舊文」？ |
| 二十 | 間架除陌宮市五坊小使之病民 | 兩稅法之便民及間架除陌宮市五坊之病民 | 本條言間架等之病民前，先言兩稅法之便民，故條目當及之。 |
| 廿一 | 五代諸帝多由軍士擁立 | 五代諸帝以至諸帥有由軍士擁立者 | 五代除諸帝外，將帥亦有由軍士擁立者。趙氏於文內亦云「計諸鎮由朝命除拜者，十之五六；由軍中推戴者，十之三四。」是以予以修改。 |
| 廿二 | 五代幕僚之禍 | 五代重掌書記之官及幕僚之動輒得禍 | 文內說明幕僚動輒得咎之先，首言五代方鎮倚重幕僚，故條目應及之。又所謂「五代幕僚之禍」，究指彼等之受禍，抑指彼等之貽禍？條目不明，故改為「幕僚之動輒得禍」當較明晰。 |
| 廿二 | 魏博牙兵凡兩次誅戮 | 魏博牙兵凡兩次被誅戮 | 加一「被」字則明示受禍者乃魏博牙兵，非魏博牙兵誅戮他人。 |
| 廿二 | 五代諸帝皆無後 | 五代諸帝多無後 | 五代諸帝非皆無後，趙於文內亦云：「武皇（李克用）後僅存一廢疾子也。……則莊宗子有延於蜀者」。故改「皆」為「多」，俾更符合實情。 |
| 廿四 | 史家一人兩傳 | 一人兩傳與名同而人異者史家置諸一傳之內 | 《劄記》全書均論說史家之史學或論述歷史事件。「一人兩傳」自然指史家的撰著行為而言，故「史家」二字實架床疊屋，刪之為宜；且刪之亦避免誤會僅一史家而史書內被立二列傳。又本條除言一人兩傳外，尚有言因姓名相同而史家誤作一人而相關事蹟全置諸同一列傳之內者，故條目自當及之。 |
| 廿四 | 宋初考古之學 | 宋初文臣學識該博 | 古時所謂精於「考古」，乃指熟悉典故，能隨口援經引史之謂，與今所謂「考古」自有 |

| | | | |
|---|---|---|---|
| | | | 分別。然本條既指宋初文臣博雅，學識該博，則何不逕以「宋初文臣學識該博」為題，以「宋初考古之學」為題，恐反滋疑惑，使人誤以為一學術科目也。 |
| 廿五 | 宋科場處分之輕 | 唐五代及宋科場處分之輕 | 全條言宋科場處分之輕不及四分一。四分三之篇幅言唐及五代之情況，故宜修改標題。 |
| 廿六 | 王安石之得君 | 王安石之所以得君 | 本條內容旨在說明安石所以得君之原因。為求精確：更能反映事實，故作修改。 |
| 廿六 | 青苗錢不始於王安石 | 青苗錢 | 全條言青苗錢者多端，「不始於王安石」僅數端中之一端而已。故予以寬泛之條目名稱為宜。 |
| 廿六 | 宋南渡諸將皆北人 | 南宋（指宋室南渡後）諸名將皆北人 | 北宋諸將，除北人外，亦有南人，後多隨帝南渡，故渡江諸將，南北人均有。豈得云「宋南渡諸將皆北人」？然南渡後，建功立業者（名將）皆係北人，故條目名稱宜作相應之修改。 |
| 廿六 | 《宋史》缺傳 | 《宋史》缺宋末諸名將列傳 | 作如是修改之原因有二：原目〈宋史缺傳〉，則不免使人誤會《宋史》全無列傳；又內文所指涉者，僅將領列傳而言，是以宜修改。 |
| 廿七 | 《遼史》 | 《遼史》成書過程 | 內文既言《遼史》之成書過程，條目何不明言？故修改如左。 |
| 廿七 | 《遼史》二 | 《遼史》之缺失 | 全條旨在指出《遼史》之簡略及隱諱處，修改如左更具體。 |
| 廿七 | 宗弼渡江《宋》、《金》二史互異 | 宗弼渡江《宋》、《金》二史詳略不同 | 「詳略不同」固係「互異」之一端，然就二史之記同一事／一人而言互異，則易被理解為二史有牴牾處或甚至有矛盾處。若僅指篇幅之詳略不同，何不逕言「詳略不同」？今轉云「互異」，恐滋疑惑。 |
| 廿七 | 《宋》、《金》二史傳聞之誤 | 《宋》、《金》二史歧異處 | 趙氏參校二史而得悉二史記載有歧異處。文末論云：「以上各條，兩史參校，始見其歧互，蓋皆傳聞之誤。」趙氏並沒有於文內說明二史「以上各條」之歧異乃真由「傳聞之誤」而起，而逕下斷語，故不免有妄下論斷之嫌。為求穩妥起見，改為「《宋》、《金》二史歧異處」，不牽涉其導致歧互之原因（由於傳聞或其他）為宜。 |

| | | | |
|---|---|---|---|
| 廿八 | 金元俱有漢人南人之名 | 金元「漢人」、「南人」之名所指謂不同 | 金元同有漢人、南人之名，然所指不同。原條目未明確指出，稍嫌籠統；修正如左，俾更明確。 |
| 三十 | 元制百官皆蒙古人為之長 | 元制百官多蒙古人為之長 | 元制百官之長，以蒙古人充任，然亦有例外。趙亦云：「終元之世，非蒙古而為丞相者，止此三人」。故條目改「皆」為「多」較宜。 |
| 三十一 | 元漢人多作蒙古名 | 元漢人多作蒙古名及通蒙古語 | 本條內既指出當時漢人通習蒙古語，則條目名自當及之。 |
| 三十二 | 明正后所生太子 | 明正后正妃所生太子皆不吉 | 條內旨在說明明代正后正妃所生太子皆不吉，原目何不揭示？故修改如左。 |
| 三十三 | 明翰林中書舍人不由吏部 | 明翰林中書舍人有不由吏部者 | 條內明言有二途徑可至此等官。「不由吏部」為二途徑之一而已。原目「明翰林中書舍人不由吏部」則易使人誤以為「不由吏部」而由他途為唯一之途徑矣。 |
| 三十四 | 海外諸番多內地人為通事 | 內地人有為海外諸番通事、有在海外結隊聚黨，以至引外番為內地害者 | 「海外諸番多內地人為通事」乃本條所論述諸端中之一端而已，其他固不應缺，故條目修改如左。 |

按：趙氏固深具史學與史識；然而，頗欠嚴謹；遣詞用字，亦欠精確周延。上表或可見其一斑。

# 第十二章　汪輝祖（1731-1807）之史學[*]

## 摘　要

　　28 年前，即本文初撰時，幾乎沒有學者關注到清乾嘉時人汪輝祖在學術上的表現，尤其是史學上的表現。或至少可以說他在學術上的表現與被認識或被認可的程度，是完全不成比例的。其吏學上，尤其是為吏（一生佐幕 30 多年）方面的表現，也許掩蓋他學術（主要是史學）上的表現。

　　30 年前以探討清人元史學之故，筆者乃注意到汪氏嘗撰有《元史本證》一書，從而認識到汪氏學術上的其他表現。其學術上的表現有二。其一，姓名錄之編纂，凡數種，如《史姓韻編》、《九史同姓名略》、《三史同名錄》、《廿四史同姓名錄》、《逸姓同名錄》、《字同名錄》、《名字相同錄》等等。其二，史學上之表現，則《元史本證》一書最具代表性者也。其實，汪氏絕非只重視餖飣考據的一位乾嘉歷史考據家而已。他是有一定的史學思想的；雖然他這方面的創獲不能跟好友史學理論家、

---

[*]　本論文發表於東吳大學歷史學系第二屆史學與文獻學學術研討會。日期 1998 年 5 月 23 日。地點：東吳大學外雙溪校區國際會議廳。其後，研討會之論文集嘗出版，此即《史學與文獻學（二）》（臺北：東吳大學歷史學系，1998 年 12 月），拙文刊頁 179-217。今稍作修改後，納入本書內發表。上揭研討會嘗設置講評制度。擔任拙文講評者，乃中國文化大學史學系李紀祥教授，今茲特別表示由衷之感謝。李教授所提出的三個問題非常值得關注。這是拙文原先不甚注意或不曾處理的。又：本文涉及汪輝祖所研治之元史或《元史》的部分，其內容大體上已納入後出（2000 年年初出版）之拙著《清人元史學探研》第三章之內。然而，為求完整地呈現輝祖對史學之全般成就與貢獻，今不嫌重複而仍將該部分擇其要者保留下來。再者，鮑永軍先生博士論文《汪輝祖研究》（浙江大學人文學院，2004 年 5 月）對輝祖之史學，研究得相當深入。當然，近 20 多年來，恐亦有不少其他相關研究成果。今筆者因陋就簡，不克予以納入，讀者其諒之歟？

歷史哲學家章學誠相比。

　　要言之，汪輝祖有相當濃厚的經世致用的思想，譬如在其名著之一的《病榻夢痕錄》中即嘗指出説，文章乃以載道為依歸。這個説法即可佐證其具有經世致用的思想。此外，同書又指出説：「官之問事，如隔壁看影戲，萬難的確。但不敢徇私得錢，總無成心。剖斷失平，官之咎，非民之辱。」此語雖非針對史學上的求真和史家的德行操守來説，但此語完全可以套用在歷史記錄／歷史研究這種活動上。汪氏復指出説：記事當以誠心為之。簡言之，其求真意識和本乎道德操守以問事一義（官之問事，好比史家之考證史事和"拷問"作為證人的古人），是顯而易見的。他這些立論，筆者認為是完全可以移用在史學（歷史鑽研）上的。如此説來，這不當就是他的史學思想了。

## 一、前言

　　近年（本文撰就於 1998 年，這裡所説的「近年」，乃指 1998 年前之數年）個人對清人的元史研究頗感興趣[1]。清乾嘉學者汪輝祖（1731-1807）曾撰著《元史本證》（以下簡稱《本證》）50 卷。去年（1997）暑假頗有意就該書的宗趣、體例、特色等等做一點研究。孟子説：「誦其詩、讀其書，不知其人，可乎？是以論其世也。」[2]由是捨《本證》的研究，而先探討輝祖的一生。《清史稿》、《清史列傳》、《國朝耆獻類徵》（初編）、《碑傳集》與《國朝先正事略》固收錄輝祖的生平行誼，然失諸簡陋；倒是其同

---

[1] 先後就《元史》或相關研究，撰寫了以下的文章：〈《元史》纂修若干問題辨析〉，《東吳歷史學報》，創刊號，1995 年 4 月，頁 153-180；〈錢大昕元史研究動機探微及學人對錢氏述評之研究〉，《東吳歷史學報》，第 2 期，1996 年 3 月，頁 94-140；〈《元史類編》之研究——以本書〈凡例〉為主軸所展開之探討〉，《東吳歷史學報》，第 3 期，1997 年 3 月，頁 103-134。上述首文亦收本書內；此即本書第九章。

[2] 《孟子‧萬章下》。

邑好友王宗炎撰寫的〈汪輝祖行狀〉相當翔實[3]。當然最理想的一手資料，莫過於輝祖本人（含兒子）所編纂的兩年譜了。[4]前一年譜記載譜主自出生至六十七歲之事蹟，止於嘉慶元年；後一年譜接述前事，記載至卒前之事蹟，止於嘉慶十二年。兩譜共約 100,000 字[5]；雖翔實可靠，然失諸蕪雜。近人陳讓及瞿兌之就先生之行誼，各有述作，惟嫌簡略[6]。筆者不揣譾陋，乃以輝祖本人與其兒子所編撰之兩年譜為基本素材，並參稽譜主本人及同時代學人之著作暨前人研究成果，綴述輝祖的一生，成〈汪輝祖先生（1731-1807）年譜〉一種。[7]

回顧輝祖的一生，其成就可有數端：（一）佐幕 34 年[8]，為官 4 年，表現卓越，得後世良幕循吏的稱譽[9]。（二）以佐幕之經驗撰成《佐治藥言》及《續藥言》；從政之經驗纂成《學治臆說》、《續說》及《說贅》。此於

---

[3] 〈行狀〉約 6,000 字。文末對輝祖著作的介紹是認識相關問題的好材料。〈行狀〉收入邵晉涵，《汪輝祖行述》（臺北：廣文書局，1977，初版），頁 33-63；又作為附錄收入北京中華書局版（1984 年）的《元史本證》中，頁 585-596。

[4] 一為輝祖嘉慶元年臥病後口授兒子依年撮記之年譜，名為《病榻夢痕錄》（以下簡稱《夢痕錄》；臺北：臺灣商務印書館，1980）；另一為譜主嘉慶三年病愈後手自箚記之《夢痕錄餘》（以下簡稱《錄餘》；收入光緒十五年江蘇書局版之《汪龍莊遺書》內），記載止於嘉慶十年除夕。後此者至卒前的 15 個月則由兒輩綴敘，俾成完帙。按《夢痕錄餘》〈嘉慶十一年〉條，輝祖兒子綴記云：「至丁卯（嘉慶十二年）三月府君棄養，中間十有三月，不復命筆。」然輝祖卒於嘉慶十二年三月，故前後應 15 個月！疑「三」為「五」字之誤，是以今逕作「15 個月」。當然，若從實際時間來算，也可能僅得 13 個月也說不定；是以其公子作「十有三月」，亦不得謂必誤。

[5] 參黃秀文主編，《中國年譜辭典》（上海：百家出版社，1997），頁 425。

[6] 陳讓，〈（史學工具書努力者）汪輝祖年譜〉，《輔仁學誌》，第 1 卷第 2 期，1929 年 3 月，頁 216-238；陳文僅逾萬言。瞿兌之，〈汪輝祖年表〉，《汪輝祖傳述》（上海：商務印書館，缺年分），頁 81-93；瞿表僅二、三千字。詳參上注 5。

[7] 拙文刊《東吳歷史學報》，第 4 期，1998 年 3 月，頁 95-138。今以附錄方式收入本書內；即下篇附錄（二）。

[8] 清代學人有不少是佐幕出身的。但佐幕時間長至 34 年的，則未見。輝祖或係學人佐幕最久者，茲存疑，待考。

[9] 張偉仁先生逕以〈良幕循吏汪輝祖——一個法制工作者的典範〉為題撰文研究之。《臺大法學論叢》，第 19 卷，第 1、第 2 期，1989 年 12 月、1990 年 6 月。

後輩之入幕及為州縣官甚具參攷價值。（三）自訂之兩年譜於乾嘉時代之社會、經濟（尤其物價）及人情風俗方面均有所反映[10]。且此自訂譜之本身雖或失諸蕪雜，然仍不失為一相當不錯之自傳。據云：胡適便「很表彰這部書」[11]。（四）《元史本證》50 卷，頗有功於《元史》研究。博洽多聞且治學甚嚴謹之並世學人錢大昕相當推重該書，為之撰序一篇。（五）姓名錄工具書數種，給人檢閱二十四史無限的方便。

上述（四）、（五）兩項最能反映輝祖的史學成就。下文即以此為主軸探究之。茲先簡述其生平行誼。

## 二、生平事蹟簡述

汪輝祖，生於雍正八年十二月十四日寅時（雍正八年，換算公曆，即相當於西元 1730 年；然而，十二月十四日，已是 1731 年。是以本文題目，其生年乃作 1731。），卒於嘉慶十二年（1807）三月二十四日，享年七十八歲。先生字煥曾，號龍莊，晚號歸廬，浙江蕭山人。父親曾做過兩年幕客，當過典史、經過商，但事業似乎都不很順利。嫡母姓方，繼母姓王，生母姓徐。輝祖五歲時，方氏去世；十一歲，父親亦逝世。王、徐二氏撫育輝祖至成人。生母於輝祖三十三歲時逝世，繼母則卒於輝祖四十六歲時。先生二十歲成家；妻子姓王，比先生長半歲。輝祖四十一歲時，王氏卒。娶繼室曹氏。先生育男六人、女五人。三男繼坊、繼培、繼壕頗能繼承衣缽，從事翰墨；其中五子繼培（嘉慶十年——1805 年進士）學術成就最高，曾校《列子》、箋注《潛夫論》。先生中年後所編纂之歷史姓名錄著作數種，三子頗有功焉。[12]

---

[10] 此點，瞿兒之先我言之，惟視自訂譜：「可以當他一部乾隆六十年中社會經濟小史」，則稍嫌誇張。瞿兒之，前揭書之〈序〉文。

[11] 瞿兒之，前揭書，〈序〉。

[12] 本段所述，可參黃兆強，上揭〈汪輝祖先生年譜〉；瞿兒之，上揭《汪輝祖傳述·年表》。

輝祖一生,可大別為4個階段。由出生至二十二歲,係受教育時期。十七歲成生員(即俗稱之秀才)後曾二度當童子師。此為第一階段。

二十三歲開始佐幕,至五十六歲辭幕,前後共三十四年。佐幕二十四次,幕主共十六人[13]。佐幕期間曾中舉人(三十九歲,第九度應試)、中進士(四十六歲,第四度應試)。四十歲第一次赴京會試時,始購得《漢書》讀之[14]。四十八歲得讀其餘廿二史;後好友邵晉涵寄以鈔本舊五代史,於是廿四史得以盡讀。五十四歲,成第一部姓名錄專著《史姓韻編》。此為第二階段。

輝祖五十七歲謁選京師。五十八歲至六十二歲任湖南寧遠縣知縣,其間並曾兼署道州及新田縣,有政聲。以忤上司被劾革職。任官期間,成《九史同姓名略》。《史姓韻編》亦順利出版。此為第三階段。

六十三歲歸里至七十八歲逝世為第四階段。課子、著述係此一階段之特色。其著述與史學相關者計有六十二歲編成《九史同姓名略》(補遺四卷則成於翌年)[15],六十六歲成《廿四史同姓名錄》。嘉慶元年先生六十七歲,編成《廿四史同姓名錄》分編160卷、《存疑》4卷;又嘗命兒子編成總目10卷。同年又成《遼金元三史同名錄》8卷。先生又嘗校訂正史目錄,成《正史總目》。又命兒輩編《逸姓同名錄》1卷、《字同名錄》1卷、《名字相同錄》1卷。該年著手撰《元史本證》[16]。此後至七十三歲,著述之重點乃在於釐訂《廿四史同姓名錄》;在兒子幫忙下,增補校訂《三史同名錄》;並完成《元史本證》50卷[17]。七十四歲,撰《元史正字》8卷;令兒

---

[13] 黃兆強,上揭〈汪輝祖先生年譜〉,注61(該文收入本書時,注碼有所更動,注61改作注64),表列了各次佐幕之情況。

[14] 據《病榻夢痕錄》,〈乾隆六十年〉條,先生前此雖已有機會繙閱經史古文選本,但以生計不遑,未暇卒讀。

[15] 參輝祖《九史同姓名略·跋》。

[16] 參輝祖該書自序。

[17] 各書編纂之年分,可參本文附錄〈汪輝祖史學著述繫年〉。

輩編寫《二十四史希姓錄》4卷、《讀史掌錄》12卷等[18]。

## 三、史學思想析述

輝祖十一歲時，其父赴粵經商，乃手授《綱鑑正史約》一冊，令日後讀之[19]。此當係正式接觸史學之始[20]。其後生計不遑，至中舉翌年，年四十歲，始於京師購得《漢書》讀之。四十八歲始得讀其餘二十二史。數年後，又得好友邵晉涵寄贈之《舊五代史》鈔本[21]。是輝祖得讀正史乃在中年之後矣。然而，先生甚勤奮，官事之暇，即瀏覽史籍[22]。五十四歲後，史學著述不輟；成書不下十種可為明證。先生雖非專業史家，更不似好友章學誠之酷愛議論史學體例或譏評史家得失。然而，鉤稽爬梳先生之各種著作，仍可窺見其史學思想之梗概。

中國古代讀書人，無論治經、業史或理文，總離不開經世致用的宗趣。

---

[18] 先生之著述共30多種。本節所開列者僅史學（含歷史姓名錄）一端而已。此外較重要者計有分別成於五十六歲及六十四歲之《佐治藥言》及《學治臆說》2書。其他著述，詳見黃兆強，上揭文，注81。（該文收入本書時，注碼有所更動，注81改作注86）

[19] 據《夢痕錄》〈乾隆六十年〉條，此書乃假諸舅氏者，未幾歸還。《綱鑑正史約》乃明萬曆時人顧錫疇所撰。《四庫總目》本條云：「是書編年紀載，於歷代故實粗存梗概，蓋鄉塾課蒙之本。至『綱鑑』之名，於《綱目》、《通鑑》各摘一字稱之⋯⋯。」

[20] 輝祖五歲就外傅，或不無接觸歷史知識之機會，但正式得史書而讀之，當始於是時。

[21] 汪輝祖，《史姓韻編‧序》。

[22] 長子繼坊描述先生勤讀經史之情況如下：「府君生平略無嗜好，惟癖耽經籍。嚮幕遊時，嘗侍左右，見府君治官書，每日三二時便了。暇即瀏覽書史。同幕諸君或以飲酒博奕相娛樂。府君終不一過，諸君亦無敢以俗事恩府君。」乾隆五十年五十六歲辭幕之後謁選湖南，更集中精神以治史。繼坊續云：「及宦湖南，讀史日以卷計，有事不滿數，必益燭補之。歸里後，鍵戶養病，課繼坊等讀書，亦自讀，往往至夜分不止。吾母苦諫，府君笑應之曰：『吾依書為命，⋯⋯』」（《夢痕錄餘》〈嘉慶十二年〉條。）

純粹為學問而學問者，少之又少[23]。輝祖也不例外。《夢痕錄》輝祖的自序開首第一句話便說：「古人晚節末路不忘箴儆，往往自述生平，藉以考鏡得失，亦行百里者半九十意也。」輝祖撰序，時年六十有七，正所謂已屆晚節末路也。自述個人生平，輝祖旨在考鏡其過去大半輩子言行舉止上之得失，藉以為其未來晚節末路之箴儆。雖未來歲月之長短未可逆料，然而，既已活了六十七年，則其未來之年歲恐剩下個位數了。（按：乾嘉時人，以男性計，其平均壽命，恐不足55歲。）[24]然而，不少人恆晚節不保。是以人生最後的歲月，最要時加警惕奮勉；稍一鬆懈，便前功盡廢。輝祖於此最有所覺，其「行百里者半九十」一語，即足以顯示其深諳此道。上引輝祖語，乃可謂其個人之座右銘。然而，推而論之，則其追述歷史人物之生平，即所謂撰述歷史，其旨趣恐正相同：推己及人之旨由此可以概見。換言之，輝祖透過鑽研、考鏡往蹟之一途徑，藉以提供後人（讀者）行事做人之鑑戒，其企圖已昭然若揭。然則其經世致用之精神已隱寓其中無疑。

　　輝祖治史之致用精神，好友章學誠最能體認，嘗謂：

---

[23] 有謂乾嘉時代的讀書人，以大環境所限，多埋首故紙堆中，為餖飣考據之學，不涉世務。此有類今日之純粹為學問而學問的精神。其實不然；或至少不盡然！即以錢大昕、趙翼而言，亦不無學術經世的抱負。至於章學誠、洪亮吉之輩更無論矣。稍後之龔魏則更以經世致用為依歸。有關錢大昕經世致用的精神，可參黃啟華，《錢大昕經史之學研究》（香港大學中文系碩士論文，1990）；年潤孫，〈錢大昕著述中論政微言〉（上、下），《明報月刊》，第16卷，12期（總192期），1981年12月，頁85-88；第17卷第1期（總193期），1982年1月，頁88-92。有關趙翼之經世思想，可參拙作《廿二史箚記研究》（臺北：臺灣學生書局，1994），第一章第二節（丙）。此拙作嘗作相當程度之增修，沿用舊名《廿二史箚記研究》而再版兩次（新北市：花木蘭文化出版社，2010；臺北：臺灣學生書局，2024）。

[24] 劉翠溶指出說，「（中國）在1550-1750年出生的男子，平均死亡年齡為50-53歲」；「至於紳士的平均死亡年齡，估計為57或58歲，略高於可代表社會一般人口的50-53歲。」其說見：〈清代老年人口與養老制度初探〉，郝延平、魏秀梅主編，《近世中國之傳統與蛻變：劉廣京院士七十五歲祝壽論文集》，臺北：中央研究院近代史研究所，1998年5月，頁259-281。以上說法見註8。今轉引自：https://idv.sinica.edu.tw/ectjliu/清代老年人口與養老制度初探；瀏覽日期：2025.03.03。

>……又以其餘力為《史姓韻編》及《廿四史同姓名錄》二書，以備讀史者之稽檢。蓋君嘗謂居處宜窮經蘊，在官宜覽史事。然則二書非徒著書餘工[25]，抑亦臨政之餘課也。……此姓系名錄，所以為經史專門之家學也。……使欲文省事明，非復人表不可。而人表實為治經業史之要冊。而姓編名錄，又人表之所從出也。[26]

學誠這段話含兩個義蘊。（一）指出在官宜覽史事（按：即史書）。而輝祖之二姓名錄正係閱覽史書之絕佳工具書；其有助於閱覽史書以悉史事，並間接有助於當官臨政當無疑問。按：著書（含編書）本屬學問範疇；今以「臨政之餘課」視之，蓋認為編著該二書乃臨政之延伸。換言之，即政治之一部分。整體乃由（眾多）部分所組成。缺部分則不成其為整體。本此，若缺少輝祖此二書，使人不能閱覽史事（史書）或帶來閱覽上的不便，皆有損於當官臨政也。輝祖二書在政治致用上的功能於此可見。（二）指學術上的功能。學誠很重視史書體裁中的人表，視之為「治經業史之要冊」；而姓編名

---

[25] 章學誠「《史姓韻編》及《廿四史同姓名錄》二書，……著書餘工。」一語，恐稍須說明。其《文史通義・書教（下）》特別指出古今載籍（簡言之，此即吾人今日所說的書籍）可分為兩類：其一可命名為撰述，另一則記注是也。要言之，此兩類書，前者乃可謂匠心獨運、別出心裁而成一家之言之製作。後者則類同編纂性質而談不上有若何創見的一種書。本此，則《史姓韻編》及《廿四史同姓名錄》二書，當然是後一類的書了。換言之，即不能以撰述（著作）命名之。學誠所說的「著書餘工」，其中「著書」，即指撰述性質的一類書；「餘工」即利用撰述剩下來的時間，以成就這種由編纂工夫而來的一種書。

[26] 章學誠，《章氏遺書》卷第八，《史姓韻編・序》。本段引文中有兩句話：「居處宜窮經蘊，在官宜覽史事」，我們不必過於拘泥。蓋輝祖在他處（詳以下正文）指出讀史可助人治心。在官，固宜治心以任事；居處，治心涵養恐亦同樣重要。然則覽史於在官、居處，兩皆宜也。然而，話又得說回來。任官在於理事。歷史，過去之情事也。職是之故，相對於窮經而言，覽史固更有助於任官理事當無疑問。又輝祖「居處宜窮經蘊，在官宜覽史事」二語，學誠為輝祖撰〈七十壽言〉時，亦嘗指出，惟文字稍異。〈壽言〉作「居間習經，服官究史」。〈壽言〉收入上揭《汪輝祖行述》一書內。

錄乃係人表之基礎,所謂「人表之所從出也」[27]。此外,姓編名錄可「以備讀史者之稽檢」,則功用至為明顯,不必多說。

綜上文,輝祖的姓編名錄,在學誠的闡釋下,致用功能便凸顯出來。學術上的、政治上的,兼而有之。

覽史可以致用,輝祖本人即嘗言之。他說:

> 經言其理,史記其事。儒生之學,先在窮經。既入官,則以制事為重。凡意計不到之處,剖大疑、決大獄,史無不備,不必刻舟求劍,自可觸類引伸。公事稍暇,當涉獵諸史,以廣識議慎。[28]

輝祖佐幕及為官,嘗剖疑決獄;洪亮吉指出輝祖曾憑史事以為判準。他說:

> 君以餘閒,復能考古。據《漢書・趙廣漢傳》鉤距法,斷縣民匡學義獄;據《新舊唐書・劉蕡傳》斷縣民李氏祖唐李邰與蕭氏爭先隴獄。[29]

按《漢書・趙廣漢傳》云:「……尤善為鉤距,以得事情。」蘇林、晉灼與顏師古皆嘗注解「鉤距」。綜合言之,意謂:舉所知之事如未卜先知,使被問者不敢隱瞞他事也。輝祖之審理縣民匡學義之訛詐他人田產事,即採用此法。[30] 至於李蕭爭隴一事,李姓家族訛稱唐人李邰係狀元,並係家族之始

---

[27] 學誠固然很推崇輝祖姓編名錄的製作。但既然僅視之為「人表之所從出」,則姓編名錄相對於人表來說,便只具備過渡性的功能,不若人表本身即係歷史事象賴以重建的一種表述方式(體裁)。換言之,人表之本身即具備終極價值。

[28] 汪輝祖,《學治臆說》,卷下,〈暇宜讀史〉條。

[29] 洪亮吉,〈汪輝祖墓誌銘〉,收入上揭《汪輝祖行述》,頁 73。

[30] 事詳《夢痕錄》,〈乾隆五十二年〉條。亦可參上揭拙著〈汪輝祖先生年譜〉,〈乾隆五十二年〉條。惟須指出者,洪亮吉雖認為輝祖之審理學義案係據趙廣漢「鉤距法」,然而輝祖並未明言。故輝祖斷此案到底係參稽此歷史先例抑自出新意而恰與古法偶合,則筆者未敢斷言。

祖。輝祖即據兩唐書指斥其謬,並由此而判定李氏理虧,蕭姓族人得直。[31]

以上所述,是就讀史、治史有助鑑戒、臨政決獄及學術功用等方面來說明輝祖的史學思想。其實讀史、治史於個人修養上亦大有裨益。輝祖在《夢痕錄餘》〈嘉慶四年〉條便說:

> 舊苦出位之思,不能收拾,因專校全史姓氏一家,其功雖無關性命,而攷覈異同,一字不敢放過,實藉為治心之學。

這段話蘊涵兩個重點:(一)冀求明瞭人之性、命,或求安心立命,乃為學之根本。(二)專校全史姓氏之學,可以助人修心養性,即所謂可助人治心。

輝祖此處的「治心」,不是隨便說說的。他實有所感而發。以下一段話可為明證。他說:

> 余性褊急,遇不良人,略一周旋,心中輒半日作惡,不惟良友屬以為誡,即閨人亦嘗諄切規諫。臨事之際,終不能改。比讀史至後漢黨錮、前明東林,見坐此病者,大且禍國,小亦禍身,因書聖經「人而不仁,疾之已甚,亂也。」十言於几,時時寓目警心,稍解包荒之義。涵養氣質,此亦第一要事。[32]

個人認為,就今日知識多元化的情況來說,臨政決獄,不必獨仰賴於

---

[31] 李郃,兩唐書不為立傳。事蹟稍見兩唐書。《舊唐書》,卷 190 下,〈劉蕡傳〉;《新唐書》,卷 178,〈劉蕡傳〉。其中以新書所載為詳。

[32] 《雙節堂庸訓》,卷 4,〈嫉惡不宜太甚〉條。治史可以致用,可以涵養氣質,先師嚴耕望先生亦嘗言之。憶受業時,師自謂迂闊,不懂處世應物;治史則可以尚友古人,使人免於過分迂拙。然則治史之有益身心,亦可謂大矣。顧筆者亦性褊急之人也。以此而一輩子闖了不少禍(幸好是小禍!)。自省之餘,每思改過。但成效不彰。蓋讀史不熟,而有是失歟?!引文中的「聖經」,乃特指《論語》,其中「人而不仁,疾之已甚,亂也。」則出自〈泰伯〉。

史。然而,前人言行得失恆可為後人所鑑戒,藉以為治心涵養之資。然則就此意義來說,史之功用日久彌新。

上文所引錄輝祖之言詞及章學誠、洪亮吉等同時代學友的言論很可以使人窺見輝祖的史學思想。此外,尚有若干並不直接與其史學思想相關的資料,在仔細研讀剖析下,也可以使人察悉其史學意識的。此計有4項。茲分述如下:

(一) **輝祖不撰述歷史,尤其不寫近現代史之理由**。他說:

> 不在其位,不謀其政,聖訓也。位卑言高之罪,孟子剴切示之。唐宋文人私記,問及國事,然多與史傳盭戾,蓋所聞異辭,所傳聞異辭,類非確實。昔有不解事人以耳食為筆記,謬妄觸忤,禍及身家,皆由不遵聖賢彝訓所致。故日記劄記等項,斷不宜摭拾時事。[33]

康雍乾三朝文字獄流行。輝祖平時即謹言慎行。上引文出自刊於乾隆五十九年之《雙節堂庸訓》,以時代環境攸關,輝祖尤其不敢「妄言」。《庸訓》之撰,以明哲保身、中庸應世之道訓誨兒孫,乃輝祖有為之作。引文中所謂「遵聖賢彝訓」恐怕只是門面話。懼文字賈禍相信才是日記劄記中「不宜摭拾時事」之主因。明末清初文人私記國事最多,輝祖不可能不知道。但他連提都不敢提,而轉論述朝代更遙遠之唐宋文人如何如何,則恐懼之程度可以想見。輝祖除考證《元史》及編纂姓名錄之著作外,不撰寫任何其他史書;可見或可稱為輝祖當年的近現代史之明清史事全不敢觸及,其懼文字賈禍之心態至為明顯。

(二) **歷史研究很難獲致完全客觀之真相定論**。他說:「官之問事,如隔壁看影戲,萬難的確。但不敢徇私得錢,總無成心;剖斷失平,官之咎,非民之辱。」[34]乍視之,上引的一段話乃審獄之經驗心得報告;與歷史

---

[33] 《雙節堂庸訓》,卷5,〈勿紀錄時事〉條。此書輝祖視之為遺訓,乃教兒孫做人處事之規條。參《夢痕錄餘》,〈嘉慶十二年〉條輝祖易簀前之訓語。

[34] 《夢痕錄》〈乾隆五十六年〉條。

研究毫不相干。但個人認為歷史研究與審獄斷案之性質極相似。上引語，就歷史研究來說，可改寫為：「歷史家之考證研究歷史，（透過史事遺跡之史料以重建過去），猶如隔壁看影戲，萬難的確。但不敢為個人利害計而率性徇私，不能預設立場；考證研判若乖違史實真相，乃係史家的失責，與史實本身無關。」當然輝祖對史事研究的性質從未作過如此的論述。這是因為他對史學鑽研所花的時間心力，遠不如他花在刑獄鑽研上的多的緣故。[35] 然而，斷獄與考史，其理一也。因此個人深信，如果輝祖有足夠時間來反省這個問題的話，他理應體認歷史研究是與審案斷獄無別的。換言之，上文的改寫，應該不違反他的史學理念；如他泉下有知，筆者上文的比擬當不致被他打臉。

（三）**記載歷史，宜誠心記實事**。輝祖自序其《夢痕錄》說：

> ……題曰《病榻夢痕錄》。東坡詩：「事如春夢了無痕」。余不敢視事如夢，故不免於痕。雖然夢虛也，痕實也。實則誠、誠則毋自欺，硜硜之守實即在此。書其端以告子孫，俾知涉世之難，保身之不易也。[36]

「誠」與「實」，今人常合而言之，即所謂「誠實」也。其實，「誠」乃就個人本身之心志來說；「實」乃就客觀事物之本然狀態來說。就歷史記載而

---

[35] 輝祖佐幕 34 年，主要處理刑名案件。為州縣官 4 年，除短期仰賴幕友外，各事皆親自處理。至乾隆五十七年奉旨革職，從政斷獄 30 多年，經驗至為豐富。輝祖究心歷史，雖最早或可追溯至乾隆三十四年，年四十歲，在京師市得《漢書》而讀之之時。然乾隆五十七年，六十三歲前以官事煩忙，雖得閒不忘讀史編書，但恐無特別心得，亦無暇反省史學知識論問題。六十三歲革職歸里至七十四歲撰《元史正字》後不復治史為止，其間專心史學亦不過 11 年。此與三十多年專門處理刑名訟獄，時間長短不可比擬。此所以出版於乾隆五十九年之《庸訓》可以得出治獄斷案方面之深切反省；然而，史學知識論方面尚未能觸及，是很可以理解的。

[36] 《病榻夢痕錄·自序》。輝祖引東坡詩後說：「余不敢視事如夢，故不免於痕。」果爾，其書名為《病榻實痕錄》似乎更恰當！

言,史家雖誠,記載仍不免失實。蓋「誠」不是「實」的充分條件[37];不誠,則更無論矣!(其實,就邏輯可能性而言,不誠亦不必然不實,蓋或可偶中也!)換言之,作為前件之「誠」與作為後件之「實」,並無必然關係。然而,若稍作寬泛的考量,則「誠」與「實」實有一定關係,蓋不誠便很可能產生不實的結果!今輝祖云:「實則誠」,則邏輯上前件與後件不免前後倒置,或至少可視為犯語病。但吾人於此似不必拘泥。蓋觀上下文意,輝祖似合誠與實混一而言之。誠則毋自欺,硜硜守之,以誠心記實事。如此來說,「實則誠」一語,亦未嘗不可解讀為:既係留痕之實事(過去發生過的實事而其痕蹟(相關史料)留傳下來了),則依其實(痕蹟:史料)而記之則為誠。換句話說,即依其實而記之正係誠心的一種表現。此語反過來說亦通:依誠而記之則得其實(獲得、獲悉過去之真情實況)。此雖弔詭,然相反亦相成也,真理蓋寓於其中。

綜合來說,輝祖的「誠實論」,雖僅係就其自訂年譜《夢痕錄》的記述情況來說,但歷史之記錄,其理正同。本此,我們可以說,「誠實論」乃係輝祖的另一史學見解。

(四)**史書以載道為依歸**。輝祖說:

> 余意文以載道,無關懲勸,偶然適性陶情贈答紀事,皆可不錄,無庸為棗梨禍也。[38]

一切文章皆以載道為本旨,這是中國人的傳統看法,甚或做法。史書自不能外於是。反之,外於是者,依輝祖意,便不必予以出版,免得禍棗災梨。依

---

[37] 如「誠」是「實」的充分條件,則史事重建便簡單多了,蓋委任道德家作歷史研究便萬無一失了!

[38] 《夢痕錄》,〈嘉慶元年〉條。引文中的「棗梨禍」,乃「禍棗災梨」一語的濃縮寫法。按:「古人刻書多用棗木、梨木做材料,因此稱濫刻沒有價值的書籍,徒使梨木、棗木受到災禍為『災梨禍棗』」。https://dict.revised.moe.edu.tw/dictView.jsp?ID=84572&la=0&powerMode=0:「災梨禍棗」條;瀏覽日期:2025.01.16。

此來看，凡輝祖付之剞劂之各史書（主要是《元史本證》及各姓名錄），均可說是輝祖眼中載道之書了。

本節首先論述了輝祖的史學鑑戒論、致用論（當官臨政方面的、學術上的）。此外，並爬梳分析與其史學思想並不直接相干的資料，藉以抽繹而得出輝祖的歷史知識論（史家認識、重建史事萬難的確——萬難 100% 準確）、歷史記錄論（以誠心記實事）、史書載道論，並申述輝祖不撰著歷史，尤其不碰觸近現代史的理由。筆者希望透過上面的論述，使人一窺這個生於乾嘉時代，不甚引起當時人及後來人關注、重視的史家，其實是有一定的史學見解的。

按：本文在研討會上口頭報告後（參上注 1 前的一段說明），好友中國文化大學史學系李紀祥教授在講評時特別指出（其詳見本文末），汪輝祖與浙東學術之關係很值得進一步檢討。這個意見很好，但以研討會後論文修訂予以付梓的時間有限，不容細作探討。此問題只好俟諸異日。但就以初步觀察來說，輝祖既係浙東人（生於蕭山），不能不多多少少受到鄉先輩之啟迪或陶染，兼且又與浙東史學重鎮章學誠與邵晉涵為摯友，其受到影響想係必然的情事。

## 四、史學著作敘錄

輝祖的史學著作可大別為二：一、《元史》研究，著有《元史本證》50 卷及《元史正字》8 卷。二、姓名錄工具書數種。後者的貢獻似乎勝過前者，因此先予論述。（按：姓名錄工具書，其性質與一般的史學著作不盡相同，因此視為另一類著作，亦不嘗不可。然而，其姓名錄各專著之原始材料，蓋皆蒐羅彙整自歷代正史；且"服務的對象"，恐亦以治史者為主，是以視為史學著作，恐亦無不可也。不贅。）

姓名錄的著作起源甚早。清人張澍編輯補注應劭《風俗通·姓氏篇》，並撰序一篇。序文對漢以前之歷代姓名著作曾簡述如下：

第十二章　汪輝祖（1731-1807）之史學　381

> 昔春秋時，周之史伯、魯之眾仲、晉之胥臣、鄭之公孫揮、楚之觀射父，皆善言族姓。炎黃以來，如指諸掌。而以姓氏著書傳後者，周則有左丘明《世本》之〈氏姓篇〉、戰國則有荀況之《血脈譜》、漢則王符《潛夫論》之〈氏姓志〉、鄧氏《官譜》、穎川太守聊謀之《萬姓譜》、徵君管寧之《姓氏歌》，欽為最古。而泰山太守應劭《風俗通·姓氏篇》繼之。沂厥所祖，推究更改，雖有附會，大致典確。惜其篇散佚，不為完書。……[39]

漢應劭踵前人軌跡，撰《風俗通·姓氏篇》之後，幾各代皆有專著。茲順序臚列其要者如下：劉宋何承天《姓苑》，梁元帝撰、唐陸善經續、元葉森補、清李調元校《古今同姓名錄》，唐林寶《元和姓纂》，南宋鄭樵《通志·氏族略》。同時人鄧名世《古今姓氏書辨證》，明凌迪知《萬姓統譜》，明余寅《同姓名錄》，清王廷燦《同姓名錄》（按余、王兩書同名）及傅山《西漢書姓名韻》。[40]

由此可知在汪輝祖編纂各種姓名錄之前，相關著作已不少。但汪書異於他書而有其特色，蓋其書專門以正史中之人物為編輯之對象[41]，而不廣泛涉及其他書籍，因此所纂各書便成了歷代正史的人名索引或同名索引。這是前

---

[39] 張澍序《風俗通·姓氏篇》。該書收入《叢書集成新編》（臺北：新文豐出版公司，缺年分），第98冊。

[40] 以上引文中，輝祖有提及王符《潛夫論》之〈氏姓志〉。按：輝祖子繼培嘗箋注《潛夫論》。今人彭鐸又嘗作校正，此即《潛夫論箋校正》（北京：中華書局，1985）一書。針對書中〈志氏姓〉（即輝祖所說的〈氏姓志〉）一篇，彭氏也臚列了若干種姓氏的著作，可並參；見頁401-402，注1。

[41] 輝祖（含兒子）姓名錄方面之著作，按編輯年分先後計有：《史姓韻編》64卷，《九史同姓名略》72卷、補遺4卷、《廿四史同姓名錄》160卷、存疑4卷，《遼金元三史同名錄》40卷，《逸姓同名錄》1卷，《字同名錄》1卷，《名字相同錄》1卷，《廿四史希姓錄》4卷，共8種，351卷。其中各為1卷之《逸姓同名錄》、《字同名錄》及《名字相同錄》，乃輝祖於嘉慶元年編輯各種正史姓名錄時，命兒輩所編者，三書未見，蓋當時未付梓。以同年所編輯之其他姓名錄及三書之篇幅各僅1卷來看，此三書應仍係以正史人物為對象所編成者。

此之各書所沒有的特色。汪書的價值或正在於此。

索引及其他工具書之編纂，個人認為對學術界之貢獻至為鉅大。這是一種燃燒自己、照亮別人的工作，很值得欽佩。胡適充分體認這種工作的貢獻，並特別表彰輝祖的成就。他說：「蕭山汪輝祖，用畢生精力，著一部《史姓韻編》，省卻人不少腦力。」[42]瞿兌之對《史姓韻編》也十分肯定。他說：「……他的第二件成就，是史學工具之整理。他創作一部《史姓韻編》，可以說至今還沒有一部比他更好的二十四史索引。」[43]

陳讓嘗從三方面分析輝祖能夠成功地從事編纂姓名錄工具書的原因。他說：

> 先生之所以能為此項工作者，實賴有法學以為之基，復得邵二雲、鮑以文諸君以為之友。使無法學之基，其方法不能有此精密。使無邵二雲為之友，其用力未必專注於史。使不與鮑以文往來，其刻書不能有此方便。嘗見有畢生著述，未經刊布而散失者多矣。先生之《廿四史同名錄》，亦未見傳本也[44]。

陳讓追根究柢，探尋檢覓輝祖之所以能為索引工作的緣由，這種做學問的態度是很可敬的。但筆者並不盡同意他所開列的原因。（一）輝祖固然具備相當法學知識[45]，培訓出精密的方法。但索引的編纂似乎與此並不相干。從另

---

[42] 胡適，東南大學講演，〈再談談整理國故〉。講演稿未見，轉引自陳讓，上揭文，頁60。按輝祖固然用了幾乎畢生精力編纂姓名錄的專著，但就《史姓韻編》一書來說，所花時間僅五、六年。詳下文。胡氏所說的：「用畢生精力……」，稍嫌誇張。

[43] 瞿兌之，上揭書，〈序〉，頁1。序文寫於民國二十三年十一月。同年冬梁啟雄為《廿四史傳目引得》之出版撰〈序〉文。瞿氏推崇汪書，指稱「至今還沒有一部比他更好的二十四史索引」。其時，大抵梁書尚未面世或剛面世而瞿未之見。梁氏序文肯定汪書之貢獻，然亦指出其缺失。

[44] 陳讓，前揭文，頁60。

[45] 參張偉仁，上揭文；張偉仁，〈清代的法學教育〉上、下，《臺大法學論叢》，第18卷第1期，1988年12月，第18卷第2期，1989年6月。

一方面來說,沒有受過法學訓練的人也可以具備很精密的工作方法。換言之,法學訓練與精密方法毋必然關係。(二)輝祖於編輯第一部姓名錄《史姓韻編》之前便認識邵晉涵(即上引文之邵二雲),[46]後更得晉涵寄以新輯《舊五代史》鈔本,《韻編》由是得以增訂完成。但綜覽輝祖各著作,其「專注於史」,似乎並未受到晉涵的影響。[47](三)認識鮑廷博(即引文中之鮑以文;以文,鮑氏之字。乃大藏書家,嘗出版《知不足齋叢書》26集)對輝祖出書的確是有幫助的。筆者倒同意陳讓這點分析。[48]

汪輝祖編輯的姓名錄,共計 8 種。今存者僅《史姓韻編》、《九史同姓名略》及《三史同名錄》3 種。下文將逐一敘錄。《廿四史同姓名錄》未見,但錢大昕撰有序文一篇,可藉以略悉該書梗概,故下文一併敘述焉。

## (一)《史姓韻編》64 卷

該書編纂緣起,輝祖有如下的說明。他說:

> ……年四十又八,始得內版二十一史及《舊唐書》、《明史》,通二十三種。五六年來,佐吏餘功,以讀史自課。顧目力短澀,日不能盡

---

[46] 乾隆三十二年,輝祖年三十八歲便與邵氏訂交。參上揭拙著,〈汪輝祖先生年譜〉,〈乾隆三十二年〉條。

[47] 下文討論《史姓韻編》時,當正式探究說明輝祖編輯姓名錄的原因。

[48] 張之洞《書目答問》附錄二〈清代著述諸家姓名總目〉未納入輝祖之名,陳讓批評謂:「張之洞著《書目答問》,採先生書至五六種,而卷末清朝著述家姓名略,竟遺先生之名,非偶爾遺忘,即有心輕視工具書,以為人人能為,而不足稱為著述也。」(上揭文,頁 45。)陳氏之論述,頗可商榷。一、《書目答問·譜錄十二·姓名》登錄之汪書計三種,非五六種。此為《史姓韻編》64 卷;《九史同姓名略》72 卷,補遺 4 卷;《遼金元三史同名錄》40 卷。二、工具書固於學術研究大有貢獻,然類非「著述」。張書卷末〈附錄二〉既以〈清代著述諸家姓名總目〉為題,則輝祖未見納入,其理固然。按〈總目〉分立 23 類,可概括為經學、史學、理學、小學、文學、算學、金石、校勘學等。清代其他顯學,如辨偽、輯佚、注釋古籍等皆不與焉。姓名索引學固無論矣!以現今眼光視之,之洞僅重視「著述」固非,然不得以今視昔,妄加責難。

百葉，又善忘，掩卷如未過眼。每憶一事，輒輾轉檢閱，曠時不少。計欲摘二十三史中紀載之人，分姓彙錄，依韻編次，以資尋覽。……[49]

據此，可知輝祖編輯該書，初意純為自用性質，藉資尋覽正史中之史事而已。不意編成之後，竟成極有用而廣為流傳之正史人名索引[50]。

有關該書之編纂過程，當始自乾隆四十二年，先生四十八歲，得通閱廿三史時算起。而正式動筆後，僅十有七月便完工。繼得邵晉涵新輯《舊五代史》，爰復加增訂，至乾隆四十八年，年五十四歲，便正式殺青[51]。是該書之編輯，含讀書作劄記在內，須時約 6 年。

輝祖好友魯仕驥及章學誠分別於乾隆四十九年及嘉慶元年為之作序[52]。光緒十年馮祖憲重校該書，並撰序文一篇[53]。

該書之編纂，是有「底本」可據的。輝祖原先打算「摘二十三史中紀載之人，分姓彙錄，依韻編次，以資尋覽。」但因為佐幕忙不過來，於是便「就列傳之標名者，先事排纂，則鮑君以文先我為之。第其書，史各為袠，體例未定。……遂乞作稿本，合二十三史為一書。」[54]由此可知輝祖是把鮑廷博就各正史各別彙輯出來的列傳名錄，進一步加以統籌彙整，以成該書。這當然是一個相當大的工程，但廷博先前所輯的各正史列傳姓名彙編，對輝祖後來之成書是有奠基作用的。輝祖明白指出廷博之相關著作乃其書之稿

---

[49] 汪輝祖，《史姓韻編·序》。
[50] 輝祖認為該書乃「無補費精神」之作。然既花多年心力編纂成書，便「不忍虛擲」，故付之剞劂。參章學誠，《史姓韻編·序》，《章氏遺書》，卷 8。按「無補費精神」，蓋輝祖自謙語，不必作實看。然而，其先本無意編書出版，當為事實。學誠在上引序文中說輝祖編輯該書，「以備讀史者稽檢」，大抵是該書編成後的考量；輝祖原先的發機動念當不及此。
[51] 汪輝祖，《史姓韻編·自序》。
[52] 魯序收入清光緒年間出版之該書內。章序見上揭《章氏遺書》。章序未書撰寫年月。視為嘉慶元年所撰，乃據錢穆先生所考。錢穆，《中國近三百年學術史》（臺北：臺灣商務印書館，1976），頁 424。
[53] 該書光緒版收錄馮序。
[54] 《史姓韻編·自序》。

本,示不掠美之意至於明顯。

該書體例,輝祖在〈自序〉中有所述說;但並未逐一條陳開列,更無「體例」、「義例」或「例言」等等之標目。茲檢索分析〈自序〉相關內容,彙整臚列體例 15 則如下:

1. 合二十三史[55]列傳人名,依韻編次,詳加考較,闕者補之,複者刪之[56]。
2. 一人而見二史、三史者,分行注之。[57]
3. 同姓名者,書其官籍別之。
4. 帝后不繫於姓,明所尊也。
5. 十六國、十國君主,仍以姓編之。
6. 男女有別,故公主列女,各以類編而不以姓分。
7. 姓不可考者,別為佚姓一條。皂旗張,名佚而姓不可編,亦附焉。
8. 沙門以「釋氏」類之。
9. 既依韻編次,因此姓名之讀音便得關注。該書有從史注者,如「句」讀如「勾」,「賁」讀如「肥」便是;有從俗呼者,如「繆」讀若「妙富」切便是。
10. 列傳標目不著本姓,如留侯、老子者,仍以姓類之,惟注曰目作某某,用歸畫一。
11. 遼金元三史恆標名不著姓,乃依各該史分韻彙編其名,別為 1 卷(卷61)。如各該史列傳人名間有繫姓者,該書(卷 61)亦隨之以姓為編。
12. 遼金元三史人名,其姓須改譯而名不變者,亦入專篇(即卷 61 之彙編)。
13. 姓不須譯改,而名須譯改者,專篇及姓篇(卷 60 前之各卷)皆兩收

---

[55] 該書初編時,未得邵晉涵之《舊五代史》,故為二十三史。該書出版前已據邵書加以增訂,故所據實係二十四史。

[56] 「闕者」、「複者」乃指鮑廷博原書之缺失。

[57] 如卷 1,「東方朔」既見《史記》,又見《漢書》,輝祖乃分行注之。

之。[58]惟遼之耶律、蕭及金之完顏三姓人物極多,其人名概入專篇,姓篇不予重複。

14. 苟有合乎勸懲之義者,傳目雖不標名,亦蒐羅及之。至若後裔牽連及者,亦不之遺。

15. 各條姓名下,綴以簡略之生平事蹟。

由上述十多條義例,可見《韻編》的製作是相當嚴謹的,但缺漏仍不免。章學誠即指出晉代人著《吳紀》之環濟,「《韻編》不但無其人,且未嘗收此姓也。」[59] 又指出「當以姓為主而證其史」,不應「以史為主而類其姓」[60]。此外,《韻編》依韻編次於尋檢不便[61]及一依時代順序恐尚欠允當周延等等問題,此近人多有所指陳,今恕不一一臚列[62]。

## (二)《九史同姓名略》72卷、補遺4卷

所謂九史,指的是新舊兩唐書、新舊五代史、宋、遼、金、元四史與《明史》,共九種。有關該書之編纂緣起及過程,略述如下。乾隆四十二年,輝祖年四十又八,得讀廿三史,稍後又得邵晉涵寄予新輯《舊五代史》而讀之。爰據此廿四史編輯上述《史姓韻編》。同時,又萌生了編輯本書(《九史同姓名略》)的念頭。蓋讀《舊唐書》時,以「其所敘姓名,間與《新唐書》詳略不同」,由是「隨讀隨錄,用備參考。嗣讀《舊五代史》鈔

---

[58] 乾隆年間頒發三史國語解,三史人名多有改譯,輝祖編《史姓韻編》,所據者乃以人名未改譯前之殿本三史為準。以未改譯之人名作為檢索對象,乃方便殿本三史之讀者;相關人名,由是入專篇。然新版三史之人名既已改譯,則新版讀者無由利用專篇以檢索三史人物,故輝祖又依此等人物之姓而韻編之。專篇及姓篇兩收之,蓋為方便新舊版讀者之檢索也。

[59] 《章氏遺書》,卷29,〈外集・汪龍莊簡〉。

[60] 同上註。

[61] 清朝及其前之各朝代,凡讀書人,莫不作詩。作詩者,莫不通曉平仄音韻。是以依韻編次,絕不會造成尋檢不便。今人則不然。是以所謂造成不便,乃就今人言之。

[62] 參梁啟雄,《廿四史傳目引得・序》(香港:太平書局,1977),頁1;《廿五史人名索引・序》(臺北:開明書店,1965)。

本，亦如之。循是而讀宋唐各史，無不摘寫。」[63]可知該書的編輯緣由與《韻編》相同，初意僅在於自己備用參考而已。後來翻看到歷代說部各書，雖然也有採錄同姓名而編書的，但失諸簡陋，余寅《同姓名錄》亦難愜人意。輝祖便「竊不自揣，欲盡讀《史記》至《南北史》，通錄成書。」[64]這是說由於不滿意當時所見各姓名錄的情況而奮發努力，企圖另起爐灶，發宏願在先前九史之外，另擬自《史記》至《南北史》之同姓名者，均通錄成書。換言之，是打算編輯一部廿四史同姓名錄。但因為赴京謁選，計劃只好擱置下來。至於九史同姓名之摘錄，因為已有基礎，於是便「先為彙錄，置之行篋。」乾隆五十二年，在湖南寧遠任知縣。官事稍暇，便重理舊稿。五十五年，《九史同姓名略》書成付梓。五十六年梓成，共 72 卷，凡同姓名者 29,000 有奇。

乾隆五十六年六月至五十七年四月，輝祖革職解任，養疾長沙之際，重讀九史一過，又得補遺 4 卷。返回故鄉蕭山之後，便把補遺付諸剞劂。[65]該書附有〈例言四則〉，是瞭解其體例的鑰匙。〈例言〉文字及內容明白易懂，茲轉錄如下：

1. 錄同姓名，辨異也。有專傳者，稍詳行蹟。如僅散見他文，則官名地名之類，摘錄一處，餘不復詳。同在一史，錄其時世；史既不同，灼然異矣，時世亦簡略焉。

2. 《唐書・世系表》多與〈（列）傳〉異。往往表不著官，而人名、官名錯見紀、志、列傳，無從訂其異同，錄俟考辨。其間群從兄弟，往往同名；甚有同父之子，名亦相同，疑有一誤，無可證定，仍並錄之。於《宋史》亦然。至宋史宗室同名最多，凡古今文，如从、從，敚、弼，棻、松，濘、滔等，字各有所同，依字分錄；如止單見，即附古文於今文之下，從其

---

[63] 汪輝祖，《九史同姓名略・序》。
[64] 同上註。
[65] 汪輝祖，《九史同姓名略・跋》；拙著上揭〈汪輝祖先生年譜〉，〈乾隆五十六年〉條。輝祖跋文又說：「比檢遼金元三史，又得蕭氏三人，耶律氏十人增補之。」其努力不懈，隨時增補，俾成完書之用心，很可以概見。

類也。

　　3.遼金元三史之同名者多不著姓，疑亦國族，但考訂未真，概不敢攔入。

　　4.九史交涉之際，或一名而兩三史互見。其官職較然不同者無論矣，間有疑似之處，亦錄以備考，俟遍校《史記》及《南北史》後詳加辨正，冀成完書。[66]

　　筆者按：據上，乃知悉輝祖本有意遍校自《史記》迄《南北史》之各正史，藉以完成一完整之正史同姓名錄。惟以故而未遑卒業而僅能成《九史同姓名錄》；其中不含《史記》與《南北史》。是以從九史中所輯錄得的姓名，其間疑似之處，亦不克周延地予以解決，而必俟遍校《史記》及《南北史》後，始得詳加辨正。

　　除四則〈例言〉外，從輝祖的自序中亦可多抽繹出二則「例言」。此即「姓依韻府，名依字典」，又「恭遇聖祖仁皇帝、世宗憲皇帝廟諱、皇上御名，仍各歸字典本部，遵書欽定字樣，而添注敬避」是也。

## （三）《二十四史同姓名錄》160卷

　　按輝祖兩自訂年譜未嘗提及《二十四史同姓名錄》出版事，蓋先生在生時，該書從未付梓。但《夢痕錄》〈乾隆五十六年〉條及〈六十年〉等條目分別敘述譜主摘二十四史同姓名者錄之及該書編輯完成等情事，且逝世比輝祖早三年的錢大昕曾為之作序文一篇，可知輝祖生前該書確實已完成。（按臺北：華文書局曾出版該書。）

　　至於該書編纂緣起及過程，上文敘述《九史同姓名略》時，已稍提及。輝祖以謁選並任官湖南寧遠縣而不得不把原先擬彙編廿四史同姓名錄的計畫擱置。乾隆五十六年革職養疾長沙，暇日既多，輝祖乃得遂其初志，勤讀《史記》以下諸書。同年《九史同姓名略》梓成，輝祖便更能集中精力編纂

---

[66] 此〈例言四則〉收入光緒二十三年廣雅書局校刊本內。《叢書集成新編》本則未見收錄。又廣雅本每卷末皆附初校及覆校之人名各一，不盡相同。然再覆校者則各卷皆為番禺傅維森。

《二十四史同姓名錄》。四年後，即乾隆六十年，160 卷的鉅著便於焉完成。（翌年，輝祖命兒子繼壔為該書編目錄十卷。）得姓名 14,500 有奇，同姓名者 43,000 有奇，[67]並修存疑 4 卷。再翌年，即嘉慶二年，輝祖取該書重加釐訂，再錄再校[68]。

該書體例，錢大昕序文作了很扼要的描述：「取諸史中同姓者，類其名而列之，或專傳，或附傳，悉附注其下，略述事實以備稽考。」

### （四）《三史同名錄》40 卷

輝祖前此所編輯的各書均以「姓名錄」、「姓名略」或「史姓韻編」等命名，但《三史同名錄》一書，則僅以「名」為書名而不及姓。驟看之下，以為「姓」是被漏掉了。其實不然。輝祖於該書〈敘錄〉起首處即有開宗明義的說明。他說：

> 錄同姓名者，辨其似也。至遼金元三史，則不能復以姓統名，蓋遼金諸部，各有本姓，史文或繫或不繫。元之蒙古色目，例不繫姓，故惟以名之同者錄之，此變例也。[69]

這是說為了適應遼金元諸部人名多不繫姓的情況，只好以變例來處理了。

至於該書的編輯緣起及過程，試說明如下。乾隆六十年，《廿四史同姓名錄》稿本編纂完竣，漢姓大體上已一應收錄。惟遼金元三史人物以其本身之國語命名者，未獲納入，乃於翌年命兒子繼壔重為編輯，成書 8 卷。[70]嘉

---

67 錢大昕，《潛研堂集》卷 24，序二，〈廿四史同姓名錄·序〉作「四萬六千有奇」。蓋嘉慶二年，該書經輝祖再錄再校時，同姓名者多增加三千人故也。
68 有關本段敘述，參拙文〈汪輝祖先生年譜〉相關年分各條。此拙文收入本書內，即下篇附錄（二）。
69 汪輝祖，《三史同名錄》，卷 40，〈敘錄〉。
70 同上註；《夢痕錄》，〈嘉慶元年〉條。

慶四年，繼培又協助校補該書；嘉慶六年書成付梓。[71]輝祖對此作出說明。他說：「……草稿初就，末疾未瘳[72]。子繼培續加刪補。……體例加詳，增益幾倍。……統三十有九卷。」[73]按：從繼壕原先之 8 卷到繼培之 39 卷，增益何止幾倍（幾乎一倍）？而是 5 倍了。「幾倍」是指增補至 39 卷這個結果來說的。換言之，其前定然是已達到 20 卷左右；蓋從 20 卷增至 39 卷，纔得成為幾乎一倍。是可知從初稿到完稿期間，輝祖在二兒子協助下，必定不斷增添補充，而最後的成品是 39 卷。

輝祖編輯並出版該書，除因為前書《廿四史同姓名錄》未曾處理三史諸部人名外，尚有二因：一、論世知人，不能不對同名之人物作出區別。二、「崦嵫餘景，稍寄精神，不忍棄置，用付剞劂。」[74]前者著眼於致用（以便利他人──讀者），後者則藉以自慰也。

該書未附〈例言〉或〈體例〉，蓋已隱寓〈敘錄〉中。今特為檢別，並開列如下。

1.遼金以名為綱，而以異姓者分列之；元則以蒙古色目及遼金部族為主，而以漢姓者附存之。漢人南人，間有不繫姓者，亦仍史文錄之，不書附字。

2.首字以韻相次，次字以部相從[75]，訂其異同，各為次第。復旁考五代宋明諸史，以資參證。

3.凡音近字別，轉輾相同者，輒移韻部，附於初見條後。其名之互異，及姓之或繫或不繫者，悉攷著之。

4.《遼史》同名 5 卷、《金史》同名 10 卷，《元史》同名 20 卷。異史同名各止一人，及一史已有同名，而他史別出一人者，為總錄 2 卷。《五代

---

[71] 《夢痕錄餘》，〈嘉慶四年〉條、〈嘉慶六年〉條。
[72] 乾隆六十年，輝祖患重病，「手足麻木，越四五日方省人事，自問必死。」參拙著〈汪輝祖先生年譜〉，〈乾隆六十年〉條。
[73] 同註 67。
[74] 《三史同名錄・敘錄》。
[75] 蓋指以字典部首及其下之字為順序。

史》、《宋史》、《明史》人名之合於三史者,為附錄。

5.本書三史,用武英殿板。

該書的貢獻,章學誠曾作出評價。相關論說的要旨是:(一)有謂可以異文(同音不同字)翻譯諸部人之同一姓名者,藉以區別之。學誠以為不可行,蓋同姓名者太多,異文不足以支應;且既無一共同認可之義例,一般人恐仍無從識別。(二)汪師韓(1707-1780)《韓門綴學》認為可以由史書列傳之重新排列組合(同名者歸為一類)來化解上述問題。學誠以為列傳之類分組合,史家自有深意,豈能以巧術小數,穿鑿私智!(三)解決之道,非如輝祖之編輯同名錄不可。將全史所載,毋論有傳無傳之人,凡有同名,詳悉考別,勒為專篇,與《國語解》並編列傳之後。[76]

章學誠不愧為史學理論大家。以異文翻譯同名或重新排列組合列傳,均不足以解決問題。輝祖所謂「無補費精神」(章學誠轉述輝祖語;見學誠為《史姓韻編》所撰之〈序〉文。)的實幹,必得學誠學理上的說明,其價值與貢獻始凸顯。

## (五)《元史本證》50卷

《元史》210卷,是明初宋濂、王禕率領史臣30人分前後兩個階段,共用331天的時間纂修完成的。全書錯漏百出,當時已不滿人意,朱右、解縉等人即嘗糾補之。清初人邵遠平並改編該書,成《元史類編》42卷。錢大昕、趙翼亦嘗鑽研《元史》,考證其謬[77]。乾隆年間武英殿刊本《元史》,亦附有考證。然而,上述清人各著作,都不是糾謬證誤的專書;而明人的著作,如朱右之《元史補遺》則早已佚,解縉之《元史正誤》當時已留中不傳。[78]

---

[76] 章學誠,《三史同名錄·序》。
[77] 明人及清中葉學人對《元史》所作的研究,參拙著〈《元史》纂修若干問題辨析〉,《東吳歷史學報》,創刊號,1995年4月,頁153-180;邵遠平改編《元史》,參拙著〈《元史類編》之研究〉,《東吳歷史學報》,第3期,1997年3月,頁103-135。又可參上揭拙著《清人元史學探研——清初至清中葉》一書各相關章節。
[78] 參詳本書第八章相關條目與第十章起首之處。

輝祖的《元史本證》（以下簡稱《本證》）50 卷則正係專門著作。這可見該書的價值。

輝祖修撰該書的動機，及何以名為「本證」，他本人是作了說明的，他說：

> 予錄三史同名，閱《元史》數周，病其事跡舛闕，音讀歧異，思欲略為釐正，而學識淺薄，衰病侵尋，不能博攷群書，旁搜逸事，為之糾謬拾遺。因於課讀之餘，勘以原書，疏諸別紙。……爰取陳第《毛詩古音攷》之例，名之曰《本證》。[79]

可見輝祖考證《元史》的動機，跟前人比，是沒有兩樣的。其以子之矛攻子之盾的作法，即用原書不同部分互勘，稍可省力[80]。但糾謬效果仍是相當不錯的，因《元史》本身互歧別異的地方實在是太多了。

該書始撰於嘉慶元年。《三史同名錄》草稿初成[81]，輝祖便命兒子繼培校錄《元史本證》中的〈證名〉部分；〈證誤〉及〈證遺〉兩部分，亦命隨手錄之。這時已是嘉慶四年。五年，《本證》初稿完成。六年，令繼培重校之，成 50 卷，並付梓。七年，梓成。[82] 又該書嘉慶壬戌（七年）刊本全書之末，有「男繼壕校字」，則該書可說是汪氏父子三人通力合作的結果。[83]

---

[79] 汪輝祖，《元史本證·序》。

[80] 不遍考群籍以糾謬補闕，固然比較省力，但只要稍一翻閱《元史》的學者便當察覺，即使僅要看懂該書，瞭解釐清內中各史事，也不是很容易的。一方面是國人對元史本來就比較陌生，基礎知識不夠；再者，元史牽涉範圍絕不以中國本土為限；三者，蒙古色目諸部人名的翻譯（譯名）便常使人如墮五里霧中，莫得究竟。輝祖要不是先作《三史同名錄》而對元史掌握了基本知識的話，《元史本證》其實是很不好寫的。於此亦可見輝祖對元史及《元史》用力之深。

[81] 草稿初成於何年，未得確知。然章學誠嘉慶三年曾為該書撰序文一篇，故草稿初成，應不晚於該年。

[82] 本段敘述，乃據《本證》輝祖的自序；又參《夢痕錄餘》相關年分各條。

[83] 參 1984 年北京中華書局版《元史本證》的〈點校說明〉，頁 2。

第十二章　汪輝祖（1731-1807）之史學　393

　　《本證》內容計分三部分：〈證誤〉23 卷，1,800 餘條，糾史事之誤也；〈證遺〉13 卷，1,000 餘條，補史事之遺也；〈證名〉14 卷，900 多條，列舉同一人之不同譯名也。[84]輝祖曾就此三部分在自序中稍作說明，此或可視為該書之體例。他說：

> ……遂彙為一編，區以三類：一曰〈證誤〉，一事異詞，同文疊見，較言得失，定所適從。其字書為刊寫脫壞者，弗錄焉[85]。二曰〈證遺〉，散見滋多，宜書轉略，拾其要義，補於當篇。其條目非史文故有者，弗錄焉[86]。三曰〈證名〉，譯無定言，聲多數變，輯以便覽，藉可類求。其漢語之彼此訛舛者，弗錄焉。[87]

輝祖自序中，尚有兩端與體例有關，茲一併摘錄於後。（一）凡斯數端（證誤、證遺、證名），或舉先以明後，或引後以定前，無證見則弗與指摘，非本有則不及推詳。（二）凡以《元史》本書互證，為己見所未及者，悉采錢大昕《考異》案詞分隸各卷。[88]

---

[84] 《三史同名錄》旨在列舉不同人之同一名字，《本證》正好相反：列舉同一人之不同譯名。兩書互讀，則由元人姓名所造成之困擾便得其解。三部分條目數額之統計，乃據上引《元史本證‧點校說明》，頁 3。

[85] 意指參稽《元史》其他部分以糾正史事之誤載；至若文字上之刊寫脫壞者，則不予處理。

[86] 意謂：只就原有條目中之遺漏史事作補充；至若該有之條目而《元史》不予設立者，則不予補充。

[87] 「漢語之彼此訛舛者，弗錄焉」。此語頗費解。《本證》〈赤因帖木兒〉條（見卷 44，〈證名〉8，武宗至大元年），或可提供若干線索。「赤因帖木兒」之異譯為「赤斤帖木兒」。然據《元史》卷 27、28〈英宗紀〉、卷 29〈泰定帝紀〉及卷 32〈文宗紀〉，「帖」應作「鐵」。輝祖不之改，而仍作「帖」，此大抵即所謂「漢語之彼此訛舛者，弗錄焉」（不予處理）歟？又至大三年，〈左丞幹只〉條，內中「幹亦」亦當作「幹赤」，輝祖亦不之改，其理正同。

[88] 可知該書亦吸收了前人（如這裡說到的錢大昕即一例）的研究成果，非僅係「本證」而已。

對該書作評價並予以肯定的，最早應係為該書撰序文之錢大昕，其次似係周中孚。周氏《鄭堂讀書記》卷1〈《元史本證》50卷〉條著錄該書，並據錢〈序〉及汪〈自序〉撰寫提要。《元史學》作者李思純亦稱譽該書[89]。然而，《本證》也存在不少缺點。（一）不檢證他書而誤斷史事[90]。（二）翻檢《元史》不周，並妄疑。（三）輝祖本人主觀推斷致誤。（四）《本證》句讀有誤（此輝祖本人所犯之錯誤），導致誤判。（五）輝祖對《元史》原文理解有誤等等。然而，就全書來看，上述錯誤脫漏並不很嚴重，可謂瑕不掩瑜。[91]

## 五、結語

就汪輝祖的史學思想及其史學著作做整體的研究，迄今（指撰寫本文之1998年及其前）未見專著。筆者不揣譾陋，企圖作一突破。輝祖大半生佐幕，並任官四年；不然，其史學成就應更輝煌卓著。本文鉤稽爬梳汪氏各述作，抽繹他的史學觀念。其中歷史知識論、歷史記載論等等，都是相當可貴的卓見。至於姓名錄專著數種與《元史本證》（以下簡稱《本證》）一書之有功於史學界，更不待細表。

姓名錄專著中，如《廿四史希姓錄》、《逸姓同名錄》、《字同名錄》、《名字相同錄》，不見流傳，至為可惜！又元史之研究，除《本證》外，尚有《元史正字》8卷，亦未見傳本！然而，《史姓韻編》、《廿四史同姓名錄》、《九史同姓名略》及《三史同名錄》4書已足使輝祖屹立於著述家之林而無愧色。《元史本證》踵事增華，又其餘事耳。

《韻編》等姓名錄專著，依韻編次，今人（現代學人）尋檢不便；《本證》除參稽《廿二史考異》外，便不及他書，考證固未周延。此則不必諱言

---

[89] 《元史學》（臺北：華世出版社，1974），頁63。
[90] 這是「本證」先天上的限制，無可如何！
[91] 參〈點校說明〉，頁5-7。〈點校說明〉全文4,000多字。對《本證》作了相當細膩的說明，可補本節之不足，宜並參。

者。然瑕不掩瑜,不必以今日眼光責之;以《元史》各部分互勘,其事亦不容易。然則輝祖之史學成就固卓然偉矣![92]

# 六、附錄

## (一) 汪輝祖史學著述繫年

下文所述,除特別聲明外,皆根據汪輝祖自訂之兩年譜:《病榻夢痕錄》與《夢痕錄餘》。

### 乾隆四十五年,庚子(1780),五十一歲。

纂《越女表微錄》5 卷。此書未見,疑即為上年(乾隆四十四年)山

---

[92] 李紀祥教授評論本文時提出三個很好的問題。(其評論,見本文末之附錄(二))。其中有關浙東學術一點,上文已作出回應(詳第三節:〈史學思想析述〉最後末尾的一段)。另二個問題,茲稍述鄙見如下:

一、輝祖一生的學術,可謂既著眼於史學,亦關注吏治之學。其實,輝祖一生泰半時間用在為生計奔波的佐幕生涯上。其吏治之學之成就表現在著作上者,厥為《佐治藥言》及《學治臆說》等等的著作。此等著作雖大有功於佐治,然細究輝祖撰著的動機,乃純屬偶然(因他人之問難及後輩之所請而為之),非原先發宏願而欲藉此以留名後世、藏諸名山、傳諸其人者。至於所謂史學成就,乃特指其歷史姓名學工具書之編纂方面而言;《元史本證》當然亦有功於《元史》研究。然而,輝祖前半生以生計所累,其畢生史學成就即止於此而已,不似並世時賢,如章學誠、錢大昕、趙翼等學人之更有大成就也。至於上文所抽繹出輝祖之各種史學觀念,固屬可貴。然此等觀念,輝祖實未深入闡發,可說只是稍為觸及而已。此與並世學人章學誠體大思精之史學理論體系相比,何啻天壤!

二、輝祖固然懷有學術經世的抱負。但個人認為其經世情懷並非十分濃烈。乾嘉盛世「天下太平」,很難刺激學人(今特指史家)產生非常濃郁的經世情懷也。(章學誠或係例外)要言之,輝祖歷史姓名學方面的著作也好,其《元史本證》也罷,雖蘊含若干學術經世的意味,但筆者認為這只是其著作的「副產品」,並不是輝祖先有經世的強大企圖心,而藉顯此等著作作為工具而彰顯抉發之也。《元史本證》及歷史姓名學諸書的撰著動機已分別說明如上。此中似嗅不出「由經世史學到考史之學的晚年轉向」的味道。

陰、會稽、蕭山、諸暨、餘姚及嵊縣 305 人節孝事蹟之彙編。按先生推兩母遺志，自乾隆四十一年以來即徵紹興府節孝事蹟，凡 305 人，呈浙江藩司轉飭各縣備案扁（匾）表。纂成於本年之《越女表微錄》，蓋本此。

**乾隆四十八年，癸卯（1783），五十四歲。**

《史姓韻編》64 卷成，並撰自序。按先生接觸史籍，當始自乾隆五年十一歲時。是年先生父手授《綱鑑正史約》一冊，令日後讀之。至於購得正史《漢書》而讀之，則在中舉人（年三十九）之翌年，即乾隆三十四年旅京師時。（據《夢痕錄》，乾隆六十年條，〈家藏書目・自序〉）廣泛閱讀廿一史、《舊唐書》及《明史》（即廿三史），則更晚至乾隆四十二年之後矣。經歷十有七月，《韻編》稿初成；嗣後又據好友邵晉涵所寄予之《舊五代史》鈔本續有增訂。（《韻編・自序》）今年修成之《史姓韻編》即針對廿四史（上面說到的廿三史，再加上《舊五代史》）而彙編之人名索引也。

**乾隆四十九年，甲辰（1784），五十五歲。**

乾隆四十二年與先生締道義交之好友魯仕驥撰《史姓韻編・序》。

**乾隆五十年，乙巳（1785），五十六歲。**

纂《續越女微表錄》一卷，附前錄之後。

**乾隆五十二年，丁未（1787），五十八歲。**

修改訂正前所彙錄之《九史同姓名略》。按九史指新舊唐書、新舊五代史、宋遼金元四史暨《明史》，共九種。先生乾隆四十二年讀《舊唐書》時，以其姓名間與《新唐書》詳略不同，即隨讀隨錄，用備參攷。嗣後閱讀其他正史，亦依循此法。除九史外，本有意自《史記》至《南北史》通錄成書。然至乾隆五十一年謁選時，仍未遑卒業。爰就九史之同姓名者，先為彙錄；本年（乾隆五十二年）備官湖南寧遠，退食餘閒，取而訂之。

**乾隆五十五年，庚戌（1790），六十一歲。**

《九史同姓名略》修成付梓。舊纂《史姓韻編》64 卷稿初成梓訖。

**乾隆五十六年,辛亥(1791),六十二歲。**

《九史同姓名略》72 卷梓成。於是又摘二十四史同姓名者錄之。

**乾隆五十七年,壬子(1792),六十三歲。**

成《九史同姓名略》補遺 4 卷,並付梓。(參《九史同姓名略·跋》。)

**乾隆六十年,乙卯(1795),六十六歲。**

《廿四史同姓名錄》稿成。

**嘉慶元年,丙辰(1796),六十七歲。**

成《廿四史同姓名錄》160 卷、《存疑》4 卷與《遼金元三史同名錄》8 卷。先生命兒子繼壕編《廿四史同姓名錄》總目 10 卷、《字同名錄》1 卷、《名字相同錄》1 卷。又命繼培編《逸姓同名錄》1 卷。先生摯友章學誠為《史姓韻編》撰〈序文〉。(序文收入《章氏遺書》(臺北:漢聲出版社,1973),卷 8。)又學誠撰於本年之〈與汪龍莊簡〉亦論及《韻編》。(參拙著〈汪輝祖先生年譜〉,《東吳歷史學報》,第 4 期,1998,頁 127,註 83;此〈年譜〉亦納入本書內。)又纂《韻編》時,偶爾校訂正史目錄,成《正史總目》。本年著手撰《元史本證》。(參先生所撰之〈自序〉。)

**嘉慶二年,丁巳(1797),六十八歲。**

取《廿四史同姓名錄》稿本重加覈訂,再錄再校。按錢大昕曾為此書撰序文,收入《潛研堂文集》,卷 24。

**嘉慶三年,戊午(1798,六十九歲。**

章學誠撰《三史同名錄·序》。〈序文〉收入章學誠,上揭書,卷 8。

**嘉慶四年,己未(1799),七十歲。**

繼培協助校補《三史同名錄》、《元史本證》二書。《本證》一書,是年秋先生又再加修訂。

**嘉慶五年，庚申（1800），七十一歲。**

《元史本證》（初稿）修成。（據《本證·自序》）

**嘉慶六年，辛酉（1801），七十二歲。**

四月，《三史同名錄》40卷付梓。（本書原只得8卷，參上文嘉慶元年條。後繼培幫忙編纂，乃增修至 39 卷；再加上先生自撰之末卷〈敘錄〉1卷，全書乃成 40 卷。參上揭拙著《清人元史學探研》，頁 284，注 245。）八月梓成（據《夢痕錄餘》。）令繼培重校《元史本證》，成 50 卷，並付梓。

**嘉慶七年，壬戌（1802），七十三歲。**

《元史本證》梓成。

**嘉慶八年，癸亥（1803），七十四歲。**

撰《元史正字》5 卷。令兒輩編寫《二十四史希姓錄》4 卷、《讀史掌錄》12 卷、《過眼雜錄》4 卷，皆平時隨手劄記者。又命繼培補輯舊所纂之《歷科會元墨》。纂《續越女表微錄》1 卷（按此應為再續。）

**嘉慶十一年，丙寅（1806），七十七歲。**

重纂《越女表微錄》。

按：汪輝祖一輩子所或編或撰之著作極多，以上所開列者，僅其史學著作而已。其全部著述，可參本書下篇附錄（二）：〈汪輝祖先生年譜〉一文，〈嘉慶元年〉條，注 86。此外，又可參鮑永軍，上揭博論《汪輝祖研究》，頁 224-236。惟鮑先生所開列者，僅以輝祖已出版之著作為限；然而，已有 19 種之多，實不容小覷也。

**（二）李紀祥教授之評論**（本文源自一學術研討會；詳參本文注 1 前之說明。李教授乃研討會大會邀請之評論人）

黃教授對清代史學之研究向來關注，且已著述有成；繼章學誠、趙翼研

究之後，現在集中於清代元史學及汪輝祖史學之研究，已先撰有四文一書，本文即為其成果之延續。尤其在撰寫本文之前，先已撰成〈汪輝祖先生年譜〉作其根基，這是一個很好的治學程序之示範。亦誠如所言，在本文之前，似尚無對汪氏史學作出較全面而具體之研究者，有之，本文可謂第一篇。

全文共分五節，末附一〈著述繫年〉。特別是在第三、四節，我認為特可以見出黃教授治學嚴謹所累至之功力，其中多有精采析論，自文獻中精讀而出。綜合而言，我認為這是一篇付出心力，精思撰寫，並意圖思考，提出見解之論文。尤其在寫作動機與關懷上，攸關黃教授本人切入汪氏史學的入口，這在其正文行文或注文中，皆可以感受到作者表露之心言，顯然本文並非無為而作。另外，作者或者亦有一層深意，即他或思能藉此文以表彰先賢，發潛德之幽光；此點，猶存有清代浙東史學之遺風，善乎為之繼者！因此，黃教授研究的，當是清代史學中的「汪輝祖」，而不僅僅是「元史學」或「工具編纂學」下的「汪輝祖」。

評者係以這樣的脈絡及眼光來看待黃教授之大文，如果有著（作者）寫作與（評者）閱讀上的座標差異，還請黃教授海涵。以下，即提出三點不成熟之思考作為問題，來向黃教授請教：

1. 汪輝祖一生的學術，要以「史學」還是「吏治之學」來評價的分歧：我會這樣提，不是我自己的看法如此，而是基於兩項資料，其一、汪氏之摯友章學誠曾命他的兒子章華紱向汪氏學「吏」；其二、則是阮元所作的〈循吏汪輝祖傳〉中的看法。阮元在提到汪氏著作時，說他「尤著者」為《學治臆說》與《佐治藥言》，側重在其「為治之學」。而阮元另外稱汪氏的《史姓韻編》諸書為「名姓之學」，恰與錢大昕、章學誠之稱道汪氏學為「史學」「人表之學」「著述之學」的看法成一對比。此點分歧，不知黃教授有何看法。
2. 浙東學術與汪輝祖史學關係的再檢討

首先，是「史姓諸書」係「史學」抑或「工具之學」？黃教授在正文中已經對張之洞《書目答問》不列汪氏之因，代作出了解釋，也反駁了陳讓之論。此外，便是汪輝祖究竟有無受到「浙東學風」或邵二雲、章學誠影響的問題。黃教授在頁 194、195 有討論之言，特別是從「史姓諸書」的專業層面，十分精闢。但我想從文中的其他層面，再度提出這個問題，也順便呼應到近代以來金靜庵、錢穆、余英時、陳訓慈、何炳松、何冠彪、倪微遜等人已諍論過的，「浙東學術」究竟有無的大問題。

（1）《漢書》是汪氏中年治史的第一部書，從這點來看〈古今人表〉對他的影響，剛好可以印證章學誠說他的歷史姓名錄之學是〈古今人表〉之脈絡，這應當是章、汪二人所相互印可的。

（2）正文中提到汪氏「史書以載道為依歸」之說。這正好是章學誠所最在意的，不僅是「史以載道，切於人事」，抑且「道」亦須在「史」中求，此又見倆人交往中的唱和之同調與同道。

（3）正文中頁 187 特別徵引了汪氏《夢痕餘錄》一段文字，即「考覈異同，一字不敢放過」，此為「治心之學」；這點很有意思，因為其中「王學之迹」隱然可見；而章學誠又恰好自命自己之史學係由「陽明之學」承轉而來，這又可見汪、章二人交往關係及不見諸於文字之相互談論學問之相互影響。

因此，「浙東學術」與「汪氏史學」之關係，或「乾嘉學風」與「汪氏史學」之關係，或可見微知著，有進一層為說之所在；至少不會如梁啟超或胡適所言般，僅僅是「工具書」或「考據之學」而已。

3. 汪氏學術，由史姓諸書到元史學，是否標誌著一種由經世史學到考史之學的晚年轉向，或仍其一貫之學？

這個問題，特可以自錢大昕的兩篇序文來看。在〈廿四史同姓名錄序〉中，錢氏稱道汪氏著作為「史學」，為「著作」。但在〈元史本證序〉中，則僅僅稱之為「考史」之作。抑且，汪氏在《本證》自序中亦直言方法上係

承自明代陳第《毛詩古音考》的影響，已見學脈消息，坦承列屬於「考史」一路。則此是否顯示汪氏晚年對「著述」之想法，已有轉向？

　　以上所提，所觀甚淺，皆不成其為問，特乃藉緣提出，向黃教授以請益者。[93]

---

[93] 茲再一次感謝李教授之評論。從其評論中，可看出李教授是非常用心閱讀拙著的；且也充分展示了其相關學養是相當豐富的。筆者從中實獲益匪淺。針對其各項卓見慧解，筆者當時已嘗試作出回應。該回應見本文第三節末尾的一段及上注 92；今仍請李教授紀祥兄暨其他讀者，不吝惠予賜教為幸。

# 第十三章　史學上的眞理與方法
## ——從西方史學發展史考察[*]

### 摘　要

　　本文首先界定何謂「史學」。簡言之，此指針對人類過去之活動（即所謂歷史），進行研究。此主要包括記載、重建、說明、解釋等等之活動。至於「真理」，則人言人殊。「史學真理」，亦然。本文乃從簡而直接從各史家從事史學活動時，所抱持之價值取向來界定「史學真理」。而各史家必有其呈現、落實各該真理之相應方法。是以筆者不對「史學方法」下一個明確或所謂一成不變（固定不遷）的定義。筆者又認為：史學真理固然左右史家所使用的方法。但方法在一定程度上又反過來影響史學真理之落實。

　　筆者認為「史學真理與方法」恆與時俱進（其實，不一定是進步，此

---

[*] 本文原宣讀於東吳大學文學院1993年元月5日所舉辦之第三屆系際學術研討會；經審查修訂後發表於《東吳哲學傳習錄》，第2號，1993年5月。（又可參本文近末尾處：七、附識）按：本文不少內容涉及史學理論的問題。30年來，史學理論已有長足的進步。惟以客觀環境關係，筆者的教研重點不在於此。2006年之後更偏重當代新儒家（尤其徐復觀、唐君毅、牟宗三等三位業師）的探研，所以史學理論的最新研究成果，實未嘗多所關注、參考。今茲因陋就簡，只作文句上的潤飾或更正錯別字而已。內容上，則一仍其舊。若就本文的貢獻來說，其實非常有限。蓋無甚創見或所謂成一家之言可言。至於彙整綜合前人的研究成果來說，則或許算是盡了一點綿薄，其中由中英法三國語文寫成的西方史學史，筆者參考得比較多；西方史家本人的史學著作（即原典原書），則閱讀得比較少。然而，當年幾乎用了半年的時間纔撰畢本文，以西方史學並非個人之所長故也。（其實，國人在這方面有不錯的表現的，當時也不多見。筆者在東吳大學歷史學系任教30多年，其間只有第一年，即1987-1988年，教過一門西洋史／西洋史學，即「西洋史學名著選讀」是也。）實在愧對讀者不已。

「進」一字，乃取其發展義。）至於西方史學發展史之相應於「與時俱進」這個特點來說，則筆者分為四個時期。而各時期又各有其特色，如下。古代希臘時期：史學求真精神的萌芽；古代羅馬時期：史學求真精神的持續；中古時期：史學求真精神的變質；文藝復興時期：史學求真精神的重視和深化。近現代的發展，則不暇顧及。

最後，筆者透過餘論一節以總結全文。從以上的探討中，筆者得出一結論：史學真理之發展，或史學真理所側重者，計有兩大面向，也可說兩大類型。其一乃旨在求真，另一則旨在致用。然而，此兩者又不是截然對立的。筆者認為，最理想的情況是，兩者都能兼顧到。若兩者發生矛盾衝突而史家不能不作出取捨時，則求真乃最應予以把握住者，即最應予以堅持者；否則史學便不成其史學了！

本文末乃一附錄：針對法儒波丹（Jean Bodin，1530-1596），做了3,000多字的闡述。筆者旨在藉波丹為例以說明以下一個人信念：人的史學思想（乃至其他方面的思想）及其相應的表現，恆與其歷史、時代背景，息息相關。

# 一、引論：「史學」、「真理」與「方法」之涵意

本文旨在探討史學上的真理與方法，茲先說明「史學」、「真理」與「方法」三名詞在本文之涵意（指涉範圍、論域，即英文的 universe of discourse）。

「史學」在本文意指對歷史[1]作研究。此主要包括記載、重建、說明、

---

[1] 「歷史」一詞，其涵義至為廣泛、籠統，具相當歧義性。此自古已然。《說文》：「史（𠁾），記事者也。從右，持中；中，正也。」中國古人用「史」字以指謂「記事者」（記錄史事的人），則古今無異詞。就「史」字的結構的上一半來說，即就「中」（𠁧）這一部分來說，是否即係中正的「中」字，又其涵義是否即為「正」（即現今所謂的正直不阿、秉筆直書──客觀之據實直書），自清朝（含）以來，即頗有爭議。今細繹《說文》之解釋，若推而廣之，此「史」字實蘊涵三義。一是指記載史事之人（古代從事記載之人係史官，此猶今之史家、史學工作者）。二是指從事

解釋等等之活動[2]。

　　「真理」一詞,如同「歷史」一詞,涵意至為廣泛、籠統,亦甚具歧義性。各學術領域,各有其真(真理)所在[3],史學當然不會是例外。至於何謂史學真理,恐怕亦係人言人殊,難有定論的。本文不擬捲入探討「真理」

---

　　史事記載活動時當有的態度。三是指(其實是預設了)史事過去之本身(the past itself),即史官之記載活動所施之對象。許慎的解釋可謂合三者為一體。外文方面,無論英文之 history,法文之 histoire,德文之 Historie 或 Geschichte,就現今常用義來說,其涵義亦相當籠統,既指史事過去之本身,亦指對此過去(the past)作記載、研究。近來為作區分檢別,英文或用 historiography,或用 historical scholarship,法文或用 historiographie,德文或用 Historiographie 或 Geschichtsschreibung 來指謂後者。但此種用法似乎尚未十分普遍,且英文 historiography (法文、德文之 Historiographie)一詞,有被翻譯為「歷史編纂學」的,而歷史編纂學,顧名思義,似較側重於編纂方面;此與中文用語中「史學」這個詞頗有差距。而後者乃指針對過去(the past)所發生過之事情,透過相關史料,並依據嚴謹的方法(即一般所說的科學方法),做出相應之記載、重建。其所完成之結果,即一般人所說的史著(當然,歷史編纂學所完成者,也同樣可稱為史著。)吾人或者可以這麼說,歷史編纂學,吾人或可視之為初階的一種史學(歷史研究)活動;而「史學」則涵意較廣泛,除涵上述初階性質的一種史學活動和透過較嚴謹的研究程序以記載、重建史事之外,甚至尚可包括針對記載、重建之結果(簡言之,即史著),作出反省、批判。而這種史學活動,相對於歷史編纂學來說,吾人或可稱之為高階的史學活動。而這高階的史學活動,吾人甚至可視之為「歷史哲學」的一種學術活動。這有點說遠了。恕不再展開(或可參下注 2)。要言之,本文為求明晰,凡用「歷史」一詞,皆指過去之本身;凡用「史學」一詞,皆指對過去作記述、重建而言。而此後者,相對於上述初階史學和高階史學而言,或可稱為「中階史學」?

[2] 史學活動之範圍至廣,可包括玄思式的歷史哲學(含各種史觀)及批判式的歷史哲學。本文除第四節論及基督教唯神論史觀外,其餘皆偏重闡釋或闡析史事本身之研究(簡言之,即對歷史記載或歷史研究的成果作探討,這可以說是批判式的歷史哲學;很明顯,這是一種第二序的研究),不廣泛涉及理論性的問題。

[3] 舉例言之,學者有謂文學、藝術係用形象思維者,哲學系用概念及範疇思維者,史學係用事實思維者。見陳家聲:〈史學方法論問題〉,《歷史研究方法論集》(鄭州:河南人民出版社,1987),頁 32。此指出文學、藝術、哲學等各應用不同之元素作為思維之工具、根據;亦各有其本身之研治範圍。此亦可謂求真(真理)之旨趣,各有其特點或重點。

的漩渦中。然而任何學術活動,似乎都必係活動者意識支配下的一種行為。而意識下的行為,其背後似必有某種價值取向(價值歸趨、終極理想、終極信念)作為推動力(動因、指導原則。根據唐君毅先生,此推動力,或所謂支柱、支持,乃人源自道德意識而來之道德自我;詳見《文化意識與道德理性》;其中最簡要之說明,見〈自序二〉)。史學作為一門學術活動來說,當然不可能是例外,於是本文便直接從各史家從事史學活動所持之價值取向來界定「史學真理」。史家各有其價值取向,於是史學活動便各有其真理所在了[4]。史學活動所企圖追求之真理,如上所述,固依各史家而異其旨趣。筆者亦承認各真理各有其一定價值,然而此中或不無高下之分、主次之別。讀者細閱全文,尤其結論部分,即可察覺筆者心中實自有一高下、主次之分判也。

　　史學真理,如上所述,固然很多。史家甚或不免各是其是,各非其非。但無論如何,各史家必有其呈現、落實各該真理之相應方法。史學真理固然左右史家所使用的方法。但方法在一定程度上又反過來影響史學真理之落實(此如同:狗擺尾巴,但尾巴被擺動得太厲害時,亦會反過來搖動了狗的軀幹一樣;簡言之,即尾巴擺狗。)有史家甚至說:「從一定意義上說,有怎

---

[4] 按史學活動之種類、型式、方向,紛繁眾多,活動結果亦或千差萬別,各具姿態。美國史家貝克爾(C. L. Becker,1873-1945)甚至認為:"Everyman his own historian"(人人皆自主的史學家)。蓋貝氏從相對主義觀點看,認為史學活動之結果因人而異,無一絕對之定案(最後歷史,ultimate history)可言。而相對主義,語其究竟,實可謂源自其倡議者或信服者在價值取向上之差異(即各具價值取向);源頭既異,末流自然不同了。按:"Everyman his own historian",此一名言實係 1931 年 Becker 就職美國歷史學會(American Historical Association)會長之就職演說詞之標題。此標題,一般直譯作「人人都是自己的史學家」。此翻譯固然不能算錯。但此翻譯及英文之原文皆不好懂,除非我們先明白 Becker 之史學思想。按 Becker 乃係一相對主義之史學家。他原則上反對史學研究可以如實地重建過去之真象。因此他認為每個人(史家)都是「自作主張」,在一己主觀意識支配下重建過去的。"Everyman his own historian" 便是在這種理念下道說出來的。杜維運先生兼通中西史學,對 Becker 具慧解。今譯作「人人皆自主的史學家」,即係據杜先生之翻譯。杜維運:《史學方法論》(臺北:華世出版社,1979),頁 359。

樣的史學方法，就有怎樣的歷史學。」[5]其實，史學方法與歷史研究互相影響，彼此是一種雙向互動的關係。然而方法，就其性質來說，乃可謂只係一技術層面的東西。方法以至方法論[6]，其本身不構成一圓具自足的獨立理論體系。它是史家一定的歷史觀或歷史認識論（也稱歷史知識論）下的產物。基於這種認識，下文在揭示各史家所用之方法時，不得不對各該史家之史學特點及理論體系稍作說明[7]。綜上所述，本文所說之史學方法，乃指史家落實其所追求之史學真理時所應用之技藝（手段、途徑、技巧）而言。

---

[5] 趙吉惠：《歷史方法論》（成都：四川人民出版社，1987），頁 15。就史學方法本身而言，其種類可謂不勝枚舉。如歸納方法、分析方法、綜合方法、比較方法等。這些或可稱為以科學信念為基礎的"理性"的方法。此外，又有直覺法、移情諒解法、思想重演法等等。如觀念論者克羅齊（B. Croce，1866-1952）、柯林伍德（R. G. Collingwood，1889-1943）等即屬之。此或可稱為"非理性"的方法。這兩大類方法，大體上，都是把隸屬其下的各子項方法，等量齊觀、作平列處理的。此外，又有史家依史學研究之過程或對象之不同而把史學方法作不同層次之分類者。如把史料考證稱為史學方法中之特殊方法，重建個別史實或重建小規模歷史過程之方法稱為一般方法，重建或說明大規模歷史過程之方法，則稱為普遍方法。有關不同層次史學方法之分類，可參陳家聲，上引文，頁 35-36、74；又可參趙吉惠，上引書，頁 12；劉俐娜：〈試論中國 20 年代初年史學方法的幾個新特點〉，收入《當代西方史學思想的困惑》（北京：中國社會科學出版社，1991），頁 213。但本文不意圖就史學方法之各種類及各自之特質作探討；亦不意圖對史學真理之各種涵意作概念性的論述。此參看本文之標題即可了然。

[6] 方法與方法論不同。套句邏輯術語，前者屬對象語言（Object language），意指各種方法之本身；後者屬後設語言（Metalanguage），意指對各種方法（尤其其致知有效性）作反省批判。但亦有不少史學方法之書籍，不作此區分，雖同指一物，而時用「方法」，時用「方法論」一詞。

[7] 我們因為把史學方法視為技術層面的東西，因此便把它從屬於歷史知識論之下。但亦有學者有很不同的看法，而賦予史學方法一非常廣泛的涵義：視歷史哲學、文化社會學、歷史社會學與知識社會學均係史學方法下的子項。胡秋原氏即持此意見。見氏著：《史學方法之要點》（臺北：學術出版社，1970），頁 42。

## 二、古代希臘時期：史學求真精神的萌芽[8]

說到西方史學的發展，相信誰也不能否認希臘人所扮演的關鍵性的角色。西方史學兩千多年來之重視編年敘述體、重視政治史、軍事史、外交史，對史料作批判、考證，並強調史學的實用價值，這一切都可以在希臘史學中尋得到源頭。說到希臘史學的源頭，我們可先從希羅多德（Herodotus，公元前 484-430/420）說起[9]。

希羅多德的傳世之作是《歷史》[10]。在該書中，希羅多德所表現的史學特色，可概括為以下六點。一、視野廣闊，具有通史及文化史的規模。二、取材宏富。三、具求真的精神。四、歌頌民主自由。五、重視道德訓誨。六、文筆華美，描寫生動[11]。該書後人一般分為九卷[12]，首卷至第五卷第二十七節是泛論小亞細亞諸國情況，所記述之內容，往往失諸輕信，多為道聽塗說之詞。該書後半則寫希、波戰爭經過，內容相當嚴謹可信。同為一書，

---

[8] 所謂「真」，其涵義是多樣化的。上文對此已稍道及。這裡乃指努力重建歷史之真象——真情實況，即歷史之真際、真相——而言。下文除非另作聲明，否則凡言史學上之真，皆指此而言。

[9] 希羅多德之前，希臘已有不少紀事家（logographer）。但這些紀事家原則上是有聞必錄，還說不上有什麼史學方法，儘管似乎他們已意識到竭力要使自己的記載與事實相符合。著名紀事家之一的赫卡泰厄斯（Hecataeus，約公元前 550-478）在自己的著作《譜系誌》（genealogies）中說：「只有我認為是真實的東西，我纔把它記載下來。」轉引自 Herbert Butterfield，《史學的起源》（*The Origins of History*）（New York: Basic Books, 1981），頁 134。遺憾的是我們無法根據現存《譜系誌》的殘卷斷定他的實際史學表現是否與其斷語（理想）相符合。因此，一般學者還是把希羅多德算作西方史學史上的第一人。

[10] 《歷史》的內容，前半是記述呂底亞、美地亞、巴比倫、埃及等地的情況，後半是敘述公元前五世紀希臘、波斯之間的戰爭，因此後人又稱該書為《希臘波斯戰爭史》。該書有中譯本（北京：商務印書館，1985），譯者是王以鑄。

[11] 詳參郭聖銘：《西方史學史概要》（上海：上海人民出版社，1983），頁 19-21。

[12] 《歷史》一書的分卷及版本問題，可參看 J. W. Thompson, *A History of Historical Writing* (New York: The Macmillan Co., 1962), p.26；郭聖銘，上揭書，頁 17-18；《歷史》中譯本（北京：商務印書館，1985），〈出版說明〉，iii-iv。

何以前後兩半之寫作態度竟會截然不同？原因很簡單。這主要取決於作者所運用的史學方法。

希羅多德，像當時一般的希臘史家（記事家）一樣，主要是透過「審問目擊者（eyewitness）」的方法來搜集證據—史料。（這使人想起今天相當流行的口述歷史。）但這種方法「卻把史家拴在一個繩套裡，那個繩子的總長就是活人的記憶……且他們想衝破這個繩套，他們的作品就顯得粗魯不堪。」[13]《歷史》後半記述希、波戰爭，戰爭參與者或目擊者當時大多尚在人間。應用此法，自可得心應手。《歷史》前半則記述非當時人所能目擊之史事。此部分「顯得粗魯不堪」，正是受到「審問證人法」制肘所致。然而，由目擊者充當之證人，一方面不一定說真話。再者，不同證人對同一事作證，證詞亦時有差異，甚至相矛盾。那麼身為「法官」的希羅多德，又如何斷案呢？對此，作者在書中表明了立場。他說：「我的職責是在報導人們所說的一切，但我自己並不一定就相信這些事件是真實的。——我這項聲明，適用於我的全部著作。」[14]

我們固然可以根據這種「按而不斷」的作法而說希氏有點推卸史家職責，對史料不作篩選檢別。但亦未嘗不可說希氏是為了避免武斷的危險，纔出此"下策"的。這至少已顯示出有相當程度求真的傾向了。再者，希氏的聲明也許是過分謙遜了一點。事實上，希氏絕不只是簡單的羅列各人的說法便交差了事。他對各種不同的說法，通常是先加以估量、核對，使之互相參證。「他使讀者們知道：這些口碑傳說中所說的事跡，哪些是不容置疑的。哪些是有爭論的，哪些是可能發生的，哪些是不可能發生的。這種治學態度，證明他有一種知識上的良心，是想做到誠信不欺的。」[15]這其實已是一種為求重建歷史的真相而應用的史料批判的方法了。此外，希氏尚有應用直觀認識法、邏輯推理法，並親身實地考察往跡，以求取、重建歷史真

---

[13] 語出蔡石山：《西洋史學史》（臺北：國立編譯館，1975），頁6。
[14] 這個說法，有點類似中國學者所說的「案（按）而不斷」。上引語見 *The Persian Wars*, translated by G. Rawlinson (New York: Random House, 1942), pp.556-557.
[15] 語出郭聖銘，上揭書，頁20。

相的[16]。

　　作為故事述說者（story-teller）來說，希氏的成就是空前的[17]。大概正是由於這個緣故，羅馬名演說家及哲學家塞西羅（Cicero，公元前 106-43），即以「史學之父」（the father of history）稱譽之[18]。然而同一塞西羅又因為希氏有聞必錄，不免流於輕信，所以又譏之為「謊言之父」[19]。這個批評似乎嚴苛了一點。湯普遜（Thompson）的斷語便比較中肯。他說：「雖然希羅多德不免輕信，但就批判精神來說，他還是超越自己的時代的。」[20]然而，人既然是時代的產物，他似乎不可能在任何一方面都超越自己的時代。希氏擺脫不了用神的意志來解釋歷史事件，如解釋戰爭的結果，即為一顯例。此外，過分突出故事性及追求文筆之生動，並缺乏明確的時間尺度，都不能不損害歷史的真相。在這些方面，比希氏稍晚的另一希臘史家修昔底德（Thucydides，約公元前 460-約 400）就比較進步多了。其史學名著是《伯羅奔尼撒戰爭史》。

　　英國哲學家兼史學家休謨（David Hume，1711-1776）嘗指出說：「真正的歷史學是從修昔底德的著作開始的。」[21]修昔底德用科學的態度及批判的精神來撰史。休謨所以作出上述的稱譽，蓋本於此。希羅多德雖被譽為史學之父，但他所開創的文化史傳統（記述眾多民族的風土人情、生活習慣）卻長久以來後繼無人，在西方史學長河中（至少在文藝復興以前），不佔重

---

[16] 參宋瑞芝等編，《西方史學史綱》（開封：河南大學出版社，1989），頁 49。

[17] 參 J. W. Thompson，上揭書，頁 25-26。

[18] 站在世界史學史的觀點看，「史學之父」前加上「西方」二字似更妥貼，因孔子（公元前 551-479）出生尚比希氏早 60 多年。當然，塞西羅不知道孔子的存在，也不知道希臘之外，中國亦是史學大國。

[19] 見張廣智、張廣勇：《史學，文化中的文化》（杭州：浙江人民出版社，1990），頁 77；又參宋瑞芝，上引書，頁 38。

[20] J. W. Thompson，上揭書，頁 26。

[21] 轉引自 Joseph Gavorse 為 History of the Peloponnesian War（translated by Richard Crawley）寫的序文（New York: The Modern Library, 1934），頁 15。

要地位。[22]反之，修昔底德所開創的政治軍事史，則形成了西方史學一個悠久傳統。這一傳統後經羅馬史家塔西佗（Tacitus）、薩魯斯特（Sallust）及文藝復興時代馬基雅弗利（Machiavelli）等人發揚光大；最後到 19 世紀的蘭克（Leopold von Ranke，1795-1886）而達到巔峰。英國 19 世紀著名的史家弗里曼（Edward A. Freeman，1832-1892）曾說過一句名言。他說：「歷史是過去的政治，政治是現在的歷史」這話蓋謂歷史著作所記載的是過去的政治，而當前的現實政治又構成了當代史——眼前的歷史（現在的歷史）所記載的對象。在今天來看，這句話是過分誇張了政治活動在歷史著作中該佔的比重。但直至19世紀為止，這話卻很可以反映西方史學的大傳統[23]。下文我們便來論述這個大傳統的奠基者修昔底德的史學。

綜觀修氏《伯羅奔尼撒戰爭史》，可知他並非僅單純地記述政治、軍事事件的本身。譬如，在說明歷史因果時，他不會忽略經濟因素的作用。在敘述戰爭行動及參戰各方時，各友邦之間的傾軋、各邦內部不同階級、階層和政治派系間的鬥爭，以至各種社會矛盾衝突也會連帶被述及。由此看來，政治、軍事活動面，固然是該書之重點內容，但經濟、社會，以至人類衝突鬥爭背後的心理活動，亦構成了該書所論述的對象[24]。修氏所開創的史學格

---

[22] 然而，對希氏來說，其所追求之史學真理，可能就正在於把他當時所知悉的眾多民族的風土人情、生活習慣和希波戰爭的"實況"，透過他認為可信的史學方法（含按而不斷的作法），予以記錄下來。

[23] 其實中國之情況亦然。梁啟超（1873-1929）在〈新史學〉一文中說中國的廿四史都是帝王家譜。此語或嫌過當。但如果我們把「帝王家譜」（原文作「二十四姓之家譜」）一詞作寬泛義的理解，而釋讀之為「政治史」的話，則任公一語便很具真知灼見了。各朝紀傳體正史無不以記載政治大事的本紀作為各該正史之首（當然本紀也紀載政治以外的其他以皇帝為首的人類活動領域，乃至記載大自然現象，但政治活動恐怕仍占最大的比重），於此便可見政治史在正史中所具的關鍵地位了。至於可充當帝王教科書的編年體鉅構《資治通鑑》，其內容雖廣涉各方面（其中「禮樂、曆數、天文、地理，尤致其詳」；語出《通鑑・唐紀》「開元十二年」條之注文），但政治事件無疑仍是該書的主要內容。

[24] 有關歷史人物的心理揣摩方面，修氏可謂古今獨步。修氏本人閱歷豐富，政治敏感性高，又有深邃的洞察力。以此為基礎，他運用歷史的想像，揣摩所描述的對象（《戰

局,二千年來得以歷久不衰,實源於此——以政治、軍事史為主導而兼攝其他方面之記述、分析,而並不純粹以政治、軍事史本身為記述的對象。

上文是就修氏史著的內容來說。此外,就歷史體裁來說,修氏之史著亦開創了另一傳統——以編年敘述體方式來記事[25]。此傳統綿亙了二千多年而不衰。

至於修氏的史學特色,可綜約為以下六點。(一)理智的、科學的治史態度。(二)注意歷史事件的因果關係。(三)認識到經濟因素的重要性。(四)歌頌民主制度和法治精神。(五)對於歷史事件,作理性的解釋(不似希羅多德之訴諸神意)。(六)重視史學的垂訓功能[26]。其中前五點可說都是為第六點服務的。修氏修史的終極關懷(這或可說就是他追求的史學真理之所在)就是要讓歷史為後世服務。對他來說,也許史學不外是「以事實為訓的哲學」罷了。但他不會為了達到這個致用的目的、理想而棄置史實不顧或扭曲史事的真相。但目的歸目的(理想歸理想),沒有有效的重建程序、方法,目的、理想恐怕還是落實不下來的。現在我們便來論述他的史學方法。對這方面,修氏本人嘗作過「自述」。他說:

> 在敘事方面,我決不是先入為主,一拿到什麼材料就寫,我甚至不敢相信我自己的觀察就一定可靠。我所記載的,一部分是我根據我親身的經歷,一部分是根據目擊其事的人向我提供的材料。這些材料的確

---

爭史》一書可說是當時的現代史,因此描述的對象便大多是當時人)——一般人及軍政要人——的心理,更藉此重建/推斷各名人的演說詞。無怪英國史家 C. N. Cochrane 以「心理大師」稱譽之。見氏著:*Thucydides and the Science of History* (Oxford: O. U. P., 1929),頁 7-12。柯林伍德(R. G. Collingwood)亦稱之為心理史學之父(father of psychological history)。見氏著 *The Idea of History* (New York: O. U. P., 1970),頁 29。

[25] 其實以編年方式(順時序方式)記事,是史學得以成立的一項決定因素:沒有時間先後的觀念,便沒有歷史學。事件是在時間流中「鋪設」(呈現)出來的,於是順時序先後來記事,便是記事之自然歸趨。西方如是,中國亦莫不然。中國最早史書之為編年體的《春秋》即係一顯例。

[26] 可詳參郭聖銘,上揭書,頁 27-29。

鑿性，總是可能用最嚴格、最仔細的考證方法檢驗過的。然而即使費盡了心力，真情實況也還是不容易獲得的。[27]

修氏治史之嚴謹態度，可見一斑。「甚至不敢相信自己的觀察就一定可靠」，這是一句很嚴肅，很有智慧的話。這反映出：作者如果不是充分意識到人類認識能力客觀上的制限，便是充分意識到個人主觀因素對歷史重建所可能產生的負面影響。但無論那一種情況，都揭示歷史知識論（historical epistemology）已然萌芽。

修氏親身參與戰役、親自考察作戰遺跡、仔細研究石刻外交文件、引用私人書信、考核民兵檔案……。[28]凡此種種，皆可證明其史著之可靠性及反映具相當科學程度的史學方法。無怪乎巴恩斯（H. E. Barnes）稱譽之為「科學和批判史學的鼻祖。」[29]

但再好的史著，都不可能沒有缺點或瑕疵的。《伯羅奔尼撒戰爭史》當然也不例外。這可從兩方面來說。（一）修氏史著中只用冬夏二季來記時，失諸粗疏[30]。（二）修氏在戰爭成敗的解釋上，雖已注意到經濟、財政、甚至貿易的因素，但如能進一步從經濟利益的衝突來解釋戰爭的爆發，則其史著也許更能令讀者（尤其現代讀者）滿意[31]。

希羅多德及修昔底德之外，蘇格拉底的學生色諾芬（Xenophon，約公

---

[27] 轉引自郭聖銘，上揭書，頁 26。郭氏之譯文乃據 R. Crawley 之英譯本。又可參謝德風之中譯本（北京：商務印書館，1978），頁 17-18。

[28] 參蔡石山，上揭書，頁 16。

[29] H. E. Barnes, *A History of historical writing* (New York: Dover, 1962), p.30.

[30] 反觀孔子的《春秋》，其成書年代雖早於《伯羅奔尼撒戰爭史》，但用以記事的時序法，則縝密多了。《春秋》是「以事繫日，以日繫月，以月繫時，以時繫年」的。「繫時」的「時」，指的是春夏秋冬四季。孔子的《春秋》，源自魯史，由此可推知此法為歷來成法，非至孔子時始創也。然而，有謂：商代和周初只有春秋兩季；即一年不細分為四季。修氏史著中只用冬夏二季來記時，也有可能希臘當時，只把一年分為兩季而已；不細論。

[31] 參見 Jacqueline de Romilly, *Histoire et raison chez Thucydide* (Paris: Les Belles Lettres, 1956)；蔡石山，上揭書，頁 16-17。

元前 430-350）與哲學家亞里斯多德（Aristotle，公元前 384-322）對史學亦作出貢獻。前者乃多產作家，其代表作是《長征記》（*Anabasis*）；後者著有《雅典憲政》（*The Constitution of Athens*）[32]。但就史學方法而言，二人無甚創新之處。

在亞歷山大大帝（Alexander the Great，公元前 356-323）的統治下，歐洲和小亞細亞邁進了希臘化（Hellenization）時代。其時，文治武功鼎盛一時。但史學可說是衰世的產物——時代愈是衰亂，似乎愈能孕育偉大的歷史家。希臘化時代產生不了像希羅多德或修昔底德的史家，似是最好的明證[33]。但無論如何，這時代的史學方法，自有其創新之處。過去修撰史書，史料的來源，主要停留在訪問目擊證人的方法上。現今則是利用既有的文本史料（包括前人的著作），就其內容，進行篩選摘錄，然後加上必要的考證，作出判斷，最後按照一定的規劃進行整理編纂成書。這種剪一塊、貼一塊，補貼彙整的方式，後世稱之為剪貼式（scissor and paste）的史學。這種方法，雖然沒有甚麼高明之處、但至少在彙整、處理史料時，比從前更靈活，更富彈性空間。

如果要數希臘化時代的史家，則撰著《歷史》（《羅馬通史》）的希臘人波里比阿（Polybius，約公元前 204-122）是其中的佼佼者。郭聖銘甚至稱之為「歷史學家中的歷史學家」：認為在古代希臘、羅馬的歷史學家中，他的著作最合乎科學方法的要求，最能秉持求真的精神來寫史[34]。他求真的熱忱，或許更在修昔底德之上。但就求真的方法而言，似無創新之處。此外，視歷史著作為一種最好的教育媒介，具有垂訓功能，亦只是前人陳說的翻版。然而，波里比阿具有世界通史的眼光，這或係前人所不及的。他認為「單寫個別的史事沒有什麼意義，只有具備世界（當然是他們所認識的那個

---

[32] 該書分兩部分。首部分描述雅典及其憲政的演變；後部分敍述雅典當時之憲法。參 J. W. Thompson，上揭書，頁 38。

[33] 中國的情況亦然。魏晉南北朝是中國歷史上的衰世——最動盪不安的時代，但史學卻最為興盛蓬勃，亦係一例。

[34] 郭聖銘，上揭書，頁 50、53。

世界）通史的眼光，把個別的史事放在世界通史中來衡量，才能正確地予以評價。」[35]現代史學吸收結構主義及自然科學中系統論的創見，認為該把個別的史事放進結構群中或整個系統中去研究、衡斷，才可以正確地予以認識、評價；換言之，即在宏觀的視角下來看待個別的史事。想不到早在 2,000 多年前的波里比阿已有類似的認知了。史學真理的掌握，就他來說，這也許是唯一或至少是比較有效的途徑呢！

希臘化時代的史家，除波里比阿外，較著名的尚有《地理志》的作者斯特拉波（Strabo，約公元前 63-公元 24）、《名人傳》（或稱《希臘羅馬名人合傳》）的作者普魯塔克（Plutarch，約公元 46-120）、《羅馬史》作者阿庇安（Appian，約與普魯塔克同時）、多產史家阿里安（Arrian，約公元 96-175）及《羅馬史》作者安米阿努斯‧馬西利納斯（Ammianus Marcellinus，約公元 330-401）。但他們的著作，在史學方法上，皆未能超越前人。其中或稍值得一提的是普魯塔克的《希臘羅馬名人合傳》。該書的主要內容是以類相從，對比列述 23 對希臘、羅馬偉人的生平與貢獻。並在每對人物後面都綴以論贊。這可說是使用比較法治史的一個特例。

羅馬統治時期的希臘史學（即希臘化時代的史學），其貢獻已略述如上。下面反過來稍論說古代羅馬時代羅馬人本身的史學貢獻。

## 三、古代羅馬時期：史學求真精神的持續

此期的前階段（共和時期，公元前 753-公元前 31）的著名羅馬歷史家，計有撰寫《羅馬史》（*Graeci Annales* or *History of Rome*）的費邊‧畢克托（Fabius Pictor，約生於公元前 254），撰寫《羅馬歷史源流》（*Origines*）的老加圖（Cator The Elder，公元前 234-149），著有《喀提林叛亂記》（*Conspiracy of Cataline*）和《朱古特戰爭史》（*Jugurthine War*）的薩魯斯特（Sallust，公元前 86-34）。政治上及軍事上的風雲人物儒力斯‧凱撒

---

[35] 同上注，頁 53。

（Julius Caesar，公元前 101-44），著有《高盧戰記》及《內戰記》，可說是這階段著名羅馬史家的殿軍。這些史家，都各有貢獻。其中在方法上超邁前人，並可說是羅馬史學之真正奠基者，則是首用拉丁文撰寫歷史的老加圖。老加圖治史嚴謹用功。在方法上，他「採用人種學、地形學來佐證他的論點，而且借助經濟學來引申他對歷史的解釋。老加圖的確創立了一個獨特的學派。」[36]

古羅馬的史學成就主要表現在第二階段，即帝制時期。李維（Livy，公元前 59-公元 17）及塔西佗（Tacitus，約公元 50-120）是其中的佼佼者。後者更可說是古代羅馬最偉大的歷史家。

就中國史學而言，創立通史體例的是司馬遷（公元前 145-公元前約 90）[37]。其《史記》上起黃帝，下迄漢武，上下數千年，其為通史無疑。就西方而論，其人則是李維[38]。其名著《羅馬自建城以來之歷史》，略古詳今，縱述七、八百年的歷史，這在西方是一大創舉。可是李維並不是一個著作態度嚴謹的史家。在史料選取方面，失諸輕率、偏頗。究其原因，可有三端。一是過分強調史學的致用目的。二是民族沙文主義傾向；偏頗即由此而生。再者，史料過多（七八百年歷史所遺留下來的史料），選取時不太可能逐一以嚴謹的方法加以考核、分析。因此，他的著作，嚴格來說，只能算是

---

[36] 蔡石山，上揭書，頁 30。
[37] 關於司馬遷的卒年，學者爭論不休，說法不一；恕不展開。
[38] 按「通」至少可分為兩類：橫通、縱通。上文說過波里比阿是通史的撰者，主要是就橫通來說。他是從世界史的立場來寫羅馬史。然而，李維所寫的《羅馬自建城以來的歷史》，顧名思義，很明顯是縱通式的通史。該書有王敦書之選譯本（書名作《李維《羅馬史》選》）北京：商務印書館 1980 年修訂重版。章學誠《文史通義》有〈釋通〉一篇，詳述各類「通書」，可參看。劉咸炘《文史通義識語》論〈釋通〉曰：「此篇專論史法，乃先生之大計。」（轉引自葉瑛：《文史通義校注》（北京：中華書局，1985），頁 378。）又《文史通義》尚有〈橫通〉一文，則旨在評當時之版本目錄學，並抨擊乾隆三大詩家之一的袁枚，主旨不在於論述史學體例上之橫通，讀者不可混。

前人著作的改編和鈔錄[39]。由此說來，以史學求真的尺度來繩衡，李維也許是不合格的。然而，他所追求或所要落實的真理卻另有所在，即把歷史事實當作借鑒，並作為宣揚愛國思想的利器。

比李維晚生一百年的塔西佗，則比較能堅守史學的第一要義——求真（重建歷史的真情實況）[40]。此外，他比李維更有強烈的道德感（愛惡感）。對這樣一個古羅馬帝國時期的偉大史家，我們願意稍加論述。

塔西佗著作甚豐，其中以《歷史》（亦作《羅馬史》）及《編年史》（亦作《羅馬編年史》）最為著名[41]。他在《羅馬編年史》中說道：「我認為，歷史的最高職能就在賞善罰惡，不要讓任何一項嘉言懿行湮沒不彰；而

---

[39] 說到李維「輕率」，這一方面可能源於其個人之性情；他方面亦由於客觀情勢使然，如史料過多、撰述工程過於浩大即是。至於人之陷於「偏頗」，究其原因，亦可有二端：個人價值取向之過分重視、強調，這使人不自覺地陷於偏頗而不自知，或使人自覺的、甘心的陷於偏頗而無悔。就李維而言，其隱瞞、竄改史料，刪掉有損羅馬人形象的記載，則明顯係後者的表現。人由於不自覺而陷於偏頗，其糾正、改善之法，則在於平時加強專業訓練，多作反省思考，提高認知方面的敏感度。又人雖自覺，但仍甘心自陷於偏頗，其改善之法，則唯有儘量自我抑制，並以客觀、冷靜的理智態度作自我調整，務使個人價值取向不致妨礙客觀真理的研求。換言之，前者可以透過知性方面的培訓來提高人的自覺性。後者則透過德性方面的修持來遏止、疏導個人價值取向對學術領域之干擾。近人論述歷史知識論或史家修養的專書、專文甚多。此皆與上述問題有關。其實，200多年前中國史學理論家章學誠（1738-1801）對此問題，已作過深入討論，殊屬難得。見《文史通義・史德》。

[40] 把求真視為史學的第一要義，這是筆者個人的價值取向而已。很多史家認為史學的第一要義是要為現實政治或社會服務；重建歷史真相實際，並不是他們關注的重點。然而，筆者不得不指出，有謂：人在屋簷下，不得不低頭。很多時候，尤其是生活在專制獨裁的國度裡，身不由己，那是無可奈何之事！是以論古必恕。你可以不吃，但你的家庭成員要吃；你可以從容就義，但不能由此貽害你的家庭成員隨而「慷慨赴死」。帝制時代，誰都逃不了專制政治的五指山，所以業師徐復觀先生最痛恨萬惡之首的獨夫民賊。然而，筆者還是要補充一句，只要是史家個人生活條件可以滿足的情況下（即基本上可以滿足日常生活所需，即所謂可以過基本的生活），及沒有受到客觀環境的制肘下，限制下，打壓下，史學求真一義，還是要堅守住的。這其實是良心（人類之所以為人類之要素）的一種呼喚。

[41] 兩書均有王以鑄、崔妙因合譯的中譯本，北京：商務印書館1981年出版。

把千秋萬世的唾罵，懸為對奸言逆行的一種懲戒。」[42]這話可說是中國傳統的「彰善癉惡」、「善善惡惡、賢賢賤不肖」、「誅奸諛於既死，發潛德之幽光」的西方板本。史家的道德良心，表露無遺。可惜的是，塔西佗的道德標準，有時趨於極端。蘇格拉底的名言：「世界上沒有絕對好人，也沒有絕對壞人」，他大概沒有體會到。因此，在描述人物時，幾乎全從陰暗面著墨，結果全部都是壞人。塔氏不滿現狀，憤世嫉俗，一框懷抱無法在現實上施展。這大概是他貶斥人物時趨於極端的原因。以這種態度來寫史，當然就很難持平客觀了。可幸的是，這種態度大多只表露在他評價人物方面。就史實本身的重建上，他還是相當值得推崇的。他認為史家載事，須「不懷怨毒之情，不存偏私之見，並摒絕所有不良的動機。」[43]他相信自己能秉筆直書，不為個人的好惡而有所偏私。可說是把個人的價值取向（好惡感），提高到相當自覺的程度，並加以限制。綜觀上述兩書，他的「誓詞」，雖沒有全部兌現，但「跳票」的情況也不常見。

然而，有再好的求真（重建史實的真相）動機，但如果沒有樸實、善於敘事的文筆，也是徒然。以文筆[44]見長的英國史家麥克萊（T. B. Macaulay, 1800-1859）曾指出說：「在刻書人物性格方面，塔西佗在歷史學家中是古今無匹的。」[45]孔子的《春秋》被視為一字之貶，嚴於斧鉞之加。就此義來說，塔西佗便是西方的孔子，因為他的著作被譽為是「懲罰暴君們的鞭子」[46]！但就哲理或理論層面來說，塔氏恐怕不能跟孔子相提並論。因為前者的視野相當狹隘。他以為羅馬就是世界，世界就是羅馬。用這種世界觀寫成的

---

[42] *The complete works of Tacitus*, translated by A. J. Church and W. J. Brodribb (New York: The Modern Library, 1942), p.137.

[43] 同上註，頁3。

[44] 當然如能以樸實的文筆為基礎而提煉出生花妙筆，則更佳。中國古人謂史家須有四長：才、學、識、德。好的文筆當然是成就史才的必要條件。我國的史學理論家劉知幾與章學誠皆嘗討論史家的構成條件。有關史家三長（才、學、識）之討論，參看《舊唐書‧劉知幾傳》；史德之討論，見《文史通義‧史德》。

[45] 轉引自郭聖銘，上揭書，頁49-50。

[46] 語出俄國大詩人普希金（1799-1837）。轉引自郭聖銘，上揭書，頁49。

羅馬史，難免流於偏激狂妄。他鄙視和平，崇拜征戰、勝利、光榮。蔡石山便指出說：「他的歷史沒有理論基礎，也缺乏哲學深度。」[47]

就史學方法來說，塔氏的作品也有不少令人詬病之處。據後人考證，他所陳述的史事大體上堪稱正確真實，但鈔引史料，卻沒有註明來源出處。這便增加後人查證上的困難；對進一步研究，也構成不便。然而，作為古羅馬帝國時期的史學著作來說，其嚴謹可信度仍是超邁同時代其他人的著作的。

塔西佗所追求或所要落實的史學真理或許可用「善善惡惡、賢賢賤不肖」的道德取向來給予定位。可幸的是他這種個人價值取向尚不至太危害到史學求真（重建歷史真相）這個大原則。

塔氏之後蘇托尼厄斯（Gaius Suetonius Tranquillus，公元 75 年-130 年之後）也是一位有成就的史家；著有《羅馬十二帝王傳》。該書與前述普魯塔克的《希臘羅馬名人合傳》一樣，開西方史學傳記體之先河。但蘇氏的著作，比起李維及塔西佗，都相差很遠。就史學求真之途徑或史學方法而言，無若何創新之處。

伴隨著塔西佗及蘇托尼厄斯的逝世，希臘羅馬的史學也宣布壽終正寢。下文我們將進入另一時段另一型態的史學。

## 四、中古時期：史學求真精神的變質

公元四、五世紀，基督教在西方文化中已建立了牢不可破的支配地位。洪波所及，史學研究自不得不受其影響。史學之精神、陳述之內容、著作之風格、方法之取徑等等都迥異前代。

為說明這種種轉變，我們有必要把當時人的宗教信念先作一概述。此種信念的樞紐、關鍵，實在於以下一認定：上帝是萬物之源，一切事物都由身為造物主的上帝作主宰。這是當時人一切信念背後的一個基本認定。基於這個認定，人類根本不可能扮演任何自主性的角色；歌頌和榮耀上帝似乎就是

---

[47] 蔡石山，上揭書，頁 40。

人生的唯一目的。人和人世間一切事物及其發展,便變成了只是上帝意志的體現,即為早已安排好的計劃在地上的展示作見證而已。基於這種信念和認識,史學(其實任何其他學科,以至任何人類的活動)亦只是為了服務這個既定目的而已。史學活動所追求的真理,便定然也是以此為主軸了。至於相應的具體內容,就是:論證(說明、解釋、辯護)聖經中所說的神話和傳說乃係歷史的真相(即聖經就是真實——真情實況的紀錄),一切否定、非議、別異於聖經或聖經代言人的著作都是不可靠的。於是,宗教傳說代替了信史實錄、宗教迷信代替了科學求真。公元前五世紀由希羅多德及修昔底德所開創,並持續近一千年的史學求真的偉大傳統於焉泯滅無存。

然而,中古基督教史學也不是一無可取[48]。首先,中古史家受基督教義的影響而改變了他們的宇宙觀。個別的民族、國家不再是史學陳述的主要對象。上帝關懷一切、愛一切。於是史家要描述的也該是世界史、全人類的歷史。就此義來說,史家的胸懷比前寬廣了。視野亦擴闊了。其次,基督教義促使了統一紀年法的使用[49]。以前混亂的情況漸得改善。其三,基督教義影響了史家對歷史分期的看法。基督教史家不相信歷史循環的理論。他們認為歷史是直線發展的,其順序是:上帝創造人類、人類犯罪、耶穌基督降生救世、世界末日最終審判的來臨。而耶穌基督尚未誕生救世以前的歷史是黑暗

---

[48] 文藝復興至啟蒙時期的當時人視中世紀為黑暗時代,基督教唯神論史學遂備受攻擊責難。這要到廿世紀西方史學慢慢發展出史家設身處地回溯過去而產生的「同情諒解」的歷史解釋法時,中古史學才獲得適度的尊重。歷史的發展真可謂是辯證的(dialectic)。(猶記得40多年前,首聞此義於牟宗三先生的課堂上,當時未悉其究竟;但沒有向先生追問。今轉瞬師歸道山30年!當時不用功,奈何?!)史學的發展亦然。中古史學自有其一定的發展方向(姑以 thesis,即「正」視之),文藝復興至啟蒙運動時期,以至十九世紀,可說又是另一種發展方向(antithesis,反),至本世紀,則可謂「合而一之」(synthesis,合),而有了新的發展。按:以上的正和反,不含褒貶義,即非視前者為一正面的東西,後者則為一反面的東西;而只表示發展的不同方向而已。

[49] 統一紀年法使用之前,歐洲使用的紀年法有多種。或以羅馬執政官的在位年分紀年,或以羅馬城始建年分(公元前753)紀年,或以首屆奧林匹克賽會舉辦年分(公元前776)紀年。

時期；之後，是光明時期。就以上各發展階段來說，其最後一語所描繪者，即黑暗時期進至光明時期這一描繪來說，人們此描繪（此看法）似乎揭示了他們相信人類歷史的發展是向前邁進的，即進步的。這種看法可稱得上是進步史觀下的產物。筆者認為這是一種深具積極意義的，正向的看法；先不論其背後是否真有一推動者。

以下將透過這時期著名史家的貢獻，尤以史學方法上的創新，來陳示本期史學的特色。

基督教史學的真正奠基者，並在歷史編纂法上作出貢獻的史家是攸西比亞（Eusebius，約公元 260-340）。在所撰著的《編年史》中，他用綜合編年法來紀年，把他所知道的世界各國的歷史，納入一個單一的編年結構之中。具體來說，是以亞伯拉罕（Abraham）的誕生作為基準點，並排記載神聖的歷史和世俗的歷史：左邊記載神聖的歷史，右邊記載世俗的歷史[50]。四百年後，這種紀年法，在英國史學的奠基者名僧比德（Saint Bede the Venerable，公元 673-735）的推動下，得到進一步的發展。在代表作《英國教會史》中，比德以耶穌基督傳說中的誕生年分作為基準，把以前用 B.C.（Before Christ）來標示：把以後用 A.D.（Anno Domini 我主之年）來標示。基督教紀年法，由是被確定下來，以後並成為全球通用的紀年方法。比德也因此被尊稱為「可敬的比德」（Bede the Venerable）[51]。

說到本時期的史學，基督教神學家，北非希坡城（Hippo）的主教聖奧古斯丁（Saint Augustine，公元 345-430）是一個非提不可的關鍵人物。把基督教唯神論史學推向極至，並建立起圓具自足的歷史理論體系的人，就是他。在其名著《上帝之城》（City of God）一書中，他完全用神意來解釋、闡述歷史上業已發生或以後將發生的事情。他認為人類歷史就是上帝的信徒和惡魔撒旦的信徒之間的鬥爭史。地上的世界是醜惡的，上帝的天國才是人類幸福、和平的歸宿。但在醜惡的人世間也未嘗不可建立「永恆世界性的上

---

50 詳參 J. W. Thompson，上揭書，頁 128；宋瑞芝，上揭書，頁 81-82。
51 宋瑞芝，上揭書，頁 92。

帝之國」。[52]其途徑是人類皈依上帝，投靠基督教會；在教會的引領主導下，地上的上帝之城也是可以建立起來的。奧古斯丁這種唯神論史觀支配了西方一千多年。中古時期的史學作品幾無不受其影響。若要說這個時代的史學真理，則說明、闡述上帝的神意在地上的展布，並論證、解釋歷史過程中，上帝必勝、撒旦必敗，即構成了史學（歷史研究）的最終真理。

本文首節〈引論〉已說過，史學方法，其本身不能獨立自足，而是史學理論的派生物。換言之，有怎麼樣的史學理論（或史學信念——真理），就有怎麼樣的史學方法。有關本期史學方法的特點，蔡石山有如下的說法：

> 中古史家作史的重要方法是如何去縷析上帝計劃的細節，解釋這個計劃的目的，要把各種史料不分青紅皂白的全部納入這個早已訂好的模子，套不進這模子的資料要被棄不用。[53]

由此說來，對上帝的計劃和目的作述釋，就是當時史學的唯一訴求（亦可謂所追的唯一真理），然則純粹為配合這種訴求而衍生的史學方法，其所追求之真，就不在於重建、說明過去人類本身活動之真相（真實情況）了。很明顯，這就迥異於古代希臘、羅馬時代所追求之真。本節命名為「求真精神的變質」，即本於此。

---

[52] 換言之，人世間所建立的城市或國度，其美好美善的程度也可以如同上帝的天國的。筆者認為這是人類該有的或至少可有的一個企盼。「永恆世界性的上帝之國」，在人類深情大願的企盼下，其實未嘗不可建立於人間。寫到這裡，筆者聯想到業師徐復觀先生的一句詩。徐先生是現代／當代新儒家最重要的代表之一，而凡儒家，莫不是理想主義者。以下引錄的詩句即有此特徵。而此特徵，又很可以呼應上面說到的聖奧古斯丁的看法。該句云：「共祈天上在人間」。這句詩出自下詩：〈君毅兄逝世三周年聚慈航淨苑紀念〉，翟志成、馮耀明校注，《無慚尺布裹頭歸——徐復觀最後日記》（臺北：允晨文化實業公司，1987），頁95。按：徐先生仙逝於1982年4月1日。而上引詩撰寫於1981年年初。換言之，即撰寫於先生臨終前不久。是以其以上的看法，乃可謂先生之終極看法。

[53] 蔡石山，上揭書，頁55。

## 五、文藝復興時期：史學求真精神的重視和深化 （稍及神學精神之「退而不休」）

「文藝復興」的法文是 "La Renaissance"（英文是 "The Renaissance" ——此詞，蓋源自法文），原先泛指「再生」，不必特指文藝方面的再生、復興。至 19 世紀初葉（此詞以大寫 R 作開端，並加上冠詞 La），始特指 14、5 世紀以來至 16 世紀之復興運動——古希臘、羅馬時代的文、藝、思想等的復興——為 La Renaissance [54]。此詞翻譯作「文藝復興」，蓋本於此。

這種復興運動，在史學方面而言，其特徵可歸納如下。（一）就寫史之人來說，史學不再為基督教義或教會所束縛控制，歷史寫作不再為僧侶階級壟斷把持。（二）就寫史之方向來說，當時史學極力從事復古運動，因此埋首於希臘羅馬古典史籍的研究中。（三）就寫史的對象來說，當時史家已把史學重心從上帝轉移到人類。（四）就寫史的目的來說，則旨在重建過去人類活動的真相。（五）就寫史方法（即一般所說的史學方法）來說，則更有長足的進步，可細分為：1、重視史料。荷蘭人文主義者伊拉斯謨（Desiderius Eramus von Rotterdam，1466？-1536）公開喊出了「回到史料中去」的口號[55]。2、由上述 1，發展成為整理和考訂古籍的一股熱潮，並開始對史料作第

---

[54] 參 *Dictionnaire Petit Robert I* (Paris: Le Robert, 1981)；*The New Lexicon Webster's Dictionary of the English Language* (New York: Lexicon Publications, Inc., 1989)；《新英漢詞典》（香港：三聯書店，1980）。

[55] P. Burke，《文藝復興時代的歷史意識》（London, 1969），頁 60。轉引自宋瑞芝，上揭書，頁 139。「回到史料中去」這個口號，讓筆者想起伊拉斯謨卒後約一百多年後的清朝，尤其清中葉之時何以發出出極盛一時的考據學這個問題。當時不少士人認為宋明理學家之過重視理學中心性之學的一面（即內聖的一面）而比較忽視外王的一面，是導致明朝滅亡的原因（之一）。蓋不少理學家各是其所是，各非其所非；但似乎都認為自己才是孔孟的真傳。所以為了找尋孔孟義理的"真相"：確義，便只好針對孔孟等等的經典，切切實實的做一番文字考證或考訂的工夫；此即所謂回歸原典的運動。而這些原典，就針對孔孟本人的意思來說，乃可謂史料也。想不到文藝復興時期伊拉斯謨所做的工作，竟與百年後的中國，如出一轍。而其背境，又竟如此的相

一手和第二手之區分。3、由上述 2 進而引領學者關注、並發展史學研究的技術領域。文獻學、考古學、古文字學、古紋章學、古錢幣學等等成為了歷史研究的輔助學科。要言之，當時的史學方法，在批判和考訂史料上已是相當進步[56]。

　　文藝復興時期的人文主義史學家[57]借助古典文化來否定、反對中世紀基督教史學，這固然有其貢獻；然而，亦不無缺失。當時學者力求復古，在語文表達層面上，則落實為對古典文學與史學大師寫作風格的追求和模仿。因此注重古典修辭法及純正拉丁文的使用，進而注重文筆的優雅和詞藻的華麗。前者發展出「拉丁文淨化主義」；後者衍生出「唯美主義」。而這兩者又正好與當時的人文主義史家所強調的「歷史的尊貴」（dignity of History）最相吻合──淨化的、唯美的拉丁文被視為最能鋪陳、描繪尊嚴的、高貴的人類過往的活動[58]。然而，上述兩種主義，再加上 "dignity of History" 這一觀念對史學家實產生了不良影響。語其大端，計有：（一）史家只去描寫那些他們認為「高貴」的大事，即僅與政治、軍事、外交有關的人和事。人們的社會、經濟的日常生活被視為不尊貴的，因此不屑一顧。（二）修辭學的過分強調助長了史學研究中的矯揉造作，重形式不重內容的風氣。（三）由上述（二）更導致不少史家不惜竄改、編造史料，如編造出一篇文詞優美、慷慨激昂的演說稿[59]。（四）過分典雅華美的歷史文章不利歷史知識的普及，進而妨礙史學研究的進一步發展[60]。（五）當時，史學方

---

似。一回應神學，一回應理學。然則理學，在一義下，亦可謂神學歟？此問題，其詳，又可參下注 78。

[56] 參宋瑞芝，上揭書，頁 139-140；蔡石山，上揭書，頁 78-79。

[57] 這個時期的史學家，一般被稱為人文主義史學家（或人本主義史學家），因為他們不像前一個時期（中古時期）以上帝為依據，而是以人本身為依歸。

[58] 人文主義史學家認為歷史就是人類過往的活動。人類本身（不必仰賴上帝）就是尊貴的。於是人的活動（包括過去的活動──歷史）就是尊貴的。

[59] 宋瑞芝，上揭書，頁 131。

[60] 宋瑞芝，上揭書，頁 129-131；E. Bernheim, *Lehrbuch der Historischen Methode*，陳韜譯：《史學方法論》（臺北：臺灣商務印書館，1972），頁 155-157。

法在本質上被視為可歸結為歷史敘述法的範疇[61]。基於這一認定，於是敘述法（包括文體、修辭各子項）的重視和講求，便被理解為史學方法即同時被重視和講求了！文藝復興時期，人文主義史家考訂、批判史料，其表現仍未如人意，蓋由於此。

然而，本時段史學上的表現，仍有其可圈可點之處。且其優勝處是普遍地表現於西歐各國的，如義大利、法國、德意志、英國、荷蘭等，都有長足的進步。義大利是文藝復興的發祥地。史學作為復興內容之一環，亦肇始於義大利。史料方面之重視考釋與訂正，義大利的人文主義學者即首開其端。這方面最有卓越成就的是瓦拉（Lorenzo Valla，1406-1457）。瓦拉運用精湛的拉丁文修養，結合歷史事實發展之先後，並融合制度、稱謂等等之淵博知識，考證出教會作弊的事實：著名的〈君士坦丁的贈與〉（Donation of Constantine）這一歷史文件，被發現根本是偽造的。爭訟已久的歷史公案，由是得以論定。這不僅是史事求真上的一項辨證工作而已。這一考證更是從根本上動搖了教會及教皇的威信，影響不可謂不大[62]。

以《君主論》（或作《君王論》）一書而聞名中外學術界的馬基雅弗利（Niccolo Machiavelli，1469-1527），在史學上亦作出相當貢獻。完稿於1525年的《佛羅倫薩史》，其主旨雖在於描寫城市內部的發展，但他是把這個城市放在整個義大利歷史背景下來陳述的。作者開首即以整整一卷的篇幅討論15世紀以前義大利各城邦的演變，且在具體敘述佛羅倫薩史時，不斷跟其他地方的情況加以對照比較。以寬廣的視野、整體的觀念來描述一地區，這是該書創意所在。然而，就史學方法而言，該書無甚貢獻。

---

[61] 張廣智、張廣勇：《史學，文化中的文化——文化視野中的西方史學》（杭州：浙江人民出版社，1990），頁91。

[62] 瓦拉在西方學術史上的地位和貢獻讓人想起了我國清初學者閻若璩（1636-1704）。瓦拉之辨明〈君士坦丁的贈與〉之為偽造，猶閻氏之辨明《古文尚書》之為偽造一樣的轟動學術界。兩文獻之真偽同為學術史上爭訟已久之公案。瓦拉非純粹的史學家，閻氏亦然。但人們研究近代史學史，皆不能不先注意兩人的貢獻。由此或可見近代史學求真的性格了，其中史料考證（含辨偽）乃歷史研究的先決、必要條件無疑。

與馬基雅弗利同時而稍晚的奎昔亞狄尼（Francesco Guicciardini，1483-1540），亦研治佛羅倫薩史，其貢獻則顯在馬氏之上。奎昔亞狄尼前後寫過三本史書，即《佛羅倫薩史》、《佛羅倫薩記事》與《義大利史》[63]。《佛羅倫薩史》寫得比較粗疏。《佛羅倫薩記事》則比前書進步多了。該書資料豐富、注腳繁多、史料之來源出處均有所注明，並盡量透過史料本身來「說話」。主觀的判斷減至最低。這些都是作者在該書中努力求真的具體表現。此外，奎氏寫史的方法，頗值一提。蔡石山指出說：

> 桂鳩亞狄尼（筆者按：即 Guicciardini 之異譯）撰寫時，喜用很多筆記簿當草稿，在稿上故意留有大塊空白，俾便一遍又一遍的修改增補。第一稿要註明有懷疑及待考證的地方。第二稿重鈔之後要仔細檢查史實是否正確，所有的存疑是否已滿意解答。第三稿重鈔之後，要推敲文字的運用及注意風格的修飾。之後，再謄鈔一遍送給友人 Giovanni Corsi 閱讀批評或請高明指正。如此不斷修改鈔寫。有些部分要到第七稿，他才會滿意。[64]

史實必須查證、文章多加潤飾、事後並請人審閱，乃係一本成功史著的不二法門。查證在於求真，潤飾在於傳真（把藉著重建後而筆之於書的相關史事的記錄傳留後世），請人審閱乃為「求真」、「傳真」之落實找客觀之認同。主觀上認真、努力，再加上客觀之檢證以求認同（否則，修正），其不為成功之史著者，幾希矣！

此外，奎氏特別喜歡研究為政者的動機、心理、疑懼、變計與後悔／悔悟，對心理史學，不無貢獻。然而，奎氏的著作並非無懈可擊。就以《佛羅倫薩記事》一書來說，資料雖然很豐富，但多為第二手資料，原始史料（如檔案）之引用比較少，即為一例。

---

[63] 按《義大利史》為尚未完成之作，且亦未命名。所以稱作《義大利史》，乃後人按該書之內容而冠上此名稱而已。

[64] 蔡石山，上揭書，頁95。

如上所述,義大利在文藝復興時期,率先表現其史學成就。繼之,法國之表現亦可圈可點。15 世紀末葉,由所謂「地理大發現」以來,西方社會發生劇變,人們對世界、對歷史有了嶄新的看法。史學理論與方法亦有了新發展。史家不似本時段初期之特別重視修辭學了。取而代之的是(或至少與之同時並重的是)一系列的新立論逐一出現並日見重視、落實。前面說過的史家,如馬基雅弗利及奎昔亞狄尼即已有此傾向,但法國史家之表現尤為突出。

就這群法國史家來說,博杜安(F. Baudoin,1520-1573)、勒盧柯(Louis Le Roy,1510-1573)、讓·波丹(Jean Bodin,1530-1596)、勒·波普利尼埃爾(Sieur de La Popelinière,1540-1608)、帕基埃(Etienne Pasquier,1521-1615)等人的貢獻是鉅大的。博杜安與勒盧柯的貢獻在於從理論上引進了整體性觀念來闡述世界史的編纂法,力圖破除本時段初期人文主義史家只限於編纂一城一地的地區史的傳統寫法[65]。前者還撰寫了可稱得上是第一部史學方法論的著作《世界史的結構》一書[66]。該書從史學方法上提出了許多意見,如區分直接史料與間接史料、史學的真實性法則等等。這都成為了日後史家研治史學方法時孜孜以求的項目。勒·波普利尼埃爾 1599 年在巴黎出版了《史學史》(*L'histoire des Histoires, avec l'idée de l'histoire accomplie*),成為西方史學史開山之作。儘管該書不盡滿人意[67],但就當時來說,已是難能可貴了。在此之前十多年,即 1581 年,勒氏還寫過一篇有關史學方法的論文[68]。帕基埃首次明確提出了史學無論在理論上或實際上都是一門獨立學科的論斷。在西方學術史上,這種眼光,甚具獨創性。這群法國史家當中,波丹的貢獻尤為卓越。很值得稍予詳細論述。此詳見本章附錄。

---

[65] 以前的人文主義史家,不僅在觀念上,而且在實踐上競相編撰的大多是一城一地的地區史,如當時不少史家都編寫過佛羅倫薩的歷史即為一例。

[66] 宋瑞芝,上揭書,頁 140。

[67] 參杜維運:《聽濤集》(臺北:弘文館出版社,1985),頁 33。

[68] 參 G. Lefebvre: *La naissance de l'historiographie modern* (Paris: Flammarion, 1971), p.87.

1566 年是西方史學史上劃時代的一年，因為這年波丹在巴黎出版了不朽名著《史學易知法》（*Methodus ad facilem historiarum cognitionem*；英譯：*Method for the easy comprehension of history*, translated by B. Reynolds, New York, 1945.）該書實可看作是近代西方史學之系統反省之濫觴。該書之要點如下：

（一）賦予史學以科學的性質，並把它看作一門服從共同規律的科學。歷史被區分為人類史、自然史及神明史（宗教史），其中人類史應以人之各種活動為研究之對象。這打破了人文主義史家恪守的古典史學（側重政治、軍事史）的傳統。這些論述可視為後來伏爾泰（Voltaire，1694-1778）若干史學觀念的預示。

（二）強調史學的求真精神，反對價值判斷，指出史學該如實地反映真相。並強調須對史料作辨析和考訂。從中我們看到了 19 世紀史學大師蘭克（Leopold von Ranke，1795-1886）所強調的某些史學精義。

（三）創立歷史進程三階段說（東南民族：埃及和美索不達米亞→希臘羅馬民族→北方諸民族），取代中世紀史學所普遍採用的四大帝國分段法（亞述→波斯→希臘→羅馬）。當然，波丹的分段法不必很恰當，但至少有如下的意義。1、這種新的分段法打破了長久以來為附會《聖經》記載而流行的分段法[69]。2、波丹是地理環境決定論的先驅者。三階段說正是從具體考察地理環境的特點出發的。這方面的學說對以後孟德斯鳩（Montesquieu，1689-1755）及英國文化史家巴克爾（H. T. Buckle，1821-1862）的思想有很大的影響。

波丹的論說，當然仍有不足及值得商榷之處[70]。但總體來說，在打破舊

---

[69] 四大帝國分段法實源自《聖經·但以理書》。該書記載但以理夢見四大獸從地中海上來，謂四大獸的出現，預示著四大帝國在世上的相繼更替。波丹敢以一己之新說取代了權威性的舊說，這當然有劃時代意義。

[70] 波丹史學方法方面不足處之討論，可參看陳韜，上揭書，頁 161-162。又筆者多年前（1988 年）為東吳大學歷史系的學生刊物《長城》寫過一篇短文介紹波丹。其史學方法論不足之處亦稍道及。這刊登在《長城》的小文，當然不算什麼學術性的論文。

傳統（中世紀之完全偏重神學的、文藝復興初期之側重古典的），已作出了鉅大的貢獻[71]。

至於德意志方面，她在本時期的史學表現，稍遜於義大利與法國。然而亦有其可取之處。尤其在歷史編纂法方面更做出了驕人的成績。著名的《馬格德堡世紀史》（*Centuriae Magdeburgenses*；英譯：*Magdeburg Centuries*）便是這一時期的產物[72]。該書是由馬提亞・佛拉西斯（Matthias Flacius，1520-1575）主持，並有其他6人參與編寫。編寫年代是1559至1574年。儘管該書內容有不少可議之處，如過分偏重基督教義和教會的發展、編纂方法過於機械、對史料不加考證辨析，並預存立場（宣揚新教，抨擊天主教），但該書在史學上仍有其貢獻。舉犖大者，如：（一）首次把世紀（century）一詞引入歷史研究中，在年代學和歷史分期上都有一定價值。（二）開創大型史書由多人協作編寫的先例。（三）一卷之內按專題劃分章節，有別於中世紀編年史。（四）資料詳盡，搜集範圍遍及西歐各國。（五）每一卷之後都列有附錄、勘誤表和索引。難怪該書被稱為歐洲史學及文化的里程碑[73]。然而，若從史學求真（求歷史真相真際）的觀點來考量，該書是不合格的。蓋這種「真」似乎並不是佛拉西斯等人所看重的。因為他們借該書追求的真理，另有所在，此即借史以弘教是也。既以此為指導原則，則一切求真方法（如史料考證、辨析）之被忽視，便不足為怪了。

《馬格德堡世紀史》一書出版後，隨即引起基督舊教（天主教）的反彈。反彈主要來自義大利和法國的僧侶。為維護天主教的立場和地位，史學又被借用了（如果不嫌用語過當的話，我們或可說：歷史又一次被歪曲了、

---

但這裡為省篇幅，有關波丹史學論說上的缺失，恕從略；讀者或參該文即可。文載歷史系第十四屆系學會編印出版：《長城》（1988），頁10-12。該文今作為附錄收納於本文內。

[71] 本節有關波丹之論述，主要參考張廣智：〈近代以來西方史學反省的歷史考察〉，《當代西方史學思想的困惑》（北京：中國社會科學出版社，1991），頁141-143。

[72] 該書敘述的時段，始於耶穌基督的誕生，終於1300年。因以100年為1卷，共13卷，故稱《世紀史》。

[73] J. W. Thompson，上揭書，頁530。

被玩弄了）。這些僧侶努力編纂史書，可說是一種借史載道（載舊教之道）或以史衛道的精神表現。所載之道、所衛之道雖別異於《世紀史》一書，但兩者共同借用歷史以落實各該認為是唯一真理的真理，則並無二致。上述僧侶們編撰史書，目的雖只在護教，而不在求真，但就編纂方法來說，仍不無若干貢獻。茲略述如下。

其中義大利樞機主教凱撒・巴格尼奧（Caesar Baronius，1538-1607）一人獨力完成的 12 卷本《教會年代記》（*Annales Ecclesiastici*；英譯：*Ecclesiastical annals*，撰寫於 1588-1607 年）似係護教史學的首部鉅制。因為得到教會的全力支持，巴格尼奧可自由進出梵蒂岡圖書館，因此材料的完備和權威性比《世紀史》略勝一籌。另外，每卷後，亦附上索引。在形式上，還第一次採用旁注。然而，該書亦有不少缺點，如敘述欠準確嚴謹，材料缺內在聯繫，內容散漫等即是。湯普遜即嚴厲批評該書只是一部「教會百科全書」，稱不上是著作[74]。

《教會年代記》出版後，護教史學之其他專著亦陸續編製出版。儼然造成一護教或弘教史學運動[75]。其中以耶穌會神父及 Benedictine 宗派表現最為活躍。前者之主要代表人物是盧斯維德（Herbert Rosweyde，1562-1629）及布蘭德斯（Johannes Bollandus，1596-1665）。後者則可以達什理（Luc d'Achery，1609-1685）及其弟子馬比昂（Jean Mabillon，1632-1707）為代表。此派以巴黎的聖莫爾（Saint Maur）寺院為中心，專門潛研中古的教會。後人遂稱這批史家為 Maurists。他們不僅恢復了天主教的聲譽，而且在史學上還發展出一套重要的方法。

Maurists 以訓詁學當輔助工具，詳細考證、辨析史料來源、真偽，對各項資料，標記日期、註明出處。其中以馬比昂的表現最為卓越。他撰寫的兩部天主教宗派史，都是嘔心瀝血之作，是在再三檢核史料，並抱持打破唯美主義傾向下寫成的。其餘專著，如《論文學書》（*De re diplomatica*，共 6

---

[74] 同上注，頁 537。
[75] 這個運動由文藝復興時期進行到 17 世紀末葉。17 世紀本不在本節討論時段之內，但為完整地說明這個運動，今稍超越本節討論的時限。

冊）及《寺院研究專集》（*Traité des études monastiques*）都是西洋文書學、訓詁學、考證學的不朽鉅構[76]。

Maurists 等人治史，可說比文藝復興時期人文主義史學又進了一步。他們的嚴謹治史態度推進了年代學、古文書學、古文字學、考古學、題銘學等等學科的發展。而這些學科又反過來促進了史學的發展。要言之，這派史家及同時代人治史最具博識，無怪乎湯普遜形容這時代（17世紀）為博學時代（Age of Erudition）[77]。

現今有一相當有趣，但亦相當弔詭（paradoxical）的問題必須向讀者交待說明。Maurists 這群史家治史的原先動機，如上所述，本在於護教。護教既奉為第一要義，則必要時，歪曲、偽造史事，增刪史料便成為不可避免的了。換言之，為了護教，便不惜擱置，以致放棄歷史真相之尋求。（取而代之的，很可能是假象的建立）。然而，護教運動開展以後，求真精神卻日見重視。這實在是一種弔詭（paradox）。此中原因，試簡釋如下：這派人士為了更踏實地護教（消極地說，是為了反擊新教之誣衊；積極地說，是為了重建舊教之威信），不得不切實地、實事求是地乞靈於古典文獻（史料）。這種踏實的、如其本然實相的鑽研古典文獻的態度，其實就是一種求真態度的落實。研究態度既以求真（重建歷史真相真際）為取向，則原先之護教動機便在不知不覺中反而落在其後，成為第二義（secondary）了[78]。

---

[76] 參蔡石山，上揭書，頁 105。又同書，頁 108-109，註 24 列舉近人研究馬比昂之專著數種，讀者可並參。

[77] J. W. Thompson，上揭書，下冊，頁 3-57。

[78] 這種不知不覺中「偷天換日」、「移形換影」的轉變，使人想起了我國清儒的學術發展方向。宋明以來，儒家義理派學者，各是其是，各非其非，各有各的價值取向，幾可謂勢成水火，但俱自稱是孔孟真傳。最後各人（各派）為了實證己說之為唯一真傳，便不得不放棄「虛玄之說」。況且一己之「虛玄之說」亦唬嚇不倒「敵方」（若用經濟學觀點來看，我們可以說當時「虛玄之說」已經沒有多少賣點，沒有學術市場了，故不得不棄之如敝屣）。取而代之的是：回過頭來乞靈於古典，俾可為自己的理論尋得「真憑實據」，由是產生了回歸原典的學術運動。此運動的原先動機，實亦只在於為求實證己說而已。但發展開來之後，則原本只是作為「手段」的求真、考證，卻轉成了學術研究之目的；而原先之動機、目的或竟拋諸腦後，反落在第二義了。余

## 六、餘論：史學真理之兩型

　　本文原先打算闡述古代希臘羅馬時代迄於今日之西方史學發展史上之真理與方法問題。但以時間、篇幅所限，今茲論述只得止於文藝復興時期，時間跨度約 2,000 年。2,000 年間，史家所追求之真理或意欲闡明、弘揚、落實之真理及所使用之方法，可謂林林總總、千差萬別。然而，方法只係一從屬於史家價值取向之技術層面的東西（參本文〈引論〉部分）。因此，本節僅著眼於綜論史家之真理觀；史學方法之異同與發展大勢，以過於瑣碎，恕從略。縱觀 2,000 年之西方史學，史家之真理觀雖多，但似可歸約為兩類型，一是求真意識，另一是致用意識。本節即嘗試以這兩類型的價值觀（價值取向、真理觀）為樞軸來論述西方之史學。

　　在西方史學之父希羅多德之史著《歷史》一書中，我們已隱約見到上述兩類型價值觀的出現。儘管希氏對史料比較缺乏嚴謹批判的精神，從「求真」的角度去繩衡，縱嫌有所不足；然而，「歷史傳真」的意識或意圖，倒很強烈。此見諸《歷史》卷首的第一段話[79]。歷史學能否成為一門科學（或至少一門獨立的學科、學問），完全端視它是否以建構符合過去歷史真相的歷史知識（即重建過去之真情實況）為職志。希氏既有此意圖（儘管事實上未完全落實下來），則至少他已是一個「合格」、稱得上是「真史學家」的

---

　　英時先生對此一學術轉向有深解。可參看：〈清代思想史的一個新解釋〉，收入氏著：《歷史與思想》（臺北：聯經出版事業公司，1977），頁 121-156。又余氏《論戴震與章學誠》（香港：龍門書店，1976）一書對此問題又三致其意，其中〈自序〉並對此問題作一系統概述。〈自序〉後來冠上一新標題：〈略論清代儒學的新動向〉，收入《歷史與思想》一書內。上注 55 對此問題嘗稍微論及，可並參。

[79] 這段話是：「在這裡發表出來的，乃是哈利卡納斯人希羅多德的研究成果。他之所以要把這些研究成果發表出來，是為了保存人類所達成的那些偉大成就，使之不致因為年代久遠而湮沒不彰，為了使希臘人和異邦人的那些可歌可泣的豐功偉績不致失去其應有的光彩，特別是為了要把他們之間發生戰爭的原因記載下來，以永垂後世。」轉錄自郭聖銘，上引書，頁 17。參見王以鑄，中譯本（北京：商務印書館，1985），頁 1。又可參見 George Rawlinson 之英譯本，*The Persian Wars* (New York: Random House, 1942), p.3。

第十三章　史學上的真理與方法——從西方史學發展史考察　433

史學家。

如果說「符合過去歷史真相／本然實貌的歷史知識」是歷史學得以成立的必要條件，並就是它的自存價值的話，則實用、功能（utility，function）便構成了歷史學的工具價值了。就希氏來說，他用他的《歷史》見證了歷史的自存價值；同時，又利用《歷史》來實踐歷史學的工具價值。按：希氏著史，旨在垂訓後世。求真意識使史學成為一門獨立、圓具自足的科學／學問；致用意識使史學成為一門應用科學／學問。《歷史》一書結合兩種學問在一起。其實，此後各時代之史著，亦大抵結合兩種學問在一起，只是兩者的比重經常隨時代、隨史家而有所變易罷了。說到史學真理，則既要傳真，又要致用，便是希氏著史所追求的一種真理。

希氏之晚輩修昔底德，其史學價值取向與希氏大抵相同，只是求真意識及致用意識都更為濃烈罷了。很值得注意的是，這兩種意識經常是「相當對立」的[80]，是在一種緊張（tension）關係當中。表現在史著上，通常是此強則彼弱，此弱則彼強，可謂互相「角力」、「較勁」。就修氏來說，毋寧說，他是把求真放在第一位的，就是說他不要為了致現實上之用而貶損史學上之真。他的道德價值取向雖然很強烈，但尚不致於危害到歷史真相（真情實況）的重建。他被譽為偉大的史家，良有以也。既以真相之重建為第一義，則有效求真的方法便不能不講求。修氏的史學方法比起希氏更為嚴謹，批判態度也更為認真便是必然的了。

不幸的是，修氏逝世後，後繼乏人，求真意識不要說未見進一步發展，

---

[80] 所謂「相當對立」，筆者的意思主要是說：就一般情況而言，史家很難兼顧這兩種意識，讓它們同時實現在史著中；而並不是說這兩種意識在事實上必然互相對立，更不是說在理論上，它們絕對對立起來，必然互相排斥對方。舉例來說，史家可以努力「如實地」重建歷史事件，讓事件本身「說話」，冀藉此達到致用的目的（譬如垂訓後世）。另一作法是，史家個人的價值判斷必須與事實報導分開，使讀者不致混同二者而誤會史事本身的真情實況。這兩種作法都可以在求真的原則下達到致用的效果，只是前者透過史實本身之報導以求致用，其致用效果或不甚顯著。又後者要求史家必須把個人價值判斷與事實報導嚴格區分開來，也是不容易做到之事。上文說兩者很難兼顧，而變成經常處於相當對立的局面，即指此而言。

就連修氏原已達到的水準，也保不住。羅馬帝制時期的李維是一個愛國有餘，求真不足的史家。其史著《羅馬史》幾乎成為了他愛國熱忱的「宣傳品」，求真精神自然是相對地減弱了。致用意識過強而損害到求真意識，李維是一個顯例。

李氏卒後 70 年，塔西佗以天縱之姿降臨世間，他固守緊握史學的第一義，扭轉了李維早已迷失了的方向。他的道德愛惡感極強，嚴厲批判歷史人物來為現實／後世服務的致用意識在其史著中每見流露。但作為一名史家來說，他基本上沒有讓致用意識凌駕在求真意識之上。其享有大名，洵不為虛譽。帝制時期出現了塔西佗，實為羅馬的學術寶藏，增加了一筆鉅大的財富。塔氏在羅馬的成就，猶如修昔底德在希臘的成就一樣，同為史學世界的兩大巨星，可與日月並光。

然而，好景不常，塔氏卒後，求真意識又漸見衰弱式微。四、五世紀以還，迄至十三、四世紀為止，求真意識更可說完全被致用意識掩蓋了。史學，如同其他學術一樣，皆旨在弘揚上帝之教，為神意（上帝的意旨）作見證。研求、重建人類活動之真相完全被視為第二義了。將近 1,000 年，史學幾乎完全變成了神學的婢女。史學是為服務神學而存在的。工具價值發揮至盡；自存價值如果不是完全消失的話，也是所餘無幾了。史學的大方向，顯然已經迷失。如果迷失了方向就等同變了質的話，又如果變了質的東西便不再是原來的東西的話，則當時可說已經沒有歷史學了。歷史學竟然在歷史舞台上消失將近 1,000 年！

歷史的發展是弔詭的，幾乎消失得無影無蹤的東西，又再度重臨人間。春回大地，文藝復興挾其千軍萬馬之姿態降臨世間。史學則如嬌俏的小女生一樣，猶抱琵琶半遮臉地重新踏上久違的台板。真是太久違了，儘管小女生不似初學步的小孩蹣跚地前進，但畢竟仍是太害羞了。她不敢以嶄新姿態的全貌面向觀眾。緊抱的琵琶正好充當小女生的遮羞布。希臘羅馬的古典史學著作，也正好充當文藝復興時期史學的過渡物。但是，遮羞布最後不得不掀開；過渡物終究也只是過渡物而已。小女生終於以全貌與觀眾照面；文藝復興時期的人文主義史家，在逐漸擺脫對古典鉅著，尤其對修辭學方面的依傍

之後，已開展出新境界。史學的第一義——求真、存真精神又再度獲得應有的重視。希臘羅馬史學上的求真精神復活過來，真的是「文藝復興」。嚴格的史料考證方法及輔助學科（古文字學，考古學等）的廣泛應用，一再為求真精神打下堅實的基礎。

然而，小女生未經風雨，太幼嫩了。她手中的琵琶仍是緊握不放，並不時再權充臉上的遮羞布。文藝復興時期，神學並沒有完全隱退，它時思「反撲」，史家的意識型態仍不時為神學觀念所籠罩。（筆者不知如何描繪或形容這個情況，上文第五節乃用以下一語：神學精神之「退而不休」作為副標以凸顯之。）為宣揚新教的《馬格德堡世紀史》及衛護（保衛和守護）舊教的《教會年代記》相繼出現就是明證。求真精神又再度敗北，陣地易手。然而，黑夜已然來臨，黎明還會遠嗎？史學致用精神之落實為弘教、護教這一個面向，雖然仍被奉為第一義，即仍為史家視為唯一真理之所在，[81]但求真精神已漸次回復，而日見彰顯。蓋十六、七世紀時已展開「大反攻」，收復失地，壓倒了致用精神。還我河山，史學的第一義又重見天日！權充遮羞布的琵琶終於被小女生揮脫掉了。小女生成熟了，已然亭亭玉立。

完稿於 1992.12.15；後經多次修訂，最後定稿於 2025.03.12（植樹節）

## 七、附識

東吳大學文學院 1993 年元月 5 日舉辦文學院第三屆系際學術研討會。筆者應邀發表論文。論文（即本文）撰畢後，嘗送陳歷史系好友何宛倩與林慈淑兩位教授指正。發表前夕（元月 4 日晚）承蒙兩位教授來電舍下（當時尚未有手機）賜教。發表當天又蒙文學院院長郭仁孚教授及哲學系系友米建國先生在會上惠賜寶貴意見，郭院長更是語多勖勉。一言半語，皆吾師也。

---

[81] 此等史家（可以上文說過的 Maurists 為代表），其所追求之終極旨趣雖在於弘教、護教，但為求成功達陣，就不得不切實地、實事求是地乞靈於古典文獻；這就無意中有助於求真精神之落實了。詳參上節末尾處。

後又得服務於中研院史語所何漢威兄代為翻檢若干注釋之出處，情誼可感。茲謹在此一併致上最深之謝忱。

## 八、附錄

〈歷史、時代、學養與人物研究之關係——研究一歷史人物之思想要了解其人之歷史時代背景及其人之學養：以法儒波丹（Jean Bodin）為例作說明〉

### 一、

東吳大學歷史學系學生刊物《長城》的編輯要我寫一點西洋史學的東西。本學年度（76 學年度，即我來東吳教書的第一學年）我在系上所教授的其中一門課名為「西洋史學名著選讀」。大概以此而同學們便提出上面的要求。用二、三千字的篇幅來泛論西洋史學實不是易事；且同學亦難由此而對相關知識有所增益。是以，今僅以法國史家波丹（氏亦為政治家、政治理論家、經濟學家及歷史哲學家）為論述對象，藉以獲悉研究一歷史人物所應注意之各面向。史學方法（筆者所教授之另一門課）之要點若由此而能窺見一二，則未敢厚望也。

法人有句諺語，其大意謂：全然理解即全然宥恕。其實，「理解」屬知性範疇；而「宥恕」則屬德性範疇。由前者可否過渡到後者，其實不無疑問。但無論如何，對一事物或一人物之深入理解似乎至少可使我們對它（他）下價值判斷（道德判斷為此中之一種）時，比較客觀中肯一些，則是可以斷言的。我堅信人是歷史、時代、社會的產物。研究一人物之思想而抽離此等背景是斷難語乎研究得深入的。（哲學研究人物時則主要以其人所思考之各種概念為研究之對象，途徑與關注點異於歷史研究。同學於此不可不察。）波丹（1530-1596）生當文藝復興時代，其思想有積極且超越其時代的一面，但亦有負面為人詬病的一面。這必須要對他的背景、學養及其終極關懷有所認識理解才可明瞭他的思想底蘊。以下即以此為線索來論述波丹之

思想（重點在其史學思想方面）。

## 二、

波丹出生在法國之昂熱（Angers），早年習法律於圖盧茲（Toulouse）大學，後並執教於斯。繼後往巴黎當律師。亨利三世執政時身居要職。宗教戰爭（1562-1598）期間曾致力於協調新舊教之爭。1581 年官場失意，改任拉昂（Laon）小官吏。1596 年染瘟疫病逝。

波丹早年的法學教育對他以後的思想有極大的影響。首先，他不滿意當時法學界只是對古代的羅馬法及六世紀東羅馬皇帝查士丁尼（Justin）所制定的法典作鑽研。他對「法律」一詞乃採廣義的解釋。他認為應由狹義的法律的研究拓展為對宇宙法則及人類演化的律則的理解。他並企圖透過研習法學得來的心得來綜攝學術、政治及宗教，藉此掃蕩此各該領域在當時各自本身的紛亂。此乃波丹終身努力之終極目標。囿於客觀環境，他這些崇高的理想在當時之政界不能得到充分的實現。不過他留下了好幾種富有此種理想的名著。這足以使他名垂不朽了。下面我們透過他的三本重要著作，依其出版先後，來闡述他這個理想。

## 三、

被譽為西方第一部探討史學方法的名著《簡易理解歷史的方法》（*Method for the easy comprehension of History*）出版於 1566 年。我們首先要指出：該書雖對史學方法有所論述，但史學方法並非波丹在書中所探討研究的主要對象。上面提到過的波丹一生努力奮鬥的目標在該書中已有所揭示。他撰寫該書之動機即在於擴充「法律」一概念：宇宙法則、歷史演變及其律則，便成為書中論述之主要對象。

步入中世紀以後，歷史直線演變觀（人類犯罪→基督降生救世→最後審判的來臨）為當時人所共信不移。從文藝復興時代開始，學人對此產生懷疑。他們傾羨並鑽研古代希羅文化。亞里士多德的宇宙循環論、希臘眾城邦之興衰更替及羅馬帝國本身由盛轉衰的歷史在在揭示人類歷史之演變是循環

輪轉的。歷史是可以重演的!此其間隱若有律則可尋。波丹生當其時,自不免受此觀念影響。此外,其法律學之涵養更促使了他套用「法律」(律則、定律)一概念來解釋人類演化的歷史(英文 law 及法文 loi 都可作法律、律則、定律解。因此波丹由法學上的 loi 而聯想到自然的宇宙與人類的歷史,皆有其律則／定律,是很可以理解的)。歷史演化,由波丹視之,固為循環重演,但其間又不無「往前進展(進步)」參乎其間。歷史重演便不只是無任何向前演化的史事的簡單重複而已。既循環重演,但又向前演進,這一對反觀念看來弔詭矛盾。但如果我們明瞭文藝復興的基本精神即在於復興、模仿古代希羅文明,由此向前開創新境界,但又不能全然擺脫中古舊思想的束縛,則我們大概可以明白為什麼波丹的思想既守舊而又有所創新了。

　　《簡易理解歷史的方法》的另一特色是作者透過地理因素及氣候環境因素來解釋歷史。這一點不能算是波丹的新創。早在公元前五世紀,與希羅多德及修昔底德同時而稱為醫學之父的希普格納(Hippocrates)及公元前一世紀的地理學家斯特拉波(Strabo)即已留意這方面的因素與人類的關係。但波丹對這方面的因素特別重視。其後,法儒孟德斯鳩,以撰著《英國文明史》而成名的英國史家巴克爾(H. T. Buckle,1821-1862)及德國地理學家里特(Karl Ritter,1776-1810)之重視地理氣候因素與人類活動的關係大概是受波丹的影響而來的。

　　該書(《英國文明史》)亦可說開啟後世史學方法的先河。作者叫人研判、考證史料,叫人留意史家之品德,教人如何養成歷史判斷及留意年代學的知識等等的見解均可謂一時之創見。當然,任何「創見」都不可能是沒有根的。就歷史學(歷史研究)而言,恐怕史料就是歷史學的根。史料是歷史研究的必要條件,這已是史學的 ABC。然而,史料必得考而後信。[82]文藝復興時期的其他學者而早於波丹的,如瓦拉(Lorenzo Valla,1406-1457)及奎昔亞狄尼(Francesco Guicciardini,1483-1540)即已非常重視史料的考證。

---

[82] 比巴克爾出生早 80 年的清人崔述(1740-1816),在其名著《豐鎬考信錄》(又名《洙泗考信錄》)中,已充分彰顯、落實考而後信這個治學態度了。至於胡適所說的「疑而後信,考而後信,有充分證據而後信」這幾句話,大概已成為學界的常識了。

前者更運用年代學及語文學的知識以考證出教皇的一次文件作弊的行為。這就是有名的「君士坦丁皇帝的贈與」一案。然而，波丹的歷史方法學（即史學方法的理論）不是沒有問題的，儘管他已在這方面作出了偉大的貢獻。首先，他沒有對史料作原料及次料的區分；其次，他的著眼點似乎在於強調研究歷史前所應有的各種涵養，而不在於對歷史本身作合乎科學法則的探究。再者，作者並沒有視歷史研究為本身即有其研究價值（歷史知識追求之本身即有其價值）的一門獨立學科。在他眼中，歷史研究既是實用的，也是文藝的、道德的、政治的。總之，歷史研究是為了其他領域服務的，其本身沒有「自我」！然而，在這方面我們可不宜對波丹多加責難。人本來就是歷史時代的產物。波丹豈能外於是；他又怎能完全超越這個框架而跨步進入到十九世紀科學史學的時代呢！

《簡易理解歷史的方法》出版後十年，波丹出版了另一傳世之作：《理想國》（*La République*）。該書的精神與前書可謂前後一貫，所不同者乃研究主題有所變換罷了。政治原理而不再是歷史演進成為了該書的論述對象。從 1566 年出版前書到 1576 年該書的出版，法國經歷了四次一次比一次激烈的宗教戰爭。波丹意識到君主專制制度的強有力政府當是止息由宗教紛爭而引起的內戰的唯一有效武器。在這個制度之下，國君擁有絕對無上的權威。但為了防止絕對君權的運作有所偏弊，波丹強調君權應受制於神權。所謂神權，依波丹之意，乃具體地指十誡而言。而國君的行為即當以此為根據。

有關《理想國》一書的理論旨趣，可指出的計有三點。第一：該書更徹底地反映了波丹的淑世情懷。他不再談說玄奧不可測的歷史法則；他轉而針對當前國家危難提供了一劑靈丹妙藥：政治原理及解決方案。第二：因為未能全然擺脫中世紀神學的籠罩，因此認為君權之上仍有神權（波丹是否只是借神權來制限君權，而並非真正相信神權之存在，這一問題有待進一步探討）。第三：神權乃指十誡之應用而言，而不是指泛濫無所依歸的任何神意。波丹這一確指一方面揭示了他思想進步的一面，他方面亦更可以反映出他淑世救民的胸襟，蓋作為抑制君權的十誡的提出正所以為民也。

波丹成於晚年的鉅著 *Colloquium Heptaplomeres*（1588），其宗旨與前

兩書是一貫的。當時國家的最大困擾仍是宗教的紛爭。波丹仍一本淑世及承認、綜攝眾多相異價值的胸懷來對待當時的眾多教派。在該書中，作者指出只要各派捐棄各別狹隘之見而以十誡作為一切行為之指導準則，則人類便可和平相處；宗教之紛爭亦當由此而止息。

## 四、

從波丹的著作中我們不時可以看到巫術及占星術扮演一個相當重要的角色。譬如他解釋歷史演化時，便時常用到星座及數字的觀念。這可以說是他思想中很不科學的一面。然而，假若我們理解到波丹雖然是個進步的思想家，但無論如何仍然很難完全擺脫歷史和時代對他帶來的局限，我們對他便不會有過分的要求了；反之，設身處地的同情的諒解，也許就可以油然而生。（本文原載東吳大學歷史學系第十四屆系學會編印出版之《長城》，1988，頁 10-12。）

完稿於 1988 年 2 月 1 日；最後修訂於 2025.03.04

2024.11.06 附識：1987 年 8 月 1 日筆者從香港來臺北的東吳大學供職，2020 年 2 月 1 日退休；在東吳任教 32.5 年。其間嘗休假三次。按：每次都是擔任完主管後幸獲學校三級教評會通過而休假；感恩之情溢於言表。前後擔任的行政職位計有：歷史學系系主任、人文社會學院（原稱文學院；任內經院內全體教師會議議決改稱為人文社會學院）院長、臺北市文化局委託東吳大學經營的錢穆故居執行長。

# 第十四章　二十五史編纂時間緩速比較研究——附《清史稿》[*]

## 撰文緣起（代摘要）

　　就中國過去之二十六史（此概指二十五部紀傳體之正史與同為紀傳體之《清史稿》；其中，除《清史稿》外，其餘皆為官方頒布之正史）來說，研究中國史的學者，幾乎沒有不讀過這些史書或其中的部分史書的。然而，廿六史中，何者編纂時間最長、何者最短，以至何者較長、何者較短，並不是每位治中國史的學人，都能夠馬上回應得來的。其他不以中國史為專業的史家，乃至一般常人，那更不必說了。筆者治中國史學史有年，嘗認定纂修於明初的《元史》，係諸史中成書時間最短者；然年前（此指本文初稿撰就時的 2003 年及其前）讀徐誥《廿五史論綱》，月前（即 2003 年某月之前）讀傅玉璋、傅正《明清史學史》，則獲悉學者或有他種說法。[1]這觸發了筆者予以研究的衝動；欲藉此一解心中的疑惑。

---

[*] 本文發表於東吳大學歷史學系舉辦之第四屆史學與文獻學學術研討會會議上。會議日期：2003.06.13-14。當時承蒙講評人臺灣大學名譽教授王德毅先生稱許並給予不少寶貴意見，謹此致謝。拙文稍作修改後應邀發表於《新亞學報》第二十二卷（香港：新亞研究所，2003 年 10 月），頁 261-302。今進一步修改後，納入本書內。
按：中國史學史、史籍介紹等書多有記述、考論各正史之撰著時日者；以下所述，即嘗參取各成說。為避免文繁，不盡詳細註明出處。以各正史編纂時間為主軸予以論述並作比較者，迄今（2003 年 6 月）未見。本文乃作點嘗試，其最大貢獻或在於此。

[1] 徐書云：「……其撰《宋書》於齊永明五年奉敕，次年二月即告成，不及一年。古來修史之速，未有若此者。」（上海：世界書局，1947 年），頁 91-92。按徐書 1973 年在臺灣世界書局出版時改稱《廿五史述要》。傅書則批評錢大昕的說法，認為成書最速者係沈約的《宋書》及脫脫等人所撰之《遼史》，而不是錢大昕所說的《元史》。傅說見所著《明清史學史》（合肥：安徽大學出版社，2003），頁 10。按：錢氏的

若研究成果更有助他人參考,當被問及廿六史編纂時間長短緩速之差異時,不至瞠目結舌,無言以對,那撰寫本文的另一目的,便算達到了。

以下擬分三節。首節按朝代順序論述各該正史之編纂時間,次節依成書緩速表列各書,第三節為一結論。

# 一、廿六史編纂時間論述

## (一) 司馬遷《史記》一三〇卷

《史記‧太史公自序》:「卒三歲而遷為太史公,紬史記石室金匱之書。五年而當太初元年。……意在斯乎!意在斯乎!小子何敢讓焉。……於是論次其文。」《史記‧索隱》所引《博物志》認為司馬遷為太史令,時年二十八。按:實當作三十八。[2]五年後之太初元年(西元前 104 年),[3]司馬遷「何敢讓焉」,於是論次其文,從事撰著《史記》,時年為四十二歲。[4]

---

說法如下:「……古今史成之速,未有如《元史》者。而文之陋劣,亦無如《元史》者。」,錢大昕,〈《元史》〉條,《十駕齋養新錄》,卷第九。

[2] 三十八,誤作二十八,蓋版本之訛。參吉春,《司馬遷年譜新編》(西安:三秦出版社,1989),頁 66。又鄭鶴聲及王國維亦明確指出「當作三十八」。鄭鶴聲,《司馬遷年譜》(臺北:國史研究室,1973),頁 61-62;王國維,〈太史公行年考〉(節錄),王國維等,《司馬遷——其人及其書》(臺北:長安出版社,1985),頁 203-204。

[3] 太初元年倒溯五年,乃元封三年(西元前 108 年)。趙翼《廿二史箚記》,卷一,〈司馬遷作史年歲〉條云:「……五年為太初元年,則初為太史令時乃元封二年也。」按:當作三年為是。參王國維、鄭鶴聲及吉春,上揭各書。

[4] 此說法見〈太史公自序〉以下語句:「卒三歲而遷為太史令,紬史記石室金匱之書。五年而當太初元年。」後之《史記‧正義》。又:《廿二史箚記》〈司馬遷作史年歲〉條云:「是遷為太史令,即編纂史事。」筆者以為史遷既自云擔任太史令後,於太初元年始「論次其文」,則其前之五年,雖已為太史令,但應並未著手編纂史事;因此,視為蒐集整理資料之階段似較妥。當然,史公蒐集史料之始年應更早,其二十歲南遊江淮時已進行史蹟考察,蒐集資料了。杜維運先生即由元封三年史公時年三十八歲逆溯至史公二十歲,而云:「早在十七、八年前的年輕時代,這一工作已經開始

第十四章　二十五史編纂時間緩速比較研究——附《清史稿》　443

至於成書於何時，一般皆認為書成於征和二年（西元前 91 年），史公年五十五之時。[5]本此，則撰著時間前後凡十四年。若從當太史令時算起，則多 4 年；若從二十歲出遊考察算起，則前後凡三十五、六年。或以為任安死後，史公尚未亡，必更有刪訂改削之功。[6]杜維運由是認為史公耗 40 年的歲月始修成是書。[7]

## （二）班固《漢書》一百卷

《漢書》前後凡經四人之手始成書，即班彪、班固、固妹昭及馬續是也。班彪續《史記》而成後傳數十篇。[8]班昭及馬續皆嘗續補班固所撰。然而，四人中，自以班固撰史之分量為最大。其撰史之起訖年，見《後漢書·班固傳》以下文字：「固自永平中始受詔，潛精積思二十餘年，至建初中乃成。當世甚重其書，學者莫不諷誦焉。」按：永平元年（西元 58 年）至建初八年（即建初最後一年，西元 83 年），前後共 26 年，惟上引〈班彪傳〉不云永平初，亦不云建初末，而言永平中、建初中，可知《漢書》之始撰年不始於永平元年，成書亦應不在建初末年。永平前後共 18 年，建初僅 8 年，即共 26 年。若各以半數算，以符合所謂「永平中」、「建初中」，則只有 13 年。然而，這明顯不符合〈班彪傳〉所云「二十餘年」之數。按：班固嘗以改作國史（即《漢書》）而下獄，固弟超乃馳詣闕上書營救。其事在永

―――――――――――

了。」杜維運，《中國史學史》（臺北：三民書局，1993），第一冊，頁 166。
5　上揭鄭鶴聲書（頁 94）及吉春書（頁 87）皆持此說，然並未作詳細之說明。按：史公嘗於任安將死之前，即征和二年撰〈報任少卿書〉（收入《昭明文選》，卷 41）。〈書〉末前數語談及撰著《史記》事甚具體，可知其書當成於當年或之前，今姑視為當年。可並參趙翼，前揭書，〈司馬遷作史年歲〉條；鄭鶴聲書，頁 94；吉春書，頁 87。
6　趙翼，上揭書，〈司馬遷作史年歲〉。按：史公之卒年，王國維認為絕不可考。參王氏，上揭書，頁 209。
7　杜維運，上揭書，頁 171。
8　《後漢書》，卷四十上，〈班彪傳〉。王充以為班彪「續太史公書百篇以上。」見《論衡》，卷 13，〈超奇篇〉；劉知幾以為「作後傳六十五篇」。見《史通·古今正史》。

平五年。[9]換言之,《漢書》之始撰年,最晚不過永平五年。據上,成書年既不云建初末,則書成不在八年可知。然為符合上引〈班彪傳〉「二十餘年」之數,則成書年似不會早於建初七年。總言之,班固撰《漢書》,其始年不晚於永平五年;其終年,蓋在建初七年或充其量稍前一、二年,即共用約 23 年的時間始成《漢書》。[10]然而,《後漢書·列女傳·班昭傳》云:「八表及〈天文志〉,未及竟而卒。」〈班固傳〉:「竇憲敗,固先坐免官。固不教學諸子,諸子多不遵法度,吏人苦之。初,洛陽令种兢嘗行,……兢大怒,畏憲不敢發,心銜之。及竇氏賓客皆逮考,兢因此捕繫固,遂死獄中,時年六十一。」據《後漢書·竇憲傳》,憲敗於和帝永元四年(西元 92 年)。然則班固即死於該年。據上揭〈班昭傳〉,該年班固卒而書仍未成,若由此倒溯至永平五年(西元 62 年),則班固撰《漢書》,前後不少於 31 年。若遵從陳漢章永平元年為始撰年之說,則前後共 35 年始成書。若從父死,[11]固潛精研思算起,則又多 4 年,即共 39 年。然而,〈班固傳〉既云:「……至建初中乃成,當世甚重其書,學者莫不諷誦焉。」,則其書應已撰就。本乎此,〈班昭傳〉所云:「八表及〈天文志〉未及竟而卒」,蓋指未及完全定稿而言,非謂班固全未撰述八表及〈天文志〉也。班昭及馬續固嘗有續補之作,然未知耗時多寡,今不予考論。

綜上所述,班固撰著《漢書》耗時約 23 年左右。

## (三)范曄、司馬彪《後漢書》一二〇卷

今通行本《後漢書》,紀、傳部分 90 卷,作者為范曄;志 30 卷,作者

---

[9] 參《後漢書》〈班彪傳〉及〈班超傳〉。
[10] 陳漢章,《綴學堂初稿》卷二,〈馬班作史年歲考〉云:「永平元年奏記說東平王蒼,即以是年續父業。」陳說轉引自鄭鶴聲,《班固年譜》(上海:商務印書館,1929),頁 33。按:〈班彪傳〉描述固嘗事東平王蒼。然而,其中不曾談及修《漢書》事。陳漢章以為「即以是年續父業」,不知何所據。鄭譜〈建初七年〉條同意陳漢章之說法,認為書成於建初七年。參鄭書,頁 65-66。
[11] 〈班彪傳〉:「建武三十年,年五十二,卒官。」

第十四章　二十五史編纂時間緩速比較研究——附《清史稿》　445

為司馬彪。茲先言紀、傳成書所須時日。《宋書·范曄傳》：「元嘉九年（西元 432 年）冬……不得志，乃刪眾家後漢書為一家之作。」是《後漢書》始撰於元嘉九年。又本傳記載元嘉二十二年（西元445年）范曄以參與彭城王劉義康逆謀事而伏誅，[12]曄時年四十八歲。其時《後漢書》尚未完全撰就，[13]是以，縱使從元嘉九年算至元嘉二十二年為止，前後共需時 14 年。[14]

至於今本《後漢書》中〈志〉的部分，則原為晉司馬彪《續漢書》中所有，南朝梁劉昭嘗為之作注。宋（趙宋）人以范書之紀、傳與之合刊，乃成今本《後漢書》。據《晉書·司馬彪傳》，《續漢書》含紀、傳、志，凡 80 篇。[15]今本《後漢書》中之 8 志，蓋 80 篇中之 8 篇。《續漢書》撰著年分不詳。據《晉書》本傳，其始撰年乃在泰始（西元 266-275 年）。司馬彪卒於惠帝末年（統治期西元 290-306 年）。其撰寫年代，姑從 270 年算至 306 年，即共 37 年。37 年撰書 80 篇，志佔 8 篇（即 10 分之 1），故〈志〉部分之成書時間，姑算作三、四年。[16]三、四年加上范曄之 14 年（詳前），

---

[12] 《宋書》，卷 69，〈范曄傳〉。清代以來，不少學者曾為范曄翻案，王鳴盛、李慈銘及陳澧即其例。彼等說法，分別見《十七史商榷》，卷 61，〈范蔚宗以謀反誅〉條；《越縵堂讀書記》，卷 3，〈歷史·後漢書〉條「同治丙寅（1866）七月二十二日之記載」；《東塾集》，附錄，〈申范〉條。然據〈范曄傳〉所載范氏之供辭，其知情不報之罪恐怕是無所抵賴的。

[13] 范曄卒前嘗修〈獄中與諸甥姪書〉（收入《文選》），其中云：「……又欲因事就卷內發論，以正一代得失，意復未果。」是可知其《後漢書》尚未完全撰就。

[14] 杜維運先生則有另一種說法；認為元嘉十七年以後，范曄忙於軍政要務，必無暇撰寫，故撰寫《後漢書》之時間，不超過 10 年。說見上揭《中國史學史》，第二冊，頁 111。又；范書本含〈志〉，乃范曄托謝儼撰寫者；然范敗後，謝恐其事累己，故所成者悉蠟以覆車。事詳《後漢書·皇后紀（下）》近卷末處，注引沈約〈謝儼傳〉。按：《四庫全書總目·後漢書提要》，「謝儼」作「謝瞻」；誤。參趙志漢、林劍鳴，〈范曄〉，陳清泉等編，《中國史學家評傳》（鄭州：中州古籍出版社，1985），頁 208，注 36。

[15] 《隋書·經籍志》〈續漢書〉條作八十三卷。

[16] 江淹嘗云：「修史之難，無出於志。」《通志·總序》引錄是語後解釋謂：「誠以志者，憲章之所繫，非老於典故不能為也。」今以志與紀、傳修纂時間平均計算，姑取其便而已，以實際情況不詳也。按：《續漢書》之志亦有所本，彪於〈五行志序〉及

今本《後漢書》之成書時間約為十七、八年。

## （四）陳壽《三國志》六十五卷

據〈後賢志・陳壽傳〉（《華陽國志》，卷 11），《三國志》始撰於晉平吳，天下復歸一統之後。換言之，即始撰年最早不過太康元年（西元 280 年），其時壽年四十八歲。[17]至於成書於何時，史未有明說。今所見者，或作「數年」，或作「歷時近十年」，又或作「約經十年」而成書。[18]然均未明言何所據而云然。《晉書》本傳載：「夏侯湛時著《魏書》，見壽所作，便壞己書而罷。」據《晉書》卷 55，〈夏侯湛傳〉，湛卒於元康初，年四十九。按：元康乃惠帝號，共九年（西元 291-299）。作「元康初」，可知其卒年非元年，蓋為二、三年。換言之，夏侯湛見壽所作，最晚不過元康二、三年。綜上所述，壽成書之時間，其上限不早於太康元年，其下限不晚於元康二、三年。換言之，即最長需時十三、四年；最短恐亦需時三、五年。[19]今取其折中，姑定為七、八年。

## （五）房玄齡等《晉書》一三〇卷

《晉書》係房玄齡等人奉敕撰。前人多據《舊唐書・房玄齡傳》而認為

---

〈律曆志論〉已分別指出「續前志」、「仿續前志」。是以視為三、四年可以撰就〈志〉8 篇，應是合理的推算。

[17] 壽卒於元康七年（西元 297 年），時年六十五。參《晉書》本傳。以此逆溯之，可知太康元年（280 年），壽年為四十八。

[18] 此三種說法，分別見楊耀坤、伍野春，《陳壽、裴松之評傳》（南京：南京大學出版社，1998），頁 49；陶懋炳，《中國古代史學史略》（長沙：湖南人民出版社，1987），頁 131；瞿林東，《中國史學史綱》（臺北：五南圖書出版公司，2002），頁 242。

[19] 《三國志》中《魏志》與《吳志》部分，陳壽皆有成書可供參考。如王沈《魏書》44 卷、魚豢《魏略》50 卷、韋昭《吳書》55 卷是也。獨《蜀志》部分，前人未有成書。然而，陳壽土生土長於蜀地凡 30 年，且嘗任官，故蜀國歷史應絕不陌生，三、五年間撰成 65 卷之《三國志》，非不可能也。據 AI（chatgpt）所示，其字數應是 36-38 萬字而已。瀏覽日期：2025.07.11。

其始撰年係貞觀十八年，[20]完成年為貞觀二十年。[21]余嘉錫《四庫提要辨證·晉書》條據《唐會要》卷 63〈修前代史〉條及《唐大詔令集》卷 81〈修晉書詔〉條末注「貞觀二十年閏三月」，而指出《晉書》之始撰年為貞觀二十年。又《策府元龜》卷 556，〈國史部·采撰二·房玄齡為司空〉條所載下詔修史時間亦同。至於修成時間，上引〈修前代史〉條及〈國史部·采撰二〉條並載《晉書》修成後，「賜皇太子及新羅使者各一部」。考新羅使者來朝時間，係貞觀二十二年十二月。[22]可知《晉書》於二十二年十二月前必已修妥。《舊唐書·太宗紀（下）》載房玄齡薨於二十二年秋七月。故事，王朝所修之前代史，例以官位最高且在世者領銜奏上。可知《晉書》必定成於二十二年七月前，是修史時間前後共 3 年（其實不多於兩年半）。[23]其中宣、武二帝紀與〈陸機傳〉、〈王羲之傳〉之論贊係太宗親撰，帝王參與正史（今所認定之正史，即廿五史）之編纂，乃自太宗始。[24]

---

[20] 北京中華書局版《晉書》據《舊唐書·太宗紀（下）》改作「十七年」，然仍不免錯誤。下詳。

[21] 蒲起龍，《史通通釋》卷 12，〈古今正史·貞觀纂錄〉條即主其說。余嘉錫，《四庫提要辨證》卷 3，〈史部一·晉書〉條已辨其妄。然而，鄧之誠《中華二千年史》、金毓黻《中國史學史》、柴德賡《史籍舉要》、李宗鄴《中國歷史要籍介紹》、朱杰勤《中國古代史學史》以及 1980 年版《辭海·晉書》條仍持其說。參張大可、彭久松，〈《晉書》〉，收入倉修良主編，《中國史學名著評介》（濟南：山東教育出版社，1990），第一冊，頁 406。

[22] 參《舊唐書·太宗紀》。又可參《資治通鑑》卷 199，貞觀二十二年十二月癸未條。《舊唐書·太宗紀》所說的「新羅使者」，據《資治通鑑》，可知其為「新羅相金春秋及其子文王」。

[23] 修史時間如是迅速，原因有二：一、有十九種前人著作供參考。據金毓黻所考，前人晉書計有 23 家，唐初可考者十九家。參氏著，上揭書，頁 70-71。二、從監修算起，修史者共 23 人（含唐太宗）。參考《唐會要》卷 63，〈史館上〉；《史略》卷二，〈唐御撰晉書〉條。修史人眾多，且有前書可據，故不出 3 年即可成書。

[24] 其實，《晉書》之前，帝王已參與史書編纂工作。《宋書·自序》稱何承天、山謙之、蘇寶生及徐爰之《宋書》，宋孝武帝嘗撰臧質等人之傳記。又《梁書·武帝紀（下）》「史臣曰」的一段文字之前載武帝「又造《通史》，躬製贊序，凡六百卷。」是唐太宗之前，宋孝武帝與梁武帝已參與修史之工作；惟所修者，不為今所認

## （六）沈約《宋書》一百卷

《廿二史劄記》卷九〈宋書多徐爰舊本〉條云：「沈約於齊永明五年（西元 487 年）奉敕撰《宋書》，次年二月即告成，共〈紀〉、〈志〉、〈列傳〉100 卷，古來修史之速未有若此者。」筆者向認定明初所修之《元史》成書最速，故趙翼所云不免啟人疑竇。《宋書》末卷（第 100 卷）〈自序〉載：「（永明）五年春，又被敕撰《宋書》，六年二月畢功。……〈本紀〉、〈列傳〉，繕寫已畢，合志表²⁵七十卷，臣今謹奏呈。所撰諸志，須成續上。」據此，則一年左右修畢者，實僅得紀、傳 70 卷而已，志尚未撰就。然而，廿六史中，以私人纂修言，一年時間即成 70 卷之紀、傳，亦可謂至速者也。八志三十卷，不知成於何時。然書中嘗避齊明帝、梁武帝及其父等人之名諱，可知成書時間當在齊明帝稱帝（西元 494 年），甚至在梁武帝即位（西元 502 年）以後。²⁶若從永明五年（西元 487 年）奉敕撰書算起，迄梁武帝即位，已屆 16 年。筆者以為沈約既以一年時間即成 70 卷之紀、傳，則 30 卷之志，恐不出一年便可撰就，即前後 2 年即可成全書。其因避諱而改易者，恐乃後來之事，非前後需 10 多年始撰就也。²⁷沈約卒於天監十二年（西元 513 年），故無論如何，成書最晚不過是年。若從永明五年

---

定之正史而已，且亦早散佚。

25 「志表」二字為衍文。參《十七史商榷》，卷 53〈沈約宋書〉條。《冊府元龜》卷 561，〈國史部·自序〉，〈梁沈約字休文〉條，「志表」作「七帙」。據此，作「志表」者誤，且《宋書》無表。又沈〈自序〉亦明言所撰諸志，須成始得續上也。
26 參北京中華書局版（1974 年）《宋書·出版說明》，頁 2。
27 沈約成書速捷，以有舊本可據故。參《宋書·自序》及《廿二史劄記》卷九〈宋書多徐爰舊本〉條。有以沈約個人極勤勞而認定此為《宋書》成書速捷之另一原因。黃寶權即持此說。說見倉修良，上揭書，第一冊，頁 276；何茲全、趙儷生等，《中國古代史學人物（上）》（臺北：國文天地雜誌社，1989）第一冊，頁 73。按：黃氏所據者乃《梁書》卷 13，本傳，沈約以下之自述：「百日數旬，革帶常應移孔；以手握臂，率計月小半分。」（此見傳中沈氏與徐勉書）然而，此自述者乃建武以後事，此上距永明六年撰就《宋書》紀、傳部分，至少相隔七年。當然，沈約或向來勤勞；換言之，黃氏所引沈氏之自述與《宋書》成書速捷，並不直接相干。若從永明五年

算起，則修書時間凡 27 年矣。

## （七）蕭子顯《南齊書》五十九卷[28]

《史通‧古今正史》云：「梁天監中，太尉錄事蕭子顯啟撰齊史。書成，表奏之，詔付秘閣。」按：天監共 18 年（西元 502-519 年）。天監元年，子顯僅十四歲；[29]其不可能始撰《齊書》於該年明甚。大抵最早之始撰年應在天監中晚期，即子顯二十二、三歲至三十一歲（天監最後一年，子顯三十一歲）之間。據《梁書》本傳，子顯啟撰齊史之前，已成《後漢書》一百卷。人之時間精力有限，故子顯啟撰《齊書》，似應在天監末年。今姑定為三十歲前後。成書時間不詳。據《梁書》本傳述事之先後順序來看，《齊書》撰就詔付秘閣之後，子顯又啟撰高祖集及《普通北伐記》。按：梁武帝普通七年（西元 526 年）嘗發兵伐北魏，《普通北伐記》即記載其事者也。由此可知，《齊書》之成，必在普通七年之前。普通七年，子顯時年三十八歲。綜上所述，子顯撰《齊書》蓋在三十歲至三十八歲之間，換言之，修撰時間不多於八、九年。子顯幼聰慧；後又好學，工屬文。[30] 60 卷之《齊書》

---

[28] 按：《南齊書》本作《齊書》，《梁書》、《南史》〈蕭子顯傳〉及《隋書‧經籍志》、《舊唐書‧經籍志》、《新唐書‧藝文志》可以為證。曾鞏《南齊書‧目錄序》始作《南齊書》，蓋以別於李百藥之《北齊書》而有是稱。至於卷數，則上揭〈蕭子顯傳〉及《隋志》、《新唐書‧藝文志》，均作六十卷；《舊唐書‧經籍志》及〈目錄序〉則作五十九卷。〈目錄序〉並細述該書含「八紀、十一志、四十列傳，合五十九篇」。按：《史通‧古今正史篇》已作五十九篇，所開列紀、志、列傳之數，與〈目錄序〉全同。那到底是五十九卷（篇）抑六十卷？《史通》之另一文〈序例篇〉云：「沈宋之志序，蕭齊之序錄，雖皆以序為名，其實例也。」上引〈古今正史篇〉所開列之五十九篇不含〈序錄〉，可知今所云之〈序錄〉明在五十九篇之外，合之則正好是六十篇。此篇蓋知幾撰《史通》時已亡佚，知幾亦僅悉其篇名而已。又：上引「蕭齊之序錄」一語，乃指蕭子顯所撰《南齊書》之〈序錄〉。

[29] 《梁書》本傳載子顯卒於大同三年（西元 537 年），時年四十九。大同三年逆溯 49 年，為齊永明七年（西元 489 年）。該年下距天監元年（502），得 14 年。

[30] 參《梁書》本傳。

恐不必八、九年方能撰就，且前人相關著作頗多，[31]《齊書》之成，想需時二、三年即可。

## （八）姚思廉《梁書》五十六卷、《陳書》三十六卷

廿四史中，以父子世業而成書者不少。《史記》、《漢書》、《梁書》、《陳書》、《北齊書》、《南史》、《北史》是也。今茲所述者為梁、陳書，作者係姚察父子。姚察在陳時即嘗修二史。[32]陳滅入隋；開皇九年，詔授秘書丞，別敕成梁、陳二史。[33]是奉敕修二史，當從開皇九年（西元589年）算起。然二史未撰就而察卒，臨終乃令子思廉續成其志。思廉上表陳父遺言，有詔許續成之。[34]然表上於何時，詔下於何日，則不悉也。逮唐武德五年十二月二十六日，有詔令大理卿崔善為、中書舍人孔紹安與太子洗馬蕭德言修梁史；秘書監竇璡、給事中歐陽詢及秦王文學姚思廉修陳史。[35]然梁、陳二史，乃至同時下詔纂修之魏、周、隋、齊四史（即共六史），歷數年，竟不能就而罷。[36]貞觀三年，太宗乃令時為著作郎之姚思廉修梁、陳史。[37]據兩唐書本傳，時為秘書監之魏徵亦參與其事。按魏徵為梁、陳、齊、周、隋五代史之監修官；就梁、陳二史來說，有謂魏徵嘗撰寫附錄於本紀及《陳書‧皇后傳》後面之史論。[38]僅就二史之「正文」而言，思廉恐係

---

[31] 參《廿二史箚記》，卷九，〈齊書舊本〉條。
[32] 《舊唐書》，卷73；《新唐書》，卷102，〈姚思廉傳〉。
[33] 《陳書》卷27，本傳。
[34] 同註32。
[35] 《唐會要》，卷63，〈修前代史〉條；《舊唐書》，卷73，〈令狐德棻傳〉。
[36] 同上註。
[37] 《舊唐書》，〈令狐德棻傳〉。
[38] 上世紀70年代北京中華書局版《梁書》（1973）、《陳書》（1974）之〈出版說明〉即作：「姚思廉編撰梁陳史的時候，魏徵是梁陳齊周隋五史的監修官。所以《梁書》《陳書》本紀部分和《陳書‧皇后傳》後面都有魏徵的史論。」按：以上說法不確，或至少太籠統。梁朝共四帝，陳朝則五帝（四帝一主）。其中只有梁敬帝本紀後面的史論之撰人作魏徵，餘或作史臣，或作姚察。至於皇后傳，則只有陳後主沈皇后和張貴妃後面的史論之撰人作魏徵，其餘則否。

太宗下詔令修史之唯一執筆者。貞觀十年正月二十日，房玄齡等上所修成之五代史，內含梁、陳二史。[39]

若從貞觀三年太宗下詔修史，算至貞觀十年史成奏上為止，則梁、陳二史纂修時間為前後 8 年。[40]陶懋炳云：據史籍記載，思廉奉敕修二史，始於貞觀二年，較其他撰者早一年。又云：貞觀九年，已成二史。杜維運亦云，二史修成於貞觀九年。[41]然二氏皆未明言據何等史籍而云然。就成書於貞觀九年而論，筆者以為雖或無史料佐證，然當可以意得之。蓋貞觀十年正月二十日即奏上五代史，則書成於九年可知矣。果爾，則二史纂修時間為前後七年。[42]

## （九）魏收《魏書》一三〇卷（若不分子卷，則一一四卷）

號為「穢史」[43]的《魏書》，從正式下詔修書算起至書成奏上止，僅 4 年而已。但魏收奉敕修《魏書》前嘗兩次修國史（即魏史），故修書時日長短，須細述之始得其究竟。魏收第一次奉敕典起居注，並修國史，乃在北魏

---

[39] 《唐會要·修前代史》條。本條所開列之修纂者計有房玄齡、魏徵、姚思廉等共八人；雖未明言梁、陳二史為姚思廉所修，但據上引〈令狐德棻傳〉及〈姚思廉傳〉，則知思廉係太宗下詔修二史後，「正文」部分之唯一修撰者。

[40] 《史通·古今正史》云：「皇家貞觀初……彌歷九載，方始畢功」，恐誤算一年。

[41] 倉修良，上揭書，第一冊，頁 342；杜維運，上揭書，第二冊，頁 206。

[42] 如上所云，開皇九年（西元 589 年），思廉父察已奉敕纂修二史。開皇九年迄貞觀九年（西元 635 年），前後共 47 年。若連同其前姚察私纂之年月並算，則更不止此數。按：《梁書》多出察手，紀、傳論贊多有「陳吏部尚書姚察曰」可證。反之，《陳書》論贊，除兩卷作「陳吏部尚書姚察曰」外，餘皆作「史臣曰」，可知《陳書》多出思廉手無疑。

[43] 據《北齊書·魏收傳》，書出，眾口喧然，號為穢書。《史通·古今正史篇》尤深惡其書。逮邵晉涵《南江文鈔·魏書提要》、淩廷堪《魏書音義》及《四庫全書·魏書提要》面世，世人始改觀焉。針對「穢史」問題，近人如周一良、孫同勛皆嘗為魏收辯護。周文見《燕京學報》，第 18 期，1935 年 12 月；孫文見《幼獅學報》，第 4 卷，第 1、2 期，1971 年 10 月。余嘉錫，《四庫提要辨證·史部一》亦嘗論辨其事，所言中肯而有據。筆者以為以「穢史」稱之，恐或過當，然魏收肆情曲筆，書非實錄，殆可斷言。顧正史非實錄者，所在多有，何獨《魏書》為然？！

節閔帝為帝之時（西元 531 年），收時年二十六歲。[44]第二次奉敕修國史之時日不詳，蓋在武定二年（西元 544 年）前不久。[45]北齊建立的第二年，即文宣帝天保二年（西元 551 年），復詔魏收修魏史。這可以說是第三次詔收修史。但這三次修史，似乎並沒有若何具體成果。朝廷察悉其事，乃於天保「四年（西元 553 年），除魏尹，故優以祿力，專在史閣，不知郡事。……以成《魏書》。辨定名稱，隨條甄舉，又搜採亡遺，綴續後事，備一代史籍，表而上聞之。勒成一代大典，凡十二紀、九十二列傳，合一百一十卷。五年三月奏上之。……十一月，復奏十志，……凡二十卷，續於紀傳，合一百三十卷。」[46]可見第一、二次修史，甚至北齊建立後天保二年正式下詔修前代史，都沒有具體成果。天保四年，魏收不知郡事，專在史閣，始得全幅精神貫注下來，翌年乃得竟其前功。由此來說，收修《魏書》之時日，前後僅兩年。[47]所以能夠迅速成書，以所憑藉之史料及前人相關著作眾多故也。此前人已有所述論，[48]今不贅。

　　《魏書》最引起史家注意者，厥為被稱作「穢史」一事。其次，書成後，文宣帝竟命撰著人魏收與被記述者之諸家子孫共加討論其內容！再者，孝昭帝及武成帝竟先後分別下詔魏收更加研審《魏書》。收奉召後，不得不予以改正／改易。[49]後主武平四年（西元 573 年）又嘗下詔修改《魏書》，

---

[44] 《北齊書》，本傳。

[45] 本傳記述收「修國史」後，隨即述說孝靜帝武定二年如何如何，由此可推知收第二次奉敕修國史當在武定二年前不久。

[46] 《北齊書》，本傳。

[47] 據本傳，除收外，尚有通直常侍房延祐、司空司馬辛元植、國子博士刁柔、裴昂之、尚書郎高孝幹等人，共同修史，但不能由此認定因修史者眾多，故成書速。蓋此等"史官"，皆魏收一手延攬之人；非乏史才，即不堪編輯，甚至左道求進者亦有之，蓋收恐所引史官淩逼欺壓，因此「唯取學流先相依附者」。可知這批史官只是掛名。魏收延攬之，旨在撐場面，即今所謂背書而已；收實在不敢放手讓他們參與實際的工作。換言之，修史工作，蓋魏收一人獨自為之而已。

[48] 陳連慶把《魏書》的取材分成 12 類，可知所據史料相當多。見倉修良，上揭書，第一冊，頁 310-313。

[49] 各事皆見本傳。

時魏收已卒。⁵⁰《魏書》修成，20 年間竟連續獲四帝之"睠顧"，或令其更加研審，或令與當事者（被記述者之諸家子孫）共加討論，其事可謂空前絕後，故特予表出如上。其中與當事者共加討論一事，可謂最嚴謹，甚至最嚴苛的一種拷問。其稍一不如當事者之意者，則「穢史」之名遂不脛而走矣！

## （十）李百藥《北齊書》五十卷⁵¹

本書係李德林父子所撰。始撰年分不詳。按：魏收嘗與德林共相討論國史起元斷限問題，⁵²據《北齊書》卷 42〈陽休之傳〉，知事在武平中。又《隋書》載武平三年（西元 572 年），詔德林修國史。⁵³而所謂國史即北齊史也。因此，《北齊書》之始撰年，可從武平三年算起。50 卷之書，德林在齊撰就者已過半而為 27 卷。⁵⁴逮開皇初，德林「奉詔續撰，增多齊史三十八篇，以上送官，藏之密府。」⁵⁵惟全書尚未畢功而德林卒。⁵⁶唐武德五年，詔裴矩、祖孝孫、魏徵修齊史，然「綿歷數載，竟不就而罷。」⁵⁷貞觀三年，太宗詔修梁、陳、齊、周、隋五代史。十年正月書成奏上。⁵⁸十年正

---

50 參《北史》卷 8，〈齊本紀下〉，武平四年五月條。此條所謂「詔史官更撰《魏書》」，據高似孫《史略》，卷二，〈後魏書〉條所引《三國典略》，可知乃係命中書監陽休之裁正《魏書》。

51 據《廿二史考異》卷三 31〈北齊書·神武帝紀〉條所載，《北齊書》原文僅存 18 卷。然北京中華書局 1972 年版《北齊書·點校後記》則認為卷五十亦非原文。準此，《北齊書》原文，今僅存 17 卷。今本《北齊書》大抵以《北史》及唐人史鈔補其缺。參《北齊書·點校後記》。

52 《隋書》，卷 42〈李德林傳〉。

53 同上註。

54 《史通·古今正史篇》云：「李在齊預修國史，創紀傳書二十七卷。」

55 同上註。按：三十八篇，不知是否即三十八卷？若然，則此三十八卷，非全為新增者，而係前後兩階段合共三十八卷。五十卷之書，若德林已撰就三十八卷，則其子百藥在唐時所續者，乃僅得十二卷，即不及全書三之一。

56 《隋書》，本傳。

57 《唐會要》，卷 63，〈修前代史〉條。

58 同上註。

月已上奏其書，則書成蓋在前一年，即貞觀九年（西元 635 年）無疑。德林之卒年，史無明文記載，惟《隋書》本傳載開皇十年，德林任湖州刺史，轉懷州刺史；年餘，卒於官，時年六十一。準此，德林之卒，蓋在開皇十一年（西元 591 年）或十二年（西元 592 年）。打從武平三年（西元 572 年）修國史起算至本年，則德林修《齊書》前後共 20 年左右。惟 20 年又可細分為兩階段：一為武平三年後若干年；一為隋開皇初年至開皇十一、十二年。兩階段所歷確實年月不詳，今姑視作 10 年。蓋 10 年成 38 篇之書當綽綽有餘。其子百藥於貞觀三年奉敕承續父書，至貞觀九年書成，共演為 50 卷，[59]則前後需時為 7 年。然則德林父子成書之總時日為前後共 17 年左右。[60]

## （十一）令狐德棻《周書》五十卷

唐初史家自以魏徵最為知名，此以其史論最為人豔稱樂道而有以致之。竊以為其諫諍上之表現，更足以助長其聲價，此則非關乎學術。就實際從事史書之纂修或相關之文化事業來說，唐初最有貢獻者，恐莫如令狐德棻。據《舊唐書》卷 73，本傳，舉凡預撰《藝文類聚》、建議購募遺書、建議修五代史、總知類會諸史、主編《周書》、預修《晉書》、監修國史及《五代史志》，纂修《實錄》、《氏族志》，並審訂《南北史》等等，真可謂「國家凡有修撰，無不參預」。[61]

---

[59] 參註 56；《舊唐書》，卷 72，〈李百藥傳〉所記百藥受詔修撰《北齊書》之年分及成書之年分稍異於《唐會要》，不細說；《史通・古今正史》。

[60] 按：李百藥撰《北齊書》所據之前人成書而唐初猶存者，有以下數種：崔子發《齊記》30 卷（參《隋書・經籍二》）、杜台卿《齊記》20 卷（《隋書》本傳）、王劭編年體《齊志》20 卷、紀傳體《齊書》100 卷（均見《隋書》本傳）、不標撰人之《北齊記》20 卷（參兩唐志）、祖珽（祖孝徵）《黃初傳天錄》（述載獻武帝（即神武帝高歡）起居事，見《史通・古今正史》）、陸元規《文宣皇帝實錄》（見《史通・古今正史》）等。

[61] 然而，德棻史學上的貢獻和成就，直至最近始獲得應有的關注。參瞿林東，〈令狐德棻和唐初史學〉，《人文雜誌》，1982 年，第 1 期；陳清泉等主編，《中國史學家評傳（上）》（鄭州：中州古籍出版社，1985），頁 386-403；有關審訂《南北史》方面，參李延壽，《北史》卷 100，〈序傳〉。

德棻纂修《周書》，始於武德五年（西元 622 年）高祖下詔修六代史（梁、陳、魏、齊、周、隋）之時。[62]德棻外，受詔修史者尚有侍中陳叔達及太史令庾儉。然其事「綿歷數載，竟不就而罷。」[63]七年後的貞觀三年（西元 629 年），太宗再下詔修五代史。[64]時仍為秘書丞的令狐德棻與秘書郎岑文本負責纂修五代史中的《周書》；德棻又奏引殿中侍御史崔仁師佐修其書。岑、崔二人皆有史才，《周書》之史論，且多出自文本之手。[65]貞觀十年正月，房玄齡等奏上五代史。[66]十年正月已奏上，可知貞觀九年諸史已撰就。是《周書》之纂修，前後耗時 7 年。

《周書》可參稽的前人"製成品"很少，這與《北齊書》、《魏書》之多有舊籍、成書可倚仗憑藉，其情況可謂大不同。劉知幾云：「宇文周史，大統年有秘書丞柳虯兼領著作，直辭正色，事有可稱。至隋開皇中秘書監牛弘追撰《周紀》十有八篇，略敘紀綱，仍皆牴牾。」[67]柳虯書到底有多少篇幅，以至是否可作為德棻等人修稽之資，史無明文。至於牛弘書，則只有 18 篇，且「仍皆牴牾」，德棻可以資取者，恐怕亦是十分有限。然則，《周書》幾乎可說是"無中生有"的創始性的著作了。尚有一點必須指出，《周書》雖成於三人之手，但如上所述，岑文本只撰史論，崔仁師則係德棻之助手，難怪趙翼指出說「《周書》乃其一手所成」了。[68]

## （十二）魏徵等《隋書》八十五卷

唐初所修五代史，唯《隋書》成於眾人之手，其餘如《梁書》、《陳

---

[62] 按：高祖所以下詔修史，實緣自德棻之建議，其時為武德四年。參《唐會要》，卷六十三，〈修前代史〉條。

[63] 同上註。

[64] 原擬修六代史，以魏史有魏收、魏澹兩家，已詳備，遂不復修。參《舊唐書·令狐德棻傳》。由此亦可旁證魏收之《魏書》自有其價值。如確為穢史，則自宜予以重修。

[65] 參《舊唐書》卷 70〈岑文本傳〉；卷 74〈崔仁師傳〉。

[66] 《唐會要》卷 63〈修前代史〉條。

[67] 《史通·古今正史》。

[68] 趙翼，《陔餘叢考》，卷七，〈周書〉條。

書》、《北齊書》，皆父子世業，《周書》大體上由令狐德棻一人獨成之（詳見上文）。至於《隋書》，或題為魏徵等撰；或其中紀傳部分題魏徵等撰，志部分則題長孫無忌等撰。[69]總之，《隋書》應該是第一部成於眾人之手的官修正史。武德五年高祖下詔修六代史，《隋書》如同他史，皆「綿歷數載，竟不就而罷。」貞觀三年，太宗復下詔纂修。魏徵受詔總加撰定《隋書》，其中序論皆出其手。[70]此外，顏師古、孔穎達、許敬宗、李延壽、敬播等人並預其役。[71]貞觀九年，《隋書》55 卷撰就。[72]是以修書時間前後共 7 年。惟志部分尚未動筆。貞觀十五年（西元 641 年），于志寧、李淳風、韋安仁、李延壽等奉命續修史志。[73]十七年，褚遂良又奉敕參預其事。[74]永徽元年（西元 650 年），令狐德棻奉命監修，[75]逮永徽三年，改由長孫無忌

---

[69] 如宋天聖二年《隋書》刊本，紀傳部分及志部分即分題撰人。參倉修良，上揭書，第一冊，頁 389。

[70] 《舊唐書》卷 71，本傳。

[71] 顏、孔修《隋書》事，見《史通·古今正史》；又《舊唐書》，卷 73，〈孔穎達傳〉亦及穎達修史事；許敬宗修《隋書》，見《舊唐書》卷 82，本傳，又見卷 71，〈魏徵傳〉；李延壽，見《北史·序傳》；敬播，見《舊唐書》卷 189（上），本傳。此外，《新唐書》卷 58，〈藝文二〉〈隋書八十五卷、志三十卷〉條下註明尚有韋安化（「化」當作「仁」）及趙弘智等人。按：韋氏乃京兆郡杜陵縣人（概見維基百科。瀏覽日期：2025.06.16。）；其參預《隋書》纂修事，其具體情況，則未悉其詳。趙弘智，《舊唐書》卷 188 有傳，但僅籠統云：「預修六代史」。

[72] 據《唐會要》卷 63〈修前代史〉條，書成奏上乃在貞觀十年正月。因此成書當在前一年，即貞觀九年無疑。

[73] 見《隋書》（北京中華書局版），〈出版說明〉。數人修志事之見於《舊唐書》者，情況如下：李淳風見於卷 79，本傳；于志寧見於卷 78，本傳，惟其中僅籠統云：「……監修國史」；韋安仁（《新唐書》卷 58〈藝文二〉誤作「韋安化」）修史事，兩唐書皆不詳；李延壽，見卷 73，本傳。又《新唐書·藝文二》，〈志三十卷〉條下，尚有「趙弘智」一人，惟《舊唐書》卷 188，本傳僅云：「預修六代史」。又可參上注 71。

[74] 《北史·序傳》云：「十七年，尚書右僕射褚遂良時以諫議大夫奉敕修隋書十志。」褚遂良既為尚書右僕射而參預修史事，則蓋為監修無疑。

[75] 《舊唐書》卷七十三，本傳。

監修。[76]顯慶元年（西元 656 年）書成，共 10 志，30 卷。[77]10 志附入《隋書》，蓋以隋為五代最後一王朝也；然其內容實涉五代。故俗呼為《五代史志》。[78]綜上文，貞觀十五年始撰 10 志，書成於顯慶元年，前後共 16 年。若連同紀、傳部分耗時 7 年合算，則 85 卷之《隋書》，成書時間前後共 23 年。

## （十三）李延壽《南史》八十卷、《北史》一百卷

李延壽[79]於唐初追終其父大師之遺志，完成《南、北史》。至於大師撰史之動機，延壽《北史・序傳》嘗予以揭露。[80]大師撰史前後約 4 年。卒時

---

[76] 《隋書・出版說明》。

[77] 《唐會要・修前代史》條；《舊唐書》〈高宗紀（下）〉顯慶元年條。

[78] 《史通・古今正史》；陳振孫，《直齋書錄題解》卷四，〈隋書八十五卷〉條。然而，此十志早擬作為《隋書》之一部分，恐修書時已然，蓋參與修撰者之一李延壽《北史・序傳》已有「《隋書》十志」之記載。此外，十志置諸《隋書》內，據尹達所考，實與「以隋為鑑」之思想分不開。按：魏徵最重視以史為鑑之精神。所主編之《隋書》，其序、論七十多篇（詳上揭《中國史學家評傳（上）》，頁 355），充滿以隋為鑑、取鑑資治、取鑑於亡國、以史資治、居安思危的思想。此等史論實與其政論思想相一貫。其史論旨在資當世之治。魏徵政論，概見兩唐書本傳、《貞觀政要》等書。上揭尹達之意見，見所著《中國史學發展史》（臺北：天山出版社）上冊，頁 153。

[79] 李延壽生卒年，兩唐書不載，《舊唐書》本傳：「……延壽嘗撰《太宗政典》三十卷表上之，歷遷符璽郎，兼修國史。尋卒。調露中，高宗嘗觀其所撰《政典》，嘆美久之。」據此，則延壽必卒於調露之前。按：調露為高宗年號，僅得一年（西元 679 年）。高宗觀覽《太宗政典》之時間與《政典》書成之時間，恐相距不遠。高宗觀書於調露，則延壽之卒，當在其前之儀鳳（西元 676-678）年間。上揭《廿五史論綱》，頁 134，即作「卒在儀鳳之末」。此應該可信；惟又云：「約六十七歲」，則不知何所據！楊耀坤根據梁延燦《歷代名人生卒年表》，認為延壽生於開皇中，卒於儀鳳中，年約八十餘。楊文收入上揭《中國史學家評傳（上）》，頁 302-320。今確實可知者為延壽父李大師卒於貞觀二年，時年五十九。延壽係大師第四子。（參《北史・序傳》）大師生延壽，恐至少三十歲。貞觀二年為五十九歲，則三十歲乃當開皇十九年（開皇最後一年為二十年，西元 600 年）。故云延壽生於開皇中，當合理。其逝世在儀鳳年間，上文已有所論述。

[80] 〈序傳〉云：「大師少有著述之志，常以宋、齊、梁、陳、魏、齊、周、隋，南北分

尚未撰就，以為沒齒之恨。[81]此遺憾不久即獲得彌補。大師去世之翌年，即貞觀三年，其子延壽在顏師古、孔穎達手下纂修《隋書》。乃於編輯之暇，晝夜抄錄五代史事之相關記載。[82]貞觀五年，丁母憂去職。此時鈔錄的工作恐怕停頓下來。三年後服闋，乃以前所鈔錄者編次之。[83]自此迄貞觀十七年，以修《晉書》及《隋書》十志之便，延壽又得以勘究、披尋記載南、北朝史事的典冊。綜上所述，貞觀三年迄十七年，延壽修《南、北史》的工作，大抵以鈔錄前人之成書（含貞觀十年已撰就之五代史）為主；編次連綴的工作，雖時在進行，但進展緩慢。[84]但即以這種修史的準備工作（鈔錄）而言，已耗時15年（貞觀三年至十七年）。[85]顯慶四年（西元659年），延壽奏上《南北史》。自貞觀十八年（西元644年）鈔錄工作告一段落算至顯慶四年，剛好16年。此16年之修史工作，蓋在於編次連綴（含刪補）宋、齊、梁、陳、魏、齊、周、隋八代史。當然，延壽亦嘗參稽比勘八代史以外的其他雜史。就《南、北史》之纂修來說，編次連綴的工作好比修撰。因此，延壽於〈序傳〉中乃云：「始末修撰，凡十六載。」由此來說，若從鈔

---

隔，南書謂北為索虜，北書指南為島夷。又各以其本國周悉，書別國並不能備，亦往往失實。常欲改正。」

[81] 大師編撰《南北史》，其事始於王世充、竇建德被平服而大師以譴徙配西會州之後。大師抵會州後不久即被召至河西。召之者為楊恭仁。時恭仁鎮涼州，見大師〈羈思賦〉而異之，遂召之至河西，深相禮重，日與遊處。（以「恭仁家富於書籍，得恣意披覽。宋、齊、梁、魏四代有書，……」。）其時為武德四年。自此迄武德六年再復返會州時，以閒居無事，大師大抵均在披閱修史方面之相關資料。但復返會州後，著述計畫恐不得不終斷（以恭仁入為吏部尚書，大師不得不復返會州）。武德九年中會赦迄貞觀二年五月去世，在接近兩年的歲月裡，大師乃得在家中重拾修史的工作。蓋以「家本多書，因編緝前所修書。」是大師修《南、北史》，前後兩階段耗時約四年。詳參《北史·序傳》。

[82] 參《北史·序傳》。又有關顏、孔及延壽修纂《隋書》事，略見上文。

[83] 何時服闋，史無明文。姑從常例，視為三年可也，即二十七個月。

[84] 上揭〈序傳〉。

[85] 見〈序傳〉。然〈序傳〉又明確記載云：「私為抄錄，一十六年」，何以有一年之差異？按：自貞觀三年算至貞觀十七年為十五年。或貞觀十八年編次連綴之同時，抄錄仍在進行，故〈序傳〉作十六年？

錄的工序算起，則延壽修史時間先後凡 31 年，若連同其父之 4 年合算，則凡 35 年。[86]

## （十四）劉昫等[87]《舊唐書》[88]兩百卷[89]

本書之始撰及書成奏上之年月，分別為後晉高祖天福六年（西元 941

---

[86] 以所見之各種史學史、史學名著評介等書來說，皆云延壽修史所用之時間為 16 年。此緣未細讀〈序傳〉而致誤。〈序傳〉一云：「始末修撰，凡十六年」，再云：「私為抄錄，凡十六年。」可知其為二事也，即共為 32 年。然鈔錄階段之末年即修撰工作之始年（屬同一年），故應算作一年。是以筆者即以 31 年視之。並參瞿林東，〈李延壽——願將史筆寫一統〉，收入《中國古代史學人物（上）》（臺北：國文天地雜誌社，1989），頁 132。瞿氏即分作兩階段，各算 16 年；可謂先得我心。

[87] 今通行本《舊唐書》皆作劉昫等撰。據兩《五代史》本傳，劉昫並未參與纂修事。以書成時為宰臣，按例宰臣領銜監修史書，故得列名耳。《舊五代史》卷 84〈少帝紀〉云：「監修國史劉昫、史官張昭遠（史文原作張昭，避後漢高祖劉知遠諱也。今回改）等以新修《唐書》紀、志、列傳並目錄凡二百三卷上之。」此記載比較得其實情。其實，修史之初，宰臣趙瑩最為有功。（見《舊五代史》卷 89，本傳）。其後尚有桑維翰亦嘗任監修之責。《舊五代史》卷 89〈桑維翰傳〉僅載維翰「監修國史」。據謝保成所考，維翰顯然負責前代史《唐書》之監修。（見所著〈劉昫〉一文，收入《中國史學家評傳》，頁 458-474）是《舊唐書》之監修，前後共三人。其中趙瑩最有貢獻；桑維翰貢獻不詳，恐亦無具體作為；劉昫則純以成書時為宰臣，故得獨領銜。修史之人，據《五代會要》卷 18〈前代史〉條，計有張昭遠、賈緯、趙熙、鄭受益、李為光、呂琦、尹拙、王伸等。此外，尚有崔梲一人。崔修史事，見《舊五代史》卷 42〈晉明宗紀〉；卷 93，本傳則僅云：「直史館」。此外，又見《宋史》卷 263，〈張昭傳〉。

[88] 因避後晉高祖石敬瑭嫌名之諱，是以《唐書》，「或謂之李氏書。」（至於《舊唐書》一名，則更是後起）。參《日知錄》卷 26〈舊唐書〉條之原注（此原注乃顧炎武自為者）。據《五代會要》，卷 18，〈（修）前代史〉條，《唐書》亦作《（新修前朝）李氏書》；《史略》卷 2〈劉昫唐書〉條則作《李氏紀志列傳》。後不必避石敬瑭之諱，故作《唐書》。及歐、宋《唐書》出，為作區別，故分別以《舊唐書》、《新唐書》稱之。

[89] 本書卷數，歷來記載不一。今作 200 卷，乃據北京中華書局版《舊唐書》。清武英殿本亦然。

年）二月及出帝開運二年（西元 945 年）六月，前後共 5 年。[90]成書可謂極速捷。然而，其前蒐集資料之時間則相當長。梁繼唐而興。早在龍德元年（西元 921 年），梁末帝已允從史館之奏，許家傳、章疏等編錄送納朝廷。後唐明宗天成元年（西元 926 年）九月，又命人往成都徵求唐朝實錄。又長興二年（西元 931 年）五月又許搜訪唐宣宗以來野史以備編修。再者，長興三年（西元 932 年）十一月，史館復上奏購募野史等資料。明宗亦從之。[91]是蒐集資料之階段，前後凡 12 年。該書所以能夠迅速撰就，其前之長期捃摭資料當為一主因。此外，該書又多本實錄國史原文，不必多加剪裁整飭，此又為另一原因。[92]再者，後晉統治者，以至修史諸人之各有其政治意圖或政治目的以修史，譬如急於為自己作回護、辯解（統治者振興文化的說詞相信只是幌子），恐亦係促成該書迅速撰就之另一原因。[93]

## （十五）歐陽修、宋祁《新唐書》[94]二二五卷

本書題為歐陽修、宋祁所撰，此固然，惟參預其事者，前後又不止二人。故事，官修史書，書成奏上，惟列官階最高者一人。歐公以為宋祁於列傳部分，功深日久，不得掩其名奪其功。於是紀、志、表部分，則書己名；

---

[90] 《五代會要‧修前代史》。

[91] 以上四事，分別見《舊五代史》兩帝紀（後梁末帝、後唐明宗）相關年月下的記載。

[92] 《舊唐書》之"基本史料"，趙翼已清楚指出本乎實錄、國史。見《廿二史劄記》卷 16〈舊唐書前半全用實錄國史舊本〉條；《陔餘叢考》卷 10〈舊唐書多國史原文〉條。當然，尚有其他資料為據。詳參吳楓，〈舊唐書與新唐書〉，《中國史學名著評介》，頁 553-556。北京中華書局版，《舊唐書‧出版說明》，頁 11，亦稍及該書資料之來源，可並參。

[93] 詳參張孟倫，《中國史學史》（蘭州：甘肅人民出版社，1986），下冊，頁 93-96。

[94] 《新唐書》原作《唐書》。然成書於南宋之《郡齋讀書志》、《直齋書錄解題》，甚至北宋吳縝之《糾謬》，已作《新唐書》（全名為《新唐書糾謬》），可知《新唐書》一名，北宋時已流行。惟今存南京刻本、明監本及汲古閣十七史本，仍作《唐書》，可知兩書名又同時並行。清武英殿本則作《新唐書》。《新唐書》一名遂為定名，並沿用至今。

列傳部分,則書宋祁名。[95]歐公稱頌宋祁「功深日久」,是確然有據的。[96]至於參預其役之其他成員(含監修官),所知者計有:賈昌朝、丁度、劉沆、王堯臣、張方平、余靖、曾公亮、趙師民、何中立、宋敏求、范鎮、楊察、趙槩、王疇、呂夏卿、劉羲叟、梅堯臣等,連同歐、宋二人,即共 19 人。[97]其中,自以歐、宋二人貢獻最大。此外,當以范鎮、王疇、呂夏卿、劉羲叟及宋敏求次之。[98]

本書之修撰,緣乎慶曆四年賈昌朝之建議。翌年五月仁宗即降詔修書。受詔修史眾人中,以宋祁最為著力用功。[99]惟其書延宕 10 年而未成。[100]仁宗遂於至和元年八月詔歐公修纂之。[101]歐公乃主持紀、志、表之撰著,並負責通讀全稿;列傳方面,仍委諸宋祁。[102]經過 7 年的努力,於嘉祐五年,

---

[95] 《歐陽文忠公集》,附錄〈先公事蹟〉。

[96] 宋敏求《春明退朝錄(下)》載賈魏公(賈昌朝)慶曆四年(西元 1044 年)建議修《唐書》。翌年,宋景文(宋祁)即參與其事。嘉祐五年(西元 1060 年)書成。曾公亮〈進唐書表〉即指出凡 17 年而撰就。宋祁始終預其役,故歐公以「功深日久」稱之。歐公《歐陽文忠公集‧表奏書啟四六集》卷二〈辭轉禮部侍郎劄子〉亦逕稱宋祁修《唐書》凡 17 年。

[97] 參《續資治通鑑長編》卷 155〈仁宗慶曆五年五月己未〉條;卷 156,〈慶曆五年閏五月庚子〉條;上揭宋敏求書;上揭〈進唐書表〉。此外,被薦修史者,尚有邵必一人,惟邵氏以為史出眾手,非是,而辭卻之。錢大昕〈修唐書史臣表〉按提舉官、刊修官及編修官三欄分別開列參與者各人姓名及以何官充任修史事,頗便參看。該表收入《嘉定錢大昕全集》(南京:江蘇古籍出版社,1997),第四冊。

[98] 參上揭〈辭轉禮部侍郎劄子〉;上揭〈進唐書表〉。

[99] 宋祁知亳州,曾以史稿自隨;知益州時,公務再繁忙,仍不忘修史;又嘗於前任監修謝世後,疏請朝廷依例命宰臣續任。可知宋祁於修《唐書》事,最為盡力用心。參《長編》卷 17〈仁宗皇祐三年三月乙卯〉條;《宋史》本傳;《玉海》卷 46;《景文集》卷 48〈西州猥稿系題〉;卷 29〈乞宰相監修唐書疏〉。

[100] 仁宗至和元年(西元 1054 年)七月甲子詔宋祁、范鎮等速上所修《唐書》。事見《長編》卷 176。慶曆五年(西元1045 年)受詔至今剛好是 10 年。

[101] 〈廬陵歐陽文忠公年譜〉,見《歐陽文忠公文集》卷首。

[102] 歐公負責紀、志、表,宋公則負責列傳之撰著,相關記載見《歐陽文忠公集‧附錄‧先公事蹟》;《郡齋讀書志》卷二上〈正史類〉;《直齋書錄題解》卷四〈正史類〉;《玉海》卷 46〈嘉祐新唐書〉條。又:據高似孫,《史略》卷二〈皇宋修唐

《唐書》遂底於成。自慶曆四年下詔算起，前後凡 17 年。若自翌年正式修史算起，則前後凡 16 年。

### （十六）薛居正等《舊五代史》[103]一五〇卷

本書原題為「宋門下侍郎參知政事監修國史薛居正等撰」。除居正外，修史者尚有：盧多遜、扈蒙、張澹、李昉、劉兼、李穆、李九齡 7 人。[104]

本書始撰於宋太祖建國後第 14 年，即開寶六年（西元 973 年）。[105]時天下尚未一統，國家尚未大定，太祖降詔修書，以史為鑑，並藉以示褒貶、垂"楷模"的意圖是相當明顯的。[106]當然，吾人不能否認太祖對文化建設事業之本身亦相當關注。在下詔修《五代史》以前，早在建國後的第二年，即建隆二年，王溥等於該年正月便上《唐會要》100 卷，太祖即詔藏史館，並賜物示恩；同年八月，又修成《周世宗實錄》40 卷；乾德元年七月，王溥又上《五代會要》30 卷；二年正月並敕趙普監修國史。[107]這種種表現，似乎都可證明宋太祖本身相當關切並鼓勵文化事業；其修史不是純然基於政治目的或政治意圖的考量而已。其實，太祖「好讀書」、「重儒者」（《宋史·太祖紀三》）。其關注修書事業，當與此不無關係。

---

書〉條，宋祁「亦曾自作紀、志」。

[103] 《舊五代史》原稱《五代史》或《梁唐晉漢周書》。熙寧五年（西元 1072 年）歐陽修私撰《五代史記》刊刻問世。後人為作區別，遂稱前者為《舊五代史》，歐史為《新五代史》。前者原只稱《五代史》，參《宋大詔令集》卷 150〈修五代史詔〉條；《長編》卷 14〈太祖開寶六年四月二十五日戊申詔〉條。稱作《梁唐晉漢周書》，參北京中華書局版《舊五代史·出版說明》。

[104] 見《郡齋讀書後志》卷一〈正史類·五代史一百五十卷〉條；《玉海》卷 46〈五代史、五代史記〉條引《中興書目》。

[105] 見《宋大詔令集》卷 150〈開寶六年四月戊申·修五代史詔〉條；《長編》卷 14；《宋史》卷 3〈太祖紀〉。

[106] 太祖所下的修史詔可為佐證：「唐季以來，興亡相繼，非青編之所紀，使後世以何觀？近屬亂離，未遑纂集。將使垂楷模於百代，必須正襃貶於一時。……」見《宋大詔令集》卷 150〈修五代史〉條。

[107] 此四事，分別見《長編》卷二、卷二、卷四、卷五相關條目。

開寶七年（西元974年）閏十月，《舊五代史》纂修完成並奏上。[108]打從前一年四月受詔始撰，迄今前後凡 20 個月而書成。所以如是速成，主要原因是：一、逕以五代各朝實錄及范質《五代通錄》為基本史料轉錄而成書。[109] 二、史官「尚多逮事五代，見聞較近。」[110] 三、太祖本人重視修史。[111]

歐陽修《新五代史》刊刻流行後，薛史遂與之並行於世。逮金章宗泰和七年（西元 1207 年），詔學官止用歐史，薛史遂微。按：薛史自西元 974 年修成流行迄今，凡 230 多年。元、明以來，傳本漸就湮沒，逮乾隆下詔修《四庫全書》，邵晉涵乃就《永樂大典》中輯其條目、予以整齊彙編，薛史遂得以重見天日。[112]

## （十七）歐陽修《新五代史》[113]七十四卷

本書始撰年，未能確知。惟據歐陽修撰於寶元元年（西元 1038 年）〈答李淑內翰書〉，[114]可推知該書大抵係歐陽修於景祐元年（西元 1034 年），時年二十八在京師擔任館閣校勘，因「不能自閒，輒欲妄作」的時候開始撰寫的。此外，歐陽修撰於景祐三年（西元 1036 年）〈與尹師魯第二

---

[108] 《長編》卷15〈開寶七年閏十月甲子〉條。
[109] 參《廿二史劄記》卷 21〈薛史全採各朝實錄〉條；《四庫提要》卷 46〈舊五代史條〉。又早於 10 年前已成書之《五代會要》，恐亦係主要參考之對象。
[110] 《四庫提要・舊五代史》。
[111] 本書纂修過程中，雖未見太祖予以關注之相關記載，但書成奏上，太祖即予閱覽，並於翌日對其中之史事做出評論，此正可佐證太祖本來便重視該書之纂修。事見《長編》卷十五。
[112] 《四庫提要・舊五代史》。金章宗詔學官止用歐史，見《金史》卷 12〈章宗紀〉。
[113] 《新五代史》，據南宋所撰之書籍，如《通志・藝文略・正史》、《玉海・五代史記》引《中興書目》及《郡齋讀書志・正史類》，均作《五代史記》（《宋史・歐陽修傳》亦作《五代史記》），可知《五代史記》當為本名，後人或稱《新五代史記》，或簡稱《新五代史》。參徐詁，上揭書，頁 203。稱作《新五代史》者，蓋以區別於薛書也。
[114] 收入《歐陽修全集》（北京：中華書局，2001），卷 69，頁 1004。

書〉[115]云：「前歲作《十國志》」。「前歲」無確指，惟大抵指該年之前一年。然則作《十國志》當在景祐二年。《十國志》乃《新五代史》初稿的一部分。[116]據上述兩〈書〉，《新五代史》當始撰於景祐二年前後無疑。至於何時成書，則未有定論。皇祐五年（西元 1053 年）歐公嘗去函梅聖俞論及其事。函云：「閒中不曾作文字，祇整頓了《五代史》，成七十四卷⋯⋯此小簡立焚，勿漏史成之語。」[117]然則成書於皇祐五年，應不必致疑。惟至和元年（西元 1045 年），歐公〈與澠池徐宰無黨書〉云：「《五代史》，昨見曾子固議，今卻重頭改換，未有了期。」[118]是本來已成之書，後因曾鞏嘗議論及之，於是便只好重做了，即作相應的修改了。重做的工作又何時完工？嘉祐五年（西元 1060 年）歐公嘗撰〈免進五代史狀〉上奏仁宗。〈狀〉云：「（《五代史》）銓次未成，昨自還朝，便蒙差在《唐書》局，因之無暇更及私書，是致全然未成次第。欲候得外任差遣，庶因公事之暇，漸次整緝成書，仍復精加考定，方敢投進。冀於文治之朝，不為多士所誚。」[119]〈狀〉中所謂「全然未成次第」、「銓次未成」，筆者以為只是自謙語，恐「為多士所誚」而故意說的謙遜話。然而，無論如何，《新五代史》雖經重做，但未能讓作者歐公本身滿意是可以斷言的，否則歐公便不必上該〈狀〉，冀「復精加考定，方敢投進」其書了。該書何時竣工，史無明文。歐公卒於熙寧五年（西元 1072 年）八月甲申。卒後三日，詔令歐陽修家上其所撰《五代史》。[120]卒後始令上書，則該書殆至歐公卒時恐仍

---

[115] 同上註，頁 1000。
[116] 參上揭《中國史學家評傳・歐陽修》（中），頁 478-479。此《評傳》又指出尹師魯嘗參與《新五代史》的編纂工作。見頁 479。
[117] 同註 114，頁 2455-2456。
[118] 同註 114，頁 2473。
[119] 同註 114，頁 1706。
[120] 參《宋史》卷 15〈神宗紀二〉，熙寧五年八月甲申條（按：甲申係該月八日）；《宋會要輯稿・崇儒》（鄭州：河南大學出版社，2000）〈崇儒五・獻書升秩・熙寧五年〉條：「五年八月十一日詔潁州令歐陽修家上修所撰《五代史》。」按：甲申既係該月（八月）之八日，是以八月十一日，乃其後之第三日也。

未能全然定稿也。

大致上，吾人可說，《新五代史》之始撰年約為景祐二年（西元 1035 年），初稿成於 20 年後的皇祐五年（西元 1053 年）。後屢作屢修，迄歐公熙寧五年仙逝（西元 1072 年）而仍未能定稿。今姑視為修史之末年。然則前後耗時近 40 年。[121]

## （十八）脫脫等《遼史》一一六卷、《金史》一三五卷、《宋史》四九六卷

以都總裁脫脫為首而纂修的遼、金、宋三史，始修於至正三年（西元 1343 年）。完成時間則三史不盡相同。茲先說《遼史》。

遼朝仿中原體制，嘗修起居注、日曆、實錄等。以實錄而言，先後凡纂修四次。最後一次由耶律儼主其事，趙翼以為「當遼之世，國史惟此本，號為完書。」[122] 金朝建立，所修之《遼史》便以此為基礎。有金一代纂修《遼史》凡兩次，最後一次經陳大任手而完成，後人乃有「陳大任《遼史》」之稱。

元朝繼興，世祖於中統二年（西元 1261 年）即嘗從王鶚之建議，下詔修遼、金二史，[123]惜事未成。四年後的至元元年（西元 1265 年），王鶚又再建議，世祖復從其議。然事亦未付諸實行。延祐、天曆間又數度詔修而未竟。（參《廿二史劄記》卷 23〈宋遼金三史〉條。）其事延宕 80 餘載，逮順帝至正三年（西元 1343 年）三月，以修宋、遼、金三史之義例獲得解

---

[121] 摯友鄭滋斌教授（1957-2015）所撰《五代史記之古文》（香港：粵雅出版社，缺年分）書末附有〈歐陽修《五代史記》修撰始末簡表〉，可並參。按：家兄兆顯先生嘗為鄭書撰一序文，所押日期為丙寅歲夏月。丙寅即 1986 年。滋斌兄亦於同年撰〈後記〉，是其大著大抵出版於該年也。滋斌兄未回甲即仙逝，可惜之至。

[122] 《廿二史劄記》卷 27〈遼史〉條。詳參上揭書《中國史學名著評介》，第 2 卷，頁 153-154。

[123] 《元史》卷 4，〈世祖紀一〉。

決，[124]乃命脫脫等人纂修三史。起同年四月迄四年三月，《遼史》經過前後 13 個月的努力便大功告成。[125]所以速成之原因，以上揭耶律儼書及陳大任書俱在故也。[126]纂修官廉惠山海牙、王沂、徐昺及陳繹曾（俱見中華書局版《遼史》附錄〈修史官員〉表）稍加整齊排比便得成書。

至於《金史》之纂修，其一再延宕之原因，亦正如《遼史》。及至正三年三月〈修三史詔〉下，[127]《金史》便開始纂修。[128]翌年十一月，阿魯圖上〈進金史表〉。（時脫脫已去相位，繼任者為阿魯圖）此標誌著《金史》纂修完成。然則前後凡 21 個月而成書。[129]《金史》所以速成，以所據之底本及史料本自豐厚故也。金朝實錄、王鶚《金史》、劉祁《歸潛志》及元好問的相關著作皆係元修《金史》的最佳底本。[130]底本既完善，則據以整齊加工便成佳構。《金史》為三史中之最優者，正以此故。[131]

---

[124]「三國各與正統，各繫其年號，議者遂息。」（語見《庚申外史》卷上），即宋、遼、金不必互相統屬，義例問題遂獲得解決。

[125] 至正三年四月至四年三月，乃據脫脫〈進遼史表〉（收入北京中華書局版《遼史》）。《遼史·出版說明》等文獻謂《遼史》11 個月成書。按：至正四年有閏二月，故其成書，縱使首尾兩個月只算作一個月，至少亦有 12 個月。

[126] 參《廿二史箚記》卷 27，〈遼史〉條。

[127]〈修三史詔〉，附見於北京中華書局版《遼史》全書之末。

[128] 據〈修三史詔〉，至正三年三月二十八日，順帝進一步聽取脫脫等人的奏議之後始下詔修三史，故三史之修，其最早之日期應不早於同年四月。〈進金史表〉未明言《金史》始撰於何月，然〈進遼史表〉則明言《遼史》始撰於三年四月，故《金史》之始撰疑正同。

[129] 至正三年四月算至年末，凡 9 個月。至正四年有閏二月，故正月至十一月，凡 12 個月。即前後共 21 個月。

[130]《廿二史箚記》卷 27，〈金史〉條；《金史》卷 126，〈元好問傳〉。

[131] 據北京中華書局版《金史》附錄〈修史官員〉表，脫脫乃為都總裁，阿魯圖則為領三史事。阿魯圖既為現職宰相，故領銜表上《金史》。按：三史中，僅《遼史》成書時，脫脫仍居相位。然而，歷來皆以脫脫等人撰三史者，蓋脫脫既解決了三史義例問題，又解決修史經費問題；貢獻至大，三史由是皆署其名。參上揭《中國史學名著評介》，第二冊，頁 166-167。《金史·修史官員》表開列總裁官八人，其一為歐陽玄；纂修官則為六人。各人中，似歐陽玄之貢獻最大。參《元史》卷 182，本傳。

正史中篇幅最大的《宋史》，其始撰年月與遼金二史同。即始於至正三年四月。[132]經過兩年多的時間，在五年十月便完成。[133]換言之，即須時約32個月而已。成書所以速捷，實與所據史料充裕及國史完備有絕大的關係。《宋史》多據國史原本稍為排次而成文，趙翼嘗暢論之。[134]至於修史的動機，〈修三史詔〉有如下的記載：「……這三國為聖朝所取制度、典章、治亂、興亡之由，恐因歲久散失，合遴選文臣，分史置局，纂修成書，以見祖宗盛德得天下遼、金、宋三國之由，垂鑑後世，做一代盛典。」分析這段文字，可知悉為了保存既有的典章制度並藉以資鑑，是修史的動機所在。蒙元雖以外族入主中國，然治亂興亡的歷史往蹟被視為鑑戒之資，則與漢族政權無異也。

## （十九）宋濂、王禕[135]《元史》二百一十卷

《元史》纂修於明洪武初年。朱元璋得天下不及半年便下詔纂修《元史》，筆者以為朱氏藉修史以收文宣之效，向天下明示其為天命攸歸的唯一真命天子的意圖是很明顯的。[136]《元史》分兩個階段完工。第一階段的起訖時日為：洪武二年二月丙寅至同年八月癸酉，共188天。所以不克繼續，

---

[132] 順帝至正三年三月下〈修三史詔〉；三史之纂修乃始於同年四月。詳參上註128。《宋史》篇幅最大的原因有二：各正史中，除《史記》記載上下數千年之歷史時段外，餘以《宋史》記載兩宋逾300年的歷史時段為最長。年代長，則史事多。此外，《宋史》乃據宋代起居注、日曆、時政記及國史等典冊而成書。此等典籍，宋代最為繁富。《宋史》據以成書，宜乎篇幅遠在他史之上。《宋史》所根據史料，參上揭書，《中國史學名著評介》，第二冊，頁193-195。

[133] 未悉《宋史》成書之確切日期。阿魯圖等上〈進宋史表〉之日期係至正五年十月二十一日。《宋史》成書蓋稍前於是。

[134] 《廿二史劄記》卷23〈宋史多國史原本〉條。

[135] 王禕，或作王褘。何冠彪嘗作考證；以為作「禕」為是，今從之。何冠彪，〈王禕二題〉，何冠彪，《明清人物與著述》（香港：香港教育圖書公司，1996），頁1-8。

[136] 詳參黃兆強，〈元史纂修若干問題辨析〉，《東吳歷史學報》，創刊號，1995年，頁157-164。明太祖操控《元史》之纂修，頗見黃兆強，《清人元史學探研》（新北市：稻鄉出版社，2000），頁1-2。

原因是元末代皇帝（惠宗，即元順帝）無實錄，故撰史作業暫停。俟遣使臣前往各地蒐採資料完備之後，撰史作業始得再度展開。此即第二階段，其起訖時日為：洪武三年二月乙丑至同年七月丁亥，共 143 天。兩階段共 331 天。[137]《元史》是這 300 多天內在修史局纂修完成的，然而，兩階段間的 171 天，修史工作不得視為全然停頓，蓋其為使臣出外蒐採資料之時段，顧工作場所不在史局，撰史工作遂暫停耳。若連同一併計算，則整個修史作業便須時 502 天。

## （二十）柯劭忞《新元史》二五七卷

明初修成之《元史》問題叢多，明清兩代不少學人或予以糾謬或更撰新史。[138]清末民初人柯劭忞可謂這方面的殿軍。民國八年（西元 1919 年）教育部呈請時為大總統之徐世昌，特頒明令列入正史。徐世昌從之，並親為柯氏的新撰，撰序文一篇。[139]徐序提到柯氏「……參互考訂，殫十餘年之精力」而始成書。可知《新元史》始撰於民元前。然確切始撰年分及所謂「十餘年」到底多少年，則未悉其詳。又徐序中提到柯氏「既入翰林，假館中所貯永樂大典讀之，則裨於元史者，鈔為巨帙，固知其有著書之志矣。」按：柯氏成進士於光緒丙戌年（西元 1886 年）。其入翰林亦應在同一年。然則以蒐集元代史料來說，其事即始於 1886 年。1886 年至民國九年（西元 1920 年）書成列為正史，前後共 35 年。[140]嗣後，《新元史》又有所修改。改定本出版於 1930 年，此即退耕堂庚午重訂本。惟此本只略加修改初刻本而

---

[137] 宋濂，〈元史・目錄後記〉，收入北京中華書局版《元史》附錄；詳參註 136，頁 153-157。

[138] 筆者嘗論述明清兩代學人這方面的努力，較重要之專著計有《清人元史學探研》（新北市：稻鄉出版社，2000）；〈明人元史學編年研究〉，《東吳歷史學報》，第 9 期，2003 年，頁 95-144。〈明人元史學編年研究〉一文收入本書內。

[139] 大總統令、教育部呈文及徐世昌序，均附見《元史二種・新元史》（上海：古籍出版社，1989）一書內。

[140] 書成於 1920 年，乃據上揭《元史二種・新元史・出版說明》。

已，基本內容無大異。[141]《新元史》固有其價值，然從史料立場論，則遜於宋濂、王褘之《元史》。

## (二十一) 張廷玉等《明史》三三六卷（含目錄四卷）

正史中纂修時間最長的是《明史》，前後共 95 年始成書。該書的編纂情況，可分數階段來說。清廷入關翌年，即順治二年（西元 1645 年）便下詔修《明史》。該年五月，命大學士馮銓、李建泰、范文程、剛林、祁充格為總裁，開設《明史》館。[142]然而，順治一朝，《明史》館的表現只在於蒐羅史料。而所謂蒐羅史料，其實只是保存宮中固有的明代實錄而已。馮銓任總裁多年，其成績只不過是依《通鑑》體史書寫得明史稿數帙。[143]

康熙四年（西元 1665 年）八月，聖祖下詔，嚴飭督促禮部行文內外各衙門，著從速查送明代事跡及各種相關檔案。[144]這個徵集史料的活動，會修《世祖實錄》而罷止。按：《世祖實錄》初修於康熙六年七月，[145]由此可知明代史料的徵集活動亦止於是月。總言之，從順治二年迄康熙六年，前後共 23 年，《明史》館的工作只在於蒐集史料；正式的纂修工作尚未開始。康熙十八年三月開博學鴻儒科考試，中式者共 50 人，均被安排「俱著纂修《明史》。」[146]同年五月，「命內閣學士徐元文為《明史》監修總裁官，掌院學士葉方藹、右庶子張玉書為總裁官。」[147]四年半之後，即康熙二十二年十一月，《明史》各纂修官已撰成大部分初稿。康熙三十年，徐元文逝世，但因為得到萬斯同的協助，病逝前已勒成 416 卷本的史稿。繼任者王鴻緒仍聘請萬斯同於官邸繼續刪訂史稿。康熙四十一年史稿於稍加更正之

---

[141] 詳參上揭《中國史學名著評介》，第三卷，頁 402。
[142] 《清世祖實錄》卷十六，〈順治二年五月癸未〉條。
[143] 楊椿，〈再上明鑑綱目總裁書〉，載《孟鄰堂文鈔》卷二。參喬治忠，《清朝官方史學研究》（臺北：文津出版社，1994），頁 178-179。
[144] 《聖祖實錄》，卷 15，〈康熙四年八月己巳〉條。
[145] 《聖祖實錄》，卷 22，〈康熙六年七月己未〉條。
[146] 《聖祖實錄》，卷 79，〈康熙十八年三月甲子〉條。
[147] 《聖祖實錄》，卷 80，〈康熙十八年五月己未〉條。

後，便進呈御覽。次年發還部分史稿；修訂工作繼續進行。萬氏卒於康熙四十一年，王鴻緒則於四十八年解職還鄉。年前史稿進呈御覽，迄今已 7 年，然《明史》館未能再修訂出一部成稿。由此可知，康熙四十一年萬斯同所訂正者，其後雖歷經 7 年，然並無大幅度之更動。據上所述，《明史》的纂修工作，最重要的時期是康熙十八年至四十八年，即約 30 年。康熙四十八年鴻緒免職回籍時，竟將明史稿中列傳部分全數攜歸。此一行為反映出《明史》館的修史工作及相關業務已然廢弛，否則何得無人過問！[148]史館工作雖停擺，但鴻緒本人的修訂工作卻加緊進行，康熙五十三年乃進呈《明史列傳稿》208 卷。清廷著存放於《明史》館。五十四年，鴻緒又將《明史》本紀、志、表諸稿，連同略加修改之上年進呈之列傳，彙成一部完整的明史稿，計 310 卷。清世宗登極，採取一系列整頓國務的措施。鴻緒乃於雍正元年六月進呈《明史稿》。同年七月世宗下詔重新組建明史館。雍正十三年十二月，全書告成。今所成者，可說是以王稿為基礎而增刪修訂完成的。乾隆四年（西元 1739 年）七月全書刊刻完竣，連目錄共 336 卷。[149]

綜上所述，《明史》之撰，前後歷時 95 載（西元 1645-1739 年），然其中康熙六年七月至十八年五月，約 12 年，其間《明史》館之工作基本上已廢弛停頓。換言之，《明史》館正式修史之工作（不含刻書之三年半），其進行時間約 80 年（95－12－3＝80），其中以康熙十八年至四十八年最有具體成效。又值得一提的是，《明史》刊刻之後，高宗又嘗下詔予以修改。其事始於乾隆四十年[150]，終於乾隆五十四年史臣恭校上為止。[151]

---

[148] 詳參喬治忠，上揭書，頁 183-189。

[149] 同上註。乾隆四年七月二十五日，身為總裁的張廷玉嘗上明史表。〈表〉中稍及《明史》纂修過程。〈表〉附見北京中華書局版《明史》。喬治忠對清廷纂修《明史》的經過嘗作深入的論述。本節大體上根據喬氏的論說。喬文見上揭書，頁 177-196。

[150] 參《高宗實錄》卷 83〈乾隆四十年五月甲子〉條。

[151] 參《四庫全書》本《明史》提要。

## （二十二）趙爾巽等《清史稿》五三六卷

　　清社既屋，民國肇建。民國三年春，國務院呈請設清史館，時任大總統之袁世凱乃聘請清遺老趙爾巽任清史館館長，負責修史。[152]嗣後，先後參與其事者凡 100 多人。[153]經 14 年努力，民國十六年史稿已大致完成。纂修過程可細分為三時期：第一期始民國三年至六年（西元 1914-1917 年），為創始混亂時期，然經費充裕；第二期始民國六年至十五年（西元 1917-1926 年），修史比前期漸有頭緒，然經費竭蹶，館員日散，館務時停時續。第三期始民國十五年至十六年（西元 1926-1927 年），館員素質較整齊，經費得軍閥資助，修史事乃得賡續。惟此時（民國十六年）趙爾巽以年齒遲暮為由，恐不克全稿撰定；於是召集館人會議後，乃決定先行付梓。爰委袁金凱（清史館協修）[154]負責刊發事宜（其前則光緒三十年進士金梁任校對[155]。）同年秋，爾巽病故，柯劭忞以總纂身分兼代館長。民國十七年（西元 1928 年）《清史稿》印刷完竣，共印 1100 部。是該書由民國三年始修至民國十七年印製畢發行時止，前後共歷 15 年。[156]

---

[152] 參朱師轍，《清史述聞》（臺北：樂天出版社，1971），頁 2。
[153] 張爾田嘗開列清史館館員名錄，同上註，頁 284-295。
[154] 袁金凱生平，見 https://baike.baidu.com/item/%E8%A2%81%E9%87%91%E9%87%93%A0/10249762「袁金凱」；瀏覽日期：2025.01.22。
[155] 必須一說的是金梁所任之職只是負責校對書稿，然其人私心自用，竟偷將撰人文稿增改，復將卷首職名任意開列，又私作校刻記，竊稱總閱。及被發現時，印製完成之 1100 部成書中之 400 部已被運往東北，館中僅存 700 部。館人乃對存書做了一些抽換。以兩者有別，時人遂稱前者為關外本，後者為關內本。關外本內容後又有所改動，是為關外二次本。詳參朱師轍，上揭書，頁 79-80；上揭《中國史學家評傳》，下冊，頁 1126-1133。
[156] 《清史稿》雖經纂修十多年，然實係未為定本之書。以政治觀點之不符民國之要求，1929 年故宮博物院《清史稿》審查委員會呈請南京國民政府嚴禁發行，更不必說列為正史了。其實，該書之學術水平亦有問題。參上揭《中國史學家評傳》，下冊，頁 1132-1144。

## 二、廿六史成書所需時間一覽表[157]

| 排序[158] | 書名 | 卷數 | 作者／纂修者 | 撰著／編纂動機／原委 | 成書所需時間 | 備註 |
|---|---|---|---|---|---|---|
| 1 | 元史 | 210 | 宋濂、王禕等 | 奉敕撰 | 331天 | 若連同兩個階段開局修史之間的蒐集史料的時間合算，則為502天。 |
| 2 | 遼史 | 116 | 脫脫等 | 奉敕撰 | 13個月 | |
| 3 | 舊五代史 | 150 | 薛居正等 | 奉敕撰 | 20個月 | |
| 4 | 金史 | 135 | 脫脫等 | 奉敕撰 | 21個月 | |
| 5 | 魏書 | 130 | 魏收 | 奉敕撰 | 不多於2年 | 此僅計算魏收悉力撰史所用的時間。 |
| 6 | 宋書 | 100 | 沈約 | 奉敕撰 | 約2年 | 70卷紀、傳約1年即成書；30卷志想不必耗時1年，今姑作一年算。 |
| 7 | 晉書 | 130 | 房玄齡等 | 奉敕撰 | 不多於2年半 | |
| 8 | 宋史 | 496 | 脫脫等 | 奉敕撰 | 32個月 | |
| 9 | 南齊書 | 59 | 蕭子顯 | 奉敕撰[159] | 約2、3年 | 最多不出8、9年 |
| 10 | 舊唐書 | 200 | 劉昫等 | 奉敕撰 | 5年 | 若連同蒐集資料時間合算，則為17年。 |
| 11 | 梁書 | 56 | 姚察、姚思廉父子 | 奉敕撰 | 約7年 | 7年成兩書，故平均3年半成一書。然而，若從開皇九年姚察奉敕算起，則成書時間遠不止7年。 |
| 11 | 陳書 | 36 | 姚察、姚思廉父子 | 奉敕撰 | 約7年 | |
| 11 | 周書 | 50 | 令狐德棻 | 奉敕撰 | 約7年 | |
| 12 | 三國志 | 65 | 陳壽 | 編纂動機不詳 | 約7、8年 | 最長需時13、14年，最短恐不少於3、4年。今取其折中。 |

---

[157] 本表乃據各史成書時間長短依順序予以開列；以成書時間短者起首。
[158] 此排序僅供參考，以考量因素眾多，難獲定論故也。參下節〈結論〉之論述。
[159] 梁天監中，「蕭子顯啟撰《齊史》。書成，表奏之，詔付秘閣。」（語見《史通・古今正史》；《梁書》，本傳）按：天監乃梁武帝之年號，今未見梁武帝之相關詔書。然而，子顯上奏蓋為事實；《齊史》書成又當係事實；獲「詔付秘閣」，恐亦然。果爾，則梁武帝必曾下詔同意所請。是以今概以「奉敕撰」視之。

## 第十四章 二十五史編纂時間緩速比較研究——附《清史稿》

| | | | | | |
|---|---|---|---|---|---|
| 13 | 史記 | 130 | 司馬遷 | 繼父志、仿孔子撰《春秋》 | 約14年 | 若從出遊考察蒐集資料算起，則需時共35、36年。書成至卒前仍可能予以修改合算，則更不止此數。 |
| 14 | 清史稿 | 536 | 趙爾巽等 | 奉總統令撰 | 15年 | |
| 15 | 南史 | 80 | 李延壽 | 繼父李大師遺志 | 16年 | 16年成兩書，故平均8年成一書。然而，若從鈔錄前人成書（八代史）算起，則前後31年。若其前李大師修史時間亦一併合算，則需35年。 |
|    | 北史 | 100 | | | | |
| 16 | 新唐書 | 225 | 歐陽修、宋祁等 | 奉敕撰 | 17年 | 歐公修史時間為7年，宋祁則始終參預其事。又：若從下詔後翌年始正式修史算起，則修史時間為16年。 |
| 17 | 北齊書 | 50 | 李德林、李百藥父子 | 奉敕撰 | 約17年 | 李百藥唐初奉敕撰本書僅需時約7年。然本書大部分已為李德林所撰就；耗時約10年。故共約17年。 |
| 18 | 後漢書 | 120 | 范曄、司馬彪 | 范曄從政不得志而撰 | 不少於17年 | 范氏所撰紀、傳部分需時14年；司馬彪志部分（本係彼所撰《續漢書》中之〈志〉），視作3、4年。 |
| 19 | 新元史 | 257 | 柯劭忞 | 不滿《元史》 | 十數年 | 若含蒐集資料階段，則為35年。撰成後之修改時間如一併合算，則為45年。 |
| 20 | 隋書 | 85 | 魏徵等 | 奉敕撰 | 23年 | |
| 21 | 漢書 | 100 | 班固等 | 續父書 | 約23年 | 若固父彪、固妹昭及馬續修史時間合算，則遠不止23年。 |
| 22 | 新五代史 | 74 | 歐陽修 | 不滿意薛史 | 近40年 | 此40年乃含從頭改換之重寫時間合算。 |
| 23 | 明史 | 336 | 張廷玉等 | 奉敕撰 | 50多年 | 若連同蒐集、鈔錄史料的23年合算，則約80年。此外，史館修史工作基本上已廢弛停頓的12年（康熙六年至十八年）及刻書時間三年多如一併計算，則共為95年。全書刊刻後，高宗乾隆四十年之後又嘗數度下詔修改。若修改時間合算，則又不止95年。 |

## 三、結論

中國是個史學大國,這是毫無疑問的。有累世不斷的史籍,亦有多方發展的史體。[160]多方發展的史體中,至少從撰寫於七世紀的《隋書‧經籍志》以還,紀傳體的正史便永遠居於目錄書中史部的首位。至於累世不斷的史籍,當中自然以紀傳體正史最具代表性,蓋自兩千年前司馬遷撰就太史公書以來,可以說無代無紀傳體史書的著作,就正統王朝本身來說,除清朝外,每一王朝至少有一部紀傳體而為官方認可的正史記述其歷史發展。紀傳體正史於各體史書中所以永遠居於首要地位,相信從上述的說明中便得其梗概。

廿六史[161]為治國史者所經常參稽取給的重要基石。然而,其編纂修撰時間何者較長,何者較短,則不甚了了。筆者本文即以此為主軸作一論述,並依修史時間長短作一排比。此概見上文。然而,上節〈廿六史成書所需時間一覽表〉中各史的成書時間,尤其排序先後,僅供參考,不為定論。原因是修史的時間如何算,實不免見仁見智。譬如撰寫前的準備時間或書成後的修改時間,算或不算,其結果便會有很大的出入。

大體來說,筆者上表只比較各史修撰時所用的時間。至於其他方面所耗用的時間,則不作比較;而僅於備註欄中稍作說明。譬如修史前蒐集史料所花的時間便不作比較,因為這方面很不好比較。以司馬遷為例,其出遊考察、作口訪,乃至筆錄,當然對日後修史有正面的貢獻,可視為撰史的準備階段。然而 20 年出遊考察,又非純粹為日後修史而成行,如 20 年一併算進來,似嫌過當。且自另一角度視之,實貶低史公之撰史能力。14 年修成 52 萬 6 千 500 字的史書,今反要 30 多年始成書,豈非小看了他!《新元史》情況亦正同,今不細表。

---

[160] 魏應麒標舉六義以論述中國史學的特質與價值,其中首要二義便是這兩項。見所著《中國史學史》(上海:商務印書館,1941),第一章。

[161] 按:《清史稿》未被官方承認為正史,故正史只有廿五部,而「廿五史」一名便成一專有名詞。今為行文方便,姑納入《清史稿》而概以「廿六史」稱呼之。

再者，書成刊刻後再予修改的時間，筆者亦不予計算比較。如《新元史》書成刊刻於民國九年。其後續有修改，10 年後，即民國十九年乃有重刻本之刊行；《明史》書成出版於乾隆四年，30 多年後又改版重刻。此中的 10 年、30 年筆者皆不予計算。主要原因是這些修改，就史學求真方面來說，皆無關宏旨，史書原貌不以此而有大更動。然而，歐陽修《新五代史》之修改時間，筆者則予以計算。這是因為歐公嘗謂書成後因曾鞏議而「重頭改換」其製作。既大幅更動重寫，所花時間固宜納入一併計算。

再需要指出的是，上表修史時間長短的比較排序，只是一實然情況的開列，絕不是說成書速者即為佳構，成書緩者即為劣品。（反之，亦然）其實，各史情況差異極大。就「起跑點」來說，至少有兩項懸殊。一為修史人數多寡不同，再者所據史料或前人舊作豐薄亦不一。成書後篇幅相差亦極大，更不要說質素了。一人成書者，或父子世業成書者，人少力拙，理論上來說，耗時應較長。然而，又有不盡然者。如沈約《宋書》、姚察父子《梁書》、《陳書》等等耗時皆不長。前者惟 2 年，後者亦不過 7 年。人多成書者，如《元史》及《明史》兩書即是。然前者 331 天成書，後者 50 多年（或算至 95 年）始成書。可見修史人數多寡與成書快慢亦無絕對必然關係。至於篇幅多者，如《宋史》496 卷，成書時間不足 3 年。篇幅少者，如《周書》僅 50 卷，然成書時間凡 7 載；《北齊書》亦僅 50 卷，惟成書時間更長至 17 年。可見篇幅多寡與成書緩速亦無必然關係。素質高者，恐莫如前四史，然各史成書所需時間豈多於《明史》，此又可見時間長短與素質高低亦無必然關係。

綜上所述，時間長短、修史人數多寡、篇幅大小，均與成書緩速無必然關係。筆者以為成書緩速與否，實與修史者是否積極（如魏收）、是否具備史才（如司馬遷、陳壽、蕭子顯）及是否認真（如歐陽修撰《新五代史》）有莫大關係。大體來說，積極者成書速，認真者成書緩，具備史才者成書速，惟史公例外，蓋記述上下數千年史事，且體例為新創，故成書較慢。除上述修史者個人主觀因素外，客觀因素亦大有關係。其中之一為皇帝是否積極推動／干預修史。《元史》成書最為速捷與朱元璋因政治考量而大力干預

有絕對關係。再者，是否有實錄、國史，甚至前人舊作可憑，亦有相當關係，如《宋書》、《南齊書》、《魏書》及《舊唐書》成書速捷即其例。當然此亦不可一概而論，如《明史》雖有實錄可為憑藉，但無助其書速成即為一反例。

　　本文之撰，原只想獲悉各史成書時間長短緩速後，作一順序排列而已。不意發現撰史時間緩速長短，竟與上述主、客觀因素有各種必然或概然之關係。此不得不謂一意外的收穫。

　　又：吾人藉著上面之研究，雖不能全面確然獲悉各史撰寫或編纂之時程（duration，即時間上的長短）；由是廿六史成書時間長短緩速之排列順序，亦僅具參考意義而已。然而，假若已具備參考價值或意義，或頗具備參考價值或意義，則本文之撰寫，其工夫便不至於全然白費了。再者，縱然不算排列順序是否具確然不拔之可靠性而成為定案，而僅就各史本身之撰寫或編纂之時程來說，相信本文亦具備了一定的參考價值的。換言之，各該正史纂修起訖時日之核實及隨之而來的時程長短之審訂／確認，這兩者之本身也自有其價值或意義的。

補充：各正史的卷數，上文已有所開列。今開列其字數如下以供參考：《史記》533,505 字、《漢書》742,298 字、《後漢書》894,020 字、《三國志》377,803 字、《晉書》1,158,126 字、《宋書》811,893 字、《南齊書》299,257 字、《梁書》294,438 字、《陳書》163,382 字、《魏書》998,329 字、《北齊書》212,506 字、《周書》262,659 字、《隋書》701,698 字、《南史》677,624 字、《北史》1,106,543 字、《舊唐書》2,002,600 字、《新唐書》1,694,794 字、《舊五代史》790,879 字、《新五代史》291,476 字、《遼史》296,254 字、《金史》931,070 字、《宋史》3,980,123 字、《元史》1,611,849 字、《新元史》2,900,000字、《明史》2,802,544 字、《清史稿》8,400,000字。各書字數均為約數；乃據 chatGPT。瀏覽日期：2025.7.12。至於《史記》的字數，據〈太史公自序〉，則為526,500字。

# 第十五章　臺灣六十年來史學的發展[*]

## 摘　要

　　本文只是一簡述，且只是濃縮前人之成說而做一彙整綜合而已；說不上是什麼研究。文章按年代順序，把臺灣史學之發展區分為三個階段，並指出其各自的特色，如下：

　　一、1949-1960 年代中期：史料學派獨領風騷近二十年。

　　二、1960 年代中期至 1987 年的發展。此又可細為以下四個階段：（一）作為社會科學的史學的興起與發展；（二）史學研究領域的擴大：社會史的興起；（三）作為地區史的臺灣史；臺灣發展史之"內地化" vs. "土著化"；（四）政治發展與歷史意識（政治開放、言論出版自由等等促使一般民眾歷史意識的改變）。

　　三、1987 年至今：此又可細分為四項：（一）臺灣史料的開發與臺灣史的崛起：走向本土認同——臺灣意識的高漲；（二）臺灣史研究成為顯學；（三）史學研究領域擴大。針對這第（三）項，或可稍微做點說明。其一是廣義的文化史的出現，如醫療史、孩童史、育嬰機構史、生活

---

[*] 這篇不足 7,000 字的小文章源自一講綱；非一嚴謹學術論文。本講綱所據資料有不少是來自王晴佳《臺灣史學 50 年》（臺北：麥田出版社，2002）一書。特此聲明，示不掠美。當然，轉引錯誤之處，概由筆者負責。本講綱嘗報告兩次，據記憶，其一如下：2005.11.07，應上海大學文學院之邀，講題作：「兩岸史學研究與發展－五十年來臺灣史學的發展」；其二如下：2007.11.23，應法國國家科學院（CNRS）等單位推動 UMR8173 研究計畫之邀，講題作：「五十年來臺灣史學的發展」；講於法國巴黎。按：本講綱第一次報告的對象是同學（學生），為求喚起他們對課題的關注和興趣，所以便設計了若干問題，藉以產生互動。今一仍其舊，即把該等問題保留下來。大部分的問題，其「答案」大皆耳熟能詳，或稍微上網即知悉之，是以相關答案，恕從略。本講綱 2005.10.30 初稿，2005.11.21 再稿，2007.10.21 三稿，2014.06.02 四稿，2016.05.26 五稿，2024.04.15 六稿，2024.10.27 七稿，2025.03.04 定稿。

史等等。其二是公眾史學（Popular History）、影視史學（Historiophoty）漸次被重視。在聲光科技與電腦科技的配合下，這種史學的市場佔有率（被重視程度）越來越高。（四）歷史教育與歷史認同。在此或可指出的是歷史教育方面，高等教育的一階段中，歷史學科的學分越來越被削減。再者，臺灣史分量增加（小學、中學、大學各階段皆如此）；臺灣本土認同感得以增強，這可能是非常關鍵的一導因。此外，去中國化的趨勢和減少中國史分量的趨勢在中小學教科書中可以看得很清楚。

## 一、1949-1960年代中期：史料學派獨領風騷近二十年

- 1920年代胡適（1891-1962）、顧頡剛（1893-1980）、傅斯年（1896-1950）等人特別重視史料之風氣，1949年之後在臺灣延續下來。
- 傅斯年以中央研究院史語所之影響力[1]及臺大校長之尊，在其推動下，重視史料之風氣有增無已。影響所及，《史語所集刊》（同學們，此學報由甚麼單位發行？）中的文章，便多為考證、校補、年譜等等的論文。有謂研究歷史以史料為重之學風乃承襲自日據時期臺北帝國大學之學風。[2]此則有待進一步探討。
- 傅氏反對"著史"（史家所寫的史書，其具體內容如何，始可以稱得上是"著史"或"撰史"；而不是"編史（編輯一本史書）"？），反對疏通（認為應該證而不疏）；認為歷史研究是把材料整理好便於事已足。
- 研究歷史以史料為準，此可謂科學主義者、實證主義者之考量。而科學與自由可謂西方的孿生兄弟。50及60年代臺灣的自由主義[3]與重視史料的精

---

[1] 傅先生擔任終身所長20多年；1926年底自歐洲留學返國後對學術界便產生一定的影響；嘗擔任北京大學代理校長，1950年又出任臺大校長，然同年即去世。

[2] 李東華，〈一九四九年以後中華民國歷史學研究的發展〉，《中國論壇》，21：1（1985年10月），頁38-39。

[3] 當時發生《自由中國》雜誌被封（雷震被捕）、彭明敏事件及1972年臺大哲學系等政治事件，大體上皆可謂追求自由及反國民黨高壓統治而導致的。

神之有一定的聯繫、結合，可說是很可以理解的。（當時史料學派學人，如胡適、傅斯年便對國民黨政府多有不滿。）
－史料學派主流外之旁支：愛國的民族主義者，如錢穆、徐復觀等學人批評自由主義[4]，對史料學派之治史風氣亦深致不滿。錢氏以「溫情與敬意」（此語出自何書？）為指導原則之一而寫成之大著（書名是？）對歷史教育界有一定的影響。業師徐復觀先生的《中國人性論史》和《兩漢思想史》（共三卷）等鉅著，在史學界，乃至一般的學術界亦產生一定的影響。

## 二、1960 年代中期至 1987 年的發展[5]

### （一）作為社會科學的史學[6]的興起及其發展

－殷海光（1919-1969）欲突破史料學派的藩籬[7]；嘗發表以下文章：〈論「大膽假設與小心求證」〉（「大膽假設與小心求證」一語，誰人提出？）、〈論科際整合〉；又撰著《思想與方法》等書。
－與科際整合或社會科學研究相關的幾種雜誌的發行：如 1963 年《思與

---

[4] 讀者千萬別誤會，其實錢徐兩先生，尤其後者，絕對不反對自由。他們只反對過度的自由，即放縱而無限制，無約束的自由。

[5] 1963 年一份提倡／重視以社會科學方法治史並在學術界有相當影響力的雜誌《思與言》在臺灣誕生；1987 年國民黨政府開放報禁、黨禁，歷史學便隨而有了一個嶄新的發展。是以本節便用「1960 年代中期至 1987 年的發展」作為斷限。

[6] 所謂社會科學的史學，乃指史學的社會科學化。這既強調借用社會科學方法（如量化、統計等等）以治史，也指借用社會科學理論（如心理學、文化人類學、社會學、經濟學等等）來解釋歷史，甚至建立通則。換言之，治史不僅在於史料及史事之考證，也不僅在於史實之描述而已。

[7] 殷氏有此企圖心十分可嘉。然而，殷氏用以突破史料學派的藩籬，其所關注的學科似僅偏重在帶有科學主義色彩之行為科學，而與史學最有關係之社會科學則反未能充分注意，這也許是殷氏考慮未周之處。殷氏的學生林毓生對此嘗作論述。林毓生，〈殷海光先生對我的影響（代序二）〉，《殷海光、林毓生書信錄》（臺北：臺灣大學出版中心，2010），頁 20。

言》出刊（當時的年輕學者，如許倬雲、李亦園、楊國樞、胡佛、文崇一、張存武等共同創辦此雜誌）、1971 年陶希聖之《食貨月刊》復刊、1971 年師範大學等同仁辦《新知》、1971 年臺灣大學歷史系同仁辦《史學評論》。
- 以上雜誌，其中《思與言》辦得最早，影響力相當廣泛，或可稱為社會科學的史學雜誌。嘗批判史料學派之史學只是「新歷史考據學」；主要作者計有杜維運、張存武、王爾敏、李恩涵，又有當時的青年學子如黃俊傑、李弘祺等人。
- 在臺灣的第一代史料學派的學者 1960 年前後或逝世或移民香港、美國等地而日漸凋零、退出史壇。其實這一代的學者其心態基本上是開放的，不是只認同「史學即史料學」的說法；換言之，不必然反對科際整合或反對視史學研究為社會科學的一支。
- 旅美學人，如陶晉生、許倬雲、陳啟雲等人經常／偶爾返臺，倡導以社會科學方法治史：不僅要敘述，亦要解釋。
- 1955 年美國幫中央研究院成立近代史研究所（史語所已經是研究歷史的單位了，為何架床疊屋，又成立這個「近代史研究所」呢？），美國所重視以社會科學方法治史[8]，視史學為社會科會之一支的構想對臺灣史學自然產生一定的影響。
- 臺大文學院院長沈剛伯先生寫於 1968 年的《史學與世變》一書亦鼓吹史學研究應與時代潮流相一致；是以史學應與社會科學相結合便成為大勢所趨。
- 《食貨月刊》經常介紹作為史學研究所常運用的社會科學理論和方法、統計方法、量化方法等。
- 這期間歷史學與社會科學的書籍多如雨後春筍；至少有 10 多種以上。這反映了史學理論和方法之廣受學者注意。
- 這期間亦有學者開始反省／批判以社會科學方法治史的問題。其中余英時

---

[8] 如特別強調田野調查、數據分析、著重共相、model 等等。

先生（就中國人中，余先生一生最佩服的老師是誰？即他是誰的大弟子？）便特別指出「史無定法」，意謂史學本身有其獨立的領域，而不是其他社會科學的附庸。余先生 1970 年代的名著《歷史與思想》（個人認為，這是一本深具慧解卓識的史學論文集）幾乎人手一書（同學們，你們有這書嗎？），其中〈史學、史家與時代〉（同學們，這文章你們讀過嗎？如仍沒有，我建議您們不妨讀一下。）一文對史學研究的性質便有深入的討論和反省。

## （二）史學研究領域的擴大：社會史的興起

－許倬雲《中國古代社會史論》可作為代表（其實許氏對經濟史、政治史及文化史亦有貢獻，代表作為《求古編》。）
－毛漢光用統計、分析、比較等方法從社會階層的成分來研究兩晉南北朝士族政治。
－杜正勝（他在臺灣當過大官啊，何官？他後來不太研究中國史了，而改為研究甚麼史呢？他 1992 年選上院士）則企圖多作一些理論上的解釋，其代表作為《周代城邦》及《編戶齊民》。（其實杜氏嘗用"自耕農"一語，後以此語不足貼切地表達當時老百姓的狀態，故改用中國的傳統述語"編戶齊民"。）
－臺大教授梁庚堯先生（筆者有一位老師也很稱讚梁先生啊。我這位老師名叫？提示：姓嚴的一位中央研究院院士。）對宋代社會經濟史亦作出卓越的貢獻。
－其他不少史學工作者，縱使從事別種領域的研究（如思想史、文化史），但多少也會結合社會史（社會結構、社會組成成分）來切入研究主題或作相應的解釋。

## （三）作為地區史的臺灣史；臺灣發展史之"內地化" vs. "土著化"

－1965 年首次臺灣研究在臺大召開。（這種學術會議為甚麼之前不召開？

這種會議的召開反映出甚麼？即具有何種意義？）
- 1970 年時「臺灣史」幾乎不存在；其實，在當時的政治氛圍下也無法存在。
- 臺灣被視為中國研究的實驗室，為「中國近代化的區域研究」的一環。
- 郭廷以《臺灣史事概說》強調臺灣漢化的高度成就（不消說，郭之大前題是臺灣是中國的一部分。）
- 李國祁把臺灣發展史定位為臺灣內地化的一個過程。（其實，清末以來，如沈葆楨、丁日昌、劉銘傳等人所推行的政策，其目的即為要使臺灣內地化，使臺灣在文化方面成為中華文化的一部分；血緣及地緣方面皆為中國的延續。）
- 陳其南則定位為一個土著化的過程，意指在臺灣開發的過程中，逐漸發展出一種自主的意識。陳氏為人類學家，其眼光自然是人類學家的眼光；陳氏強調由於時空的隔閡，臺灣人土生土長在臺灣數代之後，其祖籍意識早已有所轉變。

## （四）政治發展與歷史意識（政治開放、言論出版自由促使一般民眾歷史意識的改變）

- 民主政治蓬勃發展：1970 年代後期，黨外活動頻繁；1977 年地方性的民主選舉中，黨外人士有選為省議員、市長或縣長者，1978 年副總統、省主席、市長等皆可由本省人擔任；1979/12/10 爆發《美麗島》事件（高雄事件）[9]。
- 臺灣人（土生土長於臺灣者）的認同意識開始高漲／開始有明顯的轉變：王拓的轉變；葉石濤的「弱小新興民族的國家」的論調；史家鄭欽仁疑惑是否需要仍堅持「正統中國」的立場，並轉而提倡以「臺灣人的立場」撰寫臺灣歷史。

---

[9] 《美麗島》乃一黨外雜誌，其主導人物於 1979/12/10 在高雄發起遊行集會活動。由於政府予以強力的鎮壓，並逮捕不少人入獄，造成了所謂《美麗島》事件（高雄事件）。

—1970 年代末期之後，各大學歷史系已紛紛開設臺灣史。
—1980 年代臺大、師大等高校先後培養了臺灣史博士九名；碩士便更多了。
—1983 年之後，以臺灣史為主題的學術研討會，幾乎每年皆召開。
—史家也有參加「臺灣意識」的論戰（如陳芳明，陳也是文學研究者），雖然為數不多。
—杜正勝於 1990 年之後，其臺灣為中國一部分的意識也改變了。[10]
—1986 年 9 月，民進黨成立（當時政府還未開放黨禁，是以民進黨被宣布為非法組織，但政府亦未強力予以解散。按：政府開放黨禁乃在翌年，即 1987 年。）
—以〈龍的傳人〉一歌風靡兩岸的校園歌手侯德建 1983 年奔赴大陸。（這是第十一屆三中全會之後的第 5 年啊。這一屆三中全會召開的日期是？其全稱是？）此可謂臺灣人主體意識高漲的大環境下的異數、另類。當時並引起相當大的爭議。（1990 年代，尤其西元 2000 年之後，往大陸淘金的藝人便多如過江之鯽了，不贅。）

## 三、1987 年至今

### （一）臺灣史料的開發與臺灣史的崛起：走向本土認同——臺灣意識的高漲

—1987 年解嚴（開放報禁、黨禁）：本土運動隨之而蓬勃發展。
—1991 年國民黨政府宣布終止施行數十年之動員戡亂時期，中共並被承認為政治實體。
—臺灣史料蒐集、整理的工作大規模展開：臺灣省文獻會及各縣也都逐步成立了文獻委員會，並出版各種史料文獻。

---

[10] 杜正勝於民進黨 2004 年 5 月第二次執政後便當上教育部長，第一次執政（2000 年 5 月－2004 年 5 月）時則擔任故宮博物院院長，為中央研究院院士（1992 年選上）。

- 1991 年舉行了首次二二八學術研討會。[11]
- 臺灣各地的修志活動更積極、更廣泛地展開（鄉鎮公所出面修志）。
- 1988 年中央研究院「臺灣史田野研究室」成立，並於 1993 年成為「臺灣史研究所」（籌備處），2004 年 7 月 1 日正式成立「臺灣史研究所」。

## （二）臺灣史研究成為顯學

- 臺灣史研究三個階段的不同定位：從過去「中國地方史的臺灣史研究」→「中國研究的代用品」→「臺灣史主體觀點」（民族認同期的臺灣史研究：擬建立臺灣為民主國家）。
- 「中國歷史學會」（成立大會：1954 年 3 月 7 日假臺灣大學法學院舉行）[12]之外，1995 年又成立了「臺灣歷史學會」（這很明顯是視臺灣為中國之外的另一個政治實體。「（臺灣）中國歷史學會」仍然存在，2005 年前後，筆者就擔任過二屆理事長；每屆任期一年。）
- 清代統治下的臺灣研究→日據／日治時期臺灣史研究（「日據」和「日治」，只有一字之差，但實質意義則差別甚大。差別在哪裡呢？）
- 臺灣史研究的大幅成長。

## （三）史學研究領域擴大

- 《新史學》雜誌 1990 年出版：以中研院史語所同仁為主要撰稿人而發行的一份對外公開徵稿的史學學術性刊物。這對推動生活文化史的研究有推波助瀾之功，其重點尤於在中國史方面的研究。
- 廣義的文化史出現，如醫療史、孩童史、育嬰機構史、生活史等等。

---

[11] 1947 年 2 月 28 日國民黨政府與本省人士發生流血事件之激烈衝突。此事件為導致爾後族群對立之主要原因。2.28 事件也成為政府的禁忌，一般老百姓都噤若寒蟬，不敢有所論說。

[12] 參 https://www.facebook.com/Taiwan.Historical.Review/posts/：臺灣歷史評論；https://csh.pccu.edu.tw/archive/Object.aspx?From=5T5E595UMT5SK65QMV&GID=MNMDMSM7M2；瀏覽日期：2025.03.04。

─公眾史學（Popular History）、影視史學（Historiophoty）漸被重視。在聲光科技與電腦科技的配合下，這種史學的市場佔有率（被重視程度）越來越高。

## （四）歷史教育與歷史認同

─臺灣史分量增加（小學、中學、大學各階段皆如此）；這促進了臺灣認同感的增強。
─大學中國史教學調整：全校必修科「中國通史」4 學分與「中國現代史」2 學分（即共 6 學分）→必修科「本國史」4 學分→「歷史」（是否必修科與學分多少全由各校自主）→歷史科通識化（即歷史科只是通識教育科目中的其中一科而已）。[13]
─去中國化的趨勢／減少中國史分量的趨勢在中小學教科書中可以看得很清楚。[14]

---

[13] 就以筆者任教的東吳大學來說，103 學年度（2014-2015）至 107 學年度（2018-2019），通識課程共分六大類別，如下：第一類：「思維與文化」；第二類：「文學與藝術」；第三類：「自然與環境」；第四類：「社會與發展」；第五類：「全人健康」；第六類：「生活倫理」。類別名稱中連「歷史」一詞都不見了。108 學年度（含）以後第一類別的名稱改為：「歷史與文化」；「歷史」才得以重見天日，但恐怕已不絕如縷了！六大類別的名稱及 103 學年度至 108 學年度的演變，詳見 https://web-ch.scu.edu.tw/generaledu/web_page/5109；瀏覽日期：2024.10.27。

[14] 去中國化與減少中國史的分量，這對作為炎黃子孫的筆者來說，內心當然難過萬分；然而，以與學術無關（或至少無直接關係），此議題暫且擱下。至於去歷史化則關係極大，容多說幾句。要言之，除非人類自貶其生命好比二度空間的一個平面的存在體，而沒有任何縱深，即沒有厚度（其實，凡存在體，必係一 3 度空間者；而 2 度空間，嚴格來說，乃虛構虛擬的一種存在而已。此緣乎不理會或不必理會第 3 度空間，而僅針對 2 度空間，即僅針對平面，而為說而已），是以只需要理會片刻的目前（真的是當下即是！），而不必瞻前（未來前景），也不必顧後（過去往昔），即自我定位為不是三度空間的一個立體的存在體的話，那麼一切歷史（即吾人祖先的業績），自可拋諸腦後。然而，這種全無厚度而只是剎那存在的人生，其實是極為淺薄浮泛的人生，是和一般其他動物毫無兩樣的。作為萬物之靈的人類，我們要的是這種人生嗎？如果答案是肯定的話，那麼我們既對不起把我們誕生下來的祖先，也對不起我們

## 四、餘論

上文主要是扣緊大環境的發展和轉變來論述歷史學（含方法、歷史意識等等）在臺灣近六十年（1949-2010 年左右）的發展[15]。其中教研機關，如中央研究院史語所、近史所、臺史所及高等學府（大學）的教研情況（尤其研究情況）多所著墨。然而，國史館、黨史會、故宮博物院等機關亦有不少人從事歷史研究的工作，這方面則比較少提及，容以後再作補充。

又：本文初稿撰寫於將近 20 年前。20 年來，人、事更遷不輟。今則因陋就簡，只做了些個別的修改或補充。謹向讀者致歉。

### 報告完畢　感謝聆聽　敬請指教

補充（2025.04.20）：上一節談到本土認同這個問題。其實，筆者並不反對本土認同。然而，似乎不少別有用心的人士企圖藉此去中國化。愚見則以為，「本土認同」不必然非「去中國化」不可的。

---

的子孫！近今流行的躺平主義（flatnessism，flatism），大概已為這種人生觀及其踐履，鋪平道路了，悲夫！人類甘於與禽獸看齊，夫復何言？！上文以「平面」來說明「剎那存在的人生」，只是作個譬喻而已。前者乃空間範疇的描繪，後者乃時間的描述，實不能混為一談。然而，就同為「無厚度」來說，則兩者正復相同。筆者為了要特別彰顯「平面」（由是衍生出來 flatnessism）之可怕，乃故意借用空間範疇來做說明而已！有關躺平或躺平主義，可參維基百科：https://zh.wikipedia.org/zh-tw/%E8%BA%BA%E5%B9%B3；瀏覽日期：2025.03.04。按：躺平主義（2021 年開始在中國大陸流行的一個網路術語），也是虛無主義的一種，筆者認為是衰世的產物。

[15] 其實亦稍及於近今一二十年的發展，但著墨不多。所以仍維持原標題。

# 下篇附錄（一）

# 清代元史學概述

下文源自一演講大綱，講於上海復旦大學歷史學系，日期：2002.5.23；又以大體上相同的內容，講於北京人民大學歷史學系，日期：2004.06.16（06.17？），講題則作〈清代元史學述論〉。有關演講內容，其詳，請參拙著《清人元史學探研——清初至清中葉》，新北市：稻鄉出版社，2000 年。

## 一、前言

1. 清代學術成就很大（尤指徵實的學問的一個面向，非義理之學；可參看梁啟超《中國近三百年學術史》、錢穆《中國近三百年學術史》、侯外廬《近代中國思想學說史》）
2. 史學成就：宋代與清代各有千秋：宋人開創，清人深化、細密，多元化。
3. 本講題之「元史學」，其中的「元史」，乃取其廣義，即既指元代的歷史（歷史發展之本身），也指記載元代歷史的書：《元史》。

## 二、清人元史學蓬勃發展之原因（兼論經世致用之精神）

1. 對舊史不滿
   明初宋濂、王禕《元史》修不好（明太祖朱元璋應負最大的責任；出問題的主要原因是朱氏要趕時效，蓋該書被定位為文宣品而已。而文宣最重視者，當然是時效）。

明人其他的元史著作，不是過分簡單，就是倫理綱常意味太重（詳參本書第八章）。
2. 清人具克難精神，並在實質上勇於向困難挑戰者，便可大展拳腳一番。
3. 經世致用精神見諸實踐之一斑：史而經，即本身是史書，但扮演經書的功能。
4. 經世致用之途徑有多種，其中含學術經世、史學經世。
5. 清初元史學經世意圖不明顯。
6. 清中葉元史學之經世意圖亦不濃烈，稍具備者有錢大昕、趙翼、汪輝祖三家。
7. 晚清外患日熾，經世意圖便有所改觀：魏源《元史新編》，屠寄《蒙兀兒史記》，洪鈞《元史譯文證補》，其尤著者也；丁謙、張穆、徐松、何秋濤等人亦有相關著作。（多與西北史地之研究相結合）
8. 清季海運大開，交通發達，史料日多；這對促進元史學產生一定的幫助。
9. 考據徵實之漢學精神與元史學之漸次發展，相互推波助瀾。此促進、深化了元史學之進一步發展。

## 三、清政府對元史學之貢獻

　　清代元史學以私撰為主，但清官方亦非全不重視元史學，其主要成就計有：
1. 尚未入關前（清太宗天聰九年，1635），即命譯宋、遼、金、元四史為滿文。
　　順治初，譯進遼、金、元三史（節譯）。
2. 乾隆四十六年，成《遼金元三史國語解》。
3. 《蒙古源流》：乾隆四十二年由蒙文譯成滿文，乾隆五十四年譯成漢文。

## 四、清人元史學名著舉例

邵遠平《元史類編》、錢大昕四種著作、趙翼、汪輝祖、龔自珍、徐松、張穆、何秋濤、魏源、丁謙、屠寄、洪鈞。附：王國維、陳垣、柯劭忞（以三人非一輩子都是清人，故以附錄方式開列。陳氏更是入民國後始正式從事學術的工作。所以論清人元史學上的表現，陳氏可不必，甚至不宜入列。）

## 五、總結（幾點觀察）

1. 清人從事元史之研究，約30人。
2. 研究類型極多：考證、校勘、注釋、補充、輯錄、編著、節錄、撰著、翻譯、議論、纂修等等。
3. 清初（錢大昕之前），元史學成績平平。
4. 清中葉之元史學為乾嘉考據學之傑出表現之一，惟一流史家皆不治元史或《元史》，錢大昕、趙翼可說是異數。其中尤以錢氏的表現最值得稱道。其實，趙氏對元史並不特別感興趣，只不過既要為歷代正史寫劄記——成《廿二史劄記》一書，所以便自然對元史和《元史》做點研究了。
5. 清中晚期元史著作最多。
6. 清末民初之史學之特色：仰賴新史料、重編《元史》。
7. 遍考《元史》→專題考證→綜合、重編元史（學術發展之必然途徑，即依發展順序而該如此？這是不是也是一種辯證的發展？）

# 下篇附錄（二）

# 汪輝祖先生（1731-1807）年譜[*]

## 摘 要

　　《病榻夢痕錄》乃清人汪輝祖嘉慶元年（1796）臥病後命兒輩依年撮記之個人年譜。嘉慶三年譜主病愈，乃手自箚記以續前錄，是為《夢痕錄餘》。逝世前十有三月，不復命筆；然兒輩仍加綴敘，俾成完幅也。前後兩錄記述譜主事甚詳，惟流於瑣碎；所錄應酬文字皆無關宏旨，不足顯示譜主之生平大端。至若近人所為之年譜、年表，則又過分簡略。

　　今茲所撰，十之六七仍本舊錄，即《病榻夢痕錄》與《夢痕錄餘》（下文為省篇幅，其不明確說明出處者，即本乎此兩錄），惟刪其繁重，並據譜主之其他著作及他人撰述，以事增益補充。惟依年撮記，似無以彰顯譜主生命之精髓，亦難以窺悉其成就貢獻為如何。是以本譜於依年為次之各條目後，多附加按語，此則筆者用心所在，冀讀者或可藉以更能契合譜主生命精神大要也。

　　按譜主之成就有二：其一、佐幕三十四年、為官四年，其有為有守之行誼事蹟及相關著作，蓋可為後世典範與指南。其二、歷史學專著暨姓名學專著十數種，皆有益於學界。本年譜乃借此為主軸以鋪陳展示其一生之經歷焉。

## 一、前言

　　近年個人對清人之元史研究頗感興趣。[1]乾嘉學者汪輝祖嘗撰有專著

---

[*]  本文源自《東吳歷史學報》，第4期，1998年3月，頁95-138。今增刪修改後納入本書內。

[1]  所謂「近年」，乃指筆者撰寫並發表此拙文之時，即1998年之前的若干年。其先後

《元史本證》50 卷。去年（1997）暑假得間諷誦該書，冀從中一窺輝祖之史學思想、史學方法與乎該書體例等等之要旨。孟子云：「誦其詩，讀其書，不知其人，可乎？是以論其世也。」檢視輝祖命兒輩為他所編纂之《病榻夢痕錄》（以下簡稱《夢痕錄》）[2]，甚佩服其有為有守之儒者風範，由是捨《元史本證》之研究，轉先攻其生平事蹟。《清史稿》、《清史列傳》、《國朝耆獻類徵》（初編）、《碑傳集》及《國朝先正事略》固綴錄其生平，然而，所綴錄之內容，若持之與《病榻夢痕錄》及《夢痕錄餘》（前者乃先生命兒輩所綴述者，後者則先生逕自為之）相比，似皆不及兩《錄》之翔實可靠。此外，陳讓〈（史學工具書努力者）汪輝祖年譜〉[3]、瞿兌之〈汪輝祖年表〉[4]亦可參看。惟以上各譜（表）皆有可議之處。《夢痕錄》（以下為求行文方便，乃逕視之為先生自訂的一種年譜）及相當於續譜之《夢痕錄餘》（以下簡稱《錄餘》）[5]約 10 萬字，所記失諸蕪雜[6]；反之，陳讓譜僅稍逾萬言[7]，略嫌簡略，瞿表二三仟字[8]，則僅能揭示先生之生平大略而已。

---

就《元史》或相關研究所撰就之論文，茲臚列如下：〈《元史》纂修若干問題辨析〉，《東吳歷史學報》，創刊號，1995 年 4 月，頁 153-180；〈錢大昕元史研究動機探微及學人對錢氏述評之研究〉，《東吳歷史學報》，第 2 期，1996 年 3 月，頁 91-140；〈《元史類編》之研究——以本書〈凡例〉為主軸所展開之探討〉，《東吳歷史學報》，第 3 期，1997 年 3 月，頁 103-134。

2　該書乃臺北：臺灣商務印書館，1980 年據木板影印出版。本文即據該板本。

3　本譜刊《輔仁學誌》第 1 卷，第 2 期，1929 年 2 月，頁 216-238。其中頁 223-226 乃他文誤攙入之不相關係之文字。

4　此年表附錄於《汪輝祖傳述》（上海：商務印書館，缺年分），頁 81-93。

5　《錄餘》收錄於《汪龍莊遺書》，新竹縣：華文書局據光緒十五年江蘇書局版刊印。

6　據統計，二錄約 9.7 萬字。參黃秀文主編，《中國年譜辭典》（上海：百家出版社，1997），頁 425。道光二十六年（1846），饒滌甫去函楊希閔商刊《夢痕錄》時，即有意刪去內中之交游詩詞，而專錄其有益於吏治風俗人心之部分。交游應酬之作，蓋可以蕪雜視之。按滌甫之去函及希閔之附識，皆收錄於同治十一年版之《夢痕錄》。

7　據統計，僅 1.2 萬字。參黃秀文，前揭書，頁 426。

8　據統計，約 0.3 萬字。同上註。

今茲所述，十之六七仍本先生自訂年譜與續譜，惟刪其繁重，並以先生自撰之他書或他人著作增益添補之。至於本年譜之體例，亦有可得而言者。所錄事蹟本乎兩自訂年譜者，一般不再註明出處。此其一。某事原發生於某年，而輝祖雜繫於他年之下者，今逕改歸原年分之下，並以圓括號標示其事原先之出處。此其二。每條之後，多加上筆者之按語，或作補充原文用，或作說明用，或作連繫前後事蹟用，冀助讀者進一步了解譜主也。此其三。

要言之，本年譜刪去自訂譜中之應酬詩篇或感懷雜作，並精簡各項過於瑣碎之描述；然而，增益原譜中未載之事蹟，並時加按語。篇幅約為原譜三分之一，惟譜主生平各大端，洵已一應收錄。按：譜主之主要成就有三。一、充當幕客、州縣官先後凡三十八年，迭有治績，並各留下一種相關經驗著作（不含續作）。譜主逝世，後人恆以良幕循吏稱之[9]。二、編纂多種甚具價值之姓名工具書。[10]三、有關元史學之著作凡二種。其他雜著，恕從略。今茲所述，即以此三端為最大關注之所在：企圖用最小篇幅，揭示譜主之施政面貌；至若其撰述專著，則盡量蒐羅列舉之。苟與原譜相較，或所謂文省而事增歟？

## 二、年譜

**雍正八年，庚戌（1730），先生出生。**[11]

先生遠祖原居婺源，後遷鄞縣[12]（今浙江寧波）。十六世祖名大倫，南

---

[9] 張偉仁先生即以良幕循吏稱呼輝祖。所撰論文，其標題即為〈良幕循吏汪輝祖——一個法制工作者的典範〉，《臺大法學論叢》，第19卷，第1期，1989年12月；第19卷，第2期，1990年6月。

[10] 瞿兒之，上揭書之〈序〉文已先我指出譜主這兩方面的成就，可並參。

[11] 按：輝祖生於是年12月14日寅時。換算西曆，則為1731年1月21日。坊間年表、年譜或作1730年者，乃從寬泛義言之矣，蓋雍正八年（歲次庚戌），一般逕作1730年也。換言之，作1730年者，亦不宜以謬誤視之。

[12] 參錢大昕，《潛研堂文集》（上海：上海古籍出版社，1989），卷40，〈傳四・汪南有傳〉，頁722-723。

宋嘉定十年（1217）始遷往蕭山縣大義村[13]。祖父名之瀚，字朝宗。父楷，字南有，一字皆木。南有公一生經歷凡數變。先是學舉子業，以失利而改習法家言，佐幕不及 2 年，懼損德，轉而從商，再後納貲為官，選河南省衛輝府淇縣典史。[14]在職 8 年，以親老引疾歸，轉赴粵謀生，旋卒於南海旅邸，年四十有六，時維乾隆五年十二月十五日。[15]先生嫡母方、生母徐。徐夫人為鄞縣人。先生生時，祖父年 59，名先生曰垃圾，取其賤且多而有資於農也。先生為南有公獨子，前同產二人皆為女孩，取是名固有深意焉。（按：「垃圾」一名恐意謂命賤，並進一步意涵絕非嬌生慣養；頗預示長大後，亦不得養尊處優。由是遂不易夭折也。）

### 雍正九年，辛亥（1731），二歲。

先生父與紹興府山陰王宗閔先生[16]為摯友。去年六月，宗閔女名寵，字令儀誕生[17]，即有婚姻之約。及先生生，是年，遂訂姻焉[18]。

### 雍正十年，壬子（1732），三歲。

先生父選淇縣典史，之官。先生多病，是年始學會走路。（《夢痕錄》，嘉慶元年條。）

### 雍正十一年，癸丑（1733），四歲。

---

[13] 參瞿兌之，上揭《汪輝祖傳述》，頁 1。
[14] 按典史為未入流之官，掌緝捕與獄囚，俗稱縣尉。如無縣丞或主簿，亦兼領其職。參《中國歷代職官辭典》（上海：辭書出版法，1990），頁 207；劉兆璸，《清代科舉》（臺北：東大圖書公司，1977），頁 167。又有關南有公經歷，亦可參汪輝祖，《佐治藥言·自序》，收入《汪龍莊遺書》（以下簡稱《遺書》），頁 183。
[15] 同上註 12。
[16] 王宗閔曾為江蘇上海縣及金山縣知縣。參王紹蘭，〈汪母曹太宜人贊並敘〉，收入《汪輝祖行述》（以下簡稱《行述》）（臺北：廣文書局，1977），頁 162；又參《夢痕錄》，乾隆十七年條。
[17] 《行述》，頁 162。
[18] 據此，可知輝祖與正室王氏同年出生（依農曆算法），而王氏比輝祖長約半歲。

**雍正十二年，甲寅（1734），五歲。**

就外傅（教學的老師）薄夫子（按輝祖之另一著作《雙節堂庸訓》卷下，〈受業〉條云輝祖六歲受業薄夫子，與此相差一年。《庸訓》收入《汪龍莊遺書》），更名曰鰲（參《夢痕錄》，乾隆元年條）。先生嫡母方氏五月二十九日卒。十一月祖父為先生父聘繼室王氏。

按：方氏逝世半年即續娶，蓋為撫養幼小故。據先生生母徐夫人所述，方氏對先生甚關注憐愛。

**雍正十三年，乙卯（1735），六歲。**

兩母攜先生之淇縣，並延高祖支下之靜山先生名崇智者至縣署課讀。[19]

**乾隆元年，丙辰（1736），七歲。**

祖父至淇縣署，命先生名曰輝祖，以其能解字義，可讀書，故以此新名命之：「輝祖」，意涵必能光輝祖先無疑（詳下文）。先生見酒輒喜飲，一日幾醉死，自後杯勺不能入口。

按：一、輝祖 78 歲的一生中，瀕死者數次，今可謂第一次。二、小名垃圾，就外傅更名鰲，蓋望其學業有成，且能鰲頭獨占也。今更名輝祖，祈其輝宗耀祖之意至為明顯。

**乾隆二年，丁巳（1737），八歲。**

仍讀書官署，南有公借器物墮地而薄者破毀警示先生做人須憨厚，否則一觸便破。

按：輝祖為幕客 30 餘年，為官四年，皆心存忠厚，活人無算（詳後），或緣於此。

**乾隆三年，戊午（1738），九歲。**

仍讀書官署。客來訪先生祖父，先生方讀太白詩。客指「李白」囑對。

---

[19] 《雙節堂庸訓》（以下簡稱《庸訓》）卷下〈受業〉條載：「……輝祖自七歲至十歲，受業訓詁之學，皆稟師授。」《夢痕錄》及《庸訓》皆輝祖所撰，然始受業之年齡竟相差一年，未審孰是。上引文，見頁 938。

應聲曰「楊朱」。客大稱賞，里中子弟常傳誦之。[20]

**乾隆四年，己未（1739），十歲。**

仍從學靜山師。父南有公以親老引疾去官。三月發淇縣，取道濟南，五月抵家。繼母生弟榮祖，然七月而殤。先生祖父甚寶愛輝祖，每觀劇，必命同往。一日觀劇《繡襦記》[21]，先生評曰鄭元和「雖中狀元，畢竟不成人。」祖父嘆賞之。一日，先生隨眾批評歲試劣等生員，祖父即教以不得輕薄笑人，並勉之他日當以功名為念。十月仲姊歸孫世埰（參《夢痕錄》，乾隆八年條），先生潛出登舟觀綵輿，失足墜水，幾死。祖父痛撻之。十一月二十日祖父卒。

按：輝祖失足墜水幾死，為瀕死之第二次。

**乾隆五年，庚申（1740），十一歲。**

南有公授《陳檢討四六》[22]一冊，令每日讀半篇。受業於同邑生鄭嘉禮。以叔父為博徒所蠱，南有公前所置百餘畝田地斥賣幾盡。因不忍罪之，資用日絀。仲秋，南有公赴粵謀生，先生隨行至會稽。途中南有公訓以讀書旨在學做人，做官非可求者。然逢運氣當官即應做好官。又雜舉經書令先生背誦之，並為之講說《論語》，更手受《綱鑑正史約》[23]一冊，令日後讀之。十二月十五日南有公卒於南海旅邸。先生隨父赴會稽前，嘗侍父奉祖母；每得物少許，必先進。先生母微嫌不敬。南有公則以為雖少，又何傷[24]。

按：一、輝祖佐幕初年，嘗從事書啟文墨工作，彼自謂此當得力於早年課誦

---

[20] 汪繼培，〈遺事上〉，《行述》，頁 123。按：「楊朱」，原文作「揚朱」；恐手民之誤，今改之。

[21] 《繡襦記》，劇曲名，明薛近兗撰，演鄭元和李亞仙事，本元雜劇《曲江池》，增為傳奇。參林尹、高明，《中文大辭典》，中國文化大學出版部，1985。

[22] 陳檢討即陳維崧。有關該書之介紹，可參《四庫提要》之說明。

[23] 有關該書，參《四庫提要》。

[24] 《夢痕錄餘》，〈嘉慶九年條〉，《遺書》，頁 728。

《陳檢討四六》文云。二、《綱鑑正史約》乃鄉塾課蒙，粗存歷代史跡之編年體史書。此蓋為輝祖接觸史書之始。三、去年祖父逝世，今年則父親逝世。即兩年內兩至親辭世。

### 乾隆六年，辛酉（1741），十二歲。

仍從鄭嘉禮學。四月父喪歸自廣東。兩母勵節食貧，晝夜不稍休息，勉先生力學，否則二母以為生不如死也。先生由是更立志讀書，為兩母爭氣[25]。

### 乾隆七年，壬戌（1742），十三歲。

仍從鄭嘉禮學。叔父與諸博徒輒向兩母索錢，不得錢則篡之去，甚至撻先生。兩母百般忍讓周旋，以宗祊在，不忍徙居[26]。雖貧困，然奉先生祖母及撫育輝祖，則衣食無少缺。

### 乾隆八年，癸亥（1743），十四歲。

仍從鄭嘉禮學。鄭氏課學子四人，而對先生獨嚴，蓋厚望所寄，以為先生必有成就，惟欠潛心為可惜矣。故課之異他人[27]。歲終，以不能具修脯，鄭師就他館。
按：鄭氏為輝祖第三位啟蒙師。

### 乾隆九年，甲子（1744），十五歲。

族叔延上虞徐冕主塾，先生附學焉[28]。徐師視先生如己子，並為之取別字曰煥曾。流言謂先生隨叔父博符無行；以此，王宗閔家幾悔婚約！先生素

---

[25] 汪繼培，〈遺事上〉，《行述》，頁 126。
[26] 彭紹升，〈汪氏二節婦傳〉，亦載此事。彭文見王紹蘭，〈汪母曹太宜人贊並敘〉，《行述》，頁 166。
[27] 鄭嘉禮與汪輝祖情同父子。參《庸訓》，卷下，《遺書》，頁 938-939。按：《庸訓》「情同父子」一言，筆者以為似不宜照單全收，蓋果係情同父子，則何至於因祖輝家不能具修脯，鄭師乃就他館耶？
[28] 徐冕生平，參《遺書》，頁 939-940。

體弱多病,是年行不及二三百步,腹輒下墜[29],足腫筋凸,於膚骨見衣表,每飯不過一盂,不能食肉,日恃藥以生(《夢痕錄》,嘉慶元年條)。
按:徐冕係輝祖第四位啟蒙師。

**乾隆十年,乙丑(1745),十六歲。**

徐師他去,先生無力從學他師,檢先人遺篋,得《太上感應篇圖釋》半部,先生云誦其詞,繹其旨,放(倣)其事,善不善之報,捷如桴鼓[30]。先生更謂自此晨起必虔誦一過;終身不敢放縱者,實得力於此。
按:輝祖篤信報應之說。一生游幕從政,每以此為念。爾後各條可見。

**乾隆十一年,丙寅(1746),十七歲。**

應童子試,成生員(俗稱秀才),入縣學,其錄取先生者為提督浙江學政陳其凝[31]。先是,輝祖嘗代人作文以謀取製衣費,兩母大怒,以為無志氣,為利而不惜名[32]。從茅繩武師論文[33]。

**乾隆十二年,丁卯(1747),十八歲。**

王氏母舅延課諸子,館修12緡,以三緡餽山陰張嗣益師,從論文。[34]鄉試不售。試場中出現一玄怪事,先生謂「場中有鬼神,可不懼歟?」
按:一、此為輝祖第一次授徒。然其徒王氏乃親戚(舅父)之小孩,與輝祖之關係為表兄弟,是以或可不必算作第一次正式授徒。二、此為輝祖第一次應鄉試,又輝祖甚相信鬼神之事(參《遺書》248,667,727,729,739 等

---

[29] 走動而導致所謂腹下墜者,疑輝祖患疝氣。此症患者小腸之頭穿腸膜而脫出,輝祖以為腹下墜也。參《辭海》,〈疝〉條。

[30] 檢得《太上感應篇圖釋》一事,《夢痕錄》繫於本年條,然《庸訓》卷二,〈因果之說不可廢〉條則載輝祖十五歲時得之。又卷五〈讀書求於己有益〉條亦載輝祖少時即讀此書。

[31] 陳其凝之生平,參《遺書》,頁935。

[32] 此事亦載章學誠,〈汪煥曾豫室誌銘〉,《行述》,頁29-30,惟內容稍異。

[33] 茅繩武之生平,見《遺書》,頁940。

[34] 張嗣益之生平,見《遺書》,頁940。

各頁。）從科學觀點視之，或可稱為迷信歟？

### 乾隆十三年，戊辰（1748），十九歲。

岳父王宗閔招先生往江蘇淮安府山陽縣（時王為典史），使之從舉人許廷秀游。[35]叔父絜眷他徙，祖母欲偕行，兩母泣留而止。

按：許廷秀，乾隆甲子科舉人，係輝祖迄今所從游各師中之學歷最高者。前此各人多為縣學生、歲貢生，亦有不具任何學歷者。

### 乾隆十四年，己巳（1749），二十歲。

仍館外舅（即岳父）王宗閔家。從張嗣益論文。十一月妻王寵來歸（即輝祖是年成親）。

### 乾隆十五年，庚午（1750），二十一歲。

從馮思詠師游。五月發頭眩病，失足墜水池中，獲館僮救起，逾時方甦。甦而病。鄉試不售。

按：此為第三次瀕死；第二次應鄉試。

### 乾隆十六年，辛未（1751），二十二歲。

族伯延課子弟[36]。與精醫術而屢次救治先生危疾之徐夢齡訂交[37]。寄應舉文予山陰楊際昌誨定[38]。

按：此為先生第二次授徒，亦為習幕前最後一次。

### 乾隆十七年，壬申（1752），二十三歲。

恩科鄉試，不售。第三場策問小學，此先生所素未究心者。與浙江仁和

---

[35] 同上註，頁 940-941。
[36] 《錄餘》嘉慶四年條載：「二十二歲為童子師，分歲後束脩方至，急償米欠，復賒斗米度歲，慨然知授徒之不足為養，次年辭館習幕。」此可見輝祖棄館習幕，乃經濟上之考量。
[37] 徐夢齡之生平，見《遺書》，頁 947。
[38] 楊際昌之生平，同上註，頁 941。

嚴果及其弟誠訂交³⁹。外舅署江蘇松江府金山縣令。三月十五日先生赴金山，自此入幕掌書記⁴⁰。每月所得修金為銀三兩。先生暇時讀書如故。
按：一、此輝祖第三次應鄉試；第一次入幕。二、嚴氏兄弟乃迄今所交游者最有名氣之文人學者。

### 乾隆十八年，癸酉（1753），二十四歲。

仍館金山，三月長女生。五月外舅署武進令。七月歸應鄉試，不售。十月二日，祖母沈氏卒。先生因館武進，衿身衿椁皆兩母主之。
按：此乃輝祖第四次應鄉試。

### 乾隆十九年，甲戌（1754），二十五歲。

外舅丁內艱去官，薦先生為揚州鹽商程氏主管文翰，歲可得修金160兩。既聞其人甚倨，辭之。為江蘇常州知府山東海陽胡文伯掌書記，歲修僅二十四兩⁴¹，然先生謂胡氏當賓禮之，故不以金少為嫌。

是年二月嘗由杭州附溏板船房艙赴常州，停武進毘陵驛時，大雨如注，夜宿驛舍，淒風苦雨，為驛子卑視。先生云一生幕修所入不敢妄費一錢者，即恆以此事為念故也。（參《夢痕錄》，乾隆五十一年條。）
按：胡氏乃輝祖一生中第二位幕主。輝祖不以修金多寡定去就，其志節可見。

### 乾隆二十年，乙亥（1755），二十六歲。

二月仍館常州。從同事浙江諸暨駱彪究心刑名之學。九月胡文伯陞江蘇督糧道，先生偕之常熟，掌書記。每月增修八兩。先生謂胡公慮事最密，其佐幕數十年，得免粗疏之咎，皆公之教也。

---

³⁹ 嚴果生平，見《遺書》，頁 947-948。

⁴⁰ 據輝祖所述，佐幕工作，可大別為五：刑名、錢穀、徵比、挂號、書啟。參《學治臆說》，卷上，收入《遺書》，頁 17。其中以刑名、錢穀最吃重。輝祖佐幕，前數年掌書啟；後則以刑名為主。

⁴¹ 此事亦見《夢痕錄》，乾隆五十一年條。

胡公得錢曰寬永通寶。先生據朱彝尊《曝書亭集・跋吾妻鏡》，悉「寬永」為日本年號；「寬永三年者，明天啟四年也。遂白公據申。」[42]。乃知開卷有益於學問如此。幕務稍閒，即從胡公假書諷誦。

按：一、去年佐胡幕，先生歲修二十四兩，則計月入不過二兩。今每月增修八兩（不知是增修至八兩？抑添增八兩，計共十兩？），不啻倍蓰。二、先生習刑名，駱彪乃第一位啟蒙師。按清代並無正規法學教育。個人工作歷練及私底下跟從、請教前輩乃習得相關知識最常見之管道。[43]

## 乾隆二十一年，丙子（1756），二十七歲。

　　胡公有遠行，先生以病不能偕往，遂改就江蘇無錫魏廷夔館，副秦君治刑名。時縣民浦四童養妻王氏與四叔浦經私事發，秦依服制擬軍。魏公囑先生主稿，先生認為可以凡論，蓋童養未婚，不必以違服制擬之。臬司頗以為不然。駁議往復再三[44]，最後先生請以「浦經從重枷號三個月，王歸母族而令經為四別娶」結案。上司批允，由是案遂定。

　　五月魏公丁內艱；先生亦歸應鄉試，不售。再入胡文伯幕，館常熟，仍司書記。胡公與掌錢穀之幕友朱君齟齬。其事關涉江淮衛漕船發價改造問題。朱以漕船滿十年，宜發價改造，然戶部以未滿十運為由，不允所請。先生指出船隻利於行駛，不利停泊。船齡滿十年，其朽損程度猶甚於滿十運。胡公遂據先生所擬稿上呈總漕，大獲許可。巡撫莊有恭亦以為理足詞達，必不致部駁；並以此事及無錫浦案而嘉許先生。由是更為胡公契重，兼司條議事。

---

[42] 按寬永三年（1626），乃明天啟六年，非四年。天啟四年，乃寬永元年。故「三年」，或係「元年」之誤；不然，「四年」乃「六年」之誤（按：當以前者之可能性居多，蓋「三」字與「元」字相似，或一時筆誤或手民之誤而有此失。）按〈跋吾妻鏡〉載《曝書亭集》，卷44。

[43] 詳參張偉仁，〈清代的法學教育〉，《臺大法學論叢》，第 18 卷，第 1 期，1988 年 12 月，頁 1-55。

[44] 輝祖擇善固執，不稍假借，尤不輕易附從。其子繼壕所撰〈遺事上〉嘗指出謂：「嘗有事申上官，駁詰六七，終不改初議，當時有汪七駁之名。」《行述》，頁131。

為準備乾隆皇帝明年南巡事，遂隨胡公赴清口浦，不暇南歸省親度歲。按：一、魏廷夔為輝祖第三位幕主。二、輝祖不贊同依服制擬軍，轉改為凡論，可見其「罪疑惟輕」之辦案態度。三、有關漕船十年、十運之相關判斷，尤具識見。四、本年第五次應鄉試。五、此年為輝祖治刑名之肇始。

## 乾隆二十二年，丁丑（1757），二十八歲。

仍留胡幕。先後隨胡公至江寧、海州、安東、常州等地辦公務。後以不同意胡公因小事劾千總姚起濬而辭歸。作《舟見錄》一卷，詳記船隻凡70餘種之名目制度，後佚[45]。

按：一、輝祖不輕易附和上官，上例可見一斑。二、《舟見錄》為輝祖第一部著作。

## 乾隆二十三年，戊寅（1758），二十九歲。

以胡公遣人到家代為謝罪，先生復入胡幕。常熟仲、言兩姓因爭墓道起糾紛。由縣而府而司而巡撫，訟十餘年未結。先生乃捨律則而以兩姓先祖禮讓先例勸說感動之，案遂定。初自號龍莊，以家居鎮名為龍莊也。

## 乾隆二十四年，己卯（1759），三十歲。

仍館胡幕。正月以媵婢（隨嫁的婢女）楊氏為妾。三月昌邑孫爾周訪胡公[46]，得悉先生為慰藉兩母苦節而矢志科名後，對所進呈之文字遂極用心批改。30篇中，得連圈者三句耳。先生乃執弟子禮。應鄉試，不售。試後，大病。先生自云垂絕者屢矣。嫡母夢中得長者語曰：該留垃圾。（按：「垃圾」，先生幼時小名。參上「雍正八年，庚戌（1730），先生出生」條）後得摯友徐夢齡診治，不數日而瘳。先生自云自此身體康強不復再病，並認為此乃先靈呵護之功。以危疾稱貸，勢不能支，歲終遂堅辭胡公，轉受長洲鄭毓賢聘，與山陰婁基分治刑名。是年交於士宏[47]。

---

[45] 陳讓，前揭文，頁48。
[46] 孫爾周之生平，見《遺書》，頁941-942。
[47] 同上註，頁951-952。

按：一、本年乃第六次應鄉試。二、為第四次瀕死。三、輝祖頗迷信，其轉錄嫡母做夢例可見一斑。四、輝祖固重情誼，然家貧稱貸，又不便主動請求增加歲修，不得不轉受他人聘。五、鄭氏為輝祖之第四任幕主。六、30 歲即娶妾，大抵以結婚 10 年而正室王氏迄未生男故。

## 乾隆二十五年，庚辰（1760），三十一歲。

　　館長洲鄭幕。縣富家婦周張氏年十九而孀，遺腹子繼郎十八歲，將授室而病殤。張氏欲為之立嗣，且已覓得適當人選；然族人以為繼郎未娶，嗣何得立，而轉有欲充當張氏夫之繼子者。此案歷 18 年而未結。先生贊同張氏說，蓋為繼郎立嗣，實近人情，房族不得置喙，並認為律所未備，可通於禮。與其絕殤而傷慈母之心，何如繼殤以全貞婦之志。同事諸友，以至主人鄭毓賢見先生批詞，大詫再三，囑改。先生云批不可易，請易友。鄭君慰留之，並姑用其批。其事上呈，撫軍（即巡撫，以下同）盛贊此批之得體[48]，鄭君由是大悅。

　　時有嘉興李髯者，蠱先生以利，並導之納賄之術。先生不之應。後果事發而先生得免焉。

　　盜匪竊米，官府每以時價計算；以米價日增，竊米輒入滿貫，有至陷死罪者。先生請照部價估報，以減少冤抑，撫軍議可。

　　崇明有盜右手廢而以左手開棺，縣讞依律議軍收贖。（按：「收贖」謂以銀贖罪。）先生以為左手既能為盜，自未便照廢疾減罪，然法外之仁又不宜不講！先生以是為難而托故告辭。

　　先生所居齋屋傾頹，床几皆為齏粉，適以事外出而避過一劫。應鄉試，不售。妾楊氏生次女。

按：一、繼郎之判例反映出輝祖不從傳統宗族或房族利益立場看問題；反之，是尊重當事人之個人意向，並以禮與人情皆須兼顧作判準。二、輝祖不為利誘、不納賄（按清朝官吏受賄賂乃平常事，並為上所默許者。人不以為

---

[48] 撫軍係桂林陳宏謀，即《從政遺規》之作者。事皆親辦，吏治無不肅然。參瞿兌之，上揭書，頁 11。

恥，或不視為不恰當者。）三、輝祖判案從寬，不以日增之時價作為量刑之標準。四、左右手開棺盜竊案可看出輝祖亦有一般人性的弱點：遇上不知如何取捨時，會借故規避責任。五、第七度應鄉試。六、第四次瀕死。

**乾隆二十六年，辛巳（1761），三十二歲。**

　　孫爾周師[49]補浙江秀水縣，先生入幕佐之。時有縣婦虞氏控縣民許天若欲買醉。28 日後，兩人路上相遇，天若詬虞氏無恥，兩人遂口角。虞事後投環自盡。經研判，先生以為虞氏乃死於氣憤（被詬、口角引起），非由先前之調戲，而今深感羞忿遂自盡，故擬輕判杖枷（按：果係由羞忿而自盡，則肇禍者例應擬絞；縱案情稍輕，亦當擬流。）撫軍駁回。最後因照流罪例減一等，即杖一百徒三年結案。先生與爾周子含中訂交。[50]有官員某俸滿（任職已滿一定期限）求保舉，先生初不以為然。爾周告謂保舉當量材，不必事事求全過慮。先生欣然受教。

**乾隆二十七年，壬午（1762），三十三歲。**

　　館秀水，三月十七日先生生母徐氏卒。徐母以先生體弱多病，戒勿應鄉試，然實望捷甚殷。先生得知實情後，乃立志作舉業文字，不敢懈怠。四月十九日長子繼坊生。時有富室因繼嗣問題而數房起爭端，訟至司院。撫軍莊有恭飭縣定議。先生乃據《禮經》，殤與無後者，祔食於祖之例，持議謂其人出繼叔後，斷難以己之次子（按長子已卒）歸繼本宗。有子而絕，情有難安。請以其主祔食於伊父支下，聽子孫奉祀。撫軍甚贊賞此議，一時聲譽頓起，數縣爭致關聘。（按：用聘書聘請，謂之關聘）

　　八月，孫爾周解任，先生以劉國煊最賢，遂改就平湖劉幕。乍浦巡司[51]上稟云，拏獲拜邪教者數人並搜得《無為經》等等物品。先生查詢後，認為

---

[49] 孫爾周生平，參上註46。
[50] 含中生平，同上註。
[51] 巡司乃巡檢司之簡稱，是五代後唐莊宗開始的一種官署，兩宋與金朝普及，在元明清時代為縣衙或縣級衙門底下的基層組織。詳參維基百科：https://zh.wikipedia.org/zh-tw/%E5%B7%A1%E6%AA%A2%E5%8F%B8：「巡檢司」條；瀏覽日期：2024.09.16。

數人恐非教黨，遂分別責處，並焚《無為經》結案。

先生頗有意配合刑部新例，命案初報時即詳述相關內容，並擬定罪名。唯一般幕友以為不便，其事遂寢。先生云：「如永為成規，於獄情幕學，必多裨益矣。」

先生過僧舍，書「佛」一字求測（參《錄餘》，嘉慶五年條）。測字者所言極符合先生後來之事蹟經歷。

按：一、輝祖治訟獄，律文外，尚參考《禮經》，上例可見梗概。二、輝祖不輕易以教黨入人罪。三、其有意改革整飭幕友之工作，使之更周善嚴整，頗值得注意。

### 乾隆二十八年，癸未（1763），三十四歲。

館平湖劉幕。時有回籍逃軍曰盛大者並其徒共 9 人以糾匪搶奪被捕。先生從堂後聽審，察各嫌犯口熟滑如背誦，口供無一語參差，頗疑之。由是隔別研鞫，則嫌犯供詞相互歧異。蓋首嫌自以為逃軍犯搶，更無生理，故訊及他案（劫案）時，乃信口誣服，而其徒皆附和之而已。先生自此益不敢以草供為信，犯應徒罪以上無不親聽鞫問。既認為劫案非盛大所為，故有意從輕處置，然闔署譁然，以為枉法曲縱。先生聞之欲辭劉君，因固留而止。

又民婦縱女犯姦而被婿毆折一齒，案律其婿應徒。先生以為母縱女姦即與婿義絕，應同凡論，擬杖一百枷號一月結案。是年為王、徐兩母具呈，請旌雙節，十二月奉巡撫彙題。

按：一、上例可見先生審案極認真負責，絕不馬虎輕信。二、若非主子如劉國煊者之充分信任，則佐幕負責認真如輝祖，亦不得行其志也。得君始能行道，可不信歟？

### 乾隆二十九年，甲申（1764），三十五歲。

仍館平湖，是年十二月奉禮部具題，兩母旌表雙節。奉旨依議。[52]

---

[52] 兩母年齡不詳，然始守寡時必在三十以下，蓋依清朝定例，必須三十以前守節方能請旌表。參瞿兒之，上揭書，頁 3。又據《雙節堂贈言續集・例言》所載，《大清一統志・節婦》收錄兩人傳記，並大書作綱。參《行述》，頁 162。

### 乾隆三十年，乙酉（1765），三十六歲。

奉禮部咨，旌兩母雙節，建坊如例，錄事實，乞言藝林。仍館平湖，得劉國煊及嘉興知府鄒應元雅重。惟幕中人與先生多不和。時有刑案一樁，既涉搶奪，又涉盜竊，輾轉株連，獲盜 30 餘人，受牽致者又不下 40 人。縣、府、省等各級政府皆先後參與查勘其事，而意見又頗參差。爰江浙兩巡撫專令鄒應元承辦。鄒公即以先生之意見為依歸。其定議為擬首嫌絞，餘 16 人及續獲 7 人流徒杖笞各有差，牽致者一無與焉。案上刑部，報可。

是年鄉試不售。與桐鄉沈啟震訂交。十月妾楊氏生次男繼墉。
按：一、此為第八度應鄉試。二、輝祖宅心仁厚，辦案認真，絕不無故牽連他人涉案。三、與幕中人不和，非得上司雅重信賴，則志不獲伸矣！

### 乾隆三十一年，丙戌（1766），三十七歲。

仍館平湖。平湖多富室，爭繼之訟日繁。房族不免左右袒。先生與劉君約，置訟者勿論，而飭房族公查，無子之人是否必須應繼，同父有無昭穆相當，繪圖稟核。其人如在，或有妻則聽其自主，夫婦俱亡，則援無後祔食於祖之禮，令祔產以祭，不准立繼。行之數年，囂風稍息。

時有縣民殳球，貪其緦服叔殳鳳于遺產而自言序當承繼。先生批云：鳳于遺產 270 畝，以 100 畝分給嫁女，以 20 畝營葬，150 畝為祭產，祔父承祭，不必球過問。球不服控府。先生查繹例義謂：例載無子者，許同宗昭穆相當之姪承繼。夫「許」之云者，未嘗勒令必繼也。又或繼或否，皆由無子者主之。若本人未經立繼，固無容旁人干預。夫承繼以承祧為重，非承產也。又殳球忍捨生我之恩，求為他人作後，忘本貪財，已為不孝。通盤籌畫，球無出繼之理。人生鞠育之愛，不鍾於子，則鍾於女，故以 100 畝酌給嫁女，其事非不宜也。最後，知府批准其議。

縣民寡婦黃俞氏有夫遺產 42 畝，族長請照祔食之例。劉國煊因事他往，署縣令劉開燾批准產立黃祠祭戶，由族長收租，歲給俞氏租米 30 石，餘歸祠管。劉國煊回任。先生亦至館，得悉此批後，改議曰：黃俞氏有孤女二人，撫養斂嫁為日尚長。故所有俞產 42 畝，以 5 畝立黃祠祭戶，俟俞氏

女嫁身後，歸祠收息，為伊夫婦袝祭。其 37 畝，聽俞經管，贍養嫁葬，或存或廢，總不必房族過問，以斷葛藤。

十二月劉君陞九江府同知。鄒寶松先調繁杭州府，至是調福建臺灣府，以歲修 1,600 兩聘先生同往。以母親不允，不果行。先生感鄒公之知己，遂執弟子禮。擬受仁和李學李聘。與歸安孫宸訂交[53]。按：一、輝祖極重視當事人之意願，不以房族之意見為準。二、輝祖亦重視女子可享有遺產承繼權，非全然以男子為唯一繼承者。

## 乾隆三十二年，丁亥（1767），三十八歲。

仍館平湖劉幕。二月轉受李學李聘，館仁和。十月，受蔣志鐸聘，館烏程，接手前未了結之縣民沈二被勒斃一案。據初供，沈二與張氏姦；其堂兄沈洲亦與之姦，因妒沈二與張情厚，故與友人蔣四共勒斃之。張氏雖知悉其事，然畏威故閉戶而寢，至於何以沈二屍懸吊於停泊其家旁之漁船上，則不得而知。先生疑初供不實，覆勘之，得悉沈二斃命之日，沈洲、張氏並未在場，因囑蔣君乞本府發回原供作覆審改正，詳請委員會勘。（又詳下文「乾隆三十三年」條。）

縣婦王魏氏病中因婢違令而順取床前几上界尺擊之，不意誤中要害而死。律載奴婢違犯教令得勿論。又病中提質受審，恐釀不測，故提質亦省去（《錄餘》，嘉慶五年條）。歸家度歲，是年交餘姚邵晉涵。
按：一、輝祖治案謹慎，不輕信初供，沈二命案可證。二、王魏氏案尤見輝祖之才識，且具仁恕之心。

## 乾隆三十三年，戊子（1768），三十九歲。

仍館烏程。四月為兩母建雙節坊於大義里聚奎橋北岸。繼母王氏於廟神前稽顙百數方起，亟盼先生得一第也。以沈二命案幾成冤獄，縣令蔣志鐸劾參革職。韓本晉欲聘先生之秀水。然署理縣令戰效曾極力挽留之，遂仍館烏程。七月第九度應鄉試，中式第三名舉人。至杭州謁本房象山縣知縣湘陰曾

---

[53] 孫宸生平，見《遺書》，頁 945-946。

光先。兩座主為陸錫熊、博卿額。先生卷最優,已定元,後以陸氏欲傳衣鉢,改置第三!曾光先云閱先生卷時,忽有飛瓦墜几斜壓卷上,遂取之覆校,藏於篋而就寢,然卷又出篋陳几上!其事至玄不可解。或謂二母苦節之報云。顧中式適在繼母禱神之後,先生以是謂:「天高聽卑,不信然乎?」時德清民間有妖言,群相驚惑,以剪髮辮為鎮。傳至烏程,先生請戰君查禁。

按:先生頗迷信,然飛瓦事言之鑿鑿,則亦至神奇玄怪也。

### 乾隆三十四年,己丑(1769),四十歲。

應禮部試,下第。交瑞金羅有高、[54]會稽章學誠。[55]受錢塘芮泰元之聘。先生承辦巡撫囑芮泰元訊供之某田土案時,偶發現卷宗後粘有藏軍器之控單。先生不敢遽張皇上稟巡撫,因請芮君專訊。獲悉其事實係誣攀,因自謂曰:向使見單時稍鹵莽必成大獄,造孽不小矣!治獄之不可不慎如此。是年始市得《漢書》讀之。

### 乾隆三十五年,庚寅(1770),四十一歲。

正月錢塘令芮君他去,署事者為胡嘉栗,先生留佐之。四月,妻王氏卒。五月,芮君回任。時有要犯舉人吳青華者,被遣自烏程到縣寄獄。青華負才不自愛,借隙勒索官漕。先生為之慨然,以為青華固犯法,然烏程縣令素剛愎,太守(知府)尤酷烈,威以三木,青華遂自誣。所求轉非信讞!先生慨嘆謂,其後烏程縣令及太守均以造孽不淺(此事只為其一而已)而遭橫禍。天道好還,捷如桴鼓,豈不信哉!先生回溯佐胡文伯幕督理蘇松糧道時,綱紀肅清,絕不授人以柄,黠者無隙可尋,勒索事罔有!

---

[54] 羅有高之生平,見《遺書》,頁 944-945。

[55] 先生與章學誠訂交後,兩人音訊往還不絕,學誠並曾數度為輝祖之著作撰寫序文。據閱覽所及,相關文字收錄在《章氏遺書》內者,計有:〈與汪龍莊簡〉、〈與汪龍莊書〉、〈《三史同姓名錄》‧序〉、〈《史姓韻編》‧序〉、〈書汪龍莊《越女表微錄》〉等。此外,《行述》亦收錄兩文:〈汪龍莊七十壽言〉、〈汪煥曾豫室誌銘〉。

十月，先生娶繼室曹氏[56]。妾楊氏生第三男繼埩。與會稽陶廷珍[57]及其弟廷琡訂交。按：楊氏被納為妾，事在乾隆二十四年（己卯 1759 年），時輝祖三十歲。

按：吳青華案又再一次反映出輝祖之「迷信」。

### 乾隆三十六年，辛卯（1771），四十二歲。

　　正月赴禮部會試，不售。與來起峻訂交。是年曾會邵晉涵、祝堃。五月，本受海寧劉雁題聘。以戰效曾力邀，因卻海寧至嘉善。七月，戰君調富陽，先生偕行。九月，葬先考、先妣、先生妣於山陰縣秀山之麓，又買航塢山麓葬兩伯祖、伯祖母、從伯母。十月孫含中為寧紹台兵備道，從戰君處借調先生贊理。

　　先生親履鄞縣擬訪其生母徐氏故居，凡四日，相關處所，無不周歷，然終不獲。

### 乾隆三十七年，壬辰（1772），四十二歲。

　　正月赴禮部會試，不售。海寧劉雁題送聘里門。以素不解書法，見會試中式者寫殿試卷有規則，館中乃定臨帖日課。三女生。

按：此第三度會試。

### 乾隆三十八年，癸巳（1773），四十四歲。

　　館海寧。孫含中調任上海巡道，孫爾周為兒子專使關聘，先生欲行，以劉雁題極力挽留而止（即仍留海寧充任劉氏之幕賓）。四女生。

### 乾隆三十九年，甲午（1774），四十五歲。

　　仍館海寧。二月二女殤。劉雁題調平湖，先生歸里，銳志揣摩時文，是歲間日必作一藝，有不愜者，即改作，至有三四易稿者。撰《策拾》10卷。與餘姚張羲年訂交。

---

[56] 據王紹蘭所撰〈汪母曹太宜人贊並敘〉之內容推算，曹來歸時應係 29 歲。《行述》，頁 172。

[57] 陶廷珍之生平，見《遺書》，頁 946-947。

**乾隆四十年，乙未（1775），四十六歲。**

赴禮部會試。疾作，勢難入闈。以朋友苦勸，力疾應之。試畢漸愈。揭曉中式第 46 名。此為先生第四度應考。總裁為無錫嵇璜、韓城王杰、滿州阿肅。本房為湯先甲。先生鄉試、會試應考前後，恆求神問卜，而認為各籤所示，皆甚靈驗，先生嘆為「數之前定如此。」殿試中二甲第 28 名進士。朝考奉旨歸班選用。

五月十六日得家書，繼母王氏三月二十六日逝世。撰考妣行述，乞周煌作墓表、邵晉涵作墓誌銘。[58]九月初一日受署慈谿黃元煒聘。攜手鈔《雙節贈言稿》及所撰先人行述赴鄞求正於羅有高。九月二十七日辭館。十月初七受海寧戴效曾聘。歲終，平湖劉雁題申前約，遂辭戴君。是年夏第四男繼培生。[59]與蕭山王宗炎訂交，成為畢生好友（《夢痕錄》，乾隆五十九年條）。

按：一、繼母王氏卒於三月二十六日，惟輝祖五月十六日始得家書。是科會試考期首日乃三月初八日、殿試四月二十一日、朝考五月八日。苟非兩地阻隔，訊息流通須時，則輝祖必因丁憂而不得應試矣。此又輝祖之所謂數之前定也歟？二、是年佐幕改聘至頻繁，九月至歲末，已三易其主矣。

**乾隆四十一年，丙申（1776），四十七歲。**

館平湖。藉邵晉涵乞江西新城魯仕驥撰雙節文字。

**乾隆四十二年，丁酉（1776），四十八歲。**

館平湖。婉拒孫含中禮聘。交歙縣鮑廷博。與魯仕驥締道義交。先生認為其生平神交者唯仕驥一人而已。據《史姓韻篇‧序》，知是年始得讀廿一史、《舊唐書》與《明史》[60]。

---

[58] 周、邵二人外，錢大昕亦曾為輝祖二母撰〈雙節門銘〉，大抵即在是年。銘文收入《潛研堂文集》，卷 17。

[59] 繼培乃輝祖五子中在學術上最有成就者。嘉慶九年中舉人、十年中進士。曾校《列子》，箋注《潛夫論》，今皆傳。

[60] 輝祖本年讀何種史書，亦可參《九史同姓名略‧序》。

**乾隆四十三年，戊戌（1778），四十九歲。**

　　館平湖。五女生。知縣談官誥（人名）詳請執業田產按號領給清單，遇有賣買，同契送驗，換單始准開除。孫含中以此事請益。先生列述多種利弊，以為此法不可行。茲舉二端以概其餘。民間賣買，向憑戶冊，有冊而復給單，是贅設也。此其一。清單不幸水火盜賊，籲請補給，例應查訊，不免稽延。吏胥從而抑勒，訟獄必致滋繁。孫含中首肯，詳院檄縣停止。六月，含中卒於官。交餘姚翁元圻。

**乾隆四十四年，己亥（1779），五十歲。**

　　館平湖。五男繼垹（後改名繼壕）生。劉雁題他調。先生以為眾幕主中與劉交最厚。受署烏程興德聘。縣民馮氏卒，有同姓不同宗之人，欲爭繼。先生以為同姓不宗即與異姓無殊，不允。鑴《雙節堂贈言集錄》28卷、附錄1卷成。推兩母遺志，自乾隆四十一年以來，徵紹興節孝事實，至是得山陰、會稽、蕭山、諸暨、餘姚、嵊縣，凡305人，呈藩司國柱轉飭各縣備案扁表。

**乾隆四十五年，庚子（1780），五十一歲。**

　　館烏程。四月，前烏程縣令徐朝亮回任，仍聘先生佐之。六月，徐丁憂去官。先生歸里，第六女生。王杰囑先生佐其族子士昕。士昕，龍游縣令也。纂《越女表微錄》5卷。[61]鏤版分贈節孝後人，仍續採上虞、新昌二縣。

**乾隆四十六年，辛丑（1781），五十二歲。**

　　館龍游。四月，繼坊入紹興府學。海鹽令湘潭張力行奉先人行誼文字囑先生校定。先生為分類編次，計《追遠錄》、《表節錄》各3卷，《闡孝錄》、《壽萱錄》各2卷。總名之曰《垂範集》，並為之作序。

　　縣民盧氏與余氏爭道互毆，盧氏被踢傷小腹，不能言語。延外科調治半

---

[61] 此書未見，疑即為上年（乾隆四十四年）山陰、會稽、蕭山、諸暨、餘姚及嵊縣305人節孝事蹟之彙編。

月而癒。癒後五日,赴文昌神會醉飲歸,越夕身熱,延內科診治,不數日病故,報驗。以士昕赴杭州,鄰邑何君代驗小腹,以為爭道互毆乃盧氏致死之由。士昕歸縣覆審。先生以為小腹踢傷早已痊癒,且延內科則是病非傷可知。以何君堅持初議,其事懸而未決。第六男繼壇生。

**乾隆四十七年,壬寅(1782),五十三歲。**

盧氏命案以兩議爭持不下,臬司(即提刑按察使司)、知府、巡撫,以至總督,皆與聞焉。盧屍覆驗,臬司以方骨黑色為小腹廕傷,令將余某擬抵。先生據《洗冤錄》[62]所載,並無小腹受傷須驗方骨之說,且腹傷早愈,病死更有醫藥可憑,反覆稟辯,以為法止於笞而入余某於絞,分不敢安。士昕雖支持其說,然其勢不能與臬司抗!先生遂托故辭館。

時杭州府新城縣有葉姓婦人投環自盡一案。巡撫以案情撲溯迷離,委湖州府同知唐若瀛審理。唐公出詳冊示先生。其事原委為:葉姓婦前夫死後即再醮,未幾後夫亦死。族長及總麻姪樂嘉勸再適,且囑之辭退短雇工人秦某。葉令秦告樂嘉等逼嫁。比縣批查,秦某逸去,葉乘間投環自盡。各級官衙先後審理而最後以謀財逼嫁罪將族長擬絞、樂嘉擬流。先生詳查各情節後囑唐公勒捕逸逃之秦某歸案。秦到官鞫實曾與葉婦通姦,而並無所謂族長逼嫁情事。遂科秦姦罪,樂嘉等照不應律分別杖枷結案。

先生審理葉氏逼嫁案後,慨嘆處理盧氏命案之上官未能依律辦事!先生謂:

> 自余初習幕及佐幕二十餘年,凡為幕者,率依律闡義,辨是非於一定,不敢絲毫假借,為吏為上官者據義斟酌,惟律是遵。雖顢頇如臨汾中丞、剛愎若如皋觀察,事關人命,猶不敢逕行己見。一二年間風氣頓易。律例幾不可憑,而幕之風氣日下矣!

---

[62] 《洗冤錄》,宋人宋慈撰,為法醫學檢驗諸書之一種,後出者大抵以是書為藍本。參《四庫提要》之說明。

王士昕調任歸安。以王杰師力勸，遂從赴歸安輔之。是年先生與王杰師同留省城頗久，幾日夕請益焉。

按：一、本條中所道及之盧氏命案，筆者以為汪氏之判斷殊合理。然而，以其勢絕不可能與位高權重之梟司[63]對抗，遂不得不托故辭館。這是有為有守之人如輝祖者當有之一表現。假若阿附曲從，這不是人之所以為人當有的做法。輝祖之進退取捨，最能見其風骨。二、汪氏固按律辦事，然非僵守律則。人情禮制尤係所重者。

### 乾隆四十八年，癸卯（1783），五十四歲。

館歸安。民俗喜滋事誣告，而吏胥藉以斂財，先生恆置之不辦以絕其蹟。然以此奸吏生財之路遂絕，故有設計誣先生因受賄而不辦者。幸先生得士昕篤信未受其害！長子繼坊食餼。

按：此係輝祖佐幕以來第一次，亦係最後一次被人陷害。非主人親信有加，則繫囹圄矣。

### 乾隆四十九年，甲辰（1784），五十五歲。

仍館歸安。二月六男繼壇痘殤，年四歲。

八月，魯仕驥為先生撰《史姓韻篇·序》。

### 乾隆五十年，乙巳（1785），五十六歲。

仍館歸安。士昕循親老獨子例，奏請解任終養。先生亦歸里。自王申佐幕，至是34年。游江蘇6年，浙江25年，擇主而就凡16人[64]。先生總結

---

[63] 梟司是宋代各路提點刑獄司、元代肅政廉訪使司與明、清各省提刑按察使司的簡稱。詳參百度百科 https://baike.baidu.com/item/%E8%87%AC%E5%8F%B8/8618925：「梟司」條；瀏覽日期：2024.09.16。

[64] 輝祖之幕主，先後凡17人。首位幕主，大抵以外舅（岳父）故，輝祖不之算。茲依次表列佐幕始年及其他相關資料如次：

| 佐幕次序 | 佐幕始年 | 幕主 | 地點 | 備註 |
| --- | --- | --- | --- | --- |
| 一 | 乾隆十七年 | 王宗閔 | 江蘇金山 | 不算正式幕主 |
| 二 | 乾隆十八年 | 王宗閔 | 江蘇武進 | 不算正式幕主 |
| 三 | 乾隆十九年 | 胡文伯 | 江蘇常州 | 第一位幕主 |

30餘年之游幕生涯云：幕途甚難。[65]不自愛者無論，亢者自尊，卑者徇物，故同館雖多，投分絕少。甲申、乙酉數年，頗受排擠，無非玉我於成。生平所師事者一人，諸暨駱彪先生。至友朋，則山陰婁基、無錫華岳，久作古人，今惟山陰蔣五封而已。先生更憶述游幕歲修以刑名言，初入幕時，不過220兩，乾隆二十七年後漸加，至四十九、五十年時，已多至800兩，然幕學幕品均非昔比。幕友宜以公事為己事，留心地方、關切百姓為佐幕要務。

| 四 | 乾隆二十年 | 胡文伯 | 江蘇常熟 | |
| 五 | 乾隆二十一年 | 魏廷燮 | 江蘇無錫 | 第二位幕主；輝祖認為此偶託也，不足數。參《遺書》，頁226。 |
| 六 | 乾隆二十一年 | 胡文伯 | 江蘇常熟 | |
| 七 | 乾隆二十五年 | 鄭毓賢 | 江蘇長洲 | 第三位幕主，開始治刑名。 |
| 八 | 乾隆二十六年 | 孫爾周 | 浙江秀水 | 第四位幕主 |
| 九 | 乾隆二十七年 | 劉國煊 | 浙江平湖 | 第五位幕主 |
| 十 | 乾隆三十一年 | 李學李 | 浙江仁和 | 第六位幕主 |
| 十一 | 乾隆三十二年 | 蔣志鐸 | 浙江烏程 | 第七位幕主 |
| 十二 | 乾隆三十三年 | 戰效曾 | 浙江烏程 | 第八位幕主 |
| 十三 | 乾隆三十四年 | 芮泰元 | 浙江錢塘 | 第九位幕主 |
| 十四 | 乾隆三十五年 | 胡嘉栗 | 浙江錢塘 | 第十位幕主，按《佐治藥言》嘗載各幕主之生平，然遺漏胡君。《遺書》，頁226-230。 |
| 十五 | 乾隆三十六年 | 戰效曾 | 浙江嘉善 | |
| 十六 | 乾隆三十六年 | 孫含中 | 浙江寧紹台 | 第十一位幕主 |
| 十七 | 乾隆三十七年 | 劉雁題 | 浙江海寧 | 第十二位幕主 |
| 十八 | 乾隆四十年 | 黃元煒 | 浙江慈溪 | 第十三位幕主；偶託，不足數云。《遺書》，頁226。 |
| 十九 | 乾隆四十年 | 戰效曾 | 浙江海寧 | |
| 二十 | 乾隆四十年 | 劉雁題 | 浙江平湖 | |
| 廿一 | 乾隆四十四年 | 興德 | 浙江烏程 | 第十四位幕主 |
| 廿二 | 乾隆四十五年 | 徐朝亮 | 浙江烏程 | 第十五位幕主 |
| 廿三 | 乾隆四十五年 | 王士昕 | 浙江龍游 | 第十六位幕主 |
| 廿四 | 乾隆四十七年 | 王士昕 | 浙江歸安 | 至乾隆五十年八月終 |

據上表，輝祖佐幕前後凡24次、34年，其先前之9年皆在江蘇，餘在浙江。又據《夢痕錄》乾隆二十一年條及四十年條，輝祖佐魏幕及黃幕為時甚短，其中黃幕更不及壹月；居魏幕，則副他人治刑名，非專職。因此彼所撰之《佐治藥言》不之數，理有故然。

[65] 先生在其他著作中亦經常指出游幕不易為。參《雙節堂庸訓》，《遺書》，頁909。

僅顧主人考成、錢穀刑名分門別戶,已為中等。下焉者則昧心自墨、己為利藪,而主人專任其咎矣。

續採上虞、新昌及山陰、蕭山等縣節孝者,凡 74 人事蹟,呈督學行各縣扁表。並纂《續越女表微錄》1 卷,附前錄之後。又撰《佐治藥言》2 卷並自序 1 篇,鮑廷博刻入《知不足齋叢書》第 12 集。

按:輝祖是年為佐幕最後一年,外甥孫繼蕃(蘭啟)將有事讀律,故請業焉。先生乃書以代口,寫就《佐治藥言》一書。[66]佐幕剛結束即撰是書,固由於外甥之請,然累積 30 多年之佐幕經驗,不吐不快恐亦係另一原因。先生之深具致用精神,於此或可概見。

## 乾隆五十一年,丙午(1786),五十七歲。

魯仕驥為先生撰《佐治藥言‧序》。入京謁選。時江南水淹,流亡載道。路途所見,民食野草,販子鬻女時有之。至直隸保定府雄縣,始漸有豐年之象。抵京師,彙錄北行日記一卷。謁座師及同年並知交之在京者。王杰師命校《天下郡國利病書》。見紀昀,執弟子禮。七月原選河北容城知縣,以年老改。八月掣籤湖南永州府寧遠縣知縣。嵇璜與馮集梧皆欲分別附書湖南省巡撫及長沙知府為先生說項,先生謝辭之。眾友朋為先生餞別;更有以詩文相贈者,其中任大椿、魯仕驥與邵晉涵語尤藹切。彙裝同仁餽贈詩文,共四冊,徐志鼎題曰《日下蘭言》。稟吏部告假回籍省墓,呈戶部借領養廉銀四百兩。得悉兒子繼坊中式第六十九名舉人。

先生在京半年,過從較密而學術上較有成就者計有章宗源、周廣業等

---

[66] 張偉仁先生嘗主編《中國法制史書目》,凡 3 鉅冊,對各相關著作及其撰人均略作介紹,並詳列各種版本及匭藏處所,洵為極有用之法制史工具書。輝祖幕學著作亦被納入。有關《佐治藥言》之介紹,見該書頁 156-157。該書乃臺北:中研院歷史語言研究所,1976 年 6 月出版。張先生對汪輝祖亦甚有研究,嘗撰〈良幕循吏汪輝祖——一個法制工作者的典範〉一文,收入《臺大法學論叢》,第 19 卷第 1、第 2 期,1989 年 12 月、1990 年 6 月。又《佐治藥言》之刊印流傳情況,瞿兒之曾稍加論述。見氏著,上揭書,頁 55。該書及輝祖另一性質相類之著作《學治臆說》,頗為時人所重,參瞿兒之,上揭書,〈序〉。

人。四庫開館之前，詞館諸公皆高雅儉樸；開館之後，奔忙日甚，規模亦復奢麗。至於公車慶弔，更競相炫耀。謁選者，大多肆力稱貸應酬，及出都門，所負已多，到官之初，勢必假手吏胥設法張羅，左支右絀，自貽後患。十月初二日南還。十一月初三日抵家。

按：一、輝祖《夢痕錄》附記社會、經濟及士習風氣種種現狀，以上所載可為代表。二、謁選之初，官員不知自律節制，必貽患於將來。[67]三、晉涵贈予輝祖之文章，言極摯切，其論禮法素養與吏治良窳之關係，頗能闡發儒家當官從政之淑世精神，故輝祖以「古義肫然」稱之。四、王杰命校《天下郡國利病書》，未聞成書，以輝祖未嘗從事也（參《夢痕錄》，嘉慶三年條）。

## 乾隆五十二年，丁未（1787），五十八歲。

正月繼坊赴京師應禮部試。二月初一日先生絜眷出發。三月初九日抵長沙。謁見巡撫嘉善浦霖、藩司漢軍郭世勳、臬司滿洲恩長。巡撫見先生後，以「人既誠實，又不自衒，大有學問」稱讚之。

時混冒屍親告訐事，時有發生。臬司皆令開檢，並拆洗蒸檢屍骨以了解實況。先生以為檢骨極慘，建議非不得已，勿令開檢。臬司頗以為然。

先生從眾人口中得知寧遠士習及吏治皆窳劣敗壞。及入寧遠界，以不必虛應故事為由，拒下屬齋宿城隍廟之請。至縣門，即審理惡凶毆擊縣民事件，復差吏役於催賦時，會同鄉保協捕鄰邑惡凶之流入寧遠境內者。凶徒首領曰老猴。先生設法捕獲之，其妻聞風夜遁，黨羽各星散。百姓感念之餘，踴躍輸將欠賦，舊習不懲而革。

縣民蔣良貴喊稟弟婦田氏為胡開開爭佃毆斃。先生深入偵訊查察後，鞫得實情為：田氏因竊田主李維翰租穀而被蔣良榮（按：蓋田氏夫也）發覺毆斃。其事與胡開開無涉。又寧俗一衿以上皆把持衙門，不與地方官相見。先

---

[67] 憶 20 多年前，即公元 2000 年左右，臺灣某縣市選舉，見一橫幅，其大意為：選前如賄選，選後必貪污。蓋當選前花費殆盡，選後不貪墨舞弊，無以償其前債也。此古今一理。

生乃囑學師諄切傳諭之。士稍稍來。生員左袒白丁者，亦與之同罪。訟師綽號智多星黃天桂者亦被拘提詰實認罪。其弟綽號霹靂火黃天榮則遠竄道州。先生又諭告歉收之各鄉不必拘泥四月完半之例。士民感戴，一月之中，完數倍溢。五月民艱於食，詳請平糶，儘現穀糶米，分設男婦兩廠。糶者以門牌為據，吏胥包戶之弊，一概杜絕。季考生童，課崇正書院，酌定規條，並作論文、絕句示之。

六月巡撫命臬司札調赴省辦公事。先生以受事未久，百廢待舉婉拒之。王姓幕友、巡檢、典史俱來勸止，以為臬調斷不可違。幸臬司察實其情而不以為迕也。其時已檄署道州，調省辦公一事遂寢。王友訝先生無志進取而辭去。先生遂不復他延。

八月初一日集寧縣 36 里地保，令將所管村莊各道里戶籍等等資料一一填註。更與紳民約，月三旬，旬十日，以七日聽訟，二日校賦，一日手辦詳稿。校賦之日，亦兼聽訟。先生以上種種措施，後傳誦至長沙，大荷巡撫激賞。

九月奉府委勘新田縣爭山案。寧俗人命牽連最重。遇無名路斃浮屍，地保及無賴子擇里中殷而愞者恫喝，取錢不遂則報官，蠹役翼之，必饜其欲。乃攔驗，或地僻路遠，官憚於行，則譌詐尤甚。先生蒞任後，凡受報辭即訊，不憚遠行，嘗歷千山萬水，遠赴山徑險仄之屍場勘驗。譌詐者遂不得逞其謀。

縣民匡學義本姓陳，後歸宗匡誠而先後得田共 13 畝。然檢契，則田地 300 餘畝皆載學義與匡誠妻李氏同買！先生審理此案時，初藉閒話家常而袪除學義之警戒心，繼之借隙攻其破綻。不得已，學義乃吐露實情俯首承認所謂同買者皆係偽書，而實均匡家獨有云。

縣自國初兵燹，眾建築物或毀或廢。先生皆設法修復之。十二月初四日奉委兼署新田縣，至次年四月初八日卸事。長孫世鍾生。寄俸歸建秀山墓祠。

**乾隆五十三年，戊申（1788），五十九歲。**

正月，公堂行鄉飲酒禮。初九日赴新田相驗北鄉路斃女屍。又廣西全州人有子身行乞至北鄉者，先生密諭稍給食遣去。過一村，見流凶男婦 30 餘人，先生亦嚴斥之遣去。不數日，新田境內無一惡凶。縣東北下隊鄉民貧俗悍，抗糧成習，先生親往導諭之，囂風漸革。五月初一日給發寧遠各鄉門牌。縣中陋習，一一示禁。是歲並預行己酉科鄉試。七月初一日行賓興禮，亦創舉也。士民不喜讀書，諸生絕意科名，先生皆鼓勵之。由是應試人數大增。

是歲奉聘入闈。八月初一日院考簾官[68]，取第一名，初六日入內簾[69]。主考官吳縣潘奕藻為先生舊交。潘所取尚才氣風華，然先生所薦則取沈實穩健，故頗不相得。撰《藍毫雜記》一卷。謁督學錢澧，錢論體國治民之道甚悉。九月二十日回任。是秋豐年，乃集 36 里紳士殷戶議修城垣，定次年二月初一日興工。先生並從民志，捐俸錢整修常平倉內三伯公像，奉為倉神。捕獲訟師黃名世。院役史坤攬訟筆為惡，先生據稟而史坤立遭革役。

零陵縣民謝子純弟亡。其婦劉氏生遺腹子一人。子純覦劉產，唆使劉之傭婦董氏與無賴子蔣甲謂此子乃蔣、董所生而董乞劉養之。先生適以公事謁府，府委代鞫。先生覓得穩婆、乳媼、侍產鄰婦及醫師，各供皆與劉符，因盡悉子純等奸情，未終日而案結。

縣南下灌里李氏聚族眾，傳為唐狀元李郃（808-873）後。里左有山，曰祖墓，為李冢地。縣民蕭氏本有舊冢置山上，李削平之，上立始祖啟祥墓碑，稱為郃父。蕭屢愬，然不得直。適先生勘山，蕭族力言山下有祖先屍棺，求開掘。掘至七尺許，果見兩脛骨，因鞫實乃蕭氏墓穴所在。遂飭李氏不得復侵佔。所謂啟祥墓碑，顯屬李氏偽造，藉以詐占蕭地而已。

郴州宜章縣寡婦鄭宋氏無子，欲以親姪鄭觀入繼。族人謂觀無兄弟，且

---

[68] 所謂簾官，乃指科舉時代鄉會試貢院內的官員。分內、外簾，在外監試的官員稱為「外簾」，在內閱卷的稱為「內簾」。因皆不得出堂簾之外，故統稱為「簾官」。參：教育部重編國語辭典修訂本：https://dict.revised.moe.edu.tw/dictView.jsp?ID=64183&la=0&powerMode=0；瀏覽日期：2024.09.17（是日中秋節）。

[69] 輝祖本年典試湖南事，亦見《行述》，頁 114。

父死，不宜為他人之後。此事委先生鞫訊。先生據律例[70]判鄭觀宜嗣宋無疑，蓋孀婦立繼，聽其自擇昭穆相當即可；獨子勿禁。所謂已孤不為人後者，謂不受命於所生父也，非謂必不許入繼他人。先生由是逕援例議詳，兩造不必傳訊。是年繼坊從里中來。

按：一、輝祖各種興革及除暴事件，甚獲上司及縣民嘉許。二、輝祖固援例以裁斷獨子入繼之宜否，然於此亦可見輝祖重視當事人之意見，族人不得隨意干預。

**乾隆五十四年，己酉（1789），六十歲。**

正月，行鄉飲酒禮。二月初一日依前議興工修城垣（參上年條），三月二十日告成。縣民劉開揚與成大鵬爭山，控大鵬毆斃其弟開祿，惟大鵬愬未在場。先生鞫訊，得知開祿病垂死，開揚唆使己子閏喜擊而斃之，並轉嫁大鵬。先生以為開祿氣已將絕，不毆亦死，以開揚父子抵之，情稍可憫，因將閏喜照故殺擬抵，不究餘犯。比解省，臬司委員審出主使緣由，頗關出入[71]。巡撫浦公以先生過去辦案皆認真審慎，故不以此一案罪之，命速自審正結案。

是歲鄉試奉調入闈，八月初一日院考簾官，取第二名，初六日入內簾。撰《藍毫再記》一卷。先生建議如副榜中式者本為副貢生，則以備卷易之。巡撫浦霖以為然。臬司留委勘獄。凡委審者，皆先探臬司恉，然後提犯訊供。先生懼有先入之言，恆不予請示。而所審結者，往往不愜臬司意。然案無游移，卒邀俯允。

---

[70] 輝祖對相關律例甚為熟悉，參張偉仁，上揭文。
[71] 開祿遭擊斃一案，閏喜固為行兇者，然主使者實係其父開揚。輝祖不之究，此頗值商榷。臬司委員覆審而結果頗與輝祖有所出入，其理宜然。按：輝祖審理該案時，已屆60歲，或以年齡關係，一時精神不濟而疏忽誤判亦未何知。當然，輝祖性仁厚，所以止罪一人，不究餘犯；此亦不得謂全無道理。然而，開揚既係主謀，則不應以其子已獲罪，一己便可全然免責。輝祖從輕發落之，斯可矣。其上級命速自審正，宜也。

巡撫浦霖及學政錢灃對先生之治績多所稱許。[72]斥資修葺武帝廟及韋馱神像。

按：一、科舉中式名額有限，上述輝祖之建議無疑係最善盡名額上限之方法。二、輝祖審理案件，最能獨立自主，既不為上級所左右，復能不事先窺探上級意旨藉以奉承，實在難得。

## 乾隆五十五年，庚戌（1790），六十一歲。

行鄉飲酒禮。內閣學士兼禮部侍郎滿洲傅森蒞寧遠南鄉九疑山祭告舜陵。將入縣境，傅公得匿名信，告訐先生不理民事、不禁盜賊、縱惡殃民、浮收錢糧等十款惡行。幸傅公探得先生乃勤民治匪之湖南第一好官，故誣詞逕交先生酌辦。覈其筆蹟，知為丁未究逐之訟師黃天桂所書。黃得知傅公以原辭逕交先生，乃竄入廣西遁逃。

先生嘗就寧遠舊俗之未盡善者，次第諮詢示禁，至是彙為《善俗書》一卷，鏤版頒行，士民稱便[73]。舊纂《史姓韻篇》64 卷稿初成梓訖[74]。《九史

---

[72] 此外，好友邵晉涵及長沙知府陳嘉謨亦甚稱讚先生在寧遠之治績。參邵氏，〈汪龍莊先生六十壽序〉，《行述》，頁 19；《錄餘》，收入《遺書》，頁 658。

[73] 《善俗書》未見。然祝塈所撰之〈題辭〉曾作如下的描述：「……楚徵樸儍，不善治生，君模示越中鍋蓋式，飯熟則羹並具，省費便俗。又如曬醬蒸豉作醯，一一具有日期法度，勒為一書，民甚感之。」《行述》，頁 115。然則該書亦教人飲食治生，非僅就惡俗示禁而已。

[74] 按該書撰成於乾隆四十八年。先生之自序曰：「年四十又八，始得內版二十一史，及《舊唐書》、《明史》，通二十三種。五六年來，佐史餘功，以讀史自課，顧目力短澀，日不能盡百葉。又善忘，掩卷如未過眼。每憶一事，輒輾轉檢閱，曠時不少，計欲摘二十三史中紀載之人，分姓彙錄，依韻編次，以資尋覽。因就列傳之標名者，先事排纂，則鮑君以文，先我為之。第其書，史各為袠，體例未定，且前明監本間與內版微有參差。遂乞作稿本。合二十三史為一編，詳加考較。闕者補之，複者刪之。一人而見二史三史者，分行注之。同姓名者，書其官籍別之。凡期有七月，手錄甫竣，邵編修二雲以新葺《舊五代史》鈔本見寄，復次第增補之，為卷六十有四，而題其端曰《史姓韻編》。」

同姓名略》亦修成付梓[75]。

　　按例寧遠縣當食淮鹽,惟淮鹽價乃八倍於粵鹽。故民間多食粵私。是年兩淮鹽引壅滯,督撫兩院差弁至境嚴緝私販。人情惶擾。先生欲連同兼食粵鹽之江華、新田、安東、道州會銜通稟。同官不允,遂專銜稟兩院鹽巡二道。其略曰:寧遠縣民食粵私乃數百年相沿之習,蓋以路程遙遠,淮鹽幾不入境故也。即入境,價格亦數倍粵鹽之上,因思政在利民,術須裕課,故以為粵鹽十斤以下,悉聽可也。所稟未蒙批發,然先生於稟後即示諭巡役地保十斤以下零鹽不得混捕。時總督為畢沅,見稟後嚴諭營弁密緝大夥梟販,十斤以下不必概禁。畢公並令幕友傳觀所稟,先生遂有莽知縣之稱。

　　先生嘗捐奉錢改建節孝祠,至是落成。乃躬率儒學祭告。按舊所建節孝祠,忠臣義士孝子與節婦之牌位分別置放左右兩旁。先生以為男女無別,非禮也。因改遷忠臣義士孝子之牌位附鄉賢祠,而詔旌之節婦歸位於中堂,以崇體制。而其他節婦附位於堂之左右。先生以為寧遠風俗,孀婦不以再適為恥,間有守節之婦,罕知敬而禮之,往往湮沒不彰,是以急予表揚。

　　奉命赴桂陽州勘陽山尼菴被焚一案。先生自云素無宦情,是役後乞休之念愈決,遂向上官面稟欲告病解任。然適以道州知州卒,其缺轉委先生兼理。先生遂卸寧遠事,專署道州。

　　十月初六日奉臬司詳委赴桂陽縣檢辦何劉氏四命一案。據云死因係由虎傷而起,然四屍無虎齒痕跡,衣服亦未傷損。或云因姦致死,疑不能明,須賴諳練仵作慎檢骨以為判。然永州府屬,問無其人,故須分關郴桂各處名

---

[75] 輝祖曾為該書撰序文乙篇,序後附上〈例言〉四則。自序云:「……余寅同姓名錄,號稱博雅,既正史外旁及他書。而史所紀載,轉闕焉不詳。竊不自揣,欲盡讀《史記》至《南北史》,通錄成書,猝猝謁選人,未遑卒業。爰就九史所摘姓名之同者,先為彙錄,置之行篋。丁未備官寧遠,退食餘閒,取而訂之。得姓若干,得名若干。凡同姓名者二萬九千有奇。姓依韻府,名依字典。……」上引文中之「九史」,指的是:兩《唐書》、兩《五代史》、《宋史》、《遼史》、《金史》、《元史》、《明史》。

上所云之〈例言〉四則亦頗堪注意。惟已轉錄於本書第十二章,即〈汪輝祖之史學〉一章第四節之(二),且附上按語,是以今從略。有興趣之讀者,煩參閱。

件,期悉心檢驗,以雪此獄。

道州敝俗,額賦向多抗欠。推求其故,以佾生以至職員皆於實徵冊內註明衿戶。先生遂諭示禁革,並繫營陽鄉抗欠最多之衿戶、監生、生員、佾生各一人回州。不二旬營陽完欠八百餘兩,其餘各鄉亦陸續輸將。十二月往驗江華縣揚古晚仔命案。驗後失跌山坡,傷左足。負病勉將命案審明。繼坊由里至署。

按:輝祖為紓民困,不惜違抗上官命令,在獲得上官同意所請(准食粵鹽)之前,即下令民販粵鹽十斤以下,巡役地保不得逮捕。此作法是拿自己的官位以至生命作賭注的,能不教人萬分欽佩!

**乾隆五十六年,辛亥(1791),六十二歲。**

仍署道州。正月先大父貤贈文林郎、先大母貤贈孺人,先考贈文林郎,嫡妣、繼妣、生妣並贈孺人。正月十二日以足傷未痊,稟府委員代理,會得長沙府函,知奏調善化縣。以僵臥難起,二十九日通詳解任調理。二月十八日卸州篆。先是,先生以事頗忤臬司,今乃求解任,臬司以為有意規避桂陽縣四命一案,遂劾先生。然巡撫馮公(馮光熊)、藩司王公懿德頗持異議。馮公以為原辦官署桂陽縣陳玉垣尚未參革,先參委員,與例不協。王公則以為既告病,則當按告病官例辦理。已而馮公調任山西,而接任者為姜晟。姜傳訊先生而案猶未定。然以臬司必欲致先生罪,故首、二次所上親供皆未愜其意。不得已,先生乃曲從之,改寫親供如下:四命重案,因仵作不到,畏難遷延,即與規避無異。臬司即據以核轉。十月何劉氏正案。陳玉垣固受到懲處,先生亦附參革職。

是歲,《九史同姓名略》72卷梓成。檢閱訖,命兒子覆校[76]。十一月應邀閱童子試文。按自游幕至今,先生校童試者凡十有七度。湖北某候補知府欲聘先生佐理,以疾辭。署道州任內所革除之衿戶聞先生告病,乃欲恢復舊名。先生遂作〈後舂陵行〉以諗來者[77]。先是道州有訟師曰陳禹錫,因恨先

---

[76] 九史之名目,輝祖該書之自序有所道及。又可參上注75首段文字之說明。
[77] 此文指出道州百姓之有力者輒託一衿以自庇,號稱衿戶,率以逋賦為能。故先生嚴懲

生怒批其頰而糾州民二十餘人告訐先生加徵浮收。此案確查後乃知實係誣告，然以事關歷任上司均有失察之咎，故礙難實辦，初擬杖枷結案。巡撫姜公以為從寬懲處則刁風益長，且傷害政體，更無以向先生交代，乃擬誣告者流徒有差。

　　先生當官四年，除專任寧遠縣事外，亦先後兼署新田及道州。在革職離任之際，乃縷述四年來各項興利除弊之總成績及其成效，更強調斷獄力求持平之重要。並指出斷獄時，官員之問事如隔壁看影戲，萬難的確，但不敢徇私得錢，總無成心。剖斷失平，官之咎，非民之辱。先生亦追述其革職離任，緣由疾惡太過所致。

　　是歲，先生赴長沙養疾時，勤讀《史記》以下諸史，日有恆課。按先生佐幕治官書，每日三二時便了，暇即瀏覽書史。及宦湖南，讀史日以卷計，有事不滿數，必益燭補之（《夢痕錄》嘉慶十二年條。先生重視讀史，又可參《學治臆說》，卷下，〈暇宜讀史〉條）。摘二十四史同姓名錄。又撰《舂陵褒貞錄》一卷，紀寧遠道州兩任，扁表幽隱節孝婦女，鐫成即寄寧道，以備修志時採入。

按：一、輝祖雖剛直，然桂陽命案迭經自辯無效，乃不得不曲從上意，自誣畏難遷延、規避責任。這反映出輝祖之認命、無奈及不得已時之妥協性格。二、輝祖充分體悟問獄萬難的確的道理。這對於研究歷史尤具啟發意義。蓋雖力求客觀周延，然研究結果不必全然符合過去之歷史真相也！三、「剖斷失平，官之咎，非民之辱」，這是一句非常有責任心，絕不自衒諉過而符合實情的老實話。筆者以為，當官者能說出這種話，實在難得之極。

## 乾隆五十七年，壬子（1792），六十三歲。

　　正月奉旨革職[78]。二月初將槖回籍。以交代清查倉庫，稍留。巡撫欲款

---

之。而〈舂陵行〉則唐元漫叟（元結，號漫叟，719年-772年）為道州刺史時所作。時地經賊創，不忍徵求賦稅，此〈舂陵行〉所由作也。

[78] 按輝祖知寧遠縣事前，其前任亦多革職去官，然每以虧空故，與輝祖以疾惡去官絕異。參繼坊〈事略〉，收入《行述》，頁170。

留入幕,稱疾辭。四月初四日,啟程回籍[79]。先是長沙知府潘成棟設宴餞別先生時,先生告謂州縣屬吏時被奸民誣告,盼潘公能據以上陳。閏四月初八日歸抵蕭山。購新屋一間,額題樹滋堂,遂移家焉。長子繼坊就職直隸州州同,援例請加二級,請封典[80]。得良醫治腿,傷漸愈,步履如平常。十月繼壖援例補國子生。山西巡撫擬聘入幕,以疾辭。治壽木,題其上曰汪龍莊歸室,並作詩以誌之。

按:輝祖雖已革職離任,然猶關心州縣屬吏情況,餞別宴會不忘指陳彼等冤抑,可謂古道熱腸之極。

## 乾隆五十八年,癸丑(1793),六十四歲。

正月,先考晉贈奉直大夫,嫡妣、繼妣、生妣,並晉贈宜人,先生封奉直大夫,妻王氏贈宜人、曹氏封宜人。二月授家事於五男,各得田數畝,以40餘畝為累世祭產(按先生總田產不過70畝)。革職歸,奉王杰師書。書云:書院一席,當為致意。可知先生有意覓教席。書中更指出已將《佐治藥言》及《續編》重刻裝訂,刻印千冊(參《夢痕錄》,乾隆五十九年條),擬分送將出仕之同仁,以廣先生之惠云。去年夏西江塘若干處塘工頂衝蟄陷,須借款搶修。地方官乃傳鄉紳面議,先生稱疾辭。後以巡撫覺羅長麟委員堅請,遂答允參予畫策興工辦理。杭州及嘉興知府延先生佐幕,先生以辦工辭。是歲《雙節堂贈言墨蹟》十冊石刻成。闢舍後竹園建讌美堂三間。《學治臆說》三卷刊行。因還先人遺願,遂赴雲樓建水陸道場。偶讀佛典[81],以為佛理與儒家道理無大異。十二月又奉王杰書,從書中轉知先生對書院教席,仍頗感興趣。

---

[79] 原訂初二日起程,以友人留餞,遂多延二日。

[80] 按:直隸州州同為從六品職銜。至於輝祖,則加二級成從五品職銜,得階奉直大夫。先生前曾兼署道州,知州為從五品。今以子繼坊之請,乃加二級而仍只得從五品之職銜歟?參《錄餘》,嘉慶元年條;《行述》,頁49;劉兆璸,《清代科舉》(臺北:東大圖書公司,1977),頁161-163。

[81] 輝祖以業儒為務,頗反對崇信佛教,參《庸訓》,收入《遺書》,頁854,882,901。又先生之側室曹氏亦反對佞佛,《行述》,頁171。

按：一、輝祖革職後，各級地方官延攬佐幕者仍甚多。二、輝祖本儒家立場反對佞佛，蓋以佛教空虛寂滅出家等等之道理與儒教人倫日用之宗趣最不相融故。然又指出其空寂之說，特釋氏流弊而已。（此好比餖飣考據之學或狹義的名物訓詁之學，乃儒家之末流之學而已；而實與聖道無關也）。儒佛異同，非本文討論範圍，姑置弗論。然輝祖論述儒家要旨之處，很值得注意。彼認為人倫日用而非文字著述始關繫聖道。然則其踏實之致用、踐履精神，可見一斑。（按：輝祖指出釋氏空寂之說乃其流弊之所在，恐意在凸顯釋氏之核心義理固不在於此也；其意似又轉謂釋氏義理與儒家義理實有其相同融通之處，或至少兩者並不相互排斥也。）

## 乾隆五十九年，甲寅（1794），六十五歲。

繼培府試第一名，入府學，後以改制，轉入縣學。西江塘整修工程竣工。彙錄《雙節堂贈言續集》22 卷梓成。按先生自乾隆三十年，前後垂 30 年懇乞各方人士贈言之書函不啻萬有餘封。八月絜繼培赴省鄉試，培並受業於先生摯友王宗炎。梓《雙節堂庸訓》6 卷。

## 乾隆六十年，乙卯（1795），六十六歲。

正月繼坊赴禮部試。藩司田鳳儀印《佐治藥言》及《學治臆說》各 150 本，分發所屬宦幕。二月業師鄭嘉禮逝世，年 80。先生悲不自勝，蓋師視先生猶己子也。黃盛隝生壙成，題墓前石曰歸廬，因易歸廬為號[82]。陳氏妹卒。遭變戚然，無能自已。奉王杰師書，書中又再提及書院教席一事。其中云：「天下無不可效用之地，儒者無不可致用之方」，頗為先生心儀。函中又論及先生教子讀有用之書[83]。八月，絜繼培赴杭州鄉試。《廿四史同姓名

---

[82] 按輝祖前號曰「龍莊」，比今號「歸廬」流行多矣。
[83] 所謂教子讀有用之書，當指時文以外教人立身行道的儒家經典而言。然據章學誠〈與汪龍莊簡〉，輝祖似更在意於兒子是否專攻時墨，而頗以讀古書為失學！王杰書及學誠簡所述內容頗有差距。個人認人當以章說為是。蓋輝祖固以治聖人業為儒者之當務，然以大環境關係，急於以科舉進取，亦無可如何也。此又可見現實與理想之恆有落差。〈與汪龍莊簡〉收入《章氏遺書》，卷29。

錄》稿成。

編家藏書目，其自序略謂：初家中所藏僅《古文喈鳳》及《陳檢討四六》二書。入幕初年，無暇多讀經史。年三十九，中式舉人後，始得讀正史，旁及諸子；而於群經，勢尚不遑。成進士後，所入較豐，聚書亦僅數十百種而已。謁選都門，書籍漸增；罷官歸里，重加整比。因按四部例區分門類。[84]於宅後並建屋藏之。先生以歷年藏書得來不易，乃令子孫不得贈人，不得假人。別具經史副本，則留傳家塾；指出非能考訂著述，則不必登樓啟視。並屬意由五子中之坊、培、壕三房同守規定。匙歸繼培收管。繼培、繼壕亦頗自置書，然培喜收經集，壕喜收類書及說部，各不同也。其家藏書目自序撰成後，鼾睡，逾時手足麻木，越四五日方省人事，自問必死。
按：一、數年來，王杰予輝祖書均提及書院教席一事，可知輝祖於此甚感興趣；想輝祖不止一次去函請託其事。二、既建屋藏書，書又有副本，兒子尚有力續購，可知輝祖罷官後經濟生活相當不錯，三、是歲乃一生中瀕死之第五次。

## 嘉慶元年，丙辰（1796），六十七歲。

正月初一日，右體略能移動，然睡時多，醒時少，且常作夢，皆審理案件事宜；凡十餘日。此後則醒多睡少矣。請西席於保延代筆作家書，又口授保延書遺囑寄繼坊，吩咐後事。又數日，手足漸可伸縮舒展，然一切行動，皆非人不可。以培、壕奉事甚謹，乃贈培《通志堂經解》、《通典》、《通志》各一部；給壕《說郛》一部。命繼壕編《廿四史同姓名錄》編目 10 卷成；分編 160 卷、《存疑》4 卷、《遼金元三史同名錄》8 卷[85]。又命培、壕

---

[84] 輝祖所編書目，未知其名。然《清代書目提要》載輝祖編有《環碧山房書目》（不分卷），其分類門目，與《夢痕錄》本條所載全同，故知所編即此書目也。參來新夏，《清代書目提要》（濟南：齊魯書社，1997）。

[85] 筆者此句原作：「命繼壕編《廿四史同姓名錄》編目 10 卷、成分編 160 卷、……」。鮑永軍教授所贈博士論文《汪輝祖研究》（浙江大學人文學院，2004 年）認為「成」字應屬上句，即應作「……編目十卷成，分編一百六十卷」。鮑說見其博論，頁 96。永軍兄之言甚是；蓋筆者之斷句，恐確如永軍兄所言，會導致讀者產生誤

分別編《逸姓同名錄》1卷，《字同名錄》1卷、《名字相同錄》1卷。[86]始

---

會，而誤認《廿四史同姓名錄》、《存疑》、《遼金元三史同名錄》，皆繼壕編纂之成果！（筆者另一文章〈汪輝祖之史學〉，乃作：「先生命兒子繼壕編《廿四史同姓名錄》總目十卷成」；則斷句不誤。文載東吳大學歷史學系主編，《史學與文獻（二）》，臺北：臺灣學生書局，1998，頁 212。）此外，永軍兄於同一頁（即頁96）的同一段，又認為輝祖子繼壕並未參與編纂《三史同名錄》，是以認為筆者的說法有誤。按：筆者的說法，見拙著《清人元史學探研》（新北市：稻鄉出版社，2000），頁 283-284。再者，《清人元史學探研》一書中，尚有 2 項資訊（即筆者 2項判斷），永軍兄亦不表認同；今一併開列如下：其一，《元史本證》中〈證名〉部分的重校，筆者認為大抵全係輝祖子繼培一人之所為。永軍兄則持異說，而認為輝祖早已開其端矣。永軍兄之說法，見其博論，頁 157。筆者之相關說法，見《清人元史學探研》，頁 216-217。（順帶一說，永軍兄博論同一頁，即頁 157，又指出繼培重校《元史本證》，其事在嘉慶五年；筆者繫之於嘉慶六年條下，誤。筆者之說法，見本年譜下面〈嘉慶六年〉條。）其二，筆者指出，《元史本證》一書中，「輝祖又有只標舉條目而不作案語者。……上三例皆缺案語，不知是遺漏，抑板本有缺？」（《清人元史學探研》，頁 239）永軍兄則指出說：「其實，汪輝祖是先列舉幾個相關條目，然後在最後一個條目下，統一撰寫案語。如：……」（博論，頁 174）永軍兄所言極是。筆者一時失檢，故有是失！抱歉甚。按：永軍兄之批評或糾矯，以上計有 5 項（以筆者所看到的來算，或尚有不及目睹者！永軍兄暨讀者，其明以教我為幸。）容作一自我檢討，如下：前 4 項，其確有失察或行文斷句不免謬誤者，則筆者所犯之過錯，自信尚小；蓋非硬傷也。至於最後一項（即認為輝祖不作案語的一項），筆者以上的判語：「不知是遺漏，抑板本有缺？」乃意味著：有可能是輝祖本人之遺漏。此則多多少少有厚誣輝祖之嫌！撰文述史，下筆必須謹慎；此學人當恪守之原則。而「厚誣古人」，乃從事撰述者之大忌。筆者固當深切反也。永軍兄不吝指正，真可謂諍友無疑。容筆者致上誠摯之謝忱。永軍兄之博論《汪輝祖研究》，其後修訂成書，書名作《紹興師爺汪輝祖研究》（北京：人民出版社，2006）。上面說到永軍兄對筆者的批評指教，亦見該專書，頁 234-235。

[86] 按輝祖及其兒子編纂姓名學方面之著作至多，茲連同彼一生中其他著作，臚列於下。唯各書今大多不存，蓋當時實未全部付梓，而大多僅為鈔本也：《龍莊四六稿》2卷、《駢體鈔存》8卷、《詞律選鈔》2卷、《紀年草》6卷、《獨吟草》1卷、《題衫集》3卷、《辛辛草》4卷、《岫雲初稿》2卷、《楚中雜詠》4卷、《歸廬晚稿》6卷、《詮愁符詞草》2卷、《史姓韻編》64卷、《九史同姓名略》72卷、《廿四史同姓名錄》160卷、《廿四史希姓錄》4卷、《三史同名錄》40卷、《元史本證》50卷、《元史正字》8卷、《讀史掌錄》12卷、《策拾》10卷、《舟見錄》1卷、《汪

著手撰《元史本證》一書。先生扶杖漸能舉步。以培、壕請,遂編定舊作詩文雜稿,然多不予付梓。蓋先生以為文以載道,其無關懲勸,偶然適性陶情贈答紀事,皆可不錄,無庸為棗梨禍也。

是歲仍撰應酬詩文若干篇。繼坊自京師還里。酌定曾大父以來城鄉祭規。三月同邑人士具先生名公舉為孝廉方正,所上薦舉文開列先生卓行共 14 項。省內各級官衙均予以首肯。然以先生堅辭而罷。[87]

本年章學誠曾為先生前所編纂之《史姓韻編》撰序文;此外,同撰於是年之〈與汪龍莊簡〉對該書亦有所論述。[88]病榻中命兒輩詮次《夢痕錄》並付梓。以疾辭兩廣總督及他人之延聘。按:先生皆以疾患為由辭佐幕之聘。至是乃具體開列原因三端說明辭聘之由。

> 幕客與主人禮相抗,故言可行。既忝為牧令,大吏縱恭敬下士,終宜自循素分,小謙抑即難堅行吾志。此理之不可者一也。

---

氏追遠錄》8 卷、《越女表微錄》6 卷、續 1 卷、《佐治藥言》1 卷、續 1 卷、《善俗書》1 卷,《舂陵褒貞錄》1 卷、《藍毫隨筆》1 卷、《學治臆說》2 卷、《續說》1 卷、《說贅》1 卷、《雙節堂庸訓》6 卷、《過眼(雜)錄》4 卷、《詒穀燕談》4 卷、《病榻夢痕錄》2 卷、《夢痕錄餘》1 卷、《藍毫再記》1 卷。以上乃據《行述》頁 57 以下各頁及頁 191 等。此外見於年譜而《行述》不載者尚有:《北行日記》、《正史總目》及《垂範集》。又據上引瞿兌之《傳述》,尚有《逸姓同名錄》1 卷、《字同名錄》1 卷、《名字相同錄》1 卷及《善政說》一種。(見頁 54-55。)總上,輝祖所編撰之書籍乃在 500 卷以上;實在不可謂不多。佐幕 30 多年,又為官數年,而仍有此成績,實在讓人欽佩不已。

[87] 薦舉文及輝祖之辭呈均收入《行述》,頁 1-17。

[88] 《史姓韻編·序》旨在讚美輝祖本書對學術界之貢獻。為人撰序,固然如此。然而,學誠對該書並不太滿意。撰於同年之〈與汪龍莊簡〉即認為該書多有遺漏,且蒐羅姓名不應只以史書為限。按:該書以正史為唯一依據,所謂史姓乃指載於「正史」中各人物之姓氏而言;學誠則以歷史上所有人物之姓氏為說。學誠說固周延,然難於實踐矣!《史姓韻編·序》及〈與汪龍莊簡〉均撰於是年乃分別據錢穆說及吳孝琳說。錢穆,《中國近三百年學術史》(臺北:臺灣商務印書館,1976),頁 424;吳孝琳,〈章實齋年譜補正〉,收入《章實齋先生年譜彙編》(香港:崇文書店,1975),頁 316。

> 幸登仕版，不能保有常祿而復與寒畯爭升斗之糈，此義之不安者二也。
> 鄙性硜硜，曩佐州縣受擠排，忍笑侮，賴主人敬信，得行我法。今幕於憲府者，居養漸移，氣體烜赫，既北轍南轅之各異，必圓鑿方鑿之相違，此勢之不協者三也。

以上三項，合而言之，即以個人性情恐難與大吏相諧協，再加上不擬與寒畯爭升斗之糈，遂決定不接受佐幕之聘。得良醫張應椿治病，身體日見康復。是年，先生好友道義交邵晉涵卒於官。先生謂晉涵常戒之「伉直太過，恐處事易迕」。從晉涵之告誡可窺知先生之個性為如何。同里來珩將出任知縣，先生贈以《學治臆說》，並勸讀律例、究《洗冤錄》以植治本。

## 嘉慶二年，丁巳（1797），六十八歲。

右手粗能作字（按：乾隆六十年患病，其手足麻木至今已前後三載，即不能作字三年矣），取《廿四史同姓名錄》稿本重加覈訂，再錄再校[89]。繼培食餼。撰寫讜美堂四箴：〈敬先箴〉、〈藏書箴〉、〈守身箴〉、〈治家箴〉。閏六月瘧作，幸不久即止，繼以脾泄大困。蕭山縣東鄉何氏妾卒，先生認為嫡子以「先庶母」題神主牌上，下書嫡子某敬立，繹禮與律，似無不可。又孀婦李氏欲以夫兄之獨子為繼，族人不允。先生乃本乎尊重當事人之意見／意願，並援引乾隆四十年之上諭，以為應予照准。按：一、輝祖數十年如一日，判事恆本乎律、順乎禮。二、輝祖重視當事人之意見／意願，孀婦李氏案即其一例。

## 嘉慶三年，戊午（1798），六十九歲。

王杰師來書，知先生前書曾論述謂，士習、吏治，皆實有關世道人心，然不得其權，不能為力。又從王杰書中，得知先生不曾依從師意補《天下郡國利病書》之原因是：取明人志集補綴，議論轉不切當，不能補，亦不必

---

[89] 錢大昕曾為該書撰序文，收入《潛研堂文集》，卷24。

補。[90]

二月，後輩有問為政之要者。先生以為「勤」一字最為喫緊。讀書固美事，然當官者不能以學廢事。審理案件，宜速辦。總之，力之所至，無不可為[91]。先生以為家用出入須自檢，斷不宜任莞鑰於內助，蓋閨人多不知大體。八月，繼培赴省試。重陽後病傷風淓，有勸服紫團蔘者，然價昂，力弗逮也。十一月，屬畫師作圖兩幅。先生並憶述數十年來先後所作各圖（不下十幅）之緣由及情境。接王杰書，從書中得知先生近來每日皆讀《論語》數篇，並知先生曾謂三代以下人才惟郭子儀，而宋儒講學猶未到也。章學誠撰《三史同姓名錄‧序》。

按：一、「不得其權，不能為力」，這可說是輝祖見道之言。士習、吏治，於世道人心固大有關係。然苟毋權毋勢，又如何著力予以變革更新？此在人治之專制時代，更無可如何：二、《天下郡國利病書》乃顧炎武之鉅著。輝祖不予續補，與炎武之抗清立場或不無關係。乾嘉時代，文字獄盛行，恐輝祖不免有所顧忌也。（詳參上注 90）三、輝祖不予內人莞鑰，以為閨人多不知大體，此或不免流於偏激並有歧視異姓之嫌。（有關輝祖之看輕女性，亦可參《庸訓》，《遺書》，頁 812-813，846。）四、古時無照相機。為要如實留念，作圖乃唯一辦法。五、郭子儀之成就在於功業，拯唐室也。宋儒

---

[90] 《天下郡國利病書》之撰著者顧炎武，明末清初人也；其生平橫跨兩代無疑。該書含蒐集資料來算，雖始事於崇禎末年。然而，約於康熙初年始編定成書，其後又不斷增改，終未定稿。輝祖把該書定位為「明人志集」，實與事實不符，或至少不甚相符。輝祖之所以出此斷語，固有其考量在。亭林先生抗清事蹟，輝祖豈有不知之理呢？是以補綴被輝祖刻意定位為「明人志集」的一書，乃深恐「議論轉不切當」也（其實，此言乃找台階下的一藉口而已！）。果爾，則人頭落地便不無可能。輝祖固梗直，敢作敢為，然官場打滾數十年（含擔任幕客 34 年），必深悉箇中情況，是以實在沒有必要冒此大險。《天下郡國利病書》之撰著起訖年分，參 https://baike.baidu.com/item/%E5%A4%A9%E4%B8%8B%E9%83%A1%E5%9B%BD%E5%88%A9%E7%97%85%E4%B9%A6/1398168；瀏覽日期：2025.01.27。

[91] 輝祖好幾種著作皆以「盡心」為其中若干篇章之標目，且作為全書或全卷之首條標題。此很可以看出其用心之所在。如《佐治藥言》全書之首條、《學治臆說》卷一首條及《庸訓》卷二首條即是。

講學是否不能與之爭勝自是另一問題。然於此可見輝祖所偏重者為如何矣。惟此意見，輝祖於接獲王杰來書提點後，有所改易，參下條。

### 嘉慶四年，己未（1799），七十歲。

覆王杰書。書中指出前書論宋儒講學，其貢獻不及郭子儀之事功，今先生深慚鹵莽；承認宋儒以誠敬著力，自係事蹟之本源。先生更指出以前思常出位，學無把握，數十年來時過增悔，事過增尤。並自謂四年來日以讀史自課。而研習經書更可使彼神清氣定。又謂近年專校全史，為姓名之學，雖無關性命，然可藉為治心之資。覆書中，亦暢談家事及飲食習慣，如謂夫婦兩人受三房輪膳、素不食肉飲酒即是。繼坊赴禮部試。繼培協助校補《三史同名錄》、《元史本證》二書。

繼坊下第。頗氣餒。先生舉自身經歷，勉之踏實努力向上。爰引錄諺語：「刑名喫兒孫飯」，並繼云：吾母嘗不許，吾立誓入幕，盡心力為之。如非義財祀吾父不享及不長子孫者，必不敢入橐。故游幕以來，必誠必慎，念念以百姓為事，怨勞不辭。游幕之為業，學之不難，先須心術端正，操守慎潔，講律例以植其本，閱京報以達其宜，習批詞以治下，辨讞斷以申上，不過潛心一年便優為之。所慮者知法而不通乎法之神明（筆者按：神明，蓋即今人常說之精神也），則諺所云依律法打殺者造孽已多，更不在心之不正、守之不潔，故可危也。

七月初二日因風雨陡作，雙節坊傾頹，先生另購地移建。繼培校覈《三史同名錄》：證誤存疑，小變原例，增益幾倍；裁併敘錄，為卷 40。先生雖致仕多年，然對家國大事仍念念不忘。致書王杰時說：某嘗讀前史，每見功名之士多喜事而不盡解事。能解事矣，又往往身家計重，轉至避事。故得解事，而肯任事者任之，事始有濟。相臣之道，莫要於薦賢，望吾師以能愛能惡之仁，密為推荐，庶天下蒙遍德之休而國家收得人之效。

先生自謂飲食恆儉，佐幕服官時，非賓祭，無特殺雞鳧之事。然五男析居之後，歲用雞鳧，共約 150 隻，視未析時費過四倍。又指出所以習幕乃由於授徒不足為養故也。

是年，先生以篆書自題道：咄咄此翁，亦名為士。長遜戔身，短同歐視[92]。讀幾冊書，通某家史。壯媿飢驅，老更祿仕。行恐辱親，守惟知止。自幸歸林，嘗憂顛趾。行年七十，無聞如此。更假數年，食粟而已。[93]據此，可知先生身裁短小，並患近視。〈辭薦舉孝廉方正案〉則云「身中，面白微鬚。」[94]與〈自題〉稍異。

按：輝祖佐幕不敢徇私苟且，必盡心力為之，當與上述母親前立誓承諾有關。

## 嘉慶五年，庚申（1800），七十一歲。

繼培獲選辛酉（嘉慶六年）科拔貢生。先生憶述乾隆五十四年長沙知府陳嘉謨擬薦先生調攸縣，先生以缺雖美，然事繁不能親辦為由辭之。六月四日，福建候選知縣徐銓揀發[95]上任前過訪請益。先生乃追述知寧遠縣事時審理案件之情況，告示之云：余每驗屍，案上先置《洗冤錄》，遇屍親怙狡爭傷，即檢錄指示曰：此聖天子所以教有司驗傷之法。若者真確可信，若者近似，增疑顏色部位，歷歷具在，有司遵錄填格，不敢略有私意，令屍親依錄親辨，細與講解。四年中，本境及鄰境所驗鬥毆自盡等案不下百十餘起，觀者不禁，無不肅然心折，皆案頭置錄之效也。越旬，徐復來請益。先生乃特以「積誠」二字相贈。勉彼對上官、對下民，皆必以誠信出之。九月，繼培鄉試不售。

先生憶述中年病齒，迄三年前齒則盡脫矣。前為二母所乞之雙節堂贈

---

[92] 「長遜戔身」之「戔」，簡言之，乃戈之一種；長兵器也。輝祖自謂其身長，是比不上戔的長度的。「短同歐視」中之「歐」，乃指歐陽修。據悉，歐陽修是個大近視。而患近視者，目力所及，皆眼前短近之物。是以「短同歐視」，乃指視力等同歐公；即同為大近視也。

[93] 光緒十五年江蘇書局印行之《汪龍莊遺書》卷首載錄此自題文字，名為〈歸廬佚傁自題〉，題前有小像一幀，乃光緒己丑（1889）夏五月杭州諸可寶所摹繪者。

[94] 《行述》，頁6。

[95] 揀發，漢語詞語，清代官制用語。各省總督、巡撫、提督、總兵，如部下出缺，可奏請皇帝於候選人員中，擇其人地相宜者，分布若干員，歸其補用，稱為揀發。參百度百科 https://baike.baidu.hk › item › 「揀發」條。瀏覽日期：2024.09.19。

言，今見入稿者，文集、詩集、總集，以至入賦集、詩話者均有（又可參《夢痕錄》，嘉慶八年條。）

按：一、四年中驗案百十餘起，即平均每年驗案三十起，亦至繁劇也。二、先生論待人處事，均本誠信為之，此乃其終身崇儒之必然表現也。

## 嘉慶六年，辛酉（1801），七十二歲。

不能再事校讐。《三史同名錄》付梓。歸廬生壙成，有謂積水。繼壖命人啟礦檢視，甚乾潔。先生嘆謂世人惑溺風水之說，耗力費財；輕信相墓師之言[96]，馴至兄弟析居，彼此歧見者有之；家且日落，木朽於堂矣！因謂生平持論力主：「葬，義為藏」之說。苟涉世無大惡孽，天必不忍暴其枯骸；宅心無甚險惡，天必不忍斬其拜掃。墓之吉凶，當於人事求之，豈宜責效於黃壤哉？

繼壖充實錄館供事。章學誠子華紱擬佐幕為業。學誠欲其所佐者為巡撫、總督之幕；乃致書先生求教。先生覆書詳論佐幕當以州縣為本；並略述何以先前反對佐幕，而今轉勸人佐幕之理由。按：先生佐幕前後凡 34 年，其覆書很可以概見一生佐州縣幕及晚年贊成佐幕之論據。茲不厭其繁，引錄如下：

> 夫寒士身分在乎品學，不關幕地之崇卑。僕嘗見講身分者託足幕府，侈然自放，若主人當在子弟之列者，然有識者觀之不直齒冷。幕之為道，佐人而非自為，境同籬寄。無論何處何地，等是雞鶩為伍。言行道行，總以得伸吾志為上。欲不降其志，惟佐州縣為治，庶幾近之。蓋書生與牧令分相當，體相敵，合則留，不合則去，品無暇玷，學不拘迂。到處逢迎，不憂一日無館。節鎮軍府雖養尊處優，亦與所主抗禮，畢竟分位相懸，為之者非主人甚賢，計劃少有齟齬，訑訑之聲音、顏色，常有難以為情之處。異鄉遠客去之，則猝無所就，降心抑氣間或不免。僕嘗聞而矜之。是以佐幕數十年，專就州縣禮聘，州縣

---

[96] 輝祖對相墓師之批評，亦可參《庸訓》，《遺書》，頁 912。

而上，至於司撫，無不堅辭。太守去州縣不遠，然亦未嘗就者，此則別有苦衷。以為幕之佐吏，專為治民。民之利弊，惟牧令當周知之。亦惟幕州縣者有以熟察而詳審之。事無鉅細難易，無一不權與州縣。牧令真知確見，其所可否，大吏不得而奪之。獄有關繫，牧令鞠於庭，幕屬耳焉。情實情虛，不難立時剖辨，盡得其真。居太守幕，祇據詳供核辦。設有絲毫點綴，便成枉縱。以人之失，成我之罪，可已乎？不可已乎？由前所云，兩利相形則取其重。由後所云，兩害相權則取其輕，願足下慎思之，無幕節鎮也。且吾輩業儒，自有利世濟物之途。為人謀終不若身親為之。幕所托足，皆借徑耳……因思士君子不得志於時，而求可以造福於人，莫若佐州縣為治，猶得澤及一方，故遇親友之心術純正、才識通敏者，力勸幕游，亦見地之隨時進境，非淆初志也。

令繼培重校《元史本證》[97]，成50卷，並付梓。好友章學誠卒。乾隆三十四年先生會試京師時，與學誠訂交，至今已 32 年矣。學誠卒前曾為先生之歸廬撰〈豫室誌銘〉。
按：一、輝祖雖迷信，但不至於太過，觀其不信相墓師言，而以吉凶當於人事中求之可知。二、上所引輝祖覆學誠書，除可見其佐幕之理論（其中力主以州縣幕為本為主）外，亦見其終極志趣乃在於當官從政；游幕只為托足借徑耳。

**嘉慶七年，壬戌（1802），七十三歲。**
　　《元史本證》梓成[98]，先生自謂此後不復讀史。繼坊第七次會試，不售。

---

[97] 上揭鮑永軍博士論文《汪輝祖研究》（頁 157）認為繼培重校《元史本證》，其事乃在嘉慶五年，非本年。詳參上注85。
[98] 該書之撰著緣由、經過及內容大旨，可參考北京：中華書局 1984 年版之〈點校說明〉。

**嘉慶八年，癸亥（1803），七十四歲。**

先生本年頗從事於編寫工作，且對過去之若干種著作，亦命兒輩整理之。先生云：

> 邇讀《元史》，嘗取明南北監本以校新刻本，頗有異同，撰《元史正字》。草稿未定，閏月精神稍強，因排比先後，釐為八卷。復令兒輩編寫《二十四史希姓錄》四卷、《讀史掌錄》十二卷、《過眼雜錄》四卷，皆平時隨手箚記者，舊輯《歷科會元墨》至辛丑而止，命繼培採甲辰[99]以後墨卷補之。後人苟能揣摩，庶不負余苦心也。

先生晚年與其業師王杰書信往還最多。本年彙集來函，釘裝成冊，朝夕展誦；旨在使子孫知悉所以不見棄於其師者，以實不以文故也。[100]先生並云：書多格言，永為家範，子孫能世世守之受教，當無涯涘也！去夏以來作《貽穀燕談》四卷，[101]《續越女表微錄》一卷共 53 人事蹟。繼堉選福建漳州府長泰縣典史，十二月十七日歸省。

**嘉慶九年，甲子（1804），七十五歲。**

先生彙編《雙節堂贈言三集》，內含詩文 10 卷、書札 4 卷。並命兒輩收貯續得者隨時補錄，俟先生沒齒付梓。六月復校初、續二集及今之三集。繼培中式第五名舉人。好友錢大昕逝世。按：錢氏嘗為先生大著《廿四史同姓名錄》寫序，並為先生父親寫傳記。

**嘉慶十年，乙丑（1805），七十六歲。**

---

[99] 辛丑，即 1781 年，甲辰，即 1784 年。甲辰至輝祖撰寫本段文字之當年（1803），前後計 20 年。換言之，輝祖欲補上接近 20 年之歷科會元墨。

[100] 「以實不以文」，具體言之，蓋指實際行為上有所表現；而不在文字（舞文弄墨，撰述）上有所表現也。若以三不朽比擬之，或可謂立德立功乃王杰所看重者；立言，非可以相捋者也。

[101] 此據《行述》，頁 61。

先生晚年書信往還最多，被稱為生平第一知己之老師王杰去世[102]。紀昀師亦作古。洪亮吉過訪[103]。繼培會試中式第 47 名，殿試三甲第 36 名，朝考第 10 名，分部學習，得吏部文選司。先生訂交 40 年之鮑廷博過訪。雙節詩文刻碑鏤版，皆賴其力。

　　胡虔《識學錄》內有〈書《佐治藥言》後〉一文，議秀水陶惠先出繼其叔一事，頗不贊同《藥言》之見解。[104]先生提出申辯。此中可窺見先生明經通情達變之卓見，茲引錄其申辯辭如下：

> 禮順人情，情之所不可禁，不能執禮以奪之也。世俗無子之人，苟稍可支持，未有不立嗣者。如胡君言，惠先之叔與其長子皆不合立後，揆之人情亦屬不安。從來令之折獄、幕之議事，當事愛民省事為主，遇富家事，尤苦棘手。讀書者拘文牽義，解事者避謗引嫌，觀望蕩延，滋為民病。余前錄所記，凡引經決獄諸案，往往經旨不必如是，每藉以厭服人心。慘淡經營，顧費神用。故通經之上官，無不委曲允從。同年[105]章實齋〈書《夢痕錄》後〉，據經疏證，謂余讀書通變，而不失其正，可為經旨通其外義。真通達治理之言。恐因胡君之論，事有難行，聊復申明鄙意，非護前也。

---

[102]《遺書》，頁 937-938 有傳。

[103] 亮吉 30 年來曾為輝祖二母撰詩文各一篇。然二人至是年始相見。輝祖卒後，亮吉曾為之撰《墓誌銘》。銘文頗長，收入《行述》，頁 65-76。

[104] 其事發生於乾隆二十七年（1762），當時輝祖佐幕於浙江省秀水縣，充當其師孫爾周之刑名師爺，事關一件纏訟已久的兄弟爭嗣疑案。其詳，可參法制史論文：〈清代名幕汪輝祖引經決獄判案分析〉一文以下一節：「在秀水處理陶氏兄弟爭嗣案」。http://www.360doc.com/content/19/1208/10/31655491_878232694.shtml；瀏覽日期：2024.09.19。

[105] 按：科舉時代之所謂「同年」，乃指一榜或同一年中式者而言。學誠鄉試與會試中式的年分分別為乾隆四十二年與四十三年；輝祖則為乾隆三十三年與四十年。是以無論就鄉試來說，或就會試來說，輝祖中式皆比學誠早好幾年。所以這裡說「同年」，不是輝祖記憶上的錯誤，便是一客套的說法。就後者來說，恐怕即好比今之學長姊恆稱學弟妹為同學，甚至把所有同學都通稱為學長姊，是同一個道理。

先生自謙謂平生秉性戇直，不能謹言，惟「敬鬼神」三字則服膺勿失。凡不可入廟稟神之事，俱不敢為。嘗讀姚鼐「常覺胸中生意滿，須知世人苦人多」詩句，偶生怨尤，立時悔悟。佐幕時自撰「苦心未必天終負，辣手須防人不堪」一聯，書以自警。

二三月來痰多氣滯，精神愈憊。因念身後百事繁雜，故先口定終制。其要點為：

一、附身附棺誠敬如禮，斷斷不可用僧道鼓樂樹燈等項。

二、至親密友外，不必遍訃。

三、饋奠依禮用牲，此外素膳最宜。

四、毋令僧道治懺醮。認為一生謹慎不敢造孽，未必仗二氏解脫；即有罪惡，亦非二氏之徒所能懺悔也。

先生自錄行事止於嘉慶十一年元旦。至十二年三月逝世，中間十有三月不復命筆。然繼坊等補綴紀錄如故，以徵先生修身俟命之終事。
按：輝祖對陶惠先一案之申辯，很可以窺見其通經、依禮、順人情之作風。其中「令之折獄，幕之議事，當以愛民省事為主」的考量，很可以使他獲得良幕循吏的美名而無愧。

## 嘉慶十一年，丙寅（1806），七十七歲。

重纂《越女表微錄》，收錄共 61 人。又刪定歸田以來詩 6 卷、文 2 卷。七月間仍能執筆撰應酬文字兩篇。《學治臆說》及《善俗書》刻入鮑廷博《知不足齋叢書》第 24 集[106]。

## 嘉慶十二年，丁卯（1807），七十八歲。

二月倩畫師寫真，復作小照。繪內孫世錫於旁，命曰〈授經圖〉。卒前一二月尚讐校《雙節堂贈言》三集，點定訛字。一生依書為命，易簀前三日，猶坐堂中看書，數數摺角，若將覆閱者。卒前囑繼坊等時時展玩《雙節

---

[106] 翻檢《知不足齋叢書》，未見收錄《善俗書》！《中國叢書綜錄》（上海：上海古籍出版社，1982）亦僅載該書收入《龍莊先生遺書》內而已。

堂庸訓》，命以遺訓視之。三月二十四日溘然長逝。

## 三、結語

　　本年譜主人翁汪輝祖逝世後，當時名人（尤其學界中人）或摯友，皆嘗為文悼念，如王宗炎作行狀、阮元作傳、潘世恩作墓表、洪亮吉作墓誌銘、湯金釗撰祭文、吳錫麒撰誄、吳騫等撰輓詩，即其例[107]。各人詩文多以「良臣」、「良吏」稱頌先生，洪氏則更以「完人」譽之。此可證先生立德立功方面的表現。其所撰著者極多，其中似以《佐治藥言》、《學治臆說》、《元史本證》與歷史姓名學數種最有益於學界及當世。[108]此又立言方面之表現也。若以三不朽稱頌先生，誰曰不宜？！先生亦可謂生榮死哀矣！

## 四、附識

　　汪輝祖，其人其學，皆足以光耀史冊。然而，學界的相關研究，似乎與汪氏的表現很不成比例。20多年前，其情況尤為嚴重。筆者以研治章學誠生平、學術之故，而獲悉清中葉嘗出過此一有為有守之「完人」（此洪亮吉語；詳上結語）。乃奮發自勵，粗成二文（除本文外，另一闡述汪氏史學上之成就）及專書《清人元史學探研——清初至清中葉》中之一專章（闡述汪氏之元史學）；藉以所謂發微闡幽歟？其後幸獲知音與同道。此即大陸學者鮑永軍先生是也。永軍兄治學周延篤實，筆者深為敬佩。永軍兄嘗惠贈其博士論文〈汪輝祖研究〉一冊（浙江大學文學院，2004年5月；其中糾矯筆者失誤之處不少，筆者業已一一作出回應；詳見本文，注85。前修未密，後出轉精；筆者感念不已。）；惠贈於2004年6月21日。論文封面內頁，並

---

[107] 參《行述》所收各文。
[108] 筆者對輝祖之《元史本證》及其元人姓名錄之研究，見拙著《清人元史學探研——清初至清中葉》（新北市：稻鄉出版社，2000），第三章。

附有約 300 字的一段文字，其中對筆者不乏謬許之詞，則筆者惟感汗顏而已。今茲筆者轉錄該段文字並永軍兄另一函若干文字如下，俾讀者知悉世人對汪氏之研究，自永軍兄始，已邁入一新里程碑矣。

> 尊敬的黃教授：
> 
> 您好！我是浙江大學歷史系教師鮑永軍。北京師大吳懷祺先生打電話與我的導師倉修良先生聯繫，說您欲查閱本人拙作《汪輝祖研究》。我十分榮幸，遂按照兩位先生的意見，將論文給您寄來。
> 
> 我是倉先生的碩士，徐（規）先生的博士，研究方向為中國史學史。您是汪輝祖研究專家，您的幾篇關於汪輝祖的大作，我一一拜讀，深受啟發。我的論文經十幾位專家學者評議，獲得通過，但其中也有很多不足之處，需要大力修改。拙作修改後，將以《汪輝祖評傳》為名，在下半年出版。
> 
> 您是汪輝祖研究專家，懇請對拙作多提意見，不勝感謝！如您需要複印大陸方面的資料，我將為您查找。
> 
> 順頌近祺
> 
> 　　　　　　　　　　　　　後學　鮑永軍
> 　　　　　　　　　　　　　2004.6.21
> 　　　　　　　　　　　　　浙江大學歷史系　郵編：310028
> 　　　　　　　　　　　　　E-mail: zjubdb@yahoo.com.cn

2024.09.17（中秋節），筆者嘗致函永軍教授，惜被退回。同一天晚上從摯友寧波大學錢茂偉教授詢得永軍教授之新郵箱如下：zjubdb@163.com。永軍教授接獲筆者函後，即於同一天晚上回覆，如下：

> 尊敬的黃教授：您好！後學曾有幸在上海華東師大開會時得見先生一面，您的汪輝祖研究深入細緻，給後學以極大啟示。拙著《紹興師爺汪輝祖研究》人民出版社 2006 年 7 月版，《一代名幕汪輝祖》，杭

州出版社 2014 年 6 月版。……（筆者按：所刪去者，以與學術，尤其與史學，無關故也。）

敬祝黃教授中秋節快樂！闔家幸福！

後學鮑永軍敬上

附　錄

# 全書附錄（一）

# 考據學家錢大昕治史的科學方法[*]

## 一、科學方法概說

### （一）引言

「研究」一詞涵蘊著追求真知灼見。研究的結果，絕不能出之於向壁虛構，違反事實。[1]如果研究全是任憑主觀作"指導"，甚至訴諸情緒，訴諸權威等等的話，則研究的結果苟有所當，也只是偶然得之，絕不可以此為

---

[*] 本文乃筆者 40 多年前肄業於香港的新亞研究所時所撰寫者，計有上中下三篇，分別刊登於香港《華僑日報・人文雙週刊》，第 159 期、160 期、161 期，1977.09.26、1977.10.10、1977.10.31。猶記得唐君毅先生（時任新亞研究所所長）獲睹此拙文後，乃囑咐研究所總幹事趙致華先生（趙潛）通知筆者前往其辦公室見面。唐先生是所長，且為哲學界巨人，筆者當時惶恐之情，非今日所能形容。見面時，唐先生首先肯定拙文寫得還可以；但隨即指出說，實在不必用「科學方法」一詞。筆者當時無言以對，一方面是反應不過來；再者，實在不知道為什麼不能或不宜用該詞。唐先生當時沒有多做說明，蓋其體力已然不支也。按：先生當時已屆臨癌症末期。筆者多年後對唐先生的學問稍具微末的了解之後，始意會到（其實可說是"猜到"）不宜用該詞的原因，蓋不必藉著西方「科學方法」一泛稱以描繪錢氏所用之治史方法。也許值得一說的是唐先生關心學生學業上的表現，上文可見一斑。蓋身患絕症，但仍費神留意學生學業上之微不足道的表現，並願意花時間接見面談。此誠極不易也。按：此撰就於 40 多年前之舊文，反映筆者當時的學識水平相當平庸、不周延。當時以為凡能以所謂科學方法，或以所謂客觀徵實的方法（實證法），或以所謂近現代之研究法以治學者，皆為值得肯定者、可取者。其實這多少反映迷信了理智主義的心態，視之為萬能。用牟宗三先生的說法，其實是中了淺薄的知識主義之毒。然而，撇開「科學方法」一詞不論，似乎本文尚不至於毫無可供年輕學子參考的地方，或至少可供筆者一己反省回思過去不足，甚至不是之處，是以稍加修訂後，乃以附錄方式納入本書內。

[1] 當然，所謂「事實」，可有多種，譬如現象界所觀察到者，或心理上所認定者；此不具論。

法。究其實，這只可稱為玄學的展示而已，而不是真正的研究。因為這根本違反了研究的真正涵意。

科學的研究方法正可以幫助我們追求真知灼見，所以我們可以大膽的說，科學方法才是真正的研究方法。

## (二) 科學研究法的原則

科學方法的原則是求真，這是不必多說的。為了求真，就必須要講證據。有多少證據就說多少話，實事求是，無徵不信是任何一位從事研究者不可違背的信條。準此，我們可以進一步說，沒有證據的研究結果，我們不要輕信。同理，沒有證據的說話，我們也不要輕易出口。前者用來繩衡他人，後者用來繩衡自己。妄下論斷，信口雌黃是從事研究者的大忌。就歷史研究來說，我們必須緊記：學說與理論只可用來說明、解釋證據與資料，而不是資料證據反過來做了學說的註腳。至於為了某種學說與理論的成立而不惜捨棄真事實、真資料，甚至捏造事實、偽造資料，那更是違反科學精神的。

與科學精神相輔而行的是懷疑精神。有謂：「學者先要有疑，於可疑處而不疑，不曾學」。在經驗科學的領域內，沒有東西是絕對確鑿不移的。「曾出聖人手，議論安敢到」的一個說法，是要非議的。遇到不慊於心的理論學說，我們絕不可以籠侗輕易放過。我們必須本著「上窮碧落下黃泉，動手動腳找東西」的「不到黃河心不死」的精神，務求找到足夠的證據來解決心中的疑竇。

求真與懷疑其實是一紙的兩面。求真即是袪疑。懷疑則是為了求真。是以這兩種不同的精神，也可說是一種。是一而二，二而一的。

## (三) 科學方法的具體內容

求真袪疑是科學方法背後的原則。至於用什麼具體的方法才可以符合這個原則呢？我們可一言以蔽之：邏輯的推理思維的方法。粗略言之，邏輯主要包括兩項內容：一為演繹推理，二為歸納推理。但此二者仍不足以概括科學方法的全部。我們似乎必須加多一項：假設與證明。其實假設與證明乃是

演繹推理與歸納推理綜合運用中之程序，但此程序甚為重要。因為沒有假設便難以"指導"研究的進行；沒有證明，則推理苟有所當，仍只限於形式結構上的對確中效（valid）而已，與經驗事實內容無涉。而研究之目的每為發掘新的經驗內容。由此來說，則不得不仰賴假設與證明的機制不可了。

### 1、演繹法及其局限

演繹法：「這是從少數的自明的公理、定理和定義而演繹（推衍）成多種命題而構成一完整的體系。當其演繹時，結論往往是含蓄在前提之中的。結論與前提中間有必然的關係。這完全是一種純理的思考，和經驗毫無關係。……在類似這種數理的演繹的思考程序中，只有推論而沒有假設。」[2]

---

[2] 吳俊升，〈假設與證明〉，收入《農圃講錄》（1969 年出版，自印本；唐君毅先生嘗撰序文乙篇）。又可參司琦、徐珍編，《吳俊升先生暨夫人倪亮女士年譜》（臺北：三民書局，1997），頁 198。按：吳先生是筆者就讀新亞研究所時的論文導師。吳先生的專業是教育學，嘗任教育部政務次長。筆者嘗修讀吳先生所開授的文史哲三組的共同必修科目「研究方法」這門課（確切名稱不克憶記；今所存的申請出國的英文成績單上作 "Methodology"）。筆者的專業是歷史（歷史學）。記得有一次下課時，筆者請教吳先生當請誰當導師的問題。吳先生大概對我的印象不錯，他不假思索的便回應說，找他便可。歪打正著，吳先生便成為了我的論文導師。我的論文是寫清人史學大家趙翼的。吳先生對這方面雖然不具備很高深的學養，但指導的過程則是非常盡心盡力的。筆者至今一刻不敢或忘。

猶記得十多年前（十多年前乃指筆者修訂本文之前的十多年，即 2024 年前的十多年）學長翟志成教授嘗命筆者撰寫吳先生的生平事蹟。今全文照錄如下：

吳俊升先生（1901-2000），江蘇省如皋人，1920 年考入南京高等師範學校（1923 年改為國立東南大學）教育系，1924 年畢業，獲學士學位。後赴法國巴黎大學深造，1931 年獲教育哲學博士學位。嗣後長時期參加高等教育工作，曾在國立北京大學擔任教授及教育系系主任七年；長沙臨時大學（即以後之國立西南聯合大學）文學院聯合院務委員會主席一年；南京國立中央大學（即前東南大學，1928 年改為中央大學，1949 年在大陸更名南京大學，1962 年在臺復校）教育學院教授三年；國立政治大學文學院院長一年。又嘗任安徽省教育廳主任秘書、國民政府教育部高等教育司司長（1938-1945）、教育部政務次長（1949-1950）、香港新亞研究所所長（1964-1968）、香港新亞書院校長（1965-1969）等職。1951 年、1954 年及 1958 年曾任聯合國教育科學文化組織大會中國代表。自 1937 年起俊升先生曾先後多次訪問歐洲及美國，泰半係因公前往，並曾應美

上引文中所謂必然的關係,試申述如下:在一個論證(譬如三段論)中,若前提全真,則結論亦跟著為真。這是有必然性的。這可稱為對確的論證。但我們不能由此而說:凡對確的論證,其前提乃必然為全真者。正因為這個緣故,所以我們不能因一個論證為對確的論證,便說它的前提的經驗內容為全真者。也就是說一個論證的前提是否符合經驗內容(合乎事實)並不影響它是一個對確的論證。這正如吳俊升先生所說的「這完全是一種純理的思考,和經驗毫無關係」的意思。

正是基於這種考量,所以何秀煌先生便說:「……在人們形成見解,建

---

國夏威夷大學之邀請,參加該校東西文化中心資深學者駐校研究計畫,為時五個月(1964年9月至1965年2月)。

俊升先生與新亞關係至為深厚。1949年新亞書院創辦之初即任教職,其後曾一度離開香港。1960年返香港出任副校長,後並擔任校長及研究所所長職位(詳上段)。先生在新亞服務至1979年始因年邁而離開教職,移居美國。

先生乃近現代讀書人中學而優則仕的典範,畢生為教育奉獻。一般學人乃以「教育家」定位之,殊公允至當。學界中亦有譽先生為中國之杜威者,然則先生之表現亦可謂卓矣,偉矣!

尚有一事或值得一提。中文大學當局(背後為香港政府)不理會新亞書院眾董事之反對,正式廢除中大成立之初所協議好之聯邦制。先生乃與新亞書院其他董事八人:錢穆、唐君毅、李祖法、沈亦珍、劉漢棟、郭正達、徐季良、任國榮等,於1976年共同發表辭職聲明,離開中大以示抗議。先生有為有守之精神可見一斑。

俊升先生著作相當豐富,分別以中文、法文及英文發表。主要著作計有:《自由與文化》(約翰·杜威著,吳俊升譯)、《國家主義之今昔觀》(陳逸凡講,吳俊升記)、《國家主義的教育之進展及其評論》、《教育哲學大綱》、《中華民國教育志》、《文教論評存稿》、《吳俊升手箚》等。

俊升先生於2000年2月5日在美國洛杉磯辭世,享年一百歲。
上文主要根據以下資料/文章彙整:(一)網路資訊:〈吳俊升〉條,維基百科,自由的百科全書;(二)網路資訊:〈新亞書院〉條,維基百科,自由的百科全書;(三)香港中文大學新亞書院編,《吳俊升先生》,《誠明古道照顏色》(香港:新亞書院,2006);(四)黎華標,〈敬悼前校長吳俊升博士〉,同上書。俊升先生之詳盡生平資料,可並參上揭司琦、徐珍編,《吳俊升先生暨夫人倪亮女士年譜》。

立信念和構造知識的過程中,只依靠演繹推理是不足以成事的。」³

何先生又說:「……要建立經驗科學,我們必須也訴諸非演繹的推理方式。」⁴這是因為演繹推理與經驗內容絕了緣,所以我們不得不仰賴其他的推想方式。這是演繹法的一個局限。

現在再說另一個亦異常明顯的局限。試引何先生的說話以作說明。他說:「……在演繹的推論裏(當然是指對確的推論),含在結論裏的(經驗)內容,永不會超過含在前提裏的(經驗)內容。因此,如果我們只採用演繹推論,我們將無法建立比我們已知的(或已獲有的)更多的經驗知識,獲取更豐富的經驗內容。」⁵

總括來說,演繹推論的局限有二:一為不能從一個對確的論證而指出它的前提是否為真(即是否符合事實)。這必須要依賴其他的推理方式、觀察及實驗的方法來考察其真實性。二為縱使演繹推理的命題「裝載」著真的經驗內容,我們也不能因為經過推理的程序而得出更多的經驗知識。這是因為結論所含有的經驗內容早已為前提所涵蘊了。

研究的目的恆為了獲得新的知識(經驗知識即為其中的一種)。很明顯,演繹推理不足以肩負這個任務。但這不是說演繹法毫無用處。韋斯塔曾說:「『論理學』資助吾人推理之用處極少,但可助吾人以知推理之過程之有無錯誤(筆者按:即是否對確),或至少可以發見推理時弱點之所在。論理學不能發明,但能測驗認為已成立之發見;亦為攻擊謬誤及詭辯派之重要工具。」⁶上文論述論理學的局限。韋氏所說的「論理學」恐主要指演繹法而言。

---

³ 何秀煌,《思想方法導論》(臺北:三民書局,1974),頁369。猶記得1970年代中後期,筆者嘗修讀何先生在香港中文大學校外課程部所教授的數門課程。何先生授課認真及樂於回答學生提問之情況尤歷歷在目;至今(2025年年初)仍讓筆者思念不已。惜後來失聯!

⁴ 上揭《思想方法導論》,頁370。

⁵ 同上注。

⁶ 韋斯塔著,徐韋曼譯,《科學方法論》(臺北:臺灣商務印書館,1965),頁231。

## 2、「歸納法」與「假設證明」的結合使用

　　歸納法是邏輯中的一種重要的推理方法之一。此法乃從眾多個別事物之觀察驗證而求得其共通性，藉此以建立一通則原理。

　　可是我們需要留意，這由遍搜已知的相同類型的眾多個別事物而建立的通則原理，有異於前述演繹法之不證自明之公理、定理。因為後者為不證自明者，且由此而推出之結論必已涵蘊在此公理、定理之中，故結論不可能超出前提所含之經驗內容（subject matter）。前者（歸納法）則不然。因為它所建立的通則原理，至多為概然性極高的一個通則。而且只有在反證未成立之前，這個通則才有效。一旦反證出現或成立，這個通則原理便被推翻而失其效用。原因是這個通則原理只是概然地為真，所以我們似乎沒有花太多時間遍搜眾多類同例子的必要（其實，就算怎樣遍搜，也是無法知悉，更不要說窮盡所有相關案例的。其結果便是頂多是概然地為真，而不可能必然地為真。）取而代之的是藉著若干個類同的例子以建立一個假設。遇有同類的例子（案例、事件），便用這個假設去解釋。若能解釋得來，則不僅可以說明這一事項；再者，這個假設的概然性也隨而提升。若這個假設經不起這事項的考驗，則假設便不能成立。這個方法似比遍搜眾多類同事項來建立一個通則原理省時得多；且亦有更積極的進取意義。這個方法的理論基礎是這樣的：假設的概然性的程度雖然不及通則原理來得高，但既然兩者同有被推翻的可能，只是可能性（概然率）不同，那麼我們自毋必要花太多時間來遍尋類同事例了。

　　胡適先生嘗指出，由假設與證明所得出的通則原理優勝歸納眾多事例所得出的通則原理。筆者這裏用「優勝」一詞是綜括胡氏針對應用不同方法所得出的效果這個說法來說。簡言之，所謂優勝是指在方法上比較省時省力一些，且效果也好一些。其具體說法如下：「這種方法（按指歸納法），先搜集許多同類的例，比較參看，尋出一個大通則來，完全是歸納法。但是以我自己的經驗看起來，這種方法實行的時候，決不能等到這些例都收齊了，然後下一個大斷案。當我尋得幾條少數同類的例時，我們心裏已經起了一種假設的通則。有了這個假設的通則，若再遇同類的例，便把已有的假設去解釋

他們,看他們能否把所有同類的例都解釋得滿意。這就是演繹的方法了。」[7]這是說,若這假設的通則能把同類的例子都解釋得滿意(我們也可以說這些例子證明了這通則的有效性),則這個通則便成立。又胡適先生所講的「這就是演繹的方法了」,蓋意謂:假若這個假設的通則能夠把搜集到所有同類的例子都解釋得來,則這個通則便可作為演繹法的根據所在了。換言之,這個通則便隨而成為了演繹推理的一個大前提。

講完了歸納法及假設與證明的配合運作之後,讓我們討論歸納法的功用。我們可以說,就研究來說,歸納法的功用遠大於演繹法。因為歸納法可以幫助我們獲得新的經驗知識。歸納法所得出的結論並不為前提所涵蘊,所以經驗知識也往往超出前提之外。而這正是從事研究所亟欲獲得的。

何秀煌先生就說:「……因此,只有歸納的論證才能導出新的經驗內容,運用歸納的論證,我們才可望獲取新的知識。」[8]

由此來看,邏輯方面之有助於研究,演繹法的貢獻少,歸納法之貢獻多。這就無怪乎吳俊升先生於前揭〈假設與證明〉的一文中說:「在日常生活中,以及歷史家作考證、法官判案,尤其在試驗科學如生物學、化學、物理學等方面,通常用這種思考的程序。」這裏所謂「這種思考的程序」當然是指假設與證明結合歸納法之運用而言。

## 二、清代考據學家治學的特色

### (一) 引言

中國的傳統學術,可大別為三途:義理、詞章、考據是也。有清一代的學術,亦可以此為區分。義理一途的發展,其盛況雖不及宋明兩代,然不可謂清代無義理之學。黃梨洲即其著者。其後全祖望,章學誠輩雖以史學名

---

[7] 詳參《胡適文存》(臺北:遠東圖書公司,1990),卷二,〈清代學者的治學方法〉。
[8] 上揭《思想方法導論》,頁374。

家，然彼等治史實寓義理於其史學文章之中，非徒史事之紀載或研究而已。章學誠《文史通義‧浙東學術》一篇即嘗言之。清代詞章一途，以詩名者即大不乏人。清初人錢謙益、吳偉業，乃至清中葉三大家（袁枚、蔣士銓、趙翼）等等即其著者。言小說，則曹雪芹之《紅樓夢》，吳敬梓之《儒林外史》足以照耀千古。至若考據一途，清代尤其稱盛。考證之學，非始於清代。早在戰國時代，韓非子即嘗言考證之重要。〈顯學篇〉云：「無參驗而必之者，愚也。弗能必而據之者，誣也。」這兩句說話實可作為考據家之座右銘。及至宋代，理學雖極盛，然考經與證史的學者還是大不乏人。下逮清代，考據學之盛，可謂陵轢千古。古來無出其右者。

清代考據家之治學態度及其方法，多與現代科學研究法相吻合，此所以近代學者每每稱譽之。

## （二）求真的精神

清考據之學，發端於顧炎武，而大成於戴段二王。今試引戴震少時治學的一段故事，以明戴氏治學之精神。其實此可為清儒治學精神之代表。該故事如下：

> 震十歲就傅，受大學章句至「右經一章」以下，問其塾師曰：「此何以知為孔子之言而曾子述之，又何以知為曾子之意而門人記之？」師應之曰：「此先儒朱子所注云爾。」又問：「朱子何時人？」曰：「南宋。」又問：「孔子曾子何時人？」曰：「東周。」又問：「周去宋幾何時？」曰：「幾二千年。」又問：「然則朱子何以知其然？」師無以應。[9]

---

[9] 此出自梁啟超所引王昶《述庵文鈔‧戴東原墓志銘》，見《清代學術概論》，第 91 段。中國哲學電子書：《清代學術概論》：https://ctext.org/wiki.pl?if=gb&chapter=405644；2023.07.28 瀏覽。

戴震又嘗云:「知十而皆非真,不若知一之為真知也。」[10]

又考證學派之治史者如錢大昕、王鳴盛輩莫不言實事求是,不涉虛誕為治史之法則。錢氏嘗云:「史家以不虛美、不隱惡為良,美惡不揜,各從其實。」[11] 又云:「史家紀事,唯在不虛美,不隱惡,據事直書,是非自見。若各出新意,掉弄一兩字,以為褒貶,是治絲而棼之也。」[12] 王鳴盛《十七史商榷‧序》所言,尤足以代表該派之治史精神。其言曰:

> 大抵史家所言,典制有得有失,讀史者不必橫生意見,馳騁議論,以明法戒也。但當考其典制之實,俾數千年建置沿革,瞭如指掌,而或宜法或宜戒,待人之自擇焉可矣。其事蹟則有美有惡。讀史者亦不必強立文法,擅加與奪,以為褒貶也。但當考其事蹟之實,俾年經事緯,部居州次,紀載之異同,見聞之離合,一一條析無疑,而若者可褒,若者可貶,聽天下之公論焉可矣。……蓋學問之道,求於虛不如求於實,議論褒貶,皆虛文耳。作史者之所記錄,讀史者之所考核,總期於能得其實焉而已矣,外此又何多求耶?

治史期能得實,不務議論褒貶之虛文,此已得史家治史應恪守之基本原則。此視宋代不少史家之或為谿刻隘激之褒貶,或為任意雌黃史蹟者,其相去有若天壤。

## (三) 科學方法與輔助科學的應用——求真精神的落實

### 1、科學方法之應用

求真的精神,為清儒從事考證者的治學原則。然僅有原則,仍未能成

---

[10] 此語見段玉裁,《經韻樓集‧娛親雅言序》。
[11] 《史記志疑‧序》,《嘉定錢大昕全集》(南京:江蘇古籍出版社,1997),冊9,頁380。
[12] 《十駕齋養新錄》,卷13,〈唐書直筆新例條〉,上揭《嘉定錢大昕全集》,冊7,頁350。

事。此尤需方法以底於成。考據家治學的方法，兼用歸納與演繹兩法，前者應用之範圍較後者為廣。

梁啟超《清代學術概論》論及清代乾嘉考據學派治學的特色時，有如下的說法：「（考據家）最喜羅列事項之同類者，為比較的研究，而求得其公則。」[13]又云：

> 此法（筆者按：指歸納法），此精神（筆者按：指科學精神），果用何種程序始能表現耶？第一步：必先留心觀察事物，覷出某點某點有應特別注意之價值；第二步：既注意於一事項，則凡與此事項同類者或相關者，皆羅列比較以研究之；第三步：比較研究的結果，立出自己一種意見；第四步：根據此意見，更從正面旁面反面博求證據。證據備則泐為定說，遇有力之反證則棄之；凡今世一切科學之成立，皆循此步驟，而清考證家之每立一說，亦必循此步驟也。

法國生理學家巴納特（即貝爾納，Claude Bernard，1813-1878）在其《實驗醫學研究導論》（*Introduction à l'étude de la médecine expérimentale*、*Introduction to the Study of Experimental Medicine*）一書中，曾對試驗的歸納的思考歷程作了分析。他的名言是這三句話：「事實暗示觀念（筆者按：此即假設）；觀念指導實驗（筆者按：就社會科學而言，遍搜信而有徵的資料（證據）可視為實驗或實驗的成果）；實驗評判觀念。」

有關清儒治學的歸納程序，任公之言，最為簡明扼要。上引彼所說的第一步至第二步，或可視為即相當於上引巴納特所說的「事實暗示假設」這一階段；第三步和第四步即「假設指導實驗」和「實驗批評假設」的綜合說法的一個階段。

歸納方法之定義通常是：由眾多個別類同的事物的參伍並觀而歸納出一通則原理來。然而，這些個別事物之是否真實，最足以影響歸納出來之結論

---

[13] 《清代學術概論》（臺北：臺灣商務印書館，1966），第十三節。

是否可靠,是以講求真假是為必須者。講求真假,則不能不賴證據。縱橫馳騁或出乎臆測絕不能得出真的結論來。是以考據家每立一義,必憑證據。無證據而臆度者,在所必擯。選擇證據,以古為尚,古代書籍流布不易。學者讀書,每賴轉借傳鈔。時代愈後,則轉借傳鈔之訛誤亦相應增加,是以研究經典之原文原意,必當以古為尚。梁啟超說:「……以漢唐證據難宋明,不以宋明證據難漢唐;據漢魏可以難唐,據漢可以難魏晉,據先秦西漢可以難東漢,以經證經,可以難一切傳記。」[14]

清代考證家亦緊守「孤證不為定說」的法則。無反證者姑存之,得有續證則漸信之,遇有力之反證則棄之。所謂「得有續證則漸信之」,乃以其可信之程度亦不過是概然地為真而已。苟使證據儘多,也只能是概然性比較高之一結論而已,不可能是必然地為真者。且這結論只有在反證未出現前為概然的真。反證一旦出現並成立,則所謂結論即為妄矣。

考證者除了用歸納法外,亦有兼用演繹法者。他們通常是根據歸納得出的確鑿不移的定說以推衍其他。這就是演繹法的使用。但是他們並不隨便應用此法。他們在應用此法時,必先確定其所謂「定說」必無誤,否則演繹出來之結論亦不得無誤。所以我們可以說,他們應用演繹法是以歸納法為基礎的。

## 2、輔助學科之應用

昔人有言曰:「讀經而已,則不足以知經。」[15]按:知識恆相互聯貫在一起,並由此而經常構成一系統的,或至少有相當關係的。若想精通一門學問,我們不僅要對這門學問的本身作深而窄的研究,而且亦必須旁及其他,俾能互相發明。近代歐美學者治學(尤指文科方面的學問,譬如史學、哲學等等),每兼治語言學,文字學及邏輯學,因為這些學問對他們本身所研究的學問是有所裨益的。清代學者治學亦有相仿佛之途徑。如治經學或史學,則兼治小學,輿地,金石,板本,音韻,天算諸專門之學,以之為工具,以

---

[14] 《清代學術概論》,節十三。

[15] 王安石,〈答曾子固書〉。

助其本門學問之深入研究。

　　有云：古訓明而後經義明。粗略言之，此蓋視明古訓為明經義之必要條件（甚至是充足條件）。本此，則作為必要條件的古訓不具備時（即古訓不明之時），則經義不能明也。（1970 年代初期，甚至中期，即撰寫本文之時，筆者深信這個說法，其後則不然。今不細論。）

　　戴震嘗言：「經之至者，道也，所以明道者，其詞也，所以成詞者，字也。由字以通其詞，由詞以通其道，必有漸。」[16]「經之至者，道也；所以明道者，其詞也；所以成詞者，未有能外小學文字者也。由文字以通乎語言，由語言以通乎古聖賢心志，譬之適堂壇之必循其階，而不可以躐等。」[17] 此言訓詁識字於明道上之重要。近現代一著名學者亦嘗指出清人考據學之特色云：「清代考據學派的正統，本來是通過古音古字以明古訓，明古訓然後明經。」[18]

　　2024.10.28 補充說明：當然，針對明（了解）義理來說，明古訓（明訓詁）是一個很重要的管道、途徑、條件。然而，筆者以為吾人不必把兩者的關係絕對化起來，即不宜斷言明訓詁（詁訓明）一定是前件（即所謂因），而明義理（義理明）一定是其後件（即所謂果）。筆者以為兩者的關係是互為因果的，也就是說是雙向互動的。簡言之，義理明之後，又何嘗不可以反過來幫助學者明訓詁呢？說來話長，這裡恕不展開。參見下節所引方東樹《漢學商兌》之言論及相關說明。

## （四）其他特色——態度客觀與文體篤實

　　茲節錄梁啟超《清代學術概論》節十三所言以說明考證學派之其他特色。任公云：「隱匿證據或曲解證據，皆認為不德。」為一定的目的而從事學術研究的某些學人，為求達到既定的目的，或為求符合某學說理論，常選

---

[16] 〈與是仲明論學書〉，《戴震集》（北京：中華書局，1980），頁 140。

[17] 〈古經解鉤沉序〉，上揭《戴震集》，頁 146。

[18] 楊向奎，〈談「乾嘉學派」〉，周康燮編，《中國近三百年學術思想論集》（香港：崇文書店，1974），第五編。

擇於彼有利的資料,並藉以立論。其結果便是:不是理論學說解釋資料,而是反過來資料做了學說理論的注腳。(即學說理論是主,資料文獻是從!)這是非常可怕的,甚至是可恥的,更不要說偽造證據資料了。又云:「凡采用舊說,必明引之;勦說認為大不德。」此尤符合近代研究之精神。又云:「所見不合,則相辯詰,雖弟子駁難本師,亦所不避;受之者從不以為忤。」這幾句話,與戴震下語:「其得於學,不以人蔽己,亦不以己自蔽。」[19],實若合符節。固步自封,自以為是乃學術進步之大忌。至於弟子駁難本師,大概乃本乎「吾愛吾師,吾尤愛真理」此一念而來的。

任公又說:「辯詰以本問題為範圍,詞旨務篤實溫厚,雖不肯枉自己意見,同時仍尊重別人意見;有盛氣凌轢,或支離牽涉或影射譏笑者,認為不德。」自己意見與他人相異的,雖以己為是,然仍不遽然以異己之說為非。縱然以他人之說為非,而仍能以寬容之態度以存其說。此正是互相尊重的精神的具體落實。

又說:「文體貴樸實簡潔,最忌言有枝葉。」中世紀哲學家奧坎的威廉 William of Occam 有一名言:「若非必要的東西,不可增加。」這就是有名的奧坎╱奧康之刀(Occam's Razor)[20],梁啟超《中國歷史研究法》(含補編)嘗云:不必要的語句,可省之。句中不必要的字,亦可省之。言以精簡為尚,則不易衍生誤解。且亦可減少讀者閱讀、筆記時之困難。衍詞溢語之行文最不宜學術性的文章。有謂:章無剩句(一章書中,沒有多餘的句子),句無剩字(一句中,沒有多餘的用字)。此即所謂簡潔。當然,這不是很容易做到的;吾人不妨懸之為有待追求的一個理想。

由上所言,可知清代考證家不僅講求治學之方法。亦不僅止於廣泛地應用輔助科學╱輔助學科以助其本門學問之研究。他們治學的態度及行文之樸實尤足以讓後人效法。

---

[19] 戴震,〈答鄭丈用牧書〉,上揭《戴震文集》,頁 143。這兩個語句之後另有兩語句,於為學方面,亦深具啟發性,如下:「不為一時之名,亦不期後世之名。」以與本節內容無直接關係,恕不展開。

[20] 參殷海光,《邏輯新引》(香港:亞洲出版社,1955)。

## （五）考證學派罕談義理（附批評）

　　研究學問，尤其是研究古書古義，不可不言考證。但是，這只能是研究學問的基本功夫而已。藉考證以糾謬發覆，釋千古不解之疑竇，這自然是應該的。但學問若僅止於此，則擘績補苴之餘，自不免流於繁瑣餖飣。學問之不能有所進展，這不能不說是障礙之一因。

　　桐城派理學家方東樹在《漢學商兌》一書中，有針砭考證家之處。其言多切中時弊。他說：「朱子有言，解經一在以其左證之異同而證之，一在以其義理之是非而衷之。二者相須，不可缺，庶幾得之。今漢學者全舍義理而求之左驗，以專門訓詁為盡得聖道之傳，所以蔽也。閻若璩謂治經不必拘理，此專謂天文歷算言之則可，非一切經文可不拘理而專求之訓詁也。」[21]

　　針對經義來說，義理、訓詁是相輔相成的。訓詁固可以明義理，然義理亦可以明訓詁。若能認識學術發展之主流、時代之思潮，以至了解相關學者之基本學術精神，則此學者所撰著之各篇章，以至各篇章各詞各字之涵意，蓋亦可推衍而得之。

　　舍訓詁以談義理固是空論。但是若把訓詁絕對化，以為只能由訓詁以求義理，而不能從已有的義理來折衷，來推衍以貞定訓詁之是非，則難免有固步自封之嫌。其所求得之結論，恐仍不免謬誤也。

　　錢穆先生嘗云：「夫考據之價值，亦當就其對象而判。清學初興，最先理論，則曰經學即理學也。」[22] 又曰：「訓詁明而後義理明。其所懸以為考據之對象，仍在義理。厥後頹波日下，始散而為音韻訓詁，降而為校勘輯逸，為餖飣瑣碎，為煩稱博引。而昧失本原，忽忘大體。人人從事於造零件，作螺絲釘。整個機器，乃不知其構造裝置與運用。論其考據方法，或操而愈熟，運而益精。然究其所獲，則不得不謂愈後而價值愈低。」於〈發刊

---

[21] 見《漢學商兌》卷中之下接近開首之處。
[22] 見《新亞學報》第一卷，第一期〈發刊辭〉，1955 年。筆者按：明末清初人顧炎武《日知錄》的前七卷論說經學，其中即有論述「經學即理學」這個說法的。錢先生的說法，固有所本也。

辭〉近末尾處，錢先生作出判語曰：「今欲矯其偏蔽，則仍當以考據義理並重。」此言足以發人深省，尤使人知悉徒事考據者，實不足以為法。

清代考據家治學，恆徒以考據為事，罕言義理，後人即以此而詬病之。然而，此真為清代考據家之病乎？這似乎可分兩方面言之。清代考證家按照考證學的精神和步驟，的確是解決了一些個別的問題。糾謬發覆，亦真能啟釋千古不解之疑竇。其搜集大量的材料，參伍並觀，故論斷每能符合科學精神。若參以理論義理，則論斷每受理論義理之支配，容易流入空言。故就個別的小問題而言，純粹用考據的方法，而不參以理論義理，似更能客觀，更能得事實之真相。

然而，這只就個別的小問題來講。研究廣泛的文化情狀，若仍然只用考證方法，恐不免會引導到穿鑿附會的道路上去的。清人罕言大學問，如文化、性命之學這些領域，這當然可歸諸時代背景的限制。但自知徒尚考證之學不足以言大學問，想亦為原因之一。再者，有謂義理（理論）之應用必然有礙客觀事實之獲得。筆者以為，這種說法恐怕是緣自心理上之主觀認定而產生的一種猜度臆想而已；實無確然不易的根據。也許我們可以說：這容易淪為空言。但我們不宜說：這必然淪為空言，尤其不可說這一定會引導到錯誤的道路上去。只要我們仔細謹慎，我們沒有理由說，研究過程中，援用義理（理論）來貫通考證，一定有礙客觀之研究。日常生活中，我們絕不會因噎廢食，那麼我們有什麼理由說清人考據，假若應用義理（理論），就一定妨礙真相之獲得呢？就這點來說，清代考證家研究問題，恆僅遵從名物訓詁，舍義理而不由，不能不說是一嚴重問題。

總括而言，筆者似乎可以作出如下的結論：研究個別的小問題，因為僅是從事考據已經足以解決問題，所以我們不必以義理（理論）來貫通之或折衷之。應用義理，有淪於空疏錯誤的危險，我們不需要時，自不必冒此風險。但一旦研究範圍較大的問題時，我們恐怕就得冒險犯難了。不入虎穴，焉得虎子。只要我們小心謹慎，不妄下判斷，相信最後仍然得以逢凶化吉的。

## 三、錢大昕治史應用科學方法舉隅

談及乾嘉考據學家，莫不先言戴段二王。戴段二王精通經學與小學，但能夠融貫經學小學來治史的，恐怕首推嘉定錢氏。錢大昕不僅精通經學與小學；其實，輿地、金石、板本、音韻、天算諸學，亦莫不精通。他在史學方面之所以有重大成就並能作出貢獻，原因即在於他能利用諸多輔助學科（如上文說到的輿地學等等）以從事歷史研究。考證之學，宜詳徵博引，左右採獲。然而，若所知不多，所見未廣，則考證得出來的結論，恐不免舛誤。

但僅是博學多識，亦未必能攷出不易之定論。這還有賴方法之恰當、態度之嚴謹等等。錢氏兼而有之，此所以能成一代之史學考據名家也。杜維運先生許之曰：「十八世紀中國史學界鮮有史籍巨著，僅以考據盛。而於考據用力最大，成就最多，方法最謹嚴，使人罕有可乘之隙者，則不能不推錢氏。十八世紀中國之史學，雖謂之為錢大昕時代，亦無不可。」[23]

錢氏考史，每立一說，多能根據多項類同的資料，相互比較，去其牴牾，求其共同點而為說。科學方法中之歸納法，其核心精神恐即在於此。由歸納得出之義例原則來推衍其他，此又演繹法之應用，上文謂錢氏治史方法之恰當精良即指其兼用此兩法而得其當而言。

其實事求是，不涉虛誕，不妄下論斷，此所以謂態度謹嚴也。錢氏嘗云：「史家記事，唯在不虛美，不隱惡。據事直書，是非自見。若各出新意，掉弄一兩字，以為褒貶，是治絲而棼之也。」[24] 看重秉筆直書，自然反對書法。錢氏抨擊歐公之新書、朱子之《紫陽綱目》甚力，其故即在此。

錢大昕博學多識，歷史知識以外的其他學科亦有深入之研究，又能利用近今所強調、重視之科學研究法來融鑄所學，條貫排比各相干之資料，由此來考證史事，宜其所得，每能糾繆發覆，啟釋千古之疑竇也。

下文舉例來說明錢氏如何落實科學方法來考訂一史實。其應用同類型之

---

[23] 杜維運，《清乾嘉時代之史學與史家》（臺北：臺灣大學文學院，1962），頁 28。
[24] 《十駕齋養新錄》，卷 13，〈《唐書》直筆新例〉條。

學問或相關的資料來考訂一事者歸為一類，事例以類相從。據上，科學方法主要者為歸納與演繹兩種。錢氏所用者，大體上，亦以此為主軸。因此若以其應用之方法——或歸納，或演繹——來分類，則類別少，而每類之內容（例子）過多，分類猶如不分。若以所應用之學問（如上所云之輿地，金石，板本，音韻，天算諸學）來分類，而把屬於同一類者的例子（譬如同屬於輿地類的例子或同屬於金石類的例子）納入其中，則似不易看出其背後所應用的科學方法。然而，這個缺點，筆者擬於具體分析各案例時再詳細說明之，是以當不構成嚴重的問題。以下即按此原則來排列分析各例。

## （一）雜史碑銘之應用

錢氏不專信一史，亦無正史必無誤之觀念。正史之外，博採雜史，以資補訂。而又斷之以理，折之以情，務使歷史真相大白而後已。《遼史》有「壽隆」這個年號，錢氏以為必誤。其代表作《廿二史考異》，卷83，〈《遼史》·道宗紀〉條云：「按：洪遵《泉志》載壽昌元寶錢引李季興《東北諸藩樞要》云：契丹主天祐，年號壽昌。又引《北遼通書》云：天祚即位壽昌七年，改元乾統。予家藏〈易州興國寺碑〉、〈安德州靈巖寺碑〉、〈興中府玉石觀音像唱和詩碑〉，皆壽昌中刻。《東都事略》、《文獻通考》皆宋人書也。亦稱壽昌，無有云壽隆者。可證壽隆乃壽昌之訛也。遼人謹於避諱，如光祿改為崇祿，避太宗（筆者按：太宗名德光）諱也。女真改為女直，避興宗（筆者按：興宗名宗真）諱也。天祚名延禧，乃追改重熙年號為重和，於嫌名猶必回避如此。道宗乃聖宗（筆者按：聖宗名隆緒）之孫，而以壽隆紀年，此理所必無者。」[25]

這段文字，可得而言者有四。其一：以《遼史》不可信，故旁採洪遵（洪皓子，洪遵之兄為洪適，其弟為洪邁；史上合稱四洪。）《泉志》所載，又證之以《東都事略》及《文獻通考》。但這仍不足以推翻《遼史》的

---

[25] 錢氏之相關討論，又見所撰《十駕齋養新錄》，卷8，〈壽隆年號誤〉條；讀者宜並參。

記載。因為正史比一般雜史可信度較高；甚至《文獻通考》亦不必然可信。對於兩種說法，我們恐只能存疑，即兩說並存。其二：紙本史書所載既不為確證，故必須搜覓其他資料。錢氏即以家藏碑刻證之。其三：綜合以上兩方面的資料，壽隆當為壽昌之誤，想已無疑竇。歸納眾多類同的資料來立說，這是歸納法的應用。但這還不能讓錢氏滿意。他還以避諱的義例來推衍出結論。這就是筆者馬上要說的其四：演繹法的應用。其前提是：遼人嚴守避諱的義例，作為聖宗的孫子的道宗不可能不避其祖父聖宗之諱。聖宗名耶律隆緒，故按避諱之義例，道宗不可能以壽隆為年號。壽隆之為壽昌之誤，乃成定案矣。

## （二）往蹟史實之應用

錢氏不僅以史學以外的其他知識以考史，且亦有以歷史考歷史者。就是說，他藉著過去的史蹟之類同者建立一通則，由此以說明其他。《養新錄》卷 6〈吳楚通稱〉條云：「〈吳王濞列傳〉：『吳太子師傅，皆楚人，輕悍。』吳之師傅，當是吳人。而史稱楚者，戰國時吳越地皆并於楚。漢初承項羽之後，吳、會稽皆項羽故地，故上文云：『上患吳、會稽輕悍』，此云：『楚人輕悍』，吳楚異名，其實一也。朱買臣吳人，而史稱『楚士』，與此傳同。」

說明這段文字之前，讓筆者先說明「吳楚異名，其實一也」的確切意思。「其實一也」，並不是說吳即楚，楚即吳；即並不是說兩者所指者全然相同：指同一地。其真實情況應該是：吳是楚的一部分（在中國過去某時代，如漢初），故吳人可以楚人概括之（即好比廣東人是中國人。是以稱廣東人為中國人，當然是可以的）。但反面的說法則不行，故不能以吳人來統稱楚人（即相當於不能以廣東人來稱呼所有中國人），因為有非吳土的楚地。錢氏即曾言「而史稱楚者，戰國時吳越地皆并於楚」，故可知吳之外之楚地，最少仍有越地。是楚含吳，而吳不含楚明矣。

跟著，就要疏解上文。錢氏讀〈吳王濞傳〉（《史記》卷 106，列傳 46），覺得吳太子用楚人為師傅，似乎需要做點說明。這可說是科學方法的

起點——懷疑。由懷疑而提出假設。其假設是：「吳之師傅，當是吳人」；而今竟用楚人，此容易引啟人疑竇，所以需要做點說明。

自然科學方法中有：假設"指導"實驗這個環節。若應用在史學的研究上，便成為：假設指導證據之搜羅。這裏的證據是確然不移的史蹟和據事實而來之記載：（一）戰國時吳越地皆併於楚；（二）朱買臣吳人，而史稱楚士。

以上兩證據均在於說明吳為楚的一部分。是以上面所提出的假設：「吳之師傅，當是吳人」，固不誤，即吳之師傅，確實是吳人也，之所以稱為楚人者，以吳乃楚地故也。換言之，上面之假設乃得到證實而為定論。

## （三）金石音韻之應用

金石之文，與經史互為表裏。竹帛之文，久而易擯；手鈔板刻，輾轉失真。獨金石銘勒，出於千載之前，猶見古人真面目。且金石刻文，多記重大史蹟，其在當時，即已披露於世。是以，所刻者絕少錯誤，此正可以糾正紙本史文之誤。

《養新錄》卷 6〈特勤當從石刻〉條云：「〈突厥傳〉，『可汗者，猶古之單于。其子弟謂之特勒。』」[26]顧氏[27]《金石文字記》，歷引史傳中稱『特勤』者甚多。而涼國公〈契苾明碑〉，『特勤』字再見。又柳公權〈神策軍碑〉，亦云『大特勤嗢沒』，斯皆書者之誤。予謂外國語言，華人鮮通其義，史文轉寫，或失其真。唯石刻出於當時真跡，況〈契苾碑〉宰相婁師德所撰，公權亦奉勑書，斷無訛舛。當據碑以訂史之誤，未可輕訾議也。《通鑑》亦作『特勒』。而攷異云：『諸書或作「敕勤」，今從新舊二《唐書》。』按古人讀『敕』如『忒』，『敕勤』即『特勤』。」

這段文字，可言者有兩點：一為以金石文糾正史書之舛誤；一為用音韻以攷史。茲先言前者。這是利用兩塊石碑來刊正列傳之訛。這兩塊石碑不是

---

26 〈突厥傳〉指兩《唐書》中之〈突厥傳〉。兩書所載之內容相同，惟用語稍異；錢氏所云，皆見載於〈突厥傳〉之上篇。

27 顧氏指顧炎武。

普通的石碑，而是政府所刻的，其可信程度當然因此而提高。這不是說凡是出諸公家之手，就一定比私人的記錄可靠。政府作偽的情事並非沒有。但僅就此事而論，因為是稱謂的問題，政府不必作假。是以大昕認定其訛誤出於傳鈔者（即大昕所說的「書者」）之誤。以此而言，列傳所記，當不及碑刻之正確。

錢氏的方法是歸納兩項確切可靠的資料（源自碑銘）來證明史文記載之誤。結論之真，殆不成疑問。

其次是，錢氏以古音來證明「敕勤即特勤」，簡言之，蓋敕＝忒＝特。再者，錢氏據《通鑑考異》：「諸書或作『敕勤』」一語，又進一步認定「特勤」當確然不誤無疑；而作「特勒」者，用錢氏之語，「斯皆書者之誤」也。

「竹帛易壞，手鈔易失真」，是以一般典冊之可信程度不及金石也。今不特此也，蓋「外國語言，華人鮮通其義，史文轉寫，或失其真」。這更足以說明〈突厥傳〉所以致誤之緣由。吾人亦可由此而得悉錢氏立說，除建立論斷之外，還解析所以致誤之由。後人從事考據，由此當可得其啟迪。

## （四）善本之應用

考訂古書，首先須求善本。輾轉傳鈔，最易失真。若搜得善本，則於考證時，減省許多不必要的麻煩，免使費力多而成效不著。

錢氏所閱讀之《後漢書·孝明八王列傳·陳敬王羨》嘗有以下之記載：「遺詔徙封為陳王，食淮南郡。」錢氏於《廿二史考異》，卷 11，針對以上之記載，嘗云：「『淮南』當作淮陽。和帝紀『改淮陽為陳國，遺詔徙西平王羨為陳王』，是其證也。淮陽王昞以章和元年薨，未為立嗣，故以其地改封羨。參考紀、傳，左驗明白，或疑『淮』當為『汝』者，非也。後見嘉靖閩本，果作『淮陽』，私喜予言之不妄。」

據以上錢氏之考訂，平西王羨嘗封於陳國；而陳國本淮陽地。既封於淮陽，則亦當食於此。然則何以《後漢書》本傳竟稱陳王「食淮南郡」呢？這不免讓人懷疑「淮南」乃「淮陽」之誤。錢氏即本此而建立一假設：淮南當

作淮陽。參之以「和帝紀改淮陽為陳國」之史實；又依據陳王當食於其本邑的常理，這一假設當不虛。但到此為止，只不過仍是一假設而已。未有確鑿之證據之前，仍不得以〈陳王羨傳〉之記載為誤。待嘉靖閩本出，果作「淮陽」，則「淮南當作淮陽」之說，殆成定案。因懷疑而作假設，由假設之"指導"而找資料，由資料所提供之事實而衡斷假設，證其為是，或反證其為妄，此真可謂善於應用科學方法也。按：就此例來說，嘉靖閩本之《後漢書》乃優於錢氏原本所閱讀之板本。吾人姑稱前者為善本可也。

茲再舉一例以明錢氏講究善本，並藉善本以考史。《廿二史考異》，卷12，〈郭太傳〉條云：「初太始至南州，過袁奉高，不宿而去。從叔度，累日不去。或以問太，太曰：奉高之器，譬之泛【當作「氿」】濫，雖清而易挹。叔度之器，汪汪若千頃之陂，澄之不清，撓之不濁，不可量也。已而果然，太以是名聞天下。」錢氏繼云：「予初讀此傳，至此數行，疑其詞句不倫。蔚宗避其父名[28]，篇中前後皆稱『林宗』，即它傳亦然。此獨書其名，一疑也。且其事已載〈黃憲傳〉，不當重出，二疑也。叔度書字而不書姓，三疑也。前云『於是名震京師』，此又云『以是名聞天下』，詞意重沓，四疑也。後得閩中舊本，乃知此七十四字，本章懷注引謝承書之文。叔度不書姓者，蒙上『入汝南則交黃叔度』而言也。今本皆攙入正文，惟閩本猶不失其舊。閩本係明嘉靖己酉歲按察使周采等校刊，其源出於宋刻，較之它本為善。如左原以下十人，附書〈林宗傳〉末，今本各自跳行，閩本獨否。」

「學者需先有疑」。但我們不能隨便懷疑，否則便是庸人自擾。懷疑要有根據，即「於可疑處而疑之」。錢氏對上所引之七十四字之疑點有四，其中每一疑點都是合理的，尤其是第一點。今稍予述說。按：古人莫不避其先祖諱。蔚宗於篇中前後及於他傳皆避之（即避用「太」字，以蔚宗父名「太」也。），唯於此數行則否。若應用演繹法以為推斷之資，則其論式是：所見蔚宗所著書皆避父諱，現今所謂蔚宗所寫之一段文字（74字）則

---

[28] 蔚宗父名「泰」。按：「泰」又可作「太」。換言之，蔚宗所撰之〈郭太傳〉，傳中提及郭太時，不該用「太」字；而應以郭太的其他名字，譬如其字號稱之。郭太字林宗，其本傳之他處即以「林宗」稱呼之。是以此七十四字的一段，亦當比照辦理。

不避父諱，可知此段文字當非出自蔚宗之手。然而，不避父諱，可能緣自後人傳鈔之誤或手民之誤或誤植（所謂誤植，譬如由他處而攙入本文內），不宜以此而遽說此七十四字乃出自他人之手。換言之，即不能僅憑此一疑點而斷定其非〈郭太傳〉之本文。但是若加上其他三個旁證，則其假設之可信程度便增加。科學方法告訴我們：若不能得一決定性的力證時，則多採旁證也是可以增加概然性的可信程度的。懷疑點愈多，則反面的假設便愈接近真實。待至積極的證據出現後，則假設便能成立。閩本的出現，使「七十四字疑是誤植」（即錢氏所說的由他處「攙入正文」）」的一個假設便成為定論。除非有力的反證出現，譬如碑刻或《後漢書》原稿出現，否則以上的立論恐怕是絕難動搖的。

## （五）義理與記號學（符號學）之應用

　　錢氏精於義例之學，《養新錄》卷 4「說文連上篆字為句」條云：「古人著書，簡而有法，好學深思之士，當尋其義例所在，不可輕下雌黃。」論《春秋》則曰：「明乎春秋之例，可與言史矣。」吾人讀錢氏大著《廿二史考異》或《養新錄》各條，每能發現錢氏能從義例之推衍而得出結論、解釋史實、考訂誤謬。

　　《三國志・蜀志・諸葛亮傳》云：「亮與徐庶並從。」此語下之注文引《魏略》曰：「庶先名福，本單家子。」錢氏《諸史拾遺》，卷一，〈諸葛亮傳〉條作案語曰：「《魏略・列傳》以徐福、嚴幹、李義等十人共卷。幹、義皆馮翊東縣人。馮翊東縣舊無冠族，故二人竝單家。（見〈裴潛傳〉注。）又《魏略・儒宗傳》：『薛夏，天水人也』。天水舊有姜閻任趙四姓，常推於郡中，而夏為單家。隗禧，京兆人也，世單家。（見〈王肅傳〉注）。《魏略・吳質傳》：『始質為單家，少遊遨貴戚間。』（見〈王粲傳〉注）。〈張既傳〉：『既，世單家。』（見〈既傳〉注。）凡云單家者，猶言寒門，非郡之著姓耳。徐庶為單家子，與此一例。流俗讀『單』為『善』，疑其本姓單，後改為徐，妄之甚矣。《後漢書・趙壹傳》：『恩澤不逮於單門』，亦單家之意也。」

上文之重點唯在以下一義:「凡云單家者,猶言寒門。」錢氏舉了很多例子以為佐證。也就是說,他蒐集了眾多類同的事例,而歸納出一結論。試說明如下:幹、義皆寒門,史稱單家;薛夏,寒門也,史稱單家;隗禧,寒門也,史稱單家。其餘吳質,張既亦同。這些寒門,均稱單家。於是歸納出一概然性的結論,「凡云單家者,猶言寒門。」此結論,吾人或可稱之為義例。若以此義例來推斷其他,則此義例便成為演繹法中之大前提。就徐庶一案例而言,其小前提便是「徐福稱為單家」,結論為「故徐福是寒門」。這是定言三段論的結構形式。若大小前提為真,則結論亦必然地隨之為真。「必然」這字眼很重要,其意為不必根據其他資料而此結論即得以證成之意。這是定言三段論的特色。錢氏應用義例以證史事,這是演繹法很好的說明。

這條資料,不僅使我們看出,錢氏運用演繹法以證史,它也使我們察覺錢氏應用記號學(符號學)中的語用學和語意學。語用學是研究記號與其使用的關係;語意學則是研究記號與其意義之間的關係的學問。「單家」這個記號(符號)的意義是寒門,它是專門應用在沒有出身(或可說出身卑微)的人身上的,與冠族相對。這詞既有這一個眾所周知的意義,故古人必不用此以作為人名。縱然姓單,亦必不以「家」為名。且徐庶本姓徐,豈能「疑其本姓單,後改為徐」呢?錢氏乃責之曰:「妄之甚矣。」此指責是很有道理的。

## 四、結語

以上僅舉五端、六例證以說明錢氏治史應用科學方法之一斑。除此五大端之外,錢氏治史應用科學方法的地方,還有很多。他精通輿地、校勘、天算諸門學問。治史時,每能信手拈來,以輔助歷史事蹟之考訂。

錢氏治史,亦多能應用雜記小說。這是本諸「採小說未必可非,依實錄未必盡是」的精神來治史。其不拘限於正史實錄,故能發千載之覆、釋千古之疑竇,其所撰就之各著作可說全為不刊之書(當然個別小地方偶爾犯錯是

萬難避免的。），這未始不是主要的原因。

　　錢氏受惠棟影響，亦頗趨以古為尚及尊崇漢儒的精神。以經學言，希心復古，是否不無偏蔽，頗可商榷。但在史學上，相信較古之記載，似無可非議之處，且可視為史家應有之態度。[29]一因作史時代愈後，附會愈多。當時之真面目，愈不易見。二因輾轉傳鈔，容易失真。錢氏治史講求善本；較古之記載，其板本每為善本。錢氏講求善本之理由，就是因為善本更能得事實之真相。

　　乾嘉史家，以考證而名於世者，至少計有三人：王鳴盛、錢大昕及趙翼是也。各有其不刊之書傳世。王氏《十七史商榷》一書中，有不少評議人物與縱論史實之處。此則與其全書自定之體例不合。趙氏精於史法（尤其擅長運用歸納法），且見解每有精到處為他人所不及，但每因引書錯誤以導致結論失當。[30]反觀嘉定錢氏，則絕少王、趙之缺失。其博聞多識，亦為二人所不及。故以乾嘉史學考證家而言，當首推錢氏無疑也。[31]

---

[29] 筆者意謂：原則上，當以古為是，後出者，其可信度應較低。當然，亦有不盡然者，此不具論。

[30] 杜維運先生針對趙氏考史致誤之由，嘗作出深入的研究。見所著〈《廿二史劄記》考證釋例〉，《幼獅學報》，卷一，期一，1958 年 10 月，頁 1-73；後轉載於杜氏，《《廿二史劄記》考證》（臺北：華世出版社，1977），附錄，頁 1-89。

[31] 其實，錢氏學術成就的面向非常多，歷史考證，僅其一而已。且其成就早為中外學人所公認或推崇。參見拙著《清人元史學探研——清初至清中葉》（新北市：稻鄉出版社，2000），頁 73-74，注 1。

# 全書附錄（二）

# 歷史上的實然與史學家的價值意識[*]

## 一、

在說明何謂「歷史上的實然」與「史學家的價值意識」及兩者的關係之前，我們必須先說明「歷史」一詞的涵義（meaning）。

「歷史」一詞，最少可有兩義：（一）指過去所發生過的事情。（二）指史家對發生過的事情作理智的重建及其重建結果。下文，為了討論時避免混淆起見，我們揚棄「歷史」一詞不用。而逕稱前者為往蹟；稱後者為往蹟重建。這「往蹟重建」及其重建結果，下文亦或稱之為「史學致知活動」。[1]簡言之，前者指史實史事本身（即 the past itself），後者指重建的結果，尤指筆之於書的歷史，即寫的歷史（史著，the written past）。

我們並沒有說這二分法已經窮盡或涵蓋了「歷史」一詞已有的約定涵義。可是就下文的討論來說，這二分法已經足夠，所以「歷史」一詞的其他解釋，我們不擬涉及。

## 二、

上文對「歷史」一詞既指出其兩涵義，這就明顯地意味著各涵義各有其別於另一涵義的內涵：「往蹟」與「往蹟重建」顯然是有差別的。但就小規

---

[*] 本文原發表於《鵝湖》月刊，第 4 卷第 8 期，總第 44 期，1979 年 2 月，頁 26-28。今（2007.08.19）為保留當時個人史學上的認知水平，文章內容大體上一仍其舊，只作個別字眼上的改動，俾文意更暢順而已。2024.08.12、2024.11.10 及 2025.02.01（乙巳年大年初四　生肖：蛇）又稍作修改，但也只是個別用語而已。今茲納入本書內發表。

[1] 上述用語多借用自許師冠三先生《史學與史學方法》一書。特此聲明，示不掠美。

模的重建（個案史可為代表）來說，其間的差別可以是很小的。也就是說他們的等同程度很高。又如果重建結果已被證明或至少未被否證，則我們姑且認定重建結果已經等同了史事的本身。也就是說這個個案史（即重建的結果）已經充分（或至少相當充分）代表了或反映了重建的對象。我們要知道這對象（該史實史事）是怎樣的，只要看相關史家所撰寫的這個個案史便可以了。筆者上文所說的「歷史上的實然」指的便是這個意思。因為我們既不能使往蹟重演，也不能使自己生活於過去，[2]所以對往蹟所作的重建結果如未被否證，我們便姑且大膽的說它等同了「歷史上的實然」。

　　一般而言，史學家的史學致知活動（下文簡稱史致活動）的目的，就在於如實地重建過去。（當然，不少史家尚有其他目的。其最明顯者，則莫如致用的目的；詳下文）有些史學家認為這就是史致活動的終極目的，並且也是唯一的目標。我們可以稱他們為「往蹟重建派史家」。另一派史家並不否認如實地重建過去是史致活動的目的，但他們不贊成這是唯一的目的，更不認為是終極目的。他們認為古可為今所用。他們認為史致活動的終極目的在

---

[2] 2025.01.31 補充：要使自己生活於過去，這自然不可能，蓋時光不能倒流也。然而，似乎有補救的途徑，此即自我投射到過往的場境中或情境中，即所謂神入其中，藉以感受、體會當時人的境況。這可說是懷著一個設身處地，同情共感之心，希企藉以產生實存感，以便貼近古人。而由此所獲得的知識，相信定能增加您對古人的理解的。然而，這與當事人或當時人的真感受，真經歷，恐怕仍有一定的差距；這是無何奈何之事，吾人就不必強求了！在這裡或可一說「實存感」這個問題。其實，實存感因人而異。其比較豐富者與比較膚淺者，所產生的結果或效果，自然有所不同。其感深者，其感觸遂深，吉凶便能與民同患，乃可謂"大人"無疑。其感淺者，其感觸遂淺，恐怕就真的難以理解、體會昔人的真情實況了。有關實存感、真感或感觸等等的問題，唐牟（唐君毅、牟宗三）二先生都很關注，其中牟先生之討論尤多。其大著《圓善論‧序言》末尾處之文字可為代表。透過拙著《性情與愛情：新儒家三大師相關論說闡微》（臺北：臺灣學生書局，2021）索引中的「實存感」、「實存實感」，便可獲悉牟先生的具體說法或應用上的具體情況。至於唐先生，其相關討論，似乎比較少。（至少套用這幾個名詞的情況，似乎比較少。）然而，為了理解歷史，唐先生倒說過類似的話，如下：「看歷史須透過歷史之文字記載，如湧身千載上，而自己生活於歷史中。」唐先生又說到「同情的智慧」對史學（歷史研究）的重要性。其說法，詳見拙著《唐君毅的文史哲思想》（臺北：臺灣學生書局，2023），頁236。

於經世致用。他們希望透過不同的途徑、方法，使業已重建完成的往蹟可以應用於今日，為今日，乃至為未來作出一定的貢獻。我們可以稱這派為「經世致用派史家」。經世致用是他們所追求的終極理想。可是他們如何去追求這理想呢？他們既為史學家，追求的途徑就是靠透過往蹟的重建來入手：往蹟重建之餘，便是對史事、人物作價值判斷。價值判斷使他們心中的價值意識或所追求的價值理想得以落實下來。

## 三、

價值判斷的形式與方法很多。首先，我們可以在選題研究時加以用心。譬如所選擇的重建對象旨在可資今人鑑戒。果以此為目的，則或可透過彰顯某古人之善，藉以使吾人之行事處世有楷模可循；或揭露某古人之惡，使吾人知所警惕等等。以上兩種作法都是我們對古人施加價值判斷的理想作法。此外，亦可借用"書法"[3]來呈顯某古人或某往蹟之善惡美醜。又或可於往蹟重建之後，附加論贊於篇末以表示作者之意旨。有時我們則只需要如實地作往蹟重建，不必透過任何形式的價值判斷，也可以暗合我們作價值判斷的本意；古代所謂據實直書，是非自見，便指此而言。在這個情況下，事實判斷（往蹟重建）便具備了價值判斷的功能。那麼，我們便不必再刻意的作價值判斷了；即不必另作價值判斷了。

## 四、

到此，我們必須澄清一點：作價值判斷的終極歸趨當然可以是為了經世致用。但我們不一定為了追求這個目標也可以作價值判斷。也就是說價值判斷可以有其本身的自存價值，即它不一定要為經世致用服務的。譬如說我們

---

[3] 中國傳統上的「書法」，乃指「書、不書、如何書」而言。簡言之，乃指藉著遣詞用字以達到某一目的而言。

認為某古人是應當予以褒貶的，我們便逕作褒貶（此恐係價值判斷最常見的一種方式）。換言之，褒貶的本意不一定是為了使今人藉以鑑戒以達到經世致用這個目的的。當然，就史家本身的主觀願望而言，作價值判斷可有上述兩種不同的目的；但就其客觀所揭示者或所呈現者而言，或就其可成就的價值而言，價值判斷便達到了經世致用或至少可說它隱含著經世致用這個目的了。或者我們可以說，經世致用是史致活動的最高理想（中國古人經常抱持這種理想）。反之，如果某史家的本意僅是對重建了的往蹟作價值判斷，不理會它是否有貢獻於經世致用，也許我們可以說，這是層次較低的一個理想。如果同意以上的說法，則順此思路，如果史致活動的目的僅在於重建往蹟而已，則似乎便是層次更低的一個理想了。為了便於下文討論起見，我們以高層、中層、低層理想分別稱呼上述三理想。高層、中層理想，就其客觀所呈露者而言，無甚分別（說見上），故下文統稱為高中層理想。追求高中層理想的致用派史家旨在「言理」，但他既是史家便不得不「即事」（意謂：據事、透過事、藉著事）；要言之，這就是「即事而言理」。如果他離事而言理，便不得稱為史家了。這或可稱為經學家。（筆者並沒有說「離事而言理」不對。經學家便經常如此；今所謂喜講義理者，也是如此。）然而，就史家之為史家來講，即忝為史家者，當他作史致活動時，離事而言理，則是不可以的。但這裏所謂不可以僅是指他不根據史事而好發不相干的價值判斷而言（即所謂好發議論而言），這也不是甚麼大過失。但如果他歪曲史實史事，曲解史實史事以符合他的高中層理想（即曲事以言理），這是萬萬不可的。這是厚誣古人，也是欺惑今人，是史家不德，甚至可說失德的一種表現。

## 五、

往蹟重建派史家恆視低層理想（即視往蹟重建為唯一追求的理想）有其自存價值。經世致用派史家則不必然認同這個看法。他們當中，有承認往蹟重建具有自存價值者，有否認它具有自存價值者。前者既承認它有自存價

值，則意味著追求其他理想時，不至於會貶低抹殺這個重視往蹟重建的理想；簡言之，即仍以「紀實」為首要任務。這一派我們或可稱之為「紀實致用派史家」。後者既否認它有自存價值，然則針對往蹟重建，就不必一定求其實了。（換言之，即不追求如實地進行往蹟重建。）他們僅承認往蹟重建只具有工具價值。本此，則只要求此工具能夠發揮最大的功能功效，那便行了；是以吾人對它作無限度的扭曲改造，那也無不可！這一派我們或可稱之為「曲實致用派史家」。

現在我們的問題來了。就是高中層理想有可能跟低層理想相衝突否？我們的答案是：有衝突可能的。於是另一問題來了：相衝突時，致用派史家在這二理想之間，如何取捨？致用派史家既分為二支。答案亦隨之而有二。紀實致用派史家，雖旨在追求高中層理想，但既以紀實為首要任務，則他們為了忠於史實，寧可放棄高中層理想。至於曲實致用派史家，其處理方法則正好相反；即為了經世致用，[4]則固可歪曲史實也。筆者則深深的認為，追求高中層理想仍當以不違反低層理想為首要條件，否則史家便有辱史家之名，即不配稱為史家。果如此，那就事態嚴重了。我們得舉一實例以助說明：當一個國家處於內憂外患，亡國滅種或文化傳統受到侵侮時，史家此時從事史致活動，我們會特別希望他表現出一定的價值意識，藉以提供經世致用。上面我們說過價值意識的表現形式與方法可有多種。其一就是選題時特別用心。譬如我們選擇國家民族存亡受到重大挑戰的宋代為例以作為重建的對象。而應用此重建的結果者，假定為 20 世紀 30 年代的我國。其時日本對我國進行侵略。當時史家為了勸勉激勵國人的抗日鬥志，他們可在宋代的往蹟中，選擇民族英雄岳飛、韓世忠作為重建的對象，藉以正面鼓勵國人發揚愛國抗日的情操（精神）；他方面亦可同時選擇秦檜作為重建的對象，旨在反面激發國人的憤慨意識，藉化悲憤為力量以作出救亡圖存的表現。上述兩項，史家單單選擇其一作為重建對象是可以的；兼取二者，也是可以的。但

---

[4] 注意：「經世致用」有時候有可能只是一個藉口而已，即曲實致用派史家有可能只是利用它來滿足一己的私利，或圖利他人而已，不見得真的是心存經世致用這個偉大構想或偉大抱負的。今不細論。

如果史家認為只有正面的激勵才可以產生致用價值，因此便連同秦檜都說成民族英雄（漢族英雄），以符合史家的致用目的，則是萬萬不可以的。[5]更甚者，如果藉以證明過去所有中國人都是愛國貞忠的，那就更不對了。如果我們這樣進行史致活動，我們便是為了達到高中層理想而揚棄低層理想了。就上例來說，這樣的史家犯了兩大錯誤。其一是以偏概全，即以偏至的事實來概括全部的事實，譬如以岳、韓之貞忠而概括全部南宋人之表現。這是邏輯上的謬誤。其二，縱然以偏概全，其偏仍在全之中，屬於其中的一分子，故錯誤尚不致太嚴重。但如果此偏根本不隸屬於這全之下而硬把它拉進來，這就更是毫不相干了。這是事實本身的謬誤。就上例來講，把秦檜說成民族（漢族）英雄是事實上的謬誤。假若藉此所謂事實以推廓證明所有中國人都是民族英雄，那就更是錯上加錯了。

## 六、

近日閱某月刊，某史家也犯了類似上述的兩大謬誤。該史家欲以賈誼等等之史事以證明秦始皇以後的政治並非專制的。首先，我們只要參稽往蹟重建的結果，便知道漢文帝如何對待賈誼了。該史家以「文帝自覺一切還是不如賈誼」為基料來證明文帝不是一個專制君主。其實「文帝自以為不及」[6]是特指學問方面的不及（細說之，當時君臣間所討論的是與鬼神相關之事，尤指鬼神之本的一個問題）。退一步來說，假使真是學問方面不及賈生了，這又與專制不專制如何拉上關係呢？以此來論證文帝不專制，恐怕無論如何

---

[5] 當然，若細究起來，秦檜有可能不無愛國（愛宋朝）的一面。今茲為了說明上的方便，乃採取傳統（或至少民間吧）的說法，而把他的表現定位為與韓世忠、岳飛完全對立者，即乃一背叛漢民族利益的一人；即所謂漢奸，或賣國賊也。

[6] 語出《史記・屈原賈生列傳》。原語句作：「吾（按：漢文帝自稱）久不見賈生，自以為過之，今不及也。」《漢書・賈誼傳》全同。

是不能成立的。也就是說，文帝可能真的不專制，[7]但以上的論證途徑不足以支撐這個論點（前提不足以支持其結論。）

　　更有甚者，這史家認定了文帝不是專制之後，便大踏步跨前而說中國沒有專制政治。其前者是犯了事實上的謬誤，因為就此段史實而言，我們認為《史記》（《漢書・賈誼傳》同）上的記載是等同「歷史上的實然」的。就是說，除非這段史實被否證，否則我們沒有理由不相信《史記》、《漢書》上的記載。而根據兩史的記載，文帝之為專制君主，其答案是肯定的。可是這史家對相關往蹟作理智重建時，因為高中層理想"太作怪"了，以至忘掉了史家的首要任務或精神原則；最低層的理想（即往蹟當如實重建的一個理想，或當如實報導的一個理想）由是便落了空。至於由此而推論出後者（中國沒有專制政治），則是邏輯上以偏概全的謬誤。可是該史家可能說：我並沒有以偏概全啊。我是先有了全，或至少有了全的大部分，然後纔舉出其中的一個例子（即一偏之例）來說明其他的；因為篇幅不容許我盡舉所有的例子，所以我就舉出任一例來作為代表吧了。筆者則以為，如果真是這樣的話，那麼該史家還得對其所肯定了的「全」做有根有據的進一步說明，即需要指出該全之確切範圍，並得對此範圍內的各項逐一加以證明與事實相符，而並非先遽然加以肯定便視同為「歷史上的實然」的。

## 七、

　　最後，我們還是不厭其繁的再說一遍：史家作史致活動，落實其心中的價值意識於高中層理想的追求上（依上文，乃指追求經世致用），是可以的，也是應該的，值得讚嘆的。可是這必得先實現了低層理想方可。否則，史料史實便成了史觀的註腳；歷史上的實然也成了價值意識的附庸，或甚至

---

[7] 這裏說專制、不專制，是就君主對人民的表現、措施，是否合乎人民的要求，或是否合乎理性來說的。簡言之，即是否以民為本（民本）來說的。若就另一意義——權力根源——來說，則秦漢以下至辛亥革命止，無一帝王非專制君主。是以，亦無一朝非專制政治。

成為了可以任意利用濫用,乃至故意扭曲誤用的工具而已!果如是,則史致活動的成果便與向壁虛構的小說無以異;或更等而下之而僅係阿諛奉承或插贓嫁禍的劇本?難道忝為人之所以為人的史家,其職責乃在於隨便說說"故事",或其使命就在於顛倒是非黑白,扭曲人類最可寶貴的良知理性嗎?

# 全書附錄（三）

# 史學三判斷及其設例分析
## ——從可恥的阿 B 的一掌談起[*]

## 一、前言

「老師，鄰班那個可恥的阿 B，他為了報復，剛才小息時，襲擊了我——在我的胸部擊了一掌。」[1]某學生嚷著向老師投訴。

上述的投訴，本文並不打算討論身為師長的將如何處理；而只是想藉此作為線索，讓我們討論這投訴的內容所牽涉的若干歷史理論的問題。重點主要是放在史學的三判斷上；偶或涉及其他。上述投訴的內容，我們可細分為三項：（一）「在我的胸部擊了一掌」：這述句（statement），我們稱之為事實判斷。[2]（二）「那個可恥的阿 B」：我們稱之為價值判斷。（三）

---

[*] 本文原載於香港《華僑日報・人文雙週刊》，166 期、170 期、171 期（1978.02.01；1978.03.28；1978.04.17。其時筆者正在新亞研究所肄業，乃碩二學生）。為保留筆者當時史學上的認知水平，文章內容改動不大。最大的改動是把文題開首二字「歷史」一詞改為「史學」一詞，並省去「的」字。於是〈歷史的三判斷……〉便成為〈史學三判斷……〉。本文首次修改於 2006 年年底；再修於 2007.08.19。三修於 2023.09.18。筆者上世紀 70 年代後期看了不少知識論、邏輯學等方面的專著；尤其深受業師許冠三教授《史學與史學方法》一書的影響。此等影響於本文中可以概見。但因為本文是發表在報紙上的，所以徵引文獻方面，力求其簡。此所以文中不太能看到引文的詳細出處，讀者其諒之。2025.02.02（大年初五）稍作修改。同年 3 月 13 日複閱一遍後，納入本書內發表。

[1] 「小息」乃香港用語，意指轉堂（即一節課與另一節課之間）休息的一段約十分鐘左右的時間。

[2] 以語言的歸類來說，歷史學上的「判斷」（Judgement），其語句的表達形式其實只是一個述句；在邏輯學上，這稱為命題（Proposition）。嚴格的分析是語意學（Semantics）的問題。上述的解析只是希望透過語文的觀念來幫助我們了解「判斷」

「為了報復」：我們稱之為動機判斷。

## 二、事實判斷

現在，先來討論「事實判斷」的涵意。判斷一詞的涵義，已略見上文。上文對判斷一詞的說明，雖稍嫌簡略，且過於籠統，但這個說明就這篇文章的應用範圍上來說，已經足夠了，故不必作進一步的申說。現在逐來闡釋何謂事實。在本文中，「事實」一詞所指為：客觀存在的，不受我們主觀意志轉移的東西。也即是說，所謂事實，是外在於對這個「事實」作探究的人來說的。或者在某種意義下，我們也可說，「事實」存在，不管是否有人想到它，即不管是否意識到它。[3]「事實」一詞明白之後，我們再來說為何我們稱「在我的胸部擊了一掌」是一個事實判斷。原來在史學上決定某個人類行為是否真正地發生過絕不是一件簡單的事。在此我們得先說明何謂「歷史」。「歷史」一詞，最簡單的涵意有二：（一）人類過去的一切行為、表現。（二）人類過去行為、表現的紀錄。這兩個意義立刻使人明白到我們所讀的歷史（歷史書籍）並不必然地就等於人類過去的行為、表現。即兩者之間，不能，或至少不宜，劃上一等號。人類過去的表現／行為無限，筆之於書者真不知是否及其萬一。但我們不必為此而感到憂傷。因為我們沒有理由，且也沒有必要將過去的事蹟，細大不捐，洪纖不遺的記錄下來。蓋如此而記錄，或編撰出來的史書，恐怕只成了人類行為（含零星散落各自獨立的行為）的"百科全書"而已，這並不是史學上需要的一本史書，也不是史學應有之義。治史的目的也不在於寫出這樣的史書。（史學的意義及目的，筆者不擬在此多予著墨。下文若順筆所至而有所論及，也只能視為偶然。）

史家對於人類往事予以重建（Reconstruction）而筆之於書者恐怕只及

---

一詞在史學用語上的意義。這個解析並不嚴格，這得先聲明。

[3] 這是依常識而作出的一種界定。但依筆者現今（2006.11.23）的看法，「事實」不完全是外在而所謂客觀自存的。筆者現今傾向於接受「萬法唯識」的說法。但這個問題牽涉很廣，茲不細論。

無限分之一。但即以此無限分之一而言,我們也不能遽然認定其真為人類曾經發生過的往事。判斷其真為事實(當時的真際確係如此),也實在不易,這牽涉到史學方法上的史料蒐集、鑑別、分析,以明瞭其意義等等的問題。我們不能憑空虛構人類的過去行為;是以,史料(人類往蹟所遺下的原料)的蒐集乃先決條件。史料因有真偽之別,這須憑鑑別考證。人類過去活動的文字遺物或實物遺物,其內容為何?意義為何?我們亦得先明瞭,否則得物無所用。

但是經過上述考查的過程,並不就等於將往事重建了。這只能說是重構往事的第一步。跟著來的第二步是連貫和綜合。史料是零星散落的。史料與史學之關係何若:相關史料其先後次序為何,可以藉此以建構相關史事之因果衍遞關係嗎?對這些我們不得不作妥善之安排。妥善之安排即合理的連貫也。連貫是依其時序相承(Temporal sequence)予以排列之意。但這並不即能看出其意義。這還有賴綜合。這正所謂「考證以分析之,綜合以了解之」之意。

本文首段那個學生的投訴,套在上述的理論上,如下:學生的投訴報告,我們可視之為已蒐集得到的史料(不管這蒐集是緣自學生主動提供的也好,或是被動的被要求才予以提供的也罷)。其報告內容是否真實,最好的相關證據在乎目擊證人(目擊者)的予以實證或予以否證(暫不涉及串同作偽的行為,或證人是否觀察錯誤的問題)。這關涉到歷史研究第一步,即史料的蒐集與考證的一步。上述的史料,若分析來看,我們只可說:(一)某甲執掌向前方作一個迅速推進的行動/行為。(二)某乙正面向著某甲。兩者的距離短於某甲伸直手臂的長度(先假定除某甲的手臂外,身體其他各部分並無移動。)(三)某乙感受到其胸部受到一股重大的壓力。現在再說第二步,即連貫與綜合的一步:上述三點,如其順序是:(一)在先,次是(二),再次是(三)的話,這個連貫很明顯是有意義的。相反如果次序顛倒,我們便無法作一事實判斷,說某甲擊了某乙一掌。比方(三)先(二)而發生,即某乙胸部先受到壓力,而某甲才伸手向前,我們便不能說,某乙被某甲襲擊胸部了。上述三項連貫之後,我們便得一綜合的判斷:「某乙的

胸部被某甲擊了一掌」。如果要用更謹慎的說法，我們或可說：「某乙的胸部被某甲以手掌施加了一定的壓力。」這判斷是一個事實的報導，不管某甲是否承認它，或某乙是否誇張它。換言之，這是一個外在於我們主觀意願望的一個已然行為。這個判斷，我們稱之為事實判斷。

從上述的說明，我們可知道作一個事實的判斷，並不是一件容易事。上面我們是假定了那個目擊見證人（被擊了一掌的那位同學，我們也可說他本人亦同時扮演了目擊見證人）並沒有說謊；又假定了他的感官（主要是視覺和觸覺）並沒有欺騙他。[4]再者，我們又假定了那個目擊者對語言的運用已合乎客觀認可的表達程度。再其次，我們又得先假定……。其實我們是先作了一連串的假定，然後才相信該事實是真的如此發生過的。假若其中一項假定，事後被證實為假（錯誤、與事實不符）而被推翻，或被修正，那麼我們所作的事實判斷則不得不承認為假（即判斷錯了）。基礎既有問題，因之而建構成的上層架構也隨之而有問題，這是不待辯的。就因為這緣故，有些史學家便說歷史的真實是相對的。我們所重建的往事既端賴現存的史料，則當這些史料被否定時，或有相反的史料出現時，我們便不得不修正我們已確定下來的「事實判斷」了。這個"相對論"的史觀[5]淵源於哲學上的認識論。我們透過感官、直覺或推論等等而認識外界事物，但我們可保證透過上述種種途徑所獲得的知識是真實的客體實相嗎？我們很難回答這個問題。也就是因為這樣，相對論史觀就得以成立為史學理論的學說之一。其實這個問題也不是完全不可以解決的。我們可得一個折衷的說法如下：經驗世界中沒有一

---

[4] 前者（即沒有說謊）是主觀方面的「誠」的問題，後者（感官上的實然感受，譬如感到疼痛；尤其是醫學上證實曾受到外物施予重壓）是客觀方面的「實」的問題。誠並不即是實。誠是不自欺亦不欺人。但主觀不自欺與不欺人，如其所見、所感的予以報導，就一定是事實的反映或寫照嗎？瞎子摸象的例子可以給我們說明二者的分別所在。

[5] 這裡"相對"一詞意謂該事實判斷是否為真、為可靠，是端賴很多先決條件的；條件一旦消失了或改變了，所作過的「事實判斷」便可能不符合事實而要改寫。換言之，該事實判斷是否真的符合事實是相對於先決條件來說的，是受到這些條件的左右、制約的。

件事物是絕對的。自然科學也可說是經驗科學。（數學，邏輯則稱為形式科學，有別於自然科學）自然科學中最成熟，最穩定的物理學，君不見其定律也有被修正，甚至被推翻的時刻嗎？君不見牛頓的古典物理學被愛恩斯坦的相對論修正了嗎？既如是，我們便可為上述的事實判斷得一綜合結論如下：在作該事實判斷時，得先知悉其必要的先存假定已證實為不謬，又相反的史料、證據並沒有出現，因此該判斷不得被視為不真。因此這件事實便有了它客觀的真確性了。但這得再聲明，客觀性不得與一定性相混。即是說客觀不得被視為永恆且一定的（全然絕對不變的）。因為先存的假定若被否證或相反史料出現時，我們便得修正我們的判斷。史籍的改寫重寫，很多時就導因於此。

## 三、價值判斷

上述講的是事實判斷。簡單地說，只要那學生所報告的內容有事實根據，我們便不得視之為假。是以，「在我胸部擊了一掌」，很明顯的是一個事實判斷。這是有客觀事實根據的，不由得我們主觀的否認。可是價值判斷就有所不同了。就以「價值」一詞來看，以筆者在史籍上所看到而歸納出來的，就有三義：（一）泛指主觀的判斷；（二）指重要的，即一般所謂有價值的；（三）道德（Moral）的，當然的判斷。同為一名詞，但其義竟有三個，其可能產生的含混情況就可知了。

那個學生的投訴內容：「可恥的阿 B」是一個價值判斷。這個價值判斷的核心在「可恥」一形容詞上。價值判斷在史學上是一個爭論很久的問題。此問題可離析為二：（一）價值判斷在史學的往事重建中可否避免？（二）一個史學家應否運用價值判斷？前者是實然的問題，涉及事實上可否避免的問題；後者是應然的問題，牽涉到道德良心的問題。

現在，讓我們先討論第一個問題。在這問題中，「價值」一詞，乃取上文「價值」可含三義中的第一義和第二義。筆者以為史學家在重構往事時，價值取向是不可避免的。人類過去的事蹟多得不可勝數，幾至於無限（上文

「無限」一詞的意義,與此相同,意謂不可勝數),史家在重建往事時,不能不依據其主觀上的好惡、社會的需要或其他種種原因而決定往事何者較為重要,較有價值而重建之。這價值觀是因時而異的。「致用」的觀點,縱使古今史家皆無異詞,但其致用的對象就不一定相同了。君不見宋朝大史學家司馬光的致用觀點是站在皇帝的立場而發的嗎?《資治通鑑》一書,梁啟超稱之為帝王教科書不就是對這個觀點最好的註腳嗎?但曾幾何時,如果今人撰寫歷史也只為了給皇帝(今所說的領導)閱覽而作,若泉下有知,司馬光豈不捧腹?現今史書的讀者應係全體國民,而不是或不僅是帝王將相(統治階層的代號)。是以致用觀點儘管無異,但讀史以致用的主角變了。我們寫歷史既是為了給大眾看(不是給小眾,尤指領導階層看)、平民看,因此我們選擇來描繪的往事也不得不大異於前。但無論作何選擇,這都是價值取向的一種表現。換言之,選擇即蘊涵了價值取向。史家既有所選擇,則其治史(含史事重建)便自然蘊涵了他的價值取向所在。而此價值取向即史家心中的一種價值判斷。(當然,此判斷最後大抵會藉著史著呈現／表達出來。)價值取向既不可避免,則此心中的價值判斷便是不可避免的了。

　　上段是說明史家不得不作選擇(如選題研究即係一例),而選擇即蘊涵了史家的價值取向。我們再來從另一方面看看史家價值取向不可避免的另一原因。史家治史,然史事的因果關係場(Field of relation)不易確定。從古至今,歷史的發展從無間斷過。我們把歷史分作若干時期、時段來研究只是為了方便。分期是主觀的,也可以說是人為的;歷史本身並不要求分期。縱然以分期而論,也有眾多的分法。分期既不易,且又在分期之後,在該時期中擇取一件史事(其實嚴格講,是一段史事),而作孤立的研究,這種強為截斷的對該段史實作孤立的研究,也是受我們價值觀念所影響的,因為我們有一先存假定(大概是不自覺的),認為在我們所選擇的一段空間時間裏,已足以研究清楚、說明清楚該件史事,而不必再將時空推拓,才得以對該史事作出一個更詳細更清晰的說明。就以上述那投訴案的報告為例,投訴者不縷述彼此因何結怨,彼此在小息之前有何種個別或相互的行動(此為進一步溯源);又不縷述被擊者在受襲之後,彼有何反應,其他同學又有何反應

（尋果）。報告者不如此作報告，大概是認為這樣子的溯源尋果在彼來說無關重要，且可能妨礙他投訴的目的。譬如說，如他說出他被襲之後亦作出相應的還擊，或被襲之原因是他先欺負了對方等等，這都會影響他投訴所欲獲得的結果。我們大可以因為彼不作翔實的全幅敘述而怪責他有意隱瞞事實，但我們亦得了解某事之因、某事之果，乃可為一無窮盡者（因亦有因，果亦生果），是以便不可能給予一所謂全幅的敘述的。我們先前已說過人類歷史是一個無斷的發展，何者為首因，何者為末果，是無法知悉的。於是我們就不得不冒險選擇我們認為是相關事蹟，排比之，連貫之，綜合之而成為一個孤立的史事（美其名，則為獨立的史事）來研究了。可是史家所作的冒險，各受其興趣、背景、知識、觀點與角度等等的影響和限制，其選擇的因果關係場時間長短的不同，空間廣袤的差別，就不言而喻了。從某一角度看，這是有限的人類的悲劇，但從另一角度看，這何嘗不是人類所以稱為擁有自由意志的一個最好的證明呢？可是無論如何，上述的例子說明了價值取向的不可避免性。這是價值取向不可避免的第二個原因。這個原因在獲致史事之客觀性方面有異於第一個原因（見上段）。第一個原因（選題研究）固然無法避免史家的主觀因素摻雜其中，但選定題目研究不妨礙史家有獲致客觀歷史真相的可能。這正如所有科學莫不選定研究範圍，訂定題目來研究，但這並不導致研究結果的不客觀。可是第二個原因便不同了。我們以因果關係來連貫史料，作為相干關係的依據。「由果尋因是解釋，由因求果是預見。」因果關係場難以確立（無客觀認可標準），故解釋便不可能不涉及主觀。若我們贊同歷史非僅「記事者也」（史家對史事作紀錄而已），而必須作解釋以說明其因果關係的話，則價值取向／價值觀便不可避免而必然扮演一定的角色。解釋因「因果關係場」的不易確立而史家各異其說，歷史（指歷史紀錄、歷史重建的結果）不可能完全客觀就不必問而可知了。（純記事而不求解釋，似稍可以避免這方面的主觀作用，但純記事的歷史是否歷史研究的終極旨趣所在[6]，又此等工作者可否視為史學家，其實是很值得商榷的。）解

---

[6] 再者，歷史重建的過程中，恐怕很難有所謂純記事這回事。

釋在史學上是很重要的。它能讓我們看到事件發展的程序,而且可以看到箇中事件的來龍去脈。

上文是指出史家之個人價值取向之不可避免地牽扯進史事的研究之中。本段則側重指出歷史記述不得不仰賴語言／語文。史家的價值取向／價值意識便會經意或不經意地流露在史事記述當中（即所謂史文當中）。如史家進一步仰賴史文,自覺而明確地表達其個人之價值意識,則該等用語便成價值判斷。史學所用的語言只是日常語言（Ordinary language）,跟筆者現在所用者無異。一般來說,它不用,或用不到,或不必用到技術語言（Technical language）。日常用語有它本身的缺點,那就是不免含混和難免歧義。就這兩點來說,已足夠使史事的描繪有欠精確了。日常用語,就其功能來說,可分為兩類：認知意義（Cognitive meaning）和非認知意義（Non-cognitive meaning）。前者是指某語言（指某些用語、語句）的真假值,是可以藉著這些語言是否符合其對經驗界所描繪的事物來驗證的,而後者則是指一切沒有真假值,不能認知地用以界定、描繪經驗界的事物的語言,統指一切命令式和情緒語句。我們重建往事所用的語言當然以認知語言為依歸,但我們不能保證我們所用的語言一定不涉及情緒因素。一涉及情緒因素,我們就注定不可避免地應用了價值判斷了。其實我們不必進入史事的描述本身,而縱然從史事的命名來看,價值判斷已被應用了。譬如英國1688年的革命,我們稱之為光榮革命（Glorious Revolution）；又俄國1905年1月22日的大屠殺事件,我們稱之為血腥的星期日（Bloody Sunday）,就是很明顯的例子。

總結而言,從（一）選題研究開始,（二）因果關係場的不易確立,以至（三）日常用語或不免帶情緒意涵為終,史家都難以擺脫個人價值意識／價值取向,甚至價值判斷的囚籠。[7]

現在,讓我們討論第二個問題（在這問題上,「價值」作上文的第三義用。）：史家應否下價值判斷。上一問題是價值判斷在事實上可否避免的問

---

[7] 這是就實然面的情況來說。就應然面來說,筆者現今（2006年11月）認為史家作價值判斷是應該的,是其天職所在。但這是後話,現今暫且不展開。

題。現今要討論的問題不同了。此後者是個應然（ought）與否的問題。因涉及應然與否的問題，故係主觀地自覺的，而且可以避免的問題。若以聽覺來比喻，前者如 hear 的不可避免地聽到聲音；後者則如 listen 的是可以被聽者控制的。

　　史家應否下價值判斷是一個爭論不休的大問題。有些史家認為歷史學其實只是史料學而已（如中研院史語所首任所長傅斯年先生便有如此的認定。）有些則認為歷史學的最大目的在於說出往事曾經如何而已。至於甚麼鑑往知來或經世致用的目的，便不是他們關注的所在。或更認為下價值判斷是史家不科學的作法。他們的普遍傾向是：否定史家採用任何共通性的倫理價值觀去判斷過去。

　　不贊成甚或否定史家得／應表達其價值意識（下價值判斷）於史著中者，當然也有其自圓其說的理據在：人類過去的真實情況的重構既有被推翻或修正的可能（因史事真相之本身恆不易確定），則我們憑甚麼對古人作道德判斷呢？史家又怎能按所謂客觀的道德價值標準批判過去呢？他們認為如果運用價值判斷，則史家必須假定其所記述的史實都是正確無誤的。

　　這些持相對論的史家的論證，驟看之，亦甚有道理。但究其實，這是經不起嚴格考驗的。上面已經說過，在經驗領域範疇內，沒有東西是絕對必然的。往事的重建，僅其一例而已！我們並沒有因為我們重構的往事有被推翻或修正的可能而輟筆不寫歷史，那麼我們又有什麼理由不可以在已重構的史事基礎上下道德判斷呢？只要我們自覺到我們所寫的歷史並不就一定是過去的真實情況時，則我們下道德判斷的當時，也預計了我們的判斷有被推翻，有被修正的可能。歷史既可以重寫，判斷也應該可以重下了。法官並沒因為有被翻案的可能而不定讞，史家也不應因為有可能得不到永恆的真相（史事的真際）而不下判斷。我們既勇於下事實判斷，那麼我們為何袪情於下價值判斷呢？個人認為史家寧可在道德的批判中甘冒犯錯誤的危險，但為了達致整頓世間秩序這個崇高的致用目的或其他同樣崇高的目的，而仍應在史著中下價值判斷。

　　駁斥了相對論史家的似是而非的論證之後，我們進一步再來說明史家下

價值判斷的理論根據。在說明這理論根據之前,我們得先明瞭史學的目的及主旨是甚麼。

歷史研究的本身,當然有其獨立的價值。但這所謂獨立自存的價值(重建往事,使人如實地了解過去)恐怕並不是研究歷史的終極意義／終極目的。其終極意義在於「鑑往以知來」,「了解過去;認識現在;以預見,甚或指導未來」。這「古為今用」的說法雖為老生常談,並無新穎之處,但老生常談也很多時是人生的真理呢!如果我們不否認人類有反省的能力,有總結經驗以預估未來的能力,我們是沒有理由否定「古為今用」的理論的。用得妥當與否則是另一回事,但在原則上我們應用前人遺下來的經驗是無可厚非的。把戲人人有,巧妙各不同。運用得恰當與否,就全憑一己的匠心獨運、別識心裁了。史學家之責任在於人類的未來,此當與其他科學研究者的用心並無二致。若我們同意這是史學研究的終極旨趣,則我們沒有理由說史家不應下價值判斷,且下價值判斷是史家應有的責任。真正的史學,不僅是「記事者也」,而必須是以人生為中心的,裏面跳動著現實的生命。真正的史學家,是沒有不愛人生的。史學的「資鑑致用」正是熱愛人生的具體表現。這個理想的表現正可以透過價值判斷予以落實。中國的史家最重視價值判斷。其價值判斷恆寓存於史事的描繪中。其言理(價值判斷)亦甚少抽空而陳構,而必以事實裝載之。孔子如是,司馬遷如是,朱熹亦莫不如是。是以,價值判斷與事實判斷恆兼具備於史著中。在此我們必得再強調的一點是,史家下價值判斷並無不可,且是義之所在,但我們不得先存一偏見的善惡褒貶的價值觀而虛構史實,歪曲史實使之納入吾人的價值框架中,否則所謂史實便變成了小說家筆下的空中樓閣了。我們有下價值判斷之義務,但我們沒有為要踐履這義務而歪曲史實,掩蓋史實真相的權利。

史家下價值判斷的方式可有多種。以中國編年、紀傳的歷史書籍來說,多在正文之外,以「論贊」體的方式來下價值判斷。[8]亦有寓微言大義於字

---

[8] 按:「論贊」為正文外史評之通稱。撰寫論贊之史家,通常以「XX 曰」一二字起首而展開其史評,如《左傳》以「君子曰」、《史記》以「太史公曰」、《通鑑》以「臣光曰」等等即是其例。以上三例是以前人／史家本人(君子、太史公、臣光)起

裏行間的（書法褒貶）。只要其描繪並無歪曲事實真相，或並無影響敘事的精確性，評價語言的種種不同的方式是可以接受的。但筆者的淺見是，價值判斷的最優良的方式是忠實報導。[9]如果忠實報導可以達到「推明大道」、「褒善貶惡」或「宣揚真理」的目的，不是遠比直接用評價語言更為理想嗎？

　　價值判斷的問題，說明已見上文。茲仍以投訴者之報告為例分析如下：上文研究價值判斷時分作兩問題來討論：一為價值判斷可否避免的問題：「價值」一詞，筆者在此乃意指「主觀的」、「重要的」。二為價值判斷應否避免的問題，「價值」一詞，筆者在此乃意指「道德的」、「倫理的」而言。在作分析之前，得先說明一點。上文投訴者的供證（說詞）在史學上只能視為史料（史料不即等於重建了的往事，因為這得先經過連貫和綜合等等的步驟方可），但因為這供證首尾畢具，故筆者在此姑且視之為裝載整件往事的命題，即視之等同於整樁重建了的往事。如此說來，該投訴者便躬身自為史事重建的史學家了。筆者之所以這樣子說，當然除了這供證之本身具備足夠的資格應被承認或認可之外，另一原因是筆者不想牽涉其他材料。具備更多的材料雖然或者可能對整樁往事的重建更為周延妥當，但範圍牽涉過廣也可能產生反效果，譬如失焦。

　　現在先討論可否避免的問題。順著上文所講，這問題仍分作三點來分

---

　　首而作評論的；但亦有逕發議論而以「贊、評」等字起首的。劉知幾《史通》卷四，〈論贊〉云：「……既而班固曰贊，荀悅曰論，《東觀》曰序，謝承曰詮，陳壽曰評，王隱曰議，何法盛曰述，揚雄曰譔，劉昞曰奏，袁宏、裴子野自顯姓名，皇甫謐、葛洪列其所號。史官所撰，通稱史臣。其名萬殊，其義一揆。」可知各家史書論贊起首所用之字詞是很不同的，真的所謂其名萬殊了。然而，似無用「論」一字者。上揭劉知幾有云：「荀悅曰論」。其實荀悅《漢紀》是用「讚」字（作：「讚曰」），而不是用「論」字。不知是知幾一時誤記，抑手民誤植？

9　筆者現今（2006.11.30）稍作補充；也可以說是對這個所謂「最優良的方式」，作點修正，如下：只作所謂史如實的客觀的報導不見得能達到經世致用的效果，因為讀者不容易從中"讀出"相關訊息。對古人逕下價值判斷、施予褒貶，所謂「誅奸諛於既死，發潛德之幽光」，似乎比較能產生致用的效益，譬如鑑戒效益。

析。

　　一為選題研究的問題。很明顯，價值觀念在這裡是不可以避免的。該史家（投訴者）所重建的往事可以多得不可勝數，為何他特選此作為重建的對象呢？很顯然的是這樁事件對他特別重要。覺得特別重要就是他的價值所在了。以投訴者的身分來說，他在小息時可能被不同的同學欺負；以史家的身分來說，他也有很多客觀的事情可以描繪的，但他偏要選中這件事，可知他認為此事特別重要，與眾不同。在此需要一再強調的是選題研究並不妨礙史事本身可以被客觀地重建出來，即某史事或某歷史人物（譬如挑選秦檜作為研究的對象，其題目譬如定為〈秦檜生平研究〉）被挑選作為研究對象，而必成為一個不客觀的研究；即該史事或該人物的本然客觀真相（本然實況），仍是可以被重建出來的。

　　二為因果關係場的認定問題。不同史家可以選擇同一往事作為研究對象。可是他們所認定該件史事的因果關係場，在時序上可有長短之異；在指涉範圍上亦可有廣狹之別。譬如以上述「出掌攻擊」一案來說，如換作由另一同學來描繪敘述，他可能先說明該案兩主角先前的恩怨關係，或說及在發生該事件時，圍觀的同學的反應如何。他們有否充當魯仲連，或其實是該事件背後的策劃人等等。這很明顯是由於價值觀念的不同而導致不同的因果關係場。這或增添或減省的作法當然不容易使該史實得到一個客觀定論了。可是我們不能夠由此便說史實史事是沒有客觀真實性可言的。因為就該樁史事來看，其指涉範圍——前因後果等等，可能含渾籠統，但其核心事實——「出掌攻擊」，可說是清晰而明確的。譬如對於顏色上「灰色」一概念，一般人是有一個共同的認定的。但如「灰色」逐漸淡化或逐漸加深，究竟到何程度才不能再稱為灰色呢，這對一般素人來說實是一個難以回答的問題。就正因為這緣故，如果重建的往事是大規模的，其客觀性就比不上小規模的往事了。筆者稍為扯遠了。我的意思是，因果關係場的認定是因人而異的，因此這亦可說是一個價值取向的問題。

　　三為語言的價值情緒意涵。以上述投訴為例，「可恥」一詞，當然牽涉到個人的情緒，因此可以說是主觀的。「可恥」一詞在此例中實可有兩種不

同的意涵:一為阿 B 是一個可恥的人,另一為阿 B 為了報復而擊出一掌是一個可恥的行為。前者是對阿 B 這個人的人品,作一個總體的描述,其基礎應是歸納 B 眾多可恥的行為而作出如此一個判斷語句的;後者僅是指稱阿 B「擊出一掌」這個個別行為來說的。前者是一個全稱命題,後者則是一個單稱命題。這其間的差異是極大的。就以上「可恥的阿 B」來說,其意思是指前者抑後者實難以知曉。於此或可見情緒意涵的用語對史實史事客觀性的陳述所可能構成的影響,或甚至左右了。

現在再討論應否避免的問題。上文已經不只一次說過,站在「史學以致用」的立場上,我們是應該下價值判斷的。褒貶善惡以為後人鑑戒的用心是可取的。但對於價值判斷,我們必須留意兩點。一是有關史家的;另一是有關讀者的。以史家來說,他下評價語言時必須考慮到其判斷不應影響到事實本身(即史事本身的本然實況,不應被扭曲),更不可遷就其價值觀念而故意歪曲史實。前者是不自覺的,其改善方法是遣詞構句要特別小心或優化其語言的表達運用能力。後者則是史家有意的作偽,其責任史家自當承擔。以上例來說,史家用「可恥」一語時,便應說明清楚其用意是對阿 B 整個人作描述,抑僅指稱該獨特的行為而已;此兩者顯有極大差異而不能含渾過去的。可是史家未必能夠改善這點,因為他不自覺這可能導致讀者產生誤會、歧出。可是如果他已自覺到讀者可能誤會,但仍不予以改善而蓄意作模稜兩可的判斷,這便是史學上不德的行為了;更不要說為了一己的價值取向而隱瞞或歪曲事實了。

上面我們說過下評價語言可以藉著種種不同的形式。但筆者最贊成的是寓價值判斷於事實判斷中的形式,因為這可以避免史家不自覺的因下價值判斷而影響到史實被變質的可能;更可以避免有意用價值判斷來歪曲史實的作偽行為了。

上文還提到讀者對價值判斷(在此指評價語言)也應該留意。這是指讀者對評價語言與事實判斷語言應作出明顯的區別,兩者不可相混,即不可誤把評價語言當作事實的報導。我們要緊記評價語言無助於事實的了解,其功

用僅在於致用而已。[10]

## 四、動機判斷

　　動機判斷與前兩判斷在性質上顯有不同。事實判斷，就史學上的意義言，簡言之，是針對過去某情況（即往蹟）是否客觀地存在過及其真際到底如何而作出相關判斷。只要史料無偽誤（且反面史料未出現），並該情況是根據史學致知的嚴謹過程而獲悉或所謂重構出來的，則表述該情況而作出之事實判斷，其可靠性或有效性（指符合過去的真實情況），是不容置疑的。道德價值判斷，旨在實用上對讀者提供某種惕勵鑑戒，史家的道德良心亦由是以見，然而與史實本身或其前因後果的了解無必然直接之關係；其判斷亦不關涉到所謂史實到底是否確然存在過（換言之，即縱然不是事實或史實，但針對人類該有的某些理想而言，史家仍是可以施以道德價值判斷的）。動機判斷就其對人類的行為予以解釋而言，當然有貢獻於史學。解釋人類行為何以有某一表現，即意謂尋因，但因為因果關係場恆不易確定等等因素，所以必然導致解釋上難以客觀。職是之故，動機判斷之不似事實判斷之可靠便昭然若揭了。又以其不能擺脫事實而可以"自由發揮"或借題發揮，故不似價值判斷之能超然於事實之外而僅針對人類所追求之理想便可下判斷；是以，就三種判斷來說，史家最難下的恐怕就是動機判斷了。

　　我們未進一步研究動機判斷在史學上的意義之前，讓我們先來說明何謂動機判斷。「判斷」一詞，其義見於上文，茲不贅。我們逐來解釋「動機」。廣義而言，動機是指：導致產生個人行動或行為之各種發機動念的因

---

[10] 現在（2006.12.01）筆者則認為評價語言不見得無助於事實的了解；反過來，亦可能很有助於事實的了解呢。換言之，評價語言（價值判斷的用語），亦可具備知性的價值而促進事實的了解。2024.10.29 補充：此可參拙著《學術與經世──唐君毅的歷史哲學及其終極關懷》（臺北：臺灣學生書局，2010）中以下一文：〈唐君毅先生的史學價值判斷論〉三之（四）〈史學上的價值判斷為必然且應然者〉。其中指出：史學上的價值判斷的功能之一是「使事實更易為人所了解」。

素,諸如感受、衝動、想像力等等。因此事實判斷所針對的是事實本身;價值判斷則指史家懸某些理想為鵠的而針對史實(尤其針對歷史人物)下相應的判斷,即所謂作出批評。[11]動機判斷則是史學家為解釋某史實而尋求史實背後的行為者的驅動力而下的判斷。驅動力,如上所云,諸如感受、衝動、想像力等等即是。簡言之,動機判斷,不似事實判斷之針對事實,又不似價值判斷之發端於史家之價值意識,而是針對事實背後的行為者的動機。

那麼我們重建往事為甚麼須作動機判斷呢?我們研究史事背後行為人的動機為的是甚麼!其實這方面,上面已約略提到過。重建往事不只是史料的排比編纂,而必須包括連貫和綜合的步驟。連貫和綜合乃以因果關聯為線索,而動機很多時是史事成因之一。重建往事既要尋因溯源,動機判斷既有助於此,其重要性及在史學上應有之價值就不必細表了。

然而,動機大抵源自人一己的感受,衝動或想像力等等,這應該是比較抽象,即難以覺察,難以捉摸、把握的。由此說來,恐怕會產生難以驗證、核實的困擾。我們運用動機判斷(即說出某人的動機是什麼)來解釋某一行為之所以會出現,這種解釋,其有效性到底是如何?這恐怕不得不讓人有所疑惑。然則藉著動機判斷(即判斷某人某行為,其背後的動機是什麼?)以說明某一或某些歷史現象之所以會出現,及其出現時的型態,而認定兩者(歷史現象和相關行為人的動機)必有一定的關係,並由此而認定動機判斷有其重要性,這個說法,是否不免見仁見智呢?

上一段文字說到動機之為物,是難以覺察,難以捉摸、把握的。簡言之,我們如何才能確悉古人的動機呢?這是一個極富爭論性的問題。有些史家說,了解古人的動機,不能依賴任何因果律求得之。瞭解前人的行為動機,或者說瞭解其行為的目的,唯一途徑是靠「直觀」、靠「古人經驗的重

---

[11] 當然,如上所述,縱然沒有相應的史實,史家也可以針對人類該追求的理想下價值判斷。譬如「居處恭,執事敬,與人忠」(《論語・子路》)即吾人可懸之一理想;而所謂下價值判斷,即指人當追求、踐履此理想。如某古人不能踐履之,甚至逆其道而行,史家即可予以批評譴責。

演」、靠「重造古人的經驗」、靠「設身處地的想」[12]等等。這些史家又說只有假定同樣的活動能在自己的腦海中重演，他人的思維才有被認知的可能。其實所謂「直觀」、「古人經驗的重演」、「設身處地的想」等等的途徑只是想當然耳的可行途徑，我們如何保證這些作法可使我們重新經驗到古人的動機呢？我們頂多只能經驗前人「類似」的經驗而已，但那絕對不是「同一」的經驗。（2025.02.02 補充：其實，假若能夠建構出類似的經驗，已經算很不錯了。）

準此，則以動機為成因去解釋某一行為；這個說法縱然能成立，其基礎恐怕也是相當薄弱的，且我們不能視之為唯一的因素。人類的行為是可以透過已然觀察到的存在物[13]（譬如文書史料，或古人其他行為的遺跡）去作重建、解釋的。換言之，史學家是可以在某一項某一組某一類特定事件中找到一些行為成因的比較具體的可能元素的。至於動機，則似乎不是這些元素之一。

再者，所謂「直觀」，「設身處地的想」等等的方法也並非真是不依賴任何因果律的。因此這些方法，我們最多只能稱為取得相干假設的有用的方法，而不是非用不可的，更不是唯一的方法。而且，這些假設的證明，還得訴諸心理學家、社會學家所建立的相應的因果律。可是就以因果律本身來看，它也不是永恆不變的。不論是社會科學的因果律或史學的因果律，兩者的有效性都是受時間空間制限的，或至少是受其影響的。因此當史學家在援引這些因果律以推定史實史事間的因果關係時，必須假定人類行為古今無異。是以，一切有關因果關聯的認定，只能當作假定來看待。

綜合而言，動機判斷並非不可以作為獲悉行為成因的方法，但似乎絕不是唯一的方法。又所謂獲悉動機的有效途徑，如「直觀」，「設身處地的想」（或所謂「神入」）等等的方法，因其有效性還有待證明，因此最多只能視為取得相干假設的有用方法，而絕不是證明假設必然有效的方法。為要

---

[12] 2007.08.20 補充：今或可用通用語「神入」一詞。
[13] 「已然觀察到的存在物」，是相對於行為人之動機之存在於腦際而不可能被觀察到來說的。

證明這些假設，我們還得借助相關因果律，然而因果律本身不是絕對的（如同因可以異果，不同因可以同果），它還得受時空的掣肘。由此來說，動機判斷之實效性（實效性指是否符合行為人的真正動機而言。）就相當值得商榷了。

那麼，我們為何還要研究行為者背後的動機，且作動機判斷呢？筆者的答案如下：史學家應創發並運用一切可能的方法，以增進我們對過去的瞭解。再者，心理分析學的日益進步也有助人類行為的動機的了解，動機判斷的有效性也當因此而得到改善、優化。簡言之，史事成因之了解可透過：
（一）動機探討而獲致之（史家據此而作出者為動機判斷）。而動機，又可透過以下二途徑獲悉：
　　1、「直觀」、「設身處地的想」等等的方法。（其實這些方法最多只能視為獲得相干假設的方法。而這些假設的證明還得假借因果律，乃至其他要素。）
　　2、因果律，如心理學家的心理分析等等的因果律。
（二）透過其他方法獲致之（今不細表）

換言之，獲悉動機有上述（一）之 1 和 2 兩途徑，此如上所示。然而，確實言之，途徑 1 之本身實不足以達致動機之了解，它還得有賴途徑 2 的協助。據此則途徑 1 不可自我獨立為一項，但既有史家視此為方法之一，且為唯一的方法，是以筆者便予以列出，藉以聊備一格；可是途徑 2 則不同，它可以獨立運作，且比較能達致動機的了解。

跟著，讓我們對動機判斷的事例予以分析。茲仍取被攻擊的投訴者的報告為例。設投訴者名「A」，阿 B（行為人）簡稱「B」。「他為了報復」，這句話就是一個動機判斷。現今試對這個判斷作以下的分析：

該判斷既說 B 是為了報復才擊出一掌，則 A 已先行假定了其本身是曾經開罪過 B。首先我們得了解 A 的肯定，即「他為了報復」一語，未必是事實。今細析如下：（1）A 認為的開罪未必真的是開罪，即是說 A 心中的開罪未必就是客觀認可的開罪（客觀的認可或可透過以下途徑來確認：B 也認同 A 的行為真是開罪了他）。要言之，報復既源自開罪，則當開罪這個成因

不存在時，報復便必然無從談起。（2）A 可能不明白「開罪」一詞的真正意涵，而濫用了該詞。（3）A 是說謊，他本人心中明知自己沒有開罪過 B，而只是為了說服別人認同：「B 擊他一掌」這個說詞，因此便妄加一個動機判斷：B 是為了報復，於是便襲擊他。

　　上文是說就算 A 承認他是先開罪了 B，我們還得驗證這是否為真。其實，這個承認只是一個假設，也即是 A 心中的主觀認定而已。

　　現在再分析「報復」。假設 A 的認定是被證實了（即 B 真有報復之心），我們還不能隨而肯定 B 之所以出掌攻擊他，就是為了報復。（1）因為 B 可以君子不念舊惡，不作報復；即 B 之出掌，乃緣自他故，而絲毫與報復不相干。（2）假定 A 確曾開罪過 B，但 B 可能全然忘記了此事；所以更無所謂報復。（3）B 已作過報復了，現在出掌與所謂報復全不相干。以上的（1）、（2）和（3），可能讓讀者產生一看法，即認為筆者有點文過飾非，即太過袒護 B 了，否則如何解釋何以 B 擊出一掌呢？其實所謂 B 擊出一掌（客觀的事實是：B 手臂向前伸而碰到 A），其可能的原因正多著呢！譬如：（1）B 手臂的肌肉抽筋、不受控制而無意間其手掌彈出而擊中了 A。（2）B 的手臂被人碰撞而無意中向前伸以至擊中 A。（3）B 真是有意擊 A 一掌，可是其出發點是開玩笑，絕不是報復。……（N）真是為了報復而擊出一掌。由此可知判斷 B 的動機純粹是「為了報復」才擊出一掌，只是無數的可能性之一而已，而不是唯一的可能性。而且 A 認為 B 用報復的方式來回應他的開罪行為，很可能只是 A 的主觀直覺而已。換言之，這個「設身處地的想」的一廂情願的想法，很可能是以小人之心度君子之腹而已。我們不是說A的想法一定錯，而只是說其想法在未獲得證實之前只是一主觀的想法而已，即只是一假設。這還得進一步證實才作得準呢！證實的方法，就這個事例來說很簡單，只要我們找著B來鞫問，且證實他「確是為了報復才擊出一掌」這個供詞沒有虛假，那麼我們便可確認 A 對 B 所下的動機判斷乃確然符合真際。但以史事來看，其行為人多半已不在人間，我們實無生口對證來證明相關動機判斷（即史家所給出的動機判斷）的對錯（即史家是否作錯了這個動機判斷。就上例來說，B 所以擊出一掌，有可能是由於

別的原因,而非由於要報復)。職是之故,動機判斷之可靠性就不無疑問了。當然,筆者是故意說得極端一點(可說是企圖窮盡所有可能性來為 B「辯護」)。其實,就一般情況而言,動機判斷,還是有其一定的可靠性的。由此來說,在史學應用上,也有其一定效果的。是以其相關價值,也應獲得肯定。

## 五、結語

就史學上的判斷來說,其分類法可異於上述,且其種類亦可不止三種。上文只列舉三種常見的而已。這三種是事實判斷,價值判斷與動機判斷。事實判斷乃就事實而下判斷。當然決定其為事實與否的過程相當複雜,但只要考證無誤、分析得當、綜合有法,且在反面史料未出現前,我們的事實判斷始終是有效且是客觀的。求真是史學的首要任務。故以史學言,事實判斷為三者中之最要者。

史論式的價值判斷雖以事實判斷為其下評價語言的基礎(其實也不盡然,上詳),但評價語言不必然有助於史實史事的了解。正因為這一緣故,所以作為讀者來說,就必須不可被這些評價語言淆亂視聽。就史家來說,他必須非常小心謹慎:不可因加插這些價值評語而導致其所作的事實判斷乖離了原意、違反了原意(簡言之,即與史實不符);更不要說藉此而刻意扭曲原意(即扭曲史實)。如果史家能做到這點,我們是沒有理由怪責史家下價值判斷的。反之,史家下價值判斷是他們的責任所在。因為這正有助史學致用的目的。史家下價值判斷正反映出他熱愛人生,其批評史事、褒善貶惡正有助於推明大道。真正的史學家,沒有是不愛人生的。價值判斷之形式雖有多種,但寓之於忠實報導的語句中恐為最上乘者。這方面,筆者要再三強調。如是說來,史家為了要下價值判斷,事實判斷便更需要確鑿有據了。此實二合為一,相交為用:價值判斷藉託身於事實判斷中而彰顯;事實判斷又為了要承載價值判斷,所以在譴詞構句上更須精確以符合歷史上的實然情況。

上段談價值判斷,這「價值」作道德義解。此外,「價值」常有作「主

觀的」及「重要的」二義解。若作此二義解時，價值判斷便變成了不是應否（ought, ought not）避免的問題（如上段所述），而是可否（can, cannot）避免的問題。我們說過，在這意義下的價值判斷（價值取向）是不可避免的。就歷史研究來說，從選擇題目、範圍為起點，至因果關係場的不易確定及日常語言（ordinary language）的含混與歧異為終點，我們都不可避免地被價值取向所影響左右。這些因素雖不可或很難完全避免，但它們對「妨礙往事重建的客觀性」來說，並不佔同等比重。選題研究這個因素可謂全不影響往事重建的客觀性。至於因果關係場這個因素，則端視史家個人興趣、背景、知識等等之不同而影響其所選定之因果關係場。然而，因果關係場之認定的最重要目的在於解釋某一個別往事。如史學研究純以往事重建為目的而不涉解釋，則因果關係場之不易確定，其對歷史研究的影響，亦非甚大。第三因素（日常語言的含混與歧異）雖不能完全避免，因史家之語言非技術語言，可是記號學之進步有助於減少語言的含混。歧異性則可藉著各名詞以至各單字字義之界定，找一共同的基礎（譬如約定成俗的共識）而減少。史家用語的自律性的提高及標新立異的意圖的降低亦可削減這個不良因素的影響。

最後要談的是動機判斷。動機判斷既有助於行為的解釋——求因，故原則上我們不能或不宜排斥其應用於史學上。可是我們不能過分強調其實效性，因為動機判斷並非獲知某行為成因的唯一方法。且構成此方法之「直觀」、「設身處地的想」等等的途徑還得假借因果律之助。可是因果律本身既非絕對有效（如同因不必同果，不同因亦可同果等等；其複雜度便可想而知），則以此為基礎所展開的各相關途徑，其有效性就有待商榷了。然而，史家又不宜因噎廢食，所以動機判斷在歷史研究（史學）上仍是有其價值的，即對歷史研究仍是可以作出貢獻的。

# 全書附錄（四）

# 新儒家的史觀
## ——以錢穆、唐君毅、徐復觀為例[*]

## 一、前言

### （一）何謂「歷史」？

「歷史」一詞之涵義——人類的過去（the past itself；le passé lui-même；the human past）。這是「歷史」一詞廣義的說法／定義。

另一涵義（也可說是狹義的定義）：被紀錄下來之過去（the written past；le passé écrit）：這已牽涉到「史學」（歷史研究）的範疇。

### （二）何謂「歷史哲學」？

其實這個詞含兩部分：「歷史」、「哲學」。所以嚴格來說，我們適宜先問：何謂「歷史」？何謂「哲學」？（讀者們，你們知道「哲學」是甚麼嗎？）「歷史哲學」最簡單的定義：對歷史作反省的一門學問。

---

[*] 筆者與內子慧賢於 2012 年 6 月赴筆者修讀博士學位的國家——法國旅遊。當時曾應法國法蘭西學院漢學研究所圖書館古籍部負責人學姊兼好友岑詠芳女士之邀，於法國巴黎以「新儒家的史觀——以錢穆、唐君毅、徐復觀為例」為題發表專題演講。本文為當時臨時授命而撰就的講稿；實在相當粗略，其實只是講綱而已。其後雖有所增訂，但大體上仍不異於原講稿。報告日期：2012.06.12。2012.06.12 初稿，2012.07.08 增訂，2014.06.03 三稿，2024.06.30 四稿（主要增加了總結之（五））。2024.10.05 定稿。本文已收入去年（2023）9 月出版的拙著：《唐君毅的文史哲思想》（臺北：臺灣學生書局，2023）一書內，頁 563-567。然而，本書與上書，以性質相差極大，筆者相信兩書之讀者群恐必不相同，或至少不盡相同。是以此拙文今又收入本書內，藉以讓讀者給予指教。收入本書前，此拙文亦作了相當程度的增訂，譬如，特別設計了若干問題，藉以喚起讀者，尤其年輕讀者，在閱讀過程中的興趣。

對歷史作反省含：
1. 對人類的過去作反省：
    （1）宏觀的反省→史觀（甚至可稱為「歷史形上學」。（何謂「史觀」？讀者們可以列舉出中外若干種史觀嗎？）
    （2）微觀的反省，譬如針對某古人的成敗得失作思考，並藉以反省自身的情況。
2. 對被紀錄下來的過去作反省：這便進入歷史知識論、歷史價值論的範疇。

## （三）何謂「新儒家」？

　　相對於先秦儒家來說，所有後出之儒家均為新儒家。新儒家有二特質：
1. 返本──繼承先秦儒家（孔孟荀，尤其孔孟）之思想；尤其內聖的一面。
2. 開新──對治時代問題而作出回應（側重外王面）。[1]

　　針對漢代的政治大一統（專制）→思想大一統（董仲舒），漢儒的回應：經學、經世致用之學、災異、讖緯、禪讓。

　　針對隋唐的佛教，唐宋明儒的回應：唐儒（如韓愈）排斥佛老；宋明儒則汲納佛老、消融佛老，進而有道德形上學之發皇。

　　針對清代的考據學：清儒有認為考據學不足以概括清學；針對「以理殺人」，主張以禮代理（可參周啟榮與張壽安的著作）；明末清初經世之學、清末今文派、公羊派。（按：以上漢儒、唐儒、清儒，他們並不太強調義理這個層面，此與吾人一般意義下的新儒家有別，是以就「新儒家」一詞的狹義來說，他們並不太算是新儒家。）

---

[1] 其實，開新也有另一義：儒家內部開新，譬如某一儒家人物之思想異於主流儒家之思想（含其前之儒家、同時代的儒家），而能開創出另一種儒家思想或方向也算是開新。牟宗三先生認為程頤所賦予《大學》的地位乃異於其前及同時代的儒家之主流思想。由此來說，程頤也算是在儒學的內部開了新。牟先生對相關問題的討論，杜保瑞嘗予以探討批判，見所著《牟宗三儒學平議》（臺北：臺灣商務印書館，2017）。2024.11.10 補充：熊十力先生亦特別重視《大學》的地位。其說見其大著《讀經示要》。

現代／當代（從 1920 年算起；針對五四運動以來的學風）新儒家強調新外王——科學與民主。

代表人物計有：

第一代：梁漱溟、馬（一）浮、馮友蘭、錢穆、賀麟、方東美、熊十力、張君勱等。（義大利漢學家白安理把方東美視為第二代，劉述先則視為第一代。）

第二代：徐復觀、唐君毅、牟宗三。

第三代：蔡仁厚、劉述先、余英時、杜維明、成中英。

第四代：劉國強、楊祖漢、李明輝、林安梧等等，甚至包括筆者（按：此第四代亦師從唐、牟二人，故很難說純粹是第四代。可說是第三、第四代之間；林安梧創「新新儒家」的稱謂。）

## 二、錢穆

（一）錢先生是否新儒家？錢先生的大弟子余英時以為不是；認為錢先生最不喜立門戶，所以不應把錢先生歸入為新儒家。（但除此以外，還有其他原因導致錢先生與其弟子余英時否認錢先生是新儒家嗎？）「然而，大陸學者羅義俊堅持把錢先生列入『新儒家』，稱其史學為『歷史主義的新儒學』，海外唐門、牟門弟子對此皆表示贊同。」[2]

（二）其實，「新儒家」有廣狹兩義。廣義：可參上文（即上文所說的新儒家，是取此詞之廣義。）；狹義：側重義理層面，尤其側重道德形上學。從廣義的立場來說，錢穆當然是新儒家。本文乃從廣義來看，是以把錢先生納進來。依同理，本文也把徐先生納進來。

（三）錢先生的史觀（大陸好友陳勇教授、徐國利教授，乃至港人區志堅教授這方面的研究比我深入多了。）

---

[2] 汶俊（David），〈錢穆臨終前的新知卓見——讀〈天人合一論〉〉2019/10/11 00:59；此見以下網址：https://blog.udn.com/ts88lai/129965669；瀏覽日期：2024.06.30。

1、歷史是"人"的歷史[3]。
2、文化史觀（上揭周書，頁167）、民族文化史觀。
3、性善論（光明性）、不朽論推動了歷史的發展。[4]
4、否定中國歷史上出現過君主專制獨裁政治，惟明、清兩朝則為例外（這方面的立論與張、徐、唐、牟，最不同。）（「張」指誰？他最為人稱道的表現是？）

## 三、唐君毅[5]

（一）肯定道德形上學：形上本體乃一具道德性格之實體。此實體，中國人稱之為良知、仁體、道體。唐先生有時稱之為「形上真實自我」。如套用西方人的觀念，此實體，便是上帝。

（二）人乃候補的神（甚麼叫「候補的神」？）：人類歷史乃不斷奮鬥精進以求自我超越的歷史。即擺脫自然人、野蠻人而追求成為理想人（理想人格）之歷史。

（三）中國現代史的省思：中華民族、中華文化必相結合的發展才是理想的發展。[6]

---

[3] 參周育華，《君子儒錢穆先生評傳》（南京：鳳凰出版社，2011），頁172。手頭上剛好有此書；旅次途中不及參考他書。讀者，其諒之歟？

[4] 同上注，頁166、175-176。

[5] 唐先生的史觀，就歷史本身的發展這一個面向來說，詳見拙著：《學術與經世：唐君毅的歷史哲學及其終極關懷》（臺北：臺灣學生書局，2010），第一和第二章。

[6] 依唐先生，中華民族與中華文化，在中國歷史上的若干時段（朝代）是不結合在一起的；換言之，即是分離的，各自發展的。吾人除期盼中華民族（指包括境內所有的民族）與中華文化能結合在一起之外，為求更健全、更理想的發展，還應當補上西方文化之核心：科學與民主。前者強調客觀認真、自由獨立的研究態度（此即牟先生所恆言之學統）；此使人成為認知的主體。後者則重視政治上的自由、人權、法治；此使人成為政治的主體（此即牟先生所恆言之政統）。2025.03.08 補充：筆者近來，越來越察覺到，光有民主（尤其是西方式的重量不重質，或至少量重於質的民主），實在非常不足以濟事。依徐先生，民主當然可貴，但必得以民本為核心，為主軸，為出發

（四）唐先生絕非只是哲學家、哲學史家；乃係偉大的理想主義者、人文主義者、人類未來行程的策勵者。

## 四、徐復觀（徐先生的人生經歷跟錢、唐有一點有絕大的差異，讀者可指出來嗎？這一絕大的差異，導致徐先生對現實和對歷史的關注點有異於錢、唐。這反映出甚麼？提示：史家與環境。）

（一）由心善而肯定性善（人性本善）、道德內在、道德自發。
（二）認為不需要借助形上學的理論來說明人性本善、道德內在；亦不必借此以說明歷史的發展。
（三）中國歷史上的君主專制獨裁為萬惡之源頭。此導致經濟上不平等、社會上不公正、不公義、不合理——包小腳、科舉八股文等等。
（四）人類歷史之前景及希望：民主（徐先生且特別強調以民為本的民主）、自由、人權。

## 五、結語

（一）錢、唐、徐皆可謂理想主義者、人文主義者、文化主義者、儒家、儒者。不同之處在於對道德形上學的看法、對中國傳統政治的看法。
（二）共事之困難／新亞創辦人問題。
（三）錢、徐：史家、思想史家；唐：哲學家、哲學史家（當然，這只是很粗略的區分而已。）錢先生又被視為國學大師。[7]
（四）三人皆不世出（何謂「不世出」？）的當代偉大人物；富使命感。個

---

點。依唐先生則必須補上人文精神及依此精神而來的相關配套。兩先生確有所見；讓人敬佩不已。依筆者，民主之運作必得以良知（道德理性）為主軸，為指導，才可以糾矯其可能產生的弊端。詳見上揭拙著《唐君毅的文史哲思想》，第一章第四節。

[7] 有關何謂「國學大師」，2012.06.29-07.01 上海大學歷史系主辦「民國史家與史學國際學術研討會」上有所討論。筆者嘗應邀出席，並發表論文。

人認為：時勢固造英雄，但英雄亦造時勢啊。（這恐怕是一種辨證的關係。）

（五）有關錢唐徐三大師對天人關係的看法，也許值得一提。茲先述錢先生的看法。臨終前錢先生所發表的〈天人合一論〉（其出處，參上注2），有如下的說法：「我從前雖講到『天人合一觀』的重要性，我現在才澈悟到這是中國文化思想的總根源，我認為一切中國文化思想都可歸宿到這一個觀念上。」錢先生這裡說到的「天」，是就「天命」來說的。因此上揭〈錢穆臨終前的新知卓見——讀〈天人合一論〉〉一文便得出如下一判斷：「……，與『命』連言的『天』，不是荀子的自然之天，而是道德之天、義理之天。故此，『性』不是氣性、材質之性，而是能感通萬物的道德情感，規範自身言行的道德主體。」然則此天便是具道德意志的一形上實體了。（簡言之，此即好比西方之上帝。）此似乎多少揭示了錢先生具有宗教意識；吾人若由此而說此隱含錢先生具一定程度的宗教信仰，恐亦不為過。[8]至於唐先生，其宗教意識之濃郁，乃至具宗教信仰（如提倡並推崇三祭），乃不必贅說者。至於徐復觀先生，卻從來不認為必須要透過形上學來處理或闡釋人間的道德問題。本此，則天人合一的一種關係，或這種說法（即天人合一論），至少在人之道德實踐上，在徐先生看來，恐怕是不占地位，或至少不占重要地位

---

[8] 但在這裡，需要做點補充。《孟子・盡心（上）》：「盡其心者，知其性也。知其性，則知天矣。」依此，則這個（具道德意志的）天，其根源乃緣自人之心者。所以筆者說錢先生具一定程度的宗教信仰，是指以心為基礎的一種宗教信仰。錢先生以下一句話，也許可以充當筆者這個說法的佐證。先生說：「我們可以說西方的宗教為上帝教；中國的宗教則為『人心教』或『良心教』。……因此中國宗教亦可說是一種人文教或稱為文化教，並亦可稱之孝的宗教。」這句話雖然並非錢先生個人宗教信仰的自白，但我認為很可以作為夫子自道的一句話。此語見〈孔子與心教〉，《靈魂與心》（臺北：聯經出版事業公司，1976），頁28。要言之，若說錢先生具一定程度的宗教信仰，乃指以人心為核心，為主軸的一種宗教信仰；此與訴諸外力（譬如上帝）為主的宗教信仰（譬如基督宗教），全然不同。換言之，如說錢先生具宗教信仰，則「宗教」一詞，乃取此詞的廣義用法來說。

的。當然，如果「天人合一」的一個說法，是把天收攝於（內化於）人的層面來講而成為「一重的世界」，則筆者認為徐先生是可以贊同的。汶俊（David）先生有如下的說法：「……徐復觀卻認為天、人二分無損道德的成就，成德必須經過將外在的道德言行內化的過程，而要內化外在的道德言行，必先認知外在的道德言行何以為道德。」[9]

**報告完畢　　感謝聆聽　　歡迎指教**

---

[9] 出處同上注 2。汶俊（David）並指出，徐先生這個說法，見徐氏所撰：〈程朱異同〉，收錄於《中國思想史論集續篇》。筆者細閱徐文，並未發現徐先生嘗說過汶俊所說的上引語；即在徐文中，筆者並未發現上引語。然而，徐文則大體上含此意；是以上引語蓋汶俊綜括徐文而作出的一個綜合判斷或一個結論。又：「一重世界」、「二重世界」這個說法及其相關闡述，見諸〈程朱異同〉。該文收入《中國思想史論集續編》。筆者所據者，乃臺北：時報文化出版事業公司，1985 年出版的本子。汶俊（David）又認為〈程朱異同〉一文「對孔孟程朱的把握明顯很有問題」。見所撰〈徐復觀的晚年定論——〈程朱異同〉的弦外之音——書史小齋〉，https://davidlai1988.wordpress.com/2020/03/06/；2024.06.30 瀏覽。

## 全書附錄（五）

## 傅吾康《明代史籍彙考・導言》
## （翻譯／譯注）

### 譯者弁言

　　傅吾康先生（FRANKE, Wolfgang，1912-2007），乃當代德國著名的漢學家和戰後漢堡學派的主要代表人物，漢堡大學中國語言文化學系名譽教授。傅氏乃福蘭閣（Otto Franke，1863-1946，亦漢學大家）子女中唯一繼承乃父事業者。1937-1950 年先生嘗在中國各地遊學、從事研究和教學。1950 年回德國任教至 1977 年退休。退休後嘗再來中國並赴馬來西亞教學。2000 年回國定居。2007 年 9 月 6 日逝世於德國柏林。

　　傅氏精通中、英、德文。就漢學方面，先生一生潛心於明清史、中國近代史和近代東南亞華人碑刻史籍之研究，著作甚豐。就明清史方面，其代表作是《明史要目解題初稿》（*Preliminary Notes on the Important Chinese Literary Sources for History of the Ming Dynasty, 1368-1644*，刊登於 *Studia Serica Monographs*, Series A, No.2, 1948 年；尚刊登於他處，不盡舉。）此著作蒐集了不少中文文獻和西方資料，嘗被西方公認為一部比較全面介紹明人史籍的史料學著作。至於譯者現今所翻譯者，乃以下一書，即 *An introduction to the sources of Ming history* (Kuala Lumpur: University of Malaya Press, 1968) 卷前的 "introduction"（譯者譯為〈導言〉）這個部分。而 *An introduction to the sources of Ming history* 則是《明史要目解題初稿》的增訂版；增訂的幅度是相當大的。（以上參 *An introduction to the sources of Ming history* 一書開首處的 "foreword"、百度百科、維基百科等等。）

　　上揭傅吾康先生的大著，即：*An introduction to the sources of Ming history* 的 "introduction"（〈導言〉），占 20 多頁的篇幅（頁 1-28）。這個

全書附錄（五）傅吾康《明代史籍彙考‧導言》（翻譯／譯注） 603

〈導言〉翻譯於 20 多年前的 2001 年；其後修訂多次。當時本擬投稿到學報上發表。爰去函該大著的出版社，即 Kuala Lumpur 的 University of Malaya Press，請求中文版翻譯權。但一直沒有得到回應。2001 年至今（2025 年），已事隔 20 多年（按：原書初版於 1968 年；換言之，即出版已接近 60 年），且此〈導言〉僅得 28 頁，不及全書 347 頁（不含正文前以羅馬數字標示頁碼的 25 頁）的 10 分之 1；想不至於構成所謂侵犯版權的問題。是以今納入本書內發表，以便不諳英文之讀者一窺傅氏大著之梗概。納入本書前，此拙譯嘗做相當大程度的修訂；然而，大體上仍限於文字潤飾方面而已。至於內容方面，即該 "introduction" 所述說者是否完全符合歷史事實，則不克予以全面的考證辨析。且在翻譯的過程中，亦不克參考近今科技產品 AI 所提供的各種翻譯；或所謂因陋就簡歟？惟譯者曾在不少地方以「譯者注」的方式作了注釋，又或作了按語，計不下 30 個之多；其中含譯者個人意見之表達。譯者既添加了含表達個人意見的一些內容，則拙譯遂並不只是翻譯而已；當然，其中或不免錯謬也說不定，萬望讀者惠予指正。按：上述內容大體上是以頁下注的方式來表達（若干簡單的按語則直接插入正文中）。

其實，譯者頗認為傅氏整本書都值得翻譯，不僅書中 "introduction" 這個部分而已。全書共 9 章。也許該書各章（原文作 "section"，而不是作 "chapter"，是以或譯作「部」）的標題有助於讀者獲悉該書的梗概也說不定，是以今譯出如下：1.編年體的著作，2.官修與私撰史書總覽，3.傳記體著作，4.歷史筆記小說等等，5.奏議，6.政書，7.外國事務與軍事組織的著作，8.地理與方志的著作，9.政經科技著作與叢書。然而，以精神體力關係，且中譯本的版權問題又不知如何解決，是以姑且割愛而不做全書的翻譯。也許值得一說的是，如果這篇不算太長的拙譯能夠激起微末的浪花，刺激讀者萌生閱讀全書的一個念頭，並能付諸實行，那是筆者最樂見之事。

2024 年 7 月 24 日及同年 12 月 21 日補充：傅吾康高足劉奮明（Liew-Herres Foon Ming）女士在傅氏囑咐下，嘗用 10 年時間增訂此《明代史籍彙考》而成《增訂明代史籍彙考》一鉅著（2 大冊，1300 頁）。該書用英文撰寫，名 *Annotated sources of Ming History: Including Southern Ming and Works* on Neighbouring Lands 1368-1661 (Kuala Lumpur: University of Malaya Press, 2011)。此詳見星洲網：www.sinchew.com.my/20110626/。相關標題如下：「出版《明代史籍彙考》增訂版路艱辛 劉奮明 10 年圓師遺願」。劉女氏本人在書前撰寫了一"Introduction"（頁 47-78）。為了表示此"introduction"有別於 1968 年該書出版時 W. Franke 本人所撰寫之"introduction"，劉氏乃以下面的一個標題來表述後者："W. Franke's Introduction to the 1968 Edition"。然而，針對 W. Franke 此"introduction"，劉氏嘗予以增刪；換言之，此"introduction"實與 W. Franke 本人所撰寫者有別，唯差別（差異）不大，甚至可以說很小。今筆者仍以 W. Franke 本人所撰寫者為準；劉氏所增刪之字句，筆者一概從略；即翻譯時，不予處理。是以其增者，不添補入本拙譯內；其刪者，筆者亦不予以指出。當然，與時俱進而作出相應的更新是最一理想的做法，但是為了尊重劉氏增訂版的智慧財產權，且又深恐侵犯相關版權，是以只好割愛而一仍其舊。讀者其諒之歟？

　　坦白說，此出版於 50 多年前的《明代史籍彙考》，其實是有些過時了，尤其就資訊量或資訊這個面向來說；然而，若僅就"introduction"這一部分來說，則譯者相信，尚未過時，或至少尚未完全過時，且對明史初入行的年輕人來說，也許仍不無參考價值，是以迻譯如下。所謂參考價值，主要源自這個"introduction"中的第二節，即「明代史學的幾個面向」的一節。當中，傅氏作出了含指導性或啟發性的若干卓越論斷。此外，就知性的一個面向來說，尚讓讀者獲悉明代史學史（含史籍考證史，其中應予以深化及普遍化的「考而後信」的治史態度，尤其值得嘉許）、明代史籍目錄學的知識、明代史學發展的特色（含撰史新趨勢）、廣泛的史學致知的知識，乃至時代大環境對史學發展之影響等等。一篇僅 20 多頁的"introduction"（其中第二節所占篇幅尚不滿英文原文五頁），竟然含如此豐富的內容，誠然讓人嘆為觀止。

## 目前研究概況

直至最近為止，明代（1368-1644）乃中國歷代研究中最被忽視的朝代之一。所以被忽視，究其原因，計有以下數端。首先，清代學者，最不願意研究明代。蓋漢族學者對明代之抵抗滿虜深表同情，是以反對滿清統治，或至少持負面態度予以批判者，大不乏人。作為外族入主中原來說，清廷對此極為敏感。眾所周知的乾隆朝（1736-1795；參後文）的文字獄，其發機動念，便主要是為了要唬嚇這些學者，使他們產生恐懼。因此 18、19 世紀的大多數史家為了明哲保身，便把注意力集中在更早期的歷史研究，而迴避甚具爭議性的明代。明代便由此而漸次被視為昏暗不明的、乏味的，即一無價值遂無以嘉惠後世的一個衰世。辛亥革命後，學者雖早已不必畏懼彼等對清廷的批評會帶來政治上的反擊，然而，上述鄙視明代的觀點，仍然在中國學者間盛行不衰，甚至對日本及西方學者亦產生極大的影響。明史研究之不被重視，以下所述的另一原因恐怕更為關鍵。

就表面而言，與前代相比，有明一代在文化方面，並沒有作出過明顯的貢獻。因此對研究者來說，便似乎產生不了足夠的吸引力。明代的國力不能與漢唐相比，幅員亦不逮元、清。就文化成就來說，明人又不能自詡其哲學思維上的原創性有若先漢，詩歌、藝術有若唐宋，或訓詁考證有若清代。[1]

言行惟謹的學者，所以無意於研治明史，尚有另一原因，此原因與上述首因或不無關係。明代史料，數量眾多，且情況複雜（譯者按：恐指真偽存佚暗晦不明等等的情況）或許有助於說明箇中緣由。由於明代史家對當代史特別感興趣，因此相關史料、史著便比其他朝代為多；19 世紀末葉及 20 世紀初是唯一的例外。然而，文字獄摧毀了撰著於明代及清初的大量明史著作。其劫後餘存者恆僅得一孤本或數本而已。謹慎的學者縱使對某一時段或某一課題深感興趣，亦不敢貿然展開研究，蓋深悉史料雖存，然無法獲得故

---

[1] 譯者注：作者傅吾康在這裡似乎說過了頭。明人如何可預知未來清人在訓詁考證學上的成就呢！蓋傅氏一時不慎而以其當時（20 世紀）之視角看問題了。

也！既而，上述障礙漸次被克服過來。清廷的影響幾已不復存在；過去一、二十年來（譯者按：即大約1950-60年代的一個時段），治史者逐漸聚焦在一般的政治及社會事務上，不再自囿於僅鑽研某一時期傑出的政治上與文化上的成就。由此史家便認識到中國以既有的政治與社會型態在19世紀與西方世界發生衝突時，此型態其實遠於16、17世紀時已定型下來。這個定型於明代統治期下半葉的傳統模式，時至今日仍構成中國擬從農業社會力圖轉型為現代化工業社會的一個支配性的因素。但無論如何，促進學者們系統地有效評估、衡量大量相關史料的初步工作已然展開。

職是之故，特別近今10年，其他朝代史的研究外，明史研究，在中日學者，甚至在西方國家的學者間，便漸次獲得應有的地位。1962年亞洲研究協會在紐約哥倫比亞大學L. C. Goodrich教授的領導下，便開啟了明人傳記史的編撰；[2]此外，東京東洋文庫又成立了明代史研究室。這都充分反映了時人對明史研究的興趣與日俱增。本文作者旨在探討10年前（譯者按：即1960年前）明史研究的概況；[3]然而，近今10年，相關研究其實又有了長足的進步。山根幸夫所開列的中日史家明史研究的專書及論文的清單正好說明了這一點。[4]

如上所述，現存的明代史料仍繁富眾多。然而，以其性質複雜（譯者按：蓋相關狀況曖昧難明），學者探研維艱。舉例來說，計有以下問題：首先，史料與相關主題或相關歷史時段之關係；其次，史料之各種性質：基本的、首要的、次要的、可忽視的、可靠的、不可靠的、原始的、轉手的、再轉手的等等。迄今，上述問題皆未嘗作過深入探討；吾人對此等史料仍在做初步的篩選與分類，藉以恰當估量其價值而已。1930年代出版的以下諸種

---

[2] 此原注1：見 *Newsletter of the Association for Asian Studies*，卷8，期3；卷9，期2，頁20。

[3] 此原注2：W. Franke，〈15、16世紀中國史學研究的現況〉，*Saeculum*，卷7，期4，1956，頁413-441。

[4] 此原注3：《明代史研究文獻目錄》，東洋文庫編，東京，1960。

著作皆為此方面之拓荒者：李晉華《明代敕撰書考》，[5]謝國楨《晚明史籍考》，[6]謝書出版的同年，王庸（王以中）在所撰專書《中國地理圖籍叢考》[7]中發表有關明代歷史地理方面的一篇論著[8]，吳玉年又在學刊上發表日中沿海盜寇史料的文章：〈明代倭寇史籍誌目〉。[9]然而，以上目錄性質的著作，旨在把前人對相關史籍所做的目錄學方面的論述加以轉引，藉此提供資訊；至於史籍的內容及其史料價值如何，則只是偶爾間注意到而已。況且，此等目錄學書籍納入了不少條目是不曾細究相關史籍是否仍然存在者。1930 年代的後半葉，日本一學報刊登了一份精挑細選（但不加考釋）的明史研究最重要的史料的清單。其 47 個標目中，其中 37 個源自明人，10 個源自清人。[10] 1948 年，本書作者出版了《明史要目解題初稿（1368-1644）》一文（參〈前言〉）[11]，企圖對相關史料提供較為詳盡並予以考證的論述。該文對 294 種著作分別撰寫提要，其中明人及清人著作分別為 256 種及 22 種。尚有 16 種是有關叢書的。然而，該文可謂已過時，且亦絕版。晚近對現存明代重要史籍做深入研究而頗具實用價值的一著作則收錄在《東洋史料集成》一書內。可惜該著作在編排各條明代史籍提要方面，處理得極不恰當

---

[5] 此原注 4：哈佛燕京學社漢學引得系列，附錄，第 3 號，北平，1932。

[6] 此原注 5：20 卷，索引 1 卷，1933 年國立北平圖書館印。數年前得悉新版將面世。
譯者按：傅氏所說的「新版」名為《增訂晚明史籍考》，中華書局 1964 年出版。上海：上海古籍出版社於1981 年 2 月又出版了新一版。

[7] 此原注 6：〈明清史料研究〉，《金陵學報》，卷 3，期 2，1933，頁 311-329。

[8] 此原注 7：上海：商務印書館，1947，本《叢書》中與明代相關的兩文於更早時已首次面世：〈明代北方邊防圖籍錄〉，《地學雜誌》，卷 21，期 1，1933，頁 29-54；期 2，頁 75-112；〈明代海防圖籍錄〉，《清華週刊》，卷 9，期 10，1932，頁 1133-1154。

[9] 此原注 8：原刊登於《禹貢》，卷 2，期 2，1934，頁 29-36；期 6，頁 27-34；亦作為附錄收錄於上揭王庸書（見上註 8）。

[10] 此原注 9：《世界文化史月報》，期 12，頁 2-3。

[11] 譯者注：作者所撰之〈前言〉（foreword），共 4 頁（xiii-xvi），作者之相關說法，見 xiii。《明代……初稿》一文刊登於 *Studia Serica Monographs*, Series A, No.2. 亦可詳參上文〈譯者弁言〉第二段之說明。

（紊亂，雜亂無章，極不具條理，unsystematic），該著作的價值由是貶損。

一般性質與目錄性質的書籍中能夠針對為數不多的明史著作提供資訊的，以下數種必須予以述介。此中《四庫全書總目提要》算是最早提供精確資訊的一書，[12]雖然偶爾間免不了流露出清人對明人著作的一些偏見。以西方語文撰寫的第一本大部頭目錄著作《中國文獻提要》乃成書於 Alexander Wylie 之手，[13]其中含若干種明史著作提要。與此同時，桂五十郎[14]的《漢籍解題》與另一日人所撰的《史籍解題》[15]亦收錄了若干種明史提要。以上諸書皆早已過時，且與明史著作相關的條目不多。相對來說，下列諸書乃新近的著作且提供明史研究更多目錄學上的資訊。近藤杢的《支那學藝大辭典》即其一。[16]此外，尚有《東洋歷史大辭典》及最新出版的《歷史事典》。此等辭典對明代研究有關史源方面的不少著作，提供了極有價值的資訊。專科目錄，譬如以下各書，則提供較少的資訊：鄧衍林的《中國邊疆圖籍錄》、[17]許雲樵的《南洋文獻敘錄長編》；[18]蓋此等書籍只收錄為數不多的明代史籍提要而已。鄧嗣禹與 Knight Biggerstaff 的《中文參考書要籍解題》[19]亦收錄若干種明代史籍提要。朱希祖寫成於 20 世紀 20 年代及 30 年代初期，然逝世後始出版的《明季史料題跋》，[20]則是朱氏本人針對明季史料所寫的多篇序跋的結集；此對若干種史籍亦提供了重要的資訊。謝國楨新近出版的

---

[12] 此原注 10：有關版本等等問題，參看鄧嗣禹與 Biggerstaff，《中文參考書要籍解題》，第 2 版，頁 27-31。

[13] 此原注 11：第 1 版，上海、倫敦，1867；第 2 版，上海，1922；紐約，1964，重印。

[14] 此原注 12：東京，1905。

[15] 此原注 13：平凡社，東京，1936、1940。

[16] 此原注 14：新版更名為《中國學藝大辭典》，東京，1963。

[17] 此原注 15：上海：商務印書館，1958。

[18] 此原注 16：*Bulletin of Institute of Southeast Asia*，新加坡：南洋大學，1959，頁 1-170。

[19] 此原注 17：作為《燕京學報》專刊第 12 號初版於北平，1936 年。麻省劍橋：哈佛大學出版社，1950 年修訂再版。

[20] 此原注 18：北京：中華書局，1961。

《明清筆記談叢》對不少明人筆記的內容作了具價值的論述。[21]

## 明代史學的幾個面向

（譯者按：譯者個人認為本節的篇幅雖不大，但對明代史學的整體表現，或多方面的表現，做了相當精簡扼要的論述。是以今先開列如下，俾便讀者知悉本節之梗概：1.歷史撰述的經驗和技巧有所擴充和改進；2.撰史水平超越過去；3.史家意識到檔案資料和私家撰寫的小說筆記有著本質上的差異；4.經世文或經濟文的出現；5.以資鑑戒的重要奏疏的彙編）

如上所述，明代史籍（其中大部分成於明人之手）在數量上是大大地超過其他朝代的史籍的。明代距今較近，因此雖迭經文字獄慘案，但明代出版的書籍，相較於其前之各朝代來說，還是保存下來較多的。然而，這個解釋只能部分地說明真相。其實，歷史著作，無論就素質，或就數量而言，明人都展現了相當大的進步，15 世紀之後，尤其如此。萬古不朽的創新性歷史鉅著，譬如成為後世所有正史模範的司馬遷的《史記》；[22]成書於1085年，第一部從不間斷地依年記述將近1400年歷史的司馬光的《資治通鑑》；[23]大部頭的政書如杜佑（公元 735-812）的《通典》與馬端臨（約公元 1254-1322）的《文獻通考》[24]等等，明人是寫不出來的。然而，由於識字能力的民眾大量增加和由於學人為官者與日俱增，而大多數史著的撰人與讀者正源自這些人士，[25]史著的種種承傳模式，便因此而有所擴充、改進。

---

[21] 此原注 19：上海：中華書局，1960。

[22] 此原注 20：有關《史記》及其他正史的相關研究，參楊聯陞，*Topics in Chinese History*（《中國史專題》），麻省劍橋：哈佛大學出版社，1950，頁 32-38。

[23] 此原注 21：同上註，頁 40。
譯者按：《資治通鑑》記事始於周威烈王二十三年（前 403 年），終於後周世宗顯德六年（959 年），前後共 1362 年。

[24] 此原注 22：參鄧嗣禹，Biggerstaff，上揭書，頁 147-156。

[25] 此原注 23：中國撰史方面這個面向，學者嘗予以申論；E. Balazs 尤具代表性。參氏

說到"史書",先對此名詞作一界定是必要的。就中國固有的書籍分類來說,史書與涵蓋在史部內的著作大抵是可以劃成等號的。此包括以下各體著作:含本紀、志、表、列傳的歷代正史;私修或半官方撰述而體裁上猶同正史的別史;官修或私纂的編年;以主題(譯者按:即以事)為經緯的記事本末;大抵上只記錄某一短暫時段或某一特定事件的雜史;收錄皇家詔敕與大臣奏疏的詔令奏議;人物生平事蹟的傳記;有關政府機關的職官;有關政制的政書;有關地理及地方行政的地理(含方志著作)。[26]除史部以上各著作外,歸類於子部的若干種書籍亦必須附加入內而視同史書:多半目為軍事及邊防著作的兵家;猶同政治百科全書的類書;論說歷史而以"雜家"或"小說"命名的札記。以上分類在眾多目錄書中並不全然相同。[27]官修目錄書中子部所含的若干種書籍條目,甚至一整組書籍條目在別家目錄中可能歸類為史部;反之,官修目錄史部所收的大臣奏議又有可能被其他目錄書歸類在集部名目下。除以上嚴謹意義下的史著外,很多其他撰述對歷史研究來說,亦可能是重要的。奏疏奏議外,文集中的表,乃至文集中的其他部分也可能與史家的研究有關。譬如文集作者的友好的傳記資料便可以透過文集中以下的文章獲得:墓誌銘、神道碑、祭文、行狀、傳記等等。[28]文集中的文章與史事有關者,尚有:作者尋幽攬勝或參與活動後所寫的記;作者對歷史及政治議題所作的志、論或說;與友朋或同僚的往來信札。文集有時會收錄

---

著,〈以史為鑑——作為行政指南的歷史〉,W. G. Beasley and E. G. Pulleyblank 主編,*Historians of China and Japan*,倫敦,1961,頁 78-84;德文版:"Chinesische Geschichtswerke als Wegweiser zur Praxis der Bürokratie", *Saeculum*,卷 8,期 2、3,1957,頁 210-223。

[26] 此原注 24:Charles S. Gardner 嘗就史書的不同體裁做過相當不錯的考察。見所著 *Chinese Traditional Historiography*,麻省劍橋:哈佛大學出版社,1938;第 2 版,1961。

[27] 此原注 25:有關史書分類的不同體系問題,參鄭鶴聲,《中國史部目錄學》,上海:商務印書館,1930。

[28] 此原注 26:參本書第 3 章(section 3)之引論(譯者按:即本書頁 74-77)及其相關附註。

簡短的，然而深富歷史意義的論著，而此等論著是不曾個別地在任何書目或目錄書中提過的。葉春及（公元 1552-1595）詳細論述位於福建沿海城市泉州北面惠安縣的政治、地理、經濟、社會及行政情況的《惠安政書》便是一例。再者，很多小說應被視為足以反映寫作時代的文化史與社會史的一手史料。最後需要說明的是，明代詩作在很多方面展現時代精神，因此可以歷史研究素材視之。這方面，吉川幸次郎在所撰《元明詩概說》一書中即嘗予以闡述。[29]

明代的撰史表現雖不外於（中國的）傳統撰史模式，然而即便如此，所達到的水平是高超的，可說超過先前任一時期的史學成就。內藤虎次郎在他的《支那史學史》便對明代史學的成就做了資訊性豐富的論述。[30]十六世紀中葉之前，歷史撰著者對「歷史文獻——掌故」[31]與野史中的「主觀記事」的區別，並不是分辨得那麼清楚的。鄭曉完成於 1549 年至 1566 年之間的《吾學編》與薛應旂完成於 1573 年的《憲章錄》便是兩者的混合物：內中作為歷史研究基底的，既包括官方檔案資料，亦包括可信程度不一的各種歷史記述。因此，有價值的資訊而官方記錄所不曾提供的，有時候便混雜在難以證實的故事傳說中。舉例來說，初版於 1555 年而在以後數十年間重編增訂 10 多次，其內容廣包明代建國二百年諸事諸物的第一本編年鉅構——陳建的《皇明通紀》，便是全然以故事傳說為據；因此是可靠性堪虞的一本著作。

---

[29] 此原注 27：東京：岩波，1963。亦可參 Barbara Krafft，〈吉川幸次郎論中國文學的發展〉，收錄於 *Nachrichten der Gesellschaft für Natur-und Völkerkunde Ostasiens* (*OAG*)，84，1958，頁 19-23。

[30] 此原注28：本書於內藤逝世後由其哲嗣內藤乾吉編輯而成。東京，1953。明代部分見頁337-374。譯者按：後由馬彪譯，《中國史學史》（上海：上海古籍出版社，2008）。

[31] 譯者注：原文為 "historical documents, chang-ku 掌故"。換言之，作者以 "historical documents" 來翻譯 "掌故"。其實，兩者是不大相同的。質言之，前者為文獻史料，後者則為據史料而建構之小規模之史事，而其可信程度恐怕與 "軼事" 或 "逸事" 相差不遠。是以 "掌故" 宜譯作 "anecdotes" 或 "historical anecdotes"。今為符合原意，又為顧存作者之翻譯，乃併二者為一，故譯作 "歷史文獻——掌故"。

16 世紀下半葉，史家中，一種新的且更嚴謹的治史態度漸次朗現。史家逐漸意識到檔案資料和私家撰寫的小說筆記有著本質上的差異，儘管前者並不盡然提供真實的資訊，而後者反而是很多個別例子的真實記錄。以文獻檔案為基礎，尤其以實錄（詳下文）為基礎的彙編性著作在 16 世紀時首次出現，這構成了創新性的歷史著作。舉例來說，王世貞（1526-1590）《弇山堂別集》（1590 年出版）、《弇州史料》（1614 年出版）及其他文集中所收錄的不同歷史論著便基本上主要以實錄為據。焦竑（1541-1620）的《國朝獻徵錄》（1594 年出版）便是由原始史料，如墓誌銘、神道碑、祭文等等所輯錄而成的人物行誼彙編的鉅製。再者，陳仁錫（1579-1634）的政治性百科全書鉅著《皇明世法錄》便全然以文獻檔案資料為根據，甚或逐錄文獻檔案資料以成書。從此以後，檔案資料便成為所有歷史編纂的基本原料；而雜七雜八的歷史著述（historical writings）只被視為補充性的資料而已。這種嚴謹的篩選考證史料的態度在後來數個世紀裡一直被繼承下來。漢以後所編纂的歷代正史中，以《明史》最為精心製作，亦最為可靠。這便是嚴格篩選考證史料以修史的表現的結果。這種修史態度透過《明史》總裁之一的徐乾學（1631-1694）的言論可以表露無遺。他說：「家乘野史未可盡信，必本之實錄，而參以他書庶幾無失，願加博訪之力，無據一家之言。」[32] 活躍於 1620 年前後的沈國元，其著作便是從舊的歷史撰述方式轉變為應用新的方式的一個很好的例證。沈著《皇明從信錄》乃上述陳建的《皇明通紀》的增訂新版。沈氏在書中不加區別的使用所有的材料；然而記載泰昌及天啟兩朝（1620-1627）的《兩朝從信錄》（此乃《皇明從信錄》的續編）便主要仰賴實錄的記載了。

此種撰史新趨勢除見諸史家個人之著作外，政府各部門亦接踵仿效。相關人等憑藉各該機關（部門）本身的庫存檔案為主以編纂該機關及其營運狀況而成的志書或便覽，漸次得到各該機關的獎助。成書於 1620 年內容廣博

---

[32] 此原注 29：〈徐健菴修史條議〉，轉錄自劉承幹編，《明史例案》，1915，卷 2，頁 10a。

資料豐富的《禮部志稿》便是其例。這種對文獻檔案予以重視的趨勢產生了另一結果：以經世濟民為內涵的經世文或經濟文得以由個別編者或某一編輯小組彙纂成冊。這些有關國家政務、事務的著作主要是大臣上書皇帝報告事情及作出相關建議的奏疏或奏議。除奏疏奏議外，這些經世文冊尚包括大臣上呈皇帝的其他種類的建議、陳詞或報告，如議、表、箋、策等等即是；與其他政府部門通訊所撰寫的公文，如揭或檄亦偶爾予以收錄。[33]奏議彙輯成冊，其實可溯源到宋代，或更早。其剞劂付梓大抵是意圖透過經篩選過的名卿巨公的奏議來彰顯綱常倫理，並藉以使人效法。所上皇帝之奏議，乃由撰者本人在生前或由子孫、友朋在其身後蒐集、出版，此一做法要到 16 世紀才成為一普遍現象。大臣們蒐集、出版該等奏議，究其動機，蓋旨在彰顯其本人之政績，並企圖給日後史家與傳記作者提供文獻資訊。此外，奏議之本身亦可能被視為具備文學價值，其地位與他類散文無異；因此值得予以出版。大臣們的奏議經篩選過而彙編出版，其事之所以被視為特別重要，且值得後繼的大臣們在實用上有所資鑑，而不只是藉以樹立政治倫理的軌則而已，這確是明人的一大創舉。大部頭的中國歷代品位高的官員的奏議的彙編出版，可上溯到永樂十四年（1416），此書名為《歷代名臣奏議》。[34]至於明臣們的奏議及論述國家事務的文字的首次彙整編錄，其事則在 16 世紀中葉；譬如《皇明經濟文錄》即出版於 1554 年。又此類作品中空前絕後的鉅構《皇明經世文編》則出版於 1638 年。這些書的標題已明確使人知悉，乃旨在提供檔案資訊作為治國參考用的。

　　類同範疇的著作，尚有主要輯錄國家事務的政治性百科全書——類書。編纂類書的傳統可溯源到唐、宋時期。16、17 世紀時，類書的編纂尤其發達。新的、經常是材料豐富的，且又特別與明代有關的著作，會被增錄在較早時已完成的類書中。這些類書，如前面提到過的《皇明世法錄》、王圻《續文獻通考》（1586 年出版)、馮應京《皇明經世實用編》（1604 年出

---

[33] 此原注 30：參本書第五節之前言。
[34] 此原注 31：350 卷，參《亞細亞歷史事典》，卷 9，頁 352。

版）等等便是。[35]其時"經世"與"經濟"，恐為相當流行的用語。此外，通告於京城的邸報或通告於城鎮與省級衙門而內含行政命令與消息資訊的政府公告——塘報，亦是提供文牘資訊的另一來源。這種政府公告，明代之前已經出現，但成為制度化的產物，則是明代中晚期以後的事。初時是以手鈔本流通的，但1628年之後，便以活版印刷。清朝把這個制度繼承下來，以後乃以《京報》一名聞名。[36]

16世紀時，歷史撰述獲得新的原動力與16世紀後期，《實錄》不再被視為機密，是息息相關的。《實錄》本子的容易獲得，當然大大地刺激了歷史撰述，蓋《實錄》幾乎構成了所有重要政治事件的基本史料來源。鑑於《實錄》的關鍵地位，我們覺得似乎有必要予以進一步的論述。

## 《明實錄》[37]

在明代，實錄是在皇帝晏駕後通常由隸屬內閣管轄的國史館纂修的。從

---

[35] 譯者注：這裡說到類書，其中有二個問題需要指出。首先，類書的編纂，其淵源非始於唐宋，而係比唐宋時期更早。此其一。又：據《四庫全書總目提要》，王圻《續文獻通考》確入類書類；然而，其性質實與一般類書有別。至於《皇明世法錄》，《明史·藝文志》則入正史類。其實此等書籍，其主要篇幅皆在於記載朝章典故，蓋一般所謂政書也。類書之編纂，隋代以前早已有之的問題，可參雷敦淵，《隋代以前類書之研究》，東吳大學歷史系碩士論文，2005年。雷文為譯者所指導。雷文嘗用同一標題出版，此即：《隋代以前類書之研究》（新北市：花木蘭出版社，2011）。

[36] 此原注32：同註34，卷2，頁119；費正清、鄧嗣禹，*Harvard Journal of Asiatic Studies*，第5卷，1940，頁61。譯者按：清朝的《京報》，猶其前（譬如明朝）的邸報；與塘報無涉。今作者籠統說這個制度在清朝被繼承下來而成為當時的《京報》，便容易使人誤會明代的邸報和塘報，在清朝一概被稱為《京報》了。

[37] 此原注33：研究《明實錄》的論著甚多。以下數種至為重要：A. C. Moule-chung Kei-won,〈大明實錄〉（劍橋及普林斯頓），J. J. L. Duyvendak 主編,《通報》, 35, 1940，頁289-329；L. C. Goodrich, "A Note on the Ta-Ming Shih-lu",《通報》, 36, 1942，頁81-84；卞鴻儒,〈寫本明實錄提要〉,《東北叢刊》, 3, 瀋陽, 1930；小田省吾,〈半島現存の皇明實錄に就いて〉,《青丘學叢》, 13, 漢城（首爾）, 1933，頁137-153；14, 1934，頁96-98；松浦嘉三郎,〈瀋陽圖書館藏明實錄に就い

宣德（1426-1435）始，所有重要政治決策事宜的主要負責人大學士亦按例成為纂修實錄的總裁[38]。總裁需要製訂纂修規程，並需要考察大多數來自內閣或翰林院的纂修官所草擬的實錄稿本。從翰林院學士中選出的副總裁身居要職。雖然理論上，他們無權做決策，但實際上對編纂工作執行第一線監督職責的永遠是他們。原因是大學士負責的要務繁多，因此只能偶爾視察編纂工作而已。名義上，編纂實錄的最高負責人是監修，其地位甚至在總裁之上，但實際上監修對編纂的工作並沒有太大的影響力。監修是從嘗為明朝建立過汗馬功勞的高級爵位持有人，如公爵或侯爵中挑選出來的。然而，久而久之，尤其明代中晚期之後，監修大抵由不甚重要且亦不甚顯赫的人士充任。他們所以被選為監修純然是因為承襲了祖先爵位的身分而已。某些個案顯示，監修這個職務世世代代由同一家族擔任。[39]實錄是不擬出版面世的。編纂完竣後，兩份手鈔本在一個布置妥適、規劃嚴密的正式儀式中呈上給皇

---

て〉，《滿洲學報》，6，盛京，1941，頁 63-85；三田村泰助，〈明實錄の傳本に就いて〉，《東洋史研究》，第 8 卷，第 1 期，1943，頁 20-30；淺野忠允，〈明實錄雜考〉，《亞細亞學報》，3，1944，頁 254-285；吳晗，〈記明實錄〉，《中央研究院史語所集刊》，第 18 期，頁 385-447；〈記明實錄〉後重印於著者本人，《讀史劄記》，北京，1956，頁 156-234；間野潛龍，〈皇明實錄私考〉，《神田博士還曆記念書誌學論集》，京都，1957，頁 541-552；黃彰健，〈明實錄校勘記引據各本目錄〉，《中央研究院史語所集刊》，第 31 期，1960，頁 353-381；黃彰健，〈影印國立北平圖書館藏紅格本明實錄並附校勘記序〉，《中央研究院史語所集刊》，第 32 期，1961，頁 1-18（此即臺灣版《明實錄·序》）；間野潛龍，〈明實錄の研究〉，《明代滿蒙史研究》，京都，1963，頁 1-72。本文以下對於《明實錄》的描繪，可說是作者大幅增訂、重組作者本人所撰寫的〈明代實錄（1368-1644）〉一文而來的，該文收錄於 Historians of China and Japan（參上註 25），頁 60-77。該文大部分是根據作者下文完成的：〈明實錄的編纂與流傳〉，Sinologische Arbeiten，北京，1，1943，頁 1-46；2，1944，頁 1-29；3，1945，頁 165-168。
譯者按：最新的研究，可參挈友謝貴安：《明實錄研究》，臺北：文津出版社，1995 年初版；武漢：湖北人民出版社 2002 年修訂再版。該書乃謝氏根據其 1993 年之博士論文修改而成。

[38] 此原注 34：《大明會典》（1963 年臺灣重印），卷 221，4a。
[39] 此原注 35：《禮部志稿》，卷 65，8a。

帝。由是，正本便封存於內閣──稍後又移送至皇史宬──並不得再取去。[40]實錄為後世編修國史提供了基本史料。作為大學士與史官參考用的副本，亦存放於內閣。[41]為了保密，乃在所有參與過編纂工作的官員見證下，把所有底稿／草稿與初稿，在禁宮內某一特定處所予以焚燬。[42]

在編排資料方面，實錄用的是編年體。按照年、月、日的嚴格順序，實錄記載皇帝本人或皇帝名義下的各項活動，當然也記錄重要的政治事件。所作的記錄大體上源自大臣所主管的事務的相關奏議的節錄與皇帝就此等事務所下的詔敕。再者，高級官員之任命、遷轉、撤職，以至於天然災異，亦係記錄的對象。然而，事件所繫時日，不盡然是事件發生的日期，而是該事件上報朝廷及朝議的時間。事件發生地點如遠離京師，那從該事件之發生到該事件之上報朝廷，其間可能早已過了相當時日。[43]在大臣逝世上報於朝廷的日期下，有時會附上該大臣的簡單行狀。人口、稅收等等的統計數據則作為歲終項目被記錄下來。

事實上，實錄並不是最重要的史料之一。實錄的編纂者是從各種原始文牘檔案中選取他們所需要的資訊。各種文牘檔案中以《起居注》最為重要。1934-1935年，今西春秋對起居注發表了一篇具資訊價值的報告，1963年並作

---

[40] 此原注36：同上註，卷22，頁16a-19b。

[41] 此原注37：《禮部志稿》，卷46，頁8b-9a。亦可參E. Schierlitz，〈明代文淵閣〉，*Monumenta Serica*，卷3，北京，1938，頁542。

譯者按：其實，終明一代，《實錄》正、副本的收藏地點屢有變動。弘治以後至《實錄》重鈔之前（詳下），正、副本大抵分別藏於內府與內閣。作者云正本藏於內閣，未知何所據而云然；「內閣」乃「內府」之誤耶？詳參謝貴安，上揭《明實錄研究》（武漢：湖北人民出版社，2002），頁400-402。

[42] 此原注38：沈德符，《野獲編·補遺》，1959年版，卷1，頁800；顧炎武，《日知錄》，萬有文庫版，卷18，冊6，頁95；黃佐，《翰林記》，叢書集成本，卷13，頁161-162，〈焚稿〉。

[43] 此原注39：有關清代公文從地方到中央所需時間的研究，參J. K. Fairbank及鄧嗣禹，〈清代公文傳遞的研究〉，*Harvard Journal of Asiatic Studies*，第四卷，1939，頁12-46。此文亦收錄於《清代行政三論》，麻省劍橋，1960。

出修訂。以下的摘述主要是源自他的報告;個人的幾點觀察則附加其上。[44]

起居注詳細記錄皇帝的各項施政,並記錄廷議中所需要處理的各種事項。由特定官員負責編纂的起居注代表了中國官修史書編纂過程中最基本、最原始的階段,而實錄與正史則分別代表了史書編纂的第二與第三階段。[45]

根據中國史書記載,起居注的制度可溯源至周代(約公元前 1050-249);官員執掌其事的最早相關記錄,見載於《禮記》,其言曰:「動則左史書之,言則右史書之。」[46]

顧炎武亦說:「古之人君,左史記事,右史記言,所以防過失而示後王。記注之職,其來尚矣。」[47]

據悉,"起居注"的定義,最早明白表示出來的,乃見載於《隋書・經籍志》:「起居注者錄記人君言行動止之事。《春秋・傳》曰:『君舉必書,書而不法,後嗣何觀?』周官內史掌王之命,遂書其副而藏之,是其職也。」[48]最早見諸載籍而明確以"起居注"命名的著作始自後漢明帝時期(公元 58-75)。後出的起居注幾乎在中國歷代中都會被提及。然而,只有記載 16 世紀結束前的一段史事的起居注被保存下來。這就是唐朝開國皇帝李淵在公元 618 年登極為帝前的 357 日的活動記錄。[49]該書名《大唐創業起

---

[44] 此原注 40:〈明の起居注に就いて〉,《史林》,卷 19,期 4,1934 年 10 月,頁 701-720;上文之〈補編〉,《史林》,卷 20,期 1,1935 年 1 月,頁 191-198;〈明季三代起居注考〉,田村實造主編,《明代滿蒙史研究》,京都,1963,頁 587-662。亦可參洪業發表於 *HJAS*,第 23 期(1960-1961),頁 93-94 之論述。

[45] 此原注 41:有關歷史編纂過程的簡要說明,參楊聯陞,〈中國官方史書(正史)的編纂製訂〉,*Historians of China and Japan*(參上註 25),頁 44-59。

[46] 此原注 42:《玉藻》,卷 11;Legge,《東方聖經》(*Sacred Books of the East*),28,頁 2。

[47] 此原注 43:《日知錄》,萬有文庫本,卷 18,冊 6,頁 2。

[48] 此原注 44:《隋書・經籍志》,五洲同文本,卷 33,10b;《春秋・左傳・莊公二十三年》Legge,《中國經典》(*Chinese Classics*),冊 5,頁 105;《周禮》,十三經校注本,1869,卷 26,11a;Biot,《周禮》,巴黎,1851,冊 2,頁 118。

[49] 譯者注:「只有記載 16 世紀結束前的一段史事的起居注被保存下來。」原文作:"Only one Diary dealing with a period before the end of the sixteenth century has been

居注》，共3卷，後來重刊多次。編修《起居注》的意圖並不旨在出版，所以除《大唐創業起居注》一書外，明代以前的製作皆散佚不存，當不致讓人感到訝異。一般來說，記載某皇帝一朝事蹟的實錄，在編纂完成後，相關起居注便遭焚燬。因此只有在偶然的情形下，若干起居注才逃過災劫。

明朝的開國者朱元璋承襲了前朝的模式，乃於1364年，即登極前4年，囑品位高的官員掌管起居注的紀錄。稍後，此等官員便從1367年重新設立的翰林院中選拔出來。過去是獨立運作的政府機構國史館在明代改為附屬於翰林院。紀錄官員並不是由（翰林院中）品位較低的學士充任，而經常是從品位較高官員中的中等階層中選出，其職掌的重要性由此可見。這些官員不只是在最高學位（進士科）考試中取得合格而已，而是成績優異獲選進入翰林院者。明朝建國初年，起居注紀錄者的業績，我們所知不多，因為他們所作的記錄無一保存下來。不久他們的職務完全停擺。停擺的確切日期與原因，至今不明。很可能在洪武時相關職位已被裁撤。繼洪武之後直至萬曆元年（1573年），起居注無一得以保存。不少品位高的官員多次上奏懇請重新建立記錄的制度。這反映其事廢弛已廣為人知。雖然神宗皇帝數度同意大臣們之所請，但其事始終不了了之。其時任首輔之張居正上皇帝長疏一道申論其事，起居注制度乃於萬曆三年（1575年）決定予以恢復。

如同其他大臣的建議一樣，張居正鉅細畢備的奏疏，[50]援引古代左右史制度而指出說，起居注不修，則實錄便無可靠史料以成篇。其奏疏並進一步指出說，作者本人編修神宗朝之前的嘉靖及隆慶兩朝實錄時，其情況正是如此。張居正所上之奏疏尚建議負責記錄歷史的官員，其職掌應符合以下八項

---

preserved." 以下作者說到的是李淵創建唐朝的情況。按：李氏建唐明顯不是16世紀的史事。所以"sixteenth"疑為"sixth"之誤。然而，李氏建唐，其事發生在7世紀初，而不是6世紀末葉！

50 此原注45：上疏日期係萬曆三年二月二十七日（陽曆1575年4月7日）。完整之文本，參〈奏疏四〉，《張文忠公全集》，國學基本叢書本（臺北：臺灣商務印書館），頁53-56。

譯者按：下文八項乃作者根據相關奏疏所作之撮要（英文）。譯者則迻錄張居正之原奏疏，唯刪削若干繁瑣細節，俾盡量符合作者所作之撮要。

規定：

一、分管責成，照得史臣之職，以記錄起居注為重。……合令日講官，日輪一員，專記注起居，兼錄聖諭詔敕冊文等項及內閣題稿。其朝廷政事，見於諸司章奏者，另選年深文學素優史官六員，專管編纂。事分六曹，以吏戶禮兵刑工為次，每人專管一曹，俱常川在館供事；不許別求差遣及託故告假等項，致妨公務。

二、史臣侍直，謹按禮儀定式。凡遇常朝，記事官居文武第一班之後近上，便于觀聽。

三、纂輯章奏，照得時政所寄，全在各衙門章奏。今除內閣題稿並所藏聖諭詔敕等項，該閣臣令兩房官錄送史館外，其各衙門章奏，該科奉有旨意，發鈔到部，即全抄一通，送閣轉發史館。

四、紀錄體例，照得今次紀錄，祇以備異日之考求，俟後人之刪述，所貴詳核，不尚文辭。……一應事體，除瑣屑無用文義難通者，稍加刪削潤色外，其餘事有關係，不妨盡載原本，語涉文移，不必改易他字。至於事由顛末，日月先後，務使明白，無致混淆，其間事蹟可垂勸戒者，但據事直書，美惡自見，不得別以己意及輕信傳聞，妄為褒貶。

五、開設館局，照得東西十館，原係史臣編校之所，密邇朝堂，紀述為便，今合用東館近上四所，令史臣分直其中。……其合用紙劄筆墨酒飯等項，俱照纂修例給。

六、收藏處所……每月史官編完草稿，裝為七冊，一冊為起居，六冊為六曹事蹟，仍於冊面，各記年月史官姓名，送內閣驗訖，即投入小櫃，用文淵閣印封鎖。歲終，內閣同各史官開取各月草稿，收入大櫃，用印封鎖如前，永不開視。

七、謄錄掌管，照得史館紀錄，所用謄錄典守官吏，見今纂修實錄，即可通融選用，合將各館謄錄官，選取勤謹善書者二員。

八、合將二年以前事蹟，追書謹錄。……萬曆三年，二月二十□日，奉聖旨，史臣紀錄時政，……今宜及時修舉，卿等既議處停當，都依擬行。

神宗皇帝批准了張居正這些建議，《大明會典》並且轉錄其中的一部分。[51]由此可見神宗皇帝嘗下詔予以執行。萬曆、泰昌與天啟三朝起居注的片段、殘卷收藏於東京之國會圖書館（前上野圖書館）；其天啟一朝者亦收藏於東京之內閣文庫。收藏位於天津之前河北省立圖書館的萬曆朝起居注，陶元珍曾予以述及。[52]今西春秋及陶元珍嘗比勘對照起居注與實錄的若干段落。其結論為，毫無例外的，起居注比實錄詳盡得多，且記錄更精確。

起居注原先只記錄朝議所處理的事項。唐宋時期皇帝與宰臣們討論國家大事所作成的"會議記錄"稱為時政記，或相類似的名字。時政記亦是編纂實錄的基本材料，且亦不擬出版的。目前只有記錄宋建炎元年（公元1127年）六月、七月和八月這三個月的《建炎時政記》3卷得以保存下來。類似的著作尚有多種，其中含明代流傳下來的，但皆非官方製作。這些作品乃經歷其事的官員私下撰寫的，[53]例如張孚敬的《諭對錄》便是記錄1527-36年間皇帝給張氏所下的個人詔令及張回稟皇帝的奏對。上文曾提及張居正的奏疏，疏中建議由起居注官負責處理的事項，其實在其他朝代是由時政記官員負責的。

最後可以一提的是日曆。它是作為實錄的預備之作而纂修的。以起居注及時政記為據的日曆似乎歷時數載才編就。洪武六年（1373年），翰林院若干成員嘗奉命組成一委員會專責編纂《大明日曆》。編纂工作假皇宮某一嚴禁外人進入的指定處所，並在監督下進行的。洪武六年陰曆九月初四（1373年9月20日）開修，迄七年五月初一（1374年6月11日）編纂完竣，歷時幾乎9個月，其間編修者無一人允准與外界聯絡。整個纂修作業乃在極其隱密的情況下進行。為的是避免有關係的人物左右纂修者的工作。他們被要求僅以所得到的書面資料作為纂修之根據。這種作法目的是為了配合皇帝所頒布的詔令。詔令亦指出，纂修完竣後，成品須經皇帝審核；之後收藏在秘書監一特定鐵鑄保險箱內。該《日曆》共100卷，涵蓋朱元璋舉事至

---

[51] 此原注46：卷221，頁7a-9a。
[52] 此原注47：〈萬曆起居注〉，《文史雜誌》，第4卷，期7/8，重慶，1944，頁54-56。
[53] 此原注48：沈德符，《野獲編》，1959，卷8，頁223-224。

洪武六年末（1374年2月11日）之事蹟[54]。纂修官在序文中清晰地指出《大明日曆》之編纂乃旨在為日後實錄之編修提供基本素材。[55]高度隱密性之必須恪守不僅精準地揭示了皇帝施政作為的重要性，且亦揭示了《日曆》在不受干預的情況下流傳給後世。

上文已提過，就明代來說，編有起居注者，只有明初及明末的數位皇帝充其量100年的統治期間而已。然則實錄以何為據以編寫明代其餘175年的歷史呢？據悉，當時的文書報告與官方訓令，這些被稱為史書的歷史資料，（譬如）皇帝批覆六部奏疏而官員據以特別為國史館準備的撮要本及京師其他衙門為國史館準備的本子，[56]都首先被視為基本資料而予以應用。此外，官員有奉命遠赴南京、各行省及各地方蒐集資料以編纂實錄者。1622年，董其昌便進行了如此一趟差事。《神廟留中奏疏彙要》不久之後得以刊行，便是其成果。此書包含選載萬曆年間官員們留在不同衙門而不曾上奏皇帝之奏疏。邸報對編纂實錄而言，亦提供了不少重要資訊。

從上面的描述可以得知，明代實錄的纂修，很明顯是一項重大政治工作。若干監修及編修官員依個人好惡而褒貶任情者，會受到後世秉筆者嚴苛的指責。實錄的內容大都是由官方文書及政府的純事實報告所組成。因此，編纂者表達個人意見的機會主要是透過篩選材料──何者取，何者棄──來獲得的。在這種情況下，事實與事件便可能大大地被歪曲。再者，文牘可以透過濃縮的方式而刻意扭曲其原意；縱然這是違反相關規定的！然而，除此之外，幾乎沒有機會把謹慎地隱藏起來的有關褒貶的暗示得到表達。文牘檔案被刻意改造而致受譴責的事情不曾發生過。文牘（譬如說奏疏）本身的若干錯誤表述，實錄纂修者並沒有義務予以更正。又：編纂者無心之過失在實錄中絕非不多見。

中國史官編纂歷史，大抵認同並援引以儒家政治倫理為判準的褒貶與奪

---

[54] 此原注49：黃佐，〈修日曆寶訓〉，《翰林記》，卷13，頁159-160。

[55] 此原注50：《明文在》（臺北：臺灣商務印書館），國學基本叢書本，卷34，頁354。

[56] 此原注51：Fairbank，鄧嗣禹，HJAS，卷5，1940，頁60。

之詞。然而，上文提到的個人偏頗乖張之見諸史著者，其實並非全然由於濫用褒貶與奪的價值判斷才導致的。乖舛偏頗的言論，究其由，其實與大官們的個人行為或無日無之的政治上互樹黨派以傾軋對方，脫離不了關係。這不僅可以解釋為什麼內閣發生重大轉變時，纂修中的實錄便需要修改；且亦可以解釋甚至業已修成封存的實錄（前後有二著名個案），在違反所有慣例規定的情況下，仍予以開封並重修。明太祖實錄就是其中的個案。該實錄乃太祖皇帝繼任者，即其孫建文皇帝在位期間所編纂並完成者。發動政變而於 1402 年篡位的燕王乃太祖第四子，亦即建文皇帝的叔父。《太祖實錄》記建文帝乃繼承太祖基業的真命天子，且指斥燕王的反叛行為大逆不道。在這種情況下，已奪得帝位的燕王怎可能讓《太祖實錄》仍其本來面目呢？是以下令重修乃必然的舉措。新纂既成，舊作據說乃遭焚燬的命運。此新撰數月間即完成；然而，亦未能使新君愜意。數年後，成祖指出說，編纂者未能以正確的態度進行編纂，且成書太速，犧牲了該有的周備完整。其後耗時 7 年終於修成第三版的《太祖實錄》。這便是流傳下來的唯一版本。早在明中葉時，此版本已是所知的唯一存在本了。其中謬誤甚多，學者嘗予以嚴厲的批評。早在 17 世紀時，錢謙益（1592-1664）在全面性的研究下，撰寫了《明太祖實錄辯證》一書；探討《明太祖實錄》眾多錯誤，並予以糾正。

　　建文一朝（1399-1402 年）的實錄，到底從何而來，終究是個疑問。根據某些研究，相關事蹟是在萬曆年間被加插入《太祖實錄》一書中的。然而，今本《太祖實錄》中並無相關記載；此等事蹟反而見載於《太宗實錄》，這構成了首九卷的內容。某些本子還用上《奉天靖難事蹟》這個副標題。燕王篡位的記述便繫於其下。萬曆之前，「建文」這個年號在官方文書中是不會使用的；然而，上述九卷記述則用之以紀年，故未悉所記述之事蹟與《太宗實錄》中其他事蹟是同時編纂的，或較晚時才被編錄進去的？

　　景帝一朝的實錄也出現同一問題。景帝之登極為帝是在其皇兄英宗 1449 年被蒙古人擄去之後。在位 8 年，景帝在一次政變中被推翻；年前被釋放歸來的英宗復位為帝。幾天之後，廢帝駕崩（譯者按：其實，英宗復位超過一個月，其弟始卒）。《英宗實錄》共記錄三朝事蹟（1436-1464）。景

泰一朝（卷 187-262），其事蹟記錄之詳盡並不亞於前一朝或後一朝；然而，被冠上很有特色的一個副標題：〈廢帝郕戾王附錄〉，並以獨立的篇卷（5-91）來處理。至於內容方面，縱然以景帝登極為帝時所發生的各樁關鍵事件來說，相關記載大體上是客觀的。于謙於期間起帶頭作用的表現亦清晰地被紀錄下來。明廷在英宗被蒙古人擄去數星期間而仍能撐持下去而免於遭到提前滅亡的命運，可說全仗于氏的努力。1457 年的政變（譯者按：此即本段上文說到的政變，史稱奪門之變），于氏在莫須有的罪名下被處死。[57]《英宗實錄》在紀錄上算得上比較平實公允，以下事宜足資證明：縱然以上述景帝與于謙事蹟的記載來說，仍未遭到批評者的苛責。然而，建文帝一朝的實錄紀載則沒有得同樣的待遇！16 世紀末，沈鯉嘗上一奏疏，請求皇帝把惠帝及景帝的實錄予以獨自成篇。奏疏中，沈氏並沒有提到相關內容有什麼缺失所以他才提出建議；相反，他只是特別強調指出說，二帝在後來既被視為天命攸歸的合法嗣君，則按成例，理應各予以編纂一獨自成篇的實錄，而不應附錄在其他皇帝之下。[58]

明代皇帝在位時間最短（只有一個月）的是光宗。然而，爭辯得最激烈的正是其相關記載的《光宗實錄》。追源究始，長久以來的政爭是其肇因，只不過 17 世紀初之後，鬥爭更為激烈罷了。敵對雙方的主要成員如下：有影響力的閹寺及若干大官結合成一派，謹守儒家教義的東林黨則構成反對勢力。[59]很明顯，光宗皇帝成了兩派的犧牲品。《光宗實錄》首先由與東林黨有密切關係的人士負責監修。但不久之後，與東林黨敵對的派系，在著名大

---

[57] 此原注 52：參 W. Franke，〈于謙：政治家與兵部尚書（1398-1457）〉，*Monumenta Serica*，卷 11，1946，頁 87-122。

[58] 此原注 53：《禮部志稿》，卷 97，8a-11b。

[59] 此原注 54：有關東林黨之研究，參 Heinrich Busch，〈東林書院及其在政治、哲學上之意義〉，*Monumenta Serica*，卷 14，1955，頁 1-163；Charles O. Hucker，〈閱讀傳信：蘇州及魏忠賢的代理人〉（譯者案：此乃 Hucker 對〈閱讀傳信〉所作之翻譯），《京都大學人文科學研究所銀禧紀念專刊》，京都，1954，頁 224-256；〈晚明東林運動〉，《中國思想與制度》，Chicago，1957，頁 132-162；小野和子，〈東林派とその政治思想〉，《東方學報》，卷 28，1958，頁 249-282。

太監魏忠賢領導下,其勢力愈來愈大,最後竟對該黨展開了迫害,為數眾多的東林黨著名成員及其志同道合者皆遭殺害。1625 年末,環繞著魏忠賢的政爭勝利者的集團成功地取得諭旨編纂一部類似白皮書的東西——《三朝要典》。其採錄文牘檔案或記載事情,皆以歪曲誣衊的態度為之,藉以為反對東林黨的政策及大權在握的魏忠賢辯解;尤其涉及神宗繼位者的三大案的紛爭,更是顛倒是非黑白。該書次年編纂完竣。先是,即 1623 年時,《光宗實錄》已修纂完成並妥存於皇史宬。至是,乃重新開封,並根據《三朝要典》加以修改。正在纂修中而尚未完竣的《神宗實錄》亦同時予以改造。[60] 這個不尋常的舉措只找到一個先例,此即永樂年間《太祖實錄》之改修是也;但後者之改修,永樂皇帝本人是始作俑者;然而,前者之改修乃係太監及官員們結黨營私之結果,而皇帝本人只扮演被動的角色而已。嘉靖期間,針對《孝宗實錄》(大學士焦芳負責監修),批評者提出了相類似的一個建議。彼等皆一致指出該書恣意歪曲事實並誣衊仇家。是以建請予以重修並不是完全沒有道理的。其實,所指控的各項,皇帝本人亦予以認同;然而,他最終還是否決了重修的建議。[61]至於《光宗實錄》,很明顯,皇帝既無意願,亦無權力阻止相關人士予以改纂。即以敢言著稱的御史李希孔來說,所上奏疏雖列舉了不少妄改的事實;然而,最後仍是以失敗告終。[62]其事之得以平反乃在熹宗駕崩、魏忠賢及其黨羽被剷除、東林黨重建名聲及《三朝要典》焚燬之後。文震孟所上的奏疏為事件揭開了序幕。彼指出說修成於 1628 年並在同年上呈皇帝的《光宗實錄》,乃根據《三朝要典》竄改者。奏疏藉著列舉五項被竄改的事實來說明此舊事予以重提實有其必要。[63]思宗皇帝由是下詔重修一個定本。其實,上述所有的爭議皆牽連到《神宗實錄》末尾部分的相關記載。可幸的是,在整本《實錄》完稿之前,該部分已作出

---

[60] 此原注 55:孫承澤,《春明夢餘錄》,古香齋袖珍十種,1874,卷 13,18b-26a;劉心學,《四朝大政錄》,國學文庫本,北平,1937,頁 38-42。

[61] 此原注 56:沈德符,《野獲編・補遺》(參上注 53),卷 1,頁 801。

[62] 此原注 57:參上註 60。

[63] 此原注 58:同上註。

了修正。兩《實錄》在 1630 年或 1631 年冬始完竣並上呈崇禎皇帝。[64]

《實錄》完成並封存後仍得旨予以重修，計有上述兩案。此外，以私人干預而致令實錄改竄者尚有一著名個案可以一提。今所存《熹宗實錄》的本子，其中天啟四年及七年，竟有好幾個月的記載不翼而飛。滿人入主中原沒有幾年便下詔編纂明史，此事遂被發現。根據朱彝尊當時的記載，[65]此部分被刪除，乃明朝叛臣馮銓在順治初年動手腳的結果。馮銓乃魏忠賢的黨羽，且在編纂《三朝要典》及迫害東林黨人的過程中扮演要角；早在 1644 年便投降滿清，翌年即授命為大學士。由是得以順利進入皇史宬，暗中抽出並毀棄對他不利的相關記載。同年，用以編纂《明史》的《明實錄》便開封。以上朱氏的說法被後世學者所接納，且從不曾認真地被質疑過。[66]

政治上的偏頗影響了實錄的編纂與管理，此情況當然會引起嚴厲的指斥，且為時甚早。明人如王鏊（1450-1524）[67]、鄭曉（1499-1566）[68]、郎瑛（1487 出生）[69]、沈德符（1578-1642）[70]及其他學者甚至對整套《明實錄》都予以指責。《國榷》的作者談遷所提出的批評，算是比較寬厚的了，他說：

> 史之所憑者，實錄耳，實錄見其表，尚不見其裏。況革除之事，楊文貞未免失實。泰陵之盛，焦泌陽又多醜正，神熹載筆者，皆宦逆奄舍之人。[71]

---

[64] 此原注 59：參《崇禎實錄》（排字印刷本），南京，1940，卷 3，11a；朱國禎，《皇明大政記》（1632 年版本），引 1b。

[65] 此原注 60：〈書兩朝從信錄後〉，《曝書亭集》，四部叢刊本，卷 45，12a。

[66] 此原注 61：*Eminent Chinese of the Ch'ing Period*，冊 1，頁 240-241。

[67] 此原注 62：《震澤長語》，《紀錄彙編》，卷 125，12b-13a。

[68] 此原注 63：《今言》，《紀錄彙編》，冊 103，卷 145，2b。

[69] 此原注 64：〈英宗復位實錄〉，《七修類稿》，上海：中華書局，1959，卷 13，頁 190-192。

[70] 此原注 65：《野獲編》（參上注 53），卷 2，頁 61。

[71] 此原注 66：轉引自姚名達，《邵念魯年譜》，上海：商務印書館，1930、1934，頁 16-17。

王世貞（1526-90）的批評比較平允，但《實錄》的缺失，他亦直言不諱：

> 國史之失職，未有甚於我朝者也。故事有不諱，始令內閣翰林臣修纂實錄。六科取故奏，部院咨陳牘而已。其于左右史記言動闕如也。是故無所考，而不得書。國恥衷闕，則有所避而不敢書。而其甚者，當筆之士，或有私好惡焉，則有所考無所避而不欲書。即書，故無當也。[72]

上引王世貞的批評是尖刻嚴厲的，但他後來則承認《實錄》有其獨一無二的價值：

> 國史人恣，而善蔽真。其敘典章，述文獻，不可廢也。野史人臆，而善失真，其徵是非，削諱忌，不可廢也。家史人諛，而善溢真，其讚宗閥，表官績，不可廢也。[73]

明人距離事件發生的年代較近，自易形成自己的看法；因此似乎皆注目於《實錄》的缺失而忽視其優點。清史家的評價則比較正面。大抵時移世易使他們能夠做出更客觀與平衡的判斷吧。《明史》總裁之一徐乾學（1631-94）的說法足以證明這點。彼云：

> 明之實錄，洪永兩朝最為率略。莫詳于弘治，而焦芳之筆褒貶，殊多顛倒。莫疏於萬曆，而顧秉謙之修纂敘述，一無足采。其敘事精明，而詳略適中者，嘉靖一朝而已。仁宣英憲勝於文皇，正德隆慶劣於世廟。此歷朝實錄之大概也。[74]

---

72　此原注67：《史乘考誤》，冊1，《弇山堂別集》，廣雅書局本，卷20，1a。
73　此原注68：同上註，卷20，1b。
74　此原注69：同註32，卷2，10a。

流傳至今的《明實錄》雖不是正本或副本，而是較後出，但亦算相當早的一個手鈔本；是整個本子流傳下來的。1492 年大學士丘濬（1420-95）上了一道長疏，乞請皇帝下詔重鈔《實錄》一遍，並建館予以特藏。（按：據悉，針對相關問題，這是第一次如此提出者）。疏中先列舉保存在內閣的六位皇帝的實錄的正本，隨後便寫道：

> 此外別無他本矣，既無金石藏書之具，又無名山藏副之制。臣愚過慮，欲乞朝廷，於文淵閣近便去處，別建重樓一所，[75]不用木植，專用磚石纍砌為之，如民間所謂土庫者，收貯緊要文書，以防意外之虞。乞敕內閣儒臣計議，督令內閣辦事中書舍人等官，遇其理辦本等文書稍有暇隙，不妨本職，分寫累朝實錄各一部，不限年月書成，盛以銅櫃，庋於樓之上層。[76]

奏上不報！其事直至 40 多年後始由另一皇帝批覆大學士張孚敬（1475-1539）的相關奏疏而得以實現：下詔重鈔《實錄》在堅韌紙張上。按：此本子之大小尺寸與《通鑑綱目》相同，而《綱目》大概係內府司禮監經廠所刊印的一個御製版本。[77]先是，正本每月需完成一冊；此重鈔本則無此嚴格規定。然而，每冊則規定需載錄相同的篇幅。專責其事的一個單位由是組成。成員猶同《實錄》編纂時一樣，有監修，有總裁及其他成員。同時，官員尚

---

[75] 此原注 70：宮廷圖書館——文淵閣。文淵閣與內閣位於同一棟大樓內；兩名稱在使用上通常不作區別。參 Schierlitz，同註 41，頁 542-544。

[76] 此原注 71：《孝宗實錄》，卷 63，7b-8a；《禮部志稿》，卷 46，8a-9b；Schierlitz，同註 41，頁 553-554。譯者按：「不妨本職」，傅氏原文作「不防本職」；蓋手民之誤。今據《孝宗實錄》改。譯者所據之《孝宗實錄》，乃中國哲學書電子化計劃的版本。其詳細出處見卷 63，弘治五年五月，第 18 條：https://ctext.org/wiki.pl?if=gb&chapter=854332；瀏覽日期：2025.02.17。

[77] 此原注 72：參《亞細亞歷史事典》，冊 3，頁 105；K. T. Wu,〈明代印刷業及印刷業者〉，*HJAS*，卷 7，1942/43，頁 228。

奉旨興建特別為收藏《實錄》之用的大樓。這正符合了先前丘濬的建議。[78]大樓被命名為皇史宬。[79]兩年後，新鈔本宣告繕寫完竣。在一個正式的典禮中，官員進呈新鈔本；翌日皇上駕臨新落成的皇史宬，官員在御前密封新鈔本。[80]至於新鈔本所從出之原鈔本（手稿）嘗如何處理，則不得而知。1588年，神宗詢問該鈔本時，官員回應說皇上之前任者（譯者按：即神宗皇帝以前的一位皇帝）嘗因事參稽而該鈔本乃攜至內廷；其後即歸還皇史宬貯藏云云。然而，遍搜而無所獲！好事者遂謂新鈔本業已完成後，原鈔本大抵上已於嘉靖年間被焚燬，此與草稿之處理方式相同。[81]在這情況下，該原鈔本在隆慶年間便不可能存在。收藏於內閣之副本，則因污損及由於持續使用而殘破，故不宜上呈皇帝閱覽。[82]皇帝由是下詔據副本重鈔若干份。以舊本體積過大及不適合長期使用，新鈔本須改為體積小的輕便袖珍本。[83] 1591 年年初，整套輕便的新鈔袖珍本便完工；[84]當然，部分篇章更早時已上呈皇帝。[85]

值得一提的是，據悉，最早使用「成祖」這個廟號，而不用「太宗」這個廟號，是從這個袖珍本開始的。以原手鈔本為底本而在嘉靖年間製成的本子仍用「太宗」名號，原因是該本子在廟號改易為「成祖」之前兩年已成書。職是之故，寫作「太宗」或寫作「成祖」，皆可視為現存《明實錄》所據之可能祖本的一判準。其情況大抵是，凡作「成祖」者，皆係直接或間接根據副本而鈔寫成的萬曆本子，除非後來的鈔胥把原作「太宗」改寫成「成

---

78　此原注 73：《世宗實錄》，卷 165，2b-3b。
79　此原注 74：《亞細亞歷史事典》，冊 3，頁 239；袁同禮，〈皇史宬記〉，《圖書館學季刊》，卷 2，期 3，1928 年 9 月，頁 443-444；Schierlitz，同註 41，頁 546。
80　此原注 75：《世宗實錄》，卷 109，1a、6b。
81　譯者注：此鈔本藏於內府，乃正本（另一鈔本藏於內閣，乃副本）。此正本在世宗時已從皇史宬移至西城萬壽宮，惜不幸遭祝融之災。詳參謝貴安，《明實錄研究》（武漢：湖北人民出版社，2002），頁 405。
82　此原注 76：同註 80，卷 196，1b-2a、6a。
83　此原注 77：同註 80，卷 196，6a-b。
84　此原注 78：同註 80，卷 198，4b；卷 215，5a。
85　此原注 79：同註 80，卷 230，8a。

祖」。但這個情況可能性不高。凡作「太宗」者——若此本子確係明刊本——大抵源自至今下落不明的早期官方副本，或源自本依例焚燬，但部分仍殘存下來的底稿。其後仍作「太宗」者可能是轉錄自清初藏於皇史宬的本子。既然可以如此清楚地獲悉《熹宗實錄》與崇禎史料確然從缺的是那些部分，便大體上顯示出，收藏於皇史宬的本子在清初時期，應該還是存在的。但隨後便全部散佚；據悉，甚至連一冊也不傳世。新鈔副本的情形亦大抵如是。就所知，只有東京的東洋文庫尚存《成祖實錄》一冊。這一冊便可能源自同一個新鈔副本。[86]

直至萬曆中葉，即 16 世紀末，《實錄》似仍未對外公開。只有在上面提到過的《實錄》經重鈔之後，其草稿（底稿）或部分草稿（底稿）才開始在禁宮以外的地方廣為流傳。久而久之，富貴人家便渴望擁有一套《實錄》，《實錄》的價錢便由是與日俱增。由於市場上有此需求，《實錄》便經常被傳鈔。這些鈔本大多為滿足商業上的目的，並不純然源自學術上的需求，其內容之欠缺嚴謹及精確便是必然的了。再者，很多個案顯示，《實錄》的擁有者，由於個人牽涉某事件或對某事件特別感興趣，因此便憑一己之判斷而予以改動、濃縮或增飾。從這些經過改動過的內容再傳鈔出來的本子，便當然會多多少少偏離原文的本來面目了。此種改動的情況，尤其見諸世宗以下各朝的《實錄》。[87]現存手鈔本偶爾在相當大的程度上相異於原來者，其中很多個案正是源於這種改動而產生的。幾乎所有這些鈔本都是明、清時期的私人製作。其中有一冊大概是例外，這在上文已提到過。此外，原藏北京國家圖書館重要的一個本子——自 1937 年中日戰爭爆發迄 1965 年改藏於美國國會圖書館而後來製成顯微膠卷者——被認為很可能係清初為應付纂修《明史》而製作的一個官方的本子。此本子最先原藏於內閣大庫。此外，整套完整或不完整的《實錄》，還見藏於以下各地：北京、臺灣、東

---

[86] 此原注 80：參《白鳥博士紀念展覽會陳列圖書目錄》，東洋文庫編，東京，1942，頁 12。臺灣版《明實錄・序》（頁 4）所提及的一冊可能亦源自這同一個新鈔副本。

[87] 此原注 81：淺野忠允，〈明實錄雜考〉，《北亞細亞學報》，卷 3，1944 年 10 月，頁 254-285。

京、漢城（首爾）、劍橋、巴黎及普林斯頓。第一個印刷的本子 1940 年由梁鴻志出版了。這是該書第一次以照相石印法的方式製版付梓；稱為抱經樓本。先是，乾隆時期，家居寧波的盧址（青崖）藏書於抱經樓。《明實錄》即為其眾多藏書之一，其上鈐有「抱經樓」字樣即可為證。此書後歸浙江南潯劉氏嘉業堂所有。後南京江蘇省立國學圖書館便據以鈔製了一新本子。上述梁鴻志所出版者即據此新本子以照相石印法方式印製而成。[88]追源溯始，此版本似係李應昇（1593-1626）家族所有。[89] 1937 年 4 月，此本子為中央研究院歷史語言研究所購得而現今庋藏臺灣。梁鴻志的印刷本充滿了錯誤，缺佚亦多。要確認此等缺失，何者源自抱經樓鈔本，何者乃係此印刷本所造成者，其事已然不可能！

梁鴻志的印刷本《實錄》面世約 10 年前，中研院史語所早有計畫以北京國立圖書館的本子為據以印刷出版校正本《明實錄》。為求補缺糾謬，已作好參稽其他手鈔本的打算。此計畫嘗作廣泛討論，譬如說 1934 年史語所所長傅斯年與年輕學者吳豐培便曾以公開信方式討論過。[90]事實上，校勘工作在李晉華帶領下，已然展開。然而，1937 年 2 月 7 日李氏英年早逝，幾個月後中日戰爭爆發，再加上其後數年不穩定的局面（含史語所的數度搬遷：北京→南京→湖南→雲南→四川→復返南京→臺灣），在在妨礙了工作之早日完成。其事拖延至1963年新印本實錄的首部分始得面世。[91]這是黃彰健帶領工作下的成果。若依照原計畫進行——以排字印刷版面世，恐怕會多延宕若干歲月，且耗資會更鉅。是以便決定影印出版北京國立圖書館的本子，缺佚部分則據其他手鈔本補上，校勘結果則另冊出版校勘記。至目前為止，出版者計有 91 冊，含 13 朝《實錄》中前 9 朝，時間從明朝肇建至 1566 年。

---

[88] 此原注 82：參 Eminent Chinese of The Ch'ing Period，冊 1，頁 204。

[89] 此原注 83：參張鉴，〈南潯劉氏嘉業堂觀書記〉，《浙江省立圖書館館刊》，卷 4，期 3，1935，頁 33。

[90] 此原注 84：《北平晨報》，第 1139 號，1934 年 2 月 20 日，頁 11；1162 號，1934 年 3 月 15 日，頁 11。

[91] 譯者注：「1963 年」似係「1962 年」之誤。

此外，始太祖迄世宗的 21 冊校勘記亦同時出版。雖然此新版本《實錄》遠非人們所期盼的斷句、考證、印刷的版本。然而，因為曾參稽所有蒐集到的資料以作校勘，所以比先前的印製本實在改進很多；可預見在未來相當長的歲月裡仍會扮演標準本的角色。據悉，人名索引的工作刻在進行中。如能竣工出版，此史語所校勘本《實錄》的價值必會大增。（譯者按：蒙兩位明史專家摯友武漢大學謝貴安教授與東吳大學王一樵教授來示惠予指出，相關人名索引，迄 2025 年年初尚未見出版。隆情厚誼不敢忘，茲特致上謝忱。）

## 明人著作的流傳

明代後期恢復並改進了宋人圖書分類及編目的傳統。明及清初的圖書目錄提供了機會讓吾人確悉哪些圖書在編纂目錄的當時，甚至在今時今日的存佚狀況。楊士奇等人編於 1441 年的 20 卷《文淵閣書目》與孫能傳、張萱等人編於 1605 年的 8 卷《內閣藏書目錄》使人分別得悉正統年間與萬曆年間宮廷圖書館圖書庋藏的確實情況。前者開列約 7350 目，後者僅 2552 目；顯示出明代後期宮廷圖書館藏書貧乏的情況。[92] 5 卷本或 6 卷本的《國史經籍志》比上述兩目錄更見其重要性。[93] 1593 年，陳于陛（1545-97）倡議纂修國史。翌年，奉召開修。焦竑（1541-1620）乃編纂《經籍志》，以作為國史的一部分。[94]然而，1597 年夏天，皇宮大火，所有底稿及相關資料遂焚燬殆盡，計畫遂擱置。此後便不聞再有恢復之事。[95]焦竑之編目乃少數倖存者

---

[92] 此原注 85：鄧嗣禹，Biggerstaff，《參考書》，頁 22-23；《亞細亞歷史事典》，冊 8，頁 187-188；冊 7，頁 181：前者首刊於《讀書齋叢書》，冊 34-40；後者刊於《適園叢書》，冊 9-12。

[93] 此原注 86：《亞細亞歷史事典》，冊 3，頁 344-345；鄧嗣禹，Biggerstaff，《參考書》，頁 23-24。

[94] 此原注 87：《神宗實錄》，卷 264，2b-5b；卷 271，6b；9b-10b；《明史》，卷 217，5b-6a。

[95] 此原注 88：《神宗實錄》，卷 311，8b-9a。

之一。此目錄首印製於 1602 年，[96] 1654 年重印於日本。其後收錄於《圖書集成》（〈經籍典〉，卷 22-32）及《粵雅堂叢書》第五輯。最近，北京商務印書館於 1959 年編輯出版了《明史藝文志》及其《補編》、《附錄》，共兩冊。焦書即作為其中一種被收錄進去。一併被收錄者尚有：《明史·藝文志》、傅維鱗（1667 年卒）完成於康熙初年的《明書·經籍志》、王圻編成於 1586 年的《續文獻通考·經籍志》、成書於 1786 年的《欽定續文獻通考·經籍考》、18 世紀宋定國、謝星纏對焦氏上揭書所作的《補編》。這套叢書，尚附錄了一個索引，這更提高了該書的價值。根據編者序言，出版該書乃旨在確認那些成書較早的著作與較早的版本尚存於明代；而並不在於蒐集明人撰書的相關資訊，即明人寫過什麼著作，並不是編者的目的。針對此一目的（譯者按：即明人寫過什麼書的一個目錄），黃虞稷（1629-91）編製了一本極為重要的目錄著作——《千頃堂書目》；其以此而不被收錄於上揭1959年編輯出版的《明史藝文志》中，便很可以想見了。[97]黃氏乃《明史·藝文志》的初稿編纂人。[98]他的父親嘗建構一大型藏書樓，主要收藏明人著作，黃虞稷踵事增華，更予以大幅擴充。《千頃堂書目》即此藏書樓的目錄；開列明人著作凡 15,000 種。黃氏被同時代學人稱譽為對明代目錄學的認識，功力極深厚的一人。就明人著作來說，該書所開列之目錄最為齊備；對明人的歷史著作更做了全面性的探討。然而，該書竟局限於僅以手鈔本方式流傳了 250 年，這說明了清人研治明史興趣缺缺的一斑。1916 年，該書收錄在張鈞衡《適園叢書》（第二輯）中而得以印刷行世；1935 年在上海以體積較小的版本予以重印。可是排字印刷本因未作校勘而錯謬百出。

---

[96] 此原注 89：Piet van der Loon 先生懇切地為筆者指出說：莫友芝《邵亭知見傳本書目》（1909 年版，6，11a）及其他書目，著錄《國史經籍志》之初版年分為庚寅（1590）者，蓋誤；應作壬寅（1602）始符合事實。陳汝元為該書初版所撰之序文及纂修國史事肇始於1594年，皆可證作庚寅者誤。

[97] 此原注 90：《亞細亞歷史事典》，冊5，頁 277；鄧嗣禹，Biggerstaff，《參考書》，頁 25。王重民，〈千頃堂書目考〉，《國學季刊》，卷 7，期 1，北京，1950，頁 69-90。

[98] 此原注 91：李晉華，《明史纂修考》，北平，1937，頁 38-39。

再者，此版本在中國大陸以外地區殊難獲得。因此，籌措出版一個新校訂本便有其迫切的需要。[99]

　　遺憾的是，《千頃堂書目》所錄的大量明史著作，只有一部分現今尚存；其所以散佚之故，大多與大災厄息息相關。其中太平天國之亂（1851-1864）對私人藏書構成莫大的摧殘；江浙地區尤其嚴重。1900 年義和團之亂又造成了宮廷文牘檔案被大量掠奪。其他動亂及戰爭，譬如 1920 年代及 30 年代之內戰、中日戰爭（1937-1945）及後來國民政府與共產黨的武裝衝突又導致了進一步的損失。除了這些肇因於不可抗拒的武力事件所帶來的災厄之外，高宗皇帝由於個人因素而發動的乾隆朝文字獄（1772-1788 年間尤其嚴重）對明代大批史籍所造成的蓄意破壞，是難辭其咎的。當時還製訂了一個禁書目錄。書籍名列在內的，一概予以焚燬；私藏違礙書籍而不予銷毀者，施以重刑，學者更有因此而被殺害的。以明人立場記載明季史事，因而造成對清人不利的書籍；或 1644 年後，南明諸政權成立，凡以弘光、隆武、永曆諸年號紀年的書籍，當然受到影響。更有甚者，若由於或此或彼的一些原因被視為不受歡迎的人物，縱然大多數逝世已久，其著作雖與政治全無關涉，仍必遭焚燬。有些個案更顯示，僅僅由於被"貼了標籤"的學者為某書寫了篇無關宏旨的序言而導致該書被焚燬的。再者，亦有不少書籍因為被視為與儒學教義不相容而遭禁絕的。根據 18 世紀 70 年代及 80 年代刊行的各種禁毀書目，被焚燬之書籍計有 2,320 種，部分抽毀者 345 種。Goodrich 教授即嘗指出說：

　　　　以見諸文字的著作來說，可謂無一倖免。軼事、小說、戲曲、詩詞、散文、論說文、類書、經典之注疏等著作與下述著作皆遭遇同一命

---

[99] 此原注 92：該書校訂本的初步工作最近已著手進行，主其事者為任職於吉隆坡馬來亞大學圖書館的王遵侗小姐。
　　譯者按：大陸學人瞿鳳起、潘景鄭二先生嘗據清人杭世駿、吳騫、盧文弨等學者所校補、增訂者，重新點校整理《千頃堂書目》，並於 1990 年由上海古籍出版社出版。2001 年重印該書時，更補上高震川、韓振剛二先生所編之索引。

運：史志、人物傳記、兵事海防論著、地理志、方志、大臣奏疏及應試考卷等等。[100]

1930/31 年，北京故宮博物院出版了《清代文字獄檔》。根據該書及其他資料，L. C. Goodrich 教授於 1935 年出版了《朝隆朝文字獄》一專書，對該主題提供了詳盡的資訊。2,665 種禁書中，針對迄今尚存的 476 種，Goodrich 開列了一份清單。Walter Fuchs 的書評對這份清單，又做了若干補充。[101] 1957 年孫殿起出版了《清代禁燬書目》一書，其中所含的《清代禁書知見錄》則開列了 1,434 種知見書目的一份清單。[102] 該書附錄的索引使得以上各清單便於使用，然而因為並沒有明說該等書籍度藏於何圖書館而效用大打折扣。現存禁書收藏於中國、日本及西方國家那所圖書館的一份完整禁書清單，仍有待努力予以彙整。

明令予以禁毀的書籍，如上所述，計有 2,665 種。其實其他刻意摧毀者尚所在多有。中國近代史上，書籍被摧毀的情況還有很多，譬如中日戰爭時，所有"反日"書籍在日軍佔領的廣大地區便遭摧毀即其一例。我們沒有理由設想一二百年前，戰慄的老百姓面對政府恐怖主義的統治下，彼等的作法會相異於日軍統治下國人的作法。書籍的擁有人——以及為數眾多的軍職或文職的低階官員負責搜查禁違書籍者——並不一定確切知悉何書應禁，何書則否。我們似乎可以作出如下的一個假定：由於人們害怕受到文字獄的連累，乃選擇明哲保身一途而只好燒毀在任一方面與違礙主題相關的所有書籍；換言之，與明廷及明代相關者，皆予以焚燬。當書籍擁有人不在家的時候，其他比較沒有受過教育的家庭成員很可能認為最安全的作法，便是把家中書籍一本不留的予以焚毀。由於這種防患未燃的措施，而不是由於官方的

---

[100] 此原注 93：《乾隆朝的文字獄》，Baltimore，1935，頁 60。

[101] 此原注 94：*Monumenta Serica*，卷 3，1938，頁 300-306。

[102] 此原注 95：上海：商務印書館。亦可參 L. C. Goodrich，〈1772-1788 年間乾隆禁燬書籍若干種研究〉，宣讀於第 25 屆國際東方學人會議，莫斯科，1963，冊 5，頁 71-77。

行動，很可能更多的書籍，尤其非違礙者，便遭到焚燬的命運。

19 世紀時，與明史相關的稀有書籍（譯者按：恐即善本書），只有極少數得以重印；屈指可數的計有重印於 1895 年的《明大政纂要》（譚希思撰）或重印於 1827 年、1869 年的《野獲編》（沈德符撰））。以照相石印法重印重要史料只有到 1930 年代才開始。沈節甫編於 1617 年的一輯重要史學叢書《紀錄彙編》收錄了 123 種明人的歷史相關著作。此書連同其他明人叢書以《景印元明善本叢書十種》為標題，於 1938 年由商務印書館予以重印。[103] 收錄透過照相石印法予以重印的明史善本書（或大部分由此法重印者）的新叢書此後陸續出版，如 1937 年出版了《國立北平圖書館善本叢書》（含書 12 種），1941、1947 及 1948 年分別出版了《玄覽堂叢書》三輯（含書共 64 種），1944 年出版《明季史料叢書》（含書 20 種）。1940 年《明實錄》重印，此事上文已道及。此外，1930 年代，尚重印了含邊防與輿圖的善本書籍 10 多種。假使不是 1937-1945 年中日戰爭爆發及其後國家的分崩離析，重印的書籍必定會更多；這是可以預期的。書籍重印活動得以恢復，那是 1950 年代中期以後的事了。上海中華書局以新式標點排印的方式出版的以下各書對明史研究，至有價值：好幾種非常重要的由明人所撰的歷史筆記或其他方面的筆記，此即《元明史料筆記叢刊》及《明清筆記叢刊》[104]；收錄晚明重要史料的《晚明史料叢書》；此外，尚有多位明人著述的彙編。北京古籍出版社 1958 年以點校排印方式出版談遷（1594-1658 年 1 月）的《國榷》（共 6 鉅冊）。此對明史研究亦作出了鉅大的貢獻。該書乃綜述有明一代史事而包羅萬象的編年體鉅著；成書於 1653 年前後。古籍出版社予以出版前，該書大概僅存幾個不太完整的手鈔本。此外，尚有若干種善本書以照相石印法予以重印，譬如《金聲玉振集》一叢書即其一例。該書乃 1550 年至 1561 年間由袁褧所編，收錄著作 52 種，其中大部分係歷史與筆記小說。這些中國大陸新版或重印的書籍大部分在 1958 或 1959 年面

---

[103] 此原注 96：《中國叢書綜錄》（冊 1，頁 327-334）開列各書目，可參。

[104] 此原注 97：《中國叢書綜錄》（冊 1，頁 787）開列兩《叢刊》之書目，可參。

世；但其後這方面的出版活動大量萎縮下來。剛好在這個時刻，臺灣卻展開了相關出版事業。除了若干種內含多種與明史有關的大部頭筆記小說，如《筆記小說大觀》、[105]《說庫》、[106]《續說郛》外，重要的歷史著作，如《明史稿》、《大明會典》、《皇明經世文編》及其他書籍，亦得以重印。最新重印的史書系列《中國史學叢書》，係 1964 年後由臺灣學生書局出版的。其中包含了以下幾種重要善本書：《國朝獻徵錄》、《皇朝世法錄》及《國朝典彙》。除上述校正本《明實錄》外，臺灣出版界僅自限於以照相石印法重印明代書籍，而並不試圖為出版新的點校本的書籍作出任何努力。1964 年東京大安株式會社在長澤規矩也的領導下開始以攝影印製方式重印以《古典研究會叢書》命名的一系列善本書，其中包括重要典籍如《皇明制書》。

　　已故和田清教授 1957 年在東京出版了兩冊日文版的《明史食貨志譯注》；堪稱值得仿效的典範性製作。經標點後的〈食貨志〉原文只占全書一小部分。和田清教授予以日文翻譯外，尚對該〈志〉各段落內容的原始史料及相關次要文獻的來源出處，作了極其詳盡的注釋。其實對基本文獻典籍作類似性研究的著作，需求正殷。日人的另一貢獻名為《明代滿蒙史料》；此乃《明實錄》與朝鮮《李朝實錄》中的相關史料彙編。

　　至於明代史料的索引工作，直至目前為止（譯者按：蓋指 1968 年本書出版之時。），並沒有很大的進展。《八十九種明代傳說綜合引得》（哈佛燕京學社引得編纂系列，3 冊，北平，1935 年），可說是這方面的先驅性著作。該書為明人傳記的來源出處提供了蒐尋上的便利，儘管並未做到明人所有傳記資料的出處皆一應開列無遺。1959 年，該書的影本重印於上海；然而，故意略去原編者與原出版者。1963 年，香港新亞書院出版了《古今圖書集成明人傳記索引》。此書可充當前書的補充；乃係牟潤孫教授指導下完成的，然而，此事實書中並沒有道及。1964 年年末，山根幸夫深受歡迎的

---

[105] 此原注 98：此與《中國叢書綜錄》（冊 1，頁 780-783）所提及之版本不相同。
[106] 此原注 99：《中國叢書綜錄》（冊 1，頁 770-772）開列其書目，可參看。

新作明代地方志人物傳記索引嘗用以下書名《日本現存明代地方志傳記索引稿》由東京東洋文庫出版。最新的傳記參考書《明人傳記資料索引》（兩冊）則由臺灣國立（譯者按：「國立」，原作「國文」，蓋手民之誤）中央圖書館出版於 1965、1966 年。京都大學東洋史研究會在佐伯富教授指導下，分別於 1954 年及 1960 年出版了《中國隨筆索引》及《中國隨筆雜著索引》兩書，內含明人著作若干種。

　　上述各種迄今已完成的工作可說只是開了一個頭。為了促使「明史研究資料溯源」的工作，達到現代學術要求的各項標準，猶有待更大的努力。

## 全書附錄（六）

## 《歷史哲學導論：史學客觀性之際限・導言》[*]
（翻譯／譯注）

### 譯者弁言

雷蒙・艾宏／雷蒙・阿宏／雷蒙・克洛德・費迪南・阿隆（Raymond

---

[*] 此拙文乃一翻譯稿（因加入了不少注釋，或可以「譯注」定位之。），原刊於《東吳哲學傳習錄》，期2，1993年5月，頁15-25。今稍作修改並加上不少注釋後，納入本書內發表。翻譯的對象是法國哲學家、社會學家、政論家雷蒙・阿宏（Raymond Aron, 1905-1983）的名著 Introduction à la philosophie de l'histoire-essai sur les limites de l'objectivité historique（1938年初版，此後再版多次）開首處 "introduction"（〈導言〉）這個部分。該書主旨，顧名思義，乃在於探討、闡析歷史哲學。至於阿宏所指的「歷史哲學」為何，下詳。就書名的中譯來說，一般譯作《歷史哲學導論》。換言之，即僅翻譯該書的大標題，至於副標題，則不予譯出。其實，該副標題對了解該書之旨趣來說，甚具關鍵性，是以英譯本也把副標翻譯出來，整本書的書名遂作：Introduction to the philosophy of history: An essay on the limits of historical objectivity。今擬比照辦理。該副標的完整中譯，似乎可作：歷史研究客觀性之極限析論（其簡寫或可如下：史學客觀性之極限／際限）。針對此副標也許需要做點說明。作者阿宏（Aron）認為歷史重建或歷史研究（即所謂「史學」，下文或作「史學致知」）是不可能如實地，即不可能100%地把過去的本然實相重建出來的。換言之，史家的重建結果，頂多只能逼近過去的真相（實際情況）而已。由此來說，歷史研究或歷史重建，是有其際限的，即有其不能踰越或難以踰越的邊際（邊界）的，是以史家的重建結果，只要能夠達到客觀性的最高極限／邊界（極限之法文原文是 limite，此即英文的 limit），即歷史研究的結果，其最高的客觀上的極限已然達到，便足夠了。而所謂客觀性，不意指公正無私，而是指普遍性。（詳參該書〈導言〉之第二段）。也就是說，史家重建之結果，只要普遍地被讀者（或被大眾）所接受，也就算是具備客觀性了；本此，則普遍性越高，即意味著客觀性也越高。是以阿宏的大著，其中的一個重點，便是試圖尋求或說明達致歷史研究客觀性最高極限之各種可能途徑（手段、方法、方案等等）。本譯文最後定稿日期：2025.03.13。又：下文的十多個注釋，皆譯者所加上者。由此來說，本文或可稱為譯注下的產物，即非僅係純翻譯的一篇文章而已。

全書附錄（六）《歷史哲學導論：史學客觀性之際限・導言》（翻譯／譯注）　639

Claude Ferdinand Aron）乃法國當代聲名相當顯赫的哲學家、歷史哲學家、社會學家與政論家（若借用今天流行的術語，蓋可稱之為「公共知識分子」）。1905 年出生於巴黎，1983 年去世，享年七十九歲。

1940 年至 1944 年間，《自由法國報》（France Libre）出版於倫敦，先生任主編。後與存在主義大師保羅・沙特（Jean-Paul Sartre，1905-1980）共同創辦《當代》（Temps modernes），1974 至 1977 年間任《費加洛報》（Figaro）主筆，後獲提名為法蘭西學院院士。

1935 年，阿宏出版了《當代德國社會學》（La Sociologie allemande contemporaine）一書。書中作者展示出一種批判式的歷史哲學（Philosophie critique de l'histoire）的觀點。阿宏可說是一個相對論與多元論者；因此針對唯心論者與唯物論者對歷史發展所作的一元論或決定論的解釋，恆持批判的態度。以下各書均展露了此一特點：《歷史哲學導論》（1938）；《歷史學的批判哲學》（1938）；《歷史意識的尺度》（1962）。阿宏亦被視為專家治國論的理論家之一。此外，先生從政治、經濟及社會之觀點批判馬克思主義不遺餘力，被公認為當代批馬的健將之一。先生這方面的努力，可由以下各書見其梗概：《大分裂》（1948）；《知識分子的鴉片》（1958）[1]；《工業社會及戰爭》（1959）[2]。

大要言之，歷史哲學可分為兩類型。一為觀念式或思辨式或玄思式的歷史哲學（Philosophie spéculative de l'histoire）。舉凡對歷史上的過去（the historical past, the past itself, the human past, le passé lui-même）作反省，探究其發展的途徑、背後可有的推動力，以至其終極歸趨等均屬此。最著者如唯物史觀、唯心史觀（包括宗教史觀）、歷史循環論等等都是。另一類型的歷史哲學乃批判式的歷史哲學（Philosophie critique de l'histoire）。此一類型的

---

[1] 本書原文名稱是 L'opium des Intellectueles，出版於 1957 年。1990 年中文翻譯本在臺灣面世。蔡英文譯：《知識分子的鴉片》，聯經出版事業公司，1990。
[2] 以上傳記，大抵依據法國出版之人名大辭典 Le Petit Robert II (Paris: Le Robert, 1983)。本文翻譯並發表於 30 多年前，當時並無網上資源可言。或縱然有，但恐怕數量亦極有限。因此以上各項資料／資訊，以源自紙本者為準。

歷史哲學，其研究的對象不是歷史上的過去；而是史家筆下的過去（the written past, le passé écrit）。換言之，歷史重建才是這一類型的歷史哲學所關注或探討的對象。舉凡歷史重建在理論上是否可能、客觀致知的極限／際限（譯者按：「際限」乃指邊際和極限）在哪裡、方法論上的檢討，以至具體的史學方法如何落實等等問題均屬此[3]。阿宏《歷史哲學導論》一書所闡析者乃係後一類型的歷史哲學。其〈導言〉（Introduction）部分可說係全書之主旨及綱領所在；茲特迻譯於此，俾不諳法文的中文讀者一睹當代西哲精彩論說之所在[4]，並藉以窺見全書之要義焉。

　　2025.02.22 附識：以下的翻譯，針對每一段文字，譯者都做了摘要，以方便讀者更能掌握各段文字的內容大意。（這些摘要置放於每段文字之後）譯者不敢說，這些摘要一定做得很到位。所以這些摘要，僅具參考性質而已。其實，全文的翻譯，是否一定100%符合作者的原意，譯者更不敢說！據悉，ChatGPT, Gemini（google 產品），DeepSeek V3，豆包等等的 AI 產品，在翻譯和摘要方面，已做出相當驕人的成績。本譯文成篇於 30 多年前，今茲因陋就簡，除個別地方稍作修改並在若干地方稍微參考過 ChatGPT 的翻譯外，整篇譯文，一仍往昔；尚祈讀者諒之。

---

[3] 有關思辨式的歷史哲學與批判式的歷史哲學的分野，可參看 William H. Dray（1921-2009），*Philosophy of History*，尤其第一章："Critical and speculative"（批判與思辨）。該書 1964 年由 Prentice-Hall, Inc. 出版。該書有中譯本，乃王煒、尚新建所譯：《歷史哲學》，北京：三聯書店，1988。又可參看 W. H. Walsh（1913-1986），*Philosophy of History*，尤其第一章。該書初版於 1951 年，1958 年修訂後再版；臺灣及中國大陸方面均先後翻譯成中文，如下：王任光（1919-1993），《歷史哲學》，臺北：幼獅文化事業公司，1973；何兆武，張文杰，《歷史哲學導論》，北京：社會科學文獻出版社，1991。

[4] 譯者也許可以一說：在這裡，「精彩」一詞，其實只反映出筆者（譯者）的主觀看法而已，換言之，作者阿宏的論點，筆者是很能欣賞和認同的；也可以說以其符合筆者的口味──個人價值取向，所以便覺得其論說是精彩的。是以從筆者何以選取該書，尤指〈導言〉這部分，來翻譯，讀者便大抵知悉在相關問題上筆者所持的個人看法了。

## 〈導言〉[5]

如果讀者把本書所探討的「歷史哲學」與流行於十九世紀初葉,然而現今卻甚為人所貶視的各大系統,視為同一的話,則本書的標題很可能導致讀者產生誤解。至於本書的副題,則寧可說它僅標誌著本研究的起點,而不是擬達到的目的。然而,它亦同樣地可能會導致誤解。因此,簡要地指出本書的目與構想將不是徒勞的事。

首先,「客觀」一詞當然不能從常識義去理解:我們撇開不談史家的個人偏好;可以說,我們所考量的是一個理想的史家。「客觀」一詞,在此不意指公正無私,而是指普遍性。就我們的科學實驗知識來說,在一定狀態下,物理定律可說適用於一切(譯者按:即有其普遍有效性)。可是,就歷史的重建來說,在一定學術素養的支援下,它同樣可以獲得普遍有效性嗎?
(摘要:1.「客觀」一詞,在本書不意指公正無私,而是指普遍性。2.歷史的重建,有其普遍有效性嗎?)

事實建立的根據與文獻的考證,我們一概按下不表。容許我們設定這些

---

[5] 如上所述,本文乃譯自作者法文原書:*Introduction à la philosophie de l'histoire-essai sur les limites de l'objectivité historique* (Paris: Librarie Gallimard, 1948) 的 "introduction";並參照 George J. Irwin 之英譯本 *Introduction to the Philosophy of History – an essay on the limits of historical objectivity* (London: George Weidenfeld and Nicolson Ltd., 1961) 的 "introduction"。法文原書,頁碼是 9-14;英文原書,頁碼是 9-13。本文末所翻譯之目錄部分,頁碼另算。

在此也許可以順帶一提的是:作者深信史家在史事重建的過程中,恆把(或宜把)自己及其時代表述在所重建的歷史圖像中。針對這種情況,讀者也許會提出以下的疑問:這樣的做法是否會破壞或減損作者本人一而再,再而三所強調的史學致知的客觀性呢?也許譯者先給出自己的一個看法,如下:簡言之,欲契入(神入)所重建或所研究的史事中時(尤其欲獲悉歷史人物的思想及其表現時),史家把自己與其時代切入其中,當然是有所裨益的。然而,為了保住最高的客觀性(即上文所說的力圖達致客觀性的最高極限),史家不得任情肆志。換言之,他必須經常保持最高的自覺和節制。說到史家本人及其時代在史學致知中所扮演的角色,讀者可參余英時先生以下一文:〈史學 史家與時代〉,《歷史與思想》(臺北:聯經出版事業公司,1976)。

具有嚴謹科學性格的先前步驟早已做妥。簡言之，本書只著眼於綜合性的工作（資料的選擇、詮釋及組織）。同樣，各研究著作的藝術成分與修辭問題，我們亦擱在一旁。我們假設各史著中的記述已化約為一系列相關聯的判斷。我們並非不知道這樣子的一個構想距離真實多遠，但我們卻不認為它站不住腳；且這種構想幾乎是所有研治方法論的人所默然接受的。其實，一旦人們處理到歷史上的，或社會科學上的真理這個問題時，上述的構想便是必要的。（摘要：當人們著眼於追尋歷史真相這個問題時，容許我們假設相關史著中的記述已化約為一系列相關聯的判斷。）

然而，真理問題的討論是否必需，人們對此便不能無疑惑。人們會反對說，這個問題既從學理（學術）上的執見衍伸出來，則它是與真實的歷史無涉的，且並會歪曲了歷史的本質。（摘要：人們也許會問：歷史上的或社會科學上的真理的討論，是否必需？）

首先，我們需要指出，我們並毋意圖以先驗的準則來繩衡歷史知識。我們亦並非致力於讓歷史知識預先被宣告為唯一真正具備科學性格的一門科學。恰恰相反，我們正是順隨著一種自然發展。它由個體的自我認識出發而終結於群體演化的自我認識上。我們應用描述的方法；如願意，亦可稱之為現象學的方法。我們從不把歷史科學孤立於真實之外，因為人們對過去產生意識（譯者按：即人們能夠認識過去），也是歷史本身的發展眾多重要特質之一。（摘要：1.歷史知識是由個體的自我認識出發而終結於群體演化的自我認識上。2.針對歷史知識的說明，我們應用描述的方法；此或可稱為現象學的方法。3.我們從不把歷史科學孤立於真實之外。）

至於「客觀性的際限／極限」這個語意精確的問題，它跟批判性或超越性的問題混淆了起來。然而，替代了康德的公式：「歷史科學在何種情況下可以成立？」（歷史科學之成立如何可能？），我們會問：「一普遍有效的歷史科學是否可能？至何種程度？」[6]歷史學可以作為一門科學而存在，此

---

[6] 譯者按：所謂普遍有效，蓋指歷史重建的成果普遍地被人們（恐怕尤指史家）所接受、認可而言。

認定因不無爭議，所以我們便不打算研究「基礎」的問題，而只研究「際限」的問題。（在別處當我們討論德國作家（學者）對若干「歷史理論」作批判時，對此問題，我們已作過考察。）（摘要：本書擬探討史學客觀性之際限的問題。譯者按：即在何範圍內，歷史知識有其普遍有效性？假設已然普遍地被認可、接受，吾人蓋可視之為它具備了普遍有效性；易言之，即具備了客觀性。）

然而，人們會說，武斷的危險仍未能排除。超越的分析是否適用於歷史事物（譯者按：歷史事物，簡言之，即史事）的結構上？事實上，人們對此不能無疑惑。德國西南學派已著手進行過這種分析。下文我們將竭力指出此種分析其實並不能解決歷史哲學的關鍵性問題。但話得說回來，上面提出的問題，儘管仍擺脫不了傳統的外貌，然而它是對準史學理論的核心而發的。它不意涵偏頗，不意涵設準（公設）。每位意圖成為歷史家的人，當他反省到其自身作為一歷史存在體之地位時，則上述的疑惑便無可避免地降臨到他身上。（摘要：超越的分析是否適用於歷史對象（歷史事物）的結構上？）

我們的意識創發了科學真理，但後者卻從前者那裡超脫了出來。因為在某一可估量的程度下，科學真理是永遠有效的（譯者按：即不以人們之意志為轉移的）。歷史重建的情況與此相同嗎？難道歷史家沒有把他自己及其時代表述在他所重建的歷史圖像中嗎？一時代的人或一超越的自我是否是歷史科學研究的主題？歷史科學可與所有哲學全然分隔開來而毫不相干嗎？這門科學難道不是與歷史中的現在（historical present）聯結在一起而被判定為必然跟它一同轉變的嗎？換句話說，我們要問的是：歷史科學是否如同自然科學一樣，是按照累積的與前進的步調發展的呢；抑或恰恰相反，是每一社群重寫自身的歷史，因為他們皆各自為自身做出了選擇，並各自再創建其過去。（摘要：難道歷史家沒有把他自己及其時代表述在他所重建的歷史圖像中嗎？[7]作者提出歷史科學與自然科學，其性質是否相同的問題。）

---

[7] 針對此一問題，作者蓋意謂：有些史家只是沒有考量到或察覺到其自身及其時代，其實在他們（史家）報導、描繪（重建）歷史的過程中時，其自身及其時代已然不知不覺地參與其中了。

以下的研究同時從三個不同的規劃（原文：plan；或譯做計畫、方案、設計、構思、面向）展開。為簡明起見，我們稱之為：知識的、超越的、哲學的。（摘要：以下擬從三個面向展開探究。）

我們將不會探究特殊的方法。我們將致力於陳示最一般的議題；然而，方法論即賴此而衍生（事實上，方法會由於時代、國家與個人的差異而有所變易；因此，另撰一部探討從原則到應用上的問題的相關專著，將會是必需的）。然而，本書的設計與大部分的篇章皆從屬於史學理論的探討。至於第二篇與第三篇[8]則分別研討歷史思想的兩個基本過程：「理解」與「因果說明」。第四篇乃一綜合的嘗試：企圖對「整體」、對「世界重建」有所了悟、掌握。（摘要：1.方法會由於時代、國家與個人的差異而有所變易。2.本書的設計與大部分的篇章皆著眼於史學理論的探討。3.針對史學思想：「理解」與「因果說明」兩問題，亦做了探討。4.最後的一篇乃一綜合的嘗試：企圖對「整體」與「世界重建」有所了悟、掌握。）

我們不擬對知識論與對批判（譯者按：或譯作批評、評論、衡論）加以嚴格的區分，因為兩者均同是對知識的活動作出省思，即對真實與我們對真實所具備的知識，作出說明而已。從超越分析的觀點來看，本書若干篇章是甚具關鍵性的，例如「事實的建構」、「觀念的理解」、「對象／客觀事物的消亡」等篇章即是。然而，若從方法論角度來看，此等篇章只具有較次要的地位。此外（這尤其重要），第二與第三篇的關係，會視乎我們所採取的觀點（知識論或批判的觀點），而有所不同。若採知識論的觀點，則這兩篇是相互配合在一起而有同一主旨的：均探討「理解」（基礎及自發性的階段）與「因果關係」（詮釋上乃可謂更精微的一種表述方式）。然而，若採取批判的觀點，則正相反，蓋第二篇旨在探討不同領域的建構；而第三篇，既假設各領域已建構了起來，於是進而討論各領域間必然關係的組合。第二篇（至少若干部分）乃科學範疇內之工作。該篇乃旨在以實例說明罕為學者

---

[8] 按：法文原文用 "Section" 一字，故當譯作「部分」較妥。惟本書目錄中用上 Partie（英文作 Part）一字。茲譯前者為「篇」，後者為「部分」，以示區別。

全書附錄（六）《歷史哲學導論：史學客觀性之際限・導言》（翻譯／譯注） 645

所注意之公設與假設。（摘要：1.從超越分析的觀點來看，「事實的建構」、「觀念的理解」、「對象／客觀事物的消亡」等等問題的探討，是甚為重要的。2.採知識論的觀點與採批判的觀點來考察歷史學，其關注之重點或得出的結論，顯然不同。3.本書第二篇旨在說明罕為學者所注意之公設與假設的問題。）

　　哲學的探索、思辨恆為構成知識的說明及超越的分析的基礎。而哲學的探索正是本書存在的理由。本書第一篇，在與自然史對比的情況下，我們界定何謂人類史。我們必須闡明如下的一個首要事實：對人來說，歷史並不是外在的東西，而正是他存在的要素。由此繼起之各分析乃被以下的斷言（肯斷）所左右：人並不只是活在歷史中，他尚且在身上承擔了歷史——他所要探索的歷史。在這一個視角下，本書乃受到以下內容所「支配」：第二篇首二節與第四篇結尾的若干節——我發現了自我：作為眾人之一，且在客觀的精神中，我認識到歷史客體如同我行動的場所、精神歷史如同我的意識內涵、整個歷史如同我個人的本質。我把我自身與我的發展結合起來，正如同人類與其歷史結合在一起一樣。（摘要：1.哲學的探索、思辨，恆為構成知識的說明及超越的分析的基礎。2.人並不只是活在歷史中，他尚且在身上承擔了歷史。3.藉著歷史研究，人發現了自我：我把我自身及我的發展結合起來，正如同人類與其歷史結合在一起一樣。）

　　本研究將依下述各項同時地進行：從知識最基本的方法、程序到整體的理解；從範疇的建構到因果經驗[9]與總體描述的整合，從認識自我到認識過去，並進而反過來從認識過去到認識自我。「知識」的理論（探討）必然牽涉到「真實」的理論（探討），並必會導致一定類型的哲學思辨。哲學家估量、衡論史學家時，他其實也反省回思了自己。他會察覺到自身的歷史性[10]，雖然他努力地從不放棄要去超越、掙脫此歷史性。（摘要：本段主要是陳述本書所處理之各重點。其中以下的一點，筆者認為最值得注意：哲學家

---

[9] 譯者按：此指依順因果關係而產生的經驗。
[10] 譯者按：此指察覺到自身乃存在於歷史洪流中，並作為其中的一"組成分子"。

估量、衡論史學家時,他其實也反省回思了自己。他會察覺到自身的歷史性。)

「客觀性的際限」這一概念必會隨著本書上述不同方案(原文:plan;或譯做計畫、規劃、面向)的選用而異其價值(內涵)。從知識論的觀點來看,主觀的方法——表達個人之性向或表達一時代的方法,必須從以邏輯與概然率為唯一準則的嚴謹客觀方法區分開來。面對實證主義,這種區分是必要的,因為它使得普遍有效的知識,其界域之確立成為可能;且在科學之外,此種區分讓哲學(不是信仰)之權利[11]得到保障。例如,本書第三篇指出,歷史科學或社會科學不可能純粹用因果律便建立起來,原因是片段的/不完整的決定論(déterminisme fragmentaire)會要求一綜合、概括。此外,就際限的建構(譯者按:「建構」恐怕亦含「確立」一義),就事實的選擇及就整體的詮釋來說,哲學思索下所作出的決定或個人意識支配下所作出的決定,都會扮演一定的角色。這種決定,其實可說是從屬於或內在於歷史科學本身的。科學知識與活生生的人類及其歷史是分不開的。(摘要:1.「客觀性的際限」這一概念必會隨著不同方案的選用而異其價值。2.主觀的方法必須從嚴謹客觀的方法區分開來。這種區分是必要的,因為它使得普遍有效的知識,其界域之確立成為可能。3.歷史科學或社會科學不可能純粹用因果律來建立。4.就際限的建構,就事實的選擇及就整體的詮釋來說,哲學或個人意識支配下所作出的決定,都會扮演一定的角色。)

哲學的權利與知識的歷史性[12]在超越的層面上呈現得更清楚。精神領域的歷史、藝術、科學、哲學,只為那些同時重視各該領域內的實況及其發展的整體的人而存在。史學蘊涵一些先驗綜合判斷。「先驗綜合判斷」一詞其實並不太恰當——部分地不精確,因為我們一方面察看不到可觸知的物質,

---

[11] 譯者按:哲學之權利,蓋指哲學思維活動領域(domain of the activity of philosophical thinking)內所當享受者而言。

[12] 譯者按:所謂知識的歷史性,意謂知識乃孕育、建構在歷史的發展過程中,意涵知識恆為歷史、時代的產物,反映歷史、時代的脈動。也可以說知識在一定程度上是受到歷史、時代的影響,甚或受其左右的。

全書附錄（六）《歷史哲學導論：史學客觀性之際限・導言》（翻譯／譯注） 647

他方面也察看不到一主體；我們觀察到的只是活在傳統中而參與歷史進程，並努力於思索此進程的一個個體精神而已。先驗綜合判斷（其有效性並不依靠經驗而來），其實源自現實界，並對此現實界作出反應而已。要建構一門哲學史，這當然會要求哲學；[13]然而哲學本身又是在歷史發展中建構起來的。[14]（摘要：1.精神領域的歷史、藝術、科學、哲學，只為那些同時重視各該領域內的實況及其發展的整體的人而存在。2.我們觀察到（認識到）的所謂歷史上的個人，其實只是活在傳統中而參與歷史進程，並努力於思索此進程的一個個體精神而已。3.哲學史的成分當然是哲學；然而哲學本身又是在歷史發展中建構起來的。）

就最高境界而言，本書指向於要完成者，乃一套富於歷史元素的歷史哲學（une philosophie historique，或可譯作「歷史的哲學」，藉以與譯作「歷史哲學」的 une philosophie de l'histoire 作出區別）[15]；而這套歷史哲學旨在

---

[13] 譯者按：此意謂哲學史的成分當然脫離不了哲學。

[14] 業師唐君毅先生「即哲學史以言哲學」的治學進路，當有助讀者了解作者這個看法。唐先生一語，說得更白話一點，就是：透過研治哲學史的途徑來研治哲學。細言之，這似乎可分為兩個層次來說。其一，眾所周知，哲學思維乃源自人者；簡單說，即源自哲學家。所以研究某一哲學問題，則當事先（或至少同時）研究該問題所從出的相關哲學家的生平事蹟；當然其生平事蹟生成之原因，乃至其發展之過程等等，亦當係研究之對象。其二，吾人幾可以說，凡人皆係歷史與時代之產物（即凡人在一定程度上和某些面向上，皆受其過去與現在之支配、影響）。然則為了獲悉哲學家之思維，似乎便必須了解、審視、考量該哲學思維背後的歷史背景（整個歷史發展的大環境）了。由此來說，「即哲學史以言哲學」一語，似可簡化為：「即歷史以言哲學」。唐先生的高足業師霍韜晦先生對唐先生「即哲學史以言哲學」的說法，嘗有所道及，可並參。霍說見所著《唐君毅著作選導讀》（香港：法住出版社，2006），頁32、51。

[15] 在這裡，或許稍述一下 philosophie historique（英文：historical philosophy）與 philosophie de l'histoire（英文：philosophy of history）的分別。按：後者，即 philosophie de l'histoire，又細分為兩類。其一稱為思辨式的歷史哲學，另一稱為批判式的歷史哲學（可參本文開首處之「譯者弁言」的第四段）。此兩者所處理的對象皆為歷史；其所用的方式是反省（而反省正是哲學之所以為哲學的核心任務所在）。其所異者為前者是對過去發展的本身（the past itself, le passé lui-même），即對史事，作反省；而後者乃對筆之於書的過去，即對寫的歷史（the written past, le passé écrit），

反對唯科學理性主義,且同時反對實證主義。我們在本書最後的一篇所談到的「反省沉思」,乃以其不受既定思想所束縛為其基本性格;至於它仍不免受科學活動所支配,這個事實倒不足以界定其基本性格。這種富於歷史元素的歷史哲學使得以下各項理解成為可能:一、人之具體意識,二、給人帶來困擾的情感與衝突,三、針對歷史觀念,其中道德家所給出的,只是一些抽象的轉述。[16]歷史哲學既源自一民族或一階級,那麼它必然是政治的產物,且亦是知識的產物;原因是整個人既是哲學思維的主人,而且這整個人[17]也同樣是哲學思維的對象。(摘要:1.本書意欲建構完成者,乃是一套富於歷

---

作反省。至於philosophie historique則不同。如果它也可以被稱為「歷史哲學」的話,則這種歷史哲學所處理之對象,乃大異於 philosophie de l'histoire 者。蓋 philosophie historique 所處理者,乃哲學也(異於 philosophie de l'histoire 所處理者之為歷史也;上詳)。為了更明白 philosophie historique 這項學術工作或學術任務的性質,我們宜先說明哲學誕生的環境。要言之,我們似乎可以說,任何哲學的誕生,皆不能不或多或少受到其誕生的背景(歷史大環境,含時代)的影響的;只不過有程度上的差異吧了。簡言之,哲學亦不能不是一歷史產物也。如果這個說法是站得住腳的話,則研究、探討任一哲學,尤其一家一派的哲學,那我們得對產生這哲學的背景,即對含時代在內的歷史大環境,先做一些探究,藉以認識它(歷史)。在您對擬研究的哲學的背景(歷史)有相當認識之後,您便藉著它來研究您本擬研究的哲學。簡單說,就是透過歷史的進路(historical approach)、途徑來研究哲學(含解讀哲學)。其實,研究哲學或解讀哲學,是可以透過不同的進路的,如心理學的進路、唯心論的進路(含神學的進路)、唯物論的進路、道德立場的進路等等,而歷史的進路,乃其一而已。在這種進路下來研究哲學或解讀哲學,其所成就者,我們便稱之為歷史的哲學(法文:philosophie historique,英文:historical philosophy)。上文說到的「歷史的進路」,或宜稍做進一步說明。按:歷史之要素,其主要者,恐不外時(時勢、時機)、地(空間、場合)、人(個人、群眾)三者。是以所謂透過歷史的進路來研究、解讀哲學,即意謂藉著與您擬研究或擬解讀的哲學有一定關係的時、地、人這些要素,去研究、探討或解讀哲學是也。

[16]「一、」「二、」「三、」乃譯者所加,俾便清晰醒目。
[17] 譯者按:「整個人」或「這整個人」的法文作 "c'est l'homme tout entier",英文作 "the whole man"。而「整個人」所指稱的,恐不光是指會做哲學思辨或做其他精神活動的一個人而已;也不僅是具良知良能,即所謂具道德理性而能做道德實踐的一個人而已,而是兼指有血有肉,具七情六欲的一個人!

史元素的歷史哲學。這套歷史哲學旨在反對唯科學理性主義，且反對實證主義。2.人既是哲學思維的主人，而又同是哲學思維的對象。）

這樣子的一種哲學必然會超越以下兩種各走極端的哲學：一種只陳述個別存在狀態的道德家式或小說家式的哲學，另一種對人生的憂患漠然視之的理論家式或學究式的哲學。[18]人們對生命各有其不同的態度；很明顯的，哲學態度，如同人們對生命的態度一樣，也是因人而異的。就此意義來說，哲學家也不過是一凡人而已。然而，就他對各種態度所作的思考而言，他倒是能夠從中抽繹出真理出來，並能夠指出各種態度所必須考量之邏輯要求與各種態度在歷史上的意義是什麼。如果這種思考能夠引領人們成功地釐定出人類最真實（譯者按：恐意謂最理想，最佳）的目標，則它無疑對過去（歷史）提供了一有效的詮釋。可是，這並不是一全面性的或強制性的真理，因為哲學真理永遠都是依附、追隨著事件之後而成立的，又「歷史決定」制約了個人[19]。從生命到意識、從意識到自由思索、從思索到意志，在這不斷革新的進程中，哲學即發展起來。（摘要：1.哲學家雖不異凡人；然而，就他對各種態度所作的思索而言，他倒是能夠從中抽繹出真理來，並能夠指出各種態度所必須考量之邏輯要求與各種態度在歷史上的意義是什麼。如果這種思索能夠達致人類最佳目標的決定，則它無疑對過去（歷史）提供了一有效的詮釋。2.哲學真理永遠都是依附、追隨著事件之後而成立的。3.「歷史決定」制約了個人。4.從生命到意識、從意識到自由思索、從思索到意志，在這不斷革新的進程中，哲學即發展起來。）

這種在歷史中發展出來的哲學（譯者按：即深富歷史元素的一套歷史哲學：法文作 une philosophie historique，或可譯作「歷史的哲學」，藉以與 une philosophie de l'histoire 作出區別），就某一義來說，亦可說是一種歷史哲學（une philosophie de l'histoire）。此一義就是：不要把歷史界定為人類的整體全貌的一個光景（法文作 vision，指視覺下的產物），而當把它界定

---

[18] 譯者按：這兩種哲學，用今天的話來說，皆可謂全不接地氣者。
[19] 譯者按：所謂「歷史決定」，蓋指不以人的意志為轉移的歷史本身的必然發展。

為對現在或對過去所做的詮釋——一種接連於對存在作哲學思索的詮釋;又或界定為一哲學構思,而此構思被視為跟它所擬表述之時代或所預見之未來是分不開的。換句話說,歷史哲學乃哲學的重要組成部分,前者同時是後者之起始和終結。是起始,因為人類必須了解歷史,否則無以思索其一時和一貫的命運;是終結,因為人類必須對其自身有學理上之認識,否則無以了悟人類之發展。如果我們以演繹理論的架構來想像(考量)哲學,則上述的雙重性格必定是矛盾的。然而,一旦把哲學回歸到生活與精神層面的辯證關係上去,則歷史哲學之雙重性格便可理解。此種哲學乃旨在達到人之自我存在之認識,即認識人自我置身於歷史洪流中並藉著真理以自我繩衡。(摘要:1.歷史的哲學,就某一義言之,亦可說是一種歷史哲學。2.不要把歷史界定為人類的整體全貌的一個光景,而當把它界定為對現在或對過去的詮釋——一種接連於對存在作哲學思索的詮釋。3.歷史的哲學乃哲學的重要組成部分,前者同時是後者之起始和終結。4.此種哲學乃旨在達到人之自我存在之認識,即認識人自我置身於歷史洪流中並藉著真理以自我繩衡。)

譯者按:上述〈導言〉多次提到本書各篇之內容。茲譯出本書目錄如下,以見其內容之一斑。本書英譯本的目錄部分,似乎比法文本的原文較為明晰詳盡,是以下文的翻譯,主要是根據英譯本。

## 目　錄

導言(譯者按:此即上文所翻譯者)

第一篇:過去與「歷史」一詞諸涵義
　　引言
　　一　理論與歷史(秩序與偶然)
　　二　自然史
　　三　自然史與人類史

四　時間與「歷史」一詞之諸涵義

第二篇：人類發展與歷史理解
　　總述：理解與意義

第一部分：從個人到歷史
　　引言
　　　一　自我之認識
　　　二　他人之認識（認識他人）
　　　三　客觀精神與集體真實
　　　四　歷史知識
　　結語

第二部分：精神領域與詮釋系統的多樣性
　　引言
　　　一　詮釋系統的多樣性
　　　二　眾觀念的理解
　　　三　人的理解
　　　四　事實的理解
　　結語：客觀事物之消亡

第三部分：演化（演進）與觀點的多樣性
　　引言：「演化」（演進）何義？
　　　一　觀念史
　　　二　事實史與制度史
　　　三　淵源說明與追溯（回顧）式的理性主義
　　　四　人類之演化
　　結語：發展與演化
本篇總述：理解之際限

第三篇：歷史決定論與因果思維
　引言：因果研究之眾方向

第一部分：事件與歷史因果律
　　　一　歷史因果律之架構
　　　二　因果律與責任
　　　三　因果律與偶然
　　　四　歷史因果律之際限與意義
　　結語

第二部分：規律性與社會因果律
　　　一　自然因果
　　　二　社會因果
　　　三　社會因果與個人狀況（統計因果律之際限）
　　　四　因果與首要原動力（從因果律到理論）
　　結語

第三部分：歷史決定論
　　　一　歷史因果律與社會因果律
　　　二　歷史法則與社會法則
　　　三　因果之系統化
　　　四　歷史決定論
　結語：因果律與概然率
　本篇總述：因果客觀性之際限與歷史因果律之際限

第四篇：歷史與真理
　引言

第一部分：史學客觀性之際限
　　　一　理解與因果律
　　　二　歷史世界之結構（多元性與整體性／一體性）

三　歷史客觀性之際限
　　四　歷史科學與歷史哲學
結語：歷史知識論的相對性

第二部分：歷史相對論之際限
　　一　歷史相對論
　　二　相對論之外
　　三　歷史與意識型態
　　四　思考模式之多樣性
　結語

第三部分：人類與歷史
　　一　歷史中的人類：選擇與行動
　　二　歷史人：決定
　　三　人類史：真理之尋求
　　四　歷史時間與自由
索引

　　　　　　　　本翻譯完稿於 1992 年教師節翌日（即 9 月 29 日）；
　　　　　　　　　　　　　　　　　　　　2025 年 3 月 13 日定稿

## 全書附錄（七）

## 深情大愛遺人間——追憶恩師孫國棟教授[*]

### 一、前言

　　1976 年秋，筆者入讀香港新亞研究所。雖然在其前已聽過孫國棟先生（1922.10.09-2013.06.26）的大名[1]，但正式接觸孫先生，是 76 年入學以後的事[2]。孫先生在研究所開授有關《資治通鑑》的課。先生對該書是很有研究

---

[*] 本文源自 2013 年孫先生逝世時，筆者所撰寫的一篇悼念文。該悼念文嘗刊登於追思會的特刊上。大概以篇幅關係，該文有所刪節。完整的版本則以〈永懷深愛家、國、民族、文化的孫國棟教授〉為題，刊登於臺灣的《鵝湖月刊》，卷 39，期 4（2013 年 10 月，總第 460 期），頁 61-64。2017 年大幅度予以增訂（增幅多出原文一倍以上）、糾正錯別字，並易作今題，應邀發表於「紀念孫國棟教授暨唐宋史國際學術研討會」上。會議主辦單位為香港新亞研究所、香港中文大學歷史系中國歷史研究中心、香港樹仁大學歷史學系；會議日期：2017 年 6 月 9-10 日。其後嘗作修訂；2025.03.13 作最後訂正後，納入本書內發表。

[1] 1960 年代（即筆者唸高中的時代）香港中學中國歷史科教科書的主要出版社大概只有 3、4 家，其中比較著名的是：現代教育研究社、齡記出版有限公司、人人書局。人人書局出版者，其主編便是孫國棟先生。筆者因為讀過人人書局版的中國歷史教科書，遂得悉孫先生大名。

[2] 香港人一般稱老師為「先生」，不稱「老師」。同學們亦習慣稱孫先生為「孫生」；「先生」的「先」字，一般不說出來。孫先生是廣東番禺人（筆者亦番禺人也），所以我們便用廣式的稱謂來稱呼他。但對非廣東省籍的老師，或對聽不懂或聽不太懂粵語的師長，如唐君毅先生、牟宗三先生、徐復觀先生等等，則仍以唐老師、牟老師、徐老師稱呼之。說到「先生」只稱一「生」字，其實不以廣東人為限，且亦不始於近現代。清中葉大詩人、大史學家趙翼（以詩人言，趙氏乃清中葉三大家之一；其他兩家是袁枚、蔣士銓。趙氏亦被視為係清中葉史學考證派三大家之一；另二家為錢大昕、王鳴盛。）便說過：「古時先生二字，或稱先，或稱生。《史記‧晁錯傳》：『錯初學於張恢先所』。《漢書》則云：『初學於張恢生所』。一稱『先』，一稱『生』。……是古時『先生』或稱『先』，或稱『生』，不必二字並稱。」趙翼撰，

的，這不必筆者多說。但研究所當時諸大師尚在，文學方面如徐復觀（1903-1982），史學方面如嚴耕望（1916-1996）、全漢昇（1912-2001）、羅夢冊（1906-1991），哲學方面如唐君毅（1909-1978）、牟宗三（1909-1995），教育學方面如吳俊升（1901-2000）先生等等皆是其例。筆者正式修讀諸位大師的課都有點來不及[3]，所以便沒有選修孫先生的《通鑑》課，而只是偶爾去旁聽而已。尤慚愧者，以稟性疏懶及記憶力差，先生上課菁華，早已拋諸九霄雲外了[4]。至於課外，接觸請益的機會就更不多了。然而，從新亞研究所總幹事趙潛（趙致華）先生處，得悉先生嘗響應而參加抗戰時十萬青年十萬軍的從軍運動，心中乃生起無限的敬意。[5]但也止於敬意而已，全談不上對先生的認識。

　　1978 年 2 月 2 日，君毅師辭世。該年 12 月，孫先生接任研究所所長[6]。研究所畢業後，我申請出國讀博士。因得復觀師推薦，申請上法國巴黎第 7 大學。大概 1980 春夏之交，孫先生以所長身分跟我說，可以推薦我到澳洲國立大學（ANU）跟柳存仁先生（1917-2009）讀書。我坦白向先生報告

---

　　王樹民校證，〈先生或只稱一字〉，《廿二史劄記》（北京：中華書局，1984），卷 3，頁 65-66。

[3] 當時邊念研究所，邊在新亞研究所對面的中學——天光道的鄧鏡波學校，教書。

[4] 只記得孫先生上課時恆勉勵同學說：《通鑑》294 卷，300 萬字而已，只要持之以恆，就算 1 日讀 1 卷，那麼不到 1 年，全書便可讀畢云云（大意如此；孫先生確切用語，不復憶記）。言猶在耳，且孫先生當時說話的精神，至今仍歷歷在目。但慚愧的是，筆者讀書總欠缺恆心，《通鑑》一書，遂時讀時廢，至今仍不克終讀。

[5] 孫先生嘗以三四萬字的長文記述其參與十萬青年十萬軍這個運動的始末及其相關見聞和感受。其名稱是〈一寸山河一寸血 十萬青年十萬軍——我的"抗日從軍行"記實〉。該文很可以反映孫先生以下各特點：真的一個愛家愛國的男子漢也；懇摯真誠待人之君子也；擅於屬筆為文之文化中人也；記憶力奇佳的讀書人也（58 年前的往事，孫先生都記得清清楚楚，且孫先生撰寫該文時已 80 歲了）；記事曉暢明白、簡練扼要之史家也。筆者讀來深受感動；對孫先生的敬佩更勝於昔日。上文見載孫國棟，《生命的足跡》（香港：商務印書館，2006），頁 98-139。

[6] 其間代理所長的是嚴耕望先生。按：嚴先生素不喜參與行政事務，更不要說擔任主管。然而唐先生遽然仙逝，所以嚴先生乃以大局為重而承乏所長一職務。

說，我已申請上巴黎大學，但如果能去英語國家讀書，那對我當然方便多了。孫先生給我建議說，既已申請上巴大，且獲得法國政府獎學金，那便不必多考慮其他了。（其實，我亦同時申請上美國加州大學柏克萊分校和戴維斯分校。）

　　以上兩段話，旨在道明 1980 年秋負笈巴黎前，我跟孫先生很少個人接觸；只知道先生嘗編寫過中國歷史教科書；是隋唐史專家；具忠肝義膽而嘗從軍；行政方面是一位極幹練的人才——嘗擔任香港中文大學新亞書院歷史系系主任及新亞書院文學院院長等要職。

## 二、2005 年在（臺北）錢穆故居始真正認識孫先生

　　大概 1987、88 年間，得讀孫先生批評柏楊先生翻譯和解讀《資治通鑑》的一篇文字[7]，是第一次正式細讀先生學術文章之始。讀後，心中只有「敬佩」二字，蓋無論就內容的豐富、紮實言，就論證的細密、周延、一致性言，就文字的明白曉暢言，都是可圈可點不可多得之作。再者，其中對家、國、民族所流露出的人溺己溺的大愛情懷，對文化的深情厚愛，乃至民胞物與的人文精神意識，都充溢在字裡行間。然而，這只是讀後感，也可以說，只是讀後的一點印象而已；對孫先生的個人，心中仍無真切的感受、體

---

[7] 孫國棟，〈一本超前絕後的譯作——評《柏楊版《資治通鑑》》〉，《明報月刊》，1987 年 4 月。其實，孫先生無法認同柏楊先生的意見，其事早於 1986 年便開始，即始於讀柏楊的《醜陋的中國人》一書之後。是以嘗發表〈就教於柏楊先生——評《醜陋的中國人》〉一文，《明報月刊》，1986 年 11 月，第 251 期；其後又撰〈〈評《醜陋的中國人》〉引起的風波——兼談柏楊先生的謊言及其近作〉，《明報月刊》，1988 年 2 月，第 266 期；〈再評柏楊著《醜陋的中國人》〉1988 年 7 月，第 271、272 期。以上各文，經彙整後，便成為下書的主要內容：孫國棟，《評柏楊》，明報出版社，1989。《評柏楊》一書又收入《慕稼軒文存》（香港：科華圖書出版公司，2008），第二集，頁 241-373。孫先生評柏楊事，可參梁炳華等，〈訪問孫國棟教授——談中國文化中之大傳統與小傳統（一）〉，《新亞生活》，香港新亞書院出版，1993 年 2 月 15 日。

認。真切的感受、體認，那是 2005 年以後的事了。這得從臺北市錢穆故居所舉辦的一個學術活動說起。

　　錢穆先生（1895-1990）辭世後，其臺北居所素書樓[8]（錢先生考慮到為了避免捲入政治漩渦，乃遷出；時維逝世前三個月）[9]闢為紀念館，不久又改設為一個小型圖書館，由臺北市立圖書館管理。不數年又交由臺北市政府文化局管理，素書樓乃易名為「錢穆故居」[10]。2002 年元月起，北市府文化局委託東吳大學代為管理[11]。「故居」主事者（即所謂 CEO）東吳大學哲學系教授葉海煙先生於 2004 年針對錢穆先生的學術思想諸方面進行徵文活動，其對象為青年學者，尤其博碩士生，並擬於翌年（2005 年）就徵文所得舉辦一個學術研討會（論文發表會），藉以推廣並發揚光大錢先生的學問。海煙兄知道我畢業於新亞，於是請我提供研討會主題演講者（Keynote speaker）的人選名單。當時，我第一個想到的便是孫國棟先生。我透過越洋電話與當時旅居美國的孫先生取得聯絡。孫先生二話不說，一口便答應下來。不意研討會召開前的二三週，先生忽來電云，以在樓梯摔跤折斷肋骨而醫生囑咐不得遠行！先生擔任主講事，便只好作罷。正傷腦筋另覓人選之

---

[8] 素書樓的命名，與錢先生母親的原居所有關。錢先生故鄉江蘇無錫七房橋五世同堂故居裡置有「素書堂」，乃先生母親之居所。錢先生為紀念母親養之恩，乃稍易其名為「素書樓」，以作為終老燕居之處所。詳參錢穆紀念館—首頁 web.utaipei.edu.tw/~chienmu/history.html（2017.05.07）。

[9] 對於這椿素書樓事件，可參百度百科（或其他）網站：「素書樓風波」baike.baidu.com/item/；瀏覽日期：2017.05.07。2010 年 8 月 30 日為錢先生逝世 20 週年的日子。當日馬英九先生以總統身分蒞臨故居代表國家向錢夫人胡美琦女士致歉。當時筆者正負責故居業務，嘗參與接待活動。

[10] 然而，「故居」的紅漆大門上，迄今仍掛有錢先生手書「素書樓」三個字的一塊黑漆底金色字的牌匾。

[11] 錢穆故居與東吳大學為毗鄰，緊挨在一起。然而，前往故居，必須經過東吳大學校園。所以不少參訪者都誤會故居位於東吳大學校園內，屬東吳的一部分。這是一個美麗的誤會。其實，東吳大學的門牌是臺北市士林區臨溪路 70 號，而故居則為 72 號。一看門牌，便知道是各自獨立，互不隸屬，即無必然關係的兩個物業（不動產）。而實況是故居屬市政府物業，而東吳乃私人物業，不能混為一談。

際，不數日，先生來電說，醫生只說不宜遠行，不宜做動作太大的活動，沒有說一定不能遠行。並特別強調說，為求推廣錢先生的學術，並為了給青年人打打氣，他一定要來。然而，我實在有點猶豫、心中不忍其負傷而長途跋涉從美國飛過來臺灣。從我回話的語氣中，孫先生大概察覺出一點端倪，所以反而安慰我說，他的健康絕不成問題，不必過慮！電話掛斷後，我仍有點不知所措，心中忐忑不安。一方面固然擔心先生的身體狀況。從美國飛過來，航程十個小時以上，不是鬧著玩的。對於一位八十多歲的長者來說，體力上已是一大考驗，更不要說是負傷未癒的一位老人家了。但另一方面，當然是非常高興先生不辭辛勞遠道而來。這是我 1976 年入讀新亞研究所接觸孫先生後第一次對孫先生有所感，真切感受到先生是性情中人；既愛其師錢先生，又愛其晚輩——發表論文的青年學子。我真太遲鈍了，可說是麻木不仁。何以言之？2005 年上距 1976 年，足足 30 年；何感覺、察識之晚也！非麻木而何？！

「錢穆先生思想研究論文發表會」舉辦於 2005 年 4 月 8-9 日。其間，孫先生入住東吳大學的招待所，前後約 10 天左右。30 年來，我接觸請益孫先生最多的，便是這 10 天了。從言談舉止間，我認識了何謂學者的風範，何謂學者的使命感。這是書中教不來，學不會的大學問。雖然只有短短 10 天，但我何其有幸，賺到了！

## 三、豈止大丈夫，實聖賢也

先生在論文發表會上，以〈錢賓四先生與我〉[12]為題作主題演講；內容精彩動人，不在話下。最要者，乃其家國情懷、民族社會情懷，每每洋溢於言辭之外。其對年輕人的深情厚愛及心中所湧出的熱切期許，亦時涵寓於講辭中。

---

[12] 業師嚴耕望先生（1916-1996）嘗撰有一小書，也是描繪、闡述錢先生與他的接觸情況的。其書名如出一轍，其中只多一「穆」字，書名作《錢穆賓四先生與我》（臺北：臺灣商務印書館，1992）。

孫先生相當健談，會前、會後談論的，除頌揚錢先生的學問外，便是規劃如何利用其餘生繼續筆耕和出版孫師母著作的事兒。至於舉辦上述研討會之兩年前（即2003年4月中旬）其女公子與女婿在香港寓所所遭遇的不幸，則絕口不提，一無抱怨。其前一年，即2002年2月11日，與先生鶼鰈情深逾50載的師母何冰姿女士因血癌辭世（孫師母先後得過乳癌、肝癌，亦曾剖腹生產過；可說一生充滿了「劫難」；但人極堅強，且極賢慧、能幹）。然而，言談間，先生從不怨天，更不尤人。此「安時而處順，哀樂不能入也」[13]歟？能忍人之不能忍，非大丈夫而何？顧先生有所待也。先生嘗透露云，彼嘗許諾其夫人要完成《教青年作文》一書，又自許90歲前後要完成《讀孟子雜憶》[14]一書。此外，尚發下心願要出版一兩本師母本人的著作[15]。

---

[13] 王夫之，〈養生主〉，《莊子解》（香港：中華書局，1976），頁33。

[14] 按：《孟子》一書給人之啟迪多矣。其中以「良知」（要言之，此猶康德所說的「自律道德」的自律意識、唐君毅先生所說的「道德自我之建立」的道德心、牟宗三先生緣康德而說出的「自由意志為行為立法」的自由意志）及「浩然之氣」二端，給筆者之感觸最深。孫先生深邃於孟學者也，想彼得孟子之啟迪，絕不止此二端而已。然而，縱觀孫先生一生之行誼表現，「良知」及「浩然之氣」必係最重要之驅策力，則筆者敢斷言也。蓋浩然之氣使先生「雖千萬人，吾往矣」。「吾往矣」而不流於魯莽滅裂，則非本於「不慮而知」之「良知」不可，蓋良知給出正確方向也。先生實本此二端以行事做人，是以終其一生無怨、無悔、無憾而為大丈夫也。豈止大丈夫也哉，實聖賢也。按：孔子針對子貢問「仁」，嘗答謂：「何事於仁，必也聖乎！堯舜其猶病諸！夫仁者，己欲立而立人，己欲達而達人。能近取譬，可謂仁之方也已。」（《論語‧雍也》）可見要有仁的表現，或要成為仁者，不是很容易的，更何況要成為聖人呢？按：「聖人」意謂：「品格能力迥出於常人者。」然則可見常人之難於成為「聖人」了。上引語見《辭海》（香港：中華書局，1973），頁1082「聖人」條的第一個解釋。至於要有「賢」的表現，或要成為賢者，則似乎比較容易多了。據上揭《辭海》，頁1276，「賢」字的第一個解釋有二義：「多才也」（見《說文》）、「有善行也」（見《玉篇》、《尚書‧咸有一德》、《周禮‧天官‧太宰‧注》）。然則多才或有善行，皆可視為「賢」。「聖」乃人之表現之最高者，恐孫先生或有所不及。但以「賢者」稱孫先生，則誰曰不宜。今不妨籠統一點，視孫先生為聖賢可也。讀者不必泥。

[15] 詳孫國棟，〈前言〉，何冰姿遺編，孫國棟重編，《拾掇──慕稼軒文存》（無出版社資訊，蓋自印本），第三集，2009年出版。

先生和我談論他這些寫書、出書計畫時,身體雖然仍相當硬朗,但無論如何,時年已八十有四了。「歲月催人老」,「時不我予」。在這個與時間競跑的節骨眼上,那容得下悲痛哀傷?容得下顧影自憐?容得下怨天尤人?反之,先生的許諾,先生的使命感,先生不容自已之情,時時策勵著先生的心志,刻刻督促著先生奮發向前。有謂:「義無反顧」、「義之所在,即命之所在」;先生之表現,正一顯例[16]。既係「義之所在」,則焉得不為。「見義不為,無勇也。」[17]嘗自願參軍報國的孫先生,豈為懦夫無勇之輩。又既係「命之所在」,是以安之若素也。

## 四、晚年返港定居:繼續為文化事業奮鬥

「錢穆先生思想研究論文發表會」舉辦過後,先生返港定居[18],入住香港中文大學招待所(Guest House)。其先,東吳大學招待所朝夕過從請益的 10 天,讓筆者對先生產生了無限的敬意。是以先生定居香港後,個人返港度歲,例必約同多位新亞學長姊,赴中大向孫先生拜年。開頭兩三年先生身體還好,但大概 2010 年前後,便明顯察覺到先生體力、精力大不如前

---

[16] 「義之所在,即命之所在」一語,見唐君毅,《中國哲學原論‧導論篇》(香港:新亞研究所,1974),第十六章,〈原命上:先秦天命思想之發展〉,第四節,「孔子之知命」,頁 512-518,上引語見頁 516。「義之所在,即命之所在」一語,如翻譯為語體文,大概可作:「對的事情,去做就是了;這是您依一己的道德良心,對自己所下的命令,且也是上天的一種要求啊!」唐先生之原文為:「……義之所在,為人之所當以自命,而天命斯在。」(頁 516)

[17] 《論語‧為政》。

[18] 按:孫先生作出返港定居之決定前,於閒談間,嘗徵詢筆者及內子的意見(相信亦徵詢過不少親友門生的意見)。我們一致認為:先生年事已高,當以返港定居,且住於中大為宜,蓋先生桃李滿門,必得其高弟多方照顧也。再者,香港交通極為便利;且於語言溝通上,比起美國以英語溝通來說,亦方便多了。當然,孫先生並非在香港出生,但 1949 年與師母流亡香港後,香港恐已成其第二故鄉了。再者,「日久他鄉是故鄉」。寫到這裡,非常有感觸。上世紀中葉,中國人自家不爭氣,兄弟鬩牆,兵戎相見,不少知識分子只得流亡海外,真如君毅師所說的「花果飄零」焉,奈何!

了。然而，先生心志不稍衰，恆一再談說其撰書、出書之構想。

先生著作相當豐碩，嘗惠贈前往拜年的同學其近著數種，如下：《生命的足跡》、《慕稼軒文存》第一集（政論短文）、第二集（第一部：討論文化與歷史的學術論文；第二部：評柏楊的文章）、第三集（何冰姿遺編，孫國棟重編，《拾掇》），暨師母的《何冰姿陶藝創作》諸書；同學皆如獲至寶。個人對各書的部分內容，嘗一讀，再讀，甚至三讀；讀後感憤不已，對孫先生欽佩之情，更與時俱增。就先生的另外二本書來說（《教青年作文》、《讀孟子雜憶》），惜天不假年，竟不克竣其工！然則先生有所憾耶？曰：否也。何以言之？下文擬先從先生評《柏楊版《資治通鑑》》談起。先生說：

> 最近由香港寄來《柏楊版通鑑》幾冊，讀後感慨甚多，不禁寫下這篇短文，指出柏楊先生翻譯的錯誤。學術是社會的公器，非批評攻錯不能進步，諒柏楊先生不以為罪。
> 柏楊先生的譯文最基本的大病在於對原作者的思想與感情全無瞭解，同時誤認司馬光的主觀意見，只表現於《通鑑》的議論中（見〈柏楊序〉），與史事的敘述不相涉。殊不知學術是生命的表白，尤其一本鉅著，必處處貫注作者的真生命。[19]

上引文雖只有一百多字，但意涵（implication）相當豐富。試指出三端：

（一）徐復觀先生嘗發乎感憤之心而寫下前前後後十多冊雜文[20]。孫先

---

[19] 孫國棟，〈一本不了解原著的譯作——評柏楊版《資治通鑑》譯司馬光「禮論」的謬誤〉，載《明報月刊》，1987 年，4 月號；今轉引自上揭《慕稼軒文存》（香港：科華圖書出版公司，2008），第二集，頁 295-296。

[20] 詳見《徐復觀文錄·自序》及各雜文集相關內容。按：《徐復觀文錄》共 4 冊，由臺北：環宇出版社出版，1971 年。雜文集，則主要由臺北：時報文化出版事業公司出版，共 6 冊，1980-1984 年。臺灣中央研究院中國文哲研究所又出版了雜文補編，亦 6 冊，2001 年。

生亦猶是也。先生感慨／感憤之對象為學術之失其真或所謂假學術。學術研究之目的或有多端,然而,求真無疑為其中一大端,且亦為最主要者。先生針對柏楊版《通鑑》於翻譯及解讀上的失真、失實,乃不得不為文糾舉之、批判之,以正視聽。

（二）2,000 多年前孟子即說:「頌其詩,讀其書,不知其人,可乎？」[21]「對原作者的思想與感情全無瞭解」,而遽研究／翻譯其書,天下間至便宜之事,恐無過於此[22]。順便一提:有謂歷史研究,研究者態度上客

---

21　《孟子・萬章下》。
22　「對原作者的思想與感情全無瞭解」,便對原作者的研究成果進行闡述或進行翻譯,其實是非常危險和不可取的。徐復觀先生即嘗指出說:「求知的最基本要求,首先是要對於研究的對象,作客觀的認定；並且在研究的過程中,應隨著對象的轉折而轉折,以窮究其自身所含的構造。就研究思想史來說,首先是要很客觀的承認此一思想；並當著手研究之際,是要先順著前人的思想去思想,隨著前人思想之展開而展開；才能真正了解他中間所含藏的問題,及其所經過的曲折；由此而提出懷疑、評判,才能與前人思想的本身相應。否則僅能算是一種猜度。這本是很尋常的事。」在闡述前人的思想或其研究成果時,乃至只從事相關翻譯時,如果做不到徐先生所指出的要求（其實,嚴格來講,那根本不能算是「要求」,而只是做思想史「很尋常的事」而已；此上引文中徐先生早已指出之。）,那已經是非常不可取的了,更何況連「對原作者的思想與感情」都「全無瞭解」呢！柏楊的膽子亦可謂大了,實膽大包天。孫先生又嘗指出柏楊先生做學問不老實、說謊的問題（孫先生評柏楊而撰寫的其中一篇文章的標題即有「謊言」二字,詳上文註7。）說謊關乎人的人格、品格。這又讓人想起徐先生以下的說法:「我年來漸漸了解,一個人在學術上的價值,不僅應由他研究的成果來決定；同時也要由他對學問的誠意及其品格之如何而加以決定。學問是為人而存在；……」上引文「一個人在學術上的價值」一語中「價值」一詞,比較不好懂。筆者以為,蓋指其人在學術上的「成就」而言。而這種成就又進而決定了其人在學術上的價值。若稍作申引,亦可謂決定其人本身的價值。中國人恆從道德、文章這兩方面衡斷一個讀書人,譬如說某人的道德、文章為世範、為世所宗、為人間楷模等等即係其例。然而,道德、文章,又不可斷然遽分為二；而兩者的關係又恆為:前者乃後者之宗主。即假使沒有道德,文章便免談了。徐先生所說的:「一個人在學術上的價值,……同時也要由他對學問的誠意及其品格之如何而加以決定」,當係在這個老傳統下說出的一句話。以上引徐先生的文字,分別見徐復觀,〈研究中國思想史的方法與態度問題（代序）〉,《中國思想史論集》（臺北:臺灣學生書局,1975,四版）,頁 5；徐復觀,〈序〉,《中國人性論史——先秦篇》（臺北:臺灣商務印書館,1975）,頁 6。

觀、超然，最為關鍵。此固然，但這只說對了一半，蓋最要者為，能、所是要無間地結合在一起的。「能」者，研究者本人也。「所」者，研究之對象也。如研究者無主觀感情或想像（imagination）之融入歷史情境中，不能設身處地、自我投入或所謂神入其中，則研究者與被研究者頓成兩橛；歷史之真（至少逼近其真），恐怕永遠無法獲得，此即不啻宣告歷史重建之失敗！[23]能、所結合無間對於歷史人物之研究、思想史之研究，尤其關鍵。不贅。

（三）上引文先生說：「學術是生命的表白，……」。誠哉斯言。憶莊生嘗云：「有真人而後有真知。」[24]得此啟發，個人近年來常說：「有真性情，始有真學問。」一言以蔽之，生命／真人／真性情，本也；由此而衍生出之學術，乃至生命上之一切其他表現，末也。假使欠缺前者，則後者必假、必偽，蓋失其源頭活水也。其實，針對此二者，我們不妨寬泛一點說：兩者是一而二，二而一的。真學問必源自真性情；真性情（就學人來說）必不容自已地呈現為真學問。然而，柏楊先生不能語乎此，惜哉[25]！

辟厚誣，正視聽，還史實，證道真，非史家之素志耶？非知識分子之使命耶？非大丈夫所當為者耶？非聖賢所當成就者耶？就此來說，孫先生又何憾之有哉？至於一二著作之不克竟其功，其小焉者也；以其於先生發乎真性情而湧出之真生命，一無所損故也。

---

[23] 法國歷史哲學家 Raymond Aron（1905-1983）嘗云：「難道歷史家沒有把他自己及其時代表述在他所重建的歷史圖像中嗎？」此真見道者之言也。本此，則吾人研究史家所撰就的史書時，便該對其人之生平、思想及其生活之時代有相應的了解，否則對其著作便難有所契悟。上引文出自 Aron 的大著《歷史哲學導論》（*Introduction à la philosophie de l'histoire-essai sur les limites de l'objectivité historique*）的 "introduction"（〈導言〉）。此〈導言〉，筆者嘗予以翻譯，此即本書附錄（六）。上引語乃出自筆者之手。

[24] 王夫之，上揭〈大宗師〉，《莊子解》，頁56。

[25] 唐、牟二先生恆言「生命的學問」，此人所共知者。年前讀傅偉勳先生《學問的生命與生命的學問》（臺北：正中書局，1994）一書，又獲悉「學問的生命」一詞，意指學問之本身亦有其生命，而研究者當予以尊重。此意謂應好好作研究，不能以遊戲態度輕慢之。若借此以衡斷柏楊先生，則恐其不免有負於「學問的生命」矣。

## 五、結語：對家、國、民族、文化的深情大愛

上文拉拉雜雜寫了接近 10,000 字。一句話，先生的一生，可以「深情大愛」一詞概括之。其年青時投筆從戎，參加十萬青年十萬軍，乃緣乎對國家、民族之愛，不忍國族亡於日人鐵騎之下也。其中年時義批柏楊，乃本於對學術真理之愛，不忍厚誣之加諸溫公身上，且不忍學術失真、歷史失實，更不忍年輕學子之被誤導也。晚年負傷自美國不辭勞苦遠涉重洋為論文發表會作主題演講，乃愛其師錢穆先生及愛臺灣學子之表現，不忍錢先生之學術隱而不彰，乃至學子之失教也。至於矢志撰著《讀孟子雜憶》一書，則先生自言之曰：「我在車裏重讀《孟子》，被孟子的勃勃英氣與奮發的精神所感動。認為孟子正是今日知識分子最好的楷模，於是我決心寫《讀孟子雜憶》。」[26]，此鍾愛時下知識分子，不忍彼等僅流為知識從業員而全無「社會、國家、民族擔當感」之表現也。至於許諾要完成《教青年作文》一書，乃鍾愛其夫人冰姿女士，不忍不助成其心願之實現之一偉大表現也。

孫國棟先生，作為一個畢生深愛其夫人的男子來說，作為一個大學教授來說，作為一個現代知識分子來說，作為一個 20 世紀、21 世紀的中國人來說[27]，尤其作為一個頂天立地的大丈夫來說，他 92 載的生命，已「充實而光輝」之極。「充實而光輝之謂大。」[28]果爾，則定位孫先生為國史上一偉大人物，誰曰不宜。讀者諸君，恐亦必以余言為不可易也。然則駕鶴西歸，何憾之有哉！

---

[26] 上揭何冰姿遺編，孫國棟重編，〈前言〉，《拾掇——慕稼軒文存》，第三集，頁 8。

[27] 唐君毅先生嘗云：「人當是人，中國人當是中國人，現代世界的中國人當是現代世界的中國人。」筆者以為孫先生作為唐先生的一位高足來說，定然係充分體認並踐履上引文中的"三大箴言"的。唐君毅，〈自序〉，《人文精神之重建》（香港：新亞研究所，1974），頁 13。

[28] 《孟子‧盡心下》。

贊曰：義無反顧　投筆從戎　匡國族
　　　仁必正視　搦管興文　辟邪辭[29]

又妄擬〈追憶詩〉一首如下：

恩師逝世已三年，每觸前塵感萬端，史學即今幾絕業，國家顛簸似危船；百般言說情無限，國族興衰事永傳，難得三庠齊暢聚[30]，共祈遺愛在人間。[31]

2025.05.22 補記：剛收到香港新亞研究所校友會理事長楊永漢兄等等寄來《舊學新傳——新亞研究所學人誌》（臺北：萬卷樓圖書公司，2025）、《舊學新傳——新亞研究所七十周年所慶論文集》（出版資訊同前書）和《新亞論叢》第 25 期（臺北：萬卷樓圖書公司，2024）各一冊；不勝感激。前書收錄了李金強學長如下一論文：〈新亞研究所之創辦及其第一屆〉，其中第三節「國棟師與新亞研究所」（頁 9-13）所述說者，正可補充本文不及之處，宜並參。

---

[29] 2014 年 4 月，筆者留法時恩師之一的桀溺教授（Jean-Pierre Diény，1927-2014）溘然長逝。筆者嘗撰悼文一篇以致其哀，文後附上贊辭 4 則，其中 3 則似亦可移作對孫先生的贊辭，今轉錄於此：其一：身教言教莫非教，人師經師總是師；其二：身教言教永垂教，人師經師不朽師；其三：憂家憂國憂天下，愛子愛妻愛學生。
[30] 三所學校的名稱，詳見上文注 1 前以「*」標示的一段文字。
[31] 唐君毅先生逝世三週年時，徐復觀先生嘗撰寫下詩以為紀念：〈君毅兄逝世三周年聚慈航清〔「清」當作「淨」〕苑紀念〉。詩云：「故人逝世已三年，每觸前塵感萬端，義理即今仍絕學，國家依舊是危船；百般言說情無限，九境心靈意豈傳，難得齋堂成小聚，共祈天上在人間。」載《華僑日報・人文雙周刊》，第 228 期，1981 年 3 月 2 日，頁 23。茲轉載自《華僑日報》（電子檔）。https://mmis.hkpl.gov.hk/coverpage/-/coverpage/view?_（2016 年 9 月 1 日瀏覽）。今筆者更動若干文字，挪移於此，以追憶孫先生。

## 全書附錄（八）

## 《中國傳統史學的範型嬗變》讀後[*]

### 摘　要

　　錢茂偉教授新著《中國傳統史學的範型嬗變》一書，凡 39 萬言，皇皇鉅製也；內容細分為上、中、下三篇。作者綜觀中國三千年傳統史學的發展，在三篇中，分別以「敘事史學」、「義理史學」、「考據史學」三主軸來概括中國史學的發展歷程。此固係錢氏獨具隻眼之慧解卓識而構成該書之優點無疑。然而，一書之優點又往往係該書之缺點。一言以蔽之，敘事史學不能乖脫史學求真之本旨；而求真不得不有賴考據（廣義的）。此其一。再者，中國數千年之史學，究其旨歸，乃以經世致用為要務；而義理之申述、闡明，又恆為經世致用之一端。然則敘事史學，究其內涵，考據與義理已隱含其中。至於義理史學、考據史學，又恆以敘事方式為之。換言之，敘事史學、義理史學、考據史學，實難斷然遽分為三，蓋三者有彼此牽繫互聯之處。筆者的意思是說，錢教授把中國傳統史學釐析為三種範型是相當可取的，但行文之際則不宜過滿，否則三者相互重疊牽繫之處，反而被忽略了。這是比較可惜的。

---

[*] 本文（書評）發表於《東吳歷史學報》，第 27 期，2012 年 6 月，頁 225-248。在臺灣從事教研工作30多年，其間，筆者審查過的擬發表的書稿，尤其是學術論文，幾乎可說數不勝數。但因為沒有刻意把審查報告或書評之類的文字保留下來，電腦主機幾經汰換之後，這些文字便"不翼而飛"了；或檔案打不開了。本篇書評則為例外，這得感謝《東吳歷史學報》第 27 期主編徐泓教授。徐教授在該期學報快要截稿前，囑咐筆者針對錢茂偉教授的新著《中國傳統史學的範型嬗變》寫一篇書評。在臺灣史學界，徐教授乃家傳戶曉的重量級人物；其囑咐，筆者豈敢怠慢，更不敢輕忽處理之！所以自信本篇書評寫得還可以；因此便在電腦中刻意保存下來。這便成了文章審查報告或書評之類的文字中碩果僅存之稀有「品種」了。既敝帚自珍而視之為稀有「品種」，今茲遂進一步供諸同好焉。2024.07.10 嘗修改本文。納入本書前又更改動過若干地方。
錢教授的大著由哈爾濱：黑龍江人民出版社出版於 2010 年 4 月；頁數：317 頁，另作者本人〈代序〉6 頁；全書總字數：390,000 字。

## 一、前言

　　十多年前，個人有機會往訪復旦大學，並於該大學歷史學系以「臺灣五十年來的史學」為題發表專題演講（時維 2008.04.16）。先是，獲悉心儀已久的明代史學史青年學者專家錢茂偉教授正在復旦從事博士後研究，乃於赴復旦前去函約見。兩人在復旦一見如故，相談甚歡。二三年後並邀得茂偉兄來東吳碩士班客座一學期，諸生咸謂收穫良多。

　　個人詳細拜讀錢教授的大著，約始於 2001 年。該大著即茂偉兄基於"摸底調查"[1]而完成的《明代史學編年考》。其後，由於教學上的需要，又細讀了茂偉兄以博士論文《明代史學研究》為底稿大幅度修訂而完成的《明代史學的歷程》一書。[2]個人收穫良多。茂偉兄可說是多產的學者專家。20 多年來，幾乎每年都有質量俱佳的新著面世，且領域又不以明代史學為囿限。個人除佩服外，還是佩服。

　　二三年前，即 2010 年前後，《明代史學的歷程》擬修訂重版。茂偉兄非常客氣，來電郵要我提點修正意見。個人乃不揣譾陋，冒昧地提出了幾點不成熟的意見。幸蒙謬許，實感汗顏。前年（2010）4 月茂偉兄出版了另一史學鉅構《中國傳統史學的範型嬗變》一書（以下簡稱《嬗變》）。惟個人近年以研究方向偏重當代新儒家，《嬗變》一書未嘗細讀。日前《東吳歷史學報》編輯委員索稿孔急，建議針對《嬗變》撰寫書評一篇。其實，個人從中學習都來不及，何敢輕言評騭月旦？！下文撮述並闡發書中大義外，謹就大著中若干個人讀後不解之處提出點看法而已。芻言讕語，貽笑方家；至於所謂"書評"，則吾豈敢？！

---

[1] 錢茂偉本人用語。見〈自敘〉，《明代史學編年考》（北京：中國文聯出版社，2000），頁 1。

[2] 北京：社會科學文獻出版社，2003 年 10 月。

## 二、錢教授明代史學的志業

《嬗變》一書，39 萬言，皇皇鉅製也。細分上、中、下三篇。作者錢茂偉教授綜觀中國三千年傳統史學的發展，在三篇中，分別以「敘事史學」、「義理史學」、「考據史學」三主軸來概括中國史學的發展歷程。此誠史家獨具隻眼之慧解卓識無疑。該書內容重點，具見書中的〈內容簡介〉。茲轉錄如下以醒眉目：

> 傳統中國史學形態是如何一步步地演變過來的？這是 20 世紀以來學人不斷在探索的問題。本書從史學內部範型的嬗變來看傳統史學發展歷程。作者以為，傳統史學的發展有一個階段性，不同階段流行不同類型的治史模式。這種模式，借用美國科學哲學家庫恩[3]的術語可以稱為「範型」。不管你承認與否，中國傳統史學確實存在著以司馬遷《史記》為代表的敘事史學，以孔子、朱熹為代表的義理史學和以乾嘉史學為代表的考據史學三大史學範型。大體說來，周唐時期，以《左傳》、《史記》為代表的敘事史學得到了長足的發展；宋明時期，理學化的義理史學開始占據主流位置；明末以後，考據史學得到相對充足的發展。

《嬗變》一書，其實是一本中國史學史。但它不同於一般的中國史學史。一般的中國史學史，是依時間先後順序來述介、闡釋中國史家的史學活動的。《嬗變》則不然。它是以上述的三個範型[4]來概括中國史學的發展特色。這

---

[3] 庫因，亦譯作孔恩（Thomas Samuel Kuhn，1922-1996），美國科學史家，科學哲學家，代表作為《哥白尼革命》（The Copernican Revolution，1957 年）和《科學革命的結構》（The Structure of Scientific Revolutions，1962 年）。其中以《科學革命的結構》一書最具影響力。有關「範型」的討論，見諸《科學革命的結構》。此詞即英文的 paradigm；亦譯作「範式」或典範。

[4] 筆者按：範型或範式（paradigm），可以說也是模式（pattern）的一種。但「模式」

是作者很具創意的一個看法。如果創意算是史識的一種表現的話，則錢教授的史識可見一斑。（錢氏的史識，下面仍會談到。）自唐人劉知幾（西元661-721）倡史家三長說（史才、史學、史識）之後，世人恆以此來衡量一個史家的成就。個人認為錢教授是具備史家三長的。史識方面，上文已說過。至於史才，要言之，指的是史料的彙整、組織、綜合（含駕御）、消化，以至最後以文字／文章的方式，文從字順，甚至富於文彩地（似乎可以今天所謂非常具有可讀性作為指標）呈現在讀者跟前的能力。個人認為錢教授這方面的能力是綽綽有餘的。做史學研究，最怕是史料不足。這是不必多說的。然而，史料太多，如果你缺乏史才，沒有能力來篩選（含考證），來駕御，那會造成另一問題，且恐怕問題會更大。我們又何以見得錢教授是深具史才呢？其實，只要我們稍一翻閱錢氏的幾本大著（上文提到過的即有三本：《明代史學編年考》、《明代史學的歷程》、《中國傳統史學的範型嬗變》），便知筆者所言不虛。然而，縱使摛華掞藻，潤古雕今如韓柳歐蘇，假使你沒有深厚的學力，那也是枉然的，原因是你沒有借勁使力的地方。所謂學力，對於一個史學工作者來說，即歷史知識掌握的多寡是也。[5]錢教授以明代史學名家。他這方面的表現又如何呢？我們且看他自己怎麼說。錢氏云：

> ……對我來說，學術是第一位的。憑著這種近乎"愚忠"式的科研意識，我讀遍了現存明人史著，搜齊了各種材料，做了40多本《學術日記》，完成了40多篇專題論文。16年的辛勤勞動，……16年的慘

---

　一詞比較是中性的，顯示不出模範的味道。Paradigm 一詞，漢語譯作範型或範式，可說非常妥貼，蓋模範的味道便得以形著彰顯出來。《嬗變》的作者錢教授亦嘗用「模式」一詞來描繪中國史學研究的不同型態，嘗自謂「對傳統史學研究的模式作清理與整合」；歸納之為三大範型，並以此來命名其大著。其為探驪得珠之作，何待贅言。參〈代序〉，《中國傳統史學的範型嬗變》，頁6。

5　當然，其他相關知識，譬如社會科學的知識，推理能力的知識，簡言之，即邏輯學，乃至一定程度的統計學方面的知識等等，具備得越多越好。這些知識，簡言之，可分為理論性的和工具性的二大類。其細節，在這裡，恕不展開。

> 淡經營，我把明代史學的學科框架搭了起來。[6]

筆者十多年前（指撰寫本文初稿的十多年前，即 2012 年之前；以下凡涉及多少年前，皆依此例）讀到上段文字時，便對錢教授產生無限的敬意。要注意的是錢教授寫這段文字時，只不過是 30 多歲的一位青年史學工作者而已。其為學術願奉獻畢生的精力，在今天功利主義盛行，一切向錢看的時代來說，真可謂空谷跫音。16 年間光是學術日記便寫了 40 多本，這足已使人敬畏不已。

我們現在要提出一個問題：錢教授有極高的意願來為學術，尤其為明代史學來奉獻畢生的精力和時間。然而，假設明代沒有甚麼史學可言；或明代雖有史學，但相關課題早已被人做過了，做完了，甚至做濫了，那麼還有你錢教授措手的餘地嗎？坦白說，一般近現代學人都不認為明代有甚麼史學可言；二三十年前，學人的看法尤其如此。至少與其前之宋，其後的清相比，他們都認為明代的史學絕對是瞠乎其後的。[7]其實，明代史學表現之被學人看貶，只是明代整體表現被學人看貶的一例而已。過去學人對明代的惡評，徐泓教授概括為三項。其中一項如下：

> 沒有多少特點的朝代：與秦漢隋唐宋相較，無論典章制度建設，還是

---

[6] 錢茂偉，〈後記〉，上揭《明代史學的歷程》，頁 502。

[7] 我們只要稍微翻閱一下近現代學者所寫的中國史學史，其中明代史學所占的比重便很可以說明問題了。今試舉一例。杜維運先生《中國史學史》（臺北：三民書局，1993-2004）第三冊是處理宋元明清的史學的，共 13 章，500 多頁。其中明代僅占二章，40 多頁而已。宋則占 4 章，100 多頁；清更占 6 章，200 多頁。也許可以補充一句，就是清代的史學，其比重比明代，甚至比宋代都來得重，這應該是跟杜教授本人的學術偏愛有很大的關係，蓋杜教授是清代史學的專家也。如果是改由偏愛宋代史學的王德毅教授來執筆，也許情況便很不一樣了。筆者的意思不是說執筆者故意厚此薄彼，或薄此厚彼；而是說，學者專家既把研究重點放在某一二朝代上，那他對該一二朝代的了解，和對相關資料的蒐集，便自然比其他朝代為多。資料既多，了解又相應的比較深，那寫將起來之時，篇幅便自然較多了。

文治武功，明代都缺少足以誇耀的成績，甚至顯得黯然失色。[8]

廣義來說，文治當然含學術文化，其中當然也含史學。此可見明代史學被學人看貶，給予惡評，早已是不爭的事實。然而，從後現代觀點來看，不被研究的對象，其本身不一定是比較差的，是沒有表現或沒有研究價值的。反之，很可能是您不具慧眼，所以便看不出它的表現，它的價值而已。這個「千里馬常有，伯樂不常有」的一個認識論上的問題，現今暫且不細談。無論如何，錢教授經過他的摸底調查，他發現了明代史學是很可以供他大展拳腳的一塊"處女地"。當然，我們不能說在錢教授之前，明代史學完全乏人問津。臺、港、大陸，甚至歐美漢學界，不少學人是關注到明代史學的。大陸來說，謝國楨出版於1930年代的《晚明史籍考》無疑是這方面扛鼎之作。[9]即以臺灣為例，1980年代好友吳智和教授（1947-2012；智和兄當年剛屆齡退休便溘然長逝，對明史學界實在是極大的損失！）在《明史研究專刊》及研討會上所發表的三篇論文便很見功力。[10] 1994年廖瑞銘先生（1955-2016）甚至以《明代野史的發展與特色》為題做論文而拿到博士學位。[11]香港方面，則趙令揚、楊永安、朱鴻林等學人亦做明代史學。歐美方面，自以漢學家傅吾康（W. Franke, 1912-2007）為大家。[12]然而，以最近

---

[8] 徐泓，《二十世紀中國的明史研究》（臺北：國立臺灣大學出版中心，2011），頁13。此書為徐教授月前（即出版後不久）所惠贈者，謹致謝忱。

[9] 後增訂而命名為《增訂晚明史籍考》（上海：上海古籍出版社，1981），總1154頁。

[10] 吳氏明代史學的研究，計有三文，分別探討何良俊、朱國楨和謝肇淛的史學。前二文發表於《明史研究專刊》宜蘭：明史研究小組，第8期，1985年。第三文則發表於1989年中央研究院所舉辦的第二屆國際漢學會議。為節省篇幅，其出版資訊，恕從略。

[11] 2009年該論文由臺北：花木蘭文化出版社出版為專書。1990年代以來，個人亦寫過三篇有關明代史學的小文章。此三文納入本書內，即八、九、十，共三章。尚可進一步指出的是，近年來徐泓、林麗月、吳智和、邱炫煜等諸位教授環繞《明史紀事本末》一書亦寫了不少分量相當可觀且有見地的文章。

[12] 傅吾康的名著名 *An Introduction to the Sources of Ming History*（《明代史籍彙考》），

二十年來說,尤其以研究之深且廣來說,錢教授之研究無疑是領袖群倫的。本節之論述,看似與《嬗變》一書無大關係。然而,相關背景的說明對理解《嬗變》一書,並對該書價值的定位,應有一定幫助的。是以縷述如上。

## 三、《中國傳統史學的範型嬗變》的特色和貢獻

### (一) 概括得宜,抓到中國史學發展的特色

本書細分為上、中、下三篇,分別以「敘事史學」、「義理史學」和「考據史學」,來概括中國各期史學發展之特色。這方面上文已稍微提到過。我們得知道,任何概括(譯自英文 generalization;此詞或譯作「通則化」)都不可能是一無遺漏的。人類過去的史事,千千萬萬,不予以概括,則必零散瑣碎,無以構成知識。[13]為了建構知識(或者說,為了讓我們的腦袋透過一個坐標、一個參照系以察知／觀照外界的事事物物),藉著若干觀念或概念來做概括,那是不得不然的。問題是相關概念的概括程度是多還是少而已。概括程度高,則被遺漏者少;反之,則遺漏者多。錢教授是透過三個概念[14],稱之為「範型」來分別概括周至唐、宋明、明清之間,這三個時期的史學特色。個人相當認同這種概括。這種概括,錢教授自謂「正是筆者近十多年用新視野探索傳統史學的結果」。又說:「……至今未見將敘事史學、義理史學、考據史學作為一個整體形態加以系統考察的專題著作。」[15]

---

Kuala Lumpur: University of Malaya Press, Singapore, 1968. 筆者2001年曾翻譯該書的"Introduction"(導言)為中文,當時不曾發表;經修訂後,今收錄在本書內,即附錄(五)。譯稿嘗請求錢教授過目賜教。參《明代史學的歷程》,頁2,註1。並參錢茂偉,〈敘論·明代史學的回顧與展望〉,《明代史學的歷程》,頁1-10。

[13] 按:凡知識皆有一定的系統性、架構性,否則只成數據(data),或資訊／訊息(information;大陸翻譯為情報)而已。

[14] 即敘事史學、義理史學、考據史學;三個概念見諸文字表述便成為三個名詞。「概念」與「名詞」固有別,今則不必細分。

[15] 〈代序〉,《嬗變》,頁1、頁6。

以筆者所見，錢教授的判斷是有一定根據的。上述中國三個時代的史學特色，大體上確可以用「敘事」、「義理」、「考據」三概念予以概括。這可以說是錢教授本人的發明。發明有賴識見（當然尚有賴其他條件，如學力等等）。識見用在歷史研究上或史學研究上，便成史識。

當然，現今的中國史學史研究者不見得全然同意錢教授這個三大概括（三分法）。然而，以三分法作為主軸來概括中國三千年傳統史學的發展，這無論如何是一種嶄新視野下的一個觀照吧，一個創意吧。就這點來說，已可見《嬗變》一書之特色與貢獻之所在了。當然，任何宏觀的考察都可能陷入以偏概全的危機。[16]這個見仁見智的看法，下文將再作補充說明。當然，最後的判定到底如何，那就只好留待"終審法庭"來做判決了。所謂終審法庭也者，時間是也。

## （二）基礎深厚，概括言之成理（這一點也可以說是上一點的進一步說明）

概括是來自歸納眾多類同案例而得出的。案例愈多，所歸納出來的通則，或所導引出來的概括，便愈有效。錢教授出生於 1962 年，從事明代史學研究至少 1/4 世紀。所撰述的相關論著不下百篇，或至少接近百篇[17]。換言之，其用以歸納的個案在數量上是相當可觀的。明代史學的研究，近現代

---

[16] 基於宏觀考察而得出的史觀（錢教授把中國史學的發展視為三大範型的一種發展，這也是一種史觀），其"有效性"或"可接受度"的高下，可說端賴微觀（細緻的，個案式）的研究。微觀的研究是可以給宏觀研究／宏觀考察打下基礎的。如基礎打得穩，打得堅實，那麼宏觀的判斷便不算無稽之談的大話（既有基礎，那當然不算無稽），更不算天馬行空的妄言誑語。

[17] 上引《明代史學的歷程・後記》指出，16 年間寫了 40 多篇明代史學的專題論文。16 年的開頭幾年恐怕得用在準備工夫上。所以真正從事論文寫作的時間，恐怕只有十二三年左右而已。〈後記〉撰於 2000 年。2000 年距今（此「今」乃指拙書評發表的 2012 年之時）剛好又是十二三年。由此算來，錢教授的論文總數，便應該是「40 多篇」的雙倍。由此而得出的結論便是「至少接近百篇」。當然，最精準的算法是逐一開列錢教授過去 30 年的著作，然後才作出統計。然而，今無暇及此；且統計的精準與否跟本文的主旨並不直接相干，是以從略。

學人的成果,恐無人能出其右(至少就數量上而言)。上文已指出,錢教授所概括的時段有三,依次為:周至唐、宋明、明清之際。其中明朝及明清之際是錢教授最熟悉而專攻的時段。至於周至唐的一段(宋代的一段,錢教授亦有相當關注),錢教授亦不至於太過陌生,且借助前人的研究成果下,錢教授對這一段所做出的概括(視為敘事史學),其結果亦大體上符合事實。要言之,錢教授既利用一己之所長,又借助他人研究成果以補一己之不足。在這種情況下,錢教授可說已穩穩的打造了深厚的史學基礎。既以此為基礎,則所做出來的概括,其有效性／可信度／可接受度,便定然是相當的高了。當然,任何概括都不可能是一無遺漏的。這方面上文已稍微提到過。任一時代的學術發展,除主流外,亦必然有支流或所謂異端的;甚至政治干預非常嚴重的時代,如暴秦時代、君主專制最為高峰的明清時代、狂熱非理性的文革時代,也不為例外。史學的發展不可能外於是。只要我們不至於"太苛求",非要把支流亦概括進來不可(事實上亦概括進來不了),則錢教授的結論應該是可以接受的。

## (三)擅用所長,扣緊明代史學個案舉例

作者既認為周至唐時期之敘事史學得到長足的發展,[18]則應當多列舉該時代的個案作為說明的例子才對。然而,《嬗變》上篇 10 章中,闡述周至唐史學的篇幅不到 2 章;其餘 8 章,有 6 章半是講明代史學的,1 章半是講明末清初的史學的。這看來很不成比例,甚至本末有點倒置。但筆者要指出的是,舉例在乎"貴精不貴多"。只要作者所舉出的案例是跟他要論證的主旨相關,足以支持他的判斷,那就足夠了。所以雖然只有 2 章(即僅占上篇 1/5),但不足為病。所舉案例以作者最熟悉的明代史學為主,這可說是作者明智之舉。反之,若多舉他朝之案例,但假使舉之不得其法,那反而產生反效果。至於中篇的 8 章,首章是泛論。餘 7 章,其中有一半是討論明代史學的。那是作者的強項。另一半則討論宋代的義理史學。那亦是作者的強

---

[18] 〈代序〉,《嬗變》,頁 1。

項。至於下篇的考據史學，就明清兩代來說，當然以清中葉乾嘉時代的表現最為傑出。但作者捨此不由，把火力集中在王世貞、李贄、錢謙益、張燧和朱明鎬的身上。王、李諸人的著作乃完成於明代（錢、朱的著作，有少部分可能完成於滿清入關之後）。嚴格來說，諸人考據精嚴的程度是比不上清中葉乾嘉時代的學者們的。作者不以清中葉的乾嘉史學來舉例，而舉出明中晚期或明清之交的個案為例，表面看來，很不合理。其實，但這正是作者最聰明的地方。據筆者的推測，原因可能有二：一是乾嘉史學做濫了，任何人都知道當時的史學以考據為主流；所以除非真有創見，否則就不必再炒冷飯了。另一原因是，王世貞、李贄、錢謙益、張燧和朱明鎬的史學，其考據的特性，未受到近現代學人足夠的關注，其中尤以張、朱二氏的史學為然。[19]換言之，這正係可以給錢教授大展拳腳的地方。「……所以通古今之變成一家之言者，必有詳人之所略，異人之所同，重人之所輕，而忽人之所謹。」[20]如果章學誠這個說法是恰當的話，那麼錢教授所作的取捨可說最能把握到史學的三昧。談考據史學，捨棄清中葉而檢舉明中晚期及明清之交為案例，可說是別開生面，發前人所未發，即相當可取的一個新嘗試。

## （四）其他

《嬗變》一書，勝義紛陳，讓人目不暇給。今不暇逐一細說。其犖犖大者，茲開列如下：

1、 肯定《春秋》為孔子加工過的著作：錢教授依據《春秋》的具體內容，明確指出該書為孔子加工過的著作。（《嬗變》，頁 6）此雖前人早已言之，不算作者的新發明。但筆者個人認為錢教授這個認定應是言之有據的。
2、 闡明記事與敘事之別，頗具創意。（頁 20）

---

[19] 這二人當中，相對來說，近現代學者關注得最少的，恐怕是張燧。十多年前，筆者嘗指導一碩士生對張氏的史學進行研究。此即陳盈明的〈張燧《千百年眼》研究〉一文（東吳大學歷史學系，2013 年畢業）。陳文寫得相當不錯，值得一讀。

[20] 章學誠，〈答客問上〉，《文史通義》。

3、「歷史敘事就是解釋,而解釋包含著想像和虛構。」(頁 20)從前研究中國史學史的老先生們,恐怕無法作出這種具現代詮釋學意義的這麼一個判斷的。
4、參考洋人的著作不少,見頁 4、13、21、22、24 等等之腳註。所參考者,雖然大體上是中文翻譯本,但這也是傳統中國史學史研究者做不到的。
5、看法具前瞻性。舉一例如下:「當下中國正進入大眾讀史時代,尤其需要以人為主的人文取向型歷史敘事作品。」(頁 39)這個判斷除具前瞻性外,且揭示了作者理想性的期許。年輕的學者們不妨視之為未來努力的方向。
6、「吾愛吾師(含大師),吾尤愛真理」:敢於批評明史學界或史學史學界的大老,如孟森、謝國楨、吳晗、杜維運、趙剛等。(頁 50、65、71、274 等)當然,其批評是否恰當合理,那自可討論。
7、開闢新課題:作者說:「《名山藏》一書需要研究的東西很多,有待於我們深入研究加以解決。」(頁 66);「張萱好學博識,……值得研究。」(頁 77);「名臣錄的價值是比較大的,值得後人大力發掘。」(頁 152);「《史糾》一書在中國古代史學批評史上有不可忽視的地位,值得後人加以全面而細緻的研究。」(頁 300)。作者不吝嗇地揭示新研究課題或有待深入研究的課題。這種資訊對開拓中國史學史研究來說,饒具深意。
8、平衡的報導:作者說:「雖說王世貞的明史沒有寫成,而且即便成書水準也不見得高,但這並不是說他在明代史學上就一無是處了。……但能提出一些真知灼見影響後代者。王世貞就屬後一種情況。」(頁 268)有云:「好而知其惡,惡而知其美者,天下鮮矣。」[21]作者這種平衡的

---

[21] 語見《四書・大學》。

報導尚見書中多處，不盡舉。[22]

9、照顧到時代大環境對個人學術路向的影響：茲舉一例。作者說：「畢竟時代不同了，……明代中期以後，隨著復古主張的深入人心，漢唐傳統學術精神開始占據學壇主流。在這種情況下，鄭郊堅持走義理史學道路不可能不打折扣。」（頁 232）。有謂「存在決定意識。」這句話也許說得太滿了一點。但一般來說，大環境對個人恆有所影響；換言之，「存在決定意識」這個命題（說法），在一定程度上，仍是相當符合事實的。或縱然吾人不奉之為圭臬，但仍是有其參考價值的。是以作者不孤立地看個人思維的產生與演變，而是扣緊大環境來做解釋，這是相當可取的。

10、內容重點及細節皆眉目清晰分明：全書行文暢然可誦外，各章節的重點及細部描述，作者大體上以（1）、（2）、（3）或第一、第二、第三等等，予以標示（如頁 139-142；260-261）。要點可謂一目了然；可讀性很高。

其實，《嬗變》一書之優點及對學界的貢獻尚有多端。以上只舉其大者十項，求其「十全十美」而已。以篇幅所限，其他方面，恕從略。

## 四、商榷與建言

### （一）商榷

任何論著不可能是完美的。就算雞蛋也可以挑出骨頭，更何況是數十萬言的學術論著。《嬗變》一書以三大範型為框架以概括中國三千年史學的發展。它的創見正在於此；它可能為人詬病之處，恐怕也正在於此。上文已多

---

[22] 平衡的報導對歷史研究來說，非常重要。上文嘗把錢教授視為具備史家三長的學者。如果平衡的報導可以稱為史德方面的表現的話，則錢教授亦可被視為具史德的史家。然則錢教授乃兼具史家四長了。

次說過,概括不可能一無遺漏,問題是遺漏得多或遺漏得少而已。[23]上文亦說過,筆者基本上接受並贊同錢教授所做的概括。但在概括之餘,如果稍微做點彌縫補漏,不要讓讀者感到你的概括好像是跨界了一點,越位了一點,那可能更增加讀者對《嬗變》一書的滿意度;該書的學術價值亦必隨之而提高。

讓筆者先從中國文化的大環境說起。二三千年來,中國文化蓋以儒家為主流,這不必多說。儒家所追求的理想是內聖外王。內聖的討論,自宋明以來,可說已辨析至於毫芒。形下如何修身養性始可以成聖成賢,而形上相應之德道根源依據又為何,學人皓首於是者,指不勝屈;歷千百年而不衰。至於外王,則中國的儒家向來重視經世致用之學,且實際上亦做出一定的成績。然而,從近現代的角度來看,中國過去的表現實不合格。自政治層面而言,中國二三千年來,實未嘗開展出民主政制;自知性層面而言,亦發展不出純粹為學問而學問的科學(姑取此詞之廣義用法)。內聖之學,或成德之教,中國可謂古今獨步。但知性之學,則中國唯有汗顏(至少為學問而學問的態度,與西方相比,是有一段距離的)。換言之,中國古人數千年來皆用心於德性之學,而相對的比較忽視聞見之知的知性之學。宜乎其知性之知的成就不逮西方也。

如果讀者同意筆者上述的看法的話,我們現在即以此來檢視中國傳統史學上的表現。一言以蔽之,中國二三千年來的史學,其實經學也;乃經世致

---

[23] 其實,錢教授本人是非常自覺其概括的不周延性的。《嬗變·代序》的第一頁便指出說:「當然,這樣的概括是粗線條的,而且是就主要方面而言的,不是一個時代史學發展的全部內容。類型說的提出容易把握史學發展的主流,但有可能忽視、遮蔽支流。」這個寫在第一頁的按語(第一頁是門面,所以上引語只是"門面話"?)很重要,蓋可以反映作者謙虛的用心。但從另一角度來看,也可說是作者藉此先打預防針。但筆者以為,光打預防針似乎是不夠的。最要緊的是事後有否持續的相應的行動,因為預防針不等同永遠有效的萬靈丹。作者所作的判斷,如果言詞上稍微婉轉一點,則中國史學三大範型這麼一個史觀式的"大判斷",其不周延之處(作者本人早已自覺的),應可獲得讀者諒解;或至少可以減少某些讀者情緒上的反彈的。《嬗變》一書的被接受度,甚至其價值,應會由此而有所提升的。並可參下註27。

用之學也，為成就德性之知而搦管撰著而已。就這個意義來說，在近現代以前，中國幾乎無一史書不是經書。且舉一例。以實錄著稱，且亦為錢教授所首肯的敘事史學的重要代表的《史記》來說，司馬遷在書中的末篇〈太史公自序〉中不是引錄孔子之言以自況嗎？〈自序〉說：「……我欲載之空言，不如見之於行事之深切著明也。」「空言」（即沒有具體實質內容的言詞），其實乃一載體（即可以承載"貨物"的一個容器）。參觀史公上下文意，此空言所承載者，一言以蔽之，即治國平天下之王道也，人類行為指南之綱常倫理也。換言之，史公指出，與其空口講白話來闡述這些抽象的義理、大道理，那寧可透過過去古人的行事來具體說明這些道理，否則便不夠深切著明。過去古人之行事，即歷史也。史公寫皇皇巨著 526,500 字的《史記》，其念茲在茲者，原來是要向人說道理，而不是要把歷史的真相予以報導。筆者這話也許說得稍微誇張了一點。然而，我們至少可以說，史公的終極目的是要向人說道理；而歷史之報導，或所謂事實真相的揭露、重建，其手段而已。（當然，手段、工具或管道也很重要，它就是一個媒介、仲介。非此恆不足以成事。）經書的目的，簡言之，乃在於經世致用。至於史書的目的（以最具實錄資格的《史記》為代表），原來說到最後，也不外於是。然則「敘事史學」也者，實不啻「義理史學」而已。[24]當然，筆者這個說法是極端了一點，誇張了一點。筆者的意思是要指出，在中國以經世致用為主軸這個文化大背景下，我們不必把「敘事史學」和「義理史學」全然對立起來，絕對化起來，而使得二者截然分判為二。然則二千年來的「史書」，確無一本以求真為旨趣耶？有句名言說：「以事言，謂之史；以義言，謂之經。」經與史，豈有二哉？從這個視角切入，所思或可以過半矣。不細表。

至於「考據史學」，情況亦同。除非敘事史家完全不求真，否則敘事史學必以考據史學為基礎。作為「敘事史學」的代表作的《史記》來說，其必同為「考證史學」之代表無疑也。當然，其考證程度之嚴謹，也許不如清

---

[24] 筆者以為，經學，離事而言理者也；史學，即事言理者也。其同為言理無疑，一憑空抽象為之，一藉史事具體為之而已。奚以別？當然，二者細辨起來，程度上是有差異的，不贅。

人，這不必多說。但筆者的目的是要指出，「考據史學」和「敘事史學」，吾人不必截然判之為二。真箇是「你儂我儂，我泥中有你，你泥中有我」。只是成分上輕重有別而已。若多舉一例，則情況相同的是《資治通鑑》。以錢教授的分類來說，《通鑑》宜為敘事史學之另一代表作。然而，敘事中不乏考證，此見諸其配套《通鑑考異》；敘事中亦不乏說理，此主要見諸「臣光曰」以下文字。

至於《嬗變》中篇的「義理史學」，其道理正同。難道相關著作全不敘事，全無考證？恐怕與其前之敘事史著及其後的考據史著相比，亦只是程度上輕重之別而已。（作者錢教授所看到的是三者之異，而筆者看到的則是三者之同。）[25]筆者尚要指出一點，被定位為「義理史學」的史著，假使撰著人，其本乎經世致用而來的義理取向不影響史著的客觀性，則「義理史學」又有何不可？但筆者看到錢教授對義理史學持相當貶視的態度，這似乎是不必要的（詳參下註 27）。坦白說，就求真的角度來看，依所謂「義理史學」而成的史著，其水平非常參差不齊，我們似乎不必一視同仁而一棍子打死。然而，這個說來話長，恕不展開。

至於所謂「考據史學」，相關著作雖或以考據為尚，但亦有不盡然者。譬如筆者嘗鑽研頗長一段時間的趙翼的《廿二史劄記》，即為一顯例。其敘事之得法，其義理之與宋明人無大別（如重視治平之道、人倫之道），隨處可見，恕從略。筆者甚關注的另一史學考證大家錢大昕更可以說明問題。其名著《廿二史考異》的義理成分不多，亦不太像兩司馬之敘事，然而，其另一名著《潛研堂文集》，則義理、敘事俱見。[26]

中國傳統史學的發展，錢教授依三個不同範型而來的三分法，其實，筆

---

[25] 莊生有言：「自其異者視之，肝膽楚越也；自其同者視之，萬物皆一也。」語見《莊子‧德充符》。

[26] 參拙著〈錢大昕〉章，《清人元史學探研》（新北市：稻鄉出版社，2000），頁107-112。錢大昕的經世致用思想，牟潤孫嘗發微闡幽。牟潤孫，〈錢大昕著述中論政微言〉，香港《明報月刊》，1981年第12期；1982年第1期。有關錢氏治史的方法，又可參本書附錄（一）。

者是相當贊同的。本節僅在於指出，我們宜注意的是：不必把三種史學型態對立起來，而予以絕對化。其實三者互有重疊之處、互補之處。截然作此疆彼界的劃分，可能稍微極端了一點。從具體操作面來說，如錢教授的遣詞用字稍微不要說得太滿、太盡，行文稍作保留，所謂「留有餘地步」，[27]那似乎更能增加《嬗變》一書的價值及被讀者接受的程度。這是筆者肺腑之言。如果說錯了，或說得過分了一點，尚請錢教授惠予指正。

## （二）建言

以截稿時間所限，篇幅所限（寫至此已超過一萬字），謹略舉數端。

1、說話似乎太滿，茲舉一例：錢教授說：「考據本質上是一種文獻的討論與再研究。與現代西學相比，關鍵是沒有邏輯思維做支撐。」（〈代序〉，頁4）其實，考據有兩個層次，其一如同作者所說的，是「文獻的討論與再研究」。其二是史事的考據／考證。錢氏可謂知其一，不知其二。其實，錢氏不可能不知其二。只是話說得也許太快了、太滿了。再者，無論那一層次的考據，豈能沒有邏輯思維做支撐？沒有邏輯思維做支撐，縱使僅以錢教授所認定的考據乃「是一種文獻的討論與再研究」，恐怕這種討論與再研究，仍是做不出甚麼結果來的。至少做不出理想的成果吧。

---

[27] 個人認為錢教授說話過了火的地方，試舉三例如下：「史學的理學化，對史學來說，是一場災難。……義理史學是一種僵化的史學形態，是封建致用史學走到死胡同的表現，它不是一種新興的進步史學，而是一種倒退的史學。」又說：「義理史學不是一種學術意義上的史學，而是一種思想控制的工具，講究的是思想觀念的滲透與影響。」又說：「義理史學沒有出路。」以上三段引文，分別見《嬗變》，頁133、142、237。順便補充一點：錢教授嘗指出，在他之前，若干史家，如葛兆光、吳懷祺、王東、蔡崇榜、劉連開等，「沒有人敢承認宋明史學的主流是義理史學。」（頁125）其實，葛、吳等人，並非沒有注意到宋明史學這個理學化的趨勢（這方面，錢氏書中亦嘗指出，見頁125）。葛、吳等人沒有用「義理史學」來定調宋明史學的特質，似乎不是敢不敢的問題，而情況可能正好相反：在他們眼中，可能他們根本不認為這個趨勢係當時史學的主流。這方面，錢教授用「沒有人敢」一詞來判斷他人，似乎是他自己「太敢」一點了吧。

2、某些地方宜加註，茲舉一例：「……最近也在山東濟南大辛莊遺址出土了商代後期卜辭，……」（頁 7）如果加註說明這個資訊的出處，那至少可讓作為讀者之一的筆者（考古知識甚貧乏），多增加一點額外的知識及相關資訊。

3、所下的判斷，其背後的證據似嫌不足（流於單薄），舉一例如下：「筆者認為，刻木記事是產生竹簡記事的關鍵。先有刻木記事，替換材料就有了刻簡記事，顯然是竹簡優於木簡。」（頁 11）木刻、竹簡出現的先後，或確如錢氏的判斷；但宜進一步舉證說明。

4、手民之誤？作者說：「《春秋》中最短的一個字是『蝗』」，最長的也才四十一個字。」（頁 16）據筆者粗略統計，《春秋》經文有四條是在 40 個字以上；如下：成公二年〈六月癸酉〉條計有 43 字，襄公九年〈冬〉條計有 40 字，襄公〈十有四年春王正月〉條計有 46 字，定公四年〈三月〉條計有 47 字。如把季節、月分或日期除去（即不算〈〉內的文字），則第一條有 39 字，第二條亦 39 字，第三條 38 字，第四條 45 字。是最多者係 45 字，不是如錢教授所說的 41 字。本來一字之差而少了四個字（「41」應係「45」；「1」寫成「5」：45－41＝4，於是便少了四個字），無論是手民之誤也好，是錢教授一時誤算或誤記也罷，似乎筆者不必在這裡大做文章。今筆者特意予以指出者，以《春秋》一書在中國史學上乃大有關係的著作。雖僅一字之差，似乎苟且不得。

5、〈參考文獻〉有遺漏，舉例如下：錢教授嘗參考其本人所撰寫的論著，但除專書部分予以開列外，論文部分[28]一篇都沒有開列。所參考的其他學者的論文，也有類似的情況。[29]其實，參考文獻繁多，有所遺漏，實屬難免。〈參考文獻〉若改為〈參考文獻舉要〉或〈參考文獻舉隅〉等等，則可免此失。

---

[28] 錢教授參考其本人之論文，舉例如下：頁 129，註 1；頁 131，註 5；頁 134，註 1；頁 153，註 3；頁 228，註 1。

[29] 如黃兆強的一篇文章（見頁 197，註 2），〈參考文獻〉表亦闕如。

此外，宜逕據西文原著，不宜轉據譯本；又轉錄一己之論著[30]，宜以出註之方式或其他方式予以說明等等，都是筆者要向茂偉兄建議的。其他瑣碎支節處尚多，恕不盡舉。

## 五、結語

錢教授《嬗變》一書，勝義紛陳，卓論迭見。其貢獻大者有三，小者有十；均開列如上。在上文，筆者甚至把錢教授視為具備史家四長的學者。至若可商榷之處，乃筆者故意提出另一視角，藉以激發好學深思的錢教授考慮開拓另一思考空間而已。其為得為失，筆者亦不敢斷言。錢教授撥冗斟酌之可也。至於若干建言，或不免吹毛求疵之妄言讕語而已，實不值錢教授一哂。然而，其出自恨鐵不成鋼、愛之深責之切之用心，則可與天下共白。祈《嬗變》一書再版時，本文可提供一磚一瓦之用而已。

一言以蔽之，錢教授之毛病（如果確有的話），似乎在一個"滿"字。此上文商榷部分及建言第一條已有所指陳。三範型等等的提出，確具卓識慧見，但其背後的支撐似稍嫌薄弱了一點點。支撐薄弱而判語不成比例，那是一種滿。遣詞用字流於激切，那又是另一種滿。二者相加相乘，則滿上加滿，溢上加溢。有謂：「滿招損，謙受益。」[31]（《尚書·大禹謨》）憶業師嚴耕望先生課堂上嘗云：「寫文章，做學問，須言言有據，字字有考。」師言至當。雖不能至，而心嚮往之。願與茂偉兄共勉焉。

整體而言，《嬗變》一書雖或不無可商榷之處，然瑕不掩瑜，其中三範

---

[30] 《嬗變》一書有不少地方是作者轉錄其本人其他著作的。茲開列轉錄自《明代史學的歷程》一書者如下：頁 51-56 轉錄自頁 226 以下各頁；頁 70 轉錄頁 300；頁 95-96 轉錄頁 333-335。其他不盡舉。

[31] 語出《書經·大禹謨》。猶記得筆者 40 多年前讀《易經》，其中感觸最深的是讀到〈謙卦〉。易六十四卦，其中六爻皆吉者，唯此卦而已。吾人行事做人，以此為南針，則不吉者鮮矣。按：〈大禹謨〉被認定為偽古文尚書。然而，「滿招損，謙受益」之言足以千古。吾人既「不以人廢言」，則亦不宜「以書廢言」也。

型的提出,更足以發人深省。錢教授,青年學人中之最好學深思者也。其未來前途,正無可限量;其必更有貢獻於中國之史學,奚待龜蓍?願引領企盼焉。

# 全書附錄（九）

# 「民國（1912-1949）史家與史學國際學術研討會」閉幕式上的講話

會議主辦單位：上海大學歷史系、上海大學古代文明研究中心；日期：2012.06.30-07.01；筆者會議上所發表之論文：〈偉大史家眼中的偉大歷史人物——徐復觀評蔣介石〉

會議主席、陳勇主任、各位同志、同仁：

下午好，本人受邀代表與會的港臺學者說幾句話，實在愧不敢當。

一、大會接待，由衷感謝：首先要感謝陳勇主任發函邀請本人與其他港臺學者參與此次盛會。其次，會議的各項接待、住宿等等的妥善安排，也是要向各位上海大學的同仁，表示由衷的感謝的。

二、以文會友，老中青學者聚首一堂：本次會議看到了不少老朋友，如南開大學的喬治忠，復旦大學的張廣智，華東師大的胡逢祥、桂尊義、朱政惠，蘇州大學的張承宗，揚州大學的周一平，上海財經大學的盛邦和，湖北大學的周積明，上海大學的謝維揚等眾位教授，都是多年的老友，其他諸位六十歲以下的朋友，恕不逐一點名開列。另外本次會議的一大特色是老中青學者皆與會，譬如 20-30 歲的博士生、30-50 歲的壯年、50-60 歲的中年學者皆被邀請與會，老中青三代"同堂"，可謂極一時之盛。本人從中獲益良多。

三、人才輩出，絕無僅有：1912 年-1949 年也只有三十七八年，縱觀二千年的史學發展，我看不出有任何另一個三十七八年的時段，它的史學發展有同樣的偉大成就的。史學大師之多，治史面向之廣，都可說是絕無僅有的。光是這方面已足以讓人注目和推崇了。其中個別史家，也許過分重視意識形態，或過分強調史料的重要性，以致流於偏激，走向極端，這是有的，

然而絕無矯情，絕無虛偽。有謂"有真性情始有真學問"。這個時期的史家，情真、性真，他們能夠做出真學問，洵非偶然！

四、彰舊學之隱晦，發潛德之幽光：其實再有表現，再有成就，如果沒有後人予以發掘，予以發皇、予以彰顯，恐最後還是湮沒無聞。於此便可看出本次會議的貢獻了。會議的發起人、組織者是歷史系的陳勇教授，"陳勇"這個名字取的非常好。勇氣、勇敢、勇猛，也許我們在座的所有與會者都具備，但能夠在適當的時空陳示出來、陳顯出來，那是不簡單的、不容易的。由此便可看出"陳勇"之重要性和貢獻了。

五、謹賦打油詩一首向大會聊表敬意與謝意；不甚合格律，稍表衷曲而已，尚請諸位師友不吝賜教：

百人歡欣聚上大，
民國史學共鑽研；
緣起緣續緣不斷，
繼往開來賴群賢。

謝謝大家，並敬祝各位事事如意、身體健康。

東吳大學　黃兆強
2012 年 7 月 1 日
（本講話稍作修訂後納入本書內）

# 徵引資料

## 一、錢穆、徐復觀二大師的著作

錢穆，《八十憶雙親 師友雜憶合刊》，臺北：三民書局，1983。
錢穆，《中國文化史導論》，臺北：正中書局，1971。
錢穆，《中國史學名著》，臺北：三民書局，1974。
錢穆，《中國近三百年學術史》，臺北：臺灣商務印書館，1976。
錢穆，《中國思想史》，1975 年 4 月再版，缺出版社及缺出版地。
錢穆，《中國學術通義》，臺北：臺灣學生書局，1984。
錢穆，《中國歷史研究法》，臺北：三民書局，1988。
錢穆，《中國歷史精神》，香港：人生出版社，缺年分。
錢穆，《中華文化十二講》，臺北：三民書局，1987。
錢穆，《朱子學提綱》，臺北：三民書局，1971。
錢穆，《宋明理學概述》，臺北：臺灣學生書局，1987。
錢穆，《兩漢經學今古文評議》，臺北：三民書局，1983。
錢穆，《國史大綱》，臺北：臺灣商務印書館，1956。
錢穆，《國史新論》，臺北：三民書局，1998。
錢穆，《從中國歷史來看中國民族性及中國文化》，臺北：聯經出版事業公司，1982。
錢穆，《晚學盲言》，臺北：東大圖書公司，1987。
錢穆，《錢賓四先生全集》，臺北，聯經出版事業公司，1994。
錢穆，《靈魂與心》，臺北：聯經出版事業公司，1976。
錢穆，〈中國文化對人類未來可有的貢獻〉，《聯合報》，1990.10.26。
錢穆，〈發刊辭〉，《新亞學報》，第一卷，第一期，1955。

徐復觀，《中國人性論史——先秦篇》，臺北：臺灣商務印書館，1975。
徐復觀，《中國文學論集續篇》臺北：臺灣學生書局，1984。
徐復觀，《中國思想史論集》，臺北：臺灣學生書局，四版，1975。
徐復觀，《中國思想史論集續編》，臺北：時報文化出版事業公司，1985。

徐復觀，《兩漢思想史》，卷三，臺北：臺灣學生書局，1979。
徐復觀，《徐復觀文錄》，臺北：環宇出版社，1971。
徐復觀，《徐復觀雜文（集）》（含續集，共 6 冊），臺北：時報文化出版事業公司，1980-1984。
徐復觀，《論戰與譯述》，臺北：志文出版社，1982。
黎漢基、李明輝編，《徐復觀雜文補編》（共 6 冊），臺北：中央研究院文哲所籌備處，2001。
徐復觀，〈一個偉大書生的悲劇──哀悼胡適之先生〉，《徐復觀雜文──憶往事》，臺北：時報文化出版事業公司，1980。
徐復觀，〈中國思想史工作中的考據問題（代序）〉，《兩漢思想史》，臺北：臺灣學生書局，冊 3，1979。
徐復觀，〈我的讀書生活〉，原載《文星》，卷 4，期 6，1959 年 12 月。（此文又收入《徐復觀文錄》，冊 3，臺北：環宇出版社，1971。）
徐復觀，〈我的讀書生活〉：https://read01.com/ye8ORe.html#.WqngUbch1q0；瀏覽日期：2018.03.15。
徐復觀，〈君毅兄逝世三周年聚慈航清〔「清」當作「淨」〕苑紀念〉，載《華僑日報‧人文雙周刊》，第 228 期，1981 年 3 月 2 日。（又轉載於《華僑日報》（電子檔）。https://mmis.hkpl.gov.hk/coverpage/-/coverpage/view?_：2016 年 9 月 1 日瀏覽）。
徐復觀，〈徐復觀談中共政局〉，《七十年代》，1981.03.20。（又收入《徐復觀最後雜文集》，臺北：時報文化出版事業公司，1984。）
徐復觀，〈給張佛泉先生的一封公開信〉，《民主評論》，卷 5，期 16，1954.08.16；收入徐復觀，《論戰與譯述》，臺北：志文出版社，1982。
徐復觀，〈當前讀經問題之爭論──為孔誕紀念專號而作〉，《徐復觀文錄》，冊 2，臺北：環宇出版社，1971。（文章原載《民主評論》，卷 3，期 20，1952 年。）

## 二、清代（含）以前的載籍

干寶，《搜神記》，臺北：臺灣商務印書館，1983。
方東樹，《漢學商兌》，臺北：臺灣商務印書館，1968。
王夫之，《讀通鑑論》，北京：中華書局，1975。
王世貞，《弇山堂別集》，文淵閣四庫全書本。
王充著，黃暉校釋，《論衡校釋》，北京：中華書局，1990。
王安石，〈王臨川集〉，臺北：世界書局，1961。

徵引資料

王紳，《繼志齋集》，文淵閣四庫全書本。
王紹蘭，〈汪母曹太宜人贊並敘〉，收入《汪輝祖行述》，臺北：廣文書局，1977。
王惲，《秋澗集》，文淵閣《四庫全書》本。
王溥，《五代會要》，上海：上海古籍出版社，1978。
王溥，《唐會要》，北京：中華書局，1998。
王鳴盛，《十七史商榷》，臺北：廣文書局，1960。
王應麟，《玉海》，臺北：華文書局，1964。
王彝撰，都穆等編，《王常宗集》，上海：上海古籍出版社，1991。
丘濬撰，林冠群、周濟夫校點，《大學衍義補》，北京：京華出版社，1999。
令狐德棻，《周書》，北京：中華書局，1971。
司馬遷，《史記》，香港：中華書局，1969。
永瑢等，《四庫全書總目》，北京：中華書局，1987。
任崇岳，《庚申外史箋證》，鄭州：中州古籍出版社，1991。
朱熹，《晦庵先生朱文公文集》，上海：商務印書館，1929。
朱熹集註，《四書集註》，香港：大中圖書公司，缺年分。
朱彝尊，《靜志居詩話》，北京：人民文學出版社，1998。
朱彝尊，《曝書亭集》，上海：上海書店，1989。
朱彝尊，《曝書亭集》，臺北：臺灣中華書局聚珍板。
何良俊，《四友齋叢說》，收入百部叢書集成，《紀錄彙編》。
何喬新，《椒丘文集》，臺北：文海出版社，1970。
何喬遠，《皇明文徵》，臺南：莊嚴文化事業公司，1997。
吳縝，《五代史記纂誤補》，臺北：新文豐出版公司，1985。
吳縝，《新唐書糾謬》，臺北：臺灣商務印書館，1983。
宋定國、謝星纏，《國史經籍志補》，收入《明史藝文志廣編》，臺北：世界書局，1963。
宋敏求，《春明退朝錄》，上海：商務印書館，1930。
宋敏求，《唐大詔令集》，臺北：鼎文書局，1978。
宋端儀撰，薛應旂重修，《考亭淵源錄》，續修四庫全書本。
宋濂，《宋文獻公全集》，臺北：臺灣中華書局，四部備要本。
宋濂等，《元史》，北京：中華書局，1976。
李元度，《國朝先正事略》，收入《清代傳記叢刊》，臺北：明文書局，1985。
李百藥，《北齊書》，北京：中華書局，1972。
李延壽，《北史》，北京：中華書局，1974。
李昉，《太平御覽》，臺北：新興書局，1959。

李桓，《國朝耆獻類徵》，收入《清代傳記叢刊》，臺北：明文書局，1985。
李景隆，《明太祖實錄》，臺北：中央研究院歷史語言研究所，1966。
李慈銘，《越縵堂日記》，《桃花聖解盦日記》，北京：學苑出版社，2006。
李慈銘，《越縵堂讀書記》，臺北：世界書局，1975。
李燾，《續資治通鑑長編》，第五、第六冊，北京：中華書局，1980。
汪輝祖，《元史本證》，北京：中華書局，1984。
汪輝祖，《病榻夢痕錄》，臺北：臺灣商務印書館，1980 年據木板影印出版。
汪輝祖，《夢痕錄餘》，收錄於《汪龍莊遺書》，新竹縣：華文書局據光緒十五年江蘇書局版刊印。
汪輝祖，《雙節堂庸訓》，《中國歷代家訓集成》，杭州：浙江古籍出版社，2017。
汪繼培，《潛夫論箋校正》，北京：中華書局，1985。
周中孚，《鄭堂讀書記》，臺北：世界書局，1960。
周復俊，《涇林詩文集》，臺南：莊嚴文化事業公司，1997。
房玄齡，《晉書》，北京：中華書局，1974。
林德謀，《古今議論參》，四庫禁燬書叢刊本，北京：北京出版社，2000。
邵晉涵，《南江文鈔》，上海：上海古籍出版社，1995。
邵晉涵等，《汪輝祖行述》，臺北：廣文書局，初版，1977。
柯劭忞，《新元史》，臺北：藝文印書館，1951。
段玉裁，《經韻樓集》，上海：上海古籍出版社，2010。
洪邁，《容齋四筆》，臺北：新興書局，1979。
洪邁，《容齋隨筆》，上海：上海古籍出版社，1978。
范祖禹，《唐鑑》，臺北：世界書局，2012。
范曄、司馬彪，《後漢書》，臺北：宏業書局，1973。
凌揚藻，《蠡勺編》，臺北：世界書局，1962。
徐一夔，《始豐稿》，文淵閣《四庫全書》本。
徐天麟，《兩漢會要》，中國哲學書電子化計劃。
袁樞，《通鑑紀事本末》，北京：中華書局，1994。
袁褧，《楓窗小牘》，文淵閣《四庫全書》本。
袁褧，《楓窗小牘》，臺北：藝文印書館，1965。
馬端臨，《文獻通考》，杭州：浙江古籍出版社，1988。
高似孫，《史略》，臺北：臺灣商務印書館，1965。
勒德洪撰，《清世祖實錄》，臺北：華聯出版社，1964。
屠寄，《蒙兀兒史記》，臺北：世界書局，1983。
張之洞，《書目答問》，香港：三聯書店，1998。

張之洞，《張文襄公全集》，臺北：文海出版社，1970。
張廷玉等，《明史》，北京：中華書局，1974。
張寄謙編，《素馨集》，北京：北京大學出版社，1993。
張萱，《西園聞見錄》，《明代傳記叢刊》本，臺北：明文書局，1991。
張載，《張載集》，北京：中華書局，1978。
曹彥約，《經幄管見》，臺北：臺灣商務印書館，1983。
曹溶，《學海類編》，臺北：文源書局，年分不詳。
梁夢龍，《史要編》，四庫全書存目叢書本。
章學誠，《文史通義》，北京：北京古籍出版社，1956。
章學誠，《章氏遺書》，北京：文物出版社，1985。
章學誠，《章氏遺書》，臺北：漢聲出版社，1973。
脫脫，《宋史》，北京：中華書局，1977。
許浩，《宋史闡幽》，四庫全書存目叢書本。
陳士元，《荒史》，四庫全書存目叢書本。
陳文等，《明英宗實錄》，臺北：中央研究院歷史語言研究所，1966。
陳田，《明詩紀事》，臺北：明文書局，1991。
陳白沙，《陳獻章集》，北京：中華書局，1987。
陳振孫，《直齋書錄解題》，北京：現代出版社，1987。
陳壽，《三國志》，香港：中華書局，1971。
陳漢章，《綴學堂初稿》，清光緒間（1875-1908）刊本。
陳澧，《東塾集》，上海：上海古籍出版社，1995。
曾棗莊、劉琳主編，《全宋文》，第六、第七冊，成都：巴蜀書社，1994。
焦竑，《玉堂叢語》，四庫全書存目叢書本。
焦竑，《國史經籍志》，上海：商務印書館，1939。
焦竑，《國朝獻徵錄》，臺北：臺灣學生書局，1965。
程俱，《麟台故事》，臺北：臺灣商務印書館，1983。
程敏政，《明文衡》，臺北：世界書局，1962。
程敏政，《新安文獻志》，文淵閣四庫全書本。
程顥、程頤，《河南程氏遺書》，《二程集》，北京：中華書局，2019。
黃宗羲，《明儒學案》，臺北：世界書局，1973。
黃宗羲撰，全祖望補，王梓材等校，《宋元學案》，臺北：世界書局，1973。
黃虞稷，《千頃堂書目》，上海：上海古籍出版社，2001。
楊士奇，《東里文集》，臺南：莊嚴文化事業公司，1997。
楊仲良，《資治通鑑長編紀事本末》，臺北：文海出版社，1967。

楊時著，張元濟校，《龜山先生語錄》，四部叢刊本。
楊椿，《孟鄰堂文鈔》，上海：上海古籍出版社，1995。
廖道南，《殿閣詞林記》，上海：上海書店，1994。
宋綬編，《宋大詔令集》，臺北：鼎文書局，1972。
趙汸，《東山存稿》，臺北：臺灣商務印書館，1983。
趙翼，《陔餘叢考》，石家莊：河北人民出版社，1990。
趙翼，《甌北集》，上海：上海古籍出版社，1997。
趙翼著，王樹民校證，《廿二史劄記校證》，北京：中華書局，1984。
劉知幾撰，浦起龍釋，《史通通釋》，上海：上海古籍出版社，1978。
劉昫、趙瑩，《舊唐書》，北京：中華書局，1975。
劉鳳，《續吳先賢讚》，臺北：藝文印書館，1966。
劉勰著，王運熙、周鋒譯注，《文心雕龍》，上海：上海古籍出版社，1998。
歐陽修，《新五代史》，北京：中華書局，1974。
歐陽修，《歐陽文忠公集》，臺北：臺灣商務印書館，1967。
歐陽修、宋祁，《新唐書》，北京：中華書局，1975。
諸葛亮，《諸葛亮集》，北京：中華書局，1960。
鄭柏，《金華賢達傳》，南京：江蘇廣陵古籍刻印社，1983。
鄭曉，《皇明名臣記》，北京：線裝書局，2003。
鄭樵，《通志》，臺北：新興書局，1959。
黎靖德編，陳仁華翻譯解讀，《朱子讀書法》，臺北：遠流出版事業公司，1992。
蕭子顯，《南齊書》，北京：中華書局，1972。
蕭統，《昭明文選》，臺北：臺灣古籍出版公司，2001。
錢大昕，《十駕齋養新錄》，臺北：臺灣商務印書館，1965。
錢大昕，《廿二史考異》，臺北：樂天出版社，1971。
錢大昕，《廿二史考異》，百部叢書集成本，臺北：藝文印書館，1965。
錢大昕，《補元史藝文志》，北京：中華書局，1985。（又收入臺北：開明書店《二十五史補編》。）
錢大昕，《嘉定錢大昕全集》，南京：江蘇古籍出版社，1997。
錢大昕，《潛研堂文集》，上海：上海古籍出版社，1989。
錢謙益撰，錢陸燦編，《列朝詩集小傳》，收入《明代傳記叢刊》，冊 11，臺北：明文書局，1991。
鮑廷博，《知不足齋叢書》，上海：古書流通處，1921。
龍文彬，《明會要》，臺北：世界書局，1960。
應劭，《風俗通・姓氏篇》，收入《叢書集成新編》，臺北：新文豐出版公司，第 98

冊，缺年分。
戴震，《戴震集》，北京：中華書局，1980。
薛應旂，《方山先生文錄》，南京：南京大學出版社，2010。
薛應旂，《方山紀述》，臺北：藝文印書館，1965。
薛應旂，《憲章錄》，四庫全書存目叢書本。
韓非子著，陳奇猷校注，《韓非子集釋》，上海：上海人民出版社，1974。
魏收，《魏書》，北京：中華書局，1974。
魏源，《元史新編》，臺北：文海出版社，1984。
魏徵，《隋書》，北京：中華書局，1973。
蘇天爵，《（元朝）名臣事略》，北京：中華書局，1985。
蘇洵，《謚法》，《四庫全書》本。
顧炎武，《日知錄》，臺北：世界書局，1974。
顧炎武著，黃汝成集釋，《日知錄集釋》，臺北：臺灣商務印書館，1965。
權衡著，任崇岳箋證，《庚申外史箋證》，鄭州：中州古籍出版社，1991。
《左傳》，《五經讀本》，香港：啟明書局，1953。
《宋會要輯稿》，鄭州：河南大學出版社，2000。
《知不足齋叢書》，臺北：世界書局，1963。
《春秋三傳》，《景印古本五經讀本》，香港：啟明書局，1953。
《清史列傳》，收入《清代傳記叢刊》，臺北：明文書局，1985。

## 三、近現代人的著作

尹達，《中國史學發展史》，鄭州：中州古籍出版社，1985。
王夫之，《莊子解》，香港：中華書局，1976。
王以鑄、崔妙因譯，《編年史》（亦作《羅馬編年史》），北京：商務印書館，1981。
王以鑄、崔妙因譯，《羅馬史》，北京：商務印書館，1981。
王建生，《趙甌北研究》，臺北：臺灣學生書局，1988。
王重民，《中國善本書提要》，上海：上海古籍出版社，1983。
王重民，《中國善本書提要》，臺北：明文書局，1984。
王晴佳，《臺灣史學50年》，臺北：麥田出版社，2002。
王慎榮等，《元史探源》，長春：吉林文史出版社，1991。
王爾敏，《史學方法》，臺北：東華書局，1979。
王德毅，《李燾父子年譜》，臺北：臺灣商務印書館，1963。
王樹民，《廿二史劄記校證》，北京：中華書局，1984。

司琦、徐珍編,《吳俊升先生暨夫人倪亮女士年譜》,臺北:三民書局,1997。
白壽彝,《中國史學史》,第一冊,上海:上海人民出版社,1986。
白興華,《趙翼史學新探》,北京:中華書局,2005。
吉春,《司馬遷年譜新編》,西安:三秦出版社,1989。
朱師轍,《清史述聞》,臺北:樂天出版社,1971。
江灝、錢宗武譯注,《古今文尚書全譯》,貴陽:貴州人民出版社,1990。
牟宗三,《五十自述》,新北市:鵝湖出版社,2000。
牟宗三,《生命的學問》,臺北:三民書局,1976。
牟宗三,《時代與感受》,新北市:鵝湖出版社,1986。
牟宗三,《圓善論》,臺北:臺灣學生書局,2010。
伯倫漢(BERNHEIM, E.)著,陳韜譯,《史學方法論》(*Lehrbuch der Historischen Methode*),臺北:臺灣商務印書館,1972。
何冰姿遺編,孫國棟重編,《拾掇——慕稼軒文存》,缺出版社資訊,蓋自印本,第三集,2009。
何秀煌,《思想方法導論》,臺北:三民書局,1974。
何冠彪,《明清人物與著述》,香港:香港教育圖書公司,1996。
何茲全、趙儷生等,《中國古代史學人物(上)》,臺北:國文天地雜誌社,第一冊,1989。
余英時,《余英時回憶錄》,臺北:允晨文化實業公司,2018。
余英時,《論戴震與章學誠》,香港:龍門書店,1976。
余英時,《歷史與思想》,臺北:聯經出版事業公司,1976。
余英時,《錢穆與中國文化》,上海:遠東出版社,1996。
余嘉錫,《四庫提要辨證》,北京:中華書局,1980。
吳天任,《正史導讀》,臺北:臺灣商務印書館,1990。
吳孝琳,《章實齋先生年譜彙編》,香港:崇文書店,1975。
宋瑞芝等編,《西方史學史綱》,開封:河南大學出版社,1989。
希羅多德著,王以鑄譯,《希臘波斯戰爭史》(《歷史》),北京:商務印書館,1985。
李帆、黃兆強、區志堅編,《重訪錢穆》,臺北:秀威資訊科技股份有限公司,2021。
李宗侗,《中國史學史》,臺北:華崗出版公司,1975。
李宗侗註譯,《春秋公羊傳今註今譯》,臺北:臺灣商務印書館,1994。(《春秋公羊傳注疏》,又見(臺灣)中國哲學書電子化計劃。)
李宗鄴,《中國歷史要籍介紹》,上海:上海古籍出版社,1982。
李明輝編,《牟宗三先生早期文集補編》,臺北:聯經出版事業公司,2023。

李思純，《元史學》，臺北：華世出版社，1974。
李晉華，《明代敕撰書考》，北平：哈佛燕京學社，1932（臺北：成文書局 1966 年重印）。
李瑞全，《儒家生命倫理學》，新北市：鵝湖出版社，2000。
李維撰，王敦書選譯，《羅馬自建城以來的歷史》，北京：商務印書館，1980。
杜維運，《中國史學史》（共三冊），臺北：三民書局，1993-2004。
杜維運，《史學方法論》，臺北：華世出版社，1979。
杜維運，《校證補編廿二史劄記》，臺北：華世出版社，1977。
杜維運，《清乾嘉時代之史學與史家》，臺灣大學歷史系碩士論文，臺灣大學文學院，1962。
杜維運，《與西方史家論中國史學》，臺北：史學出版社，1974。
杜維運，《趙翼傳》，臺北：時報文化出版事業公司，1983。
杜維運，《聽濤集》，臺北：弘文館出版社，1985。
汪受寬，《諡法研究》，上海：古籍出版社，1995。
沃爾什（WALSH, W. H.）著，王任光譯，《歷史哲學》（*Philosophy of History*），臺北：幼獅文化事業公司，1973。
沃爾什（WALSH, W. H.）著，何兆武，張文杰，《歷史哲學導論》，北京：社會科學文獻出版社，1991。
來新夏，《清代書目提要》，濟南：齊魯書社，1997。
周天游，《史略校箋》，北京：書目文獻出版社，1987。
周育華，《君子儒錢穆先生評傳》，南京：鳳凰出版社，2011。
東吳大學歷史學系，《史學與文獻學（二）》，臺北：東吳大學歷史學系，1998。
林慶彰，《明代考據學研究》，臺北：臺灣學生書局，1986。
邵學禹，《《御批歷代通鑑輯覽》之御批析述》，臺北：花木蘭文化出版社，2011。
金毓黻，《中國史學史》，臺北：鼎文書局，1974。
柏林（Berlin, Isaiah）著，陳曉林譯，《四論自由》（*Four Essays on Liberty*），臺北：聯經出版事業公司，1986。
柯劭忞，《元史二種‧新元史》，上海：古籍出版社，1989。
柳詒徵，《國史要義》，臺北：臺灣中華書局，1976。
胡奇光，《中國文禍史》，上海：人民出版社，1993。
胡秋原，《史學方法之要點》，臺北：學術出版社，1970。
胡楚生，《烽火下的學術論著——抗戰時期十種文史著作探微》，臺北：臺灣學生書局，2015。
胡適，《胡適文存》，臺北：遠東圖書公司，1990。

韋斯塔著，徐韋曼譯，《科學方法論》，臺北：臺灣商務印書館，1965。
修昔底德撰，謝德風譯，《伯羅奔尼撒戰爭史》，北京：商務印書館，1978。
倉修良主編，《中國史學名著評介》，濟南：山東教育出版社，1990。
唐君毅，《人文精神之重建》，香港：新亞研究所，1974。
唐君毅，《中國人文精神之發展》，臺北：臺灣學生書局，1974。
唐君毅，《中國哲學原論・原教篇》，上冊，香港：新亞研究所，1977。
唐君毅，《中國哲學原論・導論篇》，香港：新亞研究所，1974。
唐君毅，《中華人文與當今世界》，臺北：臺灣學生書局，1975。
唐君毅，《生命存在與心靈境界》，臺北：臺灣學生書局，1977。
唐君毅，《說中華民族之花果飄零》，臺北：三民書局，1976。
孫振聲譯註，《白話易經》，臺北：星光出版社，1981。
孫國棟，《生命的足跡》，香港：商務印書館，2006。
孫國棟，《評柏楊》，明報出版社，1989。
孫國棟，《慕稼軒文存》，香港：科華圖書出版公司，第二集，2008。
徐泓，《二十世紀中國的明史研究》，臺北：臺灣大學出版中心，2011。
徐振國，《中國近現代的「國家」轉型和政商關係遞變》，新北市：韋伯文化出版公司，2008。
徐浩：《廿五史論綱》，上海：世界書局，1947。（徐書後由世界書局在臺灣再版，易名為《廿五史述要》，作者亦改為「世界書局編輯部」。）
柴德賡，《史籍舉要》，北京：北京出版社，1982。
殷海光，《邏輯新引》，香港：亞洲出版社，1955。
馬一浮，《復性書院講錄》，南京：江蘇教育出版社，2005。
高國抗，《中國古代史學史概要》，廣州：廣東高等教育出版社，1985。
張志哲，《中國史籍概論》，南京：江蘇古籍出版社，1988。
張孟倫，《中國史學史》，蘭州：甘肅人民出版社，1986。
張偉仁主編，《中國法制史書目》，臺北：中央研究院歷史語言研究所，1976。
張廣智、張廣勇，《史學，文化中的文化——文化視野中的西方史學》，杭州：浙江人民出版社，1990。
曹永洋編，《徐復觀教授紀念文集》，臺北：時報文化出版事業公司，1984。
梁啟超，《清代學術概論》，臺北：臺灣商務印書館，1966。
梁啟雄，《荀子簡釋》，香港：中華書局，1974。
梁瑞明編著，《莊子調適生命之學：《莊子》釋義》，香港：志蓮淨苑，2008。
章用秀，《中國帝王喪葬》，天津：百花文藝出版社，1999。
許冠三，《史學與史學方法》，臺北：萬年青書廊，缺年分。

許冠三，《劉知幾的實錄史學》，香港：中文大學出版社，1983。
郭聖銘，《西方史學史概要》，上海：上海人民出版社，1983。
陳正夫、何植靖，《許衡評傳》，南京：南京大學出版社，1995。
陳高華、陳智超等，《中國古代史史料學》，北京：新華書店，1983。
陳清泉等編，《中國史學家評傳》，鄭州：中州古籍出版社，1985。
陳登原，《國史舊聞》，北京：中華書局，1980。
陶懋炳，《中國古代史學史略》，長沙：湖南人民出版社，1987。
雪克註譯，《新譯公羊傳》，臺北：三民書局，1998。
傅偉勳，《學問的生命與生命的學問》，臺北：正中書局，1994。
喬治忠，《清朝官方史學研究》，臺北：文津出版社，1994。
斯賓塞著，嚴復譯，《群學肄言》，臺北：臺灣商務印書館，1965。
黃兆強，《（中外）章學誠研究述評》，臺北：臺灣學生書局，2015。
黃兆強，《（增訂本）《廿二史劄記》研究》，臺北：臺灣學生書局，2024。
黃兆強，《性情與愛情：新儒家三大師相關論說闡微》，臺北：臺灣學生書局，2021。
黃兆強，《政治中當然有道德問題──徐復觀政治思想管窺》，臺北：臺灣學生書局，2016。
黃兆強，《唐君毅的文史哲思想》，臺北：臺灣學生書局，2023。
黃兆強，《清人元史學探研──清初至清中葉》，臺北：稻鄉出版社，2000。
黃兆強，《趙翼史學研究》，碩士論文，（香港）新亞研究所，1979。
黃兆強，《學術與經世：唐君毅的歷史哲學及其終極關懷》，臺北：臺灣學生書局，2010。
黃兆強主編，《錢賓四先生逝世二十周年紀念書畫邀請展作品集》，臺北：東吳大學，2010。
黃兆強主編，《錢穆先生思想行誼研究論文集》，臺北：東吳大學，2009。
黃兆強主編，《錢穆研究暨當代人文思想國際學術研討會論文集》，臺北：東吳大學，2010。
黃啟華，《錢大昕經史之學研究》，香港大學中文系碩士論文，1990。
黃雲眉等，《明史編纂考》，臺北：臺灣學生書局，1968。
黃虞稷撰，瞿鳳起、潘景鄭整理，《千頃堂書目》，上海：上海古籍出版社，2001。
黑格爾著，王造時譯，《歷史哲學》，上海：上海書店，2010。
楊伯峻，《列子集釋》，北京：中華書局，1991。
楊伯峻，《孟子譯注》，北京：中華書局，1960。
楊伯峻，《春秋左傳注（增訂本）》，北京：中華書局，1990。
楊家駱，《明史藝文志廣編》，臺北：世界書局，1963。

楊翼驤，《中國史學史資料編年》，第三冊（元、明），天津：南開大學出版社，1999。
楊翼驤、孫香蘭主編，《清代史部序跋選》，天津：古籍出版社，1992。
楊耀坤、伍野春，《陳壽、裴松之評傳》，南京：南京大學出版社，1998。
葉瑛，《文史通義校注》，北京：中華書局，1985。
鄒元初編著，《中國皇帝要錄》，北京：海潮出版社，1991。
雷敦淵，《隋代以前類書之研究》，東吳大學歷史學系碩士論文，2005。
雷蒙・艾宏著，蔡英文譯：《知識分子的鴉片》，臺北：聯經出版事業公司，1990。
廖瑞銘，《明代野史的發展與特色》（源自博士論文，中國文化大學，1994），臺北：花木蘭文化出版社，2009。
熊十力，《熊十力集》，北京：群言出版社，1993。
翟志成，《新儒家眼中的胡適》，香港：商務印書館，2020。
翟志成、馮耀明校注，《無慚尺布裹頭歸——徐復觀最後日記》，臺北：允晨文化實業公司，1987。
趙吉惠，《歷史方法論》，成都：四川人民出版社，1987。
趙爾巽等，《清史稿》，北京：中華書局，1977。
劉乃和，《勵耘承學錄》，北京：北京師範大學出版社，1992。
劉乃和編，《《冊府元龜》新探》，鄭州：中州書畫社，1983。
劉兆璸，《清代科舉》，臺北：東大圖書公司，1977。
劉瑞方編著，《中國皇帝史》，北京：國防大學出版社，1992。
劉靜貞，《皇帝和他們的權力——北宋前期》，新北市：稻鄉出版社，1996。
德雷，威廉（DRAY, William H.）著，王煒、尚新建譯：《歷史哲學》，北京：三聯書店，1988。
蔡石山，《西洋史學史》，臺北：國立編譯館，1975。
蔡尚思，《中國歷史新研究法》，上海：中華書局，1940。
蔡崇榜，《宋代修史制度研究》，臺北：文津出版社，1991。
蔣逸雪編，《張溥年譜》，重慶：商務印書館，1945。（《揚州師範學院學報》1962 年第 6 期轉錄此《年譜》）
鄧之誠，《中華二千年史》，北京：中華書局，1983。
鄭杰文，《穆天子傳通解》，濟南：山東文藝出版社，1992。
鄭滋斌，《五代史記之古文》，香港：粵雅出版社，缺年分。
鄭鶴聲，《司馬遷年譜》，臺北：國史研究室，1973。
鄭鶴聲，《班固年譜》，上海：商務印書館，1929。
蕭黎、李桂海，《中國古代史導讀》，上海：文匯出版社，1991。

錢茂偉，《中國傳統史學的範型嬗變》，哈爾濱：黑龍江人民出版社，2010。
錢茂偉，《明代史學的歷程》，北京：社會科學文獻出版社，2003。
錢茂偉，《明代史學編年考》，北京：中國文聯出版社，2000。
錢茂偉、葉建華，《執著的史學追求——倉修良教授八十華誕慶壽文集》，上海：華東師範大學出版社，2012。
錢穆故居編，《錢穆思想學術研討會論文集》，臺北：錢穆故居出版，2005。
霍韜晦，《唐君毅著作選導讀》，香港：法住出版社，2006。
鮑永軍，《汪輝祖研究》，浙江大學人文學院博士論文，2004。
鮑永軍，《紹興師爺汪輝祖研究》，北京：人民出版社，2006。
謝國楨，《增訂晚明史籍考》，上海：上海古籍出版社，1981。
謝貴安，《明實錄研究》，武漢：湖北人民出版社，2003。
謝蒼霖、萬芳珍，《三千年文禍》，南昌：江西高等教育出版社，1991。
謝德秋編著，《醫學五千年——外國醫學史部分》，北京：原子能出版社，1992。
瞿兌之，《汪輝祖傳述》，上海：商務印書館，缺年分。
瞿林東，《中國史學史綱》，臺北：五南圖書出版公司，2002。
魏應麒，《中國史學史》，上海：商務印書館，1941。
羅炳良主編，《影響中國近代史的名著》，北京：華夏出版社，2002。
嚴耕望，《治史經驗談》，臺北：臺灣商務印書館，1981。
嚴耕望，《錢穆賓四先生與我》，臺北：臺灣商務印書館，1992。
龔鵬程主編，《讀經有什麼用？——現代七十二位名家論學生讀經之是與非》，上海：上海人民出版社、世紀出版集團，2008。
《近代中國學術論叢》，香港：崇文書店，1973。
《聖經》（和合本），臺北：聖經資源中心，2009。

## 四、近現代論文

王國維，〈太史公行年考〉（節錄），王國維等，《司馬遷——其人及其書》，臺北：長安出版社，1985。
王德毅，〈由《宋史質》談到明人的宋史觀〉，收入王洙，《宋史質》，臺北：大化書局，1977。
朱順龍：〈《世本》提要〉，姜義華主編：《中國學術名著‧歷史卷》，上海：復旦大學出版社，1994。
牟宗三，〈祀孔與讀經〉，《生命的學問》，臺北：三民書局，1970。（原載〈孔子誕紀念特刊〉，《中央日報》，1952年9月28日。）

牟宗三，〈辯證法是真理嗎？〉，載《北平晨報・北晨學園》，第162、163期，1931年9月7日、8日。（又收入《牟宗三先生全集》，冊25。）

牟潤孫，〈錢大昕著述中論政微言〉（上、下），《明報月刊》，第16卷，12期（總192期），1981年12月；第17卷第1期（總193期），1982年1月。

吳孝琳，〈章實齋年譜補正〉，收入《章實齋先生年譜彙編》，香港：崇文書店，1975。

吳俊升，〈假設與證明〉，收入《農圃講錄》，1969，自印本。

吳智和，〈朱國楨的史學〉，《明史研究專刊》，宜蘭：明史研究小組，第8期，1985。

吳智和，〈何良俊的史學〉，《明史研究專刊》，宜蘭：明史研究小組，第8期，1985。

吳智和，〈謝肇淛的史學〉，發表於1989年中央研究院所舉辦的第二屆國際漢學會議。

吳楓，〈舊唐書與新唐書〉，倉修良主編：《中國史學名著評介》，濟南：山東教育出版社，1990。

宋衍申：〈中國封建社會經濟領域中的專制主義——讀《冊府元龜》札記〉，劉乃和主編，《《冊府元龜》新探》，鄭州：中州書畫社，1983。

李東華，〈一九四九年以後中華民國歷史學研究的發展〉，《中國論壇》，21：1，1985年10月。

李鳳仙，〈《勸學篇》評介〉，收入張之洞，《勸學篇》，羅炳良主編，《影響中國近代史的名著》，北京：華夏出版社，2002。

杜維運，〈《廿二史劄記》之作者問題〉，《大陸雜誌》，卷19，期6，1959年9月。

杜維運，〈《廿二史劄記》考證〉，《新亞學報》，卷2，期2，1957。

杜維運，〈《廿二史劄記》考證釋例〉，《幼獅學報》，卷1，期1，1958年10月。

杜維運，〈評《廿二史劄記校證》〉，《憂患與史學》，臺北：東大圖書公司，1993。

杜維運，〈趙翼之史學〉，《大陸雜誌》，卷22，期7，1961年4月。

金耀基，〈中國的傳統社會〉，收入金耀基：《從傳統到現代》，臺北：時報文化出版事業公司，1989。

柳詒徵，〈述《宋史質》〉，收入王洙，《宋史質》，臺北：大化書局，1977。

倉修良，〈從《冊府元龜・帝王部》看其作者的神學史觀〉，劉乃和主編，《《冊府元龜》新探》，鄭州：中州書畫社，1983。

孫國棟，〈一本超前絕後的譯作——評《柏楊版《資治通鑑》》〉，《明報月刊》，1987年4月。

孫國棟，〈悼文三篇・追悼錢賓四吾師〉，《生命的足跡》，香港：商務印書館，2006。

高振鐸，〈開發史學史的寶藏——《冊府元龜·國史部》的價值〉，劉乃和主編：《《冊府元龜》新探》，鄭州：中州書畫社，1983。

高瑋謙，〈讀經、文制與常道——讀牟宗三先生〈祀孔與讀經〉一文有感〉，《鵝湖月刊·鵝湖論壇》，期491，2016年5月。

崔曙庭，〈《冊府元龜·賦稅門》剖析〉，劉乃和主編，《《冊府元龜》新探》，鄭州：中州書畫社，1983。

張大可、彭久松，〈《晉書》〉，收入倉修良主編，《中國史學名著評介》，濟南：山東教育出版社，1990。

張芝聯，〈當代中國史學的成就與困惑〉，《史學理論研究》，1994年，第4期。

張偉仁，〈良幕循吏汪輝祖——一個法制工作者的典範〉，《臺大法學論叢》，第19卷，第1期，1989年12月；第19卷，第2期，1990年6月。

張偉仁，〈清代的法學教育〉，《臺大法學論叢》，第18卷，第1期，1988年12月。

張廣智，〈近代以來西方史學反省的歷史考察〉，《當代西方史學思想的困惑》，北京：中國社會科學出版社，1991。

張曉虎，〈趙翼〉，陳清泉等編，《中國史學家評傳》，鄭州：中州古籍出版社，1985。

梁炳華等，〈訪問孫國棟教授——談中國文化中之大傳統與小傳統（一）〉，《新亞生活》，香港新亞書院出版，1993年2月15日。

陳可青，〈《冊府·國史部》的編纂特點及意義〉，《北京師範學院院報》，1982年，第3期。

陳可青，〈漫議《冊府元龜·國史部》〉，收入劉乃和主編，《《冊府元龜》新探》，鄭州：中州書畫社，1983。

陳抗生，〈論《冊府元龜》編者的法律思想〉，劉乃和主編，《《冊府元龜》新探》，鄭州：中州書畫社，1983。

陳家聲，〈史學方法論問題〉，《歷史研究方法論集》，鄭州：河南人民出版社，1987。

陳高華，〈《元史》纂修考〉，《歷史研究》，1990年，第4期。

陳讓，〈（史學工具書努力者）汪輝祖年譜〉，《輔仁學誌》，第1卷，第2期，1992年2月，頁219-238。

黃兆強，〈二十五史編纂時間緩速比較研究——附清史稿〉，《新亞學報》，第二十二卷，2003年10月。

黃兆強，〈《中國傳統史學的範型嬗變》讀後〉，《東吳歷史學報》，第27期，2012年6月。

黃兆強，〈《元史》纂修若干問題辨析〉，《東吳歷史學報》，第1期，1995年4月。

黃兆強，〈《元史類編》之研究——以本書〈凡例〉為主軸所展開之探討〉，《東吳歷史學報》，第 3 期，1997 年 3 月。

黃兆強，〈永懷深愛家、國、民族、文化的孫國棟教授〉，《鵝湖月刊》，卷 39，期 4，總第 460 期，2013 年 10 月。

黃兆強，〈宋真宗與《冊府元龜》〉，《史學與文獻（三）》，臺北：東吳大學歷史學系主編，2001。

黃兆強，〈汪輝祖之史學〉，載東吳大學歷史學系主編，《史學與文獻（二）》，臺北：臺灣學生書局，1998。

黃兆強，〈汪輝祖先生（1731-1807）年譜〉，《東吳歷史學報》，第 4 期，1998 年 3 月。

黃兆強，〈明人元史學探研〉，《書目季刊》，卷 34，期 2，2000 年 9 月。

黃兆強，〈徐復觀先生的名字、出生年月日及其對心靈生活的慧解〉，《中國儒學》，中國社會科學出版社，第 20 輯，2023 年 12 月。

黃兆強，〈當代新儒家論讀經——以徐復觀先生為例〉，發表於以下研討會：「經典如何活化學術會議：從人文看永續」。會議主辦單位：中央大學儒學研究中心；日期：2016 年 12 月 9-10 日；地點：中央大學文學一館 A302 國際會議廳。（增刪修改後，發表於《華中國學》，2019 年，春之卷，總第 12 卷。）

黃兆強，〈趙翼在近世學者眼中的地位及彼為世所重之原因〉，《新亞學術叢刊》，第 14 期，2013 年 12 月。

黃兆強，〈錢大昕元史研究動機探微及學人對錢氏述評之研究〉，《東吳歷史學報》，第 2 期，1996 年 3 月。

黃兆強，〈讀經（道問學）與道德實踐之關係〉，《鵝湖月刊》，期 500，2017 年 2 月。

黃慧英，〈從《公羊傳》中的經權觀念論道德衝突的解消之道〉，「儒學、宗教、文化與比較哲學的探索——賀劉述先教授七秩壽慶學術研討會」；主辦單位：東吳大學哲學系；會議日期：2004.06.23-25。

黃曉丹，〈溫故：1935 年「讀經問題」大討論〉，《新教育・讀寫月報》，期 11，2014 年。

楊向奎，〈談「乾嘉學派」〉，周康燮編，《中國近三百年學術思想論集》，第五編，香港：崇文書店，1974。

熊十力，〈讀經〉，《天津益世報・讀書周刊》，第一期，1935 年 6 月 6 日。（此文又以〈答某報〉為題，收入《十力語要》卷一，但文字較報載略多。）

劉俐娜，〈試論中國 20 年代初年史學方法的幾個新特點〉，收入《當代西方史學思想的困惑》，北京：中國社會科學出版社，1991。

劉翠溶，〈清代老年人口與養老制度初探〉，郝延平、魏秀梅主編，《近世中國之傳統

與蛻變：劉廣京院士七十五歲祝壽論文集》，1998 年 5 月。
蕭美齡，〈朱子的經權觀析論〉，中央大學儒學中心，《當代儒學研究》，第 9 期，2010 年 12 月。
戴景賢，〈無錫錢賓四先生事略〉，《錢賓四先生與現代中國學術》，香港：中文大學，2014。
謝保成，〈陳邦瞻：重近古之史事——撰宋元二本末〉，收入何茲全、趙儷生，《中國古代史學人物》（下），臺北：國文天地雜誌社，1989。
謝保成，〈劉昫〉，收入陳清泉等編，《中國史學家評傳》，鄭州：中州古籍出版社，1985。
謝政諭，〈百年來東吳大學中西學術融貫之研究〉，東吳大學校史研究小組編著，《東吳大學校史研討會論文集》，臺北：東吳大學，2001。
瞿兌之，〈汪輝祖年表〉。此年表附錄於《汪輝祖傳述》，上海：商務印書館，缺年分。
瞿林東，〈令狐德棻和唐初史學〉，《人文雜誌》，第 1 期，1982。
瞿林東，〈李延壽——願將史筆寫一統〉，收入《中國古代史學人物（上）》，臺北：國文天地雜誌社，1989。
顏中其，〈《冊府元龜》編纂者介紹〉，劉乃和主編，《《冊府元龜》新探》，鄭州：中州書畫社，1983。
羅仲輝，〈明初史館和《元史》的修纂〉，《中國史學史研究》，第一期，1992。

## 五、中外文工具書（廣義）

上海圖書館編，《中國叢書綜錄》，上海：古籍出版社，1982。
中國古籍善本書目編輯委員會，《中國古籍善本書目》，上海：上海古籍出版社，1993。
王欽若等，《冊府元龜》，文淵閣《四庫全書》本。
王欽若等，《冊府元龜》，香港：中華書局，1960。
王欽若等，《宋本冊府元龜》，北京：中華書局，1989。
王德毅，《中國歷代名人年譜總目》，臺北：新文豐出版公司，1999。
田繼綜，《八十九種明代傳記綜合引得》，上海：上海古籍出版社，1986。
朱保炯、謝沛霖，《明清進士題名碑錄索引》，上海：上海古籍出版社，1979。
杜連喆、房北楹，《三十三種清代傳紀綜合引得》，北京：中華書局，1987。
沈起煒、徐光烈，《中國歷代職官辭典》，上海：辭書出版社，1992。
林尹、高明，《中文大辭典》，臺北：中國文化大學出版部，1985。

邱樹森，《中國史學家辭典》，石家莊：河北教育出版社，1990。
姜亮夫，《歷代人物年里碑傳綜表》，香港：中華書局，1976。
韋政通主編，《中國哲學辭典大全》，臺北：水牛圖書出版社，1983。
梁廷燦，《歷代名人生卒年表》，香港：中美圖書公司，1969。
梁啟雄，《廿四史傳目引得》，香港：太平書局，1977。
陳夢雷編，《古今圖書集成》，臺北：文星書店，1964。
舒新城等，《辭海》，香港：中華書局，1973。
黃秀文編，《中國年譜辭典》，上海：百家出版社，1997。
楊殿珣編，《中國歷代年譜總錄》，北京：書目文獻出版社，1996。
《廿五史人名索引》，臺北：開明書店，1965。
《新英漢詞典》，香港：三聯書店，1980。
GOODRICH, L. C., 房兆楹, *Dictionary of Ming Biography*, New York: Columbia University Press, 1976.
HUMMEL, Arthur W., *Eminent Chinese of the Ching Period*, Washington: Government Printing Office, 1943.
*Dictionnaire Petit Robert I*, Paris: Le Robert, 1981.
*Le Petit Robert II*, Paris: Le Robert, 1983.
*The New Lexicon Webster's Dictionary of the English Language*, New York: Lexicon Publications, Inc., 1989.

## 六、外文著作

ARON, Raymond, *Introduction à la philosophie de l'histoire-essai sur les limites de l'objectivité historique*, Paris: Librarie Gallimard, 1948.
ARON, Raymond (雷蒙・艾宏), *L'opium des Intellectuels*, Paris: Calmann-Lévy, 1955.
BARNES, H. E., *A History of historical writing*, New York: Dover, 1962.
BECKER, C. L. (貝克爾), "Everyman his own historian", 1931 年 Becker 就職美國歷史學會（American Historical Association）會長就職演說詞。
BLOCH, M. (布洛克), *Apologie pour l'histoire ou métier d'historien*, Paris: Armand Colin, 1993.
BODIN, Jean, (tr.: B. Reynolds) *Method for the easy comprehension of history* (拉丁原文：*Methodus ad facilem historiarum cognitionem*,《史學易知法》), New York: Columbia University Press, 1945.
BUTTERFIELD, Herbert, *The Origins of History* (《史學的起源》), New York: Basic Books, 1981.

CHAN, Virginia Mayer, *Historical Consciousness in Eighteenth Century China: A Case Study of Zhao Yi and the Zhexi Historians*, Harvard University, Ph. D. dissertation, 1982.
COCHRANE, C. N., *Thucydides and the Science of History*, Oxford: O. U. P., 1929.
COLLINGWOOD, R. G. (柯林伍德), *The Idea of History*, New York: O. U. P., 1970.
DEMIEVILLE, Paul, "Chang Hsueh-ch'eng and his historiography ", ed., W. G. Beasley and E. G. Pulleyblank, *Historians of China and Japan*, London: Oxford University Press, 1961.
DEMIEVILLE, Paul, 〈評胡適《章實齋先生年譜》〉，見 *Bulletin de L'école française d'Extrême-Orient*, 1923, XXIII。
DRAY, William H., *Philosophy of History*, Prentice-Hall, Inc., 1964.
FRANKE, W. (傅吾康), *An Introduction to the Sources of Ming History* (《明代史籍彙考》), Kuala Lumpur: University of Malaya Press, 1968.
HERODOTUS (希羅多德), G. Rawlinson (tr.), *The Persian Wars*, New York: Random House, 1942.
IRWIN, George J. (tr.), *Introduction to the Philosophy of History-an essay on the limits of historical objectivity*, London: George Weidenfeld and Nicolson Ltd., 1961.
LEFEBVRE, G., *La naissance de l'historiographie modern*, Paris: Flammarion, 1971.
LIEW-HERRES, Foon Ming (劉奮明), *Annotated sources of Ming History: Including Southern Ming and Works on Neighbouring Lands 1368-1661* (《增訂明代史籍彙考》), Kuala Lumpur: University of Malaya Press, 2011.
PRIEST, Quinton Gwynne, *Historiography and Statecraft in Eighteenth Century China: The Life and Times of Chao I (1727-1814)*, The University of Arizona, Ph. D. dissertation, 1982.
PULLEYBLANK, E. G., "Chinese Historical Criticism: Liu Chih-chi and Ssu-Ma Kuang", W. G. Beasley and E. G. Pulleyblank (ed.), *Historians of China and Japan*, London: Oxford University Press, 1961.
ROMILLY, D. J., *Histoire et raison chez Thucydide*, Paris: Les Belles Lettres, 1956.
ROSS, David (戴維・羅斯), *The Foundation of Ethics*, Oxford: OUP, 1939.
ROSS, David (戴維・羅斯), *The Right and the Good*, Oxford: OUP, 1930.
TACITUS, A. J., Church & W. J. Brodribb (tr.), *The complete works of Tacitus*, New York: The Modern Library, 1942.
THOMPSON, J. W., *A History of Historical Writing*, New York: The Macmillan Co., 1962.
THUCYDIDES, Richard Crawley (tr.), *History of the Peloponnesian War* (《伯羅奔尼撒戰爭史》), New York: The Modern Library, 1934.
ZHANG, Zhilian (張芝聯), *Renewed Encounter: Selected Speeches and Essays 1979-1999* (《張芝聯講演精選》)，北京：商務印書館，2000 年 4 月。

## 七、網上資訊及其他

人間福報社發行之電子版《人間世・罄竹難書的痛心》；瀏覽日期：2006.05.24；https://www.merit-times.com/NewsPage.aspx?unid=16904；瀏覽日期：2024.08.21。

「《天下郡國利病書》」條：https:/baike.baidu.com/item/%E5%A4%A9%E4%B8%8B%E9%83%A1%E5%9B%BD%E5%88%A9%E7%97%85%E4%B9%A6/1398168；瀏覽日期：2025.01.27。

「《清代學術概論》」條：https://ctext.org/wiki.pl?if=gb&chapter=405644；瀏覽日期：2023.07.28。

「王恂」條：百度百科：https://baike.baidu.com/item/%E7%8E%8B%E6%81%82/3065235?fr=ge_ala；瀏覽日期：2024.09.14。

「王星拱」條：維基百科：https://zh.wikipedia.org/zh-tw/%E7%8E%8B%E6%98%9F%E6%8B%B1；百度百科：https://baike.baidu.com/item/%E7%8E%8B%E6%98%9F%E6%8B%B1/1884101；瀏覽日期：2025.01.02。

王財貴，〈我們要培養融貫古今會通中西的大才，以聖賢為目標──兒童讀經爭議答問〉，2016年10月1日首發於儒家網：http://www.rujiazg.com/article/id/9316/；瀏覽日期：2016.10.01。

「王財貴」條：百度百科：http://baike.baidu.com/subview/75189/18855712.htm；瀏覽日期：2016.10.02。

王財貴對讀經質疑的回應：http://www.dujing.org/ClCms/Article/ShowInfo.asp?InfoID=10912；瀏覽日期：2016.10.02。

「司徒雷登」條：https://zh.wikipedia.org/zh-tw/%E5%8F%B8%E5%BE%92%E9%9B%B7%E7%99%BB；瀏覽日期：2024.10.03。

「在秀水處理陶氏兄弟爭嗣案」條：http://www.360doc.com/content/19/1208/10/31655491_878232694.shtml；瀏覽日期：2024.09.19。

有關東吳大學的通識教育：https://web-ch.scu.edu.tw/generaledu/web_page/5109；瀏覽日期：2024.10.27。

「宋濂」條：維基百科：https://zh.wikipedia.org/zh-tw/%E5%AE%8B%E6%BF%82；瀏覽日期：2025.01.10。

李婕所編輯之〈經權說〉，見中國孔子網：http://www.chinakongzi.org/baike/MINGCI/lunli/201707/t20170725_139564 來源：作者：2017-07-25 16:01:00；瀏覽日期：2022.11.18。

汶俊（David），〈徐復觀的晚年定論──〈程朱異同〉的弦外之音──書史小齋〉：https://davidlai1988.wordpress.com/2020/03/06/；瀏覽日期：2024.06.30。

汶俊（David），〈錢穆臨終前的新知卓見——讀〈天人合一論〉〉2019/10/11 00:59：https://blog.udn.com/ts88lai/129965669；瀏覽日期：2024.06.30。

「巡檢司」條：詳參維基百科：https://zh.wikipedia.org/zh-tw/%E5%B7%A1%E6%AA%A2%E5%8F%B8；瀏覽日期：2024.09.16。

「災梨禍棗」條：https://dict.revised.moe.edu.tw/dictView.jsp?ID=84572&la=0&powerMode=0；瀏覽日期：2025.01.16。

邵雍，《漁樵問答》（或作《漁樵對問》）：https://ctext.org/wiki.pl?if=gb&res=720334；瀏覽日期：2022.11.22。

法制史論文：〈清代名幕汪輝祖引經決獄判案分析〉：http://www.360doc.com/content/19/1208/10/31655491_878232694.shtml；瀏覽日期：2025.02.14。

「封建制度（中國）」條：https://zh.wikipedia.org/zh-tw/；瀏覽日期：2024.08.20。

「范起鳳」條：中華古詩文古書籍網：www.arteducation.com.tw › authorv_32ac231b6848；瀏覽日期：2025.02.14。

「荀子條」：維基百科：https://zh.wikipedia.org/zh-tw/%E8%8D%80%E5%AD%90；瀏覽日期：2025.03.06。

「素書樓風波」條：百度百科：baike.baidu.com/item/；瀏覽日期：2017.05.07。

「皂司」條：詳參百度百科 https://baike.baidu.com/item/%E8%87%AC%E5%8F%B8/8618925；瀏覽日期：2024.09.16。

「袁金凱」條：https://baike.baidu.com/item/%E8%A2%81%E9%87%91%E9%93%A0/10249762；瀏覽日期：2025.01.22。

「逆反票」條：https://zh.wikipedia.org/zh-/%E9%80%86%E5%8F%8D%E7%A5%A8；瀏覽日期：2024.10.11。

「莊子（書）條」：維基百科：https://zh.wikipedia.org/zh-tw/%E8%8E%8A%E5%AD%90_(%E6%9B%B8)；瀏覽日期：2025.03.06。

張一貫：「每日頭條：歷史名人小傳」：〈失散 27 年，她 77 歲孤獨離世，卻不知 61 歲丈夫已娶 27 歲嬌妻〉：https://kknews.cc/news/gmop9el.html (https://kknews.cc/zh-tw/news/gmop9el.html)；瀏覽日期：2024.12.27。

「揀發」條：百度百科：https://baike.baidu.hk › item，瀏覽日期：2024.09.19。

黃兆強，「本地（黃崗浠水）鄉賢徐復觀先生談讀書：從徐先生的恩師熊十力先生的怒罵說起」（講演稿）。時間：2024 年 11 月 19 日；地點：湖北浠水黃岡團陂高級中學（報告的當天，邀請單位團陂高中簡化講題為：「新儒家代表徐復觀讀書法」）。

「黃兆強：讀書人不能作賤自己」。http://news.ifeng.com/opinion/gaojian/special/090/；瀏覽日期：2016/11/15。

「楊傑」條：https://zh.wikipedia.org/zh-tw/%E6%9D%A8%E6%9D%B0_(1889%E5%B9%B4)；瀏覽日期：2024.08.04。

〈業界走進湖北：浠水縣為何會成為記者搖籃？〉2016.02.12 由南方傳媒書院發表，見 https://kknews.cc/zh-tw/other/3ja4bao.html；瀏覽日期：2018.03.15。

夢翔優課，〈胡適談讀書：為學要如金字塔，要能廣大要能高〉：https://www.sohu.com/a/390602039_99948639；瀏覽日期：2024.01.09。

錢易探父親：見陝西廣播電視台製作：「百年瞬間——臺灣開放大陸同胞赴臺灣探親奔喪」：http://www.snrtv.com/snr_wtcp/a/2021/11/10/20084417.html；瀏覽日期：2024.12.27。

「錢穆紀念館」條，web.utaipei.edu.tw/~chienmu/history.html；瀏覽日期：2017.05.07。

錢穆墓碑的碑文：https://www.douban.com/group/topic/44274823/?_i=7945669fspDIVS；瀏覽日期：2024.10.03。

錢穆親人相聚，又見維基百科：https://zh.wikipedia.org/zh-tw/；瀏覽日期：2024.12.27。

錢穆親人相聚，見：戴景賢，〈無錫錢賓四先生事略‧年表紀要〉，「書摘；#暗藍# 2016-05-03 09:11:58」：https://site.douban.com/240998/widget/notes/17039703/note/555159272/；瀏覽日期：2024.12.27。

「錢穆讀書三得」條，見《人民政協報》2009 年 2 月 9 日：2009-04-08｜947；https://www.tsinghua.org.cn/info/1951/19313.htm；瀏覽日期：2024.10.06。

蕭美齡，〈從儒家之經權辯證論道德衝突問題〉：http://nccupress.nccu.edu.tw/prize/；瀏覽日期：2024.10.10（蕭女士此博論後由新北市：花木蘭文化出版社出版，時維 2015 年）。詳參：https://www.huamulan.tw/data/isbn/978-986-404-367-5.pdf；瀏覽日期：2024.10.10。

〈「罄竹難書」新解 教長為總統硬拗〉：https://news.tvbs.com.tw/politics/363862；瀏覽日期：2024.08.21。

「簾官」條：教育部重編國語辭典修訂本：https://dict.revised.moe.edu.tw/dictView.jsp?ID=64183&la=0&powerMode=0；瀏覽日期：2024.09.17。

「譚延闓」條：https://zh.wikipedia.org/zh-tw/%E8%B0%AD%E5%BB%B6%E9%97%BF；瀏覽日期：2024.08.04。

OpenAI: ChatGPT，查閱各種紀傳體正史的字數及若干「英譯中」和「法譯中」較佳的翻譯用語；瀏覽日期：2025.07.12。

# 後　記

　　在這篇後記中，也許可以一說的是：筆者早已逾不踰矩之年了；精神體力大不如前。回想過去 10 多年來所出版的幾部拙著，大皆偏重當代新儒家的闡述。史學方面，乃至其他方面的著作或作品，被拋諸腦後久矣！想到這些文字，無論在學刊報章上已發表或未發表的，恐不至於全無價值。所以最原先的構想是企圖把所有這些文字，予以修訂彙整後出版一兩本文集或論文集的。然而，這些文字似乎太多了，也太雜了。最後筆者想到個人對錢徐兩先生某些學思上的表現，頗有一些管見或心得（其實 2016 年已出版過探討徐先生政治思想不下 50 萬言的一部專著）；且史學又是兩先生學術性向上之所同；2006 年前，筆者的學術興味幾乎亦全在史學上。是以不揣譾陋，嘗試修訂彙整多年前的相關文章，以結集成本書。本書副標定為《錢穆　徐復觀　史學》，即以此故。

　　近半年來，尤其最近兩三個月，看到 AI 一日千里的發展，筆者一則以喜，一則以懼；心情相當矛盾。喜者，以其能充分反映現代科技之進步也。懼者則有二：以後年青人入職（即工作謀生）的機會，必受到衝擊，此其一。其二，我們的研究如何做下去，而不致被 AI 所取代或超越呢？是以日前寫了一個 line 給朋友說：業已完成的研究成果，趕快出版；尚未完成者，趕快多參考 AI，否則工作可能白做了！筆者年事已高，運用新科技（尤指 AI）的能力，當然不及年輕人。所以目前這部彙整自舊文章的拙著（雖其中每篇文章都增訂過不少地方，但十之七八不異本來面目），以趕快付梓為妙；若再拖延兩三年，恐怕就不必付梓了！

　　考慮到體力每況愈下而力不從心，再加上 AI 給我的衝擊和震撼，目前這部拙著，應該是殿後之作了。苟天假以年，則餘下的寸陰，打算學習做志

工。其實,「為學不在多言,顧力行何如耳。」儒者本應如是也。猶憶復觀師說過:「把腦筋裏的問題,還繼續寫一點出來,便算勉強向祖宗交了帳。」(語見〈我的讀書生活〉,載《徐復觀文錄》;這句話是該文的結束語;師時年五十多歲而已,所以還有足夠的精神體力繼續寫下去。)上天和父母生我為三書人(讀書人、教書人、寫書人;其實一輩子,亦只會這三件事而已,但都乏善可陳;慚愧極!)過去既寫了幾本小書,現今斗膽姑妄借用老師上引語:「便算勉強向祖宗交了帳」,以結束這後記。

　　補充:最後也許值得一提的是,最近 10 多年來所出版的四部有關新儒家的拙著(每部皆四五十萬言以上),每部拙著從第一個字到最後的一個標點符號,皆筆者在鍵盤上一一敲出來的;索引、徵引資料(書目)之彙整,乃至校對方面,亦獨力為之(出版社,即臺灣學生書局的初校,自另當別論)。本書則有點例外,蓋書中大概一半的篇幅都由東吳大學歷史學系畢業生,今就讀於政治大學歷史學系碩士班的香港僑生張文軒同學幫忙打字的。謹在此致上無限的謝意。東吳大學哲學系香港僑生彭偉俊同學(目前是大四同學;已申請到獎學金直攻美國 Notre Dame 大學哲學系邏輯學方面的博士)嘗為我按姓氏筆畫順序編排本書的徵引文獻(bibliography),今在此一併致謝。東吳大學中文系鄭宇辰教授指正了附錄(七)中〈追憶詩〉的兩三個字,更讓筆者銘感五內。

　　至於臺灣學生書局陳仕華先生每次都大力推薦出版,再加上陳蕙文小姐在編校方面的鼎力幫忙,那就更不是一個「謝」字足表衷曲的。大恩不言謝;直銘感五內不已!

2025 年 3 月 12 日(國父逝世紀念日植樹節)
2025 年 7 月 14 日法國國慶日定稿

# 索　引

## 一、人名

丁常忠, 90
二程（程顥、程頤）, 131
于謙, 623
山根幸夫, 606, 636
干寶, 248, 249
內藤湖南, 355
孔子, 5, 34, 47, 49, 50, 66, 68, 69, 74, 80, 103, 122, 141, 148, 149, 150, 155, 158, 169, 203, 237, 241, 330, 338, 340, 352, 356, 357, 410, 413, 418, 473, 550, 584, 600, 659, 660, 668, 675, 679
孔穎達, 63, 456, 458
尹達, 457
巴克爾, 428, 438
方正, 171, 362, 363, 527, 531
方回, 181
毛漢光, 481
毛澤東, 109
王一樵, 631
王世貞, 272, 282, 283, 286, 294, 612, 626, 675, 676
王先謙, 80
王吉林, 90
王安石, 18, 365, 553
王圻, 202, 299, 613, 614, 632
王宗沐, 285, 286, 287, 294, 295, 342

王宗炎, 369, 509, 524, 537
王拓, 482
王恂, 335
王星拱, 179
王洙, 280, 281, 282, 294, 298, 342
王財貴, 102, 103, 106
王國維, 442, 443, 489
王崇, 251
王梓材, 154
王船山, 183
王欽若, 201, 206, 207, 209, 210, 213, 217, 218, 223, 225, 226, 232, 233, 234
王雲五, 110
王爾敏, 16, 480
王鳴盛, 30, 303, 346, 351, 354, 360, 445, 551, 566, 654
王德毅, 205, 206, 207, 221, 222, 281, 282, 283, 441, 670
王褘, 253, 255, 256, 257, 261, 265, 293, 295, 304, 312, 314, 315, 319, 321, 322, 323, 329, 330, 332, 391, 467, 469, 472, 487
王樹民, 349, 357, 655
王應麟, 198, 205, 206, 208, 211, 227, 234
令狐德棻, 245, 450, 451, 454, 455, 456, 472
司馬光, 150, 198, 201, 338, 580, 609, 661
司馬談, 242, 245
司馬遷, 8, 13, 14, 73, 179, 203, 245, 302, 356,

416, 442, 443, 473, 474, 475, 584, 609, 668, 679
弗里曼, 411
瓦拉, 425, 438
田浩, 86
白安理, 90, 91, 597
白興華, 355
伊拉斯謨, 423
休謨, 21, 410
全祖望, 154, 549
朱元璋, 199, 256, 257, 260, 262, 266, 267, 268, 269, 281, 301, 306, 307, 308, 309, 310, 311, 312, 314, 315, 323, 326, 330, 467, 475, 487, 618, 620
朱熹, 67, 75, 131, 149, 273, 332, 338, 584, 668
朱彝尊, 285, 303, 304, 312, 323, 324, 331, 500, 625
朴正熙, 162, 168
江淹, 445
牟宗三, 42, 64, 96, 103, 104, 113, 117, 118, 148, 162, 183, 190, 222, 361, 403, 420, 543, 568, 596, 597, 654, 655, 659
牟潤孫, 373, 636, 680
米建國, 90, 435
老加圖, 415, 416
色諾芬, 413
伯樂, 43, 70, 180, 345, 347, 355, 359, 671
佐伯富, 637
何秀煌, 546, 547, 549
何宛倩, 435
何冠彪, 255, 265, 400, 467
何喬新, 263, 277, 278, 294, 295
何漢威, 436
余英時, 4, 5, 6, 7, 11, 12, 38, 40, 41, 42, 44,

58, 86, 189, 190, 203, 347, 400, 432, 480, 597, 641
余嘉錫, 303, 447, 451
克羅齊, 185, 407
吳仁凱, 90
吳天任, 302
吳俊升, 361, 545, 546, 549, 655
吳展良, 90
吳智和, 671
吳逸群, 87
吳兢, 239, 240, 243, 246
吳縝, 198, 460
吳龍燦, 91
呂光洵, 279, 294
呂思勉, 55, 83
呂思誠, 335
呂祖謙, 131, 338
宋白, 223
宋真宗, 73, 197, 198, 199, 201, 209, 210, 212, 221, 222, 223, 247
宋敏求, 461
宋楚瑜, 58
宋濂, 253, 255, 256, 257, 258, 259, 260, 261, 262, 263, 265, 266, 293, 295, 301, 302, 303, 304, 305, 306, 307, 308, 310, 311, 312, 314, 315, 318, 319, 322, 323, 324, 326, 329, 330, 332, 391, 467, 468, 469, 472, 487
希羅多德, 408, 409, 410, 412, 413, 414, 420, 432, 438
攸西比亞, 421
李木妙, 96
李弘祺, 480
李帆, 93, 94
李希哲, 178

李宗侗, 152, 319, 353
李延壽, 241, 245, 454, 456, 457, 459, 473
李昉, 223, 462
李明輝, 104, 597
李金強, 665
李紀祥, 90, 367, 380, 395, 398
李桂海, 316
李婕, 148, 149, 150
李淑珍, 133
李善長, 257, 258, 260, 268, 306, 322, 330
李嗣京, 210, 222
李慈銘, 349, 350, 445
李瑞全, 147, 152
李聖光, 90, 92
李維, 206, 208, 225, 226, 416, 417, 419, 434, 515
李賢中, 87, 91
李鴻章, 117
李燾, 202, 206, 207, 284
杜正勝, 481, 483
杜佑, 9, 22, 81, 609
杜維運, 221, 353, 355, 406, 427, 442, 443, 445, 451, 480, 558, 566, 670, 676
汪七駁, 500
汪精衛, 164
汪輝祖, II, 312, 367, 368, 369, 370, 371, 372, 374, 375, 380, 381, 382, 383, 384, 387, 389, 390, 392, 394, 395, 397, 398, 399, 400, 488, 489, 490, 491, 492, 493, 496, 514, 520, 525, 526, 533, 535, 537, 538
汪學群, 96
（汪）繼坊, 370, 372, 503, 510, 512, 514, 515, 518, 521, 522, 523, 524, 525, 527, 530, 533, 536
（汪）繼培, 370, 381, 390, 392, 397, 398, 495, 496, 509, 524, 525, 526, 528, 529, 530, 531, 533, 534, 535
（汪）繼壕, 370, 389, 390, 392, 397, 500, 510, 523, 525, 526, 532
沈既濟, 243, 245
沈約, 245, 302, 303, 326, 441, 445, 448, 472, 475
沈剛伯, 480
貝克爾, 406
辛意雲, 90
亞里斯多德, 414
周中孚, 285, 394
周博裕, 90
周復俊, 253, 276, 283, 287, 294, 329, 330, 331, 336, 337
周敦頤／周（敦頤）, 131, 338, 339
和田清, 636
孟子, 13, 20, 43, 65, 131, 141, 146, 148, 149, 152, 156, 164, 169, 351, 368, 377, 491, 600, 659, 661, 662, 664
孟德斯鳩, 428, 438
明太祖, 199, 262, 301, 303, 304, 305, 307, 308, 309, 311, 313, 316, 325, 326, 327, 330, 331, 337, 467, 487, 622
林伯謙, 87, 90
林政鴻, 92
林慈淑, 90, 92, 197, 435
林毓生, 479
林慶彰, 296
波里比阿, 414, 415, 416
邱樹森, 279, 308, 309, 319, 324
邵晉涵, 247, 369, 371, 372, 380, 383, 384, 385, 386, 396, 451, 463, 506, 508, 509, 514,

519, 528
邵雍, 149, 338
邵遠平, 297, 391, 489
邵學禹, 357
金毓黻, 241, 313, 319, 320, 332, 353, 447
金耀基, 245
阿庇安, 415
阿里安, 415
侯外廬, 487
奎昔亞狄尼, 426, 427, 438
柯劭忞, 297, 298, 468, 471, 473, 489
柯林烏／柯林伍德, 112, 407, 412
柳詒徵, 281, 282, 345, 351, 356
洪亮吉, 373, 375, 377, 535, 537
洪碧珠, 92
洪邁, 208, 209, 227, 249, 559
胡忠信, I, 39, 51, 53
胡秋原, 407
胡美琦, 6, 57, 60, 62, 657
胡楚生, 11, 152
胡榮祖, 149
胡粹中, 253, 270, 271, 274, 293, 329, 332, 333, 334
胡適／胡適之, 18, 47, 48, 56, 67, 101, 113, 117, 118, 119, 127, 179, 186, 187, 348, 370, 382, 400, 438, 478, 479, 548, 549
范祖禹, 198
范曄, 245, 444, 445, 473
韋政通, 154
韋昭, 240, 251, 446
韋述, 240
修昔底德, 410, 411, 413, 414, 420, 433, 434, 438
倉修良, 234, 302, 309, 314, 319, 324, 345,

346, 361, 447, 448, 451, 452, 456, 538
唐太宗, 199, 203, 244, 447
唐君毅, 7, 12, 16, 17, 21, 27, 31, 42, 52, 55, 57, 59, 64, 89, 95, 96, 103, 106, 110, 112, 122, 125, 129, 160, 190, 192, 222, 361, 403, 406, 543, 545, 546, 568, 588, 595, 597, 598, 599, 647, 654, 655, 659, 660, 664, 665
夏貴, 202
孫中山, 32, 164, 181
孫星衍, 348, 356, 357
孫國棟, 3, 5, 23, 40, 41, 96, 654, 655, 656, 657, 659, 661, 664
孫清吉, 91
孫殿起, 634
宸宸, 140
徐一夔, 318, 319, 321, 324
徐天麟, 198
徐泓, 666, 670, 671
徐振國, 106, 107
徐乾學, 612, 626
徐國利, 90, 96, 597
徐復觀, I, 7, 8, 13, 14, 33, 42, 64, 96, 101, 103, 104, 108, 109, 133, 147, 158, 159, 161, 162, 163, 164, 165, 166, 168, 171, 172, 173, 174, 175, 177, 180, 187, 188, 190, 194, 222, 361, 403, 417, 422, 479, 595, 597, 599, 600, 601, 654, 655, 661, 662, 665, 685, 709, 710
徐達, 306, 307
柴德賡, 447
桀溺, 665
殷海光, 479, 555
涂壽眉, 104
班固, 232, 240, 245, 302, 362, 443, 444, 473, 585

秦照芬, 90
袁裘, 208, 227, 249, 635
馬一浮, 152
馬比昂, 430, 431
馬君梅, 92
馬悅然, 12
馬基維里／馬基雅弗利, 108, 109, 411, 425, 426, 427
馬端臨, 22, 206, 277, 609
高振鐸, 200, 222, 238, 240, 241, 246, 247
高焜源, 177
高瑋謙, 103
區志堅, 90, 93, 94, 97, 597
商輅, 271, 273, 274, 275, 285, 289, 294, 295
屠寄, 297, 298, 488, 489
康有為, 68, 76, 193
張一貫, 60, 62
張之洞, 76, 117, 193, 345, 349, 350, 355, 356, 357, 358, 360, 383, 400
張丕介, 7, 59, 89, 95
張其昀, 41, 56, 59
張居正, 618, 620
張芝聯, 83, 85
張洪, 75
張偉仁, 369, 382, 492, 500, 514, 518
張溥, 291, 292, 295, 342
張載／張（載）, 109, 131, 338
張德利, 91
張澍, 380, 381
張曉虎, 357
張艷琳, 53, 54, 59, 62
曹操, 74
梁廷燦, 457
梁庚堯, 481

梁啟超／梁任公, 27, 76, 81, 179, 193, 345, 350, 351, 355, 356, 400, 411, 487, 550, 552, 553, 554, 555, 580
梁夢龍, 274, 287
梁漱溟, 179, 597
梁簡能, 95
章群, 5, 19, 41, 200, 361
章學誠, 6, 12, 15, 20, 46, 81, 183, 238, 312, 347, 348, 368, 372, 373, 374, 377, 380, 384, 386, 391, 392, 395, 397, 398, 399, 400, 416, 417, 418, 432, 497, 507, 524, 527, 529, 532, 533, 537, 549, 550, 675
許冠三, 82, 360, 575
許倬雲, 480, 481
許浩, 275, 276, 278, 294
許彩真, 87
許善心, 245
郭仁孚, 435
陳士元, 283, 284, 294
陳仁華, 76
陳水扁, 126
陳可青, 222, 223, 236, 237, 247, 249, 250
陳白沙, 66
陳邦瞻, 289, 290, 291, 295, 342
陳勇, I, 53, 90, 96, 597, 685, 686
陳垣, 222, 489
陳振孫, 457
陳振崑, 3
陳高華, 256, 257, 311, 313, 314, 316, 317, 323, 332
陳啟雲, 3, 480
陳寅恪, 68, 69, 118
陳樫, 270, 274, 284, 285, 332
陳清泉, 357, 445, 454

陳惠美, 174
陳智超, 316, 317, 332
陳湛銓, 95
陳榮捷, 154
陳學然, 90
陳樹菊, 139
陳澧, 76, 193, 445
陳獻章, 66
陳讓, 369, 382, 383, 400, 491, 501
陶子欽, 180
陶希聖, 480
陶宗儀, 324, 325
陸深, 280, 294
麥克萊, 418
傅可暢, 90, 91
傅吾康, 602, 603, 605, 671
傅偉勳, 663
傅斯年, 17, 478, 479, 583, 630
喬治忠, 469, 470, 685
彭時, 271, 272, 273
彭偉俊, 710
揚雄, 20, 585
斯特拉波, 415, 438
普希金, 418
普魯塔克, 415, 419
曾國藩, 76, 117, 193
湯恩比, 122
焦竑, 256, 266, 267, 271, 272, 612, 631
程兆熊, 7, 41, 59, 89, 95
程俱, 206, 209
程頤／程伊川／伊川, 109, 131, 134, 135, 136, 137, 138, 139, 141, 142, 149, 154, 338, 596
程顥／明道, 131, 149, 338, 554

華倩朔, 55
華覈, 251
馮用之, 149, 150
馮康侯, 95
馮銓, 469, 625
黃文斌, 90
黃兆強, 87, 88, 92, 93, 94, 97, 108, 125, 126, 134, 141, 197, 199, 257, 330, 343, 349, 370, 371, 372, 467, 682, 686
（黃）兆漢, II, 90, 190
（黃）兆顯, 90, 91, 95, 158, 181, 190, 465
黃宗羲, 154
黃俊傑, 480
黃淑惠, 92
黃雲眉, 302
黃愛萍, 205
黃虞稷, 254, 334, 632
黃嫣梨, 327
黃彰健, 615, 630
黃慧英, 154
（黃）慧賢, 54, 85, 595
黃鎮台, 92
塔西佗, 411, 416, 417, 418, 419, 434
塞西羅, 410
楊永漢, 665
楊俊峰, 92
楊容蓮, 139, 140
楊時, 149
楊傑, 182
楊億, 206, 208, 218, 223, 225, 226, 228, 229
聖奧古斯丁, 421, 422
萬安, 273
葉子奇, 324
葉建華, 346

索　引　717

葉海煙, 657
葉龔, 279, 294
董仲舒, 154, 596
賈凱傑, 90
雷敦淵, 614
廖伯源, 96
廖瑞銘, 671
廖曉煒, 91
熊十力, 42, 102, 103, 171, 173, 183, 184, 596, 597
端木愷, 154
翟志成, 118, 187, 422, 545
聞一多, 11, 171
蒲起龍, 447
褚遂良, 199, 240, 244, 456
趙汸, 257, 260, 261, 313, 314
趙建軍, 90
趙進元, 90
趙翼, II, 19, 174, 202, 302, 310, 311, 312, 313, 318, 319, 345, 346, 347, 348, 349, 350, 353, 354, 355, 356, 357, 358, 359, 361, 362, 363, 373, 391, 395, 398, 442, 443, 448, 455, 460, 465, 467, 488, 489, 545, 550, 566, 654, 680
齊熙, 75
劉乃和, 199, 204, 205, 207, 208, 209, 213, 219, 222, 223, 224, 226, 231, 234, 237, 238, 239, 247
劉兆玄, 84
劉向, 42, 44, 68, 69, 179, 244
劉依平, 103
劉知幾, 34, 35, 36, 46, 73, 82, 199, 200, 241, 418, 443, 455, 585, 669
劉述先, 154, 597
劉時舉, 284

劉歆, 8, 68
劉源俊, 4, 90, 92
劉維公, 90
劉慧真, 87
劉奮明, 603, 604
劉靜貞, 197, 201, 203, 204, 212, 234
樂史, 223
潘朝陽, 63
蔡志賢, 91
蔡倫, 225
蔣介石／蔣中正, 57, 59, 60, 119, 173, 685
衛覬, 251
談遷, 625, 635
鄧之誠, 447
鄧爾麟, 96
鄭宇辰, 710
鄭欽仁, 482
鄭滋斌, 465
鄭鶴聲, 442, 443, 444, 610
黎靖德, 75, 76
黎漢基, 104
儒力斯・凱撒, 415
樹萱公, 190
蕭美齡, 153
蕭黎, 316
賴原, 91
錢大昕, II, 30, 241, 255, 256, 304, 312, 314, 317, 322, 340, 346, 349, 351, 354, 356, 357, 360, 362, 368, 370, 373, 383, 388, 389, 391, 393, 394, 395, 397, 399, 400, 441, 461, 488, 489, 491, 492, 509, 528, 534, 543, 551, 558, 566, 654, 680
（錢）行, 62
錢伯圭, 55

錢承沛, 55
（錢）拙, 62
（錢）易, 61, 62
錢茂偉, 254, 262, 263, 267, 271, 274, 277, 281, 282, 283, 285, 287, 289, 290, 346, 361, 538, 666, 667, 668, 670, 672
錢婉約, 86
（錢）遜, 62, 90, 91
（錢）輝, 61, 62
錢穆／錢賓四／賓四, I, II, 3, 4, 5, 6, 10, 11, 23, 33, 34, 37, 38, 39, 40, 42, 43, 44, 45, 47, 48, 49, 51, 53, 54, 56, 61, 62, 63, 64, 68, 69, 71, 72, 75, 76, 78, 83, 84, 86, 87, 88, 89, 90, 91, 92, 93, 94, 95, 96, 97, 122, 151, 189, 193, 384, 400, 440, 479, 487, 527, 546, 556, 595, 597, 598, 600, 656, 657, 658, 660, 664, 709
閻若璩, 68, 425, 556
閻鴻中, 90
霍韜晦, 192, 647
鮑永軍, 345, 367, 398, 525, 533, 537, 538, 539
龍文彬, 303
戴景賢, 6, 61, 78
戴維・羅斯, 152
薛應旂, 277, 284, 285, 287, 294, 295, 342, 611
謝小韞, 90
謝政諭, 4
謝國楨, 607, 608, 671, 676
謝貴安, 615, 616, 628, 631
謝鶯興, 173, 174
賽亞・伯林, 124, 159
韓非, 37, 47, 108, 550
韓愈, 89, 180, 596
瞿兌之, 369, 370, 382, 491, 492, 493, 502, 504, 514, 527

瞿林東, 446, 454, 459
薩魯斯特, 411, 415
魏收, 232, 242, 243, 245, 246, 451, 452, 453, 455, 472, 475
魏忠賢, 623, 624, 625
魏源, 297, 298, 312, 317, 488, 489
羅炳良, 350
羅炳綿, 5
羅義俊, 16, 597
羅夢冊, 59, 361, 655
譚延闓, 176
嚴耕望, 5, 15, 40, 46, 72, 73, 96, 361, 376, 655, 658, 683
蘇柏瑋, 92
蘭克, 185, 411, 428
龔鵬程, 102
讓・波丹, 427
A. Toynbee, 122
Appian, 415
Aristotle, 414
Arrian, 415
B. Croce, 407
C. L. Becker, 406
C. N. Cochrane, 412
Cator The Elder, 415
Cicero, 410
David Hume, 410
David Ross, 152
E. Bernheim, 424
E. G. Pulleyblank, 345, 348, 354, 610
Edward A. Freeman, 411
Eusebius, 421
Fabius Pictor, 415
Francesco Guicciardini, 426, 438

索　引　719

G. Galilei, 117
Göran Malmqvist, 12
H. E. Barnes, 413
H. T. Buckle, 428, 438
Herodotus, 408
Hippocrates, 438
Hoyt Tillman, 86
Isaiah Berlin, 124, 159
J. Dennerline, 96
J. Kepler, 117
Jean Bodin, 404, 427, 436
Jean Mabillon, 430
Jean-Pierre Diény, 665
Julius Caesar, 416
(L. C.) Goodrich, 268, 280, 283, 290, 291, 606, 614, 633, 634
Leopold von Ranke, 411, 428
Livy, 416
Lorenzo Valla, 425, 438
Montesquieu, 428
N. B. Machiavelli, 108
N. Copernicus, 117
Plutarch, 415
Polybius, 414
Quinton Gwynne Priest, 354
(R.) Aron, III, 24, 638, 639, 663
R. G. Collingwood, 112, 407, 412
Saint Augustine, 421
Saint Bede the Venerable, 421
Sallust, 411, 415
Strabo, 415, 438
T. B. Macaulay, 418
Tacitus, 411, 416, 418
Thucydides, 410, 412

U. Bresciani, 90
Virginia Mayer Chan, 354
(W.) Franke, 263, 277, 602, 604, 606, 623, 671
W. Harvey, 117
Xenophon, 413

## 二、其他

〈國史部〉的思想, 234, 237
一人專制, 126
一生依書為命, 536
一統性底文化, 113
一陷永陷意識, 145
九脫稿乃就, 280
人文主義史學家, 424
人文價值, 110
人文質素, 110
人本主義史學家, 424
人的本性本味, 128
人品, 13, 15, 587
人神便無隔, 115
入門聖事, 139
亡國滅種, 10, 12, 571
千里馬, 43, 70, 180, 345, 671
大皇帝, 14, 49, 237
大問題, 15, 29, 31, 68, 79, 84, 137, 147, 192, 326, 400, 583
大經大法, 167, 168, 169
小問題, 15, 29, 79, 184, 192, 557
工具價值, 110, 433, 434, 571
己為利藪, 514
不宜認真看待, 211, 257
不尚空言, 122
不違如愚, 192
中央電視臺, I, 53, 58

中問題, 15
中國文化大學, 3, 6, 38, 41, 78, 90, 367, 380, 495
中國文化意識, 129
中國歷史學會, 484
中庸之道, 149
中華文化, 11, 12, 23, 103, 482, 598
中華文明, 11
中華民族, 12, 16, 17, 106, 129, 598
中華民族意識, 129
中廣新聞網, 39, 53
中體西用, 12
五四運動, 112, 113, 114, 119, 120, 597
五鬼, 201, 226, 233
五體投地, 192, 193
內聖外王, 50, 89, 142, 678
公正無私, 638, 641
公是公非, 161, 162
反封建, 101, 111, 115, 116, 117
反傳統, 101, 111, 112, 113, 115, 116, 117, 118, 119, 120, 121, 122, 123, 133
反傳統運動, 111, 114
反讀經, 101, 111, 112, 113, 115, 116, 117
天大的笑話, 141
太史公, 8, 25, 34, 35, 80, 203, 233, 241, 297, 315, 351, 356, 357, 442, 443, 474, 476, 584, 679
心理上的平衡, 224
心術端正, 530
心魔, 145
文化社會學, 407
文字獄, 262, 313, 377, 529, 605, 609, 633, 634
方法與方法論, 407
日寇侵華, 10

日常語言, 582, 594
王官學, 79, 80
以天下為己任, 8
以史學為研究主軸之國學大師, 5
充分條件, 109, 135, 136, 137, 379
北學南移, 93
古為今用, 8, 37, 160, 584
史才, 14, 46, 81, 246, 256, 283, 322, 325, 327, 418, 452, 455, 475, 669
史記其事, 7, 375
史情, 31, 46, 198, 202, 475, 663
史實, 109, 240, 274, 281, 286, 298, 313, 315, 326, 331, 351, 359, 360, 378, 407, 412, 418, 420, 426, 433, 479, 550, 558, 560, 563, 564, 565, 566, 567, 568, 570, 571, 573, 580, 583, 584, 586, 587, 588, 589, 590, 593, 663
史德, 14, 46, 81, 246, 417, 418, 677
史學大師, 5, 40, 55, 160, 222, 424, 428, 685
史學之父, 410, 412, 432
史學方法, 16, 22, 26, 27, 72, 79, 84, 359, 360, 403, 405, 406, 407, 408, 409, 411, 412, 413, 414, 415, 419, 421, 422, 423, 424, 425, 427, 428, 432, 433, 436, 437, 438, 491, 567, 575, 577, 640
史學的理學化, 681
史學的第一義, 434, 435
史學界祭酒, 5
史學致知活動, 567, 568
史學家的價值意識, 567
史學真理, 403, 404, 405, 406, 407, 411, 412, 415, 419, 422, 432, 433
史學理論, II, 85, 221, 367, 391, 395, 403, 417, 418, 422, 427, 480, 578, 643, 644
史識, 46, 79, 207, 234, 246, 345, 351, 366,

索　引　721

669, 673
四種福報, 13
平民學, 80
平均壽命, 202, 373
平面, 123, 129, 485, 486
平衡的報導, 335, 676, 677
必以誠信出之, 531
必去之而後快, 105, 127
必要條件, 27, 45, 74, 109, 135, 136, 137, 142, 143, 418, 425, 433, 438, 554
生命力的束縛, 113, 114
用中必須行權, 148
由救國民黨來救中國, 181
目力短澀, 383, 519
刑名喫兒孫飯, 530
合義, 149, 157
合禮, 158, 160
吏治良窳, 515
向祖宗交了帳, 192, 193, 710
回饋社會, 125
因文而得意, 280
因果關係場, 580, 582, 586, 588, 581, 594
因革損益, 121
在官宜覽史事, 374
成聖成賢, 114, 115, 138, 140, 678
托古改制, 105
曲實致用派史家, 571
有效性, 117, 128, 407, 549, 588, 589, 590, 591, 594, 641, 643, 647, 673, 674
有真性情始有真學問, 15, 686
朱子讀書法, 75, 76, 77, 193
死守善道, 155, 156
污名化, 106, 115, 116
百家言, 79, 80

考史, 29, 30, 79, 350, 351, 356, 358, 378, 395, 400, 401, 558, 560, 563, 566
考據史學, 666, 668, 672, 675, 679, 680
自存價值, 433, 434, 569, 570, 571
自卑自貶, 117
自律, 123, 157, 168, 515, 594, 659
自強不息, 88, 89
自節, 157
自賤, 117, 126
自覺, 22, 65, 66, 106, 125, 138, 139, 143, 157, 251, 417, 418, 572, 580, 582, 583, 587, 641, 678
行百里者半九十, 373
行權, 148, 149, 150, 151, 152, 153, 155, 156, 157, 160, 162, 163, 166, 167, 169
你是中國人，不要忘記中國, 58
免於說話的自由, 124
利世濟物, 533
吾輩業儒, 533
妖魔化, 116
弄權, 157
我行我素, 125
扳回一城, 224
技術語言, 582, 594
抉摘幽隱，究悉顛末, 284
抗拒誘惑, 145
求真, 30, 84, 227, 253, 281, 285, 298, 340, 368, 404, 405, 408, 409, 414, 415, 417, 418, 419, 420, 422, 423, 425, 426, 428, 429, 430, 431, 432, 433, 434, 435, 475, 543, 544, 550, 551, 553, 593, 662, 666, 679, 680
決不讀第二流以下的書, 187, 188
良幕循吏, 369, 492, 514, 536
見道之言, 24, 529

見聞之知, 109, 133, 134, 135, 138
事過增尤, 530
事實判斷, 569, 575, 576, 577, 578, 579, 583, 584, 587, 588, 589, 593
事緩則圓, 191
兩大戰略, 118
兩條腿走路, 189
其言未必馴, 319
其事未必覈, 318, 319
其首尾未必貫串, 319
函數關係, 141
孤臣孽子, 129
定神回思, 143
居處宜窮經蘊, 374
延安, 182
往蹟, 224, 373, 467, 560, 567, 568, 569, 570, 571, 572, 573, 577, 588
往蹟重建派史家, 568, 570
念念以百姓為事, 530
性情, 15, 175, 183, 187, 197, 230, 326, 417, 528, 568, 658, 663, 686
性褊急, 134, 376
所有歷史都是思想史, 112
明神, 144
東吳大學, 3, 4, 39, 42, 51, 53, 61, 75, 83, 84, 85, 86, 87, 88, 89, 90, 91, 92, 93, 96, 97, 106, 151, 154, 197, 200, 205, 207, 222, 367, 403, 428, 435, 436, 440, 441, 485, 526, 614, 631, 657, 658, 660, 675, 686, 710
武昌省立第一師範學校, 173, 178
治心之學, 376, 400
泥牛入海, 176
爭寵獻媚, 126
知福, 13

知識分子之自賤, 126
知識社會學, 407
秉性戇直, 536
花果飄零, 16, 106, 129, 660
阿諛奉承, 126, 574
非淆初志, 533
侵權, 157
保守, 16, 102, 105, 106, 107
保守持常, 16
保治於未亂，求安於未危, 280
封土建國, 115
封侯建國, 115
待罪之身, 144
思舊而圖新, 280
挑戰與回應, 122
政在利民, 520
政治污穢, 125
政治掛帥, 13, 126
政治實體, 483, 484
昧心自墨, 514
活的獻, 22
為知識而知識, 113
為財富而財富, 113
為學要本乎性情, 183
皇帝中心主義, 235
相對主義, 406
科際整合, 479, 480
紀實致用派史家, 571
紅樓夢考證, 118
致用, 7, 8, 27, 30, 51, 50, 72, 79, 81, 82, 84, 89, 172, 175, 190, 228, 234, 238, 244, 285, 297, 350, 356, 357, 358, 359, 360, 361, 368, 372, 373, 374, 375, 376, 380, 390, 404, 412, 416, 432, 433, 434, 435, 487, 488, 514, 524,

568, 569, 570, 571, 572, 573, 580, 583, 584, 585, 587, 588, 593, 596, 666, 678, 679, 680, 681
苦心未必天終負, 536
英雄, 309, 333, 359, 571, 572, 600
革故更新, 120, 121
香港南薰書學社, 90
候補的聖人, 145
候補的魔鬼, 145
借古鑑今, 8
剖疑決獄, 375
哲學思辨, 136, 137, 138, 139, 140, 142, 143, 645, 648
挺立其人格, 102, 123
時勢, 169, 237, 359, 600, 648
時過增悔, 530
書生報國, 7, 13
浠水, 171, 172, 173, 174
消極自由, 13, 123, 124, 159
真知, 50, 135, 136, 137, 139, 411, 533, 543, 544, 551, 663, 676
神明, 143, 144, 428, 530
素書堂, 60, 657
素書樓, 4, 41, 42, 51, 56, 57, 60, 61, 62, 90, 93, 657
素無大志, 95
荒唐悖謬，縷指難窮, 281
記者縣, 171, 172
起死回生的一罵, 183, 184
逆覺體證, 141, 143
除惡務盡, 145
乾嘉諸老, 12
假內行, 186, 187
假設與證明, 544, 545, 548, 549

偏枯不情, 341
偽造經書, 8
動員戡亂時期, 483
動機判斷, 576, 588, 589, 590, 591, 592, 593, 594
務直述其事, 257, 309
國安法, 161
國學大師, 3, 5, 38, 40, 42, 71, 84, 88, 93, 96, 599
國學南移, 95, 97
培福, 13
專制, 13, 31, 79, 126, 161, 234, 307, 417, 439, 529, 572, 573, 596, 598, 599, 674
專家之學, 9
專業知識, 30, 137, 186
崇古尊老, 245
常知, 136, 137, 139
常識, 16, 132, 137, 160, 171, 180, 211, 359, 438, 576, 641
庶民色彩, 133
惜福, 13
掩卷如未過眼, 384, 519
救國, 7, 181
敘事史學, 666, 668, 672, 674, 679, 680
教育部長, 56, 126, 483
教學卓越計畫案, 87
涵養氣質, 376
深切著明, 203, 679
理盲, 143
理想主義者, 108, 121, 422, 599
理障, 143
略讀, 68, 73
第一好官, 519
通經致用, 8

頂天立地, 14, 126, 127, 664
博學時代, 431
喜歡讀詩, 177, 178
復古, 101, 102, 105, 106, 133, 423, 424, 566, 677
惻隱之情, 140
普遍性, 137, 638, 641
智慧學, 148
最後歷史, 406
痛切懺悔, 114
筆削悉取睿斷, 314, 316, 325
絜矩之道, 169
肅然心折, 531
著史, 29, 30, 79, 292, 433, 478, 580
著書餘工, 374
貴族學, 80
黃岡團陂高中, 171, 172
亂名沒實, 340
傳統不怕反, 121, 122
傳統投降, 119, 120
圓融無隔, 115
微觀研究, 117
感憤之心, 188, 661
新生事物, 37, 112, 120, 121
新亞研究所, 3, 19, 23, 41, 42, 55, 59, 64, 89, 95, 96, 97, 109, 174, 192, 361, 362, 441, 543, 545, 575, 654, 655, 658, 660, 664, 665
新亞書院, 7, 10, 23, 41, 59, 60, 89, 95, 174, 545, 546, 636, 656
新經學, 8
極深研幾, 8, 97, 179
溫情與敬意, 11, 12, 17, 32, 41, 93, 479
照亮別人, 382
當於人事求之, 532

當頭棒喝, 143, 184
經世致用, 7, 8, 30, 50, 51, 79, 81, 82, 84, 89, 172, 175, 190, 234, 285, 350, 358, 361, 368, 372, 373, 487, 488, 569, 570, 571, 573, 583, 585, 596, 666, 678, 679, 680
經世致用派史家, 569, 570
經言其理, 7, 375
經道, 148, 150, 151, 152, 154, 155, 156, 160, 163, 165, 166, 167, 168, 169
經與權, 147, 148, 149, 150
經權, 147, 148, 149, 150, 151, 152, 153, 154, 157, 162, 169, 274
經權之宜, 274
罪孽, 144, 167
罪孽深重, 144
義理史學, 666, 668, 672, 674, 677, 679, 680, 681
聖之時者也, 120
誠則毋自欺, 378, 379
道德立場, 246, 648
道德性的文化, 113
道德倫理致用教科書, 228
道德黃金律, 169
道德意識, 109, 135, 138, 139, 142, 144, 406
道德實踐, 51, 101, 109, 133, 134, 135, 136, 137, 139, 140, 142, 143, 152, 600, 648
隔閡性, 114
隔離性, 114
實現善, 153, 156, 163, 166
實踐（的）智慧學, 148
摘抄過三十多萬字, 185
滿招損，謙受益, 683
盡心, 45, 140, 141, 148, 152, 156, 286, 529, 530, 531, 545, 600, 664

監典其事, 225
種福, 13
端茶童子, 109, 135
精讀, 25, 68, 73, 189, 399
臺東賣菜阿嬤, 139
臺灣意識, 477, 483
臺灣學生書局, 6, 8, 9, 11, 12, 14, 21, 31, 42, 104, 108, 110, 112, 122, 125, 134, 137, 145, 147, 148, 152, 160, 173, 177, 180, 183, 186, 187, 296, 302, 349, 353, 354, 373, 526, 568, 588, 595, 598, 636, 662, 710
臺灣歷史學會, 484
與時俱進, 16, 18, 63, 120, 121, 122, 361, 403, 404, 604
裸體的正義, 158, 161
語重心長, 121, 127, 169
說理和言事, 18
輕薄一切, 102, 123, 126, 127
辣手須防人不堪, 536
魂歸故里, 62
價值判斷, 30, 31, 352, 353, 428, 433, 436, 569, 570, 575, 579, 580, 582, 583, 584, 585, 587, 588, 589, 593, 594, 622
德性之知，不假見聞／聞見, 109, 134
德性倫理學, 187
德治禮治思想, 116
憂時傷國, 9, 10
潛存的聖人, 145
潛存的魔鬼, 145
範式, 350, 356, 668, 669
範型, 666, 667, 668, 669, 672, 673, 677, 678, 680, 683, 684
論史, 29, 30, 31, 262, 286, 315, 318, 359, 372, 405, 416, 418, 420, 421, 422, 432, 479, 566, 578, 583, 645, 646, 662
賤夏尊夷, 340
躺平主義, 486
適道, 152, 154, 155
遮羞布, 434, 435
鄧鏡波學校, 95, 655
閱讀的樂趣, 73
靠政治吃飯, 123
餖飣考據, 12, 19, 359, 367, 373, 524
學術巨人, 3, 192
學術經世, 7, 89, 110, 373, 395, 488
學貫四部, 44, 83
操守慎潔, 530
歷史上的實然, 29, 567, 568, 573, 593
歷史文化巨人, 3, 5, 39, 40, 96
歷史的尊貴, 424
歷史知識論／歷史認識論, 380, 394, 407, 413, 417, 596, 653
歷史社會學, 407
歷史哲學, II, III, 24, 31, 37, 112, 122, 125, 368, 405, 407, 436, 588, 595, 598, 638, 639, 640, 641, 643, 647, 648, 649, 650, 653, 663
歷史真理, 102, 119, 121
燃燒自己, 382
獨夫民賊, 417
獨立自主性, 102, 123, 124, 125, 297
獨裁, 159, 161, 165, 166, 331, 417, 598, 599
積極自由, 13, 123, 159
錢穆故居, 3, 4, 5, 39, 42, 47, 51, 53, 54, 56, 78, 84, 86, 87, 88, 89, 90, 91, 92, 96, 97, 151, 440, 656, 657
錢穆故居執行長, 87, 92, 97, 151, 440
錢穆讀書三得, 71
隨時進境, 533

斂手承命, 314, 315
濫權, 157, 162
縱貫, 129
罄竹難書, 126
謊言之父, 410
歸納法, 345, 350, 356, 359, 360, 548, 549, 552, 553, 558, 560, 566
禮法素養, 515
謳歌傳統, 116, 123
贅詞, 190
雙智（智能、智慧）, 157
懲罰暴君們的鞭子, 418
闢夷狄尊中國, 280
權宜, 56, 148, 150, 151, 153, 156, 165, 167, 169
權術, 151, 154
權詐, 149, 151
權道, 150, 151, 152, 153, 154, 155, 156, 160, 163, 167, 169
權變, 56, 147, 148, 150, 151, 152, 153, 154, 156, 157, 169
讀好書・好讀書・讀書好, 75
讀死書・死讀書・讀書死, 75
讀書三部曲, 26, 38, 63, 69, 70, 79
讀書六到, 67

體經用權, 151, 162, 163, 169
體經而用經, 162
齟塞（矇塞、盲塞）, 143
觀者不禁, 531
Age of Erudition, 431
All history is the history of thought, 112
AM657, 39, 53
CCTV-4, I, 53, 58
Challenge and Response, 122
dignity of History, 424
Donation of Constantine, 425
Everyman his own historian, 406
flatnessism, 486
Hellenization, 414
logographer, 408
Metalanguage, 407
Object language, 407
OECD, 64, 65
paradigm, 350, 668, 669
PISA, 64, 65
scissor and paste, 414
tautological term, 190
the doctrine of the mean, 149
ultimate history, 406

國家圖書館出版品預行編目資料

珍帚集：錢穆 徐復觀 史學

黃兆強著. – 初版. – 臺北市：臺灣學生，2025.08
面；公分
ISBN 978-957-15-1978-4 (平裝)

1. 錢穆 2. 徐復觀 3. 史學 4. 史學評論

601.3　　　　　　　　　　　　　　114010705

珍帚集：錢穆 徐復觀 史學

| 著　作　者 | 黃兆強 |
|---|---|
| 出　版　者 | 臺灣學生書局有限公司 |
| 發　行　人 | 楊雲龍 |
| 發　行　所 | 臺灣學生書局有限公司 |
| 地　　　址 | 臺北市和平東路一段 75 巷 11 號 |
| 劃撥帳號 | 00024668 |
| 電　　　話 | (02)23928185 |
| 傳　　　眞 | (02)23928105 |
| E - m a i l | student.book@msa.hinet.net |
| 網　　　址 | www.studentbook.com.tw |
| 登記證字號 | 行政院新聞局局版北市業字第玖捌壹號 |
| 定　　　價 | 新臺幣一○○○元 |
| 出版日期 | 二○二五年八月初版 |
| I S B N | 978-957-15-1978-4 |

60101　　　　　有著作權・侵害必究